LECCIONES DE DERECHO PRIVADO

MANUEL RIVERA FERNÁNDEZ
Catedrático de Derecho Civil. Universidad de Sevilla
MANUEL ESPEJO LERDO DE TEJADA
Catedrático de Derecho Civil. Universidad de Sevilla
(*Directores*)
ESTHER MUÑIZ ESPADA
Catedrática de Derecho Civil. Universidad de Valladolid
(*Coordinadora*)

LECCIONES DE DERECHO PRIVADO

TOMO III

DERECHOS REALES

AUTORES

KLAUS JOCHEN ALBIEZ DOHRMANN
Catedrático de Derecho Civil. Universidad de Granada
JOSÉ MARÍA DE LA CUESTA SAENZ
Catedrático de Derecho Civil. Universidad de Burgos
EDUARDO DE LA IGLESIA PRADOS
Profesor Titular de Universidad. Universidad de Sevilla
MANUEL ESPEJO LERDO DE TEJADA
Catedrático de Derecho Civil. Universidad de Sevilla
ESTHER MUÑIZ ESPADA (*Coordinadora*)
Catedrática de Derecho Civil. Universidad de Valladolid
JUAN JOSÉ PRETEL SERRANO
Registrador de la Propiedad
MANUEL RIVERA FERNÁNDEZ
Catedrático de Derecho Civil. Universidad de Sevilla
DIEGO VIGIL DE QUIÑONES OTERO
Registrador de la Propiedad

tecnos

Diseño de cubierta:
J. M. Domínguez y J. Sánchez Cuenca

Juan Ignacio Luca de Tena, 15 - 28027 Madrid
ISBN: 978-84-309-7871-7
Depósito Legal: M-2.350-2020

Printed in Spain

ÍNDICE

ABREVIATURAS UTILIZADAS

ADC	*Anuario de Derecho Civil*
BOE	*Boletín Oficial del Estado*
CC	Código civil
CCAA	Comunidades Autónomas
CE	Constitución española
Cont. Adm.	Contencioso administrativo
CP	Código Penal
D	Digesto
DGRN	Dirección General de los Registros y del Notariado
DG	Dirección general
FJ	Fundamento jurídico
LA	Ley de aguas
LAR	Ley de Arrendamientos Rústicos
LAU	Ley de arrendamientos urbanos
LEC	Ley de Enjuiciamiento civil
LEC 1881	Ley de Enjuiciamiento civil de 1881
LGT	Ley General Tributaria
LH	Ley Hipotecaria
LHMyPSD	Ley de Hipoteca Mobiliaria y Prenda sin Desplazamiento
LHN	Ley de Hipoteca naval
LNA	Ley de la navegación aérea
LNM	Ley de la navegación marítima
LOE	Ley de ordenación de la edificación
LOPJ	Ley Orgánica del Poder Judicial
LPAP	Ley del Patrimonio de las administraciones públicas
LPC	Ley del régimen jurídico de las administraciones públicas y procedimiento administrativo común
LPHE	Ley del Patrimonio Histórico Español
LS	Ley del suelo
LVP (LVPBM)	Ley venta a plazos o Ley de venta a plazos de bienes muebles
TRLA	Texto refundido de la Ley de aguas
TRLS	Texto refundido de la Ley estatal del Suelo
ORVPBM	Ordenanza del Registro de venta a plazos de bienes muebles
P.	Partidas
PAC	Política Agraria Comunitaria
RD	Real Decreto
RH	Reglamento Hipotecario
RHMy PSD	Reglamento de la Ley de Hipoteca Mobiliaria
RJ	Repertorio jurisprudencia
RRBM	Reglamento del Registro de Bienes Muebles
RRM	Reglamento del Registro Mercantil
RRM 1956	Reglamento del Registro Mercantil de 1956
RDGRN	Resolución de la Dirección General de los Registros y del Notariado

Roj	Repertorio *on line* de jurisprudencia del Consejo General del Poder Judicial
RRDGRN	Resoluciones de la Dirección General de los Registros y del Notariado
RTC	Repertorio del Tribunal Constitucional
STS	Sentencia del Tribunal Supremo
SSTS	Sentencias del Tribunal Supremo
STC	Sentencia Tribunal Constitucional
STEDH	Sentencia del Tribunal Europeo de Derechos Humanos
SSTC	Sentencias Tribunal Constitucional
TC	Tribunal Constitucional
UE	Unión Europea
Vid.	véase

LECCIÓN 1

EL DERECHO REAL*

SUMARIO: I. EL DERECHO REAL. 1. *Concepto de Derecho real.* 2. *Caracteres.* 3. *Diferenciación con los derechos de crédito.* II. DISTINCIÓN DE FIGURAS AFINES. 1. Ius ad rem. 2. *Derechos reales* in faciendo. 3. *Obligaciones* propter rem. III. LA AUTONOMÍA DE LA VOLUNTAD EN LOS DERECHOS REALES. IV. CLASIFICACIÓN DE LOS DERECHOS REALES. BIBLIOGRAFÍA BÁSICA. EJERCICIOS DE AUTOEVALUACIÓN.

I. EL DERECHO REAL

El estudio de los derechos reales se integra en la disciplina conocida como Derecho de Cosas o de Bienes, uno de los contenidos propios del Derecho civil, que, junto con la regulación de las obligaciones y contratos, constituyen el Derecho Patrimonial Privado. El Derecho de Cosas se identifica con el aspecto estático del Derecho civil patrimonial (titularidad y goce de los bienes), correspondiendo al Derecho de Obligaciones el aspecto dinámico (tráfico jurídico económico, transmisión de bienes y prestaciones de servicios).

1. CONCEPTO DE DERECHO REAL

El concepto de derecho real entronca con la evolución del derecho subjetivo. El derecho subjetivo, tradicionalmente, se ha considerado y caracterizado por la doctrina como un poder jurídico, una posibilidad de actuación ante una determinada realidad social. Cuando esa situación de poder que ostenta la persona (física o jurídica) se identifica con la posibilidad de exigir a otra persona un determinado comportamiento (dar, hacer o no hacer) se denomina derecho de crédito. Cuando la situación de poder se identifica con las facultades de actuación que

* Por Manuel RIVERA FERNÁNDEZ.

tiene una persona (física o jurídica) sobre un determinado bien o derecho nos encontramos ante el derecho real. De este modo podemos definir el derecho real como el derecho subjetivo pleno, o menos pleno, que otorga un poder sobre la cosa de carácter directo y excluyente protegible frente a todos, frente a cualquier miembro de la colectividad.

2. Caracteres

Los caracteres principales de los Derechos reales pueden concretarse en los siguientes:

a) La inmediatividad, que permite la actuación directa del titular sobre la cosa, o bien, sobre la que recae el derecho de naturaleza real; por lo tanto, sin necesidad de intermediarios o de la colaboración o participación de otras personas para la satisfacción de la facultad que ostenta. No obstante, es cierto que existen algunos derechos reales, como la hipoteca, en que esta inmediatividad se desdibuja (al no implicar posesión y prohibirse el pacto comisorio en nuestro derecho), aunque sí existen manifestaciones de poder sobre la cosa (como la acción de devastación). Por ello, hay autores que prefieren sustituir el término inmediatividad por el de inherencia.

b) Su carácter absoluto, lo que provoca que la titularidad de un Derecho real lo sea frente a todas las personas, esto es, frente a la colectividad, sin especificar concretos sujetos, de ahí que se indique que poseen una eficacia *erga omnes*. Su titular ostenta una posición jurídica frente a cualquiera y no frente a concretos y específicos sujetos, por lo que todos habrán de respetarla.

c) La reipersecutoriedad: la titularidad del Derecho real sigue al bien cualquiera que sea su titular. Característica que en algunas ocasiones puede quebrar como puede ser en el caso del reconocimiento de las adquisiciones *a non domino*.

3. Diferenciación con los derechos de crédito

La precisión de los caracteres esenciales de los Derechos reales provoca que sea necesario llevar a cabo una adecuada distinción de los mismos frente a los Derechos de créditos, que puede centrarse principalmente en los siguientes criterios:

a) Un Derecho real va a recaer, principalmente, sobre una determinada cosa, por lo tanto, la relación se constituye entre la persona y el bien, mientras el Derecho de crédito otorga a su titular una facultad que tendrá por objeto, no una cosa o una realidad del mundo exterior, sino la habilitación para exigir la realización de una determinada conducta o comportamiento, por tanto, la relación se constituye entre dos personas, de las cuales una de ellas, la deudora, deberá llevar a cabo una prestación, consistente en un dar, hacer o no hacer a favor únicamente de la parte acreedora titular del derecho.

b) Los Derechos reales poseen un carácter absoluto frente al limitado de los Derechos de créditos, de tal modo que el titular de un Derecho real lo será frente al resto de la sociedad, esto es, con eficacia *erga omnes*, mientras que, por el contrario, el de un Derecho de crédito lo será, únicamente, frente a su deudor, esto es, la otra parte de la relación jurídica, al tener una eficacia *inter partes*, pues traerá causa de una previa relación obligacional.

c) El carácter absoluto del Derecho real provoca que todos hayan de respetar la posición que deriva del mismo a favor de su titular, de tal modo que cuando cualquier sujeto que perturbe el adecuado disfrute de un derecho de naturaleza jurídico-real su titular podrá accionar contra quien así actúe para la tutela de su posición; por el contrario, al derivar los derechos de crédito de una relación obligacional, las partes estarán precisadas conforme a ella, sólo podrán compelerse quienes la integran, por lo que si el deudor incumple, el titular de un derecho de tal tipo sólo podrá solicitar su cumplimiento al sujeto específicamente obligado y no a cualquier otro.

d) En cuanto a su duración se dice que los derechos reales tienen vocación de permanencia (ello no significa que sean perpetuos, pero sí que satisfacen el interés de su titular mientras los ostenta). En cambio, los derechos de crédito tienen vocación transitoria, pues se extinguen mediante el debido cumplimiento de la prestación, cuando su titular ve satisfecho su interés.

e) El artículo 609 CC exige para la adquisición o transmisión del derecho real mediante contrato la tradición o entrega de la cosa, lo que no sucede en los derechos de crédito, tal y como corrobora el artículo 1.095 CC.

f) La inscripción registral está en principio reservada a los derechos reales, siendo el Registro de la Propiedad ajeno a los derechos de crédito (obligación). Si bien, existen excepciones en ambos sentidos. Así, la posesión (art. 5 LH) no es susceptible de inscripción registral, y los arrendamientos urbanos o el derecho de opción sí pueden acceder al registro (arts. 2.5 LH y 14 RH).

II. DISTINCIÓN DE FIGURAS AFINES

1. *IUS AD REM*

Nos referimos al *ius ad rem* cuando hablamos de la posición de quienes se encuentran en ciertas situaciones en las que no se puede hablar de auténtico derecho real, pero que se consideran dignas de una protección mayor que la que brinda un mero derecho personal al tener vocación al derecho real. Constituye una situación intermedia entre el derecho real y el derecho personal, cuyo origen se encuentra en el Derecho canónico.

Ejemplos de tales situaciones serían: *a*) El cedente de un solar a cambio de obra futura, cuando la cesión no se constituye con eficacia real. *b*) El comprador de pisos o locales sobre plano. *c*) El que no puede obtener por el momento la inscripción registral de su derecho (por defecto subsanable) pero puede obtener una anotación preventiva susceptible de convertirse en inscripción el día de mañana [RDGRN de 30 de septiembre de 2013 (R. 7706)].

2. Derechos reales *in faciendo*

Situaciones en que el sujeto pasivo (determinado) de un derecho real constituido en favor de otra persona (sujeto activo) está obligado a llevar a cabo una concreta prestación en beneficio o al servicio del titular del derecho real constituido (Lasarte). En nuestro Código civil encontramos los siguientes ejemplos: *a*) El artículo 533 prevé servidumbres positivas que imponen al dueño del predio sirviente la obligación de hacer alguna cosa. *b*) Los artículos 1.604 y siguientes recogen como esencia del derecho real de censo la obligación del censatario de pagar un canon o pensión al titular del derecho de censo o censualista.

3. Obligaciones *propter rem*

El titular del derecho real (generalmente, el propietario) está constreñido a llevar a cabo una determinada conducta, precisamente por ser titular activo del derecho real y para evitar su pérdida. Estas obligaciones *propter rem, ob rem*, reales o ambulatorias son auténticas obligaciones en sentido técnico jurídico. Su particularidad estriba en que su sujeto pasivo no está individualizado o designado nominativamente, sino que lo será quien en cada momento sea titular de una cosa (pudiendo liberarse en consecuencia de la obligación transmitiendo o abandonando la cosa). Ejemplos de este tipo de obligaciones destacan las de contribuir a los gastos de conservación: *a*) de la cosa común (art. 395 CC); *b*) de la pared medianera (art. 575 CC); *c*) del predio dominante por el dueño del sirviente que se obligó a ello en las servidumbres voluntarias (art. 599 CC); o, *d*) de los elementos comunes en el régimen de propiedad horizontal (art. 9 LPH).

III. LA AUTONOMÍA DE LA VOLUNTAD EN LOS DERECHOS REALES

Constituye una discusión tradicional en el campo de los Derechos reales el comprobar si nuestro legislador adopta un sistema de *numerus clausus*, es decir, la imposibilidad de que la autonomía privada pueda crear derechos reales al margen de los ya tipificados en nuestro ordenamiento, o un sistema de *numerus apertus*, esto es, la posibilidad de su creación, distintos a los recogidos y regulados legalmente.

Los defensores del *numerus apertus* entienden que el catálogo de derechos reales recogidos en la Ley es una lista abierta, a la que pueden añadirse nuevas figuras dibujadas por la voluntad privada. Este el sistema que rige en el Derecho francés, que favorece la adaptación del Derecho a los constantes cambios de la realidad y a las nuevas necesidades socioeconómicas [STS de 7 de julio de 2016 (R. 3155)]. Quienes sostienen su vigencia en nuestro ordenamiento se apoyan fundamentalmente en tres preceptos: *a*) El artículo 1.255 CC: *Los contratantes pueden establecer los pactos, cláusulas y condiciones que tengan por conveniente, siempre que no sean contrarios a las leyes, a la moral, ni al orden público*; *b*) El artículo 2.2 LH, que determina la inscribibilidad de «Los títulos en que se constituyan, reconozcan, transmitan, modifiquen o extingan derechos de usufructo, uso, habitación, enfiteusis, hipoteca, censos, servidumbres y *otros cualesquiera reales*»; y, *c*) El artículo 7 RH, que en desarrollo del anterior dispone: «Conforme a lo dispuesto en el artículo 2 de la Ley, no sólo deberán inscribirse los títulos en que se declare, constituya, reconozca, transmita, modifique o extinga el dominio o los derechos reales que en dichos párrafos se mencionan, sino *cualesquiera otros relativos a derechos de la misma naturaleza, así como cualquier acto o contrato de trascendencia real que, sin tener nombre propio en derecho, modifique, desde luego, o en el futuro, algunas de las facultades del dominio sobre bienes inmuebles o inherentes a derechos reales*».

Los defensores del *numerus clausus* creen, por el contrario, que el derecho positivo contiene una lista cerrada de derechos reales. Es el sistema que sigue el derecho alemán, que facilita la llevanza del Registro y refuerza la seguridad jurídica, pues basta conocer el *nomen iuris* de un derecho real para saber con precisión el alcance y contenido de las facultades que confiere a su titular. Quienes defienden que éste es el sistema vigente en nuestro derecho rebaten los argumentos anteriores: *a*) Entienden que el principio de autonomía de la voluntad del artículo 1.255 no juega en el ámbito de los derechos reales, pues éstos están presididos por un principio de orden público. *b*) Consideran que la expresión «otros cualesquiera reales» del artículo 2.2 LH no se refiere a derechos reales atípicos, sino a otros regulados, o que se regulen en un futuro en la Ley, pero no enumerados en la breve lista del artículo 2.2, como, por ejemplo, la anticresis. *c*) Rechazan que el artículo 7 RH pueda ser decisorio en una cuestión de tamaña importancia como ésta, dado su rango reglamentario.

Nuestro TS, y la DGRN, ha tenido ocasión de pronunciarse reiteradamente sobre esta materia, admitiendo la vigencia en nuestro ordenamiento del sistema de *numerus apertus*. Ahora bien, pese a tal admisión del sistema de *numerus apertus*, la DGRN reconoce que la creación de derechos reales atípicos debe considerarse siempre excepcional, sometida a estrictos límites y requisitos, entre los que podemos destacar (Díez Picazo): 1) Que exista causa justificada para la creación de un derecho real atípico, lo que implica que el fin perseguido por el mismo no pueda alcanzarse adaptándose al molde de un derecho real típico, ni se vea suficientemente protegido mediante un derecho personal. 2) Que deben evitarse vinculaciones perpetuas de los bienes, lo que conlleva necesaria fijación de plazos de duración y ejercicio. 3) Que se cumplan con las exigencias del principio registral de determinación, perfilando con claridad todos los aspectos sobre contenido y ejercicio del derecho (arts. 9 LH y 51 RH). 4) Que no se trate de garantías reales, pues las normas sobre concurrencia y prelación de créditos y ejecución de garantías reales son imperativas.

Así lo ha señalado en numerosas resoluciones la DGRN, por ejemplo, al considerar inscribible un particular derecho de superficie [STS de 26 de noviembre de 2002 (R. 9935)]; la afección de una finca al reintegro de una subvención [RDGRN de 4 de mayo de 2009 (*BOE* de 30 de mayo de 2019)]; la compraventa con precio aplazado sujeta a la *condición suspensiva* de que el matrimonio comprador obtenga el consentimiento de la entidad acreedora en *la subrogación de la hipoteca* preexistente; o, alternativamente, obtenga financiación de cualquier otra entidad de crédito, en ambos casos en el plazo máximo de dieciocho meses [RDGRN de 12 de mayo de 2010 (*BOE* de 17 de julio de 2010)]; la constitución con carácter real de una servidumbre personal negativa consistente en no realizar determinadas actividades siempre que su contenido esté determinado, que no vaya en contra del orden público y que obedezca a un interés legítimo [RDGRN de 5 de diciembre de 2002 (*BOE* de 6 de febrero de 2003)]; la constitución de servidumbre atribuyendo al predio dominante el uso exclusivo sobre rasante de parte del sirviente, con la posibilidad de darle cualquier destino o uso permitido por el Ayuntamiento [RDGRN de 30 de octubre de 2009 (*BOE* de 3 de diciembre de 2009)].

IV. CLASIFICACIÓN DE LOS DERECHOS REALES

Los Derechos reales se clasifican sobre la base del criterio consistente en las facultades que se otorgan a su titular, siendo las mismas la de *goce*, que integra la posesión, *el uso y el disfrute*, así como la *disponibilidad*, esto es, la habilitación para transmitir su derecho, total o parcialmente, a un tercero (art. 348 CC). Si el titular del Derecho real ostenta la totalidad de las facultades expuestas con anterioridad, goce, uso y disfrute y disponibilidad, estaremos ante un derecho real pleno; por el contrario, de limitarse el contenido jurídico-real favorable al titular del derecho solamente a alguna de las facultades citadas, nos situaremos ante un derecho real limitado (a veces se les denomina *limitativos del dominio*).

En nuestro ordenamiento jurídico, el *derecho real pleno reconocido es la propiedad*, siendo el principal de los existentes de carácter jurídico-real y sobre el que se constituye, destacadamente, la ordenación jurídica de esta materia; mientras que una enumeración de los derechos reales diferente del dominio la encontramos en el artículo 2 LH, donde se menciona el usufructo, uso y habitación, las servidumbres, los censos, la enfiteusis y el derecho de superficie, la hipoteca, la prenda y la anticresis.

Los derechos reales limitados pueden, a su vez, dividirse en tres tipos, los denominados derechos reales limitados de goce o disfrute, de garantía y de adquisición preferente.

a) Los derechos reales limitados de goce son aquellos que atribuyen a su titular un poder sobre una cosa ajena, por lo tanto de propiedad de un tercero y que, por ello, no le pertenece, estando limitada por ello su posición jurídica a la posesión y el mero goce del bien, de tal modo que su titular podrá usar y, en su caso, disfrutar del mismo, pero careciendo sin embargo de las facultades dispositivas, de ahí su carácter limitado, pudiéndose integrar en este ámbito jurídico-real los derechos de usufructo, la servidumbre, el derecho de superficie, el uso y la habitación.

b) Los derechos reales de garantía tienen por objeto, como su nombre indica, garantizar el cumplimiento de una determinada y concreta obligación. Así, de manera accesoria a una obligación principal, el deudor otorga un derecho sobre un bien de su titularidad al acreedor para que, en caso de incumplimiento de la obligación, realizando el valor de dicho bien, esto es, procediendo a su venta (judicial o extrajudicial), con el dinero obtenido se pueda cumplir la obligación asegurada. Durante su existencia, el bien objeto de la garantía puede mantenerse en posesión de su titular (hipoteca inmobiliaria) o en manos del acreedor titular del derecho real de garantía (prenda con desplazamiento de la posesión). Los ejemplos típicos de este tipo de derechos reales sobre la prenda (con o sin desplazamiento de la posesión) y la hipoteca (inmobiliaria o mobiliaria).

c) Por último, los derechos reales de adquisición preferente otorgan a su titular un mejor derecho o posición para la adquisición de un bien sobre los restantes sujetos, de tal modo que, cumpliendo los requisitos establecidos, el titular del bien sobre el que recae, aun cuando conserva la facultad dispositiva, sin embargo no va a tener plena libertad para su ejercicio, pues deberá ofrecer en primer lugar el bien al titular del derecho real de adquisición preferente para que proceda a su adquisición, sólo pudiendo disponer libremente el propietario en favor de cualquier otro sujeto en el caso de que no desee hacer uso de su preferente situación el titular del derecho real limitado de estas características. El titular tiene el poder de reclamar, con exclusión de otros, que la transmisión de una cosa se haga a su favor. Este tipo de derechos reales puede derivar de un mandato normativo, por tanto, ser impuesto por la ley, o del acuerdo de voluntades entre las partes, pudiendo integrarse entre los mismos a los derechos de tanteo, retracto y opción.

BIBLIOGRAFÍA BÁSICA

CASTRO VÍTORES, G.: *La obligación real en el derecho de bienes*, Madrid, 2000; DÍEZ PICAZO, L. M.: «Autonomía privada y derechos reales», *RCDI*, 1976; GIORGIANI: «Los derechos reales», *RCDI*, 1967; ROMÁN GARCÍA, A.: *La tipicidad en los derechos reales*, Madrid, 1994; VALLET DE GOYTISOLO, J. B.: *Estudios sobre derecho de cosas*, Madrid, 1985.

EJERCICIOS DE AUTOEVALUACIÓN

1) ¿Qué se entiende por derecho real?
2) ¿Qué diferencias existen entre un derecho real y un derecho de crédito?
3) En nuestro ordenamiento, ¿rige un sistema de *numerus apertus* o *numerus clausus* en relación a los derechos reales?
4) ¿Podemos establecer cuantos derechos reales consideremos oportuno?
5) Establezca la clasificación de los derechos reales.
6) ¿Qué son los derechos reales limitados?
7) Defina los derechos reales de garantía.
8) Defina los derechos reales de adquisición preferente.

LECCIÓN 2

LA POSESIÓN*

I. GENERALIDADES

La posesión es un instituto jurídico de la máxima importancia en materia de derecho de cosas, por cuanto es una facultad correspondiente al titular de la mayor parte de los derechos reales tanto típicos, como atípicos, e incluso de los titulares de algunos derechos personales o de crédito, al tiempo que puede ser un derecho subjetivo real en sí mismo, sin referencia a derecho típico alguno tal y como concisamente ordenaba a los redactores del futuro Código civil la Base 11.º de la Ley de Bases de 11 de mayo de 1888: «la posesión se definirá en sus dos concep-

* Por José María DE LA CUESTA SAENZ.

tos, absoluto o emanado del dominio y unido a él, y limitado y nacido de una tenencia de la que se deducen hechos independientes y separados del dominio».

Esta condición fronteriza entre el hecho y el derecho hace de este instituto jurídico una figura capital del derecho patrimonial, que ha generado un tratamiento extenso y no exento de polémica en todas las teorizaciones en torno a los derechos reales, lo que explica la jocosa calificación que le dio R. VON IHERING de «juguete que el hada del derecho puso en la cuna de la doctrina».

En todo caso la posesión es una noción clave en el derecho civil patrimonial, que fundamenta los modos de adquirir y transmitir la propiedad y los derechos reales, cuyo ejercicio exterioriza, así como el reparto de la carga de la prueba en los procesos que llamamos acciones reales, y que, por ello, se constituye en uno de los pilares de la defensa de la paz civil y del imperio de la ley.

1. CONCEPTO DE POSESIÓN

Formular un concepto de posesión que abarque las variadas significaciones que puede asumir, no resulta fácil, ni tal vez es necesario, pero entre las más acertadas y compendiosas definiciones a mi juicio, destaca la definición ofrecida por M. PEÑA BERNALDO DE QUIRÓS según la cual la posesión «es un derecho real que consiste en la potestad de inmediata tenencia o goce que el Derecho confiere, con carácter provisionalmente prevalente, a quien tiene la cosa sujeta a la acción de su voluntad y con independencia de que exista derecho real firme que justifique la atribución definitiva de esa potestad»[1].

En la fase arcaica de las experiencias jurídicas europeas hay una absoluta indefinición de los derechos subjetivos que integran la esfera jurídica de cualquier sujeto plenamente capaz. Tomando por ejemplo la fase arcaica del derecho cuya evolución mejor conocemos, que sin duda es el Derecho romano, está claro que los derechos de un paterfamilias que recibieron el nombre de *mancipium*, eran un variopinto conjunto de derechos que hoy consideramos de naturalezas muy diferenciadas entre sí: potestades sobre los integrantes de la familia, derechos personales, y derechos sobre las cosas, tenían entre sí líneas divisorias tenues, difusas y aun cambiantes. Incluso no se expresaban con las palabras que después adquirieron significado técnico para los juristas. En suma, por lo que atañe a los derechos reales no había una neta distinción entre los tipos que fueron surgiendo paulatinamente: uso, disfrute, posesión y propiedad se mantenían indiferenciados, y todos ellos bajo una protección de naturaleza penal, bajo la idea de persecución de delitos, con carga de la prueba incumbente sobre el demandado.

[1] M. PEÑA BERNALDO DE QUIRÓS, *Derechos reales, derecho hipotecario*, t. I, Colegio Nacional de Registradores de la Propiedad, Madrid, 1999, p. 157.

Es el sistema procesal, a lo largo de su evolución histórica, el que va a permitir diferenciar entre protección de los derechos sobre las cosas y persecución de los delitos, y el que va a fundar en el campo del derecho civil patrimonial esa *summa divisio* que hoy contrapone los derechos reales a los derechos de crédito. En todo caso, en la vieja *legis actio sacramento in rem* continuaba habiendo reparto de la prueba entre demandante y demandado, y por ello confusión entre propiedad y posesión.

Solamente después de la aparición de las acciones interdictales, que se suele datar alrededor del año 200 a.C., se clarificará en gran medida la diferenciación sustantiva entre posesión y propiedad, la primera protegida por los interdictos —*uti possidetis* para posesión sobre inmuebles y *utrubi* para posesión sobre muebles, denominaciones que derivan de la fórmula utilizada en cada caso por el pretor para indicar al *iudex* la cuestión litigiosa que ha de resolver en su sentencia—.

La fórmula en concreto del interdicto posesorio en materia de inmuebles, terminaba con las siguientes palabras: *uti possidetis, ita possideatis, vim fieri veto* («para que poseaís como veníais poseyendo, prohíbo que se haga fuerza»), de modo que quien vencía en el interdicto, tendría el *commodum possessionis* en una ulterior reivindicación (*rei vindicatio* es el nombre de la acción petitoria a partir del llamado procedimiento *per formulam* establecido por la *Lex Aebutia* en el año 150 a.C.), acción plenaria en la que el demandante deberá probar cumplidamente su adquisición del derecho de propiedad (*dominium ex iure Quiritium* o *proprietas*), expresiones éstas que se refieren ya a un derecho dotado de protección *erga omnes* definitiva y amparada ya por la presunción de la cosa juzgada.

Está claro, pues, en el Derecho romano la evolución que desemboca en la neta diferenciación entre la posesión y los derechos reales dotados, como la propiedad y los derechos reales en cosa ajena, de acciones plenarias, y la finalidad de la posesión y su *protectio*, de defender la paz civil, evitando de este modo el recurso a la violencia para tomar o recuperar la tenencia de las cosas.

2. Evolución: Derecho romano, Derecho germánico y Derecho canónico

Vista la función desempeñada por la posesión en los procesos sobre derechos reales del derecho romano preclásico, hay que precisar que no se llegó a alcanzar una completa estabilización del sistema, porque coexistieron estos interdictos con el interdicto *unde vi* que alentaba una perturbadora *exceptio spolii*, lo que en momentos posteriores, ya en confluencia con el derecho germánico instalado en una fase evolutiva más rudimentaria, ocasionó una recaída en el primitivismo en el Bajo Imperio Romano, difuminándose de nuevo la neta distinción entre posesión y derechos reales con protección plenaria y definitiva, y retornando a la defensa posesoria mediante acciones delictuales y fuertes sanciones pecuniarias (doble o triple de la *aestimatio rei* para las perturbaciones posesorias).

Lamentablemente estas vías no tenían la eficacia preventiva contra el recurso a la autoayuda o la recuperación por propia autoridad, y en consecuencia no lograban el objetivo de reprimir la violencia que en principio inspiraba la tutela interdictal, situación ésta que se prolonga largo tiempo después de la caída del Imperio romano, prácticamente hasta algún tiempo después de la recepción medieval del Derecho romano.

En efecto, va a ser el Derecho canónico el que a través de la llamada *actio spolii* depure los procesos posesorios imponiendo el principio *spoliatus ante omnia restituendus*[2], que proporcionan un modelo de proceso con fuertes límites en cuanto a las alegaciones y pruebas admisibles para excluir toda referencia ajena al estado posesorio, con la finalidad de evitar cualquier incentivo a la autoayuda y cualquier confusión o acumulación entre los procesos posesorios y los procesos petitorios, basados en el dominio u otros derechos reales en cosa ajena.

3. La posesión en el Código civil

Hemos dejado la posesión en el tratamiento que le dio el llamado *ius commune* medieval, y tenemos que retomarlo en el estado en que se encontraba al final del período codificador en España, estado que se encuentra magistralmente resumido en el contenido de la Base 11.ª de la Ley de Bases de 11 de mayo de 1888. Se trata de un período muy prolongado en el que la doctrina sobre la posesión se encuentra en la obra de comentaristas de las Siete Partidas de Alfonso X, como Gregorio López, o de las Leyes de Toro, como Antonio Gómez, o ya en el siglo XVIII, S. Llamas y Molina, y los tratadistas de derecho civil del siglo XIX, y va a ser recogida por los redactores de las sucesiva Leyes de Enjuiciamiento civil de 1855 y 1881, y por fin, por los redactores del Código civil, en cumplimiento de la citada Base 11.ª de las de la Ley de Bases de 11 de mayo de 1888.

4. Naturaleza jurídica de la posesión

El atractivo lúdico que, al decir de R. von Ihering, hizo de la posesión el «juguete de la doctrina», no es tal vez otro que su naturaleza jurídica oscilante entre el hecho y el derecho, fronteriza entre lo fáctico y lo jurídico, que ha propiciado caracterizaciones muy contrapuestas entre sí. Así, la «mera tenencia» que el artículo 430 del Código civil denomina posesión natural, es para muchos un mero estado de hecho, si bien dotado de algunos efectos jurídicos, mientras que para otros se trata de un verdadero derecho real claudicante, provisional o como quie-

---

[2] J. L. de los Mozos de los Mozos, *Tutela interdictal de la posesión*, Edersa, Madrid, 1962, pp. 32 ss.

ra calificarse, pero un verdadero derecho real protegido por una acción real, tradicionalmente calificada por la ley como interdicto, pero hoy innominada por cuanto ni el Código civil, ni la vigente Ley de Enjuiciamiento civil la dan ese nombre, pero que en todo caso se regula como un conjunto de procesos a tramitar por el cauce del juicio verbal, caracterizados por un breve plazo de prescripción de un año (arts. 1.968.º CC y 439.1 LEC), y por el hecho de que la sentencia que les pone fin, carece de efecto de cosa juzgada (art. 447.2 LEC).

En fin, aunque el derecho medieval se esforzó, con éxito, por mostrar el abismo existente entre propiedad y posesión, al que en P. 3.2.27 se califica como «gran departimiento», entre ambas, rompiendo con un largo período de confusión, lo cierto es que también la posesión natural gozaba de la tutela procesal que ofrecían los interdictos de recobrar y retener la posesión, así como de efectos tan radicales en algunos casos como la adquisición de frutos y las diversas clases de prescripción adquisitiva, o de las enérgicas presunciones que descargan al poseedor de la carga de la prueba en el proceso, y que, en consecuencia, llevaba anejas muchas de las facultades propias de los derechos reales. Por estas razones, en pura lógica, habría que calificarla como un verdadero derecho real típico, singularizado frente a los demás por su protección provisional en procesos sumarios, a disposición de todo poseedor conforme establece el artículo 446 CC, o también por su protección mediante procedimientos plenarios como la llamada acción publiciana, pero en estos casos con la nota de relatividad frente a la propiedad u otros derechos reales dotados de carácter absoluto.

Siendo así, no parece haber obstáculo para calificar a la posesión en general como un verdadero derecho real, con protección provisional o cuando más, relativa, a diferencia de los demás derechos reales, porque negarle tal carácter a la posesión, contraviene frontalmente las normas que han de aplicarse, siendo por lo demás, éste el posicionamiento mayoritario en la doctrina.

5. Estructura de la posesión

Resulta muy variada y proteica la estructura de la relación jurídica posesoria, como se desprende de las clases de posesión que enumeran los primeros preceptos que a esta institución jurídica dedica el Código civil, así como de otras clasificaciones de la posesión que pueden deducirse del conjunto de su regulación.

Así, el elemento subjetivo puede ser muy simple, y en este sentido el artículo 445 del Código civil sólo admite la existencia de un solo poseedor de hecho, salvo en los casos de indivisión, pero también pueden coexistir un elevado número de poseedores, no solamente en los casos de coposesión por indivisión de la cosa poseída, sino también por coexistencia de posesiones en nombre propio y en nombre ajeno, y de posesiones de distinto grado compatibles entre sí (arts. 431 y 432 CC).

Desde el punto de vista del objeto, también resulta la posesión un derecho real complejo, por cuanto no sólo tiene por objeto cosas corporales, sino también derechos. Así, el artículo 437 del Código civil trata de acotar el campo de los posibles objetos de posesión a «las cosas y derechos que sean susceptibles de apropiación», lo que remite al propio concepto legal de cosa según el artículo 333 del Código civil. La cuestión de qué bienes o derechos no serán, en consecuencia, posible objeto de posesión, tiene algunas respuestas claras: no será posible lo no apropiable, por no poder quedar sujeto voluntad alguna dentro de las cosas que componen el mundo exterior (el aire que se respira, por ejemplo), pero sí aquellas cosas que pueden quedar sujetas a la voluntad humana, incluso siendo de *extra commercium* (dominio público, o cosas de tráfico prohibido), y en el amplio mundo de los derechos, serán susceptibles de posesión los derechos reales que comportan facultades posesorias, y no lo serán los derechos de crédito por lo general, aunque pudiera haber alguna excepción en los derechos de crédito que comportan facultades posesorias (arrendamiento de cosas, derecho de retención, etc.).

Tampoco serán susceptibles de posesión los bienes y derechos de la personalidad, ni el estado civil, ni los cargos, por más que el Código civil emplee la palabra posesión respecto de créditos en el artículo 1.164, y por más que se hable de posesión de estado en materia de estados civiles (art. 131 CC), porque se trata de acepciones metafóricas de la posesión, por más que las utilice el Legislador, ya que no se refieren a la posesión regulada en los artículos 430 a 466 del Código civil, sino a la mera apariencia de derechos no susceptibles de posesión.

En consecuencia, la estructura de la relación jurídica posesoria no difiere en gran medida de la propiedad y demás derechos reales, que se descompone en un sujeto activo que serán los poseedores, y un sujeto pasivo universal que será el resto de los sujetos obligados a respetar esa posesión.

No obstante, la teoría jurídica en busca de la esencia de la posesión, distinguió en ella entre un elemento externo al que llamó *corpus* posesorio, que radicaba en el contacto material del poseedor con la cosa poseída, o al menos en tener bajo su control la cosa aun sin contacto físico con ella, y un elemento interno al sujeto, o *animus* posesorio consiste en la voluntad de tener la cosa poseída, siendo la coincidencia de ambos elementos la que denotaba la existencia de una verdadera posesión. Esta línea de pensamiento se trasluce en el propio artículo 430 del Código civil, pero lo cierto es que el derecho admitía la adquisición *solo animo* sin contacto material con la cosa por influencia de la tradición germánica (art. 440 CC respecto de la adquisición por sucesión *mortis causa*), y el mantenimiento de la posesión incorporal despojado por el plazo de un año (art. 460.4.º CC), así como otros casos de adquisición o conservación *solo animo* que se conoció doctrinalmente como posesión civilísima (*civilissima possessio*).

6. Funciones y caracteres de la posesión

También desde el punto de vista de las funciones que desempeña, la posesión ofrece por lo menos un doble aspecto, ya que hay cierto acuerdo doctrinal en que la función y el fundamento de la posesión que destacaba Savigny, es decir, la defensa de la paz civil, mediante la garantía de que nadie pueda acudir a la autoayuda mediante la realización violenta de su pretendido derecho, función que no siempre logró cumplir con el mismo grado de eficacia, es sin duda, una razón decisiva para su aparición como instituto jurídico, pero cumple también una función de importancia también muy destacable en la que quien hizo hincapié fue Ihering, función que no es otra que la protección temprana del derecho de propiedad basada en la apariencia, dado que quien ejercita el derecho de propiedad y se comporta como dueño, por lo general, lo suele ser en realidad en la mayor parte de los casos.

Si el primer aspecto explica su nacimiento y su depuración técnica en el Derecho romano arcaico y preclásico, el segundo aspecto —la protección de la apariencia y su función legitimadora— se debe sobre todo a la aportación del derecho germánico y de su doctrina de la investidura (*gewere*, *saissine* o *seisin*), pero ambos aparecen indisociablemente unidos en el ordenamiento jurídico español, y en otros ordenamientos de nuestro más próximo entorno geográfico y cultural.

En todo caso, la conceptuación de la posesión como derecho real dotado de prevalencia provisional, permite caracterizar la posesión como un derecho subjetivo dotado de protección *erga omnes*, y por ende absoluta, pero claudicante y relativa por carecer de eficacia de cosa juzgada las sentencias que recaen en los procesos posesorios tramitados por el cauce del juicio verbal.

II. RÉGIMEN JURÍDICO DE LA POSESIÓN

La posesión está principalmente regulada en el Libro II del Código civil, en su Título V en los artículos 430 a 466, aunque también en el Libro IV, Título XVIII, los artículos 1.940 a 1.960 del mismo cuerpo legal contienen importantes reglas sobre la posesión que induce prescripción adquisitiva (*possessio ad usucapionem*), al igual que fuera del Código civil la Ley Hipotecaria (Texto Refundido publicado por Decreto-Ley de 8 de febrero de 1946), contiene importantes reglas especiales sobre la posesión de los bienes inmuebles, fundamentalmente en sus artículos 35, 36, 38 y 41.

1. Clases de posesión

Como en toda clasificación, son muchos y variados los criterios que pueden utilizarse, y así el propio Código civil encabeza el primer Capítulo de su Título V, comprensivo de los artículos 430 a 437, con la rúbrica «De la posesión y sus especies», sin pretender ser exhaustivo en la tarea clasificatoria, como tampoco se pretenderá en las líneas que siguen, porque muchas de las clasificaciones, como las basadas en el objeto (posesión de cosas y posesión de derechos, posesión de bienes muebles y de bienes inmuebles), se presuponen en el texto legal por tratarse de aplicación de conceptos transversales a todo el derecho patrimonial.

La clasificación legal atiende a las clasificaciones que condicionan en mayor medida los efectos de la posesión que se contemplan en el Capítulo III, proporcionando al intérprete las definiciones que son precisas para aplicar el conjunto de la regulación de la posesión, lo que desde luego confiere singular importancia a este Capítulo.

2. Posesión natural y posesión civil

Siguiendo el orden empleado por el Código civil, y comenzando por el contenido del artículo 430, hay que indicar que este precepto es básico para comprender los presupuestos teóricos e históricos de la regulación posesoria, lo que ha dado pie a ciertas críticas doctrinales que acusan al Legislador de formular una clasificación de la que luego prescinde, por lo que carecería de vocación hacia la aplicación práctica. Sin embargo, lo cierto es que el precepto aclara el pensamiento de los redactores asumiendo una tradición romanista que trata al mismo tiempo de explicar la estructura de la posesión —tenencia material y elemento intencional—, y contraponer la posesión natural equivalente a la mera tenencia, y la posesión civil dotada de *animus rem sibi habendi*, y por ende de posibles efectos respecto de los modos de adquirir la propiedad y otros derechos reales[3].

Así pues, esta primera aproximación del Código civil al tema, incorpora una clasificación histórica con indudable significación teórica y práctica, y refleja, además, otra clasificación por razón del objeto de no menor importancia que radica en la equiparación de la tenencia de las cosas y el disfrute de los derechos, es decir, la posesión de cosas a la posesión de derechos o *quasi possessio* del Derecho romano.

[3] Es bastante interesante, dentro del debate acaecido en la sesión del Congreso de los Diputados de 9 de abril de 1889, la explicación ofrecida en nombre de la Comisión de Codificación por D. Germán Gamazo y Calvo, a las críticas formuladas por D. Gumersindo Azcárate, ya que no sólo denota la importancia teórica del precepto, sino que ofrece una clara y auténtica identificación de la posesión civil con la *possessio ad usucapionem* y con la doctrina de la acción publiciana «que habían inventado los pretores para poner coto a las dificultades invencibles, dentro del rigorismo del derecho, de probar el dominio por una larga serie de transmisiones legítimas». Véase *El Código civil, Debates parlamentarios*, Diario de sesiones del Congreso, de 9 de abril de 1889, Servicio de Publicaciones del Senado, t. II, p. 2417, Madrid, 1990.

3. Posesión en nombre propio y en nombre ajeno

El artículo 431 del Código civil establece que «la posesión se ejerce en las cosas o en los derechos por la misma persona que los tiene y los disfruta o por otra en su nombre», lo que debe de entenderse como representación posesoria en el ejercicio, y, por lo tanto, de una representación impropia, puesto que no hay representación posible en una relación fáctica.

Los supuestos de tal representación son variados: los padres, respecto de los bienes y derechos de los hijos menores, los mandatarios respecto de los bienes de los mandantes, los albaceas respecto de los herederos.

También se considera referida en este precepto la situación que en el derecho alemán (§ 855 BGB) se califica como «servidor de la posesión», que sería una persona vinculada con el poseedor por una relación de prestación de servicios relacionados con cosas, en las que el servidor de la posesión debe cumplir órdenes o instrucciones del poseedor, como los conductores respecto de los automóviles, los guardas y vigilantes respecto de fincas, etc.

Esta tenencia no es posesión apta para usucapir ni para adquirir frutos, porque no es verdadera posesión, ni civil, ni natural, por lo que tampoco podría ejercitar acciones posesorias en virtud del artículo 446 del Código civil.

4. Posesión en concepto de dueño y posesión en concepto distinto del dueño. Posesión mediata e inmediata

El artículo 432 del Código civil establece que «la posesión de los bienes y derechos puede tenerse en uno de dos conceptos: en el de dueño, o en el de tenedor de la cosa o derecho para conservarlos o disfrutarlos, perteneciendo el dominio a otra persona».

Del precepto reproducido resulta que posee en concepto de dueño quien ejerce el derecho de propiedad sobre la cosa, mientras que quien ejercita otro tipo de facultades y ejercita otro derecho (p. ej., el de usufructo), posee en concepto distinto del de dueño.

El efecto de permitir la adquisición por usucapión de un derecho real, lo reduce el artículo 1.941 del Código civil a la posesión en concepto de dueño, por lo que en el sentido empleado en el artículo 1.941, hay que entender que se trata no sólo de propiedad, sino de titularidad de otros derechos reales.

El concepto en el que se posee se presume continuo desde el momento de la adquisición, de acuerdo con el artículo 436 del Código civil, pero tal presunción es meramente relativa, por lo que resulta posible modificar el concepto en el que se posee, fenómeno éste que se conoce doctrinalmente como inversión o interversión del concepto posesorio, sin que tal posibilidad relativice lo establecido en el artículo 447 del Código civil, según el cual «sólo la posesión que se adquiere y se disfruta en concepto de dueño puede servir de título para adquirir el dominio», porque en rigor, la interversión posesoria supone el comienzo de una nueva posesión que puede ser en concepto de dueño, con la consiguiente pérdida conforme al artículo 460.4.° del Código civil, de la posesión por el anterior poseedor en concepto de dueño.

La doctrina estima que, aun cuando la interversión unilateral de mala fe resulte ser un despojo y, por ende, un acto ilícito, habrá comenzado una nueva posesión que puede desembocar incluso en usucapión de cosas robadas conforme al artículo 1.956 del Código civil[4].

Por otra parte, el artículo 432 del Código civil, ha de relacionarse con el artículo 445 del mismo texto legal, que establece que «la posesión como hecho no puede reconocerse en dos personalidades distintas, fuera de los casos de indivisión», pero cuando se trate de posesiones en distintos conceptos pueden resultar perfectamente compatibles entre sí y dar lugar a una cadena de posesiones, cuyos primeros eslabones serán posesiones mediatas, y el último eslabón será posesión inmediata. Así pues, la coexistencia de la propiedad con derechos reales y aun personales o de crédito (p. ej., arrendamiento de cosas y posibles subarriendos) que comporten facultades posesorias, arroja como resultado un conjunto, que puede ser amplio, de posesiones en concepto de dueño y conceptos distintos del de dueño.

En estos casos, todos poseen a través del poseedor inmediato, gozando de la protección de las acciones posesorias sumaria, y todos los titulares jurídico reales podrán usucapir sus respectivos derechos (propiedades, usufructo, etc.) pese a ser las suyas posesiones mediatas.

5. Posesión de buena fe y posesión de mala fe

El artículo 433 del Código civil introduce otra importante clasificación de las posesiones, al establecer que «se reputa poseedor de buena fe al que ignora que en su título o modo de adquirir exista vicio que lo invalide», y que «se reputa poseedor de mala fe al que se halla en el caso contrario», o como reza el inciso final del artículo 435 al que «no ignora que posee la cosa indebidamente».

La buena fe, que el artículo 1.950 del Código civil define positivamente «como la creencia de que la persona de quien recibió la cosa era dueño de ella, y podía transmitir su dominio», resulta ser una situación subjetiva de error excusable.

La virtualidad generadora de apariencia dominical legitimadora está en la base de este error. Por eso el artículo 434 del Código civil sienta la presunción de buena fe al establecer que «la buena fe se presume siempre, y al que afirma la mala fe de un poseedor corresponde la prueba», admitiendo la prueba en contra-

[4] Véase M. Peña Bernaldo de Quirós, *op. cit.*, p. 165.

rio que consistirá en la demostración de que tal error del actual poseedor, o no existió, o existiendo no era excusable.

Al igual que respecto del concepto posesorio, el Código civil no sólo presume la buena fe en la adquisición, sino que también presume la continuidad de la buena fe inicial, en el artículo 435 del Código civil, el cual establece que «la posesión adquirida de buena fe no pierde este carácter sino en el caso y desde el momento en que existan actos que acrediten que el poseedor no ignora que posee la cosa indebidamente», lo que supone aplicación del aforismo *mala fides superveniens nocet* proveniente de Derecho canónico, y en el caso de adquisición hereditaria, el artículo 442 del Código civil arroja el mismo resultado, puesto que establece que «el que suceda por título hereditario no sufrirá las consecuencias de una posesión viciosa de su causante, si no se demuestra que tenía conocimiento de los vicios que la afectaban: pero los efectos de la posesión de buena fe no le aprovecharán sino desde la muerte de su causante».

Esta clasificación de la posesión es pródiga en consecuencias, tanto en materia de prescripción adquisitiva, e irreivindicabilidad de bienes muebles, como en lo relativo a la liquidación de los sucesivos estados posesorios en materia de frutos, rentas e intereses, y también en materia de mejoras y deterioros sufridos por la cosa poseída.

6. Posesión de cosas y posesión de derechos

Como ya se indicó respecto de la noción misma de posesión, el Código civil equipara como posible objeto de posesión a las cosas y a los derechos, recogiendo el resultado de una espiritualización que ya se inició en el Derecho romano preclásico y se completó en el Derecho romano justinianeo que incorporó la llamada *quasi possessio*. Dada la incorporalidad de los derechos de cualquier naturaleza, y el carácter fáctico de la posesión, esta equiparación es analógica, y así la muestra el Código civil al tratar de la tenencia de las cosas y el disfrute de los derechos en el artículo 430.

Respecto de los derechos reales carentes de facultades posesorias, como la hipoteca inmobiliaria, esa posesión sólo se exterioriza a través de la inscripción registral que es para estos derechos constitutiva, y respecto de los derechos de naturaleza crediticia que no recaen sobre cosas sino sobre conductas humanas, es esa condición las que les inhabilita para ser objeto de posesión en sentido técnico.

7. Posesión de bienes muebles y posesión de bienes inmuebles

Esta clasificación de las cosas, que se convirtió en la clasificación por excelencia del objeto de los derechos, tiene como la precedente, importantes consecuencias en la regulación de la posesión, especialmente en conexión con la adquisición de buena fe.

En efecto, la cosa mueble como objeto de posesión, desde los orígenes de la tutela interdictal romana tuvo un régimen distinto, el llamado interdicto *utrubi*, mientras que la posesión de inmuebles daba pie al llamado interdicto *uti possidetis*, pero con ser importantes las diferencias ya existentes entonces éstas se profundizaron tras la confluencia del Derecho romano con las tradiciones jurídicas germánicas.

En efecto la *gewere* germánica, *saissine* en la tradición franca, era una investidura en la posesión que legitimaba a su titular, produciendo una enérgica protección de los adquirentes basada en la apariencia que el Código francés expresó en su artículo 2.279 en la máxima *en fait de meubles possession vaut titre* y que nuestro Código civil refleja en el primer inciso del artículo 464 que establece que «la posesión de bienes muebles adquirida de buena fe equivale al título», y que desarrolla el resto del precepto regulando las hipótesis de irreivindicabilidad, que se estudiarán al final del Lección 3 como supuestos de adquisición *a non domino*, también calificados como de prescripción instantánea.

8. Posesión viciosa y posesión exenta de vicios

Los vicios posesorios que privan de toda eficacia y protección a la tenencia, fueron en el Derecho romano la violencia, la clandestinidad y el carácter precario (*possidere vi, clam aut precario*), y con tales antecedentes el artículo 444 del Código civil nos indica que «los actos meramente tolerados, y los ejecutados clandestinamente y sin conocimiento del poseedor de una cosa, o con violencia, no afectan a la posesión», lo que se interpreta en el sentido de que no inician una nueva posesión. Pero indudablemente pueden llegar a señalar el momento del inicio del cómputo del plazo de prescripción de la acción sumaria para retener o recobrar la posesión, y como señala el artículo 460.4.º CC.

Bien es verdad que el reconocimiento del derecho del poseedor por parte de quien detenta la cosa por tolerancia, o el ejercicio de la acción posesoria en el año siguiente al conocimiento de la detentación clandestina, o del despojo violento, mantendrán incólume la verdadera posesión.

En suma, los vicios posesorios, son diametralmente opuestos a los requisitos de una verdadera posesión *ad usucapionem* de acuerdo con el artículo 1.941 CC: en concepto de dueño, pública y pacífica, aspectos éstos en que coincide el Derecho romano con la tradición germánica.

9. La coposesión

Como indica el artículo 445 CC, no puede reconocerse la posesión como hecho en dos personalidades distintas salvo en los casos de indivisión, de manera que son precisamente las situaciones de comunidad las que dan lugar a coposesión. Así pues, en la coposesión el poder sobre la cosa objeto de la posesión correspondiente a cada sujeto coposeedor, está limitado por el poder de los demás sujetos conforme a las normas rectoras de la comunidad ordinaria o de la comunidad especial de que se trate, sea ésta una comunidad en mano común, o una comunidad especial regida por la Ley de Propiedad Horizontal en cuanto a los elementos comunes.

Para el caso de división de las comunidades por cuotas, el artículo 450 del Código civil establece que «cada uno de los partícipes de una cosa que se posea en común se entenderá que ha poseído exclusivamente la parte que al dividírsele cupiera durante todo el tiempo que duró la indivisión» y respecto de cualquier supuesto de coposesión establece que «la interrupción en la posesión del todo o parte de una cosa poseída en común perjudicará por igual a todos».

Frente a las perturbaciones posesorias, cada coposeedor dispone de las acciones posesorias para recobrar y retener la posesión frente a los demás coposeedores, tanto en la comunidad ordinaria como en la coposesión de los elementos comunes en régimen de propiedad horizontal.

III. EFECTOS DE LA POSESIÓN SEGÚN SUS CLASES

Como ya se ha anticipado al tratar de las distintas especies de posesión, los efectos de la posesión, y, en suma, su contenido son muy diferentes según la especie de posesión de que se trate, por lo que a la hora de tratar sus efectos conviene comenzar por los que despliega toda posesión, que se encuentran precisamente en el terreno de algunas de las acciones que protegen a «todo poseedor» según establece el artículo 446 CC.

1. La protección posesoria

Sin embargo, lo cierto es que aunque algunas de las acciones susceptibles de calificarse como posesorias, están a disposición de todo poseedor, otras, por el contrario, están reservadas a ciertos tipos de posesión, cual es el caso de la llamada acción publiciana y de la acción para hacer efectiva la posesión de los titulares registrales, ya que la primera es un juicio plenario que puede defender al poseedor *in via usucapiendi*, y la segunda está reservada a los titulares registrales de derechos reales sobre fincas inscritas en el Registro de la Propiedad.

1.1. *Acciones sumarias para retener y recobrar la posesión*

Comenzando, pues, por la protección de toda posesión, podría describir como la defensa del derecho a seguir poseyendo, y está reflejada en el artículo 446 del

Código civil que establece que «todo poseedor tiene derecho a ser respetado en su posesión; y si fuere inquietado en ella, deberá ser amparado o restituido en dicha posesión por los medios que las leyes de procedimiento establecen».

Tales remedios procesales han sido desde su creación en Roma conocidos como interdictos de retener y recobrar la posesión, hasta que la vigente Ley 1/2000, de 7 de enero, de Enjuiciamiento prescindió de tal denominación al englobarlos en el artículo 250.4.º con otros procedimientos que han de ventilarse por el trámite del juicio verbal, como «demandas que pretendan la tutela sumaria de la tenencia o de la posesión de una cosa o derecho por quien haya sido despojado de ellas o perturbado en su disfrute», lo que no debe impedir mantener la vieja denominación a efectos «doctrinales docentes e incluso prácticos»[5], ya que resulta un modo abreviado de expresar unas mismas realidades.

Completa esta regulación en el Código civil el artículo 441 según el cual «en ningún caso puede adquirirse violentamente la posesión mientras exista un poseedor que se oponga a ello. El que se crea con acción o derecho para privar a otro de la tenencia de una cosa, siempre que el tenedor se resista a la entrega, deberá solicitar el auxilio de la Autoridad competente».

En caso de no actuar como prescribe este precepto, habrá despojo, y se perderá el amparo del Derecho por quien se tomó la justicia por su mano, con las consecuencias civiles e incluso penales que procedan.

En consecuencia, dejando a un lado el recurso a otras autoridades incluida la jurisdicción penal, el artículo 250.4.º LEC refleja las dos acciones sumarias tradicionales relativas al *ius possessionis*, es decir, por una parte el interdicto de retener del que puede servir el poseedor que se haya visto perturbado en su posesión por actos que intentan despojarle o amenazan con llegar a hacerlo, aunque sea con una mera modificación de su ejercicio posesorio, y por otra, el llamado interdicto de recobrar que procede cuando el despojo se ha consumado total o parcialmente.

Parece que los remedios que nos ocupan, continúan siendo acciones diferentes, aunque se reúnan en un mismo precepto, porque en ellas es diferente el *petitum* y también la causa de pedir (*causa petendi*), de modo que no cabe acumulación simultánea en una misma demanda, aunque sí petición alternativa indicando lo que se pide con carácter principal, y lo que se pide con carácter subsidiario para el caso de no prosperar el pedimento principal.

En una de ellas, el interdicto de retener, la sentencia condenará a un no hacer, es decir, a una abstención o cese en el futuro de la actividad perturbadora, mientras que en el otro, el llamado interdicto de recobrar, habrá en su caso una condena a hacer lo necesario para reponer al actor en su posesión, a lo que cabe acumu-

---

[5] P. de Pablo Contreras, *Curso de Derecho Civil*, III, 4.ª ed. actualizada, Edisofer, Madrid, 2016, p. 191.

lar la restitución de frutos, rentas e intereses, y el resarcimiento de daños, que en el régimen procesal anterior eran un contenido necesario de la sentencia conforme al artículo 1.658.2.º de la LEC de 1881.

Los demás aspectos del procedimiento, son comunes a ambas acciones por lo que se estudian conjuntamente:

a) Están legitimados activamente para su ejercicio todos los poseedores, tengan o no título, sea mediatos o inmediatos, y en nombre propio o en nombre ajeno, que recuperaría o retendría para aquel en cuyo nombre posee. En cuanto a la posesión viciosa —violenta, clandestina o en precario—, cabrían contra el titular que ejerciese interdictos tales excepciones por cuanto quien las opusiese no habría dejado de poseer en virtud del artículo 444 CC.

b) Están legitimados pasivamente quienes hayan perturbado la posesión o consumado total o parcialmente el despojo de un poseedor, aunque el despojante sea titular de un *ius possidendi* que no le habilita para ejercitar estas acciones sumarias, cualquiera que sea su concepto posesorio y su título. Tan sólo están excluidas las Administraciones públicas, puesto que, aunque haya procedido la administración por vía de hecho, será competente de modo exclusivo la jurisdicción contencioso-administrativa, de acuerdo con el artículo 9.4 LOPJ a través de un procedimiento similar, pero con plazo de prescripción brevísimo de tan sólo veinte días desde que acaeciese la perturbación por vía de hecho, lo que hace pensar en una posible privación de la tutela judicial efectiva del despojado.

c) El carácter sumario y la amplia legitimación activa y pasiva están estrechamente relacionados en estos procesos, en los que sólo cabe alegar y probar por el demandante la perturbación o el despojo que haya sido víctima, y la posesión por más de un año por parte del demandado.

d) En consecuencia, el *ius possidendi* no es objeto de discusión ni se decide sobre él.

e) Por razones derivadas de la limitación del tema *probandum*, a cargo del actor y de las alegaciones que puede oponer el demandado, las sentencias que ponen fin a estos procesos carecen de eficacia de cosa juzgada material, según establece el artículo 447.2 LEC, aunque a diferencia de lo prevenido en el artículo 1.658.3.º LEC precedente no es preceptiva la fórmula «sin perjuicio de tercero», ni la «reserva del derecho que puedan tener sobre la propiedad o posesión definitiva».

f) El plazo para ejercitar la acción lo fijan tanto el artículo 1.968.1.º del Código civil como el artículo 439.1 LEC en un año contado, según este último precepto, desde que tuvo lugar la perturbación o el despojo, plazo en principio de prescripción que viene a coincidir con la duración de la posesión incorporal del despojado que da lugar a la pérdida del derecho conforme al artículo 460.4.º del Código civil.

Por lo que respecta a las reglas que establece el artículo 445 del Código civil para resolver los conflictos sobre el hecho de la posesión, hay que tener en cuenta lo anteriormente estudiado y concluir que solamente la preferencia del poseedor actual y en caso de pluralidad la preferencia del más antiguo, serán propias del juicio verbal que ha recogido el contenido de los antiguos interdictos de retener y recobrar, porque las demás reglas se refieren ya al derecho a poseer o al título y corresponden a juicios plenarios.

1.2. *Acciones plenarias: estudio especial de la acción publiciana*

La posesión, en sí, se puede recuperar, además de por los procesos específicos indicados, mediante acciones penales por delitos contra la propiedad, si no media reserva de la acción civil conforme al artículo 109.2.º CP. Así pues, si el despojo constituyese un ilícito penal como el hurto o el robo podría recuperarse la posesión indebidamente perdida como consecuencia de la sentencia recaída en el proceso penal.

Por lo demás, las acciones civiles que defienden derechos reales típicos, como las acciones reivindicatoria y negatoria defienden la propiedad, y la acción confesoria que defiende las servidumbres, permiten recuperar la posesión con base al *ius possidendi* que comportan los derechos reales típicos indicados, y otros como el usufructo, el uso, la habitación, la enfiteusis y el derecho de superficie, u otro de los que pueden adquirirse por usucapión. Esa reintegración posesoria se puede lograr, así, por vía de estos procesos plenarios, tramitados por la vía del juicio declarativo ordinario frente a cualquiera que la haya perturbado, pues no en vano se trata de derechos subjetivos absolutos, defendidos *erga omnes*, por más que la sentencia que reintegre la posesión tenga efecto solamente *inter partes*, y proporcione por ende una tutela meramente relativas, solamente frente a quienes hayan perturbado la posesión y hayan sido demandados por ello.

Todas estas acciones, como es lógico, es oportuno estudiarlas en sus respectivas sedes, dado que se ejercitan con base en otros derechos reales definitivos, o en órdenes jurisdiccionales distintos del orden civil.

Pero lo cierto es que también la posesión más cualificada, que obedece a un mejor derecho a poseer, como la que ostenta quien se encuentra en vías de adquirir por usucapión la propiedad u otro derecho real, gozó desde el Derecho romano de protección procesal mediante juicios petitorios, plenarios, al igual que quien ya sea titular de un derecho real usucapible, pero tenga graves dificultades para probar cumplidamente la adquisición firme de su derecho.

Para estos casos, el derecho pretorio creó la llamada acción publiciana, en la que se fingía en la fórmula del pretor la consumación de la usucapión, y se permitía así la reintegración posesoria en base a un mejor derecho a poseer respecto del que ostentase el demandado. Como indica Miquel GONZÁLEZ[6], el poseedor con justo título y buena fe, se impone en el proceso al poseedor actual que carece de título, o de buena fe, o tiene una posesión posterior.

La pervivencia de la llamada acción publiciana tras la entrada en vigor del Código civil fue puesta en duda por algunos autores con base en su falta de mención expresa, pero lo cierto es que los redactores del Código civil la tuvieron en mente como lo demuestran las palabras del portavoz de la Comisión de Codificación, G. GAMAZO, en la discusión del Código civil en el Congreso de los Diputados[7].

La jurisprudencia del TS por su parte consagra su vigencia en numerosas sentencias, aunque preciso es indicar, que tanto en la doctrina como en la jurisprudencia, se puede distinguir una corriente partidaria de la subsistencia de la acción publiciana como una faceta de la acción reivindicatoria, carente de autonomía, y consistente, por lo tanto, en una relajación del rigor probatorio del dominio (SSTS de 21 de febrero de 1941 y 12 de mayo de 1992, entre otras, y J. CASTAN TOBEÑAS, entre otros), y otra corriente partidaria de la subsistencia de la acción publiciana como una acción posesoria autónoma (STS de 26 de octubre de 1931 y L. DÍEZ PICAZO, entre otros, con un fundamento sustantivo ajeno al art. 348.2.º CC).

1.3. *Acción para hacer efectiva la posesión del titular registral*

También llamada acción real registral, puede definirse como la «acción que tiene por objeto obtener la posesión que corresponde al derecho cuya titularidad y existencia presume por el hecho de estar inscrito en el Registro de la Propiedad»[8]. Está regulada en el artículo 41 de la Ley Hipotecaria y en el artículo 250.1.7.º LEC, que prevé la tramitación mediante juicio verbal de las acciones que «instadas por los titulares registrales de derechos reales inscritos en el Registro de la Propiedad, demanden la efectividad de esos derechos frente a quienes se opongan a ellos o perturben su ejercicio sin disponer de título inscrito que legitime la oposición o la perturbación».

Se fundamenta en las presunciones del artículo 38 de la Ley Hipotecaria, y específicamente en la presunción de exactitud del Registro con la consecuente inoponibilidad al titular registral de lo no inscrito.

---

[6] J. M. MIQUEL GONZÁLEZ, voz «Acción publiciana», en *Enciclopedia jurídica básica*, t. I, Madrid, 1995, pp. 129 ss.

[7] «En fin, los autores del Código no se han propuesto sino definir aquel segundo de los derechos reales que los romanos estudiaban, aquel que habían inventado los pretores para poner coto a las dificultades invencibles, dentro del rigorismo del derecho, de probar el dominio por una larga serie de transmisiones legítimas». Véase respuesta de G. GAMAZO a G. AZCÁRATE, *El Código civil*, obra citada, t. II, p. 2417, sesión de 9 de abril de 1889.

[8] P. DE PABLO CONTRERAS., obra citada, p. 298.

Se trata realmente de una acción petitoria y no simplemente posesoria, peculiar, consistente en un proceso declarativo y de condena, con limitaciones a la oposición del demandado conforme al artículo 444.2 LEC, según el cual «el demandado sólo podrá oponerse a la demanda si, en su caso, presta la caución determinada por el tribunal en cualquiera de las formas previstas en el párrafo 2.º del apartado 2.º del artículo 64 de esta Ley», y fundándose en las siguientes causas tasadas: 1.ª Falsedad de la certificación del registro u omisión en ella de derechos o condiciones inscritas, que desvirtúen la acción ejercitada. 2.ª Poseer el demandado la finca o disfrutar del derecho discutido por contrato u otra cualquier relación jurídica directa con el último titular o con titulares anteriores en virtud de prescripción, siempre que ésta deba perjudicar al titular inscrito. 3.ª Que la finca o derecho se encuentren inscritos a favor del demandado y así lo justifique presentando certificación del Registro de la Propiedad acreditativa de la vigencia de la inscripción. 4.ª No ser la finca inscrita la que efectivamente posea el demandado.

En cualquier caso, la sentencia que se dicte no produce excepción de cosa juzgada de acuerdo con el artículo 447.3 LEC, si bien para que se declare el dominio del demandado o su titularidad de un derecho real limitado de goce que comporte el derecho a poseer la finca, será preciso que se ejercite contra el titular registral acción contradictoria del derecho publicado por el Registro, y acción de rectificación del asiento, en virtud todo ello del artículo 38 de la Ley Hipotecaria.

2. Las presunciones posesorias

Los artículos que el Código civil dedica a regular la posesión, contienen un buen número de presunciones, cuyo efecto opera en el proceso alterando la regla general de que expresa el aforismo «incumbe la carga de la prueba a quien afirma, no a quien niega» que recogía el artículo 1.214 CC, hoy derogado, pero que se contempla con mayor detalle en el artículo 217 LEC en sus apartados 2 y 3, sin que de esta nueva ubicación pueda deducirse que se trata, especialmente en el caso de normas puramente adjetivas.

Siguiendo el orden en que aparecen, la primera presunción que introduce el Código civil en su artículo 434 es la presunción de buena fe, «La buena fe se presume siempre y al que afirma la mala fe de un poseedor corresponde la prueba», introduciendo poco después otra presunción relativa a la buena fe en el artículo siguiente: «la posesión adquirida de buena fe no pierde ese carácter sino en el caso y desde el momento en que existan actos que acrediten que el poseedor no ignora que posee la cosa indebidamente», que podría calificarse como presunción de continuidad de la buena fe inicial, que indica lo que habrá de probar quien alegue que ha sobrevenido mala fe, con las transcendentales consecuencias nocivas para el poseedor que tal cambio comporta.

También puede decirse que es una presunción de continuidad, en este caso del concepto posesorio, la que incorpora el artículo 436 del Código civil en los siguientes términos: «Se presume que la posesión se sigue disfrutando en el mismo concepto en que se adquirió, mientras no se pruebe lo contrario», que implica la asunción de la carga probatoria por quien afirme la existencia de un cambio en el concepto posesorio, debido al fenómeno que se califica por la doctrina como inversión o interversión del concepto posesorio.

Central en materia de posesión es la presunción que establece el artículo 448 en favor de los poseedores en concepto de dueño: «el poseedor en concepto de dueño tiene a su favor la presunción legal de que posee con justo título y no se le puede obligar a exhibirlo», que despliega eficacia en todo tipo de procedimientos, y que en ocasiones puede colisionar con otras presunciones. Se trata de lo que en el *ius commune* se conoció como *commodum possessionis* que se expresaba en el aforismo *qui possedit dominus esse praesumitur*.

Propia exclusivamente de la posesión de bienes inmuebles, es la que contiene el artículo 449 CC, según el cual «la posesión de una cosa raíz supone la de los muebles y objetos que se hallen dentro de ella, mientras no conste o se acredite que deben ser excluidos». Se trata de una presunción relacionada con el principio de accesoriedad. Nótese que el precepto no habla de cosas o bienes muebles, sino de muebles a secas, lo que conforme al artículo 346, párrafo 2.º del propio cuerpo legal, restringe el significado de muebles a lo que tenga «por principal destino amueblar o alhajar las habitaciones», excluyendo el resto de las cosas muebles enumeradas en los artículos 335 a 337 CC.

De nuevo con referencia la continuidad de la posesión, el artículo 459 del Código civil establece que «el poseedor actual que demuestre su posesión en época anterior, se presume que ha poseído también durante el tiempo intermedio, mientras no se pruebe lo contrario», en lo que constituye una presunción más favorable al poseedor actual de carácter meramente relativo o *iuris tantum*, de cierta importancia en la liquidación de los estados posesorios. No son presunciones relativas a la continuidad posesoria, sino verdaderas ficciones que no admiten prueba en contrario las que incorporan los artículos 461 respecto de cosas muebles en ignorado paradero, y 466 respecto de la posesión recuperada conforme a derecho sobre toda clase de objetos.

3. La prescripción adquisitiva: remisión

Uno de los más importantes efectos desplegados por la posesión en concepto de dueño, es precisamente el de inducir la adquisición de la propiedad o de otros derechos reales, si es posesión en concepto de dueño, pública, pacífica y no interrumpida a lo largo de los plazos que la ley establece, más breves o más prolongados según concurra o no justo título y buena fe, o según de qué clase de bienes, muebles o inmuebles se trate, pero esta cuestión corresponde al tratamiento de la adquisición y pérdida de los derechos reales que se realiza *infra* sub III.6.

4. La protección de la apariencia; adquisiciones *a non domino*: remisión

La protección de la apariencia es un efecto transversal que se encuentra en toda la regulación de los efectos de la posesión, desde su propia protección procesal, pasando por la liquidación de los estados posesorios, hasta llegar a su transcendental eficacia en los modos de adquirir el dominio y los derechos reales. La posesión de los bienes muebles tiene, en virtud de la regulación del artículo 464 del Código civil, una enérgica eficacia cuando es adquirida de buena fe, que puede llegar a producir la adquisición *a non domino*, paralela a la que en materia de bienes inmuebles inscritos despliega el llamado principio de fe pública registral que consagra el artículo 34 de la Ley Hipotecaria, aspectos ambos que se tratan *infra* sub III.7.3.

IV. ADQUISICIÓN, CONSERVACIÓN Y PÉRDIDA DE LA POSESIÓN

Predomina en la regulación de la adquisición, conservación y pérdida de la posesión, la faceta predominantemente fáctica, de estado de hecho, que resulta peculiar de la posesión como derecho real, lo que se concreta en una regulación muy simple y breve en la que tan sólo por la espiritualización que suponen la posesión de derechos y la admisión de la adquisición hereditaria *solo animo*, hay cierto distanciamiento del mundo de lo predominantemente fáctico, al igual que en la conservación *solo animo* de la posesión incorporal del despojado.

1. Adquisición de la posesión

Establece el artículo 438 del Código civil que «la posesión se adquiere por la ocupación material de la cosa o derecho poseído, por el hecho de quedar éstos sometidos a la acción de nuestra voluntad, y por los actos propios y formalidades legales establecidas para adquirir tal derecho».

Las adquisiciones a que se refieren los dos primeros incisos, ocupación material y sometimiento de las cosas a nuestra voluntad, son hipótesis de posesión natural adquirida de modo originario que es el único posible a tal efecto, bien por ocupación material directa, bien por ocupación indirecta mediante medios que prolongan la acción humana como animales o armas o trampas en el caso de la caza, o a través de sus órganos en el caso de las personas jurídicas tal y como prevé el artículo 38 CC.

Por el contrario, los «actos propios y formalidades legales» a que se remite el segundo inciso del artículo 438 CC, son propios de la adquisición derivativa de la posesión civil *inter vivos* o *mortis causa* como prevé el artículo 440 CC.

Lógicamente, los supuestos de ocupación y sometimiento no requieren una especial capacidad más allá de la capacidad natural, como se desprende del artículo 443 del Código civil que establece que «los menores y los incapacitados pueden adquirir la posesión de las cosas; pero necesitan de la asistencia de sus representantes legítimos para usar de los derechos que de la posesión nazcan a su favor».

En cuanto a la adquisición por persona distinta del poseedor, el artículo 439 del Código civil establece que «puede adquirirse la posesión [...] por su representante legal, por su mandatario y por un tercero sin mandato alguno; pero en este último caso no entenderá adquirida la posesión hasta que la persona en cuyo nombre se haya verificado el acto posesorio lo ratifique».

Algún autor indica que en una relación predominantemente fáctica no hay representación posible, por lo que los artículos 431 y 439 hay que entenderlos referidos a la dinámica del ejercicio posesorio de la adquisición, pero no a la titularidad, lo que tampoco tiene otra consecuencia práctica, ya que, admitida la eficacia de la actuación posesoria por persona distinta, es ocioso discutir la exactitud de su calificación como verdadera representación.

El último inciso del artículo 443 CC comprende supuestos muy variados, que irían desde la entrega judicial de la posesión por consecuencia de una acción ejecutiva del artículo 701 LEC, pasando por el supuesto de las adquisiciones derivativas que el artículo 460.2.º del Código civil llama cesiones onerosas o gratuitas.

2. La adquisición de la posesión de los bienes hereditarios

Cabría entender aludida en el último inciso del artículo 443 CC, incluso la llamada posesión civilísima de los bienes por los herederos aceptantes de los bienes del causante desde el momento de su fallecimiento que desarrolla el artículo 440 CC, caso este de adquisición *solo animo* sin necesidad de actos de aprehensión material de los bienes hereditarios, que procede de la tradición germánica en la que regía el aforismo «el muerto inviste al vivo» (*le mort saissit le vif*).

En efecto el artículo 440 del Código civil establece que «la posesión de los bienes hereditarios se entiende transmitida al heredero sin interrupción y desde el momento de la muerte del causante, en el caso de que llegue a adirse la herencia», lo que supone atribuir efecto retroactivo a la aceptación, y legitima a los herederos activamente para el ejercicio de la acción sumaria prevista en el artículo 250.3.º LEC, que contempla como materia a dirimir por el cauce del juicio verbal las acciones entabladas para que «el tribunal ponga en posesión de los bienes a quien los hubiere adquirido por herencia si no estuviesen siendo poseídos por nadie a título de dueño o de usufructuario».

Se trata del hasta hace poco tiempo llamado interdicto de adquirir y en el derecho histórico conocido como juicio de tenuta (*seu interdictum possessorium sumarissimum*) que beneficia al heredero como continuador de la posición jurídica del causante sin necesidad de recepción del *corpus posesorio*, incluso habiendo transcurrido el plazo de un año para el ejercicio de los interdictos de recobrar la posesión.

Por el contrario, si se repudia la herencia válidamente, el artículo 440 del Código civil en su párrafo 2.º establece que quien tal cosa haga, «se entiende que no la ha poseído en ningún momento».

3. Conservación de la posesión

La conservación, al igual que la adquisición, puede llevarse a cabo a través de otra persona, según se desprende del artículo 431 CC, y subsiste pese al despojo si se «recupera conforme a derecho la posesión indebidamente perdida», tal y como prevé el artículo 466 CC, lo que supone la coexistencia de una posesión conservada *solo animo*, es decir sin tenencia material, y coexistiendo, por lo tanto, con una tenencia material en contra de la voluntad del poseedor *solo animo*, durante el plazo de un año contado desde el despojo.

En materia de muebles, el extravío, es decir, la ignorancia accidental del paradero de la cosa, en principio no afecta a la posesión, que solamente se extinguiría por abandono deliberado. No obstante, esta regla no rige para los animales llamados fieros por el artículo 465 del Código civil, cuya posesión se pierde junto con el control material sobre el animal, pero sí para los animales amansados que de acuerdo con el citado precepto «se asimilan a los mansos o domésticos, si conservan la costumbre de volver a casa del poseedor» (*consuetudo revertendi*).

4. Pérdida de la posesión

El artículo 460 del Código civil regula la pérdida de la posesión, enumerando los modos en que se pierde. Suele sistematizarse esta enumeración indicando que los dos primeros modos de perder la posesión que enumera el precepto son voluntarios, en tanto que los dos últimos son ajenos a la voluntad del poseedor.

Comienza la enumeración el artículo 460 indicando que la posesión se pierde «por el abandono de la cosa», que es un modo voluntario de dejar de poseer e incluso de ser propietario o titular jurídico real de la cosa, por renuncia. Pero el abandono tiene ese enérgico efecto como acto voluntario con efecto real, cuando se trata de cosas muebles, aunque en principio, tampoco para quienes entre en contacto con la cosa abandonada resultará segura esa voluntad, cuya exteriorización no permite a los terceros conocer si están ante una cosa sin dueño (*res nullius*), susceptible de adquirirse por ocupación conforme al último inciso del artículo 610 CC, o ante un objeto perdido al que se aplicarían las reglas del hallazgo, que regula el artículo 615 del mismo cuerpo legal.

El abandono de cosas inmuebles resulta un concepto más difícil de definir jurídicamente, puesto que el propietario no está obligado ni directa ni indirectamente a usar de sus bienes inmuebles y a poseerlos de modo inmediato o mediato. Pero si se da el caso, pueden comenzar otras posesiones sobre la cosa, cuya suerte dependerá del ejercicio de acciones sumarias o plenarias según la duración de tales posesiones, que darán al traste con ellas. En todo caso, desde 1835 las sucesivas leyes de mostrencos y de patrimonio del estado y de las Administraciones públicas han venido atribuyendo al Estado los bienes inmuebles vacantes de posesión, respecto de los cuales no opera la ocupación como modo de adquirir la propiedad.

En segundo lugar, el artículo 460 enumera como modo voluntario de perder la posesión la «cesión hecha a otro por título oneroso o gratuito», modo éste que no es otro que la entrega o tradición de la cosa que transmitiría una posesión civil coincidente con el dominio u otro derecho real, pero también como una simple posesión *ad usucapionem* cuya suerte final dependerá de la buena fe del adquirente y del transcurso de los plazos que la ley establece para la prescripción adquisitiva, y que sucumbirá ante otros poseedores con mejor derecho.

Seguidamente, y en tercer lugar, enumera el artículo 460 del Código civil una causa que por lo general será involuntaria, que no es otra que por la «destrucción o pérdida total de la cosa, o por quedar ésta fuera del comercio». Se trata de un conjunto de causas que no sólo son causa de pérdida de la posesión, sino también de cualquier derecho real que recaiga sobre ellas.

En lo que atañe a la salida fuera del comercio, hay que precisar de acuerdo con la doctrina que debe tratarse de una extracomercialidad absoluta, que convierta la cosa en no apropiable conforme al artículo 337 CC, de modo que la simple entrada en el dominio público no extingue directamente la posesión, pues faltará para ello la aprehensión por parte de la Administración titular que dispone de procedimientos a tal efecto.

Por último, en cuarto lugar, el artículo 460 del Código civil prevé la pérdida de la posesión «por la posesión de otro, aun en contra de la voluntad del antiguo poseedor, si la nueva posesión hubiera durado más de un año». Se trata de la extinción por el transcurso de un año de la posesión incorporal, *solo animo*, del despojado que hasta ese momento podría haber utilizado la acción sumaria para recobrar la posesión, pero que a partir de ese momento deberá acudir a acciones plenarias derivadas de la propiedad o de otros derechos reales, como la acción reivindicatoria, la acción confesoria, la acción publiciana, etc.

El plazo coincide con la prescripción de esa acción (el interdicto de recobrar) establecida en el artículo 1.968.1.º CC.

V. LIQUIDACIÓN DE LOS ESTADOS POSESORIOS

El carácter claudicante de la posesión, no unida al dominio, comporta el que se frecuente la sucesión en los estados posesorios, por extinción del derecho real o de crédito que los amparaba, o por evicción ante otra posesión mejor cualificada. Llegado ese momento, hay que determinar quién, de entre los poseedores sucesivos, tendrá derecho a los frutos, si la cosa poseída es fructífera, y a quién de entre ellos hay que imputar el abono de gastos generados por la cosa poseída, así como el destino de las mejoras.

Si la sucesión en el estado posesorio es consecuencia de un proceso, será la resolución que pone fin al proceso la que, en principio, deberá decidir sobre esas cuestiones, aunque si se trata de proceso sumario, con las limitaciones que a la acumulación de acciones impone el artículo 438.3.1.ª y 2.ª, y en todo caso con una resolución limitada en cuanto a su eficacia de cosa juzgada.

1. Adquisición de frutos

Siempre que a una posesión sucede en el tiempo otra, puede resultar necesaria la liquidación de estado posesorio, en la que se plantee como una cuestión básica la distribución de los frutos y rentas e intereses de la cosa poseída, de la que se ocupan los artículos 451 y siguientes CC, aplicables directamente a todos los supuestos que carezcan de una regulación específica fuera o dentro del Código civil, que contiene reglas especiales para los casos de plantación, siembra o edificación en suelo ajeno, revocación de donaciones. Ineficacia de los contratos y extinción del usufructo y del arrendamiento de cosas.

Las reglas del Código civil en esta materia, giran en torno a la buena o mala fe posesoria, tal y como la define el artículo 433 CC, es decir, la ignorancia excusable por parte del poseedor de su falta de derecho a poseer, bien por vicios del título en cuya virtud posee (como falta de poder de disposición de quien le transmitió la posesión, por ejemplo), o bien por vicios del modo en que adquirió su posesión (como la existencia de dueño en la ocupación de cosa mueble, por ejemplo).

Conviene, sin embargo, puntualizar que la referencia al título y el modo de adquirir no ha de entenderse en el sentido de la adquisición de la propiedad y de los derechos reales, sino en un sentido mucho más amplio, como corresponde a un instituto jurídico que presenta una base mucho más amplia que la estrictamente jurídico real, y también que las exigencias del título apto para inducir la usucapión, como el carácter verdadero que recoge el artículo 1.953 CC, no afectan a la buena fe posesoria en sentido estricto, que puede concurrir aunque el título adquisitivo sea putativo o aparente, a juicio de la mayoría de los autores y de la jurisprudencia.

Tal buena fe se presume siempre, de acuerdo con lo previsto en el artículo 434 CC, y se presume persistente en la posesión adquirida con tal carácter, ya que no pierde esa cualidad «sino en el caso desde el momento en que existan actos que acrediten que el poseedor no ignora que posee la cosa indebidamente», por lo que la sentencia que le prive de su posesión habrá de declarar la existencia de mala fe y el momento en que sobrevino en su caso para excluir las presunciones indicadas.

Por lo tanto, la cualidad de buena fe en la posesión puede cambiar en tiempo (*mala fides superveniens nocet*), al igual que, por el contrario, la mala fe del causante no se transmite al heredero de acuerdo con el artículo 442 CC.

Con estas premisas, el artículo 451 del Código civil establece que «el poseedor de buena fe hace suyos los frutos percibidos mientras no sea interrumpida legalmente la posesión», de manera que se hace propietario de tales frutos hasta la interrupción de su buena fe, si tal interrupción se produce con anterioridad a la interrupción legal de la posesión», en lo que constituye un modo de adquirir que doctrinalmente recibe el nombre de accesión discreta.

Pero en cuanto al momento en que se produce esa interrupción legal de la posesión, los preceptos del Código civil en materia de posesión no lo regulan, y parte de la doctrina y algunas sentencias del TS, acuden al artículo 1.945 del Código civil para situar ese momento en la citación judicial para contestar a la demanda en lo que se conoce legalmente como interrupción civil de la posesión *ad usucapionem*, mientras que otras sentencias fijan en el momento de la contestación a la demanda (STS de 5 de mayo de 1964), y otras en el momento que señala la fecha de interposición de la demanda (STS de 12 de diciembre de 1994), lo que parece hoy abonado por el artículo 410 de la Ley de Enjuiciamiento civil, que fija en ese momento el comienzo de la litispendencia.

En cuanto a la percepción de los frutos, el Código civil la regula en el artículo 354 sus clases, que define el artículo siguiente, indicando que son naturales «las producciones espontáneas de la tierra, y las crías y demás productos de los animales», son industriales «los que producen los predios de cualquiera especie a beneficio del cultivo o del trabajo», y civiles «el alquiler de los edificios, el precio del arrendamiento de tierras y el importe de las rentas perpetuas, vitalicias y otras análogas», añadiendo la doctrina que se pueden definir estos últimos como los que percibe el poseedor en virtud de relaciones jurídicas establecidas sobre la cosa.

El artículo 451 en su párrafo 2.º establece que «se entienden percibidos los frutos naturales e industriales desde que alzan o separan», de ahí el nombre de accesión discreta (*de discernere*, que significa en latín separar), mientras que los frutos civiles de acuerdo con el párrafo 3.º del mismo artículo «se consideran percibidos por días, y pertenecen al poseedor de buena fe en esa proporción».

El sistema de percepción de los frutos naturales e industriales, implica la posibilidad de que en el momento de la interrupción de la buena fe o en su caso, de la interrupción legal de la posesión, hubiese frutos pendientes, razón por la que el artículo 452 del Código civil establece el siguiente régimen: «si al tiempo en que cesare la buena fese hallaren pendientes algunos frutos naturales o industriales, tendrá el poseedor derecho a los gastos que hubiese hecho para su producción, y además la parte del producto líquido de la cosecha proporcional al tiempo de su posesión. Las cargas se prorratearán del mismo modo entre los poseedores».

En consecuencia, se deducen los gastos del valor de la cosecha y se paga a cada poseedor la parte que satisfizo, y se distribuye el valor restante entre los poseedores sucesivos en proporción al tiempo durante el cual cada uno haya poseído.

Además, el párrafo último del artículo 452 del Código civil permite que el vencedor en la posesión, conceda «al poseedor de buena la facultad de concluir el cultivo y la recolección de los frutos pendientes, como indemnización de la parte de gastos de cultivo y del producto líquido que le pertenece; el poseedor de buena fe que por cualquier motivo no quiera aceptar esta concesión, perderá el derecho a ser indemnizado de otro modo», de modo que si los frutos no superan en valor a los gastos, el vencedor en la posesión no tendrá que hacerse cargo de las pérdidas si formula ese ofrecimiento al poseedor de buena fe.

En el caso del poseedor de mala fe, el artículo 455 establece que «abonará los frutos percibidos y los que el poseedor legítimo hubiera podido percibir», lo que alcanza no sólo a los frutos industriales, sino también a los frutos naturales, que el vencedor podrá reclamar de modo específico si están en poder del poseedor vencido, o mediante equivalente, si ya no están en su poder, medio éste que es el único aplicable a los frutos civiles.

En todo caso, el poseedor de mala fe tiene derecho al abono de los gastos de producción por el principio general que en tal sentido establece el artículo 453 CC.

2. Gastos y mejoras realizados por el poseedor

El otro aspecto a tener en cuenta de la liquidación de los estados posesorios es a cuál de ellos ha de atribuirse los gastos realizados en la cosa no destinados a la producción de frutos, ya que éstos entran en la liquidación de frutos.

El Código civil distingue para esta atribución entre gastos «necesarios» (art. 453.1.º CC), que son los que realizan para la conservación de la cosa poseída, gastos «útiles» (art. 453.2.º CC) , que son aquellos realizados para mejorar los rendimientos de las cosas, y gastos de «puro lujo o mero recreo» (art. 454 CC), que sirven para embellecer la cosa poseída, y que también reciben el nombre de gastos suntuarios.

Además, el Código civil contempla las «mejoras provenientes de la naturaleza o del tiempo» (art. 456 CC) que, en rigor, no son mejoras sino accesiones naturales que modifican la propia cosa, o su valor económico (v. gr., calificación urbanística) sin gasto alguno por parte del poseedor, y que en consecuencia benefician a quien «haya vencido en la posesión» puesto que acompañan a la cosa poseída.

En lo que atañe a los «gastos necesarios», el artículo 453, párrafo 1.º, establece que «se abonan a todo poseedor, pero sólo el de buena fe podrá retener la cosa hasta que se le satisfagan», debiendo precisarse que este derecho de retención no es una garantía de naturaleza jurídico real y no permite sino compeler indirectamente a quien ha vencido en la posesión a que abone esos gastos necesarios, autorizando al vencido a compensar tales gastos con los frutos que se generen durante la vigencia del derecho de retención.

Por lo que respecta a los «gastos útiles», el párrafo 2.º del mismo artículo 453 del Código civil establece que «se abonan al poseedor de buena fe con el mismo derecho de retención, pudiendo optar el que le hubiese vencido en la posesión por satisfacer el importe de los gastos, o por abonar el aumento de valor que por ellos haya adquirido la cosa», aumento de valor que ha de apreciarse en relación con el destino económico de la cosa.

La jurisprudencia del Tribunal Supremo ha precisado que este derecho sólo compete al poseedor civil, no pudiendo el mero tenedor ejercer ese derecho de retención (SSTS de 5 de marzo de 1959 y de 9 de julio de 1984, entre otras).

Por último, los «gastos de puro lujo o de mero recreo» a que se refiere el artículo 454 CC, «no son abonables al poseedor de buena fe; pero podrá llevarse los adornos con que hubiese embellecido la cosa principal si no sufriere deterioro, y si el sucesor en la posesión no prefiere abonar el importe de lo gastado», facultad ésta del poseedor vencido muy sometida a la voluntad del vencedor, que recibió el nombre de *ius tollendi*.

Por el contrario, el poseedor de mala fe, de acuerdo con el artículo 455 CC, «sólo tendrá derecho a ser reintegrado de los gastos necesarios hechos para la conservación de la cosa. Los gastos hechos en mejoras de lujo y recreo no se abonarán al poseedor de mala fe; pero podrá éste llevarse los objetos en que esos gastos se hayan invertido, siempre que la cosa no sufra deterioro, y el poseedor legítimo no prefiera quedarse con ellos abonando el valor que tengan en el momento de entrar en la posesión».

Se trata de una indemnización condicionada a la voluntad del vencedor, y que además es una deuda de valor y no de cantidad, como en el caso del poseedor de buena fe.

En todo caso, el abono de gastos viene condicionado a que la mejora de cualquier clase que sea, subsista al tiempo del vencimiento en la posesión, toda vez que el artículo 458 del Código civil establece que «el que obtenga la posesión no está obligado a abonar mejoras que hayan dejado de existir al adquirir la cosa», lo que afecta a toda clase de gastos, y no sólo en caso de desaparición física, sino también de pérdida de eficacia o utilidad.

3. RESPONSABILIDAD POR DETERIORO DE LA COSA POSEÍDA

El artículo 457 del Código civil contempla la cuestión de la responsabilidad por deterioros de la cosa en los siguientes términos: «El poseedor de buena fe no responde del deterioro o pérdida de la cosa poseída fuera de los casos en que se justifique haber procedido con dolo». Parece, pues, que el principio general consiste en que el poseedor de buena fe no responde del deterioro o pérdida de la cosa, pero la excepción, el deterioro o pérdida mediando dolo, resulta con ocasión de interpretaciones muy diversas, como la que lo refiere a quienes poseen de buena fe, pero para otros (GARCÍA VALDECASAS), la que reduce el supuesto de posible dolo al período en que ya ha sido interpelado el poseedor (DE PABLO CONTRERAS), o la que refiere el dolo al ejercicio abusivo del derecho (YQUIERDO TOLSADA). Lo cierto es que todas las interpretaciones citadas son plausibles, aunque con matices, y que tampoco ha resultado una regla de problemática aplicación.

Por el contrario, el poseedor de mala fe «responde del deterioro o pérdida en todo caso, y aun de los ocasionados por fuerza mayor cuando maliciosamente haya retrasado la entrega de la cosa a su poseedor legítimo», lo que abarca el dolo, la culpa, el caso fortuito y como extremo supuesto la fuerza mayor si media retención maliciosa.

No hay que olvidar, por último, que también se puede producir la sucesión de estados posesorios y su liquidación en el seno de procesos penales por delitos contra la propiedad, siempre que no se haya reservado la víctima la acción civil tal y como le permite el artículo 109.2.º CP.

Cuando sea la jurisdicción penal la que haya de liquidar la posesión, el artículo 111.1 CP prevé que «deberá restituirse, siempre que sea posible, el mismo bien, con abono de los deterioros y menoscabos que el Juez o el Tribunal determinen». Tal restitución ha de producirse en todo caso, y aunque la cosa se halle en poder de tercero que habrá de ser indemnizado por el responsable del delito, salvo en lo supuesto de irreivindicabilidad que reconoce el artículo 111.2 del mismo texto legal, sin que las reglas del artículo 457 del Código civil sean aplicables en ese procedimiento, sin perjuicio de que puedan ser aplicadas en ulteriores procesos civiles.

CASO PRÁCTICO

Algunos propietarios de viviendas de un edificio en régimen de propiedad horizontal, ante la utilización de gran parte de un patio de luces para extracción de humos de un local de negocio destinado a hamburguesería, viendo restringida la utilidad del patio como elemento común, nos consultan:

a) Si tal situación puede considerarse despojo o perturbación posesoria.
b) Si pueden como coposeedores defender sus derechos.
c) En caso afirmativo, ¿qué acción pueden ejercitar?

BIBLIOGRAFÍA BÁSICA

BADOSA COLL, F.: «Justo título», *Nueva Enciclopedia Jurídica*, XIV, Barcelona, 1971; COCA PAYERAS, M.: «Comentarios a los artículos 430 a 445 del Código Civil», en *Comentario del Código Civil*, Tomo I, Ministerio de Justicia, Madrid, 1991; DE LA CÁMARA ÁLVAREZ, M.: «Contribución al estudio del artículo 464 del Código Civil», *Revista de Derecho Notarial*, abril-junio, 1979, pp. 7-209; DE LOS MOZOS, J. L.: *La tutela interdictal de la posesión*, Madrid, 1962; DELGADO ECHEVERRÍA, J.: «Adquisición y restitución de frutos por el poseedor», *Anuario de Derecho Civil*, 1973, pp. 331 ss.; FUENTESECA, C.: *La posesión mediata e inmediata*, Madrid, 2002; GARCÍA VALDECASAS, G.: *La posesión*, Granada, 1987; GÓMEZ DÍEZ, J. J.: *La posesión de los bienes hereditarios*, Madrid, 2010; HERNÁNDEZ GIL, A.: *La posesión*, Madrid, 1980; MIQUEL GONZÁLEZ, J. M.: *La posesión de bienes muebles*, Madrid, 1979; LACRUZ BERDEJO, J. L.: *Elementos de Derecho Civil. III*, Barcelona, 1990; MORALES MORENO, A. M.: *Posesión y usucapión. Estudio de la posesión que conduce a la usucapión en el Código Civil español*, Madrid, 1972; ROCA TRIAS, E.: «Las relaciones entre la posesión y el Registro de la Propiedad», *Revista Crítica de Derecho Inmobiliario*, 1979, pp. 9 ss.; VON IHERING, R.: *La teoría de la posesión. El fundamento de la protección posesoria*, Reus, Madrid, 2004.

EJERCICIOS DE AUTOEVALUACIÓN

1. La posesión es:

a) Hecho jurídico.
b) Derecho subjetivo.

2. La posesión es:

a) Derecho real.
b) Derecho personal.

3. La posesión recae sobre:

a) Cosas corporales.
b) Cosas y derechos.

4. La posesión en su aspecto fáctico:

a) Sólo puede pertenecer a un sujeto.
b) Es posible la coposesión, pero sólo en los casos de indivisión.

5. La posesión se adquiere:

a) Solamente de modo originario.
b) También por cesión y por herencia.

6. La posesión comporta la adquisición de frutos:

a) En todo caso.
b) Sólo cuando es de buena fe.

7. Posesión viciosa es:

a) La posesión de mala fe.
b) La adquirida violenta y la ejercida clandestinamente o por tolerancia.

8. La posesión se pierde:

a) Por abandono, cesión o destrucción de la cosa.
b) También por posesión de otro aun en contra de la voluntad del poseedor.

9. La posesión apta para usucapir:

a) Tiene que ser en concepto de dueño, pública, pacífica y no interrumpida.
b) Tiene también que se dé buena fe.

10. La posesión está defendida:

a) Exclusivamente mediante característicos procesos sumarios.
b) También mediante acciones plenarias.

La posesión

La posesión	✓ La posesión es un instituto jurídico destinado a mantener la paz civil en los conflictos sobre el hecho de la posesión, que termina por convertirse en un derecho real de muy variado contenido pero que se caracteriza por su protección provisional a través de acciones sumarias (llamadas largo tiempo interdictos) de retener y recobrar, cuya resolución por sentencia firme no produce efecto de cosa juzgada ni prejuzga titularidades jurídico reales permanentes. ✓ Su origen es romano, pero en la formación de los Códigos civiles europeos confluyen en diversos grados el perfeccionamiento que introdujo el Derecho canónico, y la protección de la apariencia de las tradiciones germánicas.
Régimen jurídico y clases	✓ La posesión se rige principalmente en la actualidad por los artículos 430 a 436 del Código civil y por algunos preceptos de la Ley de Enjuiciamiento civil 1/2000, de 7 de enero. ✓ El Código civil en los preceptos citados introduce una amplia serie de clasificaciones, la primera de las cuales contrapone la posesión civil a la natural o mera tenencia, indicando que la primera comporta tenencia con intención de haber la cosa o derecho como suyos, lo que supone también introducir la contraposición entre posesión de cosas y de derechos. ✓ Seguidamente introduce la clasificación de la posesión que contrapone la posesión en nombre propio y en nombre ajeno, y la contraposición de la posesión en concepto de dueño (o de titular de derecho real), a la posesión en concepto distinto del de dueño, cualidad que siempre acompaña a la posesión, aunque puede cambiarse mediante la interversión del concepto posesorio, y que tiene efecto decisivo en la usucapión. ✓ La posesión de buena fe es la del que ignora que en su título o modo exista vicio, y se contrapone a la posesión de mala fe, que la del conocedor de tales vicios, que aunque no impide el efecto de usucapir, exige plazos más prolongados. La buena fe se presume y la mala fe sobrevenida modifica los efectos de la posesión. Distingue también el Código civil al regular la posesión entre posesión de bienes muebles posesión de bienes inmuebles, que acarrean distintas presunciones y plazos para usucapir. Las posesiones viciosas (violentas, clandestinas o meramente toleradas), carecen en principio de muchos de los efectos de la posesión civil, y por último también el Código civil admite la coposesión como un trasunto de la comunidad ordinaria, como única excepción al carácter excluyente de la posesión como hecho.

EFECTOS DE LA POSESIÓN SEGÚN SUS CLASES	✓ Como se ha anticipado los efectos de la posesión vienen condicionados por la clase de posesión de que se trate. Ello no obstante hay un efecto muy general que es la protección de la posesión mediante juicios sumarios relativos a hecho de la posesión, que recibieron el nombre de interdictos, y que hoy sin denominación legal, contempla el artículo 250.4.º de la Ley de Enjuiciamiento civil, como procesos a sustanciar por el cauce el juicio verbal. Se trata de una protección provisional, que no condiciona el *ius possidendi* derivado de un derecho real firme constatado a través de un juicio ordinario. ✓ Además, puede acceder la posesión a otro tipo de tutela plenaria por la vía de acciones reales plenarias como la llamada acción publiciana, otros juicos sumarios como la acción real registral cuando se trata de bienes inmuebles registrados, y también por procedimientos penales relativos a los delitos contra la propiedad. La posesión además goza de determinadas presunciones de suerte que en los procesos el efecto de trasladar la carga de la prueba sobre los no poseedores, entre las que hay que destacar la presunción de título que acompaña a la posesión en concepto de dueño, la presunción de buena fe, la presunción de continuidad, la presunción de propiedad sobre bienes muebles adquiridos de buena fe, y la presunción de que se extiende a los bienes muebles contenidos en un inmueble. ✓ Respecto de los modos de adquirir el dominio, la posesión de buena fe de cosas fructíferas produce la adquisición de los frutos por el poseedor (accesión discreta), y también es requisito esencial de la usucapión tanto ordinaria como extraordinaria, así como de las llamadas adquisiciones *a non dominio* tanto de bienes muebles como de bienes inmuebles inscritos en el Registro de la Propiedad.
ADQUISICIÓN, CONSERVACIÓN Y PÉRDIDA DE LA POSESIÓN	✓ Se trata de aspectos muy influenciados por el componente predominantemente fáctico de la posesión. Se adquiere por lo tanto por aprehensión material, o por tradición, aunque puede adquirirse *solo animo* por el heredero como efecto de la aceptación retrotraído al momento de la muerte del causante. ✓ No hay exigencias especiales de capacidad para adquirirla, pero sí para ejercitarla. ✓ Las causas de pérdida las enumera el artículo 460 del Código civil, comenzando por los voluntarios, como el abandono o la cesión y continuando por los involuntarios, como la destrucción total del objeto, sea física o jurídica, y la posesión por otro aun contra la voluntad del antiguo poseedor por más de un año.

LIQUIDACIÓN DE LOS ESTADOS POSESORIOS	✓ Cuando sucede un poseedor a otro, por extinguirse un derecho (v. gr., usufructo), o por triunfar una acción real sobre un poseedor los efectos de la posesión ya enumerados, así como las accesiones, mejoras y deterioros de la cosa, deben resolverse de acuerdo con las reglas que establecen los artículos 451 a 458 del Código civil, en defecto de otras normas específicamente aplicables al caso. ✓ La condición de poseedor de buena fe de quien ha perdido la posesión determina la adquisición de los frutos de todo tipo por su parte, y condiciona el derecho a indemnización de algunos gastos del poseedor evicto, y su garantía mediante derecho de retención. Por el contrario, la posesión de mala fe implica la restitución de todos los provechos al nuevo poseedor, y sólo tendrá derecho al abono de gastos necesarios. Las mejoras ceden en favor del nuevo poseedor salvo en el caso de posible ejercicio de *ius tollendi*, y con la anuencia del nuevo poseedor que puede optar por conservarlas indemnizando. Las mejoras provenientes de la naturaleza pertenecen siempre al nuevo poseedor.

LECCIÓN 3

MODOS DE ADQUIRIR LOS DERECHOS REALES*

SUMARIO: I. INTRODUCCIÓN: SOBRE EL ARTÍCULO 609 DEL CÓDIGO CIVIL. II. LA OCUPACIÓN: CONCEPTO, NATURALEZA, CARACTERES Y ELEMENTOS. 1. *Clases de ocupación: de muebles y de inmuebles*. 2. *Ocupación de animales*. 2.1. Caza y pesca. 2.2. Enjambres y animales de criadero. III. EL HALLAZGO. 1. *La obligación del hallador*. 2. *Derechos del hallador: adquisición de lo hallado, o alternativamente premio*. IV. EL TESORO OCULTO. V. LA ACCESIÓN: CONCEPTO, NATURALEZA JURÍDICA Y CLASES. 1. *Accesión de inmueble a inmueble*. 1.1. Aluvión. 1.2. Fuerza del río. 1.3. Mutación de cauce. 1.4. Formación de isla. 2. *Accesión industrial de mueble a inmueble*. 2.1. La construcción extralimitada. 2.2. Incorporación en suelo ajeno y con materiales ajenos. 3. *Accesión de cosas muebles*. 3.1. Mezcla. 3.2. Adjunción. 4. *La especificación*. VI. LA USUCAPIÓN: CONCEPTO Y NATURALEZA JURÍDICA. 1. *Clases de usucapión*. 2. *Usucapión y prescripción extintiva*. 3. *Eficacia de la usucapión: influencia de la posesión y del título en su caso; renunciabilidad*. 4. *Sujetos de la usucapión*. 5. *Objeto de la usucapión: muebles e inmuebles; nuda propiedad; usucapión liberatoria*. 6. *Requisitos: el tiempo; cómputo*. 7. *La posesión: en concepto de dueño, pública, pacífica y no interrumpida*. 8. *El justo título: requisitos*. 9. *La buena fe: usucapión ordinaria*. 10. *Mala fe: usucapión extraordinaria*. VII. ADQUISICIÓN DERIVATIVA *INTER VIVOS*: TÍTULO Y MODO DE ADQUIRIR. 1. *Clases de tradición*. 2. *Las adquisiciones* a non domino. CASO PRÁCTICO. BIBLIOGRAFÍA BÁSICA. EJERCICIOS DE AUTOEVALUACIÓN. ESQUEMA: MODOS DE ADQUIRIR LOS DERECHOS REALES.

I. INTRODUCCIÓN: SOBRE EL ARTÍCULO 609 DEL CÓDIGO CIVIL

El artículo 609 del Código civil encabeza su Libro III, «De los diferentes modos de adquirir la propiedad», y comienza en su párrafo 1.º con la mención de la ocupación, dando cumplimiento así a la Base 14.ª de las de la Ley de 11 de mayo de 1888, que ordenaba definir la ocupación y regular la adquisición de la propiedad sobre los animales domésticos, el hallazgo casual de tesoro y la apropiación de las cosas muebles abandonadas, con remisión a las leyes de caza y pesca.

* Por José María DE LA CUESTA SAENZ.

Por lo demás el resto del precepto resulta un buen ejemplo de la aplicación que hizo la Comisión de Codificación, de la Base 1.ª de la Ley de 11 de mayo de 1888, que ordenaba tomar «por base el Proyecto de 1851 en cuanto se halla contenido en éste el sentido y capital pensamiento de las instituciones civiles del derecho histórico patrio», y de la Base 20.ª que ordenaba contemplar «los contratos como meros títulos de adquirir en cuanto tengan por objeto la traslación del dominio o de cualquier derecho a él semejante», ya que abandona el efecto traslativo del dominio del mero consentimiento contractual que había tomado el Proyecto de 1851 del Código civil napoleónico, y recupera en consecuencia la llamada teoría del título y el modo, que contempla solamente efectos obligacionales de los contratos traslativos, y condiciona la adquisición de la propiedad y demás derechos reales a la tradición o entrega de las cosas, con fidelidad al Derecho romano (C 2.3.20 *traditionibus et usucapionibus non nudis pactis dominia rerum transferuntur*) y su evolución posterior.

En consecuencia, tras afirmar en el primer párrafo que «la propiedad se adquiere por la ocupación», establece en el párrafo 2.º que «la propiedad y los demás derechos reales sobre los bienes se adquieren y transmiten por la ley, por donación, por sucesión testada e intestada, y por consecuencia de ciertos contratos mediante la tradición».

Algún autor tacha el precepto de inútil, pues sería la teoría del título y el modo, el único aspecto verdaderamente normativo, e inexacto por mencionar la ley como modo de adquirir[1].

Pero lo cierto es que tiene amplio contenido normativo en su conjunto, y acierta plenamente al mencionar la ley como modo de adquirir, pues no de otra manera pueden adquirir sus bienes tanto demaniales como patrimoniales, las corporaciones de derecho público cuando nacen con patrimonio con propiedades desde su creación también por ley (p. ej., las Universidades públicas) y en todo caso por esta vía adquiere el Estado los bienes inmuebles vacantes, en plena concordancia con el párrafo 1.º del artículo 38 del Código civil.

Por último, en párrafo 3.º y final, el artículo 609 añade: «pueden también adquirirse mediante la prescripción», que es un modo de adquirir originario como la ocupación y el que legislador relega al último lugar, no por olvido ni para devaluar su importancia, sino por servir de regla de cierre protectora de la seguridad jurídica[2], aunque se trate de un instituto que puede privar de su propiedad a alguien para hacer propietario a otro, es decir *contra aequitatem*, como se calificaba por algunos glosadores y comentaristas, pero admitida como conforme al derecho fundamental de propiedad privada por la STEDH *Pye vs. United Kingdom*, de 30 de agosto de 2007 (relativa al derecho británico anterior al año 2002), que

---

[1] M. Albaladejo, *Comentarios al Código civil y Compilaciones forales*, dirigido por el propio autor, Edersa, Madrid, 1987, t. VIII, vol. 1.º, p. 3.

[2] F. A. Rodríguez Morata, *Comentario al Código civil y Compilaciones Forales*, dir. por M. Albaladejo y S. Díaz Alabart, t. XXV, vol. 1.º, Edersa, Madrid, 1992, p. 10 y nota 4.

entiende válida la posibilidad de castigar la negligencia de los propietarios inactivos mediante la prescripción[3].

La principal clasificación que se establece en los modos de adquirir, es, como ya se ha anticipado, la que contrapone los modos originarios de adquirir, a los modos derivativos, siendo los primeros aquellos en los que la adquisición se produce sin apoyo en titularidades anteriores en el tiempo, y modos derivativos, por el contrario, aquellos en los que la adquisición se produce, con base en una titularidad anterior, bien por transmisión o bien por constitución de un derecho real dependiente del derecho del causante.

Como hemos visto el artículo 609 contempla tanto unos como otros, siendo los modos originarios la ocupación a que se refiere el párrafo primero, y la prescripción adquisitiva a que se refiere en párrafo último, así como la ley a la que se refiere el párrafo 2.º, mientras que los modos derivativos son la donación, la sucesión *mortis causa* y la tradición que sigue a los contratos traslativos de dominio o derechos reales. En la sucesión universal por causa de muerte, la adquisición se produce una vez aceptada la herencia, aunque con efectos retroactivos al momento de apertura de la sucesión, mientras que en la sucesión por causa de muerte a título particular, si es legado de cosa específica propia del testador, la adquisición se produce por la muerte de éste, en tanto que en otros casos será necesario que se proceda a la entrega del legado.

En los modos derivativos es condición de la adquisición la existencia de titularidad y poder de disposición en el transmitente, sin los cuales la adquisición se producirá por el transcurso del tiempo establecido para la usucapión ordinaria o extraordinaria, según medie o no buena fe por parte del adquirente, a cuyo tratamiento en apartado VI *infra* hay que remitirse aquí.

No obstante, también puede haber adquisiciones originarias *a non domino* con carácter instantáneo por aplicación de las reglas del artículo 85 del Código de comercio y del artículo 464 del Código civil en materia de bienes muebles, así como por efecto de la protección de apariencia registral (principio de fe pública registral) de acuerdo con el artículo 34 de la Ley Hipotecaria en materia de bienes inmuebles que se tratará con detalle en el apartado VII.3 *infra.*

II. LA OCUPACIÓN: CONCEPTO, NATURALEZA, CARACTERES Y ELEMENTOS

La ocupación es el modo de adquirir la propiedad de las cosas que, siendo apropiables por naturaleza, no tienen dueño (*res nullius*), según se desprenden del

---

[3] J. DE LA CUESTA SAENZ, «Comentario al artículo 17 de la Carta Europea de Derechos Fundamentales: la propiedad privada como derecho fundamental», en *Revista Jurídica del Notariado*, n.º 73, enero-marzo 2010, p. 318.

párrafo 1.º del artículo 609 del Código civil más arriba reproducido. Una definición mas depurada ofrece MOREU para quien la ocupación es «el modo de adquirir la propiedad de lo vacante de posesión falto de dueño por un acto o hecho jurídicamente suficiente y en las condiciones de la ley»[4].

Cosas *nullius*, son en principio, las cosas que nunca han tenido dueño, y además, las que, habiéndolo tenido, han sido objeto de abandono (*res derelictae*), si bien el abandono es un acto voluntario que extingue la posesión (art. 460.1.º CC) y el dominio, a diferencia de la pérdida o extravío que no extingue la posesión ni tampoco el dominio u otros derechos reales.

La naturaleza de la ocupación es la de acto jurídico real, consistente en una adquisición posesoria, que se exterioriza o bien en una aprehensión de la cosa, o en bien otras acciones como el hallar la cosa o abatir la pieza de caza que la ley considera significativas de la apropiación.

La intervención de la voluntad no alcanza el carácter de declaración de voluntad, y no le son aplicables las exigencias de capacidad y ausencia de vicios propias de las declaraciones de voluntad, sino más bien las reglas de adquisición de la posesión (art. 443 CC).

1. CLASES DE OCUPACIÓN: DE MUEBLES Y DE INMUEBLES

La ocupación ofrece distintas tipificaciones legales según su objeto, aunque ciertamente, como modo de adquirir está restringido desde hace mucho tiempo a los bienes muebles, por cuanto la vieja Ley de Mostrencos de 16 de mayo de 1835 atribuyó al Estado los bienes inmuebles vacantes de posesión y sin dueño conocido, sin que el Código civil alterase esta decisión, que se ha mantenido y regulado posteriormente por las sucesivas leyes de Patrimonio del Estado, y en la actualidad por la Ley 33/20013, de 3 de noviembre, de Patrimonio de las Administraciones Públicas. Las leyes de Concentración Parcelaria de algunas comunidades autónomas, respecto del fenómeno de las superficies que aparecen como efecto de las operaciones de colonización y concentración parcelaria, pretendieron su adscripción al patrimonio de la Comunidad Autónoma para constituir, junto con otras fuentes nutricias, bancos de tierras, pero el empeño no resultó posible a título de propiedad[5].

---

[4] J. L. MOREU BALLONGA, *Ocupación, hallazgo y tesoro*, Bosch, Barcelona, 1980, pp. 21 ss.

[5] Su destino a banco de tierras, buscado por las CCAA, en el caso de los artículos 66.1.3 y 4, y 100.*b*) de la Ley 14/1990, de 28 de noviembre, de concentración parcelaria de Castilla y León terminó con su declaración de inconstitucionalidad por la STC 150/1998, de 2 de julio. Hoy con el nombre de Fondo de Tierras Disponibles de Castilla y León, el artículo 81.*c*) de la Ley 1/2014, de 19 de marzo, Agraria de Castilla y León, vuelve a regular ese destino a las masas comunes y fincas sobrantes no adjudicadas como fincas de reemplazo en los procedimientos de Concentración Parcelaria, aunque el artículo 82 deja a salvo el derecho de propiedad.

En consecuencia, la ocupación no es modo de adquirir la propiedad de los inmuebles vacantes de posesión y sin dueño conocido que se adquieren por el Estado por los cauces y en los términos previstos en el artículo 17 de la Ley 33/2013, de 3 de noviembre, que lo califica como adquisición «por ministerio de la Ley», susceptible de ser adscrito pues, al párrafo 2.º del artículo 609 del Código civil, de modo que resulta una adquisición automática, en vía administrativa, en caso de no existir poseedor, y en caso de existir, una posibilidad para el Estado de hacer valer su adquisición a través de una acción reivindicatoria en el ámbito de la jurisdicción ordinaria.

2. Ocupación de animales

2.1. *Caza y pesca*

Dentro del campo de las cosas muebles es necesario hacer mención especial de la regulación de la ocupación de animales que el Código civil, respecto de los animales silvestres y los peces, remite[6], en su artículo 611, a las leyes especiales de caza y pesca, lo que hoy constituye un complejo marco en el que desempeña un importante papel la armonización mediante directivas de la UE, por cuanto establece las bases del concepto de «especie cinegética», calificación relativa según los territorios, fuera del cual no es posible la adquisición mediante la caza de los animales silvestres, sino solamente actividades calificadas como «control de poblaciones».

Cabe preguntarse no obstante acerca de si, no tratándose de especie cinegética en un determinado territorio, por ejemplo, el *lupus hispanicus* al Sur del Río Duero en Castilla, será posible adquirir la propiedad por ocupación como animal amansado del párrafo 3.º del artículo 612 del Código civil de algún espécimen de lobo. La respuesta, a mi juicio, ha de ser positiva tanto desde el punto de vista jurídico civil, como desde el punto de vista medioambiental y de protección de las especies, puesto que el amansamiento se produce respecto especímenes de camadas que han quedado desprotegidas. En tales casos, el propietario puede reclamarlos del ocupante en el plazo de veinte días contados desde su ocupación, que se hará efectiva como modo de adquirir el dominio si transcurre ese plazo sin producirse reclamación.

---

[6] La Ley estatal 1/1970, de 4 de abril, de caza, es aplicable en algunos territorios de CCAA que no se han dotado de Ley propia (Cataluña por llamativo ejemplo), mientras que la mayor parte de las CCAA asumieron la competencia en materia de medio ambiente y con esa base estatutaria han legislado en la materia. En materia de pesca fluvial continúa vigente la Ley de 20 de febrero de 1942 de fomento y conservación de la pesca fluvial, así como algunas leyes de pesca fluvial de CCAA (Galicia, Castilla-La Mancha).

2.2. *Enjambres y animales de criadero*

Los dos primeros párrafos del mismo artículo 612 de Código civil se refieren a enjambres de abejas que salen momentáneamente del control de su propietario, y que pueden ser perseguidos por éste a través de fundos ajenos indemnizando los daños, en su caso (art. 612.1.º CC), pero que podrán ser ocupados o retenidos por el dueño del fundo en el que se establezcan si cesa la persecución durante dos días consecutivos.

El artículo 613 del Código civil, por su parte, atribuye la propiedad de los animales de criadero (palomas, conejos y peces), al dueño del criadero al que espontáneamente se trasladen tales animales, todos ellos de escasa talla. Los criaderos (palomares industriales, criaderos de pequeños animales y piscifactorías) es el nombre que reciben en la legislación especial. Este efecto de adquisición del dominio está expresamente condicionado a que «no hayan sido atraídos por medio de algún artificio o fraude», que privaría de espontaneidad y de su efecto adquisitivo a ese movimiento de animales. El mencionado precepto se refiere a palomas, conejos y peces, de criadero que, en ocasiones, es tanto como cautividad (aunque no exactamente en el caso de las palomas), y podría, por lo tanto, aplicarse a otras especies, incluso exóticas, como avestruces o visones, pero es más que dudoso que pueda aplicarse a especies cinegéticas autóctonas (perdices, codornices, faisanes, etc.), que hoy se crían habitualmente en cautividad con destino a los llamados cotos intensivos, y cuya adquisición por ocupación no estaría limitada por otras normas que las relativas a la caza y a la indemnización de daños (art. 1.605 CC).

III. EL HALLAZGO

Las cosas muebles que se encuentran están, salvo en el caso de las cosas *nullius* o abandonadas que ya se consideraron como típico objeto de la ocupación como modo de adquirir, y del tesoro oculto que se estudiará después, sometidas a las reglas de los artículos 615 y 616 del Código civil, porque en principio, se trata de cosas perdidas, que el hallador «debe restituir a su anterior poseedor» (art. 615.1.º CC).

1. LA OBLIGACIÓN DEL HALLADOR

El hallazgo, por lo tanto, obliga a quien lo realiza a restituir a su anterior poseedor, y la infracción voluntaria de este deber de restituir es constitutiva del delito de hurto tipificado y sancionado en el artículo 234 del vigente Código penal.

Pero lo cierto es que las cosas muebles que se hallan pueden ser objeto de ocupación si fueron abandonadas, y sólo han de ser restituidas si fueron perdidas, lo que ciertamente no se puede apreciar a simple vista.

Por ello, el Código civil, establece unas reglas que permiten investigar la condición de la cosa hallada, y por ello su destino final. A tales efectos, el artículo 615 del Código civil establece que «si éste (el anterior poseedor) no fuere conocido, deberá consignarla inmediatamente en poder del Alcalde del pueblo donde se hubiese verificado el hallazgo.

El Alcalde hará publicar éste, en la forma acostumbrada, dos domingos consecutivos.

Si la cosa mueble no pudiere conservarse sin deterioro, o sin hacer gastos que disminuyan notablemente su valor, se venderá en pública subasta luego que hubiesen pasado ocho días desde el segundo anuncio sin haberse presentado el dueño y se depositará su precio.

Pasados dos años, a contar desde el día de la segunda publicación, sin haberse presentado el dueño, se adjudicará la cosa encontrada o su valor, al que la hubiese hallado».

En consecuencia, las obligaciones del hallador son la de restituir, si conoce al anterior poseedor, y la de consignar en caso contrario, y sus derechos, adquirir la cosa o su valor en caso de que no aparezca el anterior poseedor.

2. Derechos del hallador: adquisición de lo hallado, o alternativamente premio

El artículo 616 del Código civil, por último, contempla las consecuencias de la aparición del anterior poseedor de la cosa perdida en tiempo oportuno, es decir, antes de transcurridos dos años desde el último anuncio, que radican principalmente en la recuperación de la posesión perdida, y de modo secundario en la obligación de pagar un premio al hallador de la décima pare de su valor hasta 2.000 pesetas, y de la vigésima parte de valoración en lo que ésta exceda de esa cifra.

Esta obligación del anterior poseedor no se limita a los casos en que haya consignado la cosa hallada, sino que procede también en los casos en que se haya restituido directamente la posesión por el hallador al anterior poseedor.

IV. EL TESORO OCULTO

El artículo 614 del Código civil establece que «el que por casualidad descubriere un tesoro oculto en propiedad ajena, tendrá el derecho que le concede el artículo 351 de este Código». Este artículo 351 a que se remite el artículo 614 establece a su vez que «el tesoro oculto pertenece al dueño del terreno en que se hallare».

Sin embargo, cuando fuere hecho el descubrimiento en propiedad ajena, o del Estado, y por casualidad, la mitad se aplicará al descubridor.

Si los efectos descubiertos fueren interesantes para las ciencias o las artes, podrá el Estado adquirirlos por su justo precio, que se distribuirá en conformidad a lo declarado.

Por último, hay que tener en cuenta el artículo 352 del Código civil que contiene la definición legal de tesoro, al establecer que «se entiende por tesoro, para los efectos de la ley, el depósito oculto e ignorado de dinero, alhajas u otros objetos preciosos, cuya legítima pertenencia no conste», definición ésta de raigambre romana (Paulo D. 41.1.31.1 *quaedam vetus depositio pecuniae*...), pero como puede comprobarse conserva los rasgos de depósito oculto e ignorado, pero omite el rasgo de la antigüedad.

La doctrina, con la notable excepción de F. PANTALEÓN PRIETO[7], estima que el requisito de la antigüedad del depósito, pese a su omisión en el artículo 352 CC, se encuentra implícito en él y es necesario para diferenciar el depósito del hallazgo de cosas perdidas que hemos estudiado con anterioridad, y cuyo régimen de publicaciones sería del todo inútil aplicar a la búsqueda de un titular inhallable.

De esta regulación resulta la adquisición por el dueño del terreno que lo halla es por ocupación (y no a modo de accesión del mismo), y la adquisición de la parte del hallador «en propiedad ajena o del Estado, y por casualidad» como establece el párrafo 2.º del artículo 351 CC, es también por ocupación.

Respecto del supuesto a que se contrae el párrafo 3.º del artículo 351 del Código civil, el Estado, lo adquiere mediante contrato forzoso (a modo de expropiación forzosa), y los mismo puede decirse del justo precio que percibirían propietarios y hallador.

Este último párrafo del artículo 351 del Código civil no está derogado, pero sí muy afectado por la regulación contenida en el artículo 44 de la Ley 16/1985, de 25 de junio, de Patrimonio Histórico Español que declara bienes dominio de dominio público «todos los objetos y restos materiales que posean los valores que son propios de patrimonio histórico español y que sean descubiertos como consecuencia de excavaciones, remociones de tierra u obras de cualquier índole o por azar. El descubridor deberá comunicar a la administración competente su descubrimiento en el plazo de treinta días e inmediatamente cuando se trate de hallazgos casuales. En ningún caso será de aplicación lo dispuesto en el artículo 351 del Código civil».

En consecuencia, los bienes sometidos a esta ley no son apropiables por ocupación, y el propietario del terreno y el hallador tendrán «derecho, en concepto de premio en metálico, a la mitad del valor que en tasación legal se la atribuya,

---

[7] F. PANTALEÖN PRIETO, *Comentarios al Código civil y a las Compilaciones Forales*, dirigidos por M. ALBALADEJO y S. DÍAZ ALABART, t. VIII, vol. 1.º, Edersa, Madrid, 1987, pp. 364 y 407 ss.

que se distribuirá entre ellos por partes iguales», y el artículo 351 del Código civil, aún vigente, será difícilmente aplicable a cualquier tesoro.

No se puede concluir el tratamiento del tesoro oculto sin hacer notar, que, pese a que pueda parecer un pretexto más bien literario y alejado en el tiempo, que un instituto jurídico muy aplicado, lo cierto es que se trata de un conjunto de supuestos que acaecen con no poca frecuencia y que sus normas son de aplicación bastante más frecuente de lo que podría pensarse.

V. LA ACCESIÓN: CONCEPTO, NATURALEZA JURÍDICA Y CLASES

El Código civil regula la accesión en el Libro II, Título II, Capítulo II, que comienza con el artículo 353, el cual establece la siguiente regulación general: «La propiedad de los bienes da derecho por accesión a todo lo que ellos producen, o se les une o incorpora, natural o artificialmente».

Tal regulación en su desarrollo contempla situaciones muy variadas y difíciles de reducir a sistema, empeño que trataron de lograr los juristas del período intermedio agrupando bajo el nombre de accesión diversas aplicaciones del principio de accesoriedad, expresado en el aforismo *accesorium sequitur principale*, criterio éste que es también el criterio seguido por el Código civil.

Ahora bien, doctrinalmente resulta difícil conceptuar la accesión así entendida, lo que explica que se pueda tratar tanto entre los modos de adquirir, como en lo relativo al estudio del objeto de los derechos subjetivos de naturaleza real, por cuanto la accesión sería una modificación del objeto de tales derechos.

Ambas opciones tienen suficiente justificación y presentan al mismo tiempo puntos débiles, porque la llamada accesión discreta no es propiamente una modificación del objeto de un derecho sino el nacimiento por separación de nuevos objetos del derecho, y la accesión llamada continua es en ocasiones modo de adquirir y simultáneamente de perder derechos reales.

Por ello, lo aconsejable es tratar en ambas sedes la regulación del Código civil sobre la accesión, toda vez que el tratamiento general correspondería al objeto del derecho, al igual que la llamada accesión discreta (que el Código civil califica como «accesión respecto al producto de los bienes» (arts. 354 a 357 CC), mientras que el tratamiento de la llamada accesión continua y su regulación puede hacerse en esta sede.

Además de la distinción entre accesión discreta y accesión continua, la regulación que se va a estudiar está dividida en dos apartados de los que el primero se dedica a la «accesión respecto a los bienes inmuebles» (arts. 358 a 374 CC), y el segundo se dedica a la «accesión respecto de los bienes muebles» (arts. 375 a 382 CC).

Por último, también se suele clasificar la accesión continua, según proceda de la obra del hombre o de la acción de la naturaleza, calificando a la primera como accesión artificial (edificación plantación, siembra, adjunción y especificación) y accesión natural (aluvión, avulsión, mutación de cauce, nacimiento de isla). La accesión debida a la industria humana, puede, como se verá, tener lugar de buena fe o de mala fe según se conozca o no el carácter ajeno de alguna de las cosas que entran en juego en la accesión.

1. Accesión de inmueble a inmueble

Se trata de un tipo de accesión debida a fenómenos naturales y concretamente de origen fluvial, lo que sólo puede ocurrir en los predios ribereños o lindantes con lagunas, lagos o embalses, o el mismo mar, ya que de otro modo no sería posible incremento ni disminución de su cabida.

Por lo general, el resultado de la accesión es el incremento de la superficie de un fundo, perteneciendo todo el nuevo fundo al propietario del antiguo, aunque como se verá, en algún supuesto el resultado es una comunidad de bienes.

1.1. *Aluvión*

El primero de los supuestos regulados por el Código civil es el conocido en el Derecho intermedio como aluvión (del latín *alluvio* D. 41.1.7.1.), que consiste en el incremento de la cabida de un predio ribereño por incorporación paulatina de las partículas de tierra arrastradas por el río. El artículo 366 del Código civil establece en tal sentido que «pertenece a los dueños de las heredades confinantes con las riberas de los ríos el acrecentamiento que aquellas reciben paulatinamente por efecto de la corriente de las aguas».

Esta regulación hay que ponerla en contacto con la Ley de Aguas (Texto Refundido publicado por Real Decreto Legislativo 1/2001, de 20 de julio), y en primer término con su artículo 4.°, que considera álveo o cauce natural de una corriente continua o discontinua «el terreno cubierto por las aguas en las máximas crecidas ordinarias», terreno que siempre será de dominio público conforme al artículo 2.*b*) del mismo texto legal. De modo que, salvo en el supuesto de que se trate de un cauce de dominio privado de los que define el artículo 5 de la Ley de Aguas.

Así pues, el crecimiento de un fundo por aluvión tendrá lugar, aunque se trate de terrenos inundables, siempre que tal inundación ocurra solamente en las «crecidas no ordinarias» a que se refiere el artículo 11 de la Ley de Aguas.

Por supuesto, este modo de adquirir se limita a predios ribereños de los ríos, pero no del mar, ya que tales crecimientos serán siempre de dominio público conforme al artículo 4.1 de la Ley 22/1988, de 28 de julio, de Costas.

1.2. *Fuerza del río*

El artículo 368 del Código civil establece que «cuando la corriente de un río, arroyo o torrente, segrega de una heredad de su ribera una porción conocida de terreno y lo transporta a otra heredad, el dueño de la finca a que pertenecía la parte segregada conserva la propiedad de ésta», solución en la que no se produce accesión, se entiende que, en caso de yuxtaposición de las heredades, porque en caso de superposición, habría que aplicar el principio *superficies solo cedit*.

El artículo 369 del Código civil establece que «los árboles arrancados y transportados por la corriente de las aguas pertenecen al propietario del terreno adonde vayan a parar, si no lo reclaman dentro de un mes los antiguos dueños. Si éstos lo reclaman, deberán abonar los gastos ocasionados en recogerlos o ponerlos en lugar seguro». En este caso, al contrario que en el anterior, opera el principio la accesión, aunque sometida por un breve plazo al albur de una posible reclamación, pero en todo caso sería una accesión de mueble a inmueble.

1.3. *Mutación de cauce*

El artículo 370 del Código civil establece que «los cauces de los ríos que quedan abandonados por variar naturalmente el curso de las aguas, pertenecerán a los dueños de los terrenos ribereños en toda la longitud respectiva a cada uno. Si el cauce abandonado separaba heredades de distintos dueños, la nueva línea divisoria correrá equidistante de unas y otras».

El nuevo cauce, pasará, como tal, a ser de dominio público. En el caso de los ríos navegables y flotables, el artículo 372 del Código civil prevé que «cuando en un río navegable y flotable, variando naturalmente de dirección, se abre un nuevo cauce en heredad privada, este cauce entrará en el dominio público. El dueño de la heredad lo recobrará siempre que las aguas vuelvan a dejarlo en seco, ya naturalmente, ya por trabajos legalmente autorizados a tal efecto».

La recuperación, en su caso, no constituye accesión, sino recuperación por ministerio de la ley.

1.4. *Formación de isla*

GAYO (Inst. II.72) legó un tratamiento de la cuestión (*De insula in flumine nata*) bastante detallado, que está en la base de los preceptos que a ella dedica nuestro Código civil, que son los artículos 371, 373 y 374.

El segundo de estos preceptos establece que «las islas que por sucesiva acumulación de arrastres superiores se van formando en los ríos, pertenecen a los dueños de las márgenes u orillas más cercanas a cada una, o de los de ambas márgenes si la isla se hallase en medio del río, dividiéndose entonces longitudinalmente por mitad. Si una sola isla así formada distase de una margen más que de otra, será por completo dueño de ella el de la margen más cercana».

La adquisición en este caso no es de una superficie adicional, sino de una nueva finca, lo que aleja el supuesto de la accesión, y puede dar lugar a un condominio sobre esa nueva finca. Hay que tener en cuenta que para que se entienda nacida una isla ha de encontrarse por encima del nivel de las crecidas ordinarias, de acuerdo con el artículo 4 de la Ley de Aguas antes citado, ya que en caso contrario será cauce o álveo de dominio público.

Supuesto distinto de formación de isla es el regulado por el artículo 374 del Código civil, según el cual «cuando se divide en brazos la corriente del río, dejando aislada una heredad o parte de ella, el dueño de la misma conserva su propiedad. Igualmente la conserva si queda separada de la heredad por la corriente una porción de terreno».

No se trata tampoco de un fenómeno subsumible en la accesión puesto que se trata de una simple modificación geográfica sin repercusión en la titularidad dominical, y, por otra parte, está limitado en su operatividad por el artículo 5 de la Ley de Costas a los tramos de los ríos en que no sean sensibles la mareas, porque de lo contrario se convertirá en la isla en zona marítimo terrestre de dominio público, o patrimonial si es corriente navegable o flotable, ya que, por último, el artículo 371 del Código civil establece que «las islas que se forman en los mares adyacentes a las costas de España y en los ríos navegables y flotables pertenecen al Estado».

2. Accesión industrial de mueble a inmueble

El principio de accesoriedad expresado en el aforismo *accesorium sequitur principale* se aplica a los casos en que una cosa mueble se une de modo inseparable a una finca, perdiendo la cosa mueble su individualidad y su condición de objeto de derechos reales susceptible de tráfico jurídico independiente. En tales casos la finca atraviesa una transformación física que no altera su persistencia como objeto de derechos reales, cuyo objeto continuará siendo la misma finca físicamente modificada por la accesión industrial.

A tal efecto el Código civil sienta el principio en el artículo 350 de que «el propietario de un terreno es dueño de su superficie y de lo que está debajo de ella, y puede hacer en él las obras, plantaciones y excavaciones que le convengan, salvas las servidumbres, y con sujeción a lo dispuesto en las leyes sobre Minas y Aguas y en los reglamentos de policía».

El precepto que alude clara, aunque parcialmente, a la doctrina tradicional sobre la extensión vertical del dominio *usque ad coelum usque ad inferos* según la conocida frase de Cino de Pistoia, porque puede hacer obras y plantaciones y las que haga serán suyas, de modo que la accesión hará que la finca modificada físicamente sea objeto de la misma propiedad u otros derechos reales.

Esa accesión se extiende también por regla general al resultado de las obras y plantaciones, incluso si los materiales empleados son ajenos según el artículo 358 del Código civil que establece que «lo edificado, plantado o sembrado en predios ajenos, y las mejoras o reparaciones hechas en ellos, pertenecen al dueño de los mismos con sujeción a lo dispuesto en los artículos siguientes».

El principio de accesión así formulado se desarrolla en los artículos siguientes, estableciendo el artículo 359 del Código civil que «todas las obras, siembres y plantaciones se presumen hechas por el propietario y a su costa, mientras no se demuestre lo contrario», precepto que establece una presunción relativa o *iuris tantum*, es decir, que admite prueba en contrario, de la titularidad dominical sobre la obra, siembra o plantación, y de que los gastos han sido sufragados por el propietario, lo que involucra todos los materiales empleados en la obra, siembra o plantación, de modo que sólo habrá cuestión de derechos de crédito de los anteriores dueños de los materiales.

A tal crédito se refiere el artículo 360 del Código civil en los siguientes términos: «el propietario del suelo que hiciere en él, por sí o por otro, plantaciones, construcciones u obras con materiales ajenos, debe abonar su valor; y, si hubiese obrado de mala fe, estará además obligado al resarcimiento de daños y perjuicios. El dueño de los materiales tendrá derecho a retirarlos sólo en el caso de que pueda hacerlo sin menoscabo de la obra construida o sin que por ello perezcan las plantaciones, construcciones u obras ejecutadas».

Si, por el contrario, se realiza la obra, construcción, siembra o plantación con materiales propios, pero en finca ajena, tal actividad tiene diferente regulación de sus consecuencias, según haya o no relación jurídico real o personal entre quien la realiza y el dueño del terreno.

a) Si hay tal relación, y ésta consiste, por ejemplo, en que quien realiza la obra en fundo ajeno es usufructuario o arrendatario del mismo, se tratará de una actividad de mejora, y lo aportado será considerado como impensas, que se regirán por la reglas legales y contractuales aplicables a la relación jurídico real de usufructo o arrendaticia, o de otra índole, de que se trate, y no por las reglas de la accesión que operarán sólo si el arrendatario o usufructuario que tenga derecho a retirarlas y pueda hacerlo, no lo hace, según reiterada jurisprudencia del Tribunal Supremo reflejada entre otras en las sentencias de 31 de octubre de 1985 y 18 de abril de 1986.

No es infrecuente que se trate de actuaciones meramente toleradas, y en tales casos procede la accesión y sus consecuencias pueden resultar de la aplicación de las reglas sobre liquidación de estados posesorios (véase V.2 *supra*), aunque a veces el Tribunal Supremo ha aplicado su propia doctrina sobre el enriquecimiento con causa (STS de 6 de diciembre de 1985 entre otras) que tal vez no debería aplicarse.

b) Faltando relación jurídica entre el constructor o plantador y el dueño de la finca, opera la verdadera y propia accesión si se efectúa de mala fe, ya que el artículo 362 del Código civil establece que «el que edifica, planta o siembre de mala fe en terreno ajeno, pierde lo edificado, plantado sembrado sin derecho a indemnización», y el artículo 363 del Código civil establece que «el dueño del terreno en que se ha edificado, sembrado o plantado con mala fe puede exigir la demolición de la obra o que se arranque la plantación y siembra, reponiendo las cosas a su estado primitivo a costa del que edificó, plantó o sembró».

c) Si quien construye, planta o siembra, lo hace de buena fe (que consiste en este caso en la creencia con error excusable de poder disponer del terreno), el artículo 361 del Código civil le concede al dueño del terreno «derecho a hacer suya la obra, siembra o plantación, previa la indemnización establecida en los artículos 453 y 454, o a obligar al que fabricó o plantó a pagarle el precio del terreno, y al que sembró la renta correspondiente». Como puede observarse, la adquisición queda siempre condicionada a la indemnización y a no optar por el retorno del terreno a su estado primitivo, porque el Tribunal Supremo ha afirmado que ninguno de los dos (propietario del terreno e incorporante) es dueño (SSTS de 17 de junio de 1971 y 27 de junio de 1997, entre otras).

d) Por último, cuando haya habido mala fe no sólo por parte de quien edifica, planta o siembra, sino también por parte del dueño del terreno, el artículo 364 del Código civil establece que «los derechos de uno y otro serán los mismos que tendrían si ambos hubieran procedido de buena fe».

Los supuestos enumerados se corresponden con la regulación de los artículos 361 a 364 del Código civil, pero falta en ellos regulación del caso de mala fe del dueño de los terrenos, caso al que tal y como entiende algún autor, procedería la aplicación analógica del artículo 360 del Código civil, y por lo tanto habría accesión, pero el propietario debería abonar el valor de lo incorporado y resarcir además daños y perjuicios.

Además, el principio *superficies solo cedit* tiene otras excepciones no contempladas por los artículos 361 a 364 del Código civil, de las que hay destacar un derecho real típico que faculta para construir en suelo ajeno adquiriendo la propiedad de lo edificado durante el tiempo que perviva el derecho. Se trata del derecho de superficie que se tratará en Lección 6, y otros similares como los derechos de sobreedificación y subedificación.

También constituye una notable excepción el supuesto de las llamadas cotitularidades *pro diviso*, en las que los distintos aprovechamientos de un fundo perteneces a distintos titulares a título de dueño, que subsiste como una situación residual de tiempos pretéritos, y el importantísimo caso de la propiedad horizontal regida por la Ley de Propiedad Horizontal 49/1960, de 21 de julio, y en la Ley reguladora del Aprovechamiento por Turno de Bienes Inmuebles por Ley 4/2012, de 6 de julio.

2.1. *La construcción extralimitada*

El supuesto no estaba contemplado en el Código civil, aunque sí lo estaba su consecuencia, la accesión invertida, en la regulación originaria de la sociedad de gananciales, en el párrafo 2.° del artículo 1.304 que determinaba la ganancialidad de lo construido durante el matrimonio en suelo privativo de uno de los cónyuges, y que fue derogado por la Ley de 11 de mayo de 1981.

Así las cosas, la edificación extralimitada realizada por el dueño de un terreno o por otro a su costa, sería subsumible en el artículo 361 del Código civil ya estudiado, por lo que el dueño tendría la opción entre hacer suya la parte correspondiente de lo edificado, lo que podría dar lugar a una comunidad sobre el edificio, sometida a las normas de la comunidad ordinaria, incluido el posible ejercicio de la acción de división que originaría la venta del edificio en pública subasta.

Ciertamente cualquier solución jurídico-positiva sobre tales bases del problema así generado, será inconveniente para el propietario del terreno invadido. Por ello, el Tribunal Supremo a partir de la sentencia de 30 de junio de 1923, pero especialmente a partir de la STS de 31 de mayo de 1949, comienza a sentar una doctrina, después muy reiterada a partir de los años sesenta del pasado siglo, conformando una excepcional accesión invertida (en el sentido de ser opuesta al aforismo *superficies solo cedit*), partiendo de la idea de que la cosa principal, dado su mayor importancia económica es en tales casos el edificio y no sólo una parte del suelo en que asienta, de modo que será una aplicación del aforismo *accesorium sequitur principale*.

Los requisitos exigidos para que se aplique esta solución de accesión del suelo a lo edificado, los ha fijado la propia jurisprudencia del Tribunal Supremo en los siguientes[8]:

1.° Que «el constructor que la pretende sea titular dominical de lo edificado».
2.° Que «la edificación se haya realizado en suelo que en parte pertenece al edificante y en parte es de propiedad ajena».
3.° Que «las dos partes del suelo formen con el edificio un todo indivisible».
4.° Que «el edificio unido al suelo del edificante tenga una importancia y un valor que excedan a los del suelo invadido».
5.° Que «el edificante haya procedido de buena fe», consistente como ya se indicó en la creencia de tener derecho a edificar en el terreno invadido.

Mención especial merece la jurisprudencia (SSTS de 10 de diciembre de 1980 y 3 de abril de 1992), que ha aplicado esta doctrina en casos de extralimitación de un edificio construido en terreno propio, pero con voladizos sobre suelo ajeno, no

[8] Se sigue en materia de requisitos, el orden de exposición de J. L. LACRUZ BERDEJO, revisado por A. LUNA SERRANO, *Elementos de Derecho Civil*, t. III, vol. 1.°, Dykinson, Madrid, 2000, p. 140.

respetando las distancias del artículo 582 del Código civil, ya que contradice otra línea jurisprudencial que no aplica la accesión invertida a tales supuestos, lo que acarrea la demolición parcial de lo edificado.

En todo caso, la accesión invertida comporta la obligación del constructor de pagar al dueño del terreno invadido una indemnización que comprenda el valor del terreno invadido, y el «quebranto y menoscabo económico» que repercute sobre el resto del terreno no invadido como «consecuencia necesaria del principio de equidad» (STS de 27 de noviembre de 1984).

2.2. *Incorporación en suelo ajeno y con materiales ajenos*

A tenor del artículo 365 del Código civil, «si los materiales, plantas o semillas pertenecen a un tercero que no ha procedido de mala fe, el dueño del terreno deberá responder de su valor subsidiariamente y en el solo caso de que el que los empleó no tenga bienes con que pagar. No tendrá lugar esta disposición si el propietario usa del derecho que le concede el artículo 363».

El supuesto se refiere a materiales que se hayan unido inseparablemente al terreno ajeno, y la mala fe a que se refiere el precepto presenta un doble aspecto, ya que puede recaer sobre la propiedad del terreno, pero también sobre la titularidad del aplicante sobre los materiales, y su derecho a edificar, plantar o sembrar. La mala fe en cualquier caso obligaría a indemnizar los daños causados.

3. Accesión de cosas muebles

El Código civil aborda esta modalidad de accesión en los artículos 375 y siguientes, que regulan las modalidades conocidas como adjunción, mezcla y especificación, todos ellos presididos por la aplicación del principio de accesoriedad, aunque con numerosísimas excepciones, y con unos criterios para distinguir lo principal de lo accesorio fijados en los artículos 376 a 378, con ocasión de la adjunción, que resultan de aplicación bastante problemática.

3.1. *Mezcla*

El Código civil, para esta figura cuyo antecedente es la *conmixtio* del Derecho romano, parece pensar en fluidos, incluso en aleaciones de minerales fundidos, o en áridos al regular la mezcla, si bien indica algún autor que las reglas son aplicables analógicamente a los casos de mezcla «de unidades individuales no identificables, como serán las cabezas de ganado sin marcar»[9], y lo regula diferenciando los supuestos de mezcla según intervenga la buena fe o la mala fe.

A la mezcla de buena fe se refiere el artículo 381 del Código civil en los siguientes términos: «si por voluntad de sus dueños se mezclan dos cosas de igual o diferente especie, o si la mezcla se verifica por casualidad, y en este último caso las cosas no son separables sin detrimento, cada propietario adquirirá un derecho proporcional a la parte que le corresponda atendido el valor de las cosas mezcladas o confundidas».

También contempla la misma solución para mezcla de buena fe el artículo 382.1.º del Código civil, con el siguiente tenor: «si por voluntad de uno solo, pero con buena fe, se mezclan o confunden dos cosas de igual o diferente especie, los derechos de los propietarios se determinarán por lo dispuesto en el artículo anterior».

La consecuencia común es un condominio sobre una común nueva que es la resultante de la mezcla, por cuotas, pero no accesión de una cosa accesoria a otra principal, siendo esa comunidad susceptible de reparto proporcional a petición de cada partícipe.

Muy distinta es la consecuencia de la mezcla acaecida mediando mala fe, ya que el artículo 382.2.º del Código civil establece que «si el que hizo la mezcla o la confusión obró de mala fe, perderá la cosa de su pertenencia mezclada o confundida, además de quedar obligado a la indemnización de los perjuicios causados al dueño de la cosa con la que se hizo mezcla», porque en este caso sí hay accesión con independencia de la importancia respectiva de las cosas mezcladas.

Señala algún autor certeramente que las reglas de la mezcla no son aplicables a esa cosa mueble especial que es el dinero, en la cual, a su juicio, cuando se da el caso por necesidades del comercio, el causante será dueño del conjunto bajo la condición de indemnizar, y ello porque no es la mezcla la que produce la pérdida de individualidad, sino que es una cualidad de la exquisita genericidad del dinero[10].

3.2. *Adjunción*

Se califica así al supuesto en que cosas distintas y de distintos dueños se unen de forma inseparable para dar lugar a una nueva cosa, como ocurriría en la soldadura de piezas metálicas de distintos dueños, o en el resultado de la acción de teñir un tejido.

En todo caso hay que insistir en la inseparabilidad sin detrimento como condición para que exista adjunción, pues mientras sea posible la separación, ésta

[9] J. L. Lacruz Berdejo, obra citada, p. 142.
[10] J. L. Lacuz Berdejo, obra citada, p. 143.

será exigible según estableció la STS de 13 de diciembre de 1949 respecto de las piezas incorporadas a un automóvil.

La regulación del Código civil, que como es sabido parte de la idea de que siempre hay una cosa principal y otra accesoria, se contiene en el artículo 375 que establece que tal unión, no mediando mala fe, da lugar a que «el propietario de la cosa principal adquiere la accesoria, indemnizando su valor al anterior dueño».

Consecuentemente, el artículo 376 del Código civil establece un criterio principal para conocer qué cosa es la principal y cuál la accesoria, estableciendo que se reputa principal, entre dos cosas incorporadas, aquella a que se ha unido otra por adorno, o para su uso o perfección.

La posible insuficiencia de este criterio trata de suplirse mediante los criterios subsidiarios que establece el artículo 377 del Código civil según el cual, «si no puede determinarse por la regla del artículo anterior cuál de las cosas incorporadas es la principal, se reputará tal el objeto de más valor, y entre dos objetos del mismo valor, el de mayor volumen».

Y termina el artículo 378 del Código civil estableciendo en su párrafo primero el criterio de que la separabilidad excluye toda clase de accesión al determinar que «cuando las cosas unidas pueden separarse sin detrimento, los dueños respectivos pueden exigir la separación», e introduciendo otro criterio de accesión en los siguientes términos: «Sin embargo, cuando la cosa unida para el uso, embellecimiento o perfección de otra, es mucho más preciosa que la cosa principal, el dueño de aquélla puede exigir su separación, aunque sufra algún detrimento la otra a que se incorporó».

Se pueden distinguir, pues, en esta regulación dos criterios que podrían calificarse como de funcionalidad (art. 376), y de valor económico (arts. 377 y 378.2.º CC).

El primero lo explicaba MANRESA[11] bajo la idea que «cosa principal es aquella que no ha menester de otra para llenar el destino económico adecuado a su naturaleza», y el segundo, el del precio o valor económico, no requiere explicación. Tal vez por ello algunos autores entienden que debería atenderse al criterio del valor económico como el único aplicable a la determinación de lo principal, pero sin duda esta propuesta tropieza con el tono apodíctico del artículo 376 de Código civil, que aunque subsidiario de la autonomía privada, sería así objeto de una discutible *interpretatio abrogans*.

Para el caso de adjunción de mala fe por parte del incorporante, el artículo 379 en su párrafo 1.º establece que «cuando el dueño de la cosa accesoria ha hecho su incorporación de mala fe, pierde la cosa incorporada y tiene la obligación de indemnizar al propietario de la principal los perjuicios que haya sufrido».

Continúa el párrafo 2.º del mismo artículo estableciendo que «si el que ha procedido de mala fe es el dueño de la cosa principal, el que lo sea de la accesoria

[11] J. M. MANRESA NAVARRO, *Comentarios al Código civil*, t. III, Reus, Madrid, 1920, pp. 179 ss.

tendrá derecho a optar entre que aquél le pague su valor, o que la cosa de su pertenencia se separe, aunque para ello haya que destruir la principal; y en ambos casos, además habrá lugar a la indemnización de daños y perjuicios».

Por último, el párrafo 3.º establece que «si cualquiera de los dueños ha hecho la incorporación a la vista, ciencia y paciencia y sin oposición del otro, se determinarán los derechos respectivos en la forma dispuesta para el caso de haber obrado de buena fe».

Indica LACRUZ BERDEJO[12] que al artículo 379 a diferencia de los anteriores, no es trasunto de reglas romanas ni del *Code civil*, sino que procede de los autores del Proyecto de 1851 que intentaron dar claridad a un supuesto muy complejo que admite gran número de variantes.

Cierra el tratamiento de la materia, el artículo 380 estableciendo que «siempre que el dueño de la materia empleada sin su consentimiento tenga derecho a indemnización, puede exigir que ésta consista en la entrega de una cosa igual en especie y valor, y en todas sus circunstancias a la empleada, o bien el precio de ella, según tasación pericial».

El Código civil trata en sede de adjunción en el artículo 377, párrafo 2.º, los casos de la pintura y la escultura, según los precedentes romanos, así como la escritura, la impresión, el grabado y la litografía, considerando en tales casos accesorias «la tabla, el metal, la piedra, el lienzo, el papel o el pergamino», lo que a juicio de algún autor es una mera presunción que cede ante la prueba en contrario de la irrelevancia del trabajo artístico[13], siendo además lo cierto que se trata de actividades que pueden a veces constituir supuestos de especificación, y de aplicación de la Ley de Propiedad Intelectual.

4. LA ESPECIFICACIÓN

Supuestos con nula conexión con la accesión son regulados por el Código civil (y por otros códigos) en esta sede, pero que ciertamente sí es un modo de adquirir. En efecto, la especificación consiste en dar a una cosa ajena nueva forma por medio de la actividad y el trabajo del especificante, que no tiene acomodo en el concepto jurídico de cosa, ni tampoco en el de negocio jurídico, por lo que debe considerarse como acto real.

El artículo 383 del Código civil establece que «el que de buena fe empleó materia ajena en todo o en parte para formar una obra de nueva especie, hará suya la obra, indemnizando el valor de la materia al dueño de ésta».

[12] J. L. LACRUZ BERDEJO, obra citada, pp. 145 y 146.

[13] J. L. LACRUZ BERDEJO, obra citada, p. 145.

«Si ésta es más preciosa que la obra en la que se empleó o superior en valor, el dueño de ella podrá, a su elección, quedarse con la nueva especie, previa indemnización del valor de la obra, o pedir indemnización de la materia».

«Si en la formación de la nueva especie, intervino mala fe, el dueño de la materia tendrá derecho a quedarse con la obra, sin pagar nada al autor. O de exigir de éste que le indemnice el valor de la materia y los perjuicios que se le hayan seguido».

VI. LA USUCAPIÓN: CONCEPTO Y NATURALEZA JURÍDICA

Su nombre alude a la adquisición por el uso, y sucedió en el Derecho romano a la llamada *usus auctoritas*, pero su nombre legal en el Código civil es el de prescripción, con el que aparece en el último párrafo del artículo 609, y en el primer párrafo del artículo 1.930 que establece que «por la prescripción se adquieren, de la manera y con las condiciones determinadas en la ley, el dominio y demás derechos reales», por lo que para distinguirla dentro del concepto unitario de prescripción que acoge en parte el Código civil, de la prescripción extintiva, doctrinalmente se la denomina prescripción adquisitiva.

Por lo tanto, puede definirse como «la adquisición del dominio y de otros derechos reales mediante la posesión en concepto de dueño o titular continuada por el tiempo determinado por la ley»[14], ya que de acuerdo con el artículo 447 del Código civil «sólo la posesión en concepto de dueño puede servir de título para adquirir el dominio».

De la definición ofrecida se deduce que la usucapión o prescripción adquisitiva, tiene naturaleza de modo de adquirir el dominio y otros derechos reales, a lo que hay que añadir que como modo de adquirir el dominio, es, sin duda, un modo originario, porque no hay sucesión en la titularidad de otro dueño anterior, sino que, aunque alguien otorga un título y transmite la posesión en concepto de dueño en la llamada usucapión ordinaria, la falta de derecho del transmitente es suplida por el cumplimiento de los requisitos de la usucapión, y la propiedad surge *ex novo* para el usucapiente del cumplimiento de tales requisitos en perjuicio de un hasta entonces *verus dominus* que no es causante del nuevo propietario y que, simultáneamente con la adquisición, pierde su derecho.

La usucapión tiene alguna semejanza con la prescripción extintiva, como es el efecto de producir la trasmutación de un estado de hecho en un derecho, y extinguir en su caso el derecho del anterior *verus dominus*, pero no se puede considerar como una simple faceta de la prescripción, porque el Código civil las diferencia en el propio artículo 1.930 y las somete a reglas sólo en parte comunes, sin que quepa aplicación analógica de las reglas específicas de cada una de ellas a la otra.

---

[14] M. PEÑA BERNALDO DE QUIRÓS, obra citada, p. 122.

Su fundamento genérico, común a toda la prescripción y no propio solamente de la adquisitiva, hay que buscarlo en la seguridad jurídica que hoy garantiza la Constitución Española en su artículo 9.3, y ciertamente así puede decirse que se entendió en el Derecho romano, en el que mereció aprecio el principio de legalidad (y la seguridad jurídica), en la inolvidable mención de M. T. CICERÓN en su discurso Pro Caecina, 74.10: *fundus a patre relinqui potest, at usucapio fundi finis sollicitudinis ac periculi litium, non a patre relinquitur sed a legibus*, que claramente la califica como el «final de toda preocupación y del peligro de litigios», ya que es la ley, y no un simple causante, la que hace dueño a quien consuma la usucapión.

Además, se puede pensar en un cierto en la desvalorización por el ordenamiento jurídico de la actitud de los propietarios inactivos y negligentes, y en consecuencia de la presunción *iuris et de iure* de abandono de ciertos bienes, como justificación adicional, de la regulación jurídico-positiva en aras del interés social a la adecuada utilización de los bienes.

No obstante, en ocasiones, especialmente en el derecho intermedio, se ha visto gravada la usucapión con la sospecha de ser un instituto jurídico *contra aequitatem*, por la razón de correr en contra del interés del *verus dominus*, y esto especialmente respecto de la prescripción adquisitiva en la que no se exige justo título y buena fe.

Pero lo cierto es que el hipotético *verus dominus* está bastante protegido por la seguridad jurídica preventiva (titulación pública y derecho inmobiliario registral), pero más generalmente por los requisitos de la posesión apta para usucapir, que son el concepto de dueño o titular, y la posesión pública, pacífica y no interrumpida por el tiempo en cada caso exigido por la ley, sin contar con que el interés público está protegido por la condición de imprescriptibles de los bienes de dominio público recogido en el artículo 132.1 de la Constitución.

1. CLASES DE USUCAPIÓN

Como en toda clasificación, es necesario acudir a varios criterios para ofrecer un panorama de las clasificaciones de la usucapión más relevantes en la aplicación del derecho.

Así, desde el punto de vista del derecho que se adquiere, la primera clasificación que sale al paso del intérprete es la contenida en el artículo 1.930 del Código civil, que la define como modo de adquirir el «dominio y demás derechos reales», por cuanto los requisitos de la posesión y el tiempo exigido difiere según se trate del dominio o de otros derechos reales como las servidumbres, además de que hay que puntualizar que existen derechos reales típicos, como el de hipoteca, y otros derechos reales de garantía o las servidumbres del artículo 539 del Código civil (discontinuas y no aparentes), que por no comportar facultades posesorias y ser solamente susceptibles de constitución y transmisión a través de negocios solemnes en el caso, no pueden adquirirse por usucapión.

En segundo lugar, otro criterio clasificatorio que se deduce del conjunto de la regulación de la usucapión, pero especialmente de la duración de la posesión exigida, vendría dado por la naturaleza de la cosa objeto de la propiedad que se adquiere, ya que los plazos exigidos para la usucapión de bienes muebles son mucho más breves que los exigidos para la usucapión de derechos reales sobre bienes inmuebles.

Como subclasificación a introducir dentro de la usucapión del dominio y otros derechos reales sobre bienes inmuebles, para el caso de inmuebles que hayan ingresado en el Registro de la Propiedad mediante la correspondiente asignación de folio real e inscripción del dominio, se puede distinguir entre usucapión *secundum tabulas*, si se trata de una posesión concordante con la que publica el Registro y está favorecida por las presunciones del artículo 35 de la Ley Hipotecaria, o usucapión *contra tabulas*, si la posesión no concuerda con la que publica el Registro de la Propiedad, que puede consumarse en las condiciones que prevé el artículo 36 de la Ley Hipotecaria.

Pero, sin duda, la más importante de las clasificaciones de la usucapión es la que refleja el cumplimiento de una mayor o menor número de requisitos en la posesión que le sirve de base, y que se proyecta sobre el plazo exigido para su consumación. Tal criterio, cuyo antecedente se encuentra en el Derecho romano que reguló dos institutos diferentes llamados, el uno *usucapio*, y el otro *longi temporis praescriptio*, fundamenta hoy día la contraposición doctrinal entre usucapión ordinaria por una parte, en la que subyace una posesión en concepto de dueño o titular, pública, pacífica e ininterrumpida, y además justo título (verdadero y válido) y buena fe, según prescriben los artículos 1.940, 1.941 y 1.957 del Código civil, y prescripción extraordinaria por otra parte, prevista para bienes muebles en el artículo 1.955, párrafo 2.º, y para bienes inmuebles en el artículo 1.959, que exigen respectivamente un plazo de seis años y de treinta años para su consumación.

Por último, se califica como *usucapio libertatis* la liberación de un gravamen por el transcurso de cierto tiempo de ejercicio de la propiedad, sin el límite impuesto por tal gravamen, figura ésta que se estudiará *infra* en el apartado VI.5.

2. Usucapión y prescripción extintiva

Como se anticipó al tratar del concepto de usucapión, el tratamiento conjunto que efectúa el Código civil en sus artículos 1.930 y siguientes no debe conducir a la errónea conclusión de que se trata de un instituto jurídico único, cuando la realidad es que se trata de dos institutos jurídicos bastante diferentes entre sí, por más que tengan elementos comunes como el transcurso de determinados plazos, puesto que el tratamiento en una misma sede no implica que el legislador les atribuya un carácter idéntico, toda vez que ofrece dos definiciones.

Los principales rasgos distintivos entre ambas figuras son: 1.º La usucapión es un modo de adquirir conforme al artículo 609, párrafo último del Código civil, en tanto que la prescripción extintiva es un modo de perder los derechos. 2.º La usucapión permite adquirir derechos reales sobre las cosas, mientras que la prescripción extintiva afecta a los derechos de naturaleza patrimonial en general, tanto derechos reales como derechos personales o de crédito. 3.º En la usucapión coexiste un comportamiento activo por parte del poseedor usucapiente, mientras que el titular del derecho real que se va adquirir por usucapión desarrolla una conducta pasiva y de total abstención, a diferencia de la prescripción extintiva en la que es la actitud inerte del titular jurídico real la única que contempla el ordenamiento jurídico como presupuesto de la extinción del derecho.

3. EFICACIA DE LA USUCAPIÓN: INFLUENCIA DE LA POSESIÓN Y DEL TÍTULO EN SU CASO; RENUNCIABILIDAD

Rige en materia de usucapión la regla *tantum praescriptium quantum possessum*, según la cual el derecho que se adquiere es el que se viene ejercitando y con las facultades y extensión con que se ha venido ejercitando, lo que resulta coherente con su naturaleza de modo de adquirir originario, que no se apoya en una titularidad anterior.

Ello no obstante, hay que matizar esta regla en el sentido de que en cierto tipo de usucapión, la que se califica como usucapión ordinaria, para cuya consumación se exige la concurrencia de justo título y buena fe de acuerdo con los artículos 1.940 y 1.941 del Código civil, el justo título a efectos de usucapión influye en la medida en que determina el concepto posesorio, e incluso la misma extensión de la posesión que se transfiere, por lo que si la posesión ejercitada difiere en el concepto o excede en la materialidad del objeto de lo consignado en el título sólo generaría usucapión en la medida de la posesión amparada por el título, quedando el resto como una posesión susceptible de generar usucapión extraordinaria, en el más largo plazo que le es de aplicación.

Por otra parte, el Código civil establece la renunciabilidad de la usucapión en su artículo 1.935: «las personas con capacidad de enajenar pueden renunciar a la prescripción ganada; pero no al derecho de prescribir para lo sucesivo. Entiéndese tácitamente renunciada la prescripción cuando la renuncia resulta de actos que hacen suponer el abandono del derecho adquirido».

Del precepto se deduce que puede renunciarse a la usucapión ganada y, lógicamente, *a fortiori*, también a la usucapión en curso, pero es un acto de enajenación que precisa la plena capacidad del renunciante, y en su caso, por ejemplo, cuando se trate de corporaciones de Derecho público, las formalidades correspondientes a la enajenación.

Como toda renuncia, la renuncia a la prescripción adquisitiva tiene los límites que establece, bajo pena de nulidad, el artículo 6.º del Código civil: no contrariar «ni el interés ni el orden público, ni perjudicar a tercero», y el que establece el artículo 1.937 del Código civil: «los acreedores, y cualquier otra persona interesada en hacer valer la prescripción, podrán utilizarla a pesar de la renuncia expresa o tácita del deudor o propietario».

Tal regulación plantea un problema en orden al modo en que se opera la adquisición por prescripción, toda vez que la consumación de la usucapión parece que debiera ocasionar de modo automático (*ipso iure* u *ope legis*) la adquisición del dominio o derecho real de que se trate, y además con carácter firme, definitivo e irreversible, que no resulta compatible con esa renunciabilidad de forma expresa o tácita que establece el artículo 1.935 del Código civil. No es una renuncia a la propiedad o derecho real adquirido sobre una cosa que pasaría, en su caso, a la categoría de *res nullius*, sino que parece que al ser la usucapión lo renunciado sería la voluntad del adquirente la que evitaría el efecto adquisitivo y el mantenimiento de la titularidad dominical o jurídico real precedente.

Milita en tal sentido el que la usucapión no se aprecie de oficio, sino que ha de ser alegada y probada en el proceso, tanto por vía de acción como por vía de excepción[15], precisamente por ser renunciable.

Algún autor, no obstante, entiende, por el contrario, que la adquisición por el usucapiente y la consiguiente pérdida por el precedente *vetus dominus* se producen de modo automático[16].

Hay acuerdo doctrinal, en cambio, respecto del efecto retroactivo de la usucapión al momento en que comenzó la posesión *ad usucapionem*, y que, en consecuencia, sus actos anteriores a la consumación quedan convalidados y confirmados por ella.

4. Sujetos de la usucapión

La posibilidad de ser sujeto activo (usucapiente) se regula en el artículo 1.931 del Código civil en los siguientes términos: «pueden adquirir bienes o derechos por medio de la prescripción las personas capaces para adquirirlos por los demás medios legítimos», lo que resulta en parte exacto, ya que la usucapión ordinaria requiere justo título para iniciarse, y por ende capacidad negocial, pero lo cierto es que para consumar tal prescripción ordinaria o para iniciar la extraordinaria,

---

[15] M. Peña Bernaldo de Quirós, obra citada, p. 134.

[16] J. L. Jacruz Berdejo, obra citada, p. 155.

no es necesario mantener o tener la capacidad negocial, pues basta la capacidad para poseer.

Respecto de la coposesión, establece el artículo 1.933 del Código civil «que la prescripción ganada por un copropietario o comunero aprovecha a los demás», lo que no excluye la posibilidad de que el comunero haya intervertido su título y posea para sí de manera exclusiva, circunstancia ésta que habría de ser probada.

Desde el punto de vista pasivo la usucapión corre contra todo tipo de sujetos según establece con la máxima generalidad el artículo 1.932.1.º del Código civil, según el cual «los derechos y acciones se extinguen por la prescripción en perjuicio de toda clase de personas, inclusas las jurídicas, en los términos prevenidos por la ley».

Rompe el Código civil con la máxima tradicional *contra non valentem agere non currit praescriptio*, que permitía combatir la prescripción ganada contra el incapaz, a través de la acción «rescisoria del dominio», sustituyendo ese viejo régimen por la responsabilidad de los representantes legales que hubiesen actuado con negligencia, que se contempla en el párrafo 2.º del mismo artículo.

Hay también una consideración especial de herencia, como sujeto activo y pasivo de la prescripción, que se contiene en el artículo 1.934 del Código civil, a cuyo tenor la prescripción «produce efectos jurídicos a favor y en contra de la herencia antes de haber sido aceptada y durante el tiempo concedido para deliberar».

Por último, hay que tener en cuenta que respecto de las cosas muebles hurtadas o robadas, que en el Derecho romano no se podían adquirir por usucapión como *res furtivae*, el Código civil en su artículo 1.956 establece un plazo diferente para quienes las hurtaron o robaron y para sus cómplices y encubridores que no podrán usucapir «a no haber prescrito el delito o falta (hoy sólo el delito), o su pena y la acción para exigir la responsabilidad civil, nacida del delito o falta», lo que plantea un cierto problema interpretativo acerca del cómputo de esos plazos superpuestos.

5. Objeto de la usucapión: muebles e inmuebles; nuda propiedad; usucapión liberatoria

El artículo 1.936 del Código civil nos dice que «son susceptibles de usucapión todas la cosas que están en el comercio de los hombres», pero es preciso matizar una afirmación tan general, puesto que, como ya sabemos por el propio concepto de usucapión, estamos ante un modo de adquirir la propiedad y otros derechos reales, lo que de entrada deja fuera del ámbito de la usucapión todos los derechos de crédito, que se adquieren de las llamadas fuentes de las obligaciones, entre las que destaca el contrato, por lo que incluso los contratos que se relacionan con la posesión (arrendamiento, depósito y comodato) generan posiciones jurídicas que no se pueden adquirir por usucapión.

También se hace necesario precisar que siendo susceptible de adquirirse por usucapión el dominio, y buen número de derechos reales en cosa ajena, entre los que se encuentran, se trata exclusivamente de derechos reales que comportan facultades posesorias de goce y disfrute, como el usufructo, el uso y la habitación, las servidumbres (salvo las negativas y las discontinuas y no aparentes), la enfiteusis y el derecho de superficie, es decir, exclusivamente los derechos reales limitados de goce.

No son, por el contrario, susceptibles de adquisición por usucapión los derechos reales de garantía como la hipoteca tanto inmobiliaria como mobiliaria, la prenda sin desplazamiento, los censos consignativo y reservativo, y los derechos de adquisición preferente, dado que no confieren posesión de ninguna clase a sus titulares.

Dudoso es el caso de la prenda ordinaria y el de la anticresis, porque ambos comportan facultades posesorias del acreedor, dado que se trata de una posesión peculiar, que, aunque en el caso de la prenda permite al acreedor pignoraticio ejercitar acciones dominicales conforme al artículo 1.869 del Código civil, parece ser una legitimación extraordinaria, lo que lleva a algún autor[17] a negar tal posibilidad.

Retornando a la exigencia de que se trate de derechos sobre cosas que están en el comercio de los hombres, así resultan inhábiles a efectos de usucapión los bienes de dominio público mientras estén afectos a uso y servicio público, por la prohibición constitucionalizada en el artículo 132.1 de la Constitución y desarrollada por el artículo 30.1 de la Ley 33/2002, de 3 de noviembre, de Patrimonio de las Administraciones Públicas, ni los bienes muebles declarados de interés cultural e integrados en el Patrimonio histórico español exportados ilegalmente que la Ley 16/1985, de 25 de junio, de Patrimonio Histórico Español atribuye al Estado en su artículo 29.1, ni tampoco los bienes comunales de acuerdo con el artículo 80.1 de la Ley 7/1985, de 2 de abril, de Bases de Régimen Local.

Sí son, por el contrario, susceptibles de adquirirse por usucapión el resto de los bienes de titularidad pública que se conocen como patrimoniales, aunque algunos de ellos, como los montes, estén sometidos a un régimen especial.

Por lo que respecta a la nuda propiedad, que es el nombre doctrinal con el que se conoce al derecho mismo de propiedad gravado con usufructo, hay que entender que la privación temporal del uso y disfrute no impide que pueda consumarse una usucapión del dominio por cuanto hay posesión mediata del propietario, pero también facultades como la de imponer servidumbres, o la de inspeccionar el uso de la cosa, así como el mismo reconocimiento por parte del usufructuario, que comportan cierta publicidad más allá de la que en su caso proporcione el Registro de la Propiedad, por más que la posesión pública le fuese negada al propietario por la STS de 26 de marzo de 1986[18].

---

[17] P. DE PABLO CONTRERAS, *Curso de Derecho Civil, III, Derechos reales*, Edisofer, Madrid, 2016, p. 423.

[18] J. DE LA CUESTA SAENZ, «Usucapión de la nuda propiedad», en *Anuario de Derecho Civil*, 1987, vol. 2.º, pp. 727 ss.

Por último, se llama *usucapio libertatis* o usucapión liberatoria, a una usucapión que culmina extinguiendo derechos reales limitados que graven una cosa.

Se trata de la extinción de derechos reales limitados que tienen algún contenido posesorio, y que se extinguen si el propietario posee la cosa objeto de los mismos como libre durante el tiempo requerido por la ley en cada caso. Estos casos, cuando se trate de usucapión extraordinaria, podrían coincidir con la extinción de la acción confesoria, pero podrían también tener lugar por usucapión ordinaria, porque, en todo caso, la usucapión es un modo de adquirir originario, que no puede venir afectado gravámenes impuestos por el *vetus dominus*, salvo los que recaigan sobre fincas inscritas en el Registro de la Propiedad y no comportan facultad desde inmediato disfrute, que pueden persistir conforme lo previsto en el artículo 36 de la Ley Hipotecaria el cual prevé que «los derechos adquiridos a título oneroso y de buena fe que no lleven aneja la facultad de inmediato disfrute del derecho sobre el cual se hubiesen constituido, no se extinguirán por usucapión de éste», regulación que deja a salvo de la *usucapio libertatis* los derechos reales inmobiliarios que no impliquen posesión y que estén amparados por la fe pública registral, pero no a los que no estén amparados.

Por otra parte, el artículo 36 de la Ley Hipotecaria prevé en su penúltimo párrafo que «tampoco se extinguirán los que impliquen aquella facultad (la de poseer la cosa) cuando el disfrute de los mismos no fuere incompatible con la posesión causa de la prescripción adquisitiva, o cuando siéndolo, reúnan sus titulares las circunstancias y procedan en la forma y plazos que determina el apartado *b*) de este artículo», lo que supone que el titular de derechos con facultades posesorias incompatible con las del usucapiente puede estar amparado por la fe pública registral, si demuestra que no conoció o debió conocer cuando adquirió que la finca estaba poseída de hecho y en concepto de dueño por persona distinta de su causante.

Por último, el artículo 36 de la Ley Hipotecaria termina estableciendo que la «prescripción extintiva de derechos reales sobre cosa ajena, susceptibles de posesión o de protección posesoria, perjudicará siempre al titular según el Registro de la Propiedad aunque tenga la condición de tercero», supuesto éste exclusivamente referido a la prescripción extintiva de acciones y derechos reales.

6. Requisitos: el tiempo; cómputo

El tiempo de duración de la posesión *ad usucapionem* es cuestión central dentro de las «condiciones determinadas en la ley» de que nos habla en artículo 1.930 del Código civil.

Los plazos legales están fijados en función del carácter ordinario o extraordinario de la usucapión, de la naturaleza mueble o inmueble del bien objeto del derecho que se adquiere, y de determinadas condiciones de los sujetos intervinientes.

Tratándose de bienes muebles el plazo legal es de tres años para la usucapión ordinaria, y de seis años para la usucapión extraordinaria de acuerdo con lo prescrito en el artículo 1.955 del Código civil, a lo que en el caso de los bienes muebles hurtados o robados y respecto de su usucapión por lo autores del delito y sus cómplices y encubridores, hay que tener en cuenta lo previsto en el artículo 1.956 del Código civil sobre la necesidad de que haya prescrito el delito o su pena, y la acción para reclamar la responsabilidad civil.

Tratándose de bienes inmuebles, el Código civil prevé un plazo para usucapión ordinaria entre presentes de diez años, y de veinte entre ausentes en el artículo 1.957, considerando el artículo 1.958 como ausentes a los que residen en el extranjero o en ultramar, norma ésta de escasa justificación en el mundo globalizado.

Para la prescripción extraordinaria, el artículo 1.959 del Código civil exige el transcurso de treinta años sin distinción entre presentes y ausentes. En materia de servidumbres la regla es diferente, ya que establece un plazo el artículo 537 del Código civil de veinte años.

En cuanto al cómputo del tiempo, el artículo 1.960 del Código civil establece que «se observarán las reglas siguientes»: 1.ª «El poseedor actual puede completar el tiempo necesario para la prescripción. Uniendo al suyo el de su causante», regla ésta que la doctrina refiere a la llamada *accesio possessionis* en las transmisiones a título particular, viniendo regidas las sucesiones hereditarias a título universal (*successio possessionis*) por los artículos 440, 442 y 1.934 del Código civil. 2.ª «Se presume que el poseedor actual, que lo hubiera sido en época anterior, ha continuado siéndolo durante el tiempo intermedio», que establece una presunción de continuidad similar a la contenida en el artículo 459 del Código civil. 3.ª «El día en que comienza a contarse el tiempo, se tiene por entero; pero el último debe cumplirse en su totalidad».

En materia de servidumbres, el artículo 538 del Código civil establece reglas de cómputo del plazo de veinte años de posesión: «en las positivas, desde el día en que el dueño del predio dominante, o el que haya provechado la servidumbre, hubiera empezado a ejercerla sobre el predio sirviente; y en las negativas, desde el día en que el dueño del predio dominante hubiera prohibido, por un acto formal, al del sirviente la ejecución del hecho que sería lícito sin la servidumbre».

En cuanto a la usucapión de cosas muebles hurtadas o robadas por quienes las hurtaron o robaron, sus cómplices y sus encubridores, la superposición de los plazos de usucapión y de prescripción del delito y de su pena, así como de la acción para reclamar la responsabilidad civil derivada del delito que contempla el artículo 1.956 del Código civil, la doctrina se ha cuestionado si ha de sumarse el primero a los segundos, o por el contrario, corren todos simultáneamente, inclinándose la doctrina mayoritaria por esta interpretación que favorece en mayor medida la consumación de la usucapión[19].

---

[19] En contra P. de Pablo Contreras, obra citada, p. 439 entiende que empieza la posesión *ad usucapionem* cuando hayan prescrito todas las responsabilidades penales de los sujetos a que se refiere el artículo 1.956 CC.

7. LA POSESIÓN: EN CONCEPTO DE DUEÑO, PÚBLICA, PACÍFICA Y NO INTERRUMPIDA

La posesión *ad usucapionem* de acuerdo con el artículo 1.941 del Código civil, «ha de ser en concepto de dueño, pública pacífica y no interrumpida».

Comenzando por el primero de tales requisitos de la posesión, el que sea en concepto de dueño, viene a recalcar una exigencia que ya anunciaba el artículo 447 del Código civil, según el cual «sólo la posesión que se adquiere y se disfruta en concepto de dueño puede servir de título para adquirir el dominio». Pero como ya se puntualizó en su momento, la posesión en concepto de dueño en sentido estricto será imprescindible para adquirir la propiedad por usucapión, pero para adquirir otros derechos reales, por ejemplo, la posesión en concepto de usufructuario bastará para adquirir ese derecho real, puesto que dueño ha de interpretarse como dueño o titular de derecho real.

Lo que queda excluido en todo caso es que pueda inducir usucapión la posesión en virtud de un derecho de crédito, como el arrendamiento o el precario, este último expresamente excluido por el artículo 1.942 del Código civil.

El concepto posesorio ha de probarse en el momento inicial de la posesión *ad usucapionem*, pero después, «se presume que la posesión se sigue disfrutando en el mismo concepto en que se adquirió, mientras no se pruebe lo contrario» según establece el artículo 436 del Código civil, y si se produce un cambio en el concepto pasando a ser en concepto de dueño la posesión que inicialmente se tuvo en concepto distinto del de dueño o titular de derecho real, la causa de ese cambio llamado doctrinalmente interversión, será el momento inicial de la posesión para usucapir (p. ej., la compraventa de la vivienda que se había poseído como arrendatario).

El segundo requisito es el que alude al carácter público de la posesión, lo que excluye la clandestinidad, el carácter oculto de la posesión, al que se refiere el artículo 444 del Código civil como un vicio que la priva de todo efecto, incluso el de poner fin a la posesión precedente, pero exige algo más, que es mantener esa publicidad una vez ganada la posesión, pero siempre como una publicidad relativa («en faz del demandador» decían las fuentes castellanas medievales), es decir frente al poseedor precedente, especialmente importante en materia de bienes muebles, que resultan más fácilmente susceptibles de ocultación.

El tercer requisito es el carácter pacífico, que excluye el vicio posesorio de la violencia repetidamente vedada en la posesión por los artículos 441 y 44 del Código civil, no sólo en el momento de la adquisición, lo que excluye al despojante, sino en el ejercicio posterior de la posesión, aunque haya cesado la resistencia inicial del despojado.

Por último, se exige que la posesión no haya sido interrumpida, pudiendo tener lugar la interrupción «para los efectos de la prescripción, natural o civilmente» según establece el artículo 1.943 del Código civil.

La interrupción natural es la cesación en la posesión de hecho, y ocurre según el artículo 1.944 «cuando por cualquier causa se cesa en ella por más de un año», mientras que la interrupción civil se produce por reclamación judicial de la posesión por otro sujeto, aunque su efecto está condicionado a que recaiga sentencia firme estimatoria de la reclamación.

Así pues, la citación judicial hecha al poseedor «aunque sea por mandato de juez incompetente», tiene ese efecto interruptivo de acuerdo con el artículo 1.945 del Código civil, y el mismo efecto atribuye el artículo 1.947 del Código civil a la citación para conciliación siempre que en los dos meses siguientes se presentase la demanda sobre propiedad o posesión[20], conciliación que no era preceptiva en los interdictos, sino sólo en los juicios declarativos ordinarios de la LEC de 1881, hoy inexistentes en la vigente LEC de 7 de enero de 2000.

También produce esa interrupción civil «cualquier conocimiento expreso o tácito que el poseedor hiciera del derecho del dueño».

La interrupción tiene como efecto el cese de la posesión *ad usucapionem*, de modo que si persiste la posesión, deberá iniciarse un nuevo cómputo del plazo, salvo lo previsto en el artículo 466 del Código civil acerca de que «el que recupera, conforme a derecho, la posesión indebidamente perdida, se entiende para todos los efectos que puedan redundar en su beneficio que la ha disfrutado sin interrupción», o que tratándose de una interrupción por citación judicial, se considere no hecha y sin efecto, de acuerdo con lo previsto en el artículo 1.946 del Código civil, para los siguientes casos: «1.º Si fuere nula por falta de solemnidades legales. 2.º Si el actor desistiera de la demanda o dejare caducar la instancia. 3.º Si el poseedor fuere absuelto de la demanda».

La interrupción en todo caso sólo aprovecha a quien hace la reclamación judicial.

8. El justo título: requisitos

La exigencia de justo título condiciona únicamente la usucapión ordinaria de acuerdo con el artículo 1.940 del Código civil, y viene definida en el artículo 1.952 del Código civil que entiende por justo título «el que legalmente baste para transferir el dominio o el derecho real de cuya prescripción se trate», lo que no significa otra cosa que adecuación abstracta del título para transmitir la propiedad o derecho real, aunque en su caso no llegue a producir ese efecto, que haría innecesaria la usucapión, por falta del derecho o de poder de disposición en el transmitente, que es precisamente el vicio que purga la usucapión ordinaria.

Así pues, son justos títulos la compraventa y la permuta seguidas de tradición, así como la dación en pago, el legado y la donación, y no lo sería la sucesión

[20] Se trata de los actos de conciliación regulados en los artículos 460 y siguientes de la Ley de Enjuiciamiento civil de 1881.

universal que sitúa al heredero en la posesión del causante y, en consecuencia, con idéntico título, ni la transacción en cuanto al derecho discutido, ni la división de cosa común, ni la sentencia declarativa[21].

Además, añade el artículo 1.953 del Código civil que «el título para la prescripción ha de ser verdadero y válido». El calificativo de «verdadero» es tanto como decir que debe ser existente, y no meramente putativo y aparente como lo sería el fundado en una creencia errónea (v. gr., el legado en un testamento revocado), o el consistente en un negocio viciado de simulación absoluta.

El calificativo de «válido», ha de interpretarse como título no viciado de nulidad radical (salvo por la falta de derecho del transmitente), como lo podría ser una donación informal de bienes inmuebles. Los vicios que generan nulidad relativa no excluyen la usucapión, aunque ésta no puede subsanar el vicio frente a quienes pueden ejercitar la acción de nulidad.

Por último, el artículo 1.954 del Código civil establece que «el justo título debe probarse: no se presume nunca», lo que resulta ser una excepción al artículo 448 del Código civil que presume que el poseedor en concepto de dueño posee con justo título, totalmente justificada porque se trata no ya de posesión, sino de propiedad u otros derechos reales.

Ello no obstante, el artículo 35 de la Ley Hipotecaria, respecto de los derechos reales inscritos establece que «a los efectos de la prescripción adquisitiva en favor del titular inscrito, será justo título la inscripción, y se presumirá que aquél ha poseído pública, pacífica, ininterrumpidamente y de buena fe durante el tiempo de vigencia del asiento y de los de sus antecesores de quienes traiga causa» lo que es, sin duda, una enérgica protección de las titularidades jurídico reales inscritas que facilita mucho la consumación de la usucapión, desincentivando interrupciones temerarias en su caso.

9. La buena fe: usucapión ordinaria

En sede de prescripción adquisitiva el artículo 1.950 del Código civil define la buena fe como «la creencia de que la persona de quien recibió la cosa era dueño de ella y podía transmitir su dominio». Ya sabemos que para consumar la usucapión ordinaria se requiere justo título, verdadero, válido y probado, pero eso no es suficiente, sino que el usucapiente debe creer que quien le transmitió su derecho real era dueño y podía disponer de él y esa creencia es la buena fe que se define ahora en sentido positivo.

Continúa el artículo 1.951 del Código civil con una amplia remisión a las normas de buena fe contenidas en los artículos 433 a 436 del Código civil, de modo que «las condiciones de la buena fe exigidas para la posesión en los artículos 433,

[21] M. Peña Bernaldo de Quiros, obra citada, p. 132.

434, 435 y 436 de este Código, son igualmente necesarias para la determinación de aquel requisito en la prescripción del dominio y de los derechos reales», lo que viene a significar en resumen, que la buena fe se presume, y al que afirme la mala fe le corresponde la prueba; que no basta la buena fe inicial, en el momento de la adquisición, sino que la buena fe ha de durar todo el tiempo requerido para consumar la usucapión ordinaria del derecho en cada uno de los casos estudiados en el apartado VI.6 *supra*, porque se aplica el aforismo *mala fides superveniens nocet*, de procedencia canónica conforme a los artículos 1.940 y 1.957 del Código civil.

La divergencia entre la definición de buena fe del artículo 433 del Código civil y la contenida en el artículo 1.950 del mismo texto legal no tiene especiales consecuencias, porque el único vicio del título y modo que se purga es la falta del derecho en el transmitente.

La consecuencia de reunirse todos los requisitos de la posesión estudiados es que se puede consumar una usucapión ordinaria en el plazo de tres años si se trata del dominio de muebles. Y en el plazo de diez años entre presentes y/o veinte entre ausentes si se trata de propiedad sobre inmuebles, gozando el titular inscrito de una presunción de buena fe durante el tiempo de vigencia del asiento conforme al artículo 35 de la Ley Hipotecaria.

10. Mala fe: usucapión extraordinaria

La falta de creencia en la existencia del derecho que se adquiere en el patrimonio del transmitente, es decir, la inexistencia de un error excusable sobre la falta de derecho del transmitente es lo que se conoce como mala fe, y puede ser originaria o sobrevenida.

El artículo 1.955 del Código civil establece que «también se prescribe el dominio de las cosas muebles por la posesión no interrumpida de seis años, sin necesidad de ninguna otra condición», y el artículo 1.959 establece que «se prescriben también el dominio y los derechos reales sobre bienes inmuebles por su posesión no interrumpida durante treinta años, sin necesidad de título ni de buena fe, y sin distinción entre presentes y ausentes, salvo la excepción determinada en el artículo 539» (las servidumbres discontinuas y no aparentes que sólo se constituyen por título).

Los posibles supuestos de usucapión extraordinaria son muy variados, ya que puede beneficiar a autores, cómplices y encubridores de delitos de robo y hurto, o comienza a poseer sin título alguno o intervierte unilateralmente su concepto posesorio, pero lo cierto es que el supuesto más general es el de quien recibe la cosa de un no propietario, conociendo esta circunstancia desde el momento de la transmisión o conociendo tal circunstancia con posterioridad, ya que tenga o no justo título, o sea este falso, putativo, o ineficaz por cualquier razón, va a poder excepcionar frente a las acciones reivindicatoria, publiciana, confesoria y negatoria que contra él se dirijan.

No podrá oponer esa excepción frente a acciones resolutorias, rescisorias o de nulidad del acto o contrato de adquisición no prescritas y ejercitadas por los sujetos protegidos por esas categorías de ineficacia.

También es posible que la posesión por más de treinta años sirva simplemente para obviar la falta de título en sentido formal en los casos no tan infrecuentes en que eso se produce respecto de fincas no ingresadas en el Registro de la Propiedad, porque en las inscritas el artículo 35 de la Ley Hipotecaria suple ventajosamente al título formal extraviado.

Ciertamente, el ingreso de las fincas en el Registro de la Propiedad, la inmatriculación, ha sido posible hasta tiempos muy recientes por procedimientos en los que se suplía el título a través de distintos procedimientos, desde las informaciones posesoria de la Ley Hipotecaria de 1909, hasta la inmatriculación por expediente de dominio o acta de notoriedad al amparo de la Ley Hipotecaria de 1944 y de su Reglamento[22].

Esta situación ha variado en el texto vigente de la Ley Hipotecaria, redactado por Ley 13/2015, de 24 de junio, de reforma de la Ley Hipotecaria que regula un procedimiento de inmatriculación mediante expediente de dominio en el que la posesión inmemorial sólo puede dar lugar a inmatriculación mediante «sentencia que expresamente ordene la inmatriculación, obtenida en procedimiento declarativo en que hayan sido demandados todos los que de conformidad con lo establecido en el artículo 203 deban intervenir en el expediente, observándose las demás garantías previstas en dicho artículo»[23].

VII. ADQUISICIÓN DERIVATIVA *INTER VIVOS*: TÍTULO Y MODO DE ADQUIRIR

El comentario general sobre el artículo 609 del Código civil que se hizo en el apartado I *supra*, nos excusa ahora de un tratamiento extenso y nos permite abordar directamente el estudio del último inciso del párrafo 2.º del artículo 609 del Código civil, conforme al cual, «la propiedad y los demás derechos reales sobre los bienes se adquieren y transmiten [...] por donación [...] y por consecuencia de ciertos contratos mediante la tradición», al que la doctrina suele yuxtaponer el artículo 1.095 del Código civil relativo a obligaciones de dar, a cuyo tenor «el acreedor tiene derecho a los frutos de la cosa desde que nace la obligación de en-

[22] Véase artículo 282 del Reglamento Hipotecario en su redacción originaria.

[23] Véase, al respecto, la Res. DGRN de 24 de junio de 2016, y la crítica formulada por J. DE LA CUESTA SAENZ, «Usucapión e inmatriculación de fincas: en torno a los artículos 203 y 204 de la Ley Hipotecaria», en *Revista Jurídica del Notariado*, n.º 106 (abril-junio 2018), pp. 373 ss.

tregarla. Sin embargo, no adquirirá derecho real sobre ella hasta que le haya sido entregada», para dar completa visión de la adopción por el Código civil español del sistema de adquisición de derechos reales conocido como teoría del título y el modo.

Como modo de adquirir *inter vivos* la donación ocupa un lugar peculiar, ya que, siendo un contrato, se mantiene separado de éstos en su regulación, porque no tiene efecto obligacional, y no es, en consecuencia, un título que necesite de la tradición o para lograr el efecto traslativo, sino que se regula como modo de adquirir en sí mismo, excluido de la teoría del título y el modo impuesta por la Base 20.ª de la Ley de 11 de mayo de 1888 en materia de contratos traslativos de derechos reales.

Asume, por lo tanto, la donación, la condición jurídica de modo de adquirir que surte efecto, si se cumplen las formalidades de los artículo 632 y 633 del Código civil, desde la aceptación del donatario, y cuya causa conforme al artículo 1.274 del Código civil, por ser «de pura beneficencia», consiste en «la mera liberalidad del bienhechor», lo que explica sus peculiaridades como negocio traslativo que requiere poder de disposición (art. 624 CC), y en el que el transmitente no responde por evicción (art. 638 CC).

En consecuencia, el resto de los negocios traslativos del dominio y de otros derechos reales, tienen la condición de títulos dotados de efecto meramente obligacional, y se constituyen en justa causa de la entrega o tradición (*iusta causa traditionis*) que es la que produce el efecto traslativo del dominio y de los derechos reales[24].

Esta construcción es la propia de nuestro Derecho histórico (P 3.28.46 y 47; P. 5.5.50), y la que sirve de presupuesto a la legislación hipotecaria desde la Ley del año 1861, por lo que se encuentra plenamente justificado el abandono de la transmisión consensual del dominio y de los derechos reales que contenía el Proyecto de Código civil de 1851 y en el anteproyecto de 1882[25].

Hay que hacer notar, sin embargo, que, pese a la existencia de sistemas tan variados y contrapuestos, en la práctica su funcionamiento no difiere en gran medida, ya que el efecto traslativo del acuerdo de voluntades se suele someter a condi-

---

[24] El sector doctrinal partidario de considerar el sistema del Código civil español como de consentimiento abstracto, encabezado por B. PÉREZ GONZÁLEZ y J. ALGUER (anotadores de ENNECCERUS), defendió una interpretación de estos mismos preceptos que prescinde de su contexto causalista. Véase, en tal sentido, J. L. LACRUZ BERDEJO, obra citada, p. 181.

[25] En el Derecho comparado sigue la teoría del título y el modo el Código austríaco, y siguen la teoría de la transmisión consensual triunfante en el Código civil francés, otros Códigos europeos como el belga, el holandés y el italiano. En el Derecho alemán se impuso la teoría del consentimiento abstracto seguido de inscripción constitutiva en el Registro de la Propiedad, y por último el sistema suizo mantiene la idea de la transmisión causal, pero sustituyendo la tradición por la inscripción constitutiva en el Registro de la Propiedad en materia de inmuebles. Véase el resumen del Derecho comparado en sistemas de transmisión en M. PEÑA BERNALDO DE QUIRÓS, obra citada, pp. 94 a 96.

ción suspensiva, y en el sistema de consentimiento abstracto se suele apoderar a terceros, para producir la modificación registral, como puso de relieve C. ATIAS en su profundo estudio de la materia[26].

El sistema de transmisión consensual, curiosamente y pese a su mayor modernidad, se adapta peor a los sistemas de contratación contemporáneos, porque tiene alguna inesperada consecuencia, ya que, en un centro comercial, el tomar posesión de un objeto expuesto en sus lineales, sin intención de pagar el importe y con intención furtiva, haría propietario al presunto delincuente que se limita a aceptar la oferta y genera acuerdo de voluntades traslativo, lo que obliga a redefinir el delito de hurto.

Entrando ya en el estudio del sistema adoptado por el Código civil, la tradición de que nos habla el artículo 609.2.º del Código civil parece identificarse con la entrega que nos indica el artículo 1.095 del Código civil, que tendría el significado de una forma esencial, acorde con la importancia de la transmutación del derecho de crédito surgido del contrato en propiedad o en otro derecho real. Podría, pues, definirse la tradición como «entrega de la posesión con la intención (común a ambas partes del contrato) de transferir y adquirir el dominio o el derecho real»[27].

1. CLASES DE TRADICIÓN

La tradición o entrega, según la doctrina romanista, podía ser real o fingida (*traditio ficta*), siendo la real, la efectiva transmisión de la posesión por entrega manual de las cosas muebles, o por la puesta en poder y posesión de las cosas inmuebles.

Se calificaba como tradición fingida, cuando la entrega se sustituye por actos que producen sus mismos efectos, como la entrega de llaves o de títulos de pertenencia, la llamada tradición simbólica.

Tradición *longa manu*, mostrando la cosa al adquirente cuando no puede entregarse manualmente, es otra subespecie de la tradición fingida, y tradición *brevi manu*, por el solo acuerdo de las partes, cuando el adquirente ya tenía en su poder la cosa por algún otro motivo, como el arrendamiento o el depósito. El caso contrario, en que se transmite la posesión mediata, pero el transmitente retiene la posesión inmediata en concepto distinto del dueño, recibe el nombre de *constitutum possessorium*.

Tales formas sin duda subsisten, aunque la ley no las mencione con sus viejos nombres, pero lo cierto es en el derecho vigente las formas de tradición están re-

---

[26] C. ATIAS, *Le transfert conventionnel de propriété inmobililière*, Thèse de Doctorat, Université de Poitiers, 1974.

[27] M. PEÑA BERNALDO DE QUIRÓS, obra citada, p. 101.

guladas dentro del contrato de compraventa, en los artículos 1.462, 1,463 y 1.464 que formulan una serie cerrada de formas de tradición.

La tradición en sentido propio se contempla en el artículo 1.462.1.º del Código civil en los siguientes términos: «se entenderá entregada la cosa vendida, cuando se ponga en poder y posesión del comprador», sin que baste salvo en los casos previstos en el artículo siguiente, el simple acuerdo.

Pero la tradición no siempre equivale a transmisión de la posesión, porque puede producirse el efecto traslativo, cumpliendo determinadas formas legales, que son en muchas ocasiones las únicas posibles, como, por ejemplo, la propiedad intelectual.

La forma legalmente prevista, que es apta para toda clase de bienes, muebles e inmueble e incluso incorporales, es la conocida doctrinalmente como tradición instrumental, que regula el artículo 1.462.2.º del siguiente modo: «Cuando se haga venta mediante escritura pública, el otorgamiento de ésta equivaldrá a la entrega de la cosa objeto del contrato, si de la misma escritura no resultare o se dedujere claramente lo contrario».

Su extensión a las cosas incorporales la prevé el artículo 1.464.1.º al establecer «respecto de los bienes incorporales regirá lo dispuesto en el párrafo segundo del artículo 1.462».

La expresión «equivaldrá a la entrega» significa para la jurisprudencia más frecuente que el otorgamiento de escritura pública permite entender cumplido el requisito formal de la tradición. Para que no se produzca ese efecto la misma escritura pública deberá prever una consecuencia alternativa y distinta.

Hay que explicar que la equivalencia que señala el precepto, a diferencia de una mera presunción relativa, no se destruye por la prueba de que el transmitente no poseía, sino solamente en el caso de que se excluya expresa o tácitamente el efecto traslativo en la propia escritura pública.

En el caso de los bienes muebles, además de las formas indicadas, es posible la existencia de otras tradiciones fingidas. Así, el artículo 1.463 del Código civil establece que «fuera de los casos que expresa el artículo precedente, la entrega de los bienes muebles se efectuará: por la entrega de las llaves del lugar o sitio donde se hallen almacenados o guardados; y por el solo acuerdo o conformidad de los contratantes si la cosa vendida no puede trasladarse a poder del comprador en el instante de la venta, o si éste la tenía ya en su poder por algún otro motivo».

Se trata de la tradición simbólica y de la tradición *brevi manu* del derecho histórico, y también, del *constitutum possessorium*.

Respecto de los bienes incorporales, el artículo 1.464 del Código civil, además de remitirse a la tradición instrumental, establece otras formas traditorias, en los siguientes términos: «en cualquier otro caso en que éste no tenga aplicación (el art. 1.462.2.º CC) se entenderá por entrega el hecho de poner en poder del comprador los títulos de pertenencia, o el uso que haga de su derecho el mismo comprador, consintiéndolo el vendedor».

En lo que atañe a bienes incorporales como los derechos reales distintos del dominio y aun el propio dominio carente de posesión, como ocurre cuando se transmite la acción reivindicatoria siempre será posible la tradición instrumental.

La entrega de los títulos de pertenencia, apta para transmisiones, no es apta por el contrario en los casos de constitución de derechos reales, y por último, el uso de la cosa «consintiéndolo el transmitente», que recibía el nombre de cuasitradición por *patientia*, sólo es válido en derechos reales que comporten facultad de uso y disfrute.

Por último, hay que insistir en que hay numerosos derechos reales que no comportan facultades posesorias (derechos de adquisición preferente, de garantía, servidumbres negativas, etc.), que sólo pueden constituirse como tales mediante escritura pública.

2. LAS ADQUISICIONES *A NON DOMINO*

Se pueden definir como «las adquisiciones del dominio (o de un derecho real) en que la cosa (o derecho) se recibe por título y modo, pero de persona que no tiene, al efecto, poder de disposición»[28].

Su naturaleza jurídica es discutida, porque en ocasiones se han calificado como supuestos de irreivindicabilidad, o incluso como resultado de presunciones absolutas o iuris et de iure, no susceptibles de prueba en contrario. Pero lo cierto es que la mayor parte de los autores entienden que se trata de verdaderas adquisiciones en las que, en aras de la protección de la apariencia y la seguridad del tráfico jurídico, se adquiere un derecho que no tenía el transmitente, constituyendo una excepción al principio general que expresa el aforismo *nemo dat quod non habet* o *nemo plus iuris ad alium tranferre potest quam se ipse habet*, o generando lo que también se ha calificado un tanto metafóricamente como usucapión instantánea, de modo que está clara la consecuencia final, que es una adquisición, y están claras su excepcionalidad y su fundamentación finalista, pero no hay una calificación indiscutida del fenómeno, salvo la descripción que se utiliza como título de este apartado: adquisiciones *a non domino*.

En materia de bienes muebles es el discutido artículo 464 del Código civil el que las ampara con el siguiente tenor: «La posesión de los bienes muebles, adquirida de buena fe, equivale al título. Sin embargo, el que hubiese perdido una cosa mueble o hubiese sido privado de ella ilegalmente, podrá reivindicarla de quien la posea.

[28] M. PEÑA BERNALDO DE QUIRÓS, obra citada, p. 109.

Si el poseedor de la cosa mueble perdida o sustraída la hubiese adquirido de buena fe en venta pública, no podrá el propietario obtener la restitución sin reembolsa el precio pagado por ella.

Tampoco podrá el dueño de cosas empeñadas en los Montes de Piedad establecidos con autorización del Gobierno obtener la restitución, cualquiera que sea la persona que la hubiese empeñado, sin reintegrar antes al establecimiento la cantidad del empeño y los intereses vencidos.

En cuanto a las adquiridas en Bolsa, feria o mercado, o de un comerciante legalmente establecido y dedicado habitualmente al tráfico de objetos análogos, se estará a lo dispuesto en el Código de comercio».

La adquisición *a non domino* es un instituto jurídico ajeno al Derecho romano, en el que rigen las reglas más arriba reproducidas y además las reglas *ubi rem meam invenio ibi vindico* y *res ubicumque sunt pro domino suo clamant* absolutamente contrarias a la irreivindicabilidad, que era por el contrario norma en los derechos germánicos y se expresaba en las reglas *Handwahre Hand* y *meubles n'ont pas de suite*, que habrían tenido presencia en el derecho ibérico medieval anterior a la recepción del Derecho romano.

Triunfa en la codificación la visión germánica de la protección de la apariencia, y concretamente en el artículo 2.279 del Código napoleónico que admite como regla la adquisición *a non domino.*

La expresión de nuestro artículo 464 «equivale al título» ha tenido distintas interpretaciones, alguna de ellas inútil por convertirla en una redundancia del artículo 448 del Código civil, y otras, calificables como «romanistas»[29] la interpretan como referida a título para reivindicar, lo que en suma priva de mucha de su potencialidad al precepto.

Las interpretaciones «germanistas», por el contrario, entienden que el artículo 464 contiene una regla general de adquisición *a non domino* de buena fe de las cosas muebles, y una excepción relativa a las cosas perdidas o sustraídas, que a su vez tiene las excepciones de adquisición de buena fe en venta pública, pignoración en Montes de Piedad y aplicación de las disposiciones del Código de comercio, interpretación ésta defendida por autores como A. Hernández Gil[30] y M. de la Cámara[31], pudiéndose encontrar resumidos todos sus argumentos del Tribunal Supremo en M. Peña Bernaldo de Quirós[32], y su repercusión en la jurisprudencia entre otras en la sentencia de 25 de febrero de 1992.

---

[29] Por todos J. M. Miquel González, *La posesión de bienes muebles*, Madrid, 1979.

[30] Véase «El giro de la doctrina española en torno al artículo 464 del Código civil», en *Revista de Derecho Privado*, 1944, pp. 496 ss.

[31] «Contribución al estudio del artículo 464 del Código civil», *Revista de Derecho Notarial*, 1979, pp. 7 ss.

[32] Obra citada, pp. 117 ss.

En materia de bienes inmuebles la adquisición *a non domino* tiene un fundamento semejante al hasta aquí estudiado, pero referido a la protección de la apariencia que publica el Registro de la Propiedad, como proyección del llamado principio de fe pública registral.

La norma que incorpora esta enérgica protección de las titularidades es el artículo 34 de la Ley Hipotecaria, según el cual «el tercero que de buena fe adquiera a título oneroso algún derecho de persona que en el registro aparezca como titular con facultades para transmitirlo, será mantenido en su adquisición, una vez que haya inscrito su derecho, aunque después se anule o resuelva el derecho otorgante por virtud de causas que no consten en el mismo Registro.

La buena fe del tercero se presume siempre mientras no se pruebe que conocía la inexactitud del Registro.

Los adquirentes a título gratuito no gozarán de más protección registral que la que tuviese su causante o transferente».

Los requisitos de tal adquisición *a non domino* son, por lo tanto, adquirente de buena fe, adquisición a título oneroso, siendo causante el anterior titular registral y habiendo inscrito a su vez su derecho el adquirente.

El adquirente queda a salvo de la posterior declaración judicial de la falta de poder de disposición del transmitente, que puede resultar de la invalidez de su título inscrito que no convalida la inscripción por aplicación del artículo 33 de la Ley Hipotecaria, y de la falta de poder del transmitente por pertenecer la finca en propiedad a otra persona.

Además, el artículo 40 de la Ley Hipotecaria en su párrafo último recalca esa eficacia de la fe pública registral en los siguientes términos: «en ningún caso la rectificación del Registro perjudicará los derechos adquiridos por tercero a título oneroso de buena fe durante la vigencia del asiento que se declare inexacto».

Por último, la jurisprudencia ha unificado criterios en las sentencias de la Sala 1.ª del Tribunal Supremo de 5 de marzo de 2007 y de 19 de mayo de 2015, referida esta última al caso de doble venta de inmueble regulado en el artículo 1.473 del Código civil.

CASO PRÁCTICO

La Asociación benéfica «La Misericordia», institución bicentenaria titular de sendos edificios urbanos destinados a residencia de ancianos y colegio de educación infantil, adquirió en 1856 una finca rústica de una superficie de siete hectáreas regables mediante una captación de agua subterránea que destinaron a producción hortofrutícola para la alimentación de los residentes y colegiales internos. La captación de aguas fue mejorada en el año 1982 con una perforación más profunda autorizada por la Delegación de Minas. La finca fue poseída ininterrumpidamente en concepto de dueño, de manera pública y pacífica, y siempre figuró en el Catastro como propiedad de «La Misericordia», pero no se inscribió en el Registro de la Propiedad una vez creado éste, ni con posterioridad, por haber quedado en su momento excluida de la concentración parcelaria del término municipal, careciendo de titulación pública. Unánimemente, decide la Junta Directiva en 2018 solicitar la inmatriculación de la finca para, mediante constitución de hipoteca sobre ella, allegar financiación para nuevas actividades benéficas.

Cuestiones:

1.ª Valor jurídico de la constancia catastral.

2.ª Procedimiento a seguir para inmatricular la finca en el Registro de la Propiedad como inexcusable paso previas a su gravamen.

3.ª Examen de la titularidad de las aguas alumbradas en la finca.

BIBLIOGRAFÍA BÁSICA

ALBALADEJO GARCÍA, M.: «*Sub* artículo 609 del Código civil», en *Comentarios al Código civil y Compilaciones forales*, dirigidos por M. ALBALADEJO, t. VIII, vol. 1.º, Edersa, Madrid, 1987; ALBIEZ DOHRMANN, K. J.: *Ocupación, hallazgo y tesoro: reminiscencias civiles. Revisión y actualización legal, jurisprudencial y doctrinal*, Tirant lo Blanch, 2014; ATIAS, C.: *Le transfert conventionnel de prporiété inmobilière*, Tesis, Universidad de Poitiers, 1974; DE PABLO CONTRERAS, P.: *Cursos de Derecho Civil, III, Derechos reales*, Edisofer, Madrid, 2016; DE LA CUESTA SAENZ, J. M.: «Usucapión de la nuda propiedad», en *Anuario de Derecho Civil*, 1987; «Usucapión e inmatriculación de fincas: en torno a los artículos 203 y 204 de la Ley Hipotecaria», en *Revista Jurídica del Notariado*, n.º 106 (2018); LACRUZ BERDEJO, J. L.: *Elementos de Derecho Civil*, t. III, vol. 1.º, revisado por A. Luna Serrano, Dykinson, Madrid, 2000; MANRESA NAVARRO, J. M.: *Comentario al Código civil*, t. III, Reus, Madrid 1920; MIQUEL GONZÁLEZ, J. M.: *La posesión de bienes muebles*, Montecorvo, Madrid 1979; MORALES MORENO, A. M.: *Posesión y usucapión*, CSIC, Madrid, 1972; MOREU BALLONGA, J. L.: *Ocupación, hallazgo y tesoro*, Bosch, Barcelona, 1980; PANTALEÓN PRIETO, F.: «*Sub* artículo 614 del Código civil», en *Comentarios al Código civil y a las Compilaciones Forales*, dirigidos por M. Albaladejo y S. Díaz Alabart, t. VIII, vol. 1.º, Edersa, Madrid, 1987; PEÑA BERNALDO DE QUIRÓS, M.: *Derechos reales, Derecho Hipotecario*, t. I, Colegio Nacional de Registradores, Madrid, 1999.

EJERCICIOS DE AUTOEVALUACIÓN

1. *a*) La ocupación permite adquirir propiedad y derechos reales sobre toda clase de bienes.

b) Solamente permite adquirir la propiedad de bienes muebles carentes de poseedor en concepto de dueño.

2. El Estado adquiere los bienes vacantes de dominio y posesión:

a) Por ocupación.
b) Por ministerio de la Ley.

3. El hallador de un objeto perdido:

a) Tiene solamente el derecho de hacerse propietario si no aparece el dueño.
b) Tiene alternativamente derecho a un premio que habrá de pagarle el dueño.

4. La construcción extralimitada:

a) Se regula por el Código civil.
b) Ha sido objeto de regulación jurisprudencial.

5. La usucapión:

a) No puede recaer sobre bienes de personas incapaces.
b) Puede perjudicar a todo tipo de personas.

6. *a*) No se puede adquirir por usucapión cosas hurtadas o robadas.
b) Se puede usucapir cosas hurtadas o robadas una vez prescrito el delito.

7. *a*) No cabe la renuncia a la usucapión ganada.
b) Sí cabe la renuncia a la usucapión ganada.

8. El comprador de una cosa fructífera:

a) Se hace dueño de los frutos desde que surge la obligación de entregar la cosa.
b) Solamente tiene derecho de crédito en tanto no haya recibido la cosa.

9. La adquisición *a non domino* de muebles:

a) Esta solamente regulada en el Código civil.
b) También esta regulada en el Código de comercio.

10. La rectificación del asiento registral:

a) Perjudica al tercero hipotecario que adquirió con anterioridad.
b) No le perjudica porque está protegido por el artículo 40 de la Ley Hipotecaria.

Modos de adquirir los derechos reales

MODOS DE ADQUIRIR LA PROPIEDAD Y LOS DERECHOS REALES	✓ La enumeración del artículo 609 del Código civil: estudio crítico. Clases.
LA OCUPACIÓN	✓ Concepto. Ocupación de bienes muebles sin dueño. Inaplicabilidad a bienes inmuebles. Reglas sobre ocupación de animales. Concepto y régimen del hallazgo de cosas perdidas. Régimen del tesoro oculto.
LA ACCESIÓN	✓ Concepto y naturaleza. Clases. Régimen de la accesión natural de inmueble a inmueble: aluvión, fuerza del río, mutación de cauce y formación de isla. Accesión industrial de mueble a inmueble. La construcción extralimitada. Accesión de cosas muebles. Mezcla. Adjunción. Especificación.
LA USUCAPIÓN O PRESCRIPCIÓN ADQUISITIVA	✓ Concepto y naturaleza jurídica. Clases y relación con la prescripción extintiva. ✓ Sujetos y objeto de la prescripción adquisitiva. ✓ Requisitos. El tiempo y su cómputo. La posesión en concepto de dueño. Pública, pacífica y no interrumpida. ✓ El justo título en la usucapión ordinaria y sus requisitos. La buena fe. La usucapión extraordinaria.
ADQUISICIÓN DERIVATIVA INTER VIVOS: TÍTULO Y MODO DE ADQUIRIR	✓ Concepto y clases de tradición. La protección de la apariencia y las adquisiciones *a non domino*: de bienes muebles y de bienes inmuebles.

LECCIÓN 4

PÉRDIDA DE LOS DERECHOS REALES*

SUMARIO: I. LA EXTINCIÓN DE LOS DERECHOS REALES. PÉRDIDA ABSOLUTA Y RELATIVA. II. NO USO Y PRESCRIPCIÓN EXTINTIVA. III. PÉRDIDA DE LA COSA Y SALIDA DEL COMERCIO. IV. EXPROPIACIÓN FORZOSA. V. EL ABANDONO Y LA RENUNCIA. VI. LA CONSOLIDACIÓN. VII. REFLEJO REGISTRAL DE LA EXTINCIÓN DE LOS DERECHOS REALES SOBRE BIENES INMUEBLES: EL ASIENTO DE CANCELACIÓN. CASO PRÁCTICO. BIBLIOGRAFÍA BÁSICA. EJERCICIOS DE AUTOEVALUACIÓN. ESQUEMA: PÉRDIDA DE LOS DERECHOS REALES.

I. LA EXTINCIÓN DE LOS DERECHOS REALES. PÉRDIDA ABSOLUTA Y RELATIVA

Aunque una de las características de los derechos reales en contraposición con los derechos de crédito es su mayor vocación de permanencia, tal permanencia no es en ningún caso perpetuidad, especialmente en lo atinente a los derechos reales en cosa ajena, pero también en lo relativo a la propiedad, aunque respecto de la propiedad, la cuestión resulta discutida, sin fundamento en nuestro Derecho positivo. Pero, postular la perpetuidad del dominio, que duraría tanto como perdure su objeto, sería tanto como negar que el abandono o renuncia, y la prescripción extintiva puedan afectar a este derecho como causas de extinción, lo que no casa en absoluto con la real existencias de *res nullius* más allá de los especímenes susceptibles de caza y pesca.

Algunos autores cuestionan la oportunidad de hacer en materia de derechos reales una teoría general de la extinción similar a la que se hace en materia de extinción de las obligaciones, precisamente porque tampoco los Códigos civiles contienen una regulación sistemática, y en tal sentido es de tener en cuenta la ad-

* Por José María DE LA CUESTA SAENZ.

vertencia de J. L. LACRUZ BERDEJO[1] de que tal teorización comporta riegos de incurrir en los vicios de la jurisprudencia de conceptos.

Por ello, el tratamiento se va a limitar al estudio de los preceptos dispersos que en nuestro ordenamiento jurídico regulan supuestos de extinción de la propiedad y de los derechos reales, que pueden servir para colmar lagunas en aplicación de las reglas de la analogía.

Pero, antes de entrar en tal materia, conviene realizar alguna precisión sobre el lenguaje a utilizar, dado que las palabras «pérdida» y «extinción» que encabezan este tema, no tienen el mismo significado, aunque, en ocasiones se apliquen a un mismo supuesto con total corrección, como en los casos de destrucción física del objeto, o de salida del comercio de los hombres.

Pero, «pérdida» de la propiedad y de los derechos reales, ocurre en todos los supuestos de transmisión *inter vivos* para el titular que deja de serlo, sin que pueda decirse que el derecho se extinga, puesto que pasa a integrarse en el patrimonio de un nuevo titular, que serían casos de pérdida relativa de los derechos reales sin extinción (y también en algunos modos de adquirir ya estudiados, cual son algunos tipos de accesión y de usucapión, pese a no ser modos de adquirir derivativos, pero en estos casos con extinción).

II. NO USO Y PRESCRIPCIÓN EXTINTIVA

El no uso de los derechos reales limitados positivos, acarrea su extinción como establece el artículo 546.2.º del Código civil al indicar que las servidumbres se extinguen «por el no uso durante veinte años», aunque el artículo 548, *in fine* y el artículo 513.7.º respecto del usufructo lo califiquen como prescripción. Esta diferencia, que no es muy rica en consecuencias por cuanto el reconocimiento interrumpe la prescripción, e impide la extinción por no uso, obedece a una radical diferencia entre la propiedad y los derechos reales de uso y disfrute en cosa ajena, porque el propietario no está obligado a usar de las cosas de su propiedad, mientras que esos otros titulares de derechos reales sí lo están bajo la sanción de extinción por no uso, que no deja de ser una consecuencia de la presunción de libertad de la propiedad y de su elasticidad que comporta la recuperación de las facultades y utilidades temporalmente perdidas, por lo que funciona como límite temporal incluso de las servidumbres prediales que son de duración indefinida.

La propiedad, en cambio, no se ve afectada por el no uso de la cosa sobre la que recae, pero si se inicia otra posesión en concepto de dueño, o si el propietario es vencido por otro poseedor en un proceso sumario de los del artículo 250.4.º LEC, esta circunstancia marcará el inicio del plazo de prescripción de la acción

[1] J. L. LACRUZ BERDEJO, *Elementos de Derecho Civil, III, Derechos reales*, edición revisada y puesta al día por A. LUNA SERRANO, Dykinson, Madrid, 2000, p. 213.

reivindicatoria (o de las acciones confesoria y negatoria) que los artículos 1.962 y 1.963 del Código civil que se señalan respectivamente el plazo de seis años desde la pérdida de la posesión en las acciones reales relativas a bienes muebles, y de treinta años en las acciones reales (que no tengan fijado un período distinto como la acción hipotecaria a la que el art. 1.964 CC fija un período de veinte años), sobre bienes inmuebles.

La posesión se pierde conforme al artículo 460.4.º del Código civil por el transcurso de un año de posesión por otro en contra de la voluntad del anterior poseedor, de modo que la interversión del concepto posesorio, o el despojo, afecta a la prescripción de las acciones sumarias de retener y recobrar la posesión de modo inmediato, ya que éstas prescriben por el transcurso de un año de acuerdo con el artículo 1.968.1.º del Código civil, pero el inicio del plazo de prescripción de las acciones plenarias, tiene lugar cuando se ha perdido la posesión conforme al artículo 460.4.º, ya que hasta entonces no existe una nueva posesión.

Cuestión discutida en la jurisprudencia y en la doctrina, es si la prescripción extintiva afecta solamente a la acción, o afecta también a la propiedad y los demás derechos reales, porque se cuestiona que la prescripción extinga las acciones si no hay una usucapión concomitante, sea ésta ordinaria o extraordinaria, o sea liberatoria, y se niega que la prescripción de la acción reivindicatoria extinga la propiedad.

La primera aportación doctrinal en España a la materia, la monografía de ALAS, DE BUEN y RAMOS[2], diferenciaba entre prescripción de la acción reivindicatoria y extinción del derecho de propiedad, aunque sin atribuir importantes consecuencias a esa afirmación, pero más recientemente la posible falta de correspondencia entre la extinción de la acción y la prescripción adquisitiva ordinaria o extraordinaria, se ha visto como una consecuencia absurda, que aconsejaría reconsiderar el funcionamiento de la prescripción extintiva por L. DÍEZ PICAZO[3]. Este posicionamiento doctrinal ha tenido bastante eco y es seguido por numerosos autores[4], pero lo cierto es que la cuestión dista de estar claramente resuelta. Así, P. DE PABLO CONTRERAS[5], afirma «lo que en ningún caso cabe pensar es que el dominio se extinga por prescripción de la acción reivindicatoria que lo protege. Ésta como todas, es relativa, por lo que opuesta oportunamente la excepción por el que fuere demandado, el dueño sigue siéndolo, y nada impedirá que prospere la

---

[2] *La prescripción extintiva*, Madrid, 1918, pp. 90 ss.

[3] Véase *La prescripción en el Código civil*, Barcelona, 1964, pp. 159 ss. y especialmente pp. 161 a 163.

[4] J. M. LETE DEL RÍO, *La protección del derecho de propiedad*, Santiago de Compostela, 1975, pp. 64 y 65; V. L. MONTÉS PENADES, *La propiedad privada en el sistema del Derecho civil contemporáneo*, Madrid, 1980, p. 71 y nota 102; J. PUIG BRUTAU, *Caducidad y prescripción extintiva*, Barcelona, 1986, p. 2; M. YZQUIERDO TOLSADA, *Las tensiones entre usucapión y prescripción extintiva*, Madrid, p. 199; P. DE PABLO CONTRERAS, *Curso de Derecho Civil, III, Derechos Reales*, Edisofer, Madrid, 2016, p. 326.

[5] Obra y lugar citados.

acción reivindicatoria que ejercite contra un nuevo poseedor cuya posesión sea distinta de la del prescribiente». La cuestión es que la situación es absurda porque como reconoce el autor «se protege indefinidamente a quien ni siquiera posee en concepto de dueño como si realmente lo fuera, más absurda si cabe teniendo en cuenta que ni siquiera puede llegar a serlo».

En efecto, el demandado absuelto por prescripción de la acción reivindicatoria puede consumar la usucapión, y también podrían hacerlo sus causahabientes, por lo que habría que reconsiderar esa pretendida imprescriptibilidad de la acción reivindicatoria sin usucapión concomitante.

Creo que nuestro Derecho positivo parte de otra consideración muy distinta ya que el artículo 1.930.2.º del Código civil establece «que también se extinguen del propio modo por la prescripción los derechos y las acciones de cualquier clase que sean», postura en la que insiste el artículo 1.932: «los derechos y las acciones se extinguen por la prescripción...», y en materia de derechos reales sobre cosa ajena el párrafo último del artículo 36 de la Ley Hipotecaria parte de la misma concepción indicando que «la prescripción extintiva de derechos reales sobre cosa ajena susceptibles de posesión o de protección posesoria, perjudicará siempre al titular según el Registro aunque tenga la condición de tercero».

También la jurisprudencia en una prolongada línea (SSTS de 15 de enero de 1902, 3 de marzo de 1909, 7 de julio de 1921, 21 de septiembre de 1929, 12 de marzo y 14 de abril de 1958, 18 de abril de 1974, 15 de octubre de 1975, 29 de enero de 1982 y 29 de abril de 1987) mantuvo largo tiempo la prescriptibilidad de la acción reivindicatoria[6], sin referencia a prescripción adquisitiva, aunque más recientemente se afirma lo contrario en una sentencia de pleno, la de 19 de noviembre de 2012 (con tres votos particulares, y uno de ellos claramente favorable a la tesis contraria), que lleva a afirmar a L. M. Martínez Velencoso[7] que la cuestión ha quedado zanjada, por ahora en la jurisprudencia, en el sentido de que no se extingue la acción, ni el dominio, mientras no haya usucapión, por más que tal posicionamiento no refleje el contenido del vigente Código civil, ni de la legislación hipotecaria, sino, a lo sumo, el discutible texto de la Ley 39.*b*) de la Compilación de Navarra, y el del artículo 544-3 del Código civil de Cataluña, éste referido exclusivamente al derecho de propiedad.

---

[6] Citadas por J. de la Cuesta Saenz, «Notas sobre la prescripción extintiva de la acción reivindicatoria», *Homenaje a Juan Berchmans Vallet de Goytisolo*, Junta de Decanos de los Colegios Notariales de España, Madrid, 1988, t. VI, p. 80.

[7] «La prescripción extintiva de la acción reivindicatoria y la adquisición del dominio por usucapión, ¿Dos figuras en liza?», en *InDret*, 2013.

III. PÉRDIDA DE LA COSA Y SALIDA DEL COMERCIO

La propiedad se extingue, al igual que todos los demás derechos reales, sea cual fuere su objeto, por la pérdida o destrucción total de éste, de modo definitivo[8]. Tal destrucción puede generar acciones para la indemnización o reposición del objeto destruido, pero tales acciones en todo caso van a permitir al perjudicado obtener otros bienes, pero no los mismos sobre los que recaía su derecho. En materia de inmuebles edificados, la destrucción de éste genera la extinción de la propiedad y derechos reales sobre los pisos o locales en régimen de propiedad horizontal[9].

El mismo efecto hay que atribuir a la salida del comercio, por ejemplo, por convertirse el objeto de los derechos reales en bien de dominio público, lo que, en el caso de los edificios en régimen de propiedad horizontal, el artículo 79.1 de la Ley Hipotecaria califica como «extinción total del inmueble»[10].

IV. EXPROPIACIÓN FORZOSA

Aunque no es infrecuente contemplar la expropiación forzosa o el comiso como causas de extinción de la propiedad y de los derechos reales, lo cierto es, respecto de la propiedad, como señala LACRUZ BERDEJO[11], que el efecto de tales institutos no es el de extinguir la propiedad, sino el de atribuirla al expropiante o al beneficiario, de modo que solamente si pasa a ser dominio público la cosa expropiada será en rigor la expropiación una causa de extinción de la propiedad, ya que en los demás casos será un supuesto de pérdida relativa para un titular, al igual que ocurre en procesos relativos a la propiedad agraria (concentración parcelaria, permuta forzosa), o edificable (venta forzosa de solares, reparcelaciones), que además resulta no definitiva sino reversible a través de la reversión que regula la Ley de Expropiación Forzosa.

Para los derechos reales en cosa ajena, los supuestos indicados suelen ser de extinción definitiva, pero incluso en la expropiación forzosa el artículo 8 de la Ley de 16 de diciembre de 1954 de Expropiación Forzosa, en la que se parte de la regla general de extinción de los gravámenes, admite que «podría conservarse algún derecho real sobre el objeto expropiado, si resultase compatible con el nuevo destino que haya de darse al mismo y existiera acuerdo entre el expropiante y el titular del derecho».

---

[8] El artículo 372 del Código civil regula los efectos del renacimiento del objeto.

[9] El artículo 23.1.º de la Ley 49/1960, de 21 de julio, de Propiedad Horizontal, establece la destrucción del edificio como causa de extinción del régimen «salvo pacto en contrario».

[10] En tal sentido J. L. LACRUZ BERDEJO, obra citada, p. 216.

[11] Ibídem.

En suma, estos supuestos tienen más en común con la pérdida relativa, y por ende, con las resultas de la usucapión o la adquisición *a non domino*, que con la extinción del dominio y de los derechos reales.

V. EL ABANDONO Y LA RENUNCIA

El abandono, que fue conocido en el Derecho romano como *derelictio*, era un modo de perder la posesión y el dominio, convirtiéndose el objeto de derecho en cosa sin dueño (*res nullius*), susceptible de adquisición por ocupación. La regulación de la vieja Ley de Mostrencos de 16 de mayo de 1835, asumida después por las sucesivas Leyes de Patrimonio del Estado, y hoy por la Ley 33/2003, de 3 de noviembre, de Patrimonio de las Administraciones Públicas, ha venido atribuyendo los bienes inmuebles carentes de dueño y de poseedor en concepto de tal, al propio Estado, que los adquiere por ley conforme al artículo 609.2.º del Código civil, y al artículo 17.2 de la citada LPAP, «sin necesidad de que medie acto o declaración alguna por parte de la Administración General del Estado», la cual conforme al apartado 3 del mismo artículo, «podrá tomar posesión de los bienes así adquiridos en vía administrativa, siempre que no estén poseídos por nadie a título de dueño y sin perjuicio de los derechos de tercero», pero no en caso de existir poseedor en concepto de dueño, caso en el que, conforme al artículo 17.4 LPAP, la Administración General del Estado «habrá de entablar la acción que corresponda ante los órganos del orden jurisdiccional civil».

Así pues, el abandono de inmuebles produce adquisición del Estado por ley, pero esta adquisición no es automática en ningún caso, pues hace falta la toma de posesión en vía administrativa cundo el bien no esté poseído en concepto de dueño, y en el caso de existir poseedor en concepto de dueño obliga a la Administración a ejercer acciones posesorias, y si hay poseedores de más de un año de antigüedad que vencerían en la acción sumaria, a ejercitar la acción reivindicatoria del artículo 348.2.º del Código civil, de la que puede resultar una adquisición originaria del dominio por usucapión consumada por el poseedor en concepto de dueño.

En el caso de los bienes muebles, el abandono, que en todo caso produce inmediatamente la extinción de la posesión conforme al artículo 460.1.º del Código civil, produce también la extinción del dominio, pero se trata de un acto real, no de una declaración de voluntad, que comporta no sólo un desprendimiento material (*corpus derelictionis*), sino también un elemento volitivo (*animus derelinquendi*) que como disposición interna del sujeto no resulta fácil de conocer, lo que explica que presuntivamente se trate por el Código civil como una pérdida o extravío que da lugar a la aplicación de las reglas del hallazgo.

Por el contrario, la declaración unilateral de voluntad de renunciar, no convierte por sí misma la cosa mueble en *res nullius*, y no abre paso, por lo tanto, a la ocupación como modo de adquirir común a la posesión y a la propiedad.

Sin embargo, la renuncia sin más, sin desprendimiento de la posesión, sí que puede extinguir los derechos reales limitados. En casos legalmente establecidos, y no extensibles mediante aplicación analógica, la renuncia libera al anterior titular de obligaciones *propter rem* (art. 599 CC en materia de servidumbres) o en la renuncia del comunero a la cuota por aplicación del artículo 395 del Código civil, del artículo 544 en materia de cotitularidad de servidumbres, y en la medianería de acuerdo con los artículos 575 y 576.

En el fondo el abandono físico de una cosa, como indica LACRUZ BERDEJO, no es un acto distinto de la renuncia, «sino, o la expresión de la voluntad de renunciar, o, en todo caso, un requisito de eficacia»[12], lo que tiene importancia por cuanto ambos están sometidos a los límites del artículo 6.2.º del Código civil: «sólo serán válidas cuando no contraríen el interés o el orden público ni perjudiquen a terceros», y, por ello, sus consecuencias en orden a la adquisición por otras personas de las cosas abandonadas o de los derechos renunciados pueden ser combatidos por la vía del artículo 1.111 del Código civil en su inciso final.

VI. LA CONSOLIDACIÓN

En lo atinente a los derechos reales limitados, en virtud de la llamada elasticidad del dominio, éste está llamado a recobrar las facultades temporalmente atribuidas a los titulares de tales derechos, y retornar, así, hacia su plenitud, fenómenos que se dan en los casos de renuncia. En tales casos no hay una trasmisión salvo que así se desee de tales facultades y utilidades de la cosa, sino la actuación de esa peculiaridad del dominio, por lo que si tales derechos se extinguen el dueño que recobra esas facultades no es sucesor de su anterior titular. El caso más destacado es el del usufructo, cuya extinción por muerte del usufructuario hace revertir la propiedad a la condición de plena *in re potestas*.

Pero, también puede ocurrir que el dueño suceda a título particular, mediante contrato en que rescate el usufructo o libere la finca de un gravamen, o por sucesión universal al titular del derecho real limitado de naturaleza personal (art. 513.3.º CC y art. 107.1.º y 2.º LH) o al dueño del predio dominante en una servidumbre predial (art. 546.1.º CC).

En tales supuestos la ley emplea la palabra consolidación como supuesto especial de extinción que guarda cierto paralelismo con la confusión como causa de extinción de las obligaciones.

---

[12] Obra citada, p. 217.

VII. REFLEJO REGISTRAL DE LA EXTINCIÓN DE LOS DERECHOS REALES SOBRE BIENES INMUEBLES: EL ASIENTO DE CANCELACIÓN

Extinguido un derecho real sobre un bien inmueble, para que pierda vigencia el correspondiente asiento registral y cese la publicidad que le proporciona el Registro de la Propiedad, se regulan en el artículo 79 de la Ley Hipotecaria de modo taxativo los casos en que procede llevar a cabo un asiento negativo llamado de cancelación, que siempre obedecerá a la existencia de un título que materialice la causa de extinción de la cosa o del derecho publicado por la inscripción (núms. 1.º y 2.º), o la nulidad del título que dio lugar a la inscripción (núm. 3.º). Tan sólo procede la cancelación sin título cuando se declare la nulidad de un asiento por falta de alguno de sus requisitos esenciales (núm. 4.º).

Por lo tanto, salvo en este último caso, la cancelación es el reflejo registral de la extinción de los derechos reales acaecida por causas externas al Registro de la Propiedad, que nada tiene que ver con la caducidad por el transcurso del tiempo legalmente previsto de asientos como el de presentación, o las anotaciones preventivas, que son de naturaleza provisional y que no derivan de las vicisitudes propias de los derechos reales, aunque hay asientos de inscripción cancelación y notas marginales que también pueden perder su eficacia excepcionalmente en virtud de la caducidad.

CASO PRÁCTICO

Pedro queda encargado como precarista (o tal vez como administrador) de una finca de Antonio, que ha viajado a otro continente. Transcurridos veintisiete años Pedro, que había exteriorizado al menos durante veinticuatro años poseer la finca en concepto de dueño, vende la finca a Dionisio, quien la explota durante siete años, pero resulta demandado en acción reivindicatoria por los herederos de Antonio.

Dionisio alega prescripción adquisitiva, y subsidiariamente, para el caso de que no se considere probada su adquisición de la propiedad, alega prescripción extintiva de la acción reivindicatoria.

BIBLIOGRAFÍA BÁSICA

ALAS, L., DE BUEN, D., RAMOS, J.: *La prescripción extintiva*, Madrid, 1918; DE LA CUESTA SAENZ, J. M.: «Notas sobre la prescripción extintiva de la acción reivindicatoria», *Homenaje a Juan Berchmans Vallet de Goytisolo*, Junta de Decanos de los Colegios Notariales de España, Madrid, 1988, pp. 80 ss.; DE CASTRO VÍTORES, G.: *Reversión expropiatoria*, Tirant lo Blanch, Valencia, 2011; DE PABLO CONTRERAS, P.: *Curso de Derecho Civil, III, Derechos reales*, Edisofer, Madrid, 2016; LACRUZ BERDEJO, J. L.: *Elementos de Derecho civil, III, Derechos reales*, revisada por A. Luna Serrano, Dykinson, Madrid, 2000; LETE DEL RÍO, J. M.: *La protección del derecho de propiedad*, Santiago de Compostela, 1975; MARTÍNEZ VELENCOSO, L. M.: «La prescripción extintiva de la acción reivindicatoria y la adquisición del dominio por usucapión. ¿Dos figuras en liza?», *Indret*, 2013; YZQUIERDO TOLSADA, M.: *Las tensiones entre usucapión y prescripción extintiva*, Dykinson, Madrid, 1998.

EJERCICIOS DE AUTOEVALUACIÓN

1. La expropiación de una finca rústica:

a) Extingue la propiedad en todo caso.
b) Solamente la extingue si se convierte la finca en demanial por salida del comercio.

2. El abandono de la explotación de una finca por el usufructuario:

a) Extingue el usufructo.
b) Solamente permite al propietario pedir su puesta en administración.

3. La no utilización de una servidumbre de paso.

a) Puede llegar a extinguir la servidumbre.
b) No puede extinguirla porque es perpetua como servidumbre predial.

4. El no ejercicio de la acción reivindicatoria de un inmueble poseído en concepto de dueño por sucesivos ocupantes durante más de treinta años:

a) Extingue por prescripción la acción y el derecho de propiedad, siempre que sea alegada y probada por el demandado.
b) No extingue la acción ni el derecho, salvo que se alegue y se haya consumado una usucapión ordinaria o extraordinaria.

5. El abandono de una finca por su propietario:

a) La convierte en *res nullius*.
b) Produce su atribución *ipso iure* al Estado.

6. La adquisición por el Estado de los inmuebles abandonados:

a) Se produce automáticamente en todo caso.
b) Si está poseída la Administración General del Estado deberá entablar la acción que corresponda ante la jurisdicción civil.

7. La renuncia con abandono de un bien mueble valioso:

a) En todo caso perjudica a los acreedores del renunciante.
b) Puede ser combatida por los acreedores.

8. La adquisición *a non domino* de bienes muebles:

a) Extingue la propiedad de quien fue objeto de privación ilegal.
b) Permite reivindicar reembolsando el precio pagado por el adquirente de buena fe.

9. La extinción de un derecho real en cosa inmueble ajena:

a) Enerva la publicidad registral.
b) Solamente a partir de la práctica de asiento de cancelación.

Pérdida de los derechos reales

EXTINCIÓN Y PÉRDIDA DE LOS DERECHOS REALES	✓ Agrupación de supuestos que el Código civil regula de manera dispersa, sin pretensión de formular una teoría general. ✓ Diferenciación del significado a veces relativo de la pérdida y del significado siempre absoluto de la extinción.
NO USO Y PRESCRIPCIÓN EXTINTIVA	✓ El no uso como causa de extinción de ciertos derechos reales en cosa ajena. ✓ La prescripción extintiva: cuestión acerca de la prescriptibilidad de la acción reivindicatoria sin concurrir usucapión.
PÉRDIDA DE LA COSA Y SALIDA DEL COMERCIO	✓ La pérdida total y definitiva de la cosa objeto del derecho como causa de extinción. ✓ Efecto extintivo de la salida del comercio de la cosa objeto del derecho.
LA EXPROPIACIÓN FORZOSA	✓ A menudo se considera como causas de extinción del dominio y de los derechos reales el comiso y la expropiación forzosa, cuando lo cierto es que ese efecto extintivo lo tiene sólo cuando el bien pasa a ser dominio público, porque a menudo será un supuesto de pérdida relativa.
EL ABANDONO Y LA RENUNCIA	✓ Los efectos del abandono son muy diferentes según el objeto del derecho sea cosa mueble o cosa inmueble, ya que en materia de inmuebles se produce la adquisición por el Estado. Por el contrario en materia de muebles los convierte en *res nullius* susceptible de ocupación. ✓ La declaración de voluntad de renunciar, puede tener efecto extintivo de derechos reales y de obligaciones *propter rem* en los casos legalmente previstos (comunidad, servidumbres y medianería). ✓ En todo caso están sometidos a los límites de no contravenir el orden público, ni perjudicar a tercero, en cuyo caso pueden resultar nulos o revocables.
LA CONSOLIDACIÓN	✓ Causa de extinción propia de los derechos reales limitados y especialmente del usufructo, análoga a la confusión en materia de obligaciones.
REFLEJO REGISTRAL DE LA EXTINCIÓN DELOS DERECHOS REALES SOBRE INMUEBLES	✓ La publicidad registral cesa mediante el asiento de cancelación.

LECCIÓN 5

LA PROPIEDAD*

SUMARIO: I. INTRODUCCIÓN. 1. *La propiedad en el Código civil*. 2. *La disciplina constitucional de la propiedad*. 3. *La propiedad en la Carta de los Derechos Fundamentales de la Unión Europea*. 4. *La función de la propiedad en el mercado*. II. EL DERECHO DE PROPIEDAD. 1. *La propiedad como derecho subjetivo*. 2. *Propiedad y dominio*. 3. *El objeto de la propiedad y la extensión objetiva*. 4. *El contenido básico de la propiedad*. 5. *Límites y limitaciones de la propiedad*. 6. *La concurrencia de la propiedad privada con derechos reales y derechos personales*. III. LA PROPIEDAD SEPARADA. IV. EXTINCIÓN DEL DERECHO DE LA PROPIEDAD. 1. *La destrucción o consumo de una cosa o bien*. 2. *La renuncia del derecho de propiedad*. V. LA DEFENSA DE LA PROPIEDAD. 1. *La acción reivindicatoria*. 2. *La acción declarativa de dominio*. 3. *La acción negatoria*. 4. *La acción de tercería de dominio*. 5. *La acción publiciana*. 6. *Otras acciones*. 6.1. La acción de cerramiento de fincas. 6.2. La acción de deslinde. 6.3. La acción *ad exhibendum*. CASO PRÁCTICO. BIBLIOGRAFÍA BÁSICA. EJERCICIOS DE AUTOEVALUACIÓN. ESQUEMA: LA PROPIEDAD.

I. INTRODUCCIÓN

1. LA PROPIEDAD EN EL CÓDIGO CIVIL

Para ubicar la propiedad privada en la historia, al menos debemos referirnos al momento de la codificación del Derecho civil. Entre las principales instituciones de la codificación figura la propiedad privada por ser, junto con el contrato, uno de los principales arquetipos del nuevo orden jurídico nacido después de la Revolución francesa. La codificación, que durante el siglo XIX se extendió a toda Europa continental y más tarde a los países latinoamericanos, supuso una clara ruptura con el régimen entonces imperante. Durante el siglo XIX triunfaron frente al absolutismo las ideas liberales impulsadas por una nueva clase social, la burguesía, que intentaba desplazar a la nobleza y a la iglesia. Con la codificación se

* Por Klaus Jochen ALBIEZ DOHRMANN.

produjo, principalmente, la abolición del régimen feudal de la propiedad, liberando la propiedad de las cargas a que el feudalismo la tenía sometida. Hasta entonces, había una relación jerarquizada entre el señor y el vasallo, dividiéndose el dominio entre el dominio directo y el dominio útil, siendo el señor el propietario absoluto y el vasallo un poseedor a perpetuidad. En España, este proceso es largo y culmina con la aprobación del Código civil en 1889. Mucho antes, el Código de Napoleón (1804) fundaba un modelo de propiedad, basado en el individualismo, que pretendía ser único y armónico.

Al Código civil accede la propiedad liberal, la propiedad individual, desvinculada de mayorazgos, capellanías y señoríos jurisdiccionales. El proceso de desvinculación de la propiedad comienza mucho antes, con la Constitución de Cádiz de 1812 (Álvarez Caperochipi). Particular incidencia tiene en este proceso, que culmina con la aprobación del Código civil, la liberación de las tierras de los censos y de los privilegios para los cerramientos de fincas. Un hecho singular, pero de una enorme relevancia jurídica, social y económica, fue la desamortización que afectó especialmente a los bienes de las órdenes y congregaciones religiosas, aunque también tuvo lugar respecto de bienes municipales.

En la Ley de Bases, de 11 de mayo de 1888, se dice que «mantendrán el concepto de propiedad [...] con arreglo a los fundamentos capitales del derecho patrio [...]» (Base 10). Se parte, pues, cuando se aprueba el Código civil, de un concepto previo conforme con los «fundamentos capitales del derecho patrio». La propiedad que accede al Código civil es la propiedad privada. El principal antecedente más inmediato en el «Derecho patrio» es el artículo 391 del Proyecto de Código civil de García Goyena (1851), según el cual «la propiedad es el derecho de gozar y disponer de una cosa, sin más limitaciones que las que previenen las leyes o reglamentos». En términos prácticamente idénticos es redactado después el artículo 348.1 CC: «La propiedad es el derecho de gozar y disponer de una cosa, sin más limitaciones que las establecidas en las leyes». De acuerdo con la redacción del artículo 348.1 CC, el propietario tiene un poder prácticamente absoluto, sin más limitaciones «externas» que las impuestas por el Estado. Son límites extrínsecos, no intrínsecos. Se sigue la estela del Código de Napoléon, el cual instaura lo que se puede llamar el «absolutismo del propietario» (López y López). La propiedad privada es la principal institución jurídica de los derechos reales pero a la vez es un derecho, un derecho subjetivo, que es oponible frente a terceros. Es el derecho real por excelencia.

El Código civil tiene por principal referencia la propiedad inmobiliaria, debido, en gran parte, por la mayor relevancia que se da en él a los bienes inmuebles (vid. arts. 333 ss. CC), aunque también distingue claramente entre bienes muebles e inmuebles (p. ej., en la prescripción adquisitiva). El Código civil regula principalmente la propiedad común u ordinaria y se refiere muy básicamente a las propiedades especiales (arts. 407 ss.). Más el Código civil no es un código agrario, como opinan algunos, porque no tiene por base la propiedad agraria.

Aunque el artículo 348 CC ha perdido sustancia normativa, sigue siendo una referencia importante, en gran parte por lo que representa en la historia de nuestro ordenamiento jurídico, que es semejante a la de muchos países de nuestro entorno (LÓPEZ Y LÓPEZ). La Propuesta de Código civil (2018) no se aleja mucho del actual artículo 348 CC: La propiedad atribuye a su titular el derecho de gozar y disponer de una cosa sin perjuicio de los límites contemplados en este Código y en la legislación especial. La principal novedad de esta Propuesta es que la delimitación del contenido del derecho de la propiedad ha de ser de acuerdo con su funcional social.

2. LA DISCIPLINA CONSTITUCIONAL DE LA PROPIEDAD

No se puede comprender la propiedad sin tener en cuenta la Constitución española (CE). Es en la Constitución donde reside el moderno concepto de propiedad privada. El artículo 33.1 reconoce «el derecho a la propiedad privada» de los ciudadanos. A diferencia del Código civil, el artículo 33.1 menciona explícitamente la propiedad privada, pero sin definirla. A renglón seguido, el artículo 33.2 determina que la función social delimitará su contenido, de acuerdo con las leyes. Pero donde dice la CE «función social», se puede decir también «función ecológica».

Por consiguiente, la propiedad privada forma parte de nuestro orden constitucional, y por tanto de nuestro sistema jurídico, social y económico. Sigue siendo, pues, uno de los arquetipos del Derecho español (como también en la mayoría de los sistemas jurídicos extranjeros). El contenido del derecho de la propiedad privada puede ser delimitado por la función social que ha de cumplir la propiedad, si bien siempre cuando así lo establezca una ley. Cualquier ley que delimite el contenido del derecho de la propiedad ha de respetar siempre su contenido esencial según el artículo 53.1, frase segunda, CE (reserva de ley). El contenido esencial constituye el límite de intervención del Estado y de las Comunidades Autónomas en la propiedad privada. Se debe relacionar el artículo 53.1 con el artículo 33.2 ya que éste flexibiliza la reserva de ley en lo que concierne a la delimitación del contenido de la propiedad privada en virtud de la función social, que debe ser regulada por la ley, pero que también puede llevarse a cabo por la Administración de acuerdo con las leyes cuando éstas recaben la colaboración reglamentaria de aquélla (STC 37/1987).

La función social tiene una enorme carga ideológica. Es una conquista histórica frente al absolutismo y al liberalismo. Si nuestra Constitución proclama solemnemente que España es un Estado social, además antes de proclamar que es democrático (art. 1.1), una de las consecuencias más relevantes en el Derecho patrimonial privado es el reconocimiento explícito de la función social de la propiedad privada. La función social es también un concepto jurídico, pero indeterminado, auténtica válvulas de escape, que debe ser concretada por los Tribunales de

Justicia. En la Exposición de Motivos de la Ley de Reforma Agraria Andaluza (Ley 8/1984) se reconoce que la función social de la propiedad es un tópico jurídico y de muy diversas interpretaciones.

Para entender la función social de la propiedad privada tenemos que indagar en su contenido esencial. Para muchos autores el contenido esencial viene determinado por cada tipo de propiedad (propiedades especiales). En todo caso, nos podemos acercar mínimamente al concepto de contenido esencial de la propiedad privada. Más adelante, en la lección siguiente, comprobaremos si es cierto que el contenido esencial se puede detectar examinando cada propiedad especial.

Para saber cuál es el contenido esencial de la propiedad privada necesariamente hemos de partir de su concepto más genuino, pudiéndonos servir del artículo 348.1 CC, según el cual el propietario tiene el derecho de gozar y disponer de una cosa. Con el artículo 33.1 CE, habrá que entender que el contenido esencial de la propiedad, esto es gozar y disponer de una cosa, alcanza hasta donde alcance su función social. Por lo tanto, es la función social, previamente asignada por una ley a una propiedad (propiedad especial), la que determina su contenido esencial (MONTÉS PENADÉS). Por ejemplo, si para el goce de la propiedad rústica se impone a su titular que cultive un determinado producto para cumplir una función social, se está determinando el contenido esencial de la propiedad rústica. O, por ejemplo, si al titular de un solar urbanizado se le concede un derecho de aprovechamiento urbanístico es porque hay que cumplir con la función social de la propiedad urbana, se está concretando al mismo tiempo su contenido esencial. Lo mismo se podría decir cuando se han de respetar las normas medioambientales de cada momento. Las leyes que regulan propiedades (propiedades especiales) vacían, bajo el pretexto de la función social que ha de cumplir una determinada propiedad, el contenido de la propiedad, quitando derechos y facultades al propietario, asignándole deberes y cargas más allá de los deberes y cargas normales (cfr. art. 12 TRLSRU). Cualquier limitación que se basa en la función social no atenta, en principio, contra el contenido esencial de la propiedad privada. Así, forma parte del contenido esencial del derecho de propiedad de la vivienda el deber de destinar de forma efectiva el bien al uso habitacional previsto por el ordenamiento jurídico, así como mantener, conservar y rehabilitar la vivienda con los límites y condiciones que así establezca el planeamiento y la legislación urbanística (STC 93/2015, de 14 de mayo).

Para el Tribunal Constitucional, «la determinación del contenido esencial de cualquier tipo de derecho subjetivo —y, por tanto, también de los derechos fundamentales de las personas— viene marcada en cada caso por el elenco de facultades o posibilidades de actuación necesarias para que el derecho sea recognoscible como perteneciente al tipo descrito y sin las cuales deja de pertenecer a ese tipo y tiene que pasar a quedar comprendido en otro, desnaturalizándose, por decirlo así. Todo ello referido al momento histórico de que en cada caso se trata y a las condiciones inherentes en las sociedades democráticas, cuando se trate de derechos constitucionales. Determinación que, desde otro ángulo metodológico no contradictorio ni incompatible con aquél, puede ser expresada como aquella parte del contenido del derecho que es absolutamente necesaria para que los intereses jurídicamente protegibles, que dan vida al derecho, resulten real, concreta y efectivamente protegidos. De este modo, se rebasa o se desconoce el contenido esencial cuando el derecho queda sometido a limitaciones que lo hacen impracticable, lo dificultan más allá de lo razonable o lo despojan de la necesaria protección» (SSTC 11/1981, de 8 de abril, y 37/1987, de 26 de marzo). Para determinar el contenido esencial de la propiedad privada, habrá que estar a cada tipo de propiedad (propiedades especiales). En su defecto, el contenido esencial de la propiedad viene determinado por el artículo 348.1 CC.

Si el contenido esencial de la propiedad privada viene determinado por la función social de acuerdo con las leyes, habrá que saber también qué se entiende por función social. Como idea primeriza, se puede decir que la propiedad también «obliga» (así ya en la Constitución de Weimar —1919—). El propietario, además del derecho de gozar y disponer, tiene también deberes, obligaciones y cargas. Ya lo tenía en el Código civil (p. ej., en las relaciones de vecindad), pero se acentúa especialmente con la CE al establecer que la propiedad privada ha de cumplir una función social, es decir, que el propietario debe cumplir deberes, obligaciones y cargas según las leyes. Así en relación con la vivienda, propiciar la posibilidad de dar cumplimiento al derecho de disponer de una vivienda es cumplir la función social de este bien tan necesario para cualquier ciudadano (SSTC 93/2015, de 14 de mayo; 32/2018, de 12 de abril; 80/2018, de 5 de julio; 97/2018, de 29 de septiembre). La fijación de rentas máximas de viviendas alquiladas, especialmente cuando las viviendas son escasas, debería responder, fundamentalmente, a una función social (así se ha establecido recientemente en el Estado federado de Berlín o en el Estado de Nueva York). La función social de la propiedad varía a lo largo del tiempo. En los últimos años, se han incrementado notablemente las obligaciones de los propietarios en pro de un medio ambiente más saludable. Responde más a una función ecológica de la propiedad privada que a una función social. Por ejemplo, si se prohíbe la circulación de vehículos privados en determinadas horas en una zona urbana, es por una razón ecológica —una medida que beneficia a todos los ciudadanos—.

La función social es, ante todo, un principio político, un principio sobre el que cada legislador puede basarse para regular por ley el contenido de la propiedad privada. Forma parte de la esencia de la propiedad; es el núcleo de la propiedad. En definitiva, la función social no debe ser entendida como un límite externo a la propiedad, sino que es parte integrante del derecho de propiedad (STC 37/1987, de 26 de marzo).

La propiedad privada no se puede entender sin la libertad de empresa que reconoce el artículo 38 CE (nos remitimos al Capítulo 4).

3. La propiedad en la Carta de los Derechos Fundamentales de la Unión Europea

Nuestra Constitución no eleva a derecho fundamental el derecho a la propiedad privada. No figura entre los derechos fundamentales reconocidos en los artículos 15 a 29. La protección que la Constitución dispensa a estos derechos no se extiende a los derechos de los ciudadanos recogidos en los artículos 30 a 38, entre los cuales figura el derecho a la propiedad privada.

Sin embargo, la Carta de los Derechos Fundamentales de la Unión Europea, de 7 de diciembre de 2000 (versión revisada el 12 de diciembre de 2007), incluye entre los derechos fundamentales, en sede de las libertades, el derecho a la propiedad: «Toda persona tiene derecho a disfrutar de la propiedad de sus bienes adquiridos legalmente, a usarlos, a disponer de ellos y a legarlos. Nadie puede ser privado de su propiedad más que por causa de utilidad pública, en los casos y condiciones previstos en la ley y a cambio, en un tiempo razonable, de una justa indemnización por su pérdida. El uso de los bienes podrá regularse por ley en la medida que resulte necesario para el interés general» (art. 17.1). Igualmente «se reconoce la libertad de empresa de conformidad con el Derecho comunitario y con las legislaciones y prácticas nacionales» (art. 16). La Carta Europea reconoce, por tanto, plenamente la propiedad privada y la libertad de empresa en Europa. El contenido de la propiedad viene determinado por la ley que debe atender siempre al interés general. El interés general es un concepto jurídico indeterminado más amplio que la función social.

El reconocimiento de este derecho fundamental tiene como principal efecto que cuando un Estado lo viola los ciudadanos europeos pueden acudir, en última instancia, al Tribunal Europeo de los Derechos Humanos (TEDH), el cual ha desarrollado una importante jurisprudencia en temas como la expropiación de propiedades de ciudadanos europeos, llegando a ejercer un control de legalidad de los actos de los Estados vinculados a esta Carta Europea y velando por una indemnización equitativa, siempre conforme con la legislación del Estado expropiador (SSTEDH, Sección 4.ª, de 25 de marzo de 1999, R. 14; Sección 2.ª, de 31 de julio de 2008, R. 49; 29 de marzo de 2011, R. 32; 16 de diciembre de 2014, R. 98 y 14 de abril de 2015, R. 49).

4. La función de la propiedad en el mercado

La propiedad cumple principalmente una función económica. Cada bien o cosa tiene un valor económico. Frecuentemente los bienes son tasados (p. ej., cuando se constituye una hipoteca sobre un bien —p. ej., un bien inmueble— que previamente ha de ser tasado o cuando sale a subasta). Como consecuencia de la oferta y la demanda los precios de los bienes aumentan o disminuyen. La producción de los bienes responde a políticas económicas previamente diseñadas por las grandes empresas. Sus destinatarios, las Administraciones, otros empresarios y consumidores, adquieren los bienes a cambio de un precio. Mediante contratos de muy diverso contenido y funciones muy específicas, se ponen en circulación los bienes. Una economía de mercado es competitiva cuando se reconoce expresamente la propiedad privada y la libertad de empresa. Hay quienes ponen en duda que en la actualidad haya realmente una economía de mercado, principalmente por la concentración *in crescendo* de las empresas y la globalización de la economía. Hasta ahora el capitalismo se basaba en la propiedad privada de los medios de protección y en la mercantilización de la fuerza del trabajo. Este capitalismo se está sustituyendo progresivamente por el imperialismo de mercado (NAVARRO FERNÁNDEZ). Poco puede hacer la UE frente a los colosos de siempre (Estados Unidos, Japón) y a los colosos nacientes (China, India).

En papel mojado se está quedando el artículo 128.1 CE que proclama que «toda la riqueza del país en sus distintas formas [...] está subordinada al interés general». Poca fuerza o utilidad tiene el artículo 128.2 CE por el que «se reconoce la iniciativa pública en la actividad económica» (frase primera). Y habrá que preguntarse si el Estado ha renunciado a la planificación económica general para atender las necesidades colectivas, equilibrar y armonizar el desarrollo regional y sectorial y estimular el crecimiento de la renta y de la riqueza y su más justa distribución (art. 131.1 CE), más cuando los Estados Miembros de la Unión Europea (UE) están subordinados a las políticas económicas de Bruselas y de Fráncfort del Meno.

II. EL DERECHO DE PROPIEDAD

1. LA PROPIEDAD COMO DERECHO SUBJETIVO

La propiedad es, ante todo, un derecho subjetivo (art. 348 CC). Un derecho subjetivo que consiste en un poder sobre la cosa, un poder que no es ni mucho menos absoluto, incluso un poder que se ha reducido enormemente en determinados sectores sin que ello necesariamente suponga un acto expropiatorio del legislador (el propietario del suelo urbanizado sólo tiene un derecho de aprovechamiento urbanístico según el plan de urbanismo de cada municipio; el propietario de una finca rústica tiene que respetar el tipo de cultivo o una unidad mínima de cultivo en una determinada zona agraria según las normas imperantes en cada momento). Si en algún momento se ha predicado que el propietario tiene un poder absoluto, que en realidad siempre ha estado sujeto a límites, en la actualidad es un poder que viene determinado por la función social, ecológica y económica según las leyes especiales.

2. Propiedad y dominio

Es común identificar la propiedad con el dominio. El término «dominio» expresa perfectamente la idea de poder que tiene el propietario (*dominus*) sobre la cosa, un poder absoluto en tiempos pretéritos. El dominio significa plenitud de atributos que las leyes reconocen al propietario de una cosa para disponer de ella. El dominio es también el ejercicio de un señorío sobre la cosa. Todavía hay muchos autores que se refieren indistintamente a la propiedad y al dominio. Sin embargo, es preferible el término «propiedad» porque expresa actualmente mejor la relación entre los sujetos (personas físicas, personas jurídicas o entidades sin personalidad jurídicas) y las cosas (materiales e inmateriales).

3. El objeto de la propiedad y la extensión objetiva

El objeto de la propiedad son las cosas o los bienes. Así lo dice claramente el artículo 348 CC. Las cosas o bienes pueden ser corporales o materiales (bienes muebles o inmuebles; cfr. arts. 333 ss. CC), inmateriales e intelectuales (propiedad intelectual, datos digitales).

Cuando se alude a la extensión objetiva de la propiedad, se piensa, principalmente, en los bienes inmuebles. Un ejemplo claro es el artículo 350 CC, según el cual el dominio se extiende al subsuelo y al espacio aéreo. La extensión objetiva del dominio no es absoluta. Ni siquiera lo fue cuando se redactó el Código civil. Siempre han existido límites, y hoy más que nunca por las numerosas servidumbres legales y demás limitaciones que establece especialmente el Derecho urbanístico.

4. El contenido básico de la propiedad

Al referirnos a la disciplina constitucional de la propiedad privada hemos resaltado especialmente el contenido esencial. Son muchos los autores los que niegan que exista un contenido esencial para cualquier propiedad. El contenido esencial vendrá determinado en cada propiedad —propiedades especiales— según la ley en cada momento. Por lo tanto, el contenido esencial es un contenido histórico, puesto que puede variar a lo largo del tiempo. Las leyes especiales sobre la propiedad privada han fijado en cada momento los derechos y los deberes de los propietarios.

Pero a la vez podemos referirnos al contenido básico de la propiedad privada. Aunque puede variar por las leyes especiales, se caracteriza por tres derechos que de alguna manera siempre han de existir. Nos referimos al derecho de usar (*ius utendi*), al derecho de disfrutar (*ius frutendi*) y al derecho de disponer (*ius disponendi*).

El derecho subjetivo de la propiedad es algo más que poder. Es inherente a la propiedad el goce (uso y disfrute) y la disposición de la cosa. La propiedad es un haz de facultades. Otros derechos reales pueden tener por contenido los mismos derechos, pero más limitados. Son los derechos reales limitados como el usufructo, el uso y la habitación.

El goce comprende la utilización directa (la explotación de la tierra, vivir en un edificio) y la utilización a favor de terceros (arrendar la cosa). El goce permite la obtención y apropiación de los frutos, productos y rendimientos. El goce no es absoluto (el propietario o arrendatario de una vivienda no puede hacer más ruidos que los permitidos por la ley). En una sociedad tan consumista como la nuestra, el goce de muchos bienes está destinado sobre todo a la consumición. Todas estas facultades son facultades de realización sobre la cosa de la que es titular el propietario.

La disposición de la cosa es la máxima expresión del poder que todo propietario tiene para enajenar, donar, constituir gravámenes o para disponer de ella para después de la muerte mediante testamento o contrato sucesorio. Al igual que el goce, la disposición no es absoluta (el propietario de una vivienda de protección oficial sólo puede disponer de la misma a partir de un determinado plazo).

El contenido básico de la propiedad deberá ser examinado atendiendo a la legislación especial (véase la Lección dedicada a algunas propiedades especiales). La pluralidad de regímenes se debe, principalmente, a que la función social, ecológica y económica de la propiedad es muy diversa.

La ley que regula una propiedad (propiedad especial) no puede privar al titular del derecho de usar, disfrutar o disponer de una cosa. Puede moldar estos derechos, los puede condicionar o limitar. Cuando lo hace es porque está determinando el contenido esencial de una propiedad concreta. De lo contrario, estaría convirtiendo la propiedad en otro derecho (en derecho real limitado), incluso podría ser inconstitucional la ley que lo hiciese.

5. Límites y limitaciones de la propiedad

El poder del propietario llega hasta donde tiene que respetar a los demás. Es el límite que todo propietario debe respetar. Los límites que siempre han existido son las relaciones de vecindad (arts. 389, 390, 589, 590… CC) y la prohibición de los actos de emulación (con carácter general art. 7.1 y 2 CC). Ningún derecho, y por tanto tampoco el derecho de propiedad, puede ser ejercitado dolosamente. Los límites que debe respetar el propietario son en la actualidad de muy diversa naturaleza. Los límites no reducen el contenido de la propiedad, sino que lo definen en un ámbito concreto (el titular de un monte privado tiene que respetar la biodiversidad según la legislación especial; el poder del propietario del monte no se reduce por ello; al contrario, se define así la propiedad de montes privados).

Las limitaciones, por el contrario, comprimen el contenido de la propiedad, lo reducen, pero sin llegar a anular el derecho de propiedad (imposición de servidumbres administrativas, prohibiciones de disponer por mandato legal).

6. La concurrencia de la propiedad privada con derechos reales y derechos personales

La propiedad privada no excluye la concurrencia con otros derechos reales y también con derechos personales. Sobre una misma cosa, se pueden constituir derechos reales (p. ej., un usufructo) o derechos personales (p. ej., un arrendamiento), de modo que el propietario comparte con otros la titularidad, en distinto grado (así, en el usufructo el nudo propietario con el usufructuario; en el arrendamiento el pleno propietario con el arrendatario). Una cosa puede estar gravada por un derecho real de uso (p. ej., mediante una servidumbre la cual se caracteriza por la existencia de un predio dominante y un predio sirviente). Una cosa puede estar gravada mediante un derecho real de garantía (p. ej., mediante la hipoteca, siendo el hipotecante el deudor hipotecario que constituye la hipoteca a favor del acreedor hipotecario). La concurrencia de la propiedad con derechos reales y derechos personales puede surgir por mandato legal, por voluntad de las partes entre vivos o para después de la muerte o por prescripción adquisitiva (un ejemplo claro es el usufructo; cfr. art. 468 CC).

La concurrencia de la propiedad con derechos reales y derechos personales da lugar a complejas relaciones personales entre los titulares y reales sobre la cosa (en el usufructo el nudo propietario tiene derechos y obligaciones personales con el usufructuario, y viceversa, pero a la vez hay una relación jurídico-real de contenido distinto sobre la cosa —el nudo propietario sigue teniendo un poder de disposición sobre la cosa dada en usufructo, y también el usufructuario tiene un poder de disposición, pero mucho más limitado—).

Cuando los derechos reales y personales que concurren con la propiedad se extinguen, la propiedad vuelve a ser plena. Es una muestra de la elasticidad del derecho de la propiedad privada.

III. LA PROPIEDAD SEPARADA

En el ámbito del Derecho inmobiliario se ha planteado la posibilidad de una propiedad separada del suelo. De admitirse, rompería con el clásico principio *superficie solo cedit* (véase la Lección 3). Aun cuando el artículo 358 CC establece que «lo edificado, plantado o sembrado en predios ajenos [...], pertenecen al dueño de los mismos [...]», está admitido que puedan separarse del suelo. El derecho de plantación, el derecho de superficie, el derecho de vuelo o el derecho de subsuelo pueden ser derechos independientes del suelo. Se habla entonces de propiedades separadas. Según el artículo 53.1 TRLSRU, «el derecho real de superficie atribuye al superficiario la facultad de realizar construcciones o edificaciones en la rasante y en el vuelo y el subsuelo de una finca ajena, manteniendo la propiedad temporal de las construcciones o edificaciones realizadas. También puede constituirse dicho derecho sobre construcciones o edificaciones ya realizadas o sobre viviendas, locales o elementos privativos de construcciones o edificaciones, atribuyendo al superficiario la propiedad temporal de las mismas, sin perjuicio de la propiedad separada del titular del suelo». Este precepto conjuga a la vez dos conceptos jurídicos, esto es, el derecho de superficie como derecho real y como supuesto de propiedad separada (así también el art. 564-1 CCcat).

Normalmente son derechos temporales (así, p. ej., el derecho de superficie tiene como límite máximo 99 años según el art. 53.2 TRLSRU). Durante la vigencia el titular de la plantación separada del suelo o el superficiario son tratados como «propietarios», si bien deben respetar los derechos de los propietarios del suelo (por norma general, se acuerda mediante contrato el régimen de los derechos y obligaciones de cada uno en el mismo título constitutivo o aparte).

IV. EXTINCIÓN DEL DERECHO DE LA PROPIEDAD

1. La destrucción o consumo de una cosa o bien

La destrucción, la consunción o el consumo de una cosa objeto de la propiedad suponen la extinción automática del derecho de propiedad. No son causas previstas en el Código civil. Por norma general, son los bienes muebles los que se destruyen. Los bienes de consumo tienen fecha de caducidad programada. La muerte de un animal —considerada todavía cosa en nuestro ordenamiento jurídico— significa, al mismo tiempo, la extinción de la propiedad (la propiedad es ahora sobre el cadáver). Aunque una casa se destruye, se mantiene la titularidad sobre el suelo (a no ser que haya una propiedad separada).

2. La renuncia del derecho de propiedad

Por norma general, el titular de un derecho subjetivo puede renunciar a él (con carácter general, vid. art. 6.2 CC). Por lo tanto, también es factible la renuncia del derecho de propiedad. En el ámbito de la propiedad la renuncia del derecho se materializa mediante el abandono, no sólo cuando son bienes muebles (un armario se deja definitivamente en la calle) o bienes semovientes (un animal se abandona en una estación), sino también cuando son bienes inmuebles (se convierten en bienes vacantes). Quien renuncia al derecho de propiedad debe también abandonar la cosa. De algún modo, la renuncia se identifica con el abandono. La renuncia puede ser expresa o tácita. Según el Derecho civil catalán, la voluntad de abandono debe ser expresa y no se presume por la mera desposesión (art. 543-3 CCcat). El abandono querido es un acto de renuncia. A partir de este momento, los bienes muebles o semovientes pueden ser adquiridos mediante la ocupación (art. 609 CC). Los bienes inmuebles vacantes son adquiridos *ex lege* por el Estado (art. 17.1 de la Ley de Patrimonio de las Administraciones Públicas).

La escritura pública de renuncia o de abdicación del derecho de propiedad tiene acceso al Registro de la Propiedad según la DGRN (RR. de 10 de enero de 2003 y 18 de febrero de 2003, RR. 2186 y 2275) aun cuando no figura entre los títulos inscribibles según el artículo 2 LH.

V. LA DEFENSA DE LA PROPIEDAD

1. La acción reivindicatoria

La principal acción de defensa de la propiedad, haciendo valer el propietario su derecho de propiedad, es la acción reivindicatoria. Es una de las acciones petitorias que contempla nuestro Derecho de cosas mediante la cual se defiende al mismo tiempo la posesión de la cosa así como el título de propiedad que se ostenta sobre ella frente a terceros que posean la cosa. Dice el artículo 348.2 CC que «el propietario tiene acción contra el tenedor y el poseedor de la cosa para reivindicarla». Es una acción real, y, por tanto, se puede ejercitar frente a cualquiera. La acción reivindicatoria es una de las facultades de persecución que tiene, como otros titulares de derechos reales, el propietario. Su plazo, que es de prescripción, varía según se reivindique un bien mueble (seis años según el art. 1.962 CC) o un bien inmueble (treinta años según el art. 1.963 CC). La prescripción de la acción puede ser «vencida» por la usucapión (prescripción extintiva; vid. arts. 1.955 y 1.959 CC). En el Derecho civil catalán la acción reivindicatoria no prescribe, sin perjuicio de lo establecido para la usucapión (art. 544-3 CCcat).

El primer requisito de la acción reivindicatoria es la prueba del título de propiedad por quien la reivindica (SSTS de 9 de marzo de 2015 y 22 de mayo de 2015, RR. 979 y 2259). El título de adquisición de la propiedad puede ser en virtud de un contrato traslativo de dominio (venta, permuta, cesión), a causa de una donación o como consecuencia de una partición sucesoria (el título genérico y universal de herencia no es suficiente para probar la titularidad dominical de un bien concreto determinado —STS de 29 de junio de 1996, R. 529—). El título de propiedad puede derivar de una sentencia declarativa de dominio (p. ej., por haberse acreditado la adquisición de la propiedad por prescripción).

También se tiene que probar que se ha estado en la posesión de la cosa —en concepto de dueño— que se reivindica. No siempre resulta fácil, sobre todo cuando se trata de un bien mueble cuyo título de adquisición normalmente no se guarda (*probatio diabolica*).

En el ámbito inmobiliario afortunadamente se cuida cada vez más por tener un documento privado o público para aseverar la adquisición de la propiedad. La inscripción registral, por otra parte, favorece la protección del propietario por la presunción de exactitud del asiento registral de acuerdo con el artículo 38 LH (SSTS de 26 de diciembre de 2002, 19 de julio de 2005 y 10 de junio de 2008, RR. 328, 9639 y 3214). En la práctica, el artículo 38 conlleva un sistema de inversión de la carga de la prueba. Corresponde al actor probar su dominio mediante la inscripción en el Registro de la Propiedad y al demandado destruir la presunción de exactitud del asiendo registral. La inscripción catastral, por el contrario, no prueba la adquisición de la propiedad. Sólo constituye un indicio (STS de 26 de mayo de 2000, R. 3498).

Un supuesto singular es la doble inmatriculación (la propiedad de la finca aparece inscrita a favor de dos titulares diferentes). En tal caso, rige la prioridad registral (STS de 7 de junio de 2011, R. 7368), debiendo ser protegido quien tiene su título de adquisición de propiedad en primer lugar (cfr. art. 1.473 CC).

La persona a la que se reclama la cosa puede probar que su posesión es en virtud de un título traslativo o de disfrute. No es necesario probar que el título de adquisición sea actual. Es suficiente probar que en algún momento se adquirió la propiedad (STS de 20 de febrero de 1978, R. 586). En un procedimiento en el que se reivindica la propiedad se puede negar el título del demandado por nulidad (STS de 3 de marzo de 2015, R. 1094). Si sólo tiene un título posesorio, entonces el propietario puede optar por ejercer la acción de recuperación de la posesión. Un segundo requisito es la identidad de la cosa (STS de 20 de marzo de 2014, R. 5250). La cosa que se reivindica tiene que estar perfectamente identificada [p. ej., cuando hay confusión de linderos, es procedente ejercer previamente la acción de deslinde o la de amojonamiento (STS de 21 de noviembre de 2016, R. 5638); de lo contrario, no hay que ejercerla (STS de 11 de febrero de 2016, R. 239)]. Corresponde al que ejercita la acción reivindicatoria probar la identidad de la cosa. Se permite, no obstante, el ejercicio de la acción reivindicatoria en supuestos en las que el estado posesorio de la cosa reivindicada ha sufrido una alteración (STS de 16 de febrero de 2016, R. 560).

Uno de los principales obstáculos de la acción reivindicatoria, como otras acciones reales (p. ej., la declarativa), es que el demandado sea un tercero de buena fe. En el ámbito inmobiliario la principal protección del tercero frente al que ejercita la acción reivindicatoria viene de la mano del artículo 34 LH. El tercero que cumpla los requisitos del artículo 34 será mantenido en su adquisición, siendo inatacable su título de propiedad. Al que se protege en el artículo 34 es el tercero hipotecario. Fuera del Registro de la Propiedad, esto es, cuando el título de propiedad no está inscrito, la protección del tercero es más endeble porque descansa exclusivamente en la buena fe subjetiva.

En la reivindicación de bienes muebles la protección del tercero ha de tenerse en cuenta principalmente el artículo 464.1 CC, según el cual «la posesión de los bienes muebles adquirida de buena fe equivale al título». Sin entrar en la interpretación de esta afirmación normativa, que ha sido debatida ampliamente en la doctrina y la jurisprudencia, este precepto constituye la base legal fundamental para enfocar el ejercicio de la acción reivindicatoria. Si se sigue la tesis romanista (SSTS de 19 de junio de 1945, 27 de mayo de 1958 y 22 de enero de 2002, RR. 709, 2103 y 21), el artículo 464 no impide la reivindicación aun cuando el tercero sea de buena fe (sólo podría hacer valer la usucapión frente a la acción reivindicatoria). La posición opuesta —la tesis germanista— defiende la protección del tercero, también al amparo del artículo 464-1, basado principalmente en la apariencia jurídica, siempre que el tercero esté en posesión de la cosa y sea de buena fe (en particular las SSTS de 15 de febrero de 1990 y 25 de febrero de 1992, RR. 687 y 1549). Una solución intermedia es la protección del tercero si el que se considera propietario de la cosa no prueba la pérdida o el extravío de la cosa, o la privación ilegal de la misma o la falta de buena fe en la adquisición. Donde más se invoca la protección del tercero *ex* artículo 464 es en los procedimientos de tercería de dominio.

La acción reivindicatoria comporta la restitución del bien. En el caso de que no fuese posible material (p. ej., por destrucción o consunción) o jurídicamente (protección de un tercero por la buena fe), cabe pedir una indemnización por equivalente (entrega de una suma dineraria equivalente al valor de la cosa reivindicada). La restitución de la cosa dará lugar, en su caso, a la liquidación del estado posesorio (arts. 451 ss. CC).

2. La acción declarativa de dominio

Ante la duda sobre el título de propiedad (frecuente en conflictos entre particulares y el Estado, SSTS de 16 de octubre de 2008, 6 de noviembre de 2014 y 11 de febrero de 2016, RR. 5701, 5884 y 230) o cuando otra persona discute la propiedad, el remedio procesal más adecuado es la acción declarativa de dominio. El que ejercita esta acción debe aportar el título de propiedad e identificar perfectamente la cosa. Es una acción real que no está sujeta a un plazo de prescripción (no así para el TS en S. de 27 de abril de 2011, R. 3719, al entender que el plazo para el ejercicio de esta acción es de treinta años), si bien puede ser vencida por la usucapión (STS de 14 de julio de 2016, R. 3195). Se puede ejercitar la acción declarativa de dominio junto con la acción reivindicatoria (acumulación de acciones).

3. La acción negatoria

La acción negatoria es una acción real que requiere para su ejercicio que el actor pruebe el derecho de propiedad mediante la presentación del correspondiente título de propiedad y que pruebe la perturbación que otra persona le haya causado en el goce de su propiedad (en su caso, puede ser ejercitada también por titulares de derechos reales limitados que estén en posesión de una cosa). Esta acción no se debe confundir con la acción declarativa de dominio. Al igual que la acción declarativa de dominio, la acción negatoria no viene regulada en el Código civil. La acción negatoria más común es la acción negatoria de servidumbre (SSTS de 24 de mayo de 2014, R. 2282; 7 de junio de 2016, R. 3155; 16 de octubre de 2018, R. 4479). Quien niega la servidumbre sobre su finca no tiene que probar la inexistencia de la servidumbre. Corresponde al contrario probar que tiene un derecho de servidumbre mediante cualquier título adquisitivo. La acción negatoria se puede ejercitar cuando hay perturbaciones o intromisiones permanentes de terceros, de cualquier índole, que deben existir en el momento del ejercicio de la acción (en su caso, también se pueden ejercitar las acciones de recuperar o retener la posesión frente a actos perturbadores de terceros). Incluso es factible si mediante inmisiones se perturba la posesión de otro (así, art. 544-4.1 CCcat). La acción negatoria puede venir acompañada por una acción indemnizatoria, la cual está sujeta a un plazo de prescripción de un año (art. 1.868.2.º CC). Se debe computar el plazo desde que el propietario tenga conocimiento de la perturbación.

Dada la naturaleza real de esta acción, su plazo de prescripción es de treinta años cuando tiene por base un inmueble (art. 1.963 CC). La prescripción de la acción puede ser vencida por la usucapión (las servidumbres continuas y aparentes se adquieren transcurridos veinte años según el art. 537 CC).

4. La acción de tercería de dominio

Aunque la acción de tercería de dominio se ha identificado por la jurisprudencia con la acción reivindicatoria, es una acción con un perfil propio y que tiene por objetivo exclusivo el de levantar el embargo que indebidamente ha tenido lugar sobre el bien de un tercero (STS de 18 de julio de 2005, R. 5481). Como presupuesto principal para el ejercicio de esta acción procesal, debe haberse embargado previamente un bien. Ha de saberse que el embargo es una medida preventiva —de garantía— de la que el acreedor puede hacer uso ante el impago de una deuda. Puede suceder que el bien embargado pertenece a un tercero, es decir, a una persona distinta del deudor. Para evitar las consecuencias del embargo —subasta del bien— el tercero tiene a su alcance la acción de tercería de dominio mediante la cual pide el levantamiento del embargo. El tercerista debe probar que es titular dominical del bien embargado.

Con la LEC de 2000, se regula por primera vez el procedimiento judicial de tercería de dominio (arts. 593 a 604). En realidad, es un incidente, en sentido estricto, de la ejecución, encaminado directa y exclusivamente a decidir si procede la desafección o el mantenimiento del embargo (EM LEC).

Una acción afín a la tercería de dominio es la tercería registral prevista en el artículo 38 LH. La tercería registral puede interponerse en toda clase de procedimientos en que se practique un embargo sobre una finca inscrita en el Registro de la Propiedad.

5. La acción publiciana

La acción publiciana, cuya subsistencia es cuestionada por algún sector de la doctrina, es reconocida por la jurisprudencia (SSTS de 5 de febrero de 2004 y 30 de octubre de 2018, RR. 1838 y 4735). A diferencia de la acción reivindicatoria, en la que el ejercitante de esta acción debe probar plenamente su título dominical, en el ejercicio de la acción publiciana sólo debe probar que tiene un mejor derecho a poseer que el demandado. En realidad, la viabilidad de la acción publiciana significa la relativización del primer requisito de la acción reivindicatoria, cual es la prueba de la titularidad del dominio. Esta acción puede tener cierta virtualidad cuando se quiere recuperar un bien mueble dada la dificultad que muchas veces hay para probar el dominio.

Como se ha explicado en la Lección anterior, la acción publiciana tiene igualmente por función la reintegración posesoria en base a un mejor derecho a poseer respecto del que ostentase el demandado. En virtud de esta acción, el poseedor con justo título y buena fe se impone en el proceso al poseedor actual que carece de título, o de buena fe, o tiene una posesión posterior.

6. Otras acciones

1. *La acción de cerramiento de fincas*

El artículo 348 CC dispone que todo propietario podrá cerrar o cercar sus heredades por medio de paredes, zanjas, setos vivos o muertos, o de cualquier otro modo, sin perjuicio de las servidumbres constituidas sobre las mismas (SSTS de 20 de mayo de 2005, R. 5346; 26 de junio de 2003, R. 4310). Es una de las manifestaciones del poder que tiene el propietario sobre la finca (rústica o urbana). El cerramiento puede ser objeto de regulación administrativa (p. ej., para cerrar fincas cinegéticas). Quien cierra o cerca su finca, deberá respetar no obstante las servidumbres y limitaciones que hubiere.

2. *La acción de deslinde*

La acción de deslinde se ejercita cuando hay confusión entre las lindes de fincas contiguas (en el Derecho civil catalán recibe el nombre de «delimitación de la finca», arts. 544-9 ss. CCcat.). No es necesario probar la identificación de la finca (STS de 14 de febrero de 2016, R. 239). Es una acción que se ejercita a veces junto con la acción reivindicatoria, declarativa de dominio o negatoria. La acción de deslinde viene regulada en los artículos 384 a 387 CC. Se debe ejercitar la acción contra todos los propietarios de las fincas colindantes (litisconsorcio pasivo necesario). Se debe acreditar la titularidad sobre la superficie objeto del deslinde. El deslinde se hará de conformidad con los títulos de cada propietario y, a falta de títulos suficientes, por lo que resultare de la posesión en que estuvieren los colindantes (art. 385). Si los títulos no determinasen el límite o área perteneciente a cada propietario, y la cuestión no pudiera resolverse por la posesión o por otro medio de prueba, el deslinde se hará distribuyendo el terreno objeto de la contienda en partes iguales (art. 386). Si los títulos de los colindantes indicasen un espacio mayor o menor del que comprende la totalidad del terreno, el aumento o la falta se distribuirán proporcionalmente (art. 387).

El deslinde administrativo mediante el preceptivo expediente es aquel que inicia la Administración para deslindar montes públicos, vías pecuarias, costas, riberas… (STS de 21 de mayo de 2008, R. 4466).

Una vez determinada la linde de una finca contigua con otra es común que se proceda a amojonar (STS de 15 de abril de 2003, R. 3712). El amojonamiento es la plasmación física y visible de los límites de las fincas o parcelas. Se suele hacer con hitos o mojones de piedra, pero también pueden usarse setos, zanjas, paredes o cualquier otro elemento similar.

3. *La acción* ad exhibendum

La acción *ad exhibendum*, prevista en el artículo 256 LEC, es una acción previa en virtud de la cual se exige a otro a que exhiba su título dominical. Es una acción real que se ejerce con vista a un futuro procedimiento para el ejercicio de la acción reivindicatoria, declarativa de dominio, negatoria o de deslinde.

CASO PRÁCTICO

Examinen los hechos de la STS 30 de octubre de 2018. Pueden consultar la SAP, Madrid, Sección 20.ª, de 1 de diciembre de 2015 que da lugar al recurso de casación. ¿Qué acción se ejercita en el pleito? Diferencien entre la acción reivindicatoria y la acción publiciana. ¿Qué alega y pide la parte demandada? ¿Qué otras cuestiones de fondo son objeto de controversia en la STS? Examinen el recorrido procesal del litigio.

BIBLIOGRAFÍA BÁSICA

ALVÁREZ CAPEROCHIPI, J. A.: *Curso de Derechos reales*. Tomo I. *Propiedad y Derechos reales*, vol. I, Comares, 2005; DÍEZ-PICAZO, L.: *Fundamentos del Derecho civil patrimonial*, III, 5.ª ed., Thomson-Civitas, 2008; ídem, *Fundamentos del Derecho civil patrimonial*, VI, 1.ª ed., 2012, Thomson-Civitas; JIMÉNEZ HORWITZ, M.: «La protección del derecho de propiedad en el marco del Convenio de Roma (Sobre la Sentencia del Tribunal Europeo de Derechos Humanos de 23 de noviembre de 2000, asunto ex rey de Grecia y otros c. Grecia)», *Derecho privado y Constitución*, n.º 15, 2001, pp. 239 a 264; LÓPEZ CÁNOVAS, A.: *La propiedad privada inmobiliaria*, prólogo ROCA GUILLAMÓN, J., Aranzadi, 2015; LÓPEZ Y LÓPEZ, A. M.: «El derecho de la propiedad. Una *relectio*», *ADC*, 1998, pp. 1639 a 1691; ídem, *La disciplina constitucional de la propiedad privada*, Tecnos, 1988; MONTÉS PENADÉS: *La propiedad privada en el sistema de Derecho Civil contemporáneo (Un estudio evolutivo desde el Código Civil hasta la Constitución de 1978)*, Civitas, 1980; NAVARRO FERNÁNDEZ, J. A.: «Repensar la propiedad», *Estudios de Derecho Civil en Homenaje al Profesor José González García*, coord. JIMÉNEZ LIÉBANA, D., Aranzadi, 2012, pp. 1123 a 1141; RICCIO, A.: *La propiedad en el marco del convenio europeo de derechos humanos*, Reus, 2018; ROBLES LATORRE, P.: «La renuncia al derecho de propiedad», *Derecho privado y Constitución*, n.º 27, pp. 49 a 75; VALPUESTA FERNÁNDEZ, R.: *Acción reivindicatoria, titularidad dominical y prueba: estudio jurisprudencial*, Tirant lo Blanch, Valencia, 1993.

EJERCICIOS DE AUTOEVALUACIÓN

1) ¿Cuál es el concepto de propiedad en el Código civil?
2) ¿Cuál es el contenido esencial de la propiedad privada?
3) ¿Quién determina la función social de la propiedad privada?
4) ¿La propiedad privada es un derecho fundamental?
5) ¿Qué significa que la propiedad es un derecho subjetivo?
6) ¿Qué papel ejerce la propiedad en el mercado?
7) ¿Cuál es el contenido básico de la propiedad privada?
8) Diferencie entre límites y limitaciones de la propiedad privada
9) ¿Se puede renunciar al derecho subjetivo de la propiedad privada?
10) Principales requisitos de la acción reivindicatoria.
11) ¿Cuál es el plazo de la acción reivindicatoria?
12) Diferencie la acción declarativa de dominio de la acción reivindicatoria.
13) ¿Se pueden acumular ambas acciones?
14) ¿Se pueden ejercitar frente a terceros?
15) ¿En un procedimiento que tiene por objeto la reivindicación de una cosa se puede anular el título que ostenta el demandado?

16) La usucapión, ¿puede vencer la prescripción de una acción reivindicatoria o de una acción declarativa de dominio?

17) ¿Qué se pretende con la acción negatoria?

18) ¿Cuál es el objetivo de la tercería de dominio?

19) ¿Existe en nuestro Derecho la acción publiciana?

20) ¿Cuál es principal presupuesto de la acción de deslinde?

21) ¿Qué se pretende con la acción *ad exhibendum*?

La propiedad

La propiedad privada en la codificación española	✓ Al Código civil accede la propiedad liberal, la propiedad individual, desvinculada de mayorazgos, capellanías y señoríos jurisdiccionales.
La principal norma del Código civil de la propiedad privada: artículo 348.1	✓ «La propiedad es el derecho de gozar y disponer de una cosa, sin más limitaciones que las establecidas en las leyes».
La principal norma de la Constitución de la propiedad privada: artículo 33.1	✓ La propiedad privada forma parte de nuestro orden constitucional, y, por tanto, de nuestro sistema jurídico, social y económico.
El contenido esencial y la función social de la propiedad privada: artículo 33.2 CE	✓ El contenido esencial de la propiedad privada viene determinado por la función social de acuerdo con las leyes.
La Carta de los Derechos Fundamentales de y la Unión Europea, de 7 de diciembre de 2000: artículo 17.1	✓ La Carta Europea incluye entre los derechos fundamentales, en sede de las libertades, el derecho a la propiedad.
La libertad de empresa: artículo 38 CE	✓ La propiedad cumple principalmente una función económica.
La propiedad como derecho subjetivo	✓ El derecho subjetivo de la propiedad es algo más que poder. Es inherente a la propiedad el goce (uso y disfrute) y la disposición de la cosa. La propiedad es un haz de facultades.

LA DEFENSA DE LA PROPIEDAD: ACCIONES REALES	✓ La principal acción de defensa de la propiedad, haciendo valer el propietario su derecho de propiedad, es la acción reivindicatoria. Dice el artículo 348.2 CC que «el propietario tiene acción contra el tenedor y el poseedor de la cosa para reivindicarla». ✓ Otras acciones: la acción declarativa de dominio, la acción negatoria, la tercería de dominio y la acción publiciana. ✓ Otras acciones: la acción de cerramiento de fincas, la acción de deslinde, y la acción *ad exhibendum*.

LECCIÓN 6

LAS PROPIEDADES ESPECIALES*

SUMARIO: I. INTRODUCCIÓN. II. PROPIEDADES EN RAZÓN DEL SUELO. 1. *La propiedad del suelo*. 1.1. Ámbito competencial. 2. *La propiedad del suelo, la propiedad urbana y el urbanismo*. 3. *La propiedad del suelo en el TRLSRU*. 3.1. La situación básica de suelo rural y suelo urbanizado. 4. *El estatuto jurídico de la propiedad del suelo*. 5. *Fincas y parcelas*. 6. *La propiedad urbana*. 6.1. La propiedad urbana y el Derecho urbanístico. 6.2. Clasificación del suelo urbanizado. 6.3. La equidistribución y la reordenación de la propiedad. 6.4. El derecho de edificar y el derecho de aprovechamiento urbanístico. 6.5. El deber de conservar. 7. LA PROPIEDAD RÚSTICA. 7.1. La propiedad rústica, agraria y rural. 7.2. El suelo rural. 7.3. El contenido esencial de la propiedad rústica/agraria. *a*) La facultad de usar y cultivar la tierra. *b*) El deber de conservar la tierra. 7.4. Los derechos de aprovechamiento. 7.5. El uso hidrológico. 7.6. El derecho de instalación, construcción y edificación. 7.8. Los derechos de adquisición preferente. 7.9. Unidades mínimas de cultivo. 7.10. Concentración parcelaria. III. OTRAS PROPIEDADES ESPECIALES. 1. *La propiedad de las aguas*. 1.1. Ámbito competencial. 1.2. El derecho de uso privativo de las aguas. 1.3. El derecho de uso común. 1.4. El respeto a las titularidades privativas. 1.5. La aplicación supletoria del Código civil. 2. *La propiedad de las minas*. 2.1. Ámbito competencial. 2.2. El derecho de aprovechamiento de los recursos minerales. 3. *La propiedad forestal*. 3.1. Ámbito competencial. 3.2. Los montes privados. 4. LA PROPIEDAD CINEGÉTICA. 4.1. Ámbito competencial. 4.2. Los terrenos cinegéticos y el aprovechamiento cinegético. IV. PROPIEDADES DE BIENES INMATERIALES. 1. *La propiedad intelectual*. 2. *¿Existe la propiedad digital?* CASO PRÁCTICO. BIBLIOGRAFÍA BÁSICA. EJERCICIOS DE AUTOEVALUACIÓN. ESQUEMA: PROPIEDADES ESPECIALES.

I. INTRODUCCIÓN

En un Manual de Derechos reales es necesaria una lección sobre las propiedades especiales. El interrogante que algunos formulan sobre si existe sólo la propiedad carece de sentido cuando se comprueba la existencia de numerosas leyes que configuran propiedades que poco tienen que ver con la propiedad tal como viene

* Por Klaus Jochen ALBIEZ DOHRMANN.

concebida en el Código civil. El propio Código civil se refiere a algunas propiedades especiales, en concreto la de las aguas, la de los minerales y la propiedad intelectual. La Propuesta de Código civil (2018) contiene igualmente un capítulo referido a algunas propiedades especiales (la de las aguas y la propiedad intelectual). Pero donde se regulan las propiedades especiales es, precisamente, en leyes especiales.

Todas aquellas propiedades especiales que tienen por objeto el aprovechamiento de terrenos y de recursos naturales requieren leyes específicas para que desde una perspectiva amplia puedan regular todos sus aspectos (intereses generales, medioambientales, económicos, sociales y culturales). La STC 37/1987, de 20 de marzo, reconoce «la progresiva incorporación de finalidades sociales relacionadas con el uso o aprovechamiento de los distintos tipos de bienes sobre los que el derecho de propiedad puede recaer ha producido una diversificación de la institución dominical en una pluralidad de figuras o situaciones jurídicas reguladas con un significado y alcance diversos. De ahí que tanto la doctrina como la jurisprudencia vengan reconociendo con carácter general la flexibilidad o plasticidad actual del dominio que se manifiesta en la existencia de diferentes tipos de propiedades dotadas de estatutos jurídicos diversos, de acuerdo con la naturaleza de los bienes sobre los que cada derecho de propiedad recae».

Las leyes sobre la propiedad son leyes transversales. Cada legislación elabora un estatuto jurídico de la propiedad. Especialmente complejos son los estatutos jurídicos de la propiedad del suelo. No se limitan a regular aspectos típicamente iusprivativistas de la propiedad (*ius utendi et fruendi*), sino que su contenido es mucho más amplio. Son leyes también de naturaleza administrativa, que regulan al mismo tiempo el contenido esencial de la propiedad y los derechos y deberes de los propietarios. Algunas leyes vacían el contenido de la propiedad privada, concediendo más bien facultades a los particulares o meros derechos de aprovechamiento. Aunque algunas de estas leyes son preconstitucionales, pese a lo cual permanecen en vigor en la medida en que no se oponen a lo establecido en la Constitución (vid. Disp. Derog. única, punto 3, CE). Con la entrada de España en la UE, muchas leyes han incorporado el Derecho comunitario, de modo que podría decirse que el Derecho de las propiedades especiales es actualmente mucho más europeo.

Muchas de las materias que regulan las leyes de propiedades especiales son tanto de competencia estatal como autonómica (vid. arts. 148 y 149 CE). Ello ha dado lugar a una multiplicación de leyes autonómicas que tienen como principal límite la legislación estatal básica que haya sobre cada materia. Por tanto, habrá que estar en primer lugar a las leyes de cada CA que complementen o desarrollen la propiedad. Hemos considerado oportuno incluir un breve capítulo sobre el ámbito de competencia con el único objetivo de que se comprenda la enorme dificultad que existe para conocer el contenido básico de cada una de las propiedades especiales que vamos a exponer.

La Lección termina con una breve exposición de la propiedad intelectual (derechos de autor) y de la incipiente propiedad digital.

II. PROPIEDADES EN RAZÓN DEL SUELO

2. La propiedad del suelo

2.1. *Ámbito competencial*

Entre todas las reglas competenciales específicas que permiten al Estado legislar sobre la propiedad del suelo, la que tiene menos fundamento es la octava del artículo 149.1 CE, que atribuye al Estado competencia exclusiva en materia de legislación civil, sin perjuicio de las facultades de conservación, modificación y desarrollo de aquellas Comunidades Autónomas con Derecho civil propio. No parece esta razón suficiente para considerar que corresponde al Estado regular exclusivamente la propiedad del suelo. Considerar la propiedad del suelo una institución civil sería una interpretación totalmente sesgada e interesada. La regla competencial básica para la regulación de la propiedad del suelo es el artículo 149.1.1.ª CE. Según el TC en la Sentencia 6/1997, de 20 de marzo, el contenido de las condiciones básicas se refiere «al contenido primario del derecho, lo que comporta, a título de ejemplo, determinar las facultades elementales, límites esenciales, deberes fundamentales básicos o ciertas premisas o presupuestos previos» (FJ 8). Corresponde, pues, al Estado regular el contenido primario de la propiedad del suelo para asegurar así la igualdad de los españoles. Sin embargo, la competencia para la ordenación territorial y urbana corresponde exclusivamente a las Comunidades Autónomas por mandato expreso del artículo 148.1.3.ª CE.

Consecuencia directa de la Constitución es que el Estado se ve limitado para regular la propiedad urbana y rustica por el artículo 148.1.3.ª CE, pero tiene competencia para regular el contenido primario o básico de la propiedad del suelo urbano y del suelo rústico. Este contenido primario está regulado en el TRLSRU. Las Comunidades Autónomas tienen que aceptar, por tanto, que al Estado le compete dar contenido a la propiedad del suelo. Pero también las Comunidades Autónomas pueden concretar el contenido a la propiedad del suelo mediante la ordenación territorial y urbana, que es competencia exclusiva de ellas. La legislación urbanística abarca todo el suelo, también el suelo rural. Para algunos resulta escandaloso que haya diecisiete legislaciones urbanísticas autonómicas, cada una con sus reglas específicas para la ordenación territorial y urbana [aunque muchas instituciones tienen semejanzas debido en parte a que se ha tomado como referencia la anterior legislación del suelo (LS 1976), la cual fue declarada en parte inconstitucional (LS 1990 y TRLS 1992) por la STC 6/1997, de 20 de marzo].

2. La propiedad del suelo, la propiedad urbana y el urbanismo

No se puede entender la propiedad urbana y la propiedad rústica sin que se tenga presente la propiedad del suelo. El suelo es mucho más que el espacio que delimita la urbe, como también es más amplio que los terrenos rústicos. El suelo comprende todo el territorio espacial (municipal, autonómico y nacional). Sin embargo, el suelo no llega a tener un estatuto jurídico propio hasta la Ley de 12 de mayo de 1956 sobre el régimen del suelo y ordenación urbana. Esta Ley se ocupa por primera vez en España de dotar al suelo de un régimen jurídico propio, encaminado a asegurar su utilización conforme con la función social de la propiedad (así, expresamente, en la justificación de esta Ley). Era objetivo de la Ley afrontar la ordenación urbanística del suelo sobre la base de una calificación que va a marcar notablemente la historia y el desarrollo del urbanismo español. Mediante la Ley de 1956 se instituía una regulación del suelo según su situación y destino, calificando el suelo como rústico, reserva urbana y urbano. La Ley configuraba las facultades dominicales sobre los terrenos, según su calificación urbanística. Se creaba, pues, por primera vez, un verdadero estatuto jurídico del suelo. Desde entonces, existe la denominada propiedad del suelo. Ello no ha impedido la especulación urbanística, que ha sido especialmente alarmante durante la segunda mitad del siglo pasado.

A partir de esta Ley, el derecho de gozar y disponer del suelo sin otras limitaciones que las expresamente establecidas por las leyes (p. ej., edificar) se convierte en un derecho limitado en su contenido según el Derecho urbanístico y los planes de ordenación urbanística. Este derecho está sujeto en su ejercicio al cumplimiento de los deberes específicos que el Derecho urbanístico y los planes imponen a su titular (Tomás-Ramón Fernández).

La propiedad del suelo es un derecho real, pero no es un derecho ilimitado y absoluto. Es un derecho cuyo contenido viene previamente determinado por las leyes, que son las que establecen las facultades, los deberes y las cargas del propietario del suelo. En realidad, el contenido de la propiedad del suelo se ha ido vaciando, siendo la Administración la que determina el contenido, y con ello los derechos y los deberes de los titulares particulares. El *ius utendi et fruendi* de los propietarios del suelo ha sido sustituido por derechos de aprovechamiento del suelo.

Desde la Ley de 1956 se han sucedido varias leyes estatales que siempre fijaron un estatuto jurídico de la propiedad del suelo. Los principales textos fueron la Ley de Reforma 19/1975, de 2 de mayo y su Texto Refundido, de 9 de abril de 1976; la Ley 8/1990, de 25 de julio y su Texto Refundido de 26 de junio de 1992; la Ley 6/1998, de 13 de abril; la Ley 8/2007, de 28 de mayo, y su Texto Refundido de 20 de junio de 2008. La última ley es el Texto Refundido de la Ley de Suelo y Rehabilitación Urbana, de 30 de octubre de 2015 (TRLSRU).

3. La propiedad del suelo en el TRLSRU

3.1. *La situación básica de suelo rural y suelo urbanizado*

El TRLSRU parte de una calificación básica: todo el suelo se encuentra en una de las situaciones básicas de suelo rural o de suelo urbanizado (art. 21.1). Es una distinción fundamental sobre la que se regula en esta Ley el estatuto jurídico de la propiedad del suelo. La Ley estatal califica por primera vez el suelo, pudiendo darse, en principio, sólo el suelo rural y el suelo urbanizado. Esta calificación y las consecuencias jurídicas que se derivan de ella deben ser respetadas por el legislador autonómico. Las leyes autonómicas, a partir de la STC 6/1997, clasifican el suelo la mayoría de las veces según la LS 1976 que diferenciaba entre el suelo urbanizado, el suelo urbanizable y el suelo no urbanizable.

Una singularidad de la legislación del suelo es que a partir de 2007, el suelo rural deja de ser algo residual. Hasta entonces, la legislación del suelo se ocupaba principalmente del suelo urbano. Con la creación del Estado autonómico, la ordenación territorial y urbanística del suelo pasa a ser competencia de las Comunidades Autónomas. Después de la STC 6/1997, de 20 de marzo, el legislador estatal se da cuenta, por fin, que su competencia se limita exclusivamente a regular la propiedad del suelo, y es cuando se da una mayor relevancia al suelo rural.

Está en situación de suelo rural, según el artículo 21.2:

a) En todo caso, el suelo preservado por la ordenación territorial y urbanística de su transformación mediante la urbanización, que deberá incluir, como mínimo, los terrenos excluidos de dicha transformación por la legislación de protección o policía del dominio público, de la naturaleza o del patrimonio cultural, los que deban quedar sujetos a tal protección conforme a la ordenación territorial y urbanística por los valores en ellos concurrentes, incluso los ecológicos, agrícolas, ganaderos, forestales y paisajísticos, así como aquéllos con riesgos naturales o tecnológicos, incluidos los de inundación o de otros accidentes graves, y cuantos otros prevea la legislación de ordenación territorial o urbanística.

b) El suelo para el que los instrumentos de ordenación territorial y urbanística prevean o permitan su paso a la situación de suelo urbanizado, hasta que termine la correspondiente actuación de urbanización, y cualquier otro que no reúna los requisitos a que se refiere el apartado siguiente.

Se encuentra, según el artículo 21.3, en la situación de suelo urbanizado el que, estando legalmente integrado en una malla urbana conformada por una red de viales, dotaciones y parcelas propia del núcleo o asentamiento de población del que forme parte, cumpla alguna de las siguientes condiciones:

c) Haber sido urbanizado en ejecución del correspondiente instrumento de ordenación.

d) Tener instaladas y operativas, conforme a lo establecido en la legislación urbanística aplicable, las infraestructuras y los servicios necesarios, mediante su conexión en red, para satisfacer la demanda de los usos y edificaciones existentes o previstos por la ordenación urbanística o poder llegar a contar con ellos sin otras obras que las de conexión con las instalaciones preexistentes. El hecho de que el suelo sea colindante con carreteras de circunvalación o con vías de comunicación interurbanas no comportará, por sí mismo, su consideración como suelo urbanizado.

e) Estar ocupado por la edificación, en el porcentaje de los espacios aptos para ella que determine la legislación de ordenación territorial o urbanística, según la ordenación propuesta por el instrumento de planificación correspondiente (art. 21.3).

También se encuentra en la situación de suelo urbanizado, el incluido en los núcleos rurales tradicionales legalmente asentados en el medio rural, siempre que la legislación de ordenación territorial y urbanística les atribuya la condición de suelo urbano o asimilado y cuando, de conformidad con ella, cuenten con las dotaciones, infraestructuras y servicios requeridos al efecto (art. 21.4).

4. El estatuto jurídico de la propiedad del suelo

Como se ha dicho más arriba, con la legislación especial del suelo se crea un estatuto jurídico de la propiedad del suelo, atribuyendo al propietario del suelo rural o del suelo urbanizado determinadas facultades, e imponiendo, al mismo tiempo, determinados deberes, sin perjuicio de las facultades y deberes que puedan establecer otras leyes especiales, estatales y autonómicas.

La propiedad del suelo a veces se relaciona con la propiedad inmobiliaria en cuanto que ésta tiene por base un inmueble (art. 334 CC), más concretamente una superficie delimitada por una finca, cuya extensión es horizontal y vertical (art. 350 CC). En relación con la propiedad urbana se habla también de la propiedad «volumétrica» (RRDGRN de 26 y 27 de febrero de 2007, *BOE* de 4 de abril de 2007). La concepción volumétrica aparece también en el TRLSRU [art. 26.1.*a*)].

El TRLSRU determina el contenido esencial de la propiedad del suelo, sea rural o urbanizado, fijando, en primer lugar, las facultades legales de cualquier propietario del suelo: «El derecho de propiedad del suelo comprende las facultades de uso, disfrute y explotación del mismo conforme al estado, clasificación, características objetivas y destino que tenga en cada momento, de acuerdo con la legislación en materia de ordenación territorial y urbanística aplicable por razón de las características y situación del bien» (art. 12.1.1). Comprende «asimismo la facultad de disposición, siempre que su ejercicio no infrinja el régimen de formación de fincas y parcelas y de relación entre ellas establecido en el artículo 26» (art. 12.1.2). Estas facultades que establece la norma, «alcanzan al vuelo y al subsuelo hasta donde determinen los instrumentos de ordenación urbanística, de conformidad con las leyes aplicables y con las limitaciones y servidumbres que requiera la protección del dominio público» (art. 12.2).

El TRLSRU determina también los deberes y cargas legales de cualquier propietario del suelo, con independencia de que el suelo sea rural o urbanizado. Dispone el artículo 15.1 que «el derecho de propiedad de los terrenos, las instalaciones, construcciones y edificaciones comprende con carácter general, cualquiera que sea la situación en que se encuentren, los deberes siguientes:

a) Dedicarlos a usos que sean compatibles con la ordenación territorial y urbanística.

b) Conservarlos en las condiciones legales de seguridad, salubridad, accesibilidad universal, ornato y las demás que exijan las leyes para servir de soporte a dichos usos.

c) Realizar las obras adicionales que la Administración ordene por motivos turísticos o culturales, o para la mejora de la calidad y sostenibilidad del medio urbano, hasta donde alcance el deber legal de conservación. En este último caso, las obras podrán consistir en la adecuación a todas o alguna de las exigencias básicas establecidas en el Código Técnico de la Edificación, debiendo fijar la Administración de manera motivada el nivel de calidad que deba ser alcanzado para cada una de ellas».

El artículo 15 precisa en los apartados dos, tres y cuatro el deber de conservación del propietario del suelo.

Después de señalar las facultades, las cargas y los deberes del propietario del suelo en general, el TRLSRU concreta aún el contenido esencial de la propiedad del suelo según el suelo esté en situación de rural (las facultades del propietario en el art. 13 y los deberes y cargas en el art. 16) o de urbanizado (las facultades del propietario en el art. 14 y los deberes y cargas en el art. 17).

El incumplimiento de los deberes establecidos en esta ley habilitará a la Administración actuante para decretar, de oficio o a instancia de interesado, y en todo caso, previa audiencia del obligado, la ejecución subsidiaria, la expropiación por incumplimiento de la función social de la propiedad, la aplicación del régimen de venta o sustitución forzosas o cualesquiera otras consecuencias derivadas de la legislación sobre ordenación territorial y urbanística (art. 49.1 TRLSRU).

5. Fincas y parcelas

La finca es la unidad de suelo o de edificación atribuida exclusiva y excluyentemente a un propietario o varios en pro indiviso, que puede situarse tanto en la rasante, como en el vuelo o en el subsuelo. Cuando, conforme a la legislación hipotecaria, pueda abrir folio en el Registro de la Propiedad, tiene la consideración de finca registral [art. 26.1.*a*) TRLSRU]. Tradicionalmente la finca se ha identificado con un bien inmueble. En la actualidad, la finca tiene una significación mucho más técnica. Distinto es el significado de la finca registral (cfr. arts. 8 LH y 44 RH).

La parcela es la unidad de suelo, tanto en la rasante como en el vuelo o el subsuelo, que tenga atribuida edificabilidad y uso o sólo uso urbanístico independiente [art. 26.1.*a*) TRLSRU]. La parcela es un concepto que viene del Derecho urbanístico, que se identifica con la finca y que significa que es edificable o que tiene un uso urbanístico. Puede darse el caso de que haya una finca no edificable o que no tenga un uso urbanístico atribuido dentro de la malla (debido a que carece, en principio, de todo valor económico).

La división o segregación de una finca para dar lugar a dos o más diferentes sólo es posible si cada una de las resultantes reúne las características exigidas por la legislación aplicable y la ordenación territorial y urbanística (art. 26.2, frase primera, TRLSRU). Se puede, por ejemplo, segregar el subsuelo del suelo-vuelo (RDGRN de 5 de abril de 2002, RJ 8121).

La transmisión de fincas no modifica, según el artículo 27.1 TRLSRU, la situación del titular respecto de los deberes del propietario conforme a esta Ley y los establecidos por la legislación de la ordenación territorial y urbanística aplicable o exigibles por los actos de ejecución de la misma. El nuevo titular queda subrogado en los derechos y deberes del anterior propietario, así como en las obligaciones por éste asumidas frente a la Administración competente y que hayan sido objeto de inscripción registral, siempre que tales obligaciones se refieran a un posible efecto de mutación jurídico-real.

6. La propiedad urbana

6.1. *La propiedad urbana y el Derecho urbanístico*

Se suele contraponer la propiedad urbana a la propiedad rústica por cumplir funciones bien diferentes. La propiedad urbana está estrechamente vinculada a la urbe y al urbanismo. Desde los tiempos más remotos, en las grandes civilizaciones siempre ha habido una especial preocupación por ordenar las ciudades para un mejor desarrollo de las mismas. La necesidad de establecer normas para ordenar urbanísticamente las ciudades ha dado lugar al nacimiento del Derecho urbanístico. El urbanismo como hecho social y económico, ordenado por los poderes públicos para una mejor calidad de vida, se ha traducido en un vasto cuerpo normativo de contenido muy diverso y complejo, que es el que determina el contenido de la propiedad urbana. Más que hablar de la propiedad urbana, habría que hablar de la propiedad del suelo urbanizado, de la clasificación del suelo y de instrumentos jurídicos específicos del urbanismo como los planes de ordenación y de urbanismo, unidades de ejecución, derechos de aprovechamiento urbanístico, parcelaciones, convenios urbanísticos, sistemas de cooperaciones, agentes urbanizadores, obras de urbanización... Algunos autores prefieren hablar de la propiedad urbanística. Sólo un estudio de cada uno de los instrumentos para ordenar y desarrollar las ciudades y los pueblos nos puede ayudar a conocer la propiedad urbana, su contenido y su función. Quizá por ello, la propiedad urbana como concepto jurídico se ha convertido en un concepto evanescente, en un concepto que se está diluyendo entre tantos instrumentos jurídicos, los cuales son principalmente de naturaleza administrativa. El Derecho urbanístico español corresponde claramente a los modelos intervencionistas, con la particularidad de que cada Comunidad Autónoma tiene su propio modelo (respaldado claramente por la STC 61/1997, de 20 de marzo). Los modelos intervencionistas no sólo vacían el contenido de la propiedad urbana, sino que incluso afectan directamente al poder de gestión y disposición del propietario, especialmente en algunas fases de la urbanización del suelo.

Dada la dimensión que ha adquirido el Derecho urbanístico en cada una de las Comunidades Autónomas, sólo nos vamos a centrar en algunos aspectos que estén más relacionados con el Derecho privado.

6.2. *Clasificación del suelo urbanizado*

El TRLSRU califica el suelo en situación de urbanizado y en situación rural (art. 21). Las CCAA tienen la competencia para clasificar, a su vez, el suelo. Es común, por influencia de la antigua legislación del suelo, clasificar el suelo en urbano, urbanizable y no urbanizable. Dentro de esta clasificación puede haber otras clasificaciones (p. ej., suelo urbano consolidado y no consolidado, suelo urbanizable sectorizado y no sectorizado, suelo urbanizable ordenado). Cada uno de estos suelos tiene su propio régimen jurídico, sin perjuicio de las normas del TRLSRU. Una vez fijada la clase conforme con la ordenación urbanística, se pueden autorizar las construcciones correspondientes. La construcción es, al fin y al cabo, el principal objetivo del propietario del suelo urbano o urbanizable.

6.3. *La equidistribución y la reordenación de la propiedad*

La equidistribución afecta de lleno al contenido de la propiedad del suelo en situación de urbanizado. Mediante instrumentos diversos según la legislación autonómica (expropiación, compensación, reparcelación) se distribuyen los beneficios y las cargas entre los particulares y la Administración y, al mismo tiempo, se reordena la propiedad, configurando de nuevo los terrenos para ser aptos a los fines urbanísticos propuestos.

Con carácter general, el artículo 23.1 TRLSRU establece que «El acuerdo aprobatorio de los instrumentos de distribución de beneficios y cargas produce el efecto de la subrogación de las fincas de origen por las de resultado y el reparto de su titularidad entre los propietarios, el promotor de la actuación, cuando sea retribuido mediante la adjudicación de parcelas incluidas en ella, y la Administración, a quien corresponde el pleno dominio libre de cargas de los terrenos a que se refieren las letras *a*) y *b*) del apartado 1 del artículo 18. En este supuesto, si procede la distribución de beneficios y cargas entre los propietarios afectados por la actuación, se entenderá que el titular del suelo de que se trata aporta, tanto la superficie de su rasante, como la del subsuelo, o vuelo que de él se segrega».

La equidistribución tiene como efectos principales la adjudicación de terrenos de particulares a la Administración (sin que esto suponga expropiación), nuevas adjudicaciones a los propietarios de terreno y, en ocasiones, adjudicaciones al que urbaniza los terrenos (el agente urbanizador). Las fincas de origen serán sustituidas por fincas de resultado. En los supuestos de subrogación real, si existiesen derechos reales o cargas que se estimen incompatibles con la ordenación urbanística, el acuerdo aprobatorio de la distribución de beneficios y cargas declarará su extinción y fijará la indemnización correspondiente a cargo del propietario respectivo (art. 23.2 TRLSRU). La desigualdad que seguramente se va a producir con la reordenación de la propiedad se palia con una equitativa distribución de beneficios (reparto de edificabilidad o de aprovechamiento urbanístico) y cargas (costes de cesión y edificación).

6.4. *El derecho de edificar y el derecho de aprovechamiento urbanístico*

Debe considerarse totalmente superado el artículo 350 CC, el cual dispone que «El propietario de un terreno es dueño de su superficie y de lo que está debajo de ella, y puede hacer en él las obras [...] y excavaciones que le convengan, salvas las servidumbres y con sujeción a lo dispuesto en las leyes sobre minas y aguas y en los reglamentos de policía». Coherente con el artículo 348 CC, la propiedad urbana sólo estaba sujeta a los límites que pudieran establecer los poderes públicos. Por consiguiente, el propietario podría edificar (*ius* o *facultas aedificandi*) sin más límites que las relaciones de vecindad, las servidumbres y las normas administrativas en cada momento. Este enfoque, que era el propio del siglo XIX, ha ido cambiando con el tiempo. La edificabilidad, como dice TORRES LANA, se materializa con las sucesivas y progresivas herramientas urbanísticas. La noción de edificabilidad es potencial y no actual. Depende de la cualidad del suelo o de la parcela y son las normas urbanísticas las que determinan el contenido del derecho de edificar. En España, sobre todo a partir de Ley de Suelo de 1956, se ha producido una clara disociación entre la propiedad particular y el derecho de edificar. El *ius* o la *facultas aedificandi* es, en palabras de CARRASCO PERERA, una facultad independizada del dominio, y está sujeto (como facultad) a un modo particular de adquisición, que es el denominado sistema de adquisición gradual y condicionada del aprovechamiento urbanístico. TORRES LANA sentencia la defunción del derecho o facultad de edificar. En realidad, el propietario del suelo urbano o urbanizable no adquiere el derecho de edificar, sino que se le concede un derecho de aprovechamiento urbanístico una vez que se haya urbanizado el suelo. En definitiva, es un derecho limitado por la función social de la propiedad (VÁZQUEZ CASTRO). Para ello es necesario que previamente se hayan distribuido de forma equitativa los beneficios y las cargas entre los propietarios y también en relación con la colectividad dentro de cada polígono o unidad territorial, unidades de actuación urbanizadora o unidades de ejecución (depende de cada legislación autonómica). Son muy diversos los instrumentos urbanísticos que se utilizan para la equidistribución: reparcelación, compensación, sustitutivos económicos, expropiación, etc. (RUEDA PÉREZ). El derecho de aprovechamiento urbanístico puede ser objeto de contratos traslativos (p. ej., mediante cesión, permuta, compraventa; RRDGRN de 22 de julio de 2016, 17 de marzo de 2017). Es un derecho susceptible de inscripción en el Registro de la Propiedad cuando se transmite entre fincas pertenecientes a distintos titulares (arts. 33 ss. RD 1.093/1997). Un sector de la doctrina considera que es hipotecable (JIMÉNEZ LINARES y LÓPEZ CÁNOVAS).

Sin perjuicio de lo que pueda establecer y determinar la legislación autonómica, al menos cabe diferenciar, según MARTÍNEZ GARCÍA, tres tipos de aprovechamiento urbanístico:

a) El aprovechamiento objetivo o real es la superficie expresada en metros cuadrados de construcción, de destino privado, cuya materialización permite o exige el planeamiento en un terreno dado.

b) El aprovechamiento subjetivo o susceptible de apropiación es la superficie concretada en metros cuadrados edificables, que expresan el contenido urbanístico lucrativo del derecho de propiedad de un terreno. Es un porcentaje del aprovechamiento tipo y precisa realizar las obras de urbanización para materializarlo (STS Cont.-Adm. de 15 de diciembre de 2010, RJ 2011/292; RRDGRN de 13 de abril y 22 de julio de 2016, RRJJ 3957 y 4596).

c) El aprovechamiento tipo o edificabilidad unitaria ponderada es la edificabilidad unitaria o característica que el planeamiento establece para los terrenos comprendidos en una misma área de reparto, a fin de que a sus propietarios les corresponda un aprovechamiento subjetivo idéntico o similar, con independencia de los aprovechamientos subjetivos que se permita construir en la finca.

La naturaleza jurídica del derecho de aprovechamiento urbanístico suscita debates (objeto directo del derecho de propiedad, derecho de crédito, facultad inherente al dominio, facultad de dominio y derecho real). El derecho de aprovechamiento urbanístico es susceptible de ser transferido mediante cualquier negocio jurídico o contrato, es embargable y se puede inscribir en el Registro de la Propiedad (vid. RRDGRN de 30 de mayo de 2009 y 14 de junio de 2011, RRJJ 4181 y 4625).

Como hemos dicho más arriba, el objetivo principal del propietario del suelo en situación de urbanizado es levantar un edificio. Una vez determinado el derecho de aprovechamiento urbanístico, el propietario [o, en su caso, los promotores (vid. art. 9.1 LOE)] necesita para edificar una licencia de obra (licencia urbanística), debiendo cumplir las ordenanzas municipales, previa presentación de un proyecto (provisional o de ejecución; principal o parcial) y de un visado (vid. RD 1.000/2010, de 5 de agosto). En una obra nueva es suficiente con la georreferenciación sólo de la porción ocupada (RDGRN de 12 de junio de 2019, *BOE* de 9 de julio de 2019). Cuando son obras nuevas y antiguas es igualmente necesario aportar las coordenadas georreferenciadas (RDGRN de 8 de julio de 2019, *BOE* de 29 de julio de 2019). Es suficiente la declaración de obra nueva por antigüedad mediante certificación técnica (RDGRN de 20 de junio de 2019, *BOE* de 17 de julio de 2019). Para poder ocupar la edificación se necesita la licencia de primera ocupación (cédula de habitabilidad), siendo necesario que previamente se haya obtenido la certificación final de obra [coincide por norma general con la recepción de la obra (vid. arts. 6 y 7 LOE)]. Con frecuencia, en las compraventas de viviendas y de locales (ventas sobre plano) el incumplimiento de estos requisitos ralentiza el cumplimiento por parte del vendedor-promotor, pudiendo ser causa de resolución contractual cuando se trata de un incumplimiento esencial (SSTS de 12 de septiembre de 2016, 7 de julio de 2017 y 25 de abril de 2018, RR. 4437, 3199 y 1687).

Para las obras nuevas de construcción se puede otorgar una escritura notarial. Los notarios exigirán principalmente, para su testimonio, la aportación del acto de conformidad, aprobación o autorización administrativa que requiera la obra según la legislación de ordenación territorial y urbanística, así como certificación expedida por técnico competente y acreditativa del ajuste de la descripción de la obra al proyecto que haya sido objeto de dicho acto administrativo (art. 28.1-1).

6.4. *El deber de conservar*

Cuando son edificaciones, el deber legal de conservación comprende, además de los deberes de carácter general exigibles de conformidad con lo dispuesto en el artículo 15 TRLSRU, la realización de los trabajos y las obras necesarios para:

a) Satisfacer, con carácter general, los requisitos básicos de la edificación establecidos en el artículo 3.1 de la Ley 38/1999, de 5 de noviembre, de Ordenación de la Edificación.

b) Adaptar y actualizar sus instalaciones a las normas legales que, para la edificación existente, les sean explícitamente exigibles en cada momento (art. 17.3 TRLSRU).

El deber de conservación se extiende también a la rehabilitación, que engloba tanto la regeneración como la renovación de los edificios. Con la declaración administrativa de ruina de la construcción o edificación cesa el deber de conservación, si bien se deberán adoptar por el propietario las medidas necesarias para evitar daños mayores.

La ruina puede ser física e inminente; en tal caso, el propietario debe adoptar toda clase de medidas.

7. La propiedad rústica

7.1. *La propiedad rústica, agraria y rural*

Es una afirmación clásica, aunque superada, que nuestro Código civil es un código agrario. En realidad, regula sólo los arrendamientos rústicos y los censos, que son las únicas instituciones propiamente del Derecho agrario. La regulación de la propiedad en el Código civil ni siquiera contiene un estatuto de la propiedad de la tierra. Salvo el artículo 350, que se refiere a la plantación como objeto para la utilización de la tierra, el régimen jurídico de la propiedad de la tierra viene de la mano de las leyes especiales.

En el recorrido por las leyes especiales encontramos diversos conceptos de propiedad cuando se regula el uso y la explotación de las tierras.

La expresión «propiedad rústica» es el término jurídico, podríamos decir, más clásico. Es la propiedad de la tierra que ofrece al hombre los recursos básicos. El suelo rústico puede ser, en palabras de Pérez Pérez, agrario o forestal, constituyendo respectivamente la base territorial de la propiedad agraria y forestal. La propiedad rústica está directamente vinculada con la finca rústica, un concepto que es fundamental en el Derecho registral y en el Derecho catastral.

Un término jurídico más moderno y cada vez más extendido es el de «propiedad agraria». La propiedad agraria está muy directamente relacionada con la actividad económica que puede desarrollarse en la tierra. Cuando nos referimos a la propiedad agraria lo hacemos en términos económicos, cuando hay un régimen de explotación, que se articula, cada vez más, mediante técnicas empresariales. Detrás de la propiedad agraria, dice Navarro Fernández, siempre hay una actividad económica organizada, en la que se establece una estrecha relación entre el mercado, el capital y el trabajo.

Aunque la propiedad rural tiene una función económica relativa al aprovechamiento de las tierras en términos de producción y rentabilidad, a la vez se le atribuye una función eminentemente rural, vinculada a la mejora y promoción del medio rural. La mejora y promoción del medio rural pasa también por una mejora de las condiciones de vida y de trabajo de las personas que viven en el medio rural. Como también por una mayor intercomunicación entre el medio rural y el urbano. La España vacía, de la que ahora tanto se habla, necesita de medidas concretas para que no se vacíe aún más. La Ley 45/2007, de 13 de diciembre, para el desarrollo sostenible del medio rural responde a estos objetivos. Hemos de partir de una propiedad rural amplia que permite incluir también las tierras baldías, que están sujetas también a las normas que rigen el suelo rural.

Aunque a veces se utilizan indistintamente estos términos jurídicos, cada una de estas propiedades tiene sus singularidades. La propiedad rural es quizá el concepto más amplio de la propiedad rústica. La propiedad agraria está relacionada fundamentalmente con la función económica que se asigna a la propiedad rústica. La propiedad rústica hace especialmente referencia a la titularidad sobre un terreno (finca) de naturaleza rústica.

7.2. *El suelo rural*

El suelo rural tiene una significación más amplia que la propiedad rústica, la propiedad agraria y la propiedad rural. De acuerdo con la descripción del suelo rural en el capítulo dedicado a la propiedad del suelo, se podría decir que todo lo que no es suelo urbanizado es suelo rural. Se parte, pues, de un criterio negativo para definir el suelo rural (como en la legislación anterior). Esta concepción amplia permite recuperar, según Díez Lema, el suelo rústico común (el suelo que no reúne valores especiales para ser protegido, pero que sin embargo se considera innecesario para satisfacer las necesidades de transformación urbanística).

El suelo rural es un suelo preservado por la ordenación territorial y urbanística según el artículo 21.2.*a*) TRLSRU, y, por tanto, excluido de la urbanización del suelo (suelo urbanizado). El suelo rural es un suelo que debe ser protegido frente a la urbanización del mismo, en particular ponderando valores ecológicos, agrícolas, ganaderos, forestales y paisajísticos, así como aquéllos con riesgos naturales o tecnológicos, incluidos los de inundación o de otros accidentes graves, y cuantos otros prevea la legislación de ordenación territorial o urbanística [art. 21.2.*a*) TRLSRU].

Debemos diferenciar el suelo rural de aquel que puede pasar a la situación de suelo urbanizado previsto o permitido en la ordenación urbanística, cuyo régimen jurídico en cuanto a su contenido básico es específico [véase el art. 21.2.*b*) TRLSRU].

Las Comunidades Autónomas determinan el régimen jurídico específico en función de la clasificación que fijen (además del suelo urbano y urbanizado se introduce la clase de suelo no urbanizado).

7.3. *El contenido esencial de la propiedad rústica/agraria*

De acuerdo con el TRLSRU, las principales facultades son el uso, el disfrute y la explotación de la tierra conforme a su estado, clasificación y características objetivas y destino en cada momento, de acuerdo con la legislación aplicable por razón de las características y situación del bien (art. 12.1.1). Usar, disfrutar y explotar la tierra implica utilizar los recursos naturales con criterios de racionalidad dentro de los límites de las leyes y la ordenación territorial y urbanística.

Poco o nada nos dice ya el artículo 350 CC al disponer que «el dueño de un terreno es dueño de su superficie y de lo que está debajo de ella, y puede hacer en él las [...] plantaciones [...] que le convengan [...]». Sólo expresa la extensión horizontal y vertical de la propiedad rústica, si bien sujeta a los límites que puede fijar una ley (art. 348 CC). Para el Código civil es un derecho, para la legislación moderna es una facultad que tiene el propietario de un terreno rústico.

¿Cuál es la principal función de la propiedad rústica? La propiedad rústica o agraria debe ser orientada a la obtención de una mejor utilización productiva de la tierra, desde el punto de vista de los intereses generales, siempre que en las leyes que así lo exigen quede salvaguardada la rentabilidad del propietario o de la empresa agraria (STC 37/1987, de 26 de marzo). Las tierras rústicas sirven para ser cultivadas y explotadas con técnicas agrarias. Cuando se utilizan propiamente criterios empresariales para obtener la máxima productividad, entonces, la propiedad es, como se ha explicado antes, agraria. El titular de una propiedad puede realizar funciones muy diversas, muchas de ellas propiciadas por las Administraciones: producir alimentos de calidad suficiente, producir en una estructura agraria, producir con métodos acordes con las condiciones medioambientales, criar animales, proteger paisajes valiosos. Cada vez más se extiende la idea de fomentar el turismo rural y actividades culturales y ecológicas de todo tipo. Pero la idea tradicional ha sido y sigue siendo la de cultivar y explotar las tierras.

Uno de los grandes peligros de la explotación de las tierras son los monopolios. Dispone el artículo 37.3 del Tratado de Funcionamiento de la Unión Europea «en caso de que un monopolio de carácter comercial implique una regulación destinada a facilitar la comercialización o a mejorar la rentabilidad de los productos agrícolas, deberán adoptarse las medidas necesarias para asegurar, en la aplicación de las normas del presente artículo, garantías equivalentes para el empleo y el nivel de vida de los productores interesados».

a) La facultad de usar y cultivar la tierra

Una de las facultades básicas es la de usar la tierra —*ius utendi*—. Entre las facultades principales de uso de la tierra está la de cultivarla. Cultivar la tierra significa también explotarla. Esta facultad que tiene el titular de la tierra (no necesariamente en régimen de propiedad; puede ser en régimen de usufructo o arrendamiento) no es ni mucho menos libre, sino que su ejercicio está condicionado y limitado por leyes administrativas tanto a nivel comunitario y estatal como a nivel autonómico. La facultad de cultivar viene determinada por el destino que se da a los terrenos rústicos.

Este destino viene fijado en parte por la Política Agraria Comunitaria (PAC) que establece prohibiciones, limitaciones o cultivos concretos. Comprende también otros sectores como el ganadero. A cambio, se conceden ayudas siempre que se cumplan previamente los requisitos relacionados con el cultivo de la tierra. Con esta doble política se trata de preservar el uso de las tierras y al mismo tiempo se fomentan determinados cultivos. Pero tiene otros alcances, que son importantes para el funcionamiento del mercado interior, como es el control de los precios. Desde que en 1962 nace la PAC en una Europa pequeña y aún muy industrializada, ha habido diversas etapas (son fundamentales las PAC de 1992 y 2003). En 2014 se abrió una nueva etapa que concluirá en 2020. Después vendrán nuevas etapas, seguramente más enfocadas a la protección del medio ambiente y de la salud animal y alimenticia. Entre otros objetivos, se quiere asegurar una distribución más equitativa de los pagos directos, que se vinculan a la condición de agricultor activo.

El cultivo es parte integrante de la propiedad rústica, de acuerdo con el artículo 334.2.º CC, que califica como bienes inmuebles «Los árboles y plantas y los frutos pendientes, mientras estuvieren unidos a la tierra o formaren parte integrante de un inmueble».

Cuando las plantas forman conjuntos (p. ej., olivares, frutales de cáscara, frutales...) les resultarán aplicables normas comunitarias sobre cultivos, como las referidas a la duración del cultivo, prohibición de incluir otras plantaciones o reconvertir el cultivo (así, los Reglamentos UE/1306 y 1310/2013), o el fomento de productos ecológicos (Reglamento UE/848/2018).

Se puede prohibir el cultivo durante un período, más o menos largo. En el Derecho agrario se habla de retirada obligatoria. Constituye una suerte de barbecho obligatorio; es para el descanso de la tierra. A veces se interrumpe por decisión administrativa para aumentar la producción en un determinado sector.

También se puede prohibir la realización de laboreos en ciertas fechas (vid. RD 486/2009).

Para cultivar las fincas hace falta que el cultivador use la maquinaria agraria adecuada, cuyo uso puede, igualmente, ser restringido por la PAC o por la Administración. Así, en el sector vinícola, existen normas imperativas de gestión de la explotación, como, por ejemplo, el RD 1.078/2014, por el que se establecen los requisitos legales de gestión y las buenas condiciones agrarias y medioambientales que deben cumplir los viticultores que reciban pagos directos en el marco de la política agraria común.

Quien cultiva tierras deberá utilizar productos que no sean nocivos para la tierra ni los propios cultivos. Algunos de estos productos serán simplemente de mejora, como los abonos y los nitratos.

Entre otros deberes de conservación, el propietario de terrenos rústicos debe limpiar las parcelas de cultivo invadidas por vegetación espontánea no deseada (especies que pueden romper el equilibrio agroecológico de una finca).

Entre los derechos de uso que tiene el propietario de una finca rústica está el derecho a mejorarla. Con las mejoras se pretende incrementar el nivel de productividad de una finca o de una explotación agraria. Hay mejoras necesarias y mejoras voluntarias. Las mejoras pueden ser objeto de inscripción en el Registro de la Propiedad (los arts. 208 LH y 308 RH deberán aplicarse también a construcciones y edificaciones que se hagan en terrenos rústicos). Frecuentemente en los contratos agrarios hay estipulaciones específicas sobre las consecuencias de la mejora en la liquidación al término del contrato. Por ejemplo, las nuevas plantaciones en terrenos rústicos son mejoras útiles, que pueden ser necesarias o voluntarias. La propia Administración puede estar interesada en fomentar nuevas plantaciones con el fin de sustituirlas por plantaciones antiguas. Pongamos por ejemplo la replantación de viñedos prevista en el RD 742/2017. En él se define el derecho de replantación como el derecho a plantar vides en una superficie equivalente en cultivo puro a aquella en que hayan sido o vayan a ser arrancadas vides en los términos establecidos en el Reglamento UE/1308/2013. Para mejorar las tierras se deben utilizar abonos, nitratos y toda clase de productos, cuya calidad debe ser objeto de controles (los abonos pueden ser concebidos, según los casos, como un deber de conservación). Existen Códigos de Buenas Prácticas Agrarias elaborados por las Comunidades Autónomas y normas concretas para el uso correcto de determinadas materias para la fertilización de las tierras.

Otra mejora es la aportación de tierra a la finca (p. ej., para aumentar la calidad o para nivelar terrenos).

b) El deber de conservar la tierra

Con carácter general, el artículo 16 TRLSRU dispone que «en el suelo que sea rural a los efectos de esta Ley, o esté vacante de edificación, el deber de conservarlo supone costear y ejecutar las obras necesarias para mantener los terrenos y su masa vegetal en condiciones de evitar riesgos de erosión, incendio, inundación, así como daños o perjuicios a terceros o al interés general, incluidos los medioambientales; garantizar la seguridad o salud públicas; prevenir la contaminación del suelo, el agua o el aire y las inmisiones contaminantes indebidas en otros bienes y, en su caso, recuperarlos de ellas en los términos dispuestos por su legislación específica; y asegurar el establecimiento y funcionamiento de los servicios derivados de los usos y las actividades que se desarrollen en el suelo. El cumplimiento de este deber no eximirá de las normas adicionales de protección que establezca la legislación aplicable».

El artículo 2.1 LRYDA, de 12 de enero de 1973, que toma la idea de la Constitución de Weimar según la cual la propiedad «obliga», exige el cumplimiento de la función social de la propiedad de fincas rústicas, cualquiera que sea la naturaleza pública o privada de su titular. Según este artículo, el titular de una propiedad rústica está obligado:

a) A que sea explotada la tierra con criterios técnico-económicos apropiados según su destino agrario más idóneo, o utilizada para otros fines, sin perjuicio de la debida rentabilidad para el particular, atendiendo en todo caso el interés nacional.

b) A que en las fincas de aprovechamiento agrario se realicen las transformaciones y mejoras necesarias para conseguir la más adecuada explotación de los recursos naturales disponibles de acuerdo con el nivel técnico existente y siempre que las inversiones necesarias sean rentables desde un punto de vista económico y social.

c) A que en la empresa agraria se preste el trabajo en condiciones adecuadas y dignas y que se efectúen, bien directamente o en colaboración con la Administración, las inversiones necesarias de carácter social que sean proporcionadas a la dimensión e importancia de la Empresa, teniendo en cuenta la rentabilidad de ésta, para la promoción de sus trabajadores.

7.4. *Los derechos de aprovechamiento*

Entre los aprovechamientos más específicos de las fincas rústicas, debemos citar principalmente el aprovechamiento cinegético, el aprovechamiento de leñas y el aprovechamiento de pastos.

a) El aprovechamiento cinegético ha sido en España un motor económico, especialmente en determinadas zonas (p. ej., Castilla y León, Castilla-La Mancha, Andalucía). El propietario o un tercero (p. ej., mediante un contrato de arrendamiento de aprovechamiento cinegético; a veces empresas dedicadas a la explotar tierras para la caza arriendan fincas o el mismo propietario constituye una sociedad de caza) pueden cazar en tierras en las que esté autorizada la caza. Habrá que estar, principalmente, a la Ley de Caza, de 4 de abril de 1970, y a las respectivas leyes autonómicas (en Andalucía, la Ley 8/2003, de 28 de octubre, de la flora y fauna silvestres).

b) El aprovechamiento de leñas es un derecho o una facultad que aún se ejercita en muchas zonas rurales. También terceras personas pueden aprovechar las leñas (una servidumbre voluntaria discontinua, según el art. 604 CC). También está el aprovechamiento forestal de los montes, que pueden ser de titularidad privada o pública (vid. arts. 36 y 37 de la Ley de Montes 43/2003, de 21 de noviembre, modificada por la Ley 10/2006, de 28 de abril y la Ley 20/2015, de 21 de julio, que distingue entre aprovechamientos maderables y leñosos, y las respectivas leyes autonómicas).

c) El propietario puede aprovecharse de los pastos, pero también puede reservar los pastos a terceras personas. Aún existen comunidades y de servidumbres de pastos en terrenos rústicos privados (vid. arts. 600 ss. CC). Estas fórmulas de aprovechamiento se rigen fundamentalmente por sus respectivos títulos constitutivos o por la costumbre.

7.5. *El uso hidrológico*

En el cultivo de las tierras el agua constituye un recurso imprescindible. De acuerdo con el Texto Refundido de la Ley de Aguas, de 20 de julio de 2001, las aguas continentales superficiales y las subterráneas renovables, integradas todas ellas en el ciclo hidrológico, constituyen un recurso unitario, subordinado al interés general que forma parte de dominio público hidráulico que es de carácter estatal (cfr. art. 1.1). Poco queda de las aguas privadas. Son de dominio privado los cauces por los que ocasionalmente discurran aguas pluviales en tanto atraviesen, desde su origen, únicamente fincas de dominio particular (art. 5.1). También son de dominio privado las charcas situadas en predios de propiedad privada (art. 10). Conservarán el carácter privado de las aguas las titularidades existentes antes de la Ley de Aguas de 13 de junio de 1878 (p. ej., las procedentes de pozos o galerías).

El uso del agua que no sea privativo está sujeto a los artículos 47 y siguientes TRLA. Un derecho necesario y fundamental es el derecho de regar, que principalmente se articula y se facilita mediante las Comunidades de Regantes, que son corporaciones de Derecho público (arts. 81 ss. TRLA).

7.6. *El derecho de instalación, construcción y edificación*

El titular de un terreno rural puede realizar las instalaciones y construcciones necesarias para el uso y disfrute del suelo que, estando expresamente permitidas por las normas urbanísticas —ordenación territorial y urbanística, no tengan el carácter legal de edificación—. Las instalaciones y construcciones deben responder a los usos constructivos de las respectivas zonas rurales y deben servir de destino económico a la explotación. La edificación, como tal (viviendas, bloques de viviendas), está reservada exclusivamente al suelo urbanizado. La legislación autonómica da respuestas concretas a las muchas edificaciones ilegales que hay en suelo rural (p. ej., en Andalucía mediante la Ley 6/2016). Y también permite, en su caso, la construcción de viviendas vinculadas a la explotación agraria (así, p. ej., la Ley 13/2015, de la Comunidad Autónoma de Murcia).

7.7. *Los derechos de adquisición preferente*

Los derechos de adquisición preferente son derechos potestativos que se otorgan normalmente por la ley, y por la eficacia que tienen frente a terceros son denominados por algún sector derechos reales. El Código civil regula el derecho de retracto de fincas rústicas colindantes. Para evitar la excesiva fragmentación de la propiedad rústica o pequeños terrenos que no se explotan o son inexplotables, el legislador del siglo XIX consideró necesario regular el retracto de colindantes en el Código civil. El artículo 1.523 contempla este derecho de adquisición preferente, de acuerdo con los presupuestos establecidos en él, debiendo completarse este precepto con el artículo 1.524. El derecho de retracto de colindantes se puede ejercitar cuando son explotaciones agrarias conforme a lo dispuesto en el artículo 27 de la Ley de Modernización de Explotaciones Agrarias, de 4 de julio de 1995.

7.8. *Unidades mínimas de cultivo*

Desde los años cincuenta del siglo pasado sucesivas normas han fijado las unidades mínimas de cultivo para un mejor aprovechamiento de las tierras. La Ley de Modernización de Explotaciones agrarias ha dejado en manos de las Comunidades Autónomas la determinación de las extensiones de unidad mínima de cultivo (art. 23). La extensión no sólo tiene consecuencias para el uso y la explotación de la finca (rústica, funcional), sino que tiene consecuencias jurídico-materiales (así, p. ej., la unidad mínima cultivada puede ser un impedimento para dividir la finca o segregar una parte de ella).

7.9. *Concentración parcelaria*

La concentración parcelaria significa la unión jurídica de varias fincas rústicas. Mediante este instrumento jurídico se pueden reorganizar las propiedades rústicas o explotaciones agrarias en atención a distintos criterios (económicos, sociales o rurales). Corresponde a la Administración reorganizar la explotación de las tierras mediante un sistema de adjudicaciones distintas a las que hay y de compensaciones a quienes son perjudicados por la concentración parcelaria. La principal normativa estatal son los artículos 171 a 223 de la Ley de Reforma de Desarrollo Agrario, de 12 de enero de 1973. Algunas Comunidades Autónomas han dictado sus propias normas para regular la concentración parcelaria (p. ej., la Ley 1/2018 de la CA de Castilla y León).

La concentración parcelaria supone una intervención en la propiedad que debe estar perfectamente justificada. No es exactamente un sistema de expropiación. Cuando se lleva a cabo, puede ser concebida como una subrogación real o conversión de la propiedad. Al menos dos son los principales inspiradores:

a) la concentración máxima posible de las diversas propiedades de terreno dispersas en la distancia afectas a cada propietario y

b) el de la equivalencia de valor y calidad en las fincas asignadas en relación con las aportadas originariamente, siempre atemperados por la satisfacción del interés público en la permanencia y estabilidad de la concentración (STS Cont.-Adm. de 27 de octubre de 1990, R. 7554).

III. OTRAS PROPIEDADES ESPECIALES

1. La propiedad de las aguas

1.1. *Ámbito competencial*

Los principales preceptos constitucionales que determinan la competencia sobre la regulación de las aguas como objeto del Derecho son los artículos 149.1.22.ª y 148.1.10.ª De ambas normas se deriva claramente que hay materias que son de exclusiva competencia del Estado y otras que corresponden a las Comunidades Autónomas una vez que hayan sido asumidas en sus respectivos Estatutos. Pero la realidad es mucho más compleja como explica la STC 227/1988, de 29 de noviembre, la cual resuelve el recurso de inconstitucionalidad formulado contra la Ley de Aguas 29/1985, de 2 de agosto (LA). Esta Ley declara que todas las aguas continentales son demaniales, siendo de dominio público estatal (arts. 1 y 2). En el mismo sentido, las posteriores SSTC 149/2011, de 28 de septiembre, y 247/2007, de 12 de diciembre. La titularidad estatal se debe respetar, pero no es determinante dado que las Comunidades Autónomas tienen su propia competencia. El agua es el bien, la base o el recurso sobre el que se proyecta una multitud de actividades propias de políticas sectoriales diversas tales como concesiones administrativas, medio ambiente, ordenación del territorio, obras públicas, pesca fluvial, etc. (Delgado Piqueras).

1.2. *El derecho de uso privativo de las aguas*

Al igual que la Ley de Aguas de 1985 declaraba que las aguas continentales son de dominio estatal, el Texto Refundido de la Ley de Aguas de 28 de julio de 2001 (que ha sido reformado posteriormente en varias ocasiones) determina que son de dominio público estatal. Por consiguiente, carece de sentido, al menos desde 1985, que se hable de aguas de dominio privado. Ello no debe ser, sin embargo, obstáculo para que los particulares puedan usar el agua mediante la concesión de un derecho de uso. El derecho al uso privativo, sea o no consuntivo, del dominio público hidráulico se adquiere por disposición legal o por concesión administrativa (art. 52.1 TRLA). El propietario de una finca puede aprovechar las aguas pluviales que discurran por ella y las estancadas, dentro de sus linderos, sin más limitaciones que las establecidas en la presente Ley y las que se deriven del respeto a los derechos de tercero y de la prohibición del abuso del derecho (art. 54.1 TRLA). En las condiciones que reglamentariamente se establezcan, se podrán utilizar en un predio aguas procedentes de manantiales situados en su interior y aprovechar en él aguas subterráneas, cuando el volumen total anual no sobrepase los 7.000 metros cúbicos. En los acuíferos que hayan sido declarados sobreexplotados, o en riesgo de estarlo, no podrán realizarse nuevas obras de las amparadas por este apartado sin la correspondiente autorización (art. 54.2 TRLA). Todo uso privativo de las aguas no incluido en el artículo 54 requiere la concesión administrativa (art. 59.1 TRLA). En virtud de la concesión administrativa el concesionario adquiere un derecho real patrimonial de carácter inmobiliario para el uso de las aguas.

En ningún caso, podrá adquirirse por prescripción el derecho al uso privativo del dominio público hidráulico (art. 52.2 TRLA).

1.3. *El derecho de uso común*

El TRLA reconoce el derecho de usar las aguas sin una designación concreta. Se reconoce, pues, a todos el derecho de uso común de las aguas. Todos pueden, sin necesidad de autorización administrativa y de conformidad con lo que dispongan las Leyes y Reglamentos, usar de las aguas superficiales, mientras discurren por sus cauces naturales, para beber, bañarse y otros usos domésticos, así como para abrevar el ganado (art. 50.1). Hay usos comunes especiales (p. ej., la navegación o flotación), que requiere una declaración responsable (art. 51).

1.4. *El respeto a las titularidades privativas*

Cuando se aprobó la Ley de Aguas de 1985, entre las disposiciones transitorias hay varias que respetan las titularidades de particulares sobre el agua, que se han mantenido después en el TRLA de 2001 (Disps. Trans. 2.ª a 4.ª). Esto significa que existen aún aguas privadas (cfr. SSTS Cont.-Adm. de 27 de marzo de 2011 y 16 de marzo de 2012, RR. 4801 y 7644) y van a existir al menos hasta el 2036 (aquellos títulos que se inscribieron en el Registro de Aguas), incluso puede haber titularidades privadas que se pueden mantener indefinidamente mientras no se extingan (aquellas que no se inscribieron en el Registro de Aguas). Estas aguas privadas se rigen principalmente por las normas del Código civil (MOREU BALLONGA), sin perjuicio de que puedan ser de aplicación también normas administrativas. Se puede disponer de las aguas privadas, pueden ser objeto de inscripción en el Registro de la Propiedad, son susceptibles de ser embargadas. La «convivencia» de las aguas privadas con las aguas demaniales plantea no pocos problemas entre los particulares y la Administración (STS de 29 de marzo de 2004, R. 2069).

1.5. *La aplicación supletoria del Código civil*

Tanto en la Ley de Aguas de 1985 como en el TRLA de 2001 se dice que en todo lo que no esté expresamente regulado por esta Ley, se estará a lo dispuesto por el Código civil (arts. 407 ss.). En principio, muy poco valor supletorio puede tener el Código civil cuando son aguas demaniales, debiendo regir la legislación especial de aguas, que además está integrada por nomas administrativas. Por otra parte, habrá que determinar las normas del Código civil que no están derogadas para que puedan ser aplicadas, en su caso, con carácter supletorio (GUTIÉRREZ SANTIAGO). Las aguas privadas aún existentes, por el contrario, se rigen básicamente por el Código civil.

2. LA PROPIEDAD DE LAS MINAS

2.1. *Ámbito competencial*

La actual Ley de Minas es una ley preconstitucional, con fecha de 21 de julio de 1973. En aquel momento, como en las leyes de minas anteriores, sólo el Estado tenía competencia legislativa. Con la CE, en virtud del artículo 149.1.25.ª, el Estado tiene la competencia para regular las bases del régimen minero. Ninguna atribución expresa de competencias a las Comunidades Autónomas se encuentra en el artículo 148. Sólo en el artículo 148.1.8.ª se menciona la competencia sobre las aguas minerales y termales (vid. art. 23 de la Ley de Minas, así como el art. 1.5 TRLA). Hasta ahora no ha habido ningún conflicto competencial entre el Estado y las Comunidades Autónomas en materia de minas.

2.2. *El derecho de aprovechamiento de los recursos minerales*

En España, desde la Ley de Minas de 6 de julio de 1859 los yacimientos y los recursos geológicos que se obtengan de ellos son bienes demaniales del Estado. Así, en la Ley de 19 de febrero de 1944 y en la Ley de 21 de julio de 1973. Esta última Ley dispone en el artículo 2.1, que «todos los yacimientos de origen natural y demás recursos geológicos existentes en el territorio nacional, mar territorial y plataforma continental, son bienes de dominio público, cuya investigación y aprovechamiento el Estado podrá asumir directamente o ceder en la forma y condiciones que se establecen en la presente Ley y demás disposiciones vigentes en cada caso».

Con la legislación especial, se puede entender derogado el artículo 426 CC, y el artículo 427 queda como simple norma de remisión.

El propietario particular en cuyo terreno se encuentra un yacimiento de origen natural y recursos geológicos (sobre la tipología o clasificación, cfr. art. 3) no es propietario de los mismos, no siendo de aplicación las reglas de la accesión del Código civil. Pero sí puede aprovechar al menos aquellos yacimientos minerales y recursos geológicos comprendidos en la clasificación A) del artículo 16.1. En concreto, aquellos de escaso valor económico y comercialización geográficamente restringida, así como aquellos cuyo aprovechamiento único sea el de obtener fragmentos de tamaño y forma apropiados para su utilización directa en obras de infraestructura, construcción y otros usos que no exigen más operaciones que las de arranque, quebrantado y calibrado (art. 3.1). El que reclama el derecho de aprovechamiento, de estos yacimientos y recursos geológicos, reconocido por ley, deberá solicitar la correspondiente concesión administrativa de explotación (arts. 60 ss.), debiendo cumplir además determinados deberes (arts. 16 ss.). Entre los civilistas se ha defendido que las rocas que se encuentren en dominio privado son propiedad del dueño. Incluso hay una línea jurisprudencial en este sentido (STS de 14 de febrero de 1976, R. 673). Pero la tesis mayoritaria en la doctrina y en la jurisprudencia (STS Cont.-Adm. de 5 de junio de 2007, R. 5032) es la de considerar que las rocas que hay en fincas de titularidad privativa son bienes demaniales como cualquier otro recurso geológico comprendido en la clase A) (GUTIÉRREZ SANTIAGO).

Para los aprovechamientos de la clase B) se debe estar a los requisitos de los artículos 26 y siguientes, y para los de clase C) rigen los artículos 37 y siguientes.

3. LA PROPIEDAD FORESTAL

3.1. *Ámbito competencial*

Al Estado le compete legislar con carácter exclusivo la legislación básica sobre montes, aprovechamientos forestales y vías pecuniarias así como la legislación básica sobre el medio ambiente (art. 149.1.23.ª CE). A las CCAA les compete establecer desarrollar, completar y potenciar las materias que son objeto de las leyes estatales (art. 148.1.8.ª y 9.ª). La falta de una mayor precisión en la CE ha dado lugar a más de un conflicto competencial, algunos de ellos llevados al TC (STC 97/2013, de 23 de abril, y STC 49/2013, de 28 de febrero).

3.2. *Los montes privados*

Aunque nos referimos a la propiedad forestal por ajustarse más al verdadero contenido de la legislación sobre montes, también se identifica con la propiedad de montes. La principal ley estatal es la Ley 43/2003, de 21 de noviembre, de Montes. Muchas Comunidades Autónomas tienen normas que regulan más específicamente el contenido y la función de la propiedad forestal en atención a las características de cada territorio (p. ej., la Ley 3/2009 de Castilla y León o la Ley 15/2006 de Aragón).

Hemos de subrayar la multifuncionalidad de los montes según el artículo 4 LM (modificado por la Ley 20/2015, de 21 de julio): «Los montes, independientemente de su titularidad, desempeñan una función social relevante, tanto como fuente de recursos naturales y sustento de actividades económicas como por ser proveedores de múltiples servicios ambientales, entre ellos, de protección del suelo y del ciclo hidrológico; de fijación del carbono atmosférico; de depósito de la diversidad biológica y como elementos fundamentales de la conectividad ecológica y del paisaje. El reconocimiento de estos recursos y externalidades, de los que toda la sociedad se beneficia, obliga a las Administraciones públicas a velar en todos los casos por su conservación, protección, restauración, mejora y ordenado aprovechamiento».

Según la Ley de Montes, los montes pueden ser públicos o privados (art. 11.1). Para la Ley, son montes privados los pertenecientes a personas físicas o jurídicas de Derecho privado, ya sea individualmente o en régimen de copropiedad (art. 11.3). La relevancia de los montes privados es que constituyen las dos terceras partes de la propiedad forestal. Los titulares de los montes privados deben gestionarlos conforme con la legislación forestal —el art. 23.1 permite, no obstante, que el titular gestione la propiedad forestal según sus propios criterios, siempre de conformidad con el Código civil— y puede participar en el diseño de la ordenación del espacio forestal. Hay también montes protectores —sujetos a una especial protección— (cfr. art. 24).

La titularidad privativa del monte implica necesariamente que se tiene la propiedad de los recursos forestales producidos en su monte, incluidos frutos espontáneos (art. 36.1), en particular los aprovechamientos maderables y leñosos (art. 37), lo que concuerda con las normas sobre la accesión según los artículos 353 y 354 CC. Sin embargo, el aprovechamiento de los recursos forestales debe ser siempre conforme con lo establecido en esta Ley y en la normativa autonómica (art. 36.1). El aprovechamiento puede ser objeto de una regulación específica por razones de distinta índole (económica, medioambiental, rural). El aprovechamiento de los montes privados está sujeto a una fuerte intervención administrativa (p. ej., los aprovechamientos maderables y leñosos —es el aprovechamiento principal de los bosques—).

4. La propiedad cinegética

4.1. *Ámbito competencial*

Aunque entre las competencias exclusivas del Estado no figura expresamente la caza, habrá que entender que está incluida entre las materias señaladas en el artículo 149.1.23.ª CE, que se refiere a la legislación básica sobre la protección del medio ambiente y también sobre los montes, aprovechamientos forestales y vías pecuarias. Sin embargo, el artículo 148.1.11.ª incluye expresamente entre las materias que pueden asumir las Comunidades Autónomas la caza, y que ha sido objeto de regulación en casi todas ellas (vid. STC 14/1998, de 22 de enero). Por otra parte, las CCAA pueden asumir competencias en materia de protección del medio ambiente (art. 148.1.9.ª). Es, por tanto, una competencia compartida en la que el Estado lleva a cabo la legislación básica y las CCAA los respectivos desarrollos normativos autonómicos.

4.2. *Los terrenos cinegéticos y el aprovechamiento cinegético*

Quien quiere cazar tiene que tener el derecho de cazar, ya que no cualquier pieza se puede cazar y, además, sólo se puede cazar en terrenos cinegéticos. Éstos son los pilares sobre los que se apoya el Derecho de caza tanto a nivel nacional como a nivel autonómico. La principal Ley estatal es la Ley de Caza, de 4 de abril de 1970, que se complementa con el Reglamento de Caza, de 25 de marzo de 1971. Son textos normativos preconstitucionales que, sin embargo, no chocan con la CE.

El derecho de cazar sólo se concede previo cumplimiento de los requisitos administrativos que fije la legislación. Quienes sean titulares de terrenos cinegéticos tienen el derecho de aprovechamiento cinegético. La protección de las especies tiene su principal marco legal en la Ley 42/2007, de 13 de diciembre, del Patrimonio Nacional y de la Biodiversidad. Los terrenos cinegéticos se diferencian en la Ley de caza entre los de aprovechamiento común y los de régimen especial (art. 8.1). Hay reservas nacionales (Ley de 31 de mayo de 1966). En las legislaciones autonómicas puede haber nuevas clasificaciones, si bien deben partir de la clasificación estatal. Hay terrenos de caza reservados, que son los cotos, cuya relevancia es fundamental para el control y el desarrollo de la caza (arts. 15 a 18). Es frecuente que los cotos sean objeto de clasificaciones por leyes autonómicas. El titular de un coto privado de caza puede aprovechar por sí mismo la riqueza cinegética o cederla a un tercero.

Las piezas que se cazan son de propiedad del titular del coto o de quien tenga concedido el derecho de cazar en el coto (no obstante, la adquisición de las piezas de caza están sujetas a reglas específicas (el art. 611 CC remite a la legislación especial; vid. art. 22 de la Ley de Caza). Los períodos de veda son importantes para preservar la fauna cinegética (vid. STJUE de 9 de junio de 2005 —C-135/04—). Hay también terrenos no cinegéticos y espacios especialmente protegidos (p. ej., los parques nacionales —vid. la Ley 30/2014 de Parques Nacionales—).

IV. PROPIEDADES DE BIENES INMATERIALES

1. La propiedad intelectual

La principal norma reguladora de la propiedad intelectual es el Texto Refundido de la Ley de Propiedad Intelectual, de 12 de abril de 1996 (TRLPI). Esta Ley ha sido reformada sucesivamente, especialmente para dar cabida en nuestro Derecho a la transposición de numerosas Directivas que afectan directamente a la propiedad intelectual. Corresponde al Estado la competencia exclusiva en materia de propiedad intelectual (art. 149.1.9.ª CE). La última transposición ha sido mediante la Ley 2/2019, de 1 de marzo, que incorpora las Directivas 2014/26/UE y 2017/1564/UE, de 13 de septiembre. El 26 de marzo de 2019 ha sido votada favorablemente por el Parlamento Europeo la nueva Directiva de derechos de autor, que modifica sustancialmente el régimen actual en aspectos concretos como la responsabilidad de los proveedores de contenidos (p. ej., Google o YouTube) por facilitar acceso a contenidos que infrinjan derechos de autor. El TRLPI no ha derogado los dos únicos artículos dedicados a la propiedad intelectual en el Código civil. El artículo 428 reconoce al autor de una obra literaria, científica o artística el derecho de explotarla y disponer de ella a su voluntad. Más el artículo 429 CC remite a la Ley sobre la propiedad intelectual. Estas reminiscencias legales seguramente han condicionado a que en lugar de referirnos a los derechos de autor, como en algunos países en nuestro entorno, se siga utilizando la propiedad intelectual como relación jurídica que tiene el autor con los bienes que crea.

Son objeto de propiedad intelectual todas las creaciones originales literarias, artísticas o científicas expresadas por cualquier medio o soporte, tangible o intangible, actualmente conocido o que se invente en el futuro (art. 10.1 TRLPI, cfr. art. 2 Convenio de Berna para la Protección de las Obras Literarias y Artísticas). El título de una obra, cuando sea original, quedará protegido como parte de ella (art. 10.2 TRLPI). La obra ha de ser, pues, una creación original, requisito que ha sido entendido desde dos perspectivas: subjetiva (la obra refleja la personalidad del autor, se le ocurrió a él o ella sin que se copiara de nadie) y objetiva (se ha creado algo nuevo, que no existía con anterioridad), siendo en cualquier caso necesaria una mínima relevancia de la obra (STS de 5 de abril de 2011, R. 3146).

Actualmente la tesis que triunfa en la jurisprudencia centra el examen de la originalidad en criterios objetivos (STS de 24 de junio de 2004, R. 4318). Cierto es, sin embargo, que toda obra nace en un contexto cultural, corriente o escuela concretos. Por lo que se refiere a los tipos de obras, el artículo 10 TRLPI recoge un elenco ejemplificativo de obras protegidas. Las obras pueden ser de autoría única, en colaboración (art. 7 TRLPI) o colectivas (art. 8 TRLPI).

Los autores que crean obras originales literarias, artísticas o científicas son los propietarios de lo creado (derechos de autor). Los autores siempre son personas naturales (art. 5). La propiedad intelectual de una obra literaria, artística o científica corresponde al autor por el solo hecho de su creación (art. 1 TRLPI). Debe tenerse presente, sin embargo, la distinción entre derechos morales (p. ej., derecho de divulgación, derecho de paternidad o derecho de publicar bajo seudónimo), que son irrenunciables e inalienables para los autores (art. 14 TRLPI) de los derechos de explotación, que se pueden enajenar (art. 17 TRLPI). Incluso, si se trata de autores asalariados, la enajenación de los derechos de explotación se habrá producido antes de la creación de la obra (cfr. art. 51.1 y 2 TRLPI). Los autores de estas obras se identifican en el TRLPI con el artista. Se entiende por artista el intérprete o ejecutante a la persona que represente, cante, lea, recite, interprete o ejecute en cualquier forma una obra (art. 105). En su caso, también los directores de escena y de orquesta (art. 105).

La propiedad intelectual tiene una vigencia temporal. La razón principal es que a partir de un momento determinado la obra creada pasa a ser dominio de la comunidad, a ser dominio público. Los derechos de explotación de la obra durarán toda la vida del autor y setenta años después de su muerte o declaración de fallecimiento (art. 26 TRLPI). Hay otros plazos para casos concretos (arts. 27 ss. TRLSPI).

2. ¿Existe la propiedad digital?[1]

Al hilo de la Estrategia para el Mercado Digital de Europa (EMUDE) publicada en mayo de 2015 se ha iniciado (o visibilizado) un debate muy interesante acerca de la propiedad digital. Desde 2017, a raíz de una Comunicación de la Comisión Europea titulada «La construcción de una economía de los datos europea» este debate se ha centrado sobre todo en la conveniencia o no de crear un derecho de propiedad de los datos (la expresión «propiedad digital» pretendería ser algo más amplia).

La EMUDE es una ambiciosa estrategia política de la UE que tiene como objetivo llevar a cabo la «recepción jurídica de la Revolución Digital». Toda revolu-

[1] Texto redactado por Castillo Parrilla, J. A. (Doctor por las Universidades de Bolonia y de Granada).

ción tecnológica, y la Revolución Digital lo es, necesita, pasado cierto período de tiempo o fase de irrupción, un acompañamiento jurídico adecuado que permita aprovechar el potencial económico del nuevo paradigma tecnológico (PÉREZ, C.). Tan es así, que en la carta del Presidente de la Comisión que encabeza la EMUDE se anuncia un gran crecimiento económico en caso de implementarse la normativa pertinente, que necesariamente habrá de ser a nivel europeo. La recientemente aprobada Directiva de derechos de autor, el Reglamento UE General de Protección de Datos (RGPD), y la denominada economía de los datos, entre otras muchas medidas, tienen como punto de referencia la EMUDE.

La economía de los datos se ocupa de estudiar cómo diferentes agentes de mercado intercambian datos. Este incipiente sector del mercado tiene un gran impacto, ya que los datos (y su tratamiento) se han convertido en «la sangre de las venas de la economía digital» (LOHSSE, SCHULZE y STAUDENMAYER). De hecho, según la Comisión Europea, el valor de la economía de los datos (es decir, del intercambio de datos por dinero) pasaría de los 257.000 millones de euros en 2014 a los 643.000 millones de euros en 2020 (el 3,17 por 100 del PIB de toda la UE).

Esta situación ha provocado un cambio muy importante en la concepción jurídica de los datos. Hemos pasado de una perspectiva defensiva o personalista (los datos como proyección de la personalidad, relacionados con el derecho a la intimidad, representado por el RGPD y la anterior normativa de «protección de datos») a una perspectiva de carácter patrimonial, que entiende los datos como una mercancía más posible objeto de intercambio oneroso, es decir, como bienes («economía de los datos»). Inmediatamente surgen dos cuestiones: por un lado, si los datos son bienes, ¿a quién pertenecen?; y, por otro, ¿qué medidas normativas pueden adoptarse para impulsar adecuadamente este sector de la economía? Las medidas propuestas por la Comisión para hacer frente a la vertiente patrimonial de los datos son:

a) desarrollar un derecho de propiedad de los datos *ad hoc*,
b) entender que los datos son una obra de propiedad intelectual,
c) aplicar a la economía de datos la normativa sobre bases de datos,
d) aplicar a la economía de datos la normativa sobre secretos comerciales, y
e) confiar en la práctica contractual.

Hay que señalar que la disyuntiva real es si conviene o no crear un derecho de propiedad de los datos, ya que las medidas *b*) a *e*) pueden aplicarse conjuntamente. Quienes defienden la creación de un derecho de propiedad de los datos se basan precisamente en el alto valor económico que han adquirido los datos, y en lo injusto que resulta que quienes producen esos datos obtengan algún tipo de rédito económico por ello. Esta opción, sin embargo, se encuentra con algunas dificultades serias, relacionadas con su difícil delimitación jurídica en tanto que bienes, las facultades concretas que tendría un hipotético derecho de propiedad de los datos y, sobre todo, a quién pertenece dicho derecho. Centrándonos en esto último, existen tres opciones: entender que los datos pertenecen a su productor (p. ej., el usuario de una red social, o el conductor de un coche inteligente, como defiende ZECH), entender que pertenecen a la empresa o persona que tiene los medios tecnológicos que permiten que esa información sea económicamente valiosa (la propia red social o la marca de coches, como defienden algunas sentencias en Estados Unidos), o entender que se trata de una propiedad compartida entre el productor de los datos y el dueño de las tecnologías de tratamiento de esos datos.

El debate se encuentra actualmente muy abierto. El 29 de octubre de 2019 el Instituto Nacional de Estadística anunció que pagaría 500.000 euros a Movistar, Vodafone y Orange por datos de geolocalización de sus usuarios durante unos días concretos. El contrato se ha celebrado entre el INE y las compañías telefónicas, a quienes se pagará por los datos... de los usuarios. Sin embargo, empiezan a aparecer algunos reconocimientos normativos de una situación de «propiedad *de facto*» de los datos a favor de los consumidores productores de datos (nótese que hablamos de «productores» y no de «titulares», como hace el RGPD). El Considerando 24 de la Directiva 770/2019, relativa a determinados aspectos de los contratos de suministro de contenidos y servicios digitales constata que «a menudo, los contenidos o servicios digitales se suministran también cuando el consumidor no paga un precio, pero facilita datos personales al empresario», mientras que el artículo 3 de esta misma Directiva la declara aplicable precisamente a estos contratos siempre que los datos entregados por el consumidor al empresario no fuesen necesarios de acuerdo con requisitos técnicos o legales aplicables al contrato. A pesar de que en el mencionado Considerando 24 puede leerse que «los datos no pueden considerarse una mercancía», lo cierto es que si actúan como método de pago, *de facto* son una mercancía como cualquier otra (el Considerando 13 de la versión de 2015 de la entonces Propuesta de Directiva calificaba la información sobre las personas como «un valor comparable al dinero»). Además, y en lo que se refiere a la de «propiedad *de facto*» de los datos, si un consumidor puede pagar con datos y nadie da lo que no tiene, esto significa que *de facto* los datos con los que paga le pertenecen. También significa, y esto es muy importante, que muchos contratos autodenominados gratuitos (p. ej., cuentas de correo gratuito, cuentas de redes sociales...) no lo son, ni lo han sido nunca (al contrario del eslogan que podía leerse en la página principal de Facebook: «Regístrate. Es gratis y lo será siempre»; ahora dice «Crea una cuenta: es rápido y fácil». La palabra «gratis» ha desaparecido).

CASO PRÁCTICO

Mediante escritura pública autorizada por el notario don MS, el día 5 de agosto de 2016, número 1.989 de su protocolo, la entidad «Colegio Mayor X», como titular del dominio de dos fincas inscritas a su nombre, parcialmente edificadas, elevando a público un contrato privado otorgado con anterioridad, concedió a la mercantil MM S.A.», un derecho de opción de compra sobre una parte del que considera aprovechamiento urbanístico no materializado de las fincas de su propiedad. Se incorporó a la escritura un acuerdo municipal por el que se concede a la cesionaria licencia urbanística para la construcción de un edificio de 3.475,25 metros cuadrados a construir sobre un solar de 622 metros cuadrados. Entre otras, la licencia se sujeta a las condiciones de la previa regularización de la agrupación de las dos líneas contempladas en el proyecto básico y de la demolición de la edificación existente.

Se debe consultar, en primer lugar, la legislación aplicable de la Comunidad Autónoma a la que el alumno pertenece. ¿Se puede ceder entre particulares el derecho de aprovechamiento urbanístico? ¿Se puede ceder este derecho en documento privado? ¿O se debe transferir en escritura pública? El derecho de aprovechamiento que se transmite, ¿es un aprovechamiento subjetivo? ¿Se deben adjuntar los planos expresivos de localización y dimensiones de las parcelas o solares implicados? ¿Debe ser autorizada la cesión por el Ayuntamiento? Pueden consultar la RDGRN de 17 de marzo de 2017 (R. 1383).

BIBLIOGRAFÍA BÁSICA

AAVV: *Manual de Propiedad Intelectual*, coord. Bercovitz Rodríguez-Cano, R., Tirant lo Blanch, 2007; Albiez Dohrmann, K. K.: «Sentencia del Tribunal Constitucional 61/1997, de 20 de marzo de 1997. Propiedad del suelo, propiedad urbana, urbanismo y títulos competenciales», *Comentarios a las Sentencias del Tribunal Constitucional en Materia Civil*, coords. Martínez Vázquez de Castro, L. y Escribano Tortajada, P., Tirant lo Blanch, 2016, pp. 1367 ss.; Amat Llombart, P.: «La explotación agraria, sus elementos integrantes y tipos cualificados de explotación. La reforma legislativa pendiente», en *Tratado de derecho agrario*, La Ley, Wolters Kluwer, Madrid, 2017; Amat Llombart, P. y Monfort Peris, R.: *El contrato territorial para el desarrollo sostenible del medio rural*, Aranzadi, 2016; Blasco Hedo, E.: *Propiedad forestal privada y energías renovables*, Aranzadi, 2015; Caballero Lozano, J. M.ª: *El arrendamiento de cotos privados de caza*, Reus, 2018; Carrasco Perera, A.: *Relaciones Civiles con Contenido Urbanístico*, Aranzadi, 1999; Cosialls Ubach, A. M.: *Régimen jurídico de la propiedad agraria sujeta a la PAC*, Atelier, 2010; Delgado de Miguel, J. F.: «La propiedad rústica y su función. Las explotaciones prioritarias. El régimen comunitario agrario», *Instituciones de Derecho Privado*, dir. Garrido de Palma, V. M., tomo II, vol. 1.º, 2.ª ed., Civitas, 2017, pp. 489 a 667; Fernández, T. R.: *Manual de Derecho urbanístico*, 16.ª ed., El Consultor, 2001; Gálvez Cano, M.ª R.: *El derecho de caza en España*, Comares, 2007; Gutiérrez Santiago, P.: «Comentarios de los artículos 407-425», *Comentarios al Código Civil*, tomo III, dir. Bercovitz Rodríguez-Cano, R., Tirant lo Blanch, 2013, pp. 3323 a 3428; en la misma obra colectiva, «Comentarios de los artículos 426 y 427», pp. 3429 a 3459; Jiménez Linares, M.ª J.: *El Derecho al Aprovechamiento Urbanístico*, Aranzadi, 1997; Karrera Egialde, M. M.: *Derecho de montes y propiedad privada*, Reus, 2015; Lohsse, S., Schulze, R. y Staudenmayer, D.: *Trading Data in the Digital Economy: Legal Concepts and Tools*, ed. Hart & Nomos, 2017; López Cánovas, A.: *La propiedad inmobiliaria*, Aranzadi, 2015; Moreu Ballonga, J. L.: *Aguas públicas y privadas*, Bosch, 1996; ídem, «El nuevo e insólito concepto de la propiedad privada del agua en el Decreto-Ley 17/2012 y de la Ley 11/2012», *Libro Homenaje a Vattier Fuenzalida*, cord. DE LA CUESTA SANZ, J. N. *et alii*, 2012, pp. 925 a 948; MUÑIZ ESPADA, E.: *Derecho agroalimentario y ciberseguridad*, Reus, Madrid, 2019; NAVARRO FERNÁNDEZ, J. A.: *Propiedad privada y Constitución. La forma agraria*, Comares, 1988; ídem, *El ordenamiento jurídico de las aguas y la agricultura como campo de batalla*, Reus, 2017; PÉREZ, C.: *Revoluciones tecnológicas y capital financiero. La dinámica de las grandes burbujas financieras y las épocas de bonanza*, Siglo XXI Editores, 2004; RUEDA PÉREZ, M. A.: «La propiedad urbana. Los modelos urbanísticos», *Instituciones de Derecho Privado*, dir. GARRIDO DE PALMA, V. M., tomo II, vol. 1.º, 2.ª ed., Civitas, 2017, pp. 269 a 487; TORRES LANA, J. A.: *Legislación Estatal del Suelo y Derecho Civil*, 2008; VÁZQUEZ DE CASTRO: *La propiedad en las Leyes del Suelo*, Prólogo DÍEZ-PICAZO, Thomson-Civitas, 2004; ZECH, H.: «Data as a Tradeable Commodity», ed. DE FRANCESCHI, A., *European Contract Law and the Digital Single Market – The Implications of the Digital Revolution*, ed. Intersentia, pp. 51 a 79.

EJERCICIOS DE AUTOEVALUACIÓN

1) ¿A quién le corresponde legislar la propiedad del suelo?
2) ¿Quién es competente para regular la legislación urbanística?
3) ¿En qué situaciones básicas se puede encontrar el suelo?
4) ¿Cuál es el contenido esencial del suelo?
5) ¿Qué es una finca según el TRLSRU?
6) ¿Qué es una finca registral?
7) ¿Qué es una parcela?
8) Consulte el Derecho urbanístico de su Comunidad Autónoma y señale la clasificación del suelo por la que se ha optado.
9) ¿Qué es la equidistribución y la reordenación de la propiedad del suelo?
10) ¿Qué es el derecho de aprovechamiento urbanístico?
11) Principales requisitos que se deben cumplir para edificar según el TRLSRU.
12) Diferencie entre la propiedad rústica, agraria y rural.
13) El contenido esencial de la propiedad rústica/agraria.
14) Señale los principales derechos de aprovechamiento en las fincas rústicas.
15) ¿Qué son unidades mínimas de cultivo?
16) ¿En qué consiste el derecho de uso privativo de las aguas?
17) ¿En qué consiste el derecho de aprovechamiento de minerales?
18) ¿Qué derechos tiene el titular de un monte privado?
19) ¿Qué requisitos se deben cumplir para tener el derecho de aprovechamiento cinegético?
20) ¿Cuál es el objeto de la propiedad intelectual?
21) ¿Cuál es el contenido esencial de la propiedad intelectual?
22) ¿La propiedad intelectual tiene una vigencia temporal? En caso afirmativo, ¿cuál es la duración?
23) ¿Existe la propiedad digital?

Propiedades especiales

PROPIEDADES ESPECIALES	✓ Las leyes sobre la propiedad son leyes transversales. Cada legislación elabora un estatuto jurídico de la propiedad. Además de la propiedad en general, existen numerosas propiedades especiales.
LA PROPIEDAD DEL SUELO	✓ No se puede entender la propiedad urbana y la propiedad rústica sin que se tenga presente la propiedad del suelo. El suelo es mucho más que el espacio que delimita la urbe, como también es más amplio que los terrenos rústicos. El suelo comprende todo el territorio espacial (municipal, autonómico y nacional).
CALIFICACIÓN DEL SUELO: SUELO RURAL Y SUELO URBANIZADO	✓ El TRLSRU parte de una calificación básica: todo el suelo se encuentra en una de las situaciones básicas de suelo rural o de suelo urbanizado (art. 21.1). Es una distinción fundamental sobre la que se regula en esta Ley el estatuto jurídico de la propiedad del suelo.
EL ESTATUTO JURÍDICO DE LA PROPIEDAD DEL SUELO	✓ Con la legislación especial del suelo se crea un estatuto jurídico de la propiedad del suelo, atribuyendo al propietario del suelo rural o del suelo urbanizado determinadas facultades, e imponiendo, al mismo tiempo, determinados deberes, sin perjuicio de las facultades y deberes que puedan establecer otras leyes especiales, estatales y autonómicas. El artículo 12 TRLSRU determina el contenido esencial de la propiedad del suelo, sea rural o urbanizado, fijando, en primer lugar, las facultades legales de cualquier propietario del suelo. ✓ En realidad, el propietario del suelo urbanizado no adquiere el derecho de edificar, sino que se le concede un derecho de aprovechamiento urbanístico una vez que se haya urbanizado el suelo.
FINCA Y PARCELA	✓ La finca es la unidad de suelo o de edificación atribuida exclusiva y excluyentemente a un propietario o varios en pro indiviso, que puede situarse tanto en la rasante, como en el vuelo o en el subsuelo. La parcela es la unidad de suelo, tanto en la rasante como en el vuelo o el subsuelo, que tenga atribuida edificabilidad y uso o sólo uso urbanístico independiente (art. 26 TRLSRU).
LA PROPIEDAD URBANA	✓ La propiedad urbana está estrechamente vinculada a la urbe y al urbanismo. Desde los tiempos más remotos, en las grandes civilizaciones siempre ha habido una especial preocupación por ordenar las ciudades para un mejor desarrollo de las mismas. La necesidad de establecer normas para ordenar urbanísticamente las ciudades ha dado lugar al nacimiento del Derecho urbanístico. Con la CE 1978, el Derecho urbanístico es de competencia de las Comunidades Autónomas, que son las que tienen competencia para la ordenación territorial y urbanística.

Clasificación del suelo urbanizado	✓ El TRLSRU califica el suelo en situación de urbanizado y en situación rural (art. 21). Las Comunidades Autónomas tienen la competencia para clasificar, a su vez, el suelo. Es común, por influencia de la antigua legislación del suelo, clasificar el suelo en urbano, urbanizable y no urbanizable. Dentro de esta clasificación puede haber otras clasificaciones (p. ej., suelo urbano consolidado y no consolidado, suelo urbanizable sectorizado y no sectorizado, suelo urbanizable ordenado).
Propiedad rústica, propiedad agraria y propiedad rural	✓ Aunque a veces se utilizan indistintamente estos términos jurídicos, cada una de estas propiedades tiene sus singularidades. La propiedad rural es quizá el concepto más amplio de la propiedad rústica. La propiedad agraria está relacionada fundamentalmente con la función económica que se asigna a la propiedad rústica. La propiedad rústica hace especialmente referencia a la titularidad sobre un terreno (finca) de naturaleza rústica.
El estatuto de la propiedad rústica	✓ De acuerdo con el TRLSRU, las principales facultades del propietario de una finca rústica son el uso, el disfrute y la explotación de la tierra conforme su estado, clasificación y características objetivas y destino en cada momento, de acuerdo con la legislación aplicable por razón de las características y situación del bien (art. 12.1.1). Usar, disfrutar y explotar la tierra implica utilizar los recursos naturales con criterios de racionalidad dentro de los límites de las leyes y la ordenación territorial y urbanística.
La propiedad de las aguas	✓ Al igual que la Ley de Aguas de 1985 declaraba que las aguas continentales son de dominio estatal, el Texto Refundido de la Ley de Aguas de 28 de julio de 2001 (que ha sido reformado posteriormente en varias ocasiones) determina que son de dominio público estatal. Por consiguiente, carece de sentido, al menos desde 1985, que se hable de aguas de dominio privado. Ello no debe ser, sin embargo, obstáculo para que los particulares puedan usar el agua mediante la concesión de un derecho de uso. El derecho al uso privativo, sea o no consuntivo, del dominio público hidráulico se adquiere por disposición legal o por concesión administrativa (art. 52.1 LA).
La propiedad de las minas	✓ En España, desde la Ley de Minas, de 6 de julio de 1859, los yacimientos y los recursos geológicos que se obtengan de ellos son bienes estatales. Así, en la Ley de 19 de febrero de 1944 y en la Ley de 21 de julio de 1973 (actualmente vigente).

LA PROPIEDAD FORESTAL	✓ Aunque nos referimos a la propiedad forestal por ajustarse más al verdadero contenido de la legislación sobre montes, también se identifica con la propiedad de montes. La principal ley estatal es la Ley 43/2003, de 21 de noviembre, de Montes. Muchas Comunidades Autónomas tienen normas que regulan más específicamente el contenido y la función de la propiedad forestal en atención a las características de cada territorio (p. ej., la Ley 3/2009 de Castilla y León o la Ley 15/2006 de Aragón).
LA PROPIEDAD CINEGÉTICA	✓ Quien quiere cazar tiene que tener el derecho de cazar, ya que no cualquier pieza se puede cazar y, además, sólo se puede cazar en terrenos cinegéticos. Éstos son los pilares sobre los que se apoya el Derecho de caza tanto a nivel nacional como a nivel autonómico. Las principales leyes estatales son la Ley de Caza, de 4 de abril de 1970 y el Reglamento de Caza, de 25 de marzo de 1971.
LA PROPIEDAD INTELECTUAL	✓ La principal norma reguladora de la propiedad intelectual es el Texto Refundido de la Ley de Propiedad Intelectual, de 12 de abril de 1996 (TRLPI). Esta Ley ha sido reformada sucesivamente, especialmente para dar cabida en nuestro Derecho a la transposición de numerosas Directivas que afectan directamente a la propiedad intelectual. Corresponde al Estado la competencia exclusiva en materia de propiedad intelectual (art. 149.1.9.ª CE). La última transposición ha sido mediante la Ley 2/2019, de 1 de marzo, que incorpora las Directivas 2014/26/UE y 2017/1564/UE, de 13 de septiembre. El 26 de marzo de 2019 ha sido votada favorablemente por el Parlamento Europeo la nueva Directiva de derechos de autor, que modifica sustancialmente el régimen actual en aspectos concretos como la responsabilidad de los proveedores de contenidos (p. ej., Google o YouTube) por facilitar acceso a contenidos que infrinjan derechos de autor.
LA PROPIEDAD DIGITAL	✓ Al hilo de la Estrategia para el Mercado Digital de Europa (EMUDE), publicada en mayo de 2015, se ha iniciado (o visibilizado) un debate muy interesante acerca de la propiedad digital. Desde 2017, a raíz de una Comunicación de la Comisión Europea titulada «La construcción de una economía de los datos europea» este debate se ha centrado sobre todo en la conveniencia o no de crear un derecho de propiedad de los datos (la expresión «propiedad digital» pretendería ser algo más amplia).

LECCIÓN 7

LA COMUNIDAD DE BIENES*

I. LA COTITULARIDAD DE BIENES

1. LA COMUNIDAD DE BIENES

Además de la titularidad única sobre un bien o cosa puede haber una cotitularidad única, de tal manera que dos o más sujetos son titulares de un mismo derecho subjetivo. La cotitularidad que se ejerce sobre un bien recibe el nombre de «comunidad de bienes». En ella, dos o más comuneros (pluralidad de sujetos) participan del bien común (unidad del objeto). En el Código civil, la comunidad de bienes se identifica, de acuerdo con el artículo 392 CC, con la copropiedad: «Hay comunidad cuando la propiedad de una cosa o un derecho pertenece pro indiviso a varias personas». Pero la comunidad de bienes no sólo se da cuando

[1] Por Klaus Jochen ALBIEZ DOHRMANN.

hay copropiedad, sino también en cualquier otro derecho real, por ejemplo, en el usufructo, uso y habitación (arts. 469 y 521 CC), en las servidumbres (art. 531 CC) o en la posesión (art. 450 CC). Particular problemática suscita la cotitularidad de bienes inmateriales (en los derechos conexos o afines al derecho de autor o de patentes y marcas).

La comunidad de bienes a la que se refieren los artículos 392 y siguientes CC es la comunidad pro indiviso, llamada también ordinaria por ser la principal comunidad en nuestro ordenamiento jurídico. Pero hay comunidades que, por razones diferentes, no participan de todas las características de la comunidad pro indiviso, como la comunidad ganancial y la comunidad hereditaria, así como algunas comunidades especiales.

A lo largo de la historia, ha habido dos comunidades básicas. Una es la comunidad romana, que es en la que se basa el Código civil, y la otra es la comunidad germánica (o en mano común), que no es del todo desconocida en nuestro ordenamiento jurídico, ni siquiera en el Código civil. La principal diferencia entre una y otra comunidad es que en la primera cada comunero es titular de una cuota, mientras que en la segunda no hay cuotas, siendo una verdadera comunidad colectiva. Ambas comunidades carecen de personalidad jurídica. No son, por tanto, sujeto jurídico, y no pueden participar, en principio, como tales en el tráfico jurídico y en el mercado.

Hay una proliferación de comunidades especiales, en parte por los sujetos que participan en el bien común, en parte también por razón del objeto y, por último, por la existencia de reglas especiales. Ejemplos clásicos son la comunidad de montes vecinales en mano común, la comunidad de pastos o la comunidad naval. Ejemplos más modernos son las comunidades de garaje, la comunidad por turno o las comunidades empresariales. Estas comunidades cumplen funciones específicas, por lo que reciben también el nombre de comunidades funcionales o instrumentales. Otras, por el contrario, son meramente accidentales, incidentales o sobrevenidas como la comunidad hereditaria o cuando se adquiere un bien por dos o más personas. En razón de su constitución, cabe diferenciar, finalmente, entre comunidades legales y convencionales.

La concurrencia de dos o más personas en la titularidad de un bien significa que todos participan en él, por lo que son necesarias reglas específicas para que cada cotitular pueda usar y disfrutar el bien común pero no con carácter exclusivo. A falta de reglas convencionales, se debe estar al régimen legal de la comunidad. En las relaciones externas, al no tener personalidad jurídica, la comunidad, no interviene como sujeto en el tráfico jurídico, debiendo ser realizados los actos por los comuneros o por las personas designadas por ellos. En el ámbito procesal, cualquiera de los comuneros puede intervenir en el proceso. Sin embargo, la comunidad puede ser parte pasiva (cfr. art. 6.1.4.º LEC), pudiendo ser demandados también todos los comuneros, o conjuntamente la comunidad y los comuneros. Aun cuando la comunidad no tiene personalidad jurídica, puede ser socio de una cooperativa (art. 93 de la Ley de Cooperativas). Para el Derecho fiscal es sujeto tributario (tiene, según el art. 35.4 de la Ley General Tributaria, obligaciones con el Fisco). A algunas comunidades especiales se les atribuye personalidad jurídica, como la comunidad vecinal de montes en mano común o el condominio naval.

En la comunidad pro indiviso cada comunero es titular de una cuota, que es la misma para cada uno al regir la presunción *iuris tantum* de igualdad de cuotas (art. 393.2 CC). Los comuneros pueden ser titulares de cuotas distintas. La atribución de una cuota no significa necesariamente que el reparto de beneficios, gastos y cargas sea proporcional a la cuota.

2. La copropiedad

La copropiedad es el principal tipo de comunidad de bienes, llamada también condominio. Es clásica la afirmación de que la comunidad de bienes es el género y la copropiedad la especie. Los artículos 392 y siguientes CC tienen como referencia la copropiedad. Los cotitulares que participan son los copropietarios y el bien común en el que participan es la copropiedad. Por lo tanto, la copropiedad hay que entenderla en clave de propiedad, es decir, los comuneros son copropietarios plenos sobre el bien, estando sometido el bien al régimen de la copropiedad. Cada copropietario es propietario exclusivo de su cuota.

A diferencia de la copropiedad, la comunidad de bienes puede recaer sobre cualquier bien, tangible o intangible, incluso puede tener por objeto derechos de crédito (p. ej., cotitularidad de una cuenta bancaria indistinta —STS de 7 de septiembre de 2018, R. 4913—).

3. La comunidad de bienes y las sociedades personalistas sin personalidad jurídica

Aunque en principio cabe diferenciar claramente la comunidad de bienes de la sociedad sin personalidad jurídica, existen algunos puntos de conexión. El mismo artículo 1.669 CC, al referirse a un tipo de sociedad sin personalidad jurídica —la sociedad civil secreta—, dispone expresamente en el párrafo segundo que «esta clase de sociedades se regirá por las disposiciones relativas a la comunidad de bienes». Puede aplicarse el artículo 1.669 a cualquier sociedad interna, la cual comparte con la comunidad convencional que en virtud de un acuerdo expreso o tácito hay vínculos entre ellos, y que son comunes. En principio, la sociedad interna tampoco interviene en el tráfico jurídico y en el mercado como sujeto, sino que son los socios los que intervienen. A veces son sociedades aparentes. La sociedad interna es un contrato asociativo —con aportaciones de los socios y excepcionalmente se aportan bienes comunes, mientras que la comunidad convencional siempre tiene por objeto un bien común—. Una diferenciación que pesa en la distinción de ambas figuras es el ánimo de lucro que hay en toda sociedad (cfr. art. 1.665 CC), mientras que la comunidad de bienes el reparto de los beneficios no es su fin esencial. Si realmente es así, ¿cómo debe entenderse entonces el artículo 1.669.2? Compartimos la opinión de Paz-Ares, para quien las normas de la comunidad sólo rigen el sustrato material o fondo común de la sociedad, siendo de aplicación los preceptos que se refieren a la titularidad sobre el patrimonio común que tuviera la sociedad (arts. 399, 403 y 405 CC). Es posible que una sociedad se convierta en una comunidad ordinaria por nulidad de pleno derecho de aquélla (SAP Madrid, Sección 14.ª, de 7 de febrero de 2018, JUR 2018/124388).

4. La comunidad empresarial

No es descartable la constitución de una comunidad de explotación o de empresa. En el Estatuto de los Trabajadores la comunidad de bienes es considerada empresario aun no teniendo personalidad jurídica (art. 1.2 del Estatuto de los Trabajadores). La Ley de Modernización de las Explotaciones Agrarias, de 4 de julio de 1995, al referirse a los diversos tipos de empresa a los que son susceptibles de aplicación las normas, incluye la titularidad compartida (art. 2.4), y también considera explotación prioritaria la comunidad hereditaria cuyos coherederos hayan acordado un pacto de indivisión por un período mínimo de seis años (art. 4.3). En la práctica es frecuente la constitución de comunidades societarias (son, en realidad, sociedades según Paz-Ares).

5. Subcomunidades

Dentro de una comunidad pueden existir subcomunidades. Forman parte de la comunidad principal o general, pero funcionan con independencia. Un supuesto típico es la subcomunidad de una planta de garaje o de trasteros (está regulada específicamente en el art. 553-52.3 CCcat). En defecto de estatutos o de un pacto de remisión a los estatutos de la comunidad general, la subcomunidad se rige por los artículos 392 y siguientes CC.

II. CONSTITUCIÓN DE COMUNIDADES

1. Comunidades legales

Una comunidad puede nacer por ley. El ejemplo paradigmático es la comunidad hereditaria. Cuando dos o más herederos (o, en su caso, también legatarios de parte alícuota) aceptan la herencia, automáticamente, por mandato legal, nace una comunidad (incidental o sobrevenida). No son los coherederos los que constituyen la comunidad, sino es la ley la que atribuye expresamente este efecto cuando se acepta la herencia por dos o más personas. Otra comunidad legal es la medianería.

2. Comunidades convencionales

Se debe diferenciar claramente entre los pactos y acuerdos que pueden establecer los comuneros una vez que surja por ley o por un hecho sobrevenido una comunidad (incidental o sobrevenida), y la comunidad que nace en virtud de un contrato (comunidad convencional o constitutiva). La comunidad convencional es una comunidad atípica (a favor, B. Moreno Quesada, Albiez). Puede ser constituida por dos o más personas y también por decisión de una sola persona (p. ej., condominio naval).

Los estatutos, los pactos y las cláusulas pueden tener en cuenta los artículos 393 y siguientes CC, debiendo respetar en cualquier caso las normas de carácter imperativo (arts. 394, 395, 398, 399, 400.2, 401, 405 y 406 CC). Tales pactos pueden referirse al uso y disfrute, la administración y funcionamiento, beneficios y cargas, indivisión de la comunidad, arbitraje o cláusulas de beneficios y cargas.

La comunidad convencional, aunque es cuestionada por un sector de la doctrina por su similitud con la sociedad interna (Miquel), es admitida por la jurisprudencia (STS 1971, R. 1565, referida a la autopromoción de una urbanización; STS de 2 de noviembre de 1994, R. 8363) y por la DGRN (R. de 16 de mayo de 1979, R. 1956; se puede constituir por una junta de propietarios una comunidad funcional o de intereses en el edificio, RDGRN de 19 de julio de 2019, *BOE* de 8 de agosto de 2019). La Ley 370.3 NFN (no ha sido modificada por la Ley Foral 21/2019, que entra en vigor el 16 de octubre de 2019) la admite expresamente, como igualmente el artículo 552-2 CCcat.

III. RÉGIMEN JURÍDICO DE LA COMUNIDAD

1. Derechos y obligaciones de los comuneros

El Código civil no regula, de forma ordenada, el régimen jurídico de la comunidad. Como criterio básico, debe diferenciarse entre los derechos y obligaciones individuales de cada uno de los comuneros y los derechos y deberes sobre el bien pro indiviso (objeto de la comunidad).

Los principales derechos individuales son el derecho de disposición sobre la cuota (art. 399), el derecho de percibir los frutos y las rentas (art. 399), el derecho de retracto (art. 1.522.1 CC), el derecho de pedir la división (arts. 400 ss.) y el derecho de renuncia. Las principales obligaciones del comunero con los demás comuneros y la comunidad es la lealtad y el respeto que debe tener con cada uno de ellos (art. 1.258 CC), así como lograr el fin común, lo que en algunas comunidades es fundamental para su existencia y funcionamiento. Cada comunero debe asumir los gastos y las cargas que le correspondan (art. 399). A cada comunero le corresponde defender la comunidad frente a terceros, y todos los comuneros deben defenderla frente a acciones de terceros siempre en interés de la comunidad (SSTS de 18 de noviembre de 2000, 10 de abril de 2001 y 13 de diciembre de 2006, RR. 9309, 6675 y 8237).

Los derechos y deberes sobre el bien pro indiviso (objeto de la comunidad) se articulan, principalmente, sobre la disposición, el uso y disfrute del objeto (arts. 394 y 397), la administración de la comunidad (art. 398), la adopción de acuerdos (art. 398) y la participación en las cargas (arts. 393-395).

2. Disposición, uso, disfrute y conservación del objeto de la comunidad

2.1. *Actos de disposición*

No existe en el Código civil un precepto específico sobre la disposición —venta, permuta, donación, garantías reales, constitución de gravámenes reales— del objeto de la comunidad. Puede invocarse, en todo caso, el artículo 397, el cual establece que «Ninguno de los condueños podrá, sin el consentimiento de los demás, hacer alteraciones en la cosa común, aunque de ellas pudieran resultar ventajas para todos» (así, SSTS de 19 de diciembre de 1985, R. 6603; 13 de noviembre de 2001, R. 9689). Una interpretación amplia del concepto «alteración», según un sector de la doctrina, incluye también la disposición del objeto (bien o cosa) de la comunidad. Se trataría de una alteración jurídica. En cualquier caso, dado que todos los comuneros son titulares, cuando se dispone de la cosa común, todos deben prestar el consentimiento (o mediante ratificación posterior de los que no han intervenido —art. 1.259.2 CC—). En la jurisprudencia existe un debate sobre si el negocio dispositivo sobre un bien sin la intervención de todos los comuneros es radicalmente nulo por falta de consentimiento (art. 1.261 CC) o es un supuesto de incumplimiento por la imposibilidad de la entrega del bien común. El supuesto paradigmático de negocio dispositivo del bien común sin la intervención de todos los comuneros es la venta de cosa común sin el consentimiento de todos los copropietarios, que ha sido considerada bien nula (SSTS de 9 de octubre de 2008, R. 5684; 23 de junio de 2009, R. 4233; y 15 de enero de 2013, R. 2276), o bien venta de cosa ajena (STS de 27 de mayo de 1982, R. 2605). Como señalan, entre otros Miquel, habrá que tener en cuenta todas las circunstancias del caso concreto. Hay situaciones, en cambio, en las que no es necesaria la unanimidad de los comuneros (así, art. 151 de la Ley de Navegación Marítima, según el cual «será suficiente el acuerdo de los condueños que representen la mayoría de las cuotas de la comunidad»).

2.2. *Actos de uso y disfrute*

Hay dos normas sobre los actos de uso y disfrute del bien común: los artículos 394 y 397 CC. El artículo 394 permite que «Cada partícipe podrá servirse de las cosas comunes, siempre que disponga de ellas conforme a su destino y de manera que no perjudique el interés de la comunidad, ni impida a los copartícipes utilizarlas según su derecho». El artículo 397, por su parte prohíbe hacer alteraciones en el bien común sin el consentimiento de los demás partícipes.

El uso y disfrute del bien pro indiviso es un derecho individual de cada comunero, pero al mismo tiempo es un derecho solidario. El carácter dispositivo del artículo 394 permite pactos expresos y tácitos, así como actos de tolerancia para que el uso y disfrute sea ejercido del modo más conveniente por los comuneros siempre que no perjudique el interés de la comunidad. Por ello, es perfectamente factible que se establezca el uso y disfrute por turnos o el uso exclusivo a favor de un comunero siempre que haya una razón o causa (SSTS de 2 de octubre de 1996, RJ 7005 y 20 de octubre de 2004, RJ 6085). El uso y disfrute del objeto de la comunidad es siempre un acto de administración (STS de 22 de febrero 2013, RJ 2150).

2.3. *Actos de conservación*

El Código civil no contiene una norma expresa sobre la conservación del bien pro indiviso. Pero nuevamente podemos acudir al artículo 397 CC. Entre los actos de conservación, podemos diferenciar el mantenimiento, la reparación o las mejoras suntuarias. Ninguno de estos actos implica necesariamente la alteración del bien común, por lo que no es necesario requerir el consentimiento de los demás comuneros. Se pueden considerar actos de administración. Sólo cuando se realizan verdaderas alteraciones materiales (es una cuestión fáctica, por lo que dependerá del caso concreto) es necesario el consentimiento de todos los comuneros, aun en el caso de que supongan beneficios para todos (p. ej., obras de transformación de finca rústica al margen de su dimensión —STS de 9 de octubre de 2002, R. 9974—).

3. Administración de la comunidad

Para cualquier acto de uso y disfrute sobre el bien pro indiviso se requiere que sea aprobado por la mayoría de los comuneros. Estos actos de administración ordinaria no requieren una mayoría cualificada (art. 398.1). Hay mayoría simple cuando el acuerdo esté tomado por los partícipes que representen la mayor cantidad de los intereses que constituyan el objeto de la comunidad (art. 398.2). Para los actos de administración extraordinaria (obras importantes en la cosa común) y de disposición (venta, permuta, donación, arrendamiento de cierta duración...) se requiere la unanimidad (cfr. art. 397). Se deben proteger los derechos de las minorías (p. ej., mediante normas estatuarias). La falta de mayorías puede ser causa de impugnación de los acuerdos. Cabe pedir la intervención judicial en caso de no llegar a acuerdos (SSTS de 25 de febrero de 2005, R. 4036 y 30 de octubre de 2006, R. 8903). Puede haber pactos de administración que afecten al derecho de cada partícipe sobre el objeto de la comunidad y acuerdos que afecten a la modalidad de la administración (MIQUEL). Se puede nombrar un administrador único, dos o más administradores, fijar el régimen de rendición de cuentas, la retribución del cargo o la renuncia al cargo.

4. REPARTO DE BENEFICIOS Y CARGAS

El reparto de beneficios y cargas se rige por el principio de proporcionalidad en función de las cuotas de cada comunero (art. 393.1). También rige la presunción de igualdad de cuotas a falta de una atribución distinta (art. 393.2). Son beneficios el uso, los frutos civiles, naturales industriales, los incrementos por accesión, indemnizaciones... Son cargas los gastos de conservación y de administración, los gastos de mejora, los impuestos... Se puede crear un fondo común para el pago de las cargas. Debe considerarse válido el pacto por el que se establece un reparto desigual de beneficios y cargas, incluso de exclusión, siempre que responda a una causa (ALBIEZ; cfr. STS de 26 de diciembre de 1988, RJ 9818). Cualquier comunero puede obligar a los demás a que contribuyan a sufragar los gastos de conservación del bien pro indiviso, salvo que un comunero renuncie a su cuota (art. 395). El tercero que entre en la comunidad o el comunero que adquiera la cuota (p. ej., mediante el ejercicio del derecho de retracto) asume las cargas por ser una obligación *propter rem.*

IV. DISPOSICIÓN DE LA CUOTA

Cada comunero es, según el artículo 399, titular pleno de su cuota y de los derechos accesorios a la misma (frutos y utilidades). Es un derecho individual, de naturaleza real, con eficacia *erga omnes* y susceptible de inscripción en el Registro de la Propiedad. Es un derecho que une el comunero al bien pro indiviso. Cada comunero puede realizar cualquier acto de disposición sobre la cuota, puede enajenarla, cederla o hipotecarla, y aun sustituir otro en su aprovechamiento, como reza el artículo 399. La enajenación o la hipoteca de la cuota está limitada, según el artículo 399, a la porción que se le adjudique cuando cese la comunidad (p. ej., por división del bien común). Con la enajenación de la cuota a un tercero, éste entra en la comunidad (subrogación real). Cabe establecer pactos de prohibición de disposición de la cuota para mantener la comunidad entre los comuneros. También son factibles los pactos de disposición a favor y entre comuneros, así como pactos de adquisición de preferencia de la cuota (tanteo y retracto).

La cuota puede ser embargada por deudas del comunero sin que tengan que ser demandados ni notificados los demás comuneros (excepto en el supuesto de embargo por deudas tributarias, debiendo ser notificado a los demás comuneros —art. 76.3 RD 939/2005—, o por deudas de la seguridad social —Disp. Final 1.ª RD 1.415/2004—).

V. INSCRIPCIÓN DE LA COMUNIDAD EN EL REGISTRO DE LA PROPIEDAD

Al carecer la comunidad de personalidad jurídica propia, no puede acceder al Registro de la Propiedad como titular registral del bien pro indiviso. Pero es inscribible en el Registro de la Propiedad la cuota que cada comunero tiene sobre el bien común, debiéndose presentar el correspondiente título adquisitivo (p. ej., adquisición conjunta por compra o donación, contrato constitutivo de la comunidad). Lo permite expresamente el artículo 54.1 RH. Para poder inscribir la cuota es necesario que previamente esté inscrita la finca (perteneciente a dos o más personas si se inscribe una cuota de copropiedad). Hay reglas especiales de inscripción como cuando se transmite una cuota de finca destinada a garaje, la cual puede practicarse en folio independiente (cfr. art. 68 RH). Una vez inscrita la cuota, se puede pedir la anotación preventiva de embargo de la misma.

VI. EXTINCIÓN DE LA COMUNIDAD

1. La división

1.1. *El derecho de división y el pacto de indivisión*

La división del bien común es la principal causa de extinción de la comunidad. La división es un derecho individual de cada comunero (art. 400.1). Este derecho individual se materializa ejerciendo la acción de división (*actio communi dividundo*). La acción es imprescriptible (SSTS de 19 de noviembre de 2012 y 21 de octubre de 2014, RR. 1246 y 5621).

Cabe, no obstante, el pacto de indivisión, el cual no puede exceder de diez años, siendo susceptible, en principio, de ser prorrogado sólo una vez (art. 400.2). Si el plazo es superior, el pacto es parcialmente nulo, debiendo entenderse que es por diez años (STS de 25 de enero de 2008, RJ 225). El pacto debe ser expreso (STS de 27 de julio de 2002, R. 7478). La indivisión puede ser prohibida por el testador (STS de 21 de diciembre de 2012, R. 9336).

La división puede ser material y jurídica (art. 401.2). La división podrá hacerse por los interesados, o por árbitros o amigables componedores, nombrados por voluntad de los partícipes (art. 402.1). En el caso de verificarse por árbitros o amigables componedores, deberán formar partes proporcionales al derecho de cada uno, evitando en cuanto sea posible los suplementos a metálico (art. 402.2). Los acreedores o cesionarios de los partícipes podrán concurrir a la división de la cosa común y oponerse a la que se verifique sin su concurso. Pero no podrán impugnar la división consumada, excepto en caso de fraude, o en el de haberse verificado no obstante la oposición formalmente interpuesta para impedirla, y salvo siempre los derechos del deudor o del cedente para sostener su validez (art. 403). La división de una cosa común no perjudicará a los terceros, los cuales conservarán los derechos de hipoteca, servidumbre u otros derechos reales que le pertenecieren antes de hacer la partición (en relación con los derechos del acreedor hipotecario, STS de 22 de febrero de 2012, R. 5286). Conservarán igualmente su eficacia, no obstante, la división, los derechos personales que pertenezcan a un tercero contra la comunidad (art. 405). Las reglas concernientes a la división de la herencia serán aplicables en su caso, a la división entre los partícipes en la comunidad (art. 406). Resultan de particular relevancia las reglas contenidas en los artículos 1.061 y 1.062 CC.

1.2. *La indivisibilidad del objeto*

El objeto de la comunidad no se puede dividir si resulta indivisible por razones materiales, económicas (pérdida de valor, STS de 8 de marzo de 2013, R. 2171) o sociales, por desmerecimiento de la cosa común (STS de 22 de febrero de 2012, R. 5286), por imposibilidad de convivencia de los comuneros (STS de 9 de diciembre de 2015, R. 5895), por razones jurídicas (indivisibilidad urbanística, STS de 16 de marzo de 2016, R. 1140) o por razones administrativas (STS de 30 de abril de 2008, RJ 2822). Dispone el artículo 401 que los copropietarios (comuneros) «no podrán exigir la división de la cosa común cuando de hacerla resulte inservible para el uso a que se destina» (párrafo primero). «Si se tratare de un edificio cuyas características lo permitan, a solicitud de cualquiera de los comuneros, la división podrá realizarse, mediante la adjudicación de pisos o locales independientes, con sus elementos comunes anejos, en la forma prevista por el artículo trescientos noventa y seis» (párrafo segundo).

Cuando la cosa fuere esencialmente indivisible, y los condueños no convinieren en que se adjudique a uno de ellos indemnizando a los demás, el artículo 404 ofrece como solución que se venda y reparta su precio.

1.3. *Procedimiento judicial de división*

No existe un procedimiento judicial de división del objeto de la comunidad, a diferencia de la división de la herencia (cfr. arts. 782 a 789 LEC). La acción de división de la cosa común se ejercitará en el procedimiento declarativo que corresponda a su cuantía (arts. 249.2 y 250.2 LEC).

Si no hay acuerdo entre los comuneros sobre la división de la cosa común se puede pedir (ejercitando la acción de división, con apoyo en los arts. 401 y 404) la venta en subasta pública del bien común (STS de 11 de diciembre de 2018, R. 5412) con intervención de licitadores extraños y reparto posterior del precio en proporción a la cuota de cada comunero (arts. 665 ss. LEC). También se puede recurrir a la subasta voluntaria prevista en los artículos 108 a 111 de la Ley 15/2015, de 2 de julio, de la Jurisdicción Voluntaria.

1.4. *Efectos de la división*

El efecto principal entre los copropietarios es la atribución en propiedad exclusiva de la parte de la cosa que se le hubiere adjudicado o el precio correspondiente.

El comunero ha de responder de la evicción y saneamiento de los bienes adjudicados (arts. 406 y 1.062 CC). Se presume que ha poseído de manera exclusiva durante la indivisión la parte que le ha sido adjudicada (art. 450 CC).

La división efectuada no puede perjudicar a los terceros (art. 405 CC), los cuales conservarán los derechos de hipoteca (arts. 123 LH y 221 RH), servidumbre (art. 535 CC) u otros derechos reales que existieren antes de la división. Los terceros conservarán, en su caso, los derechos personales que existían antes (p. ej., derecho de crédito, derecho arrendaticio).

El tercero podrá impugnar la división en caso de fraude o si se ha efectuado con su oposición (art. 403).

2. Otras causas de extinción

El Código civil no contiene una lista de causas de extinción de la comunidad, como, por ejemplo, el artículo 552-9 CCcat. Además de la división del bien común, son causas de extinción la reunión en una sola persona de la totalidad de los derechos, la destrucción de la cosa común o pérdida del derecho, la conversión de una comunidad en una sociedad, el acuerdo unánime o renuncia de todos los cotitulares, el vencimiento del plazo o cumplimiento de la condición resolutoria pactados. Cualquiera de las causas de extinción significa la disolución de la comunidad y, como en las sociedades, se debe hacer la liquidación (reparto de beneficios y cargas). En su caso, procede también la liquidación del estado posesorio (arts. 451 ss. CC).

VII. COMUNIDADES ESPECIALES

1. La medianería

Nos remitimos al apartado XI de la Lección 11. Aun cuando para muchos la medianería es una comunidad especial, es más apropiado su estudio en sede de las servidumbres.

2. La comunidad vecinal de montes en mano común

Todavía en algunos lugares de España, especialmente en el Norte y en el Centro, hay agrupaciones vecinales que aprovechan conjuntamente montes (aprovechamientos de pastoreo, esquilmo y demás de percepción directa en los montes vecinales en mano común; el destino agrícola o ganadero no es obstáculo a la conceptuación como montes vecinales en mano común de los terrenos que reúnan las características legales). El Derecho denomina este tipo de comunidad «montes vecinales en mano común». Son organizaciones que poco tienen que ver con la comunidad ordinaria del Código civil. Se asemejan mucho más a una propiedad colectiva, a la comunidad de tipo germánico. Con el modelo autonómico del Estado, este tipo de comunidad se ha visto reforzado (STS de 26 de febrero de 2015, R. 1282).

De acuerdo con el artículo 11.4 de la Ley de Montes (en su versión actual según la modificación de la Ley 21/2015, de 20 de julio), «los montes vecinales en mano común son montes privados que tienen naturaleza especial derivada de su propiedad en común sin asignación de cuotas, siendo la titularidad de éstos de los vecinos que en cada momento integren el grupo comunitario de que se trate y sujetos a las limitaciones de indivisibilidad, inalienabilidad, imprescriptibilidad e inembargabilidad. Sin perjuicio de lo previsto en la Ley 55/1980, de 11 de noviembre, de Montes Vecinales en Mano Común, se les aplicará lo dispuesto para los montes privados».

Son, pues, características de la comunidad vecinal de montes en mano común la indivisibilidad, la inalienabilidad, la imprescriptibilidad y la inembargabilidad de los montes que se encuentren sujetos a esta forma de aprovechamiento común. Entre otras muchas singularidades, a esta comunidad *sui generis* se le reconoce plena capacidad jurídica para el cumplimiento de sus fines y defensa de sus intereses. Es, por tanto, persona jurídica.

Son características esenciales de esta propiedad en mano común las que siguen:

— 1.ª, que los condóminos suelen estar unidos por un vínculo personal de vecindad;

— 2.ª, que el número de titulares es, por la misma razón, indeterminado y variable, de tal forma que el disfrute o aprovechamiento se hace sin delimitación precisa, faltando la idea de cuota en el sentido romano de este término;

— 3.ª, que la participación que corresponde al comunero es inalienable, y

— 4.ª, que la comunidad es indisoluble y, por tanto, no cabe al ejercicio de la *actio communi dividundo* (STS de 2 de febrero de 1965, R. 520).

Su regulación legal contiene un componente importante de reglas propias de Derecho privado y de Derecho administrativo, Pero es principalmente una forma de organización de la propiedad privada (STS de 7 de julio de 2009, R. 4768). A nivel estatal, la comunidad viene regulada en la Ley 55/1980, de 11 de noviembre, de Montes Vecinales en Mano Común (LMVCM). También a nivel autonómico hay leyes que regulan esta forma de aprovechamiento (p. ej., la Ley gallega 13/1989, de 10 de octubre). Sin poder abordar en toda su extensión su régimen jurídico, al menos queremos centrarnos en algunos aspectos.

¿Cómo nace esta comunidad? Hay montes vecinales en mano común que nacieron antes de la aprobación del Código civil (1889), cuya vigencia es reconocida por la LMVMC en las disposiciones transitorias. Según el artículo 1 de esta Ley, estas comunidades pueden tener cualquier origen. No es necesario, por tanto, ningún acto constitutivo expreso. La mayoría de estas comunidades han surgido por actos consuetudinarios (la costumbre es fuente de Derecho según el art. 1.1 CC). Sobre su configuración histórica es digna de resaltar la STS de 26 de febrero de 2015 (R. 1282). A los efectos meramente administrativos pueden y deben ser objeto de un reconocimiento explícito por los organismos competentes (cfr. los arts. 10 ss. LMVMC que regulan el expediente de calificación de los montes vecinales en mano común).

El carácter de comunero se deriva de la participación en el uso y disfrute de un monte vecinal. Para ello, es necesario estar vinculado a la condición de vecino en cuanto miembro integrante de un determinado núcleo poblacional. En palabras de la LMVMC, formar parte de cada «casa abierta con humos» en todo lo concerniente al monte, siendo los estatutos de la comunidad los que determinarán la forma de acreditar esa representación (art. 7). En su defecto, la comunidad vecinal se entenderá válidamente constituida por quien designen expresamente los miembros mayores de edad de cada familia o, si no lo hicieren, con quien asuma de hecho la dirección de la explotación familiar en cada casa. La Ley gallega 13/1989 confiere la condición de comunero a los vecinos titulares de unidades económicas, con casa abierta y residencia habitual en el núcleo de la población, desarrollando alguna actividad económica acorde con el aprovechamiento tradicional de los montes [art. 16.1.*b*)]. En términos parecidos se pronuncia la Ley del Principado de Asturias 3/2004, de Montes y Ordenación forestal. Cuando se cumplen estos requisitos, el «vecino» entra a formar parte de la comunidad.

La titularidad dominical sobre el monte vecinal corresponde, sin asignación de cuotas, a los vecinos integrantes en cada momento del grupo comunitario de que se trate (art. 2.1). Se trata, pues, de una titularidad colectiva en la que no existe cuota. La idea de la colectividad se lleva tan lejos que para la LMVMC los montes vecinales en mano común son bienes indivisibles, inalienables, imprescriptibles e inembargables (art. 2.1). Aunque la LMVMC admite algunas excepciones: los montes podrán ser objeto de cesión temporal, en todo o en parte, a título oneroso o gratuito, para obras, instalaciones, servicios o fines que redunden de modo principal en beneficio directo de los vecinos (art. 3.1); también podrán ser objeto los montes en mano común de expropiación forzosa o imposición de servidumbres por causas de utilidad pública o interés social prevalentes a los del propio monte, mediante declaración expresa, previo informe del Ministerio de Agricultura y oídas las comunidades afectadas (art. 3.2). Con carácter temporal, las comunidades titulares de los montes podrán establecer sobre éstos, hasta un plazo máximo de treinta años, derechos de superficie con destino a instalaciones, edificaciones o plantaciones (art. 3.3).

El titulo inmatriculador de un monte vecinal en mano común es la resolución firme de la clasificación por el Jurado Provincial, de acuerdo a la normativa vigente (así, la RDGRN de 5 de diciembre de 2018 al aplicar el art. 9 de la Ley gallega 13/1989 —*BOE* de 27 de diciembre de 2018—).

Por normal general, el régimen jurídico de esta comunidad vendrá determinado por los estatutos (cfr. art. 4.1 LMVMC). Los actos de disposición, gestión, administración y disfrute según la LMVMC corresponden exclusivamente a la comunidad propietaria, que tendrá plena capacidad jurídica para el cumplimiento de sus fines, incluido el ejercicio, tanto en vía judicial como administrativa, de cuantas acciones sean precisas para la defensa de sus específicos intereses (art. 5.1). Es una consecuencia de la personalidad jurídica que tiene esta comunidad.

Para la adopción de cualquier disposición será necesario el acuerdo favorable de tres cuartas partes de los miembros de la comunidad (art. 5.2 LMVMC). La regulación del disfrute, uso o cesión de aprovechamientos y convenios de explotación con la Administración Pública, Entidades sociales, Mancomunidades, Cooperativas o particulares, y los actos de administración en general requerirán el acuerdo de la mayoría de los partícipes, salvo que los Estatutos exijan un quórum más elevado (art. 5.3).

La comunidad de montes vecinales en mano común puede ejercer toda clase de acciones reales y posesorias (STS de 15 de enero de 2001, R. 1311; SSTS de 17 de octubre de 2006 y 20 de diciembre de 2006, RR. 6526 y 2007/55), así como acciones personales. Dada su condición de persona jurídica, la comunidad puede ser demandada, sin que tengan que ser citados todos los comuneros (STSJ Galicia, Sala de lo Civil y Penal, Sección 1.ª, de 25 de septiembre de 2018, R. 4814), debiendo ser notificada la demanda al representante de la comunidad.

Una figura nueva, introducida por la Ley 21/2015, de 20 de julio en la Ley de Montes, es la de los montes de socios. Son aquellos cuya titularidad corresponde, en pro indiviso, a varias personas, con independencia de su denominación y de su forma de constitución (art. 27 bis.1). A diferencia de los montes vecinales en mano común, que es una comunidad colectiva, los montes de socios tienen puntos en común con la comunidad romana *ex* artículos 392 y siguientes CC.

3. La comunidad de pastos

¿Existe la comunidad de pastos? En principio, no debería negarse la existencia de comunidades de pastos si dos o más personas —comuneros— aprovechan conjuntamente los pastos, siendo también los copropietarios del ganado y del terreno sobre el que el ganado pasta. Si es ésta la voluntad común, hay una verdadera comunidad de pastos. Se debe estar al título constitutivo (SSTS de 24 de febrero de 1984 y 7 de noviembre de 2006, RR. 775 y 7134). Puede nacer también incidentalmente (p. ej., por la constitución de una comunidad de herederos que adquiere el ganado y el derecho a pastar en un terreno que también forma parte de la herencia). La comunidad de pastos puede existir tanto sobre terrenos privados como sobre terrenos públicos (en este segundo supuesto habrá que estar a las leyes administrativas —art. 601 CC—). Puede tener por objeto también leñas y demás ademprios (art. 584 del Código de Derecho Foral de Aragón). Son numerosas las leyes autonómicas que regulan el aprovechamiento de pastos. Hay figuras específicas reguladas en los Derechos autonómicos como las corralizas y comunidades faceras en Navarra, o la serventía en Galicia y en Canarias.

La pregunta que se formula al comienzo de este capítulo se debe a la confusión que a veces existe entre la servidumbre de pastos y la comunidad de pastos. En caso de duda, lo que procede es examinar el título constitutivo (STS de 7 de noviembre de 2006, R. 7134). Si se considera que es una comunidad de bienes, es de tipo germánico. También se debe diferenciar de la comunidad vecinal de montes en mano común (STS de 4 de mayo de 2016, R. 6681).

La discusión también se debe a la redacción un tanto oscura y contradictoria de los artículos 600 a 604 CC, que se refieren tanto a la comunidad de pastos como a la servidumbre de pastos [así lo reconoce el mismo TS en sus Sentencias de 23 de octubre de 1964 (R. 4664), 2 de febrero de 1954 (R. 323) y 24 de febrero de 1984 (R. 775)]. En el mismo artículo 600, el párrafo primero se ocupa de la constitución de la comunidad de pastos y el párrafo segundo dice que «la servidumbre establecida conforme a este artículo se regirá por el título de institución». ¿Acaso las comunidades de pastos son servidumbres de pastos? Desde luego, hay una servidumbre de pastos si dos o más titulares pastan con su ganado en un terreno ajeno (un predio ajeno que es aprovechado por otros llevando los animales a pastar en él). En realidad, sólo los artículos 600, 601 y 602 están pensados para la comunidad de pastos. Los artículos 603 y 604, por el contrario, rigen exclusivamente para las servidumbres de pastos.

Un supuesto diferente se da cuando varios propietarios ponen en común sus tierras para que los ganados de todos ellos pasten indistintamente por unas y otras. La doctrina se divide entre calificar este supuesto como una comunidad de pastos (OSSORIO MORALES) o como una servidumbre recíproca (MONFORT FERRERO). Otro supuesto es la concurrencia de personas que siendo vecinos de un pueblo, cada uno pasta con su ganado en terrenos que pertenecen a ellos o al municipio (en su caso, puede ser de aplicación la Ley 50/1980; cfr. STS de 4 de mayo de 2016, R. 6681, y STS de 14 de mayo de 1998, R. 4029).

Hay que determinar, pues, primeramente, si estamos ante una verdadera comunidad de pastos. Para el TS, en Sentencia de 4 de mayo de 2016 (R. 6681), es clara la distinción entre la servidumbre de pastos y la comunidad de pastos. Los artículos 392, 530 y 531 CC contienen la clave precisa para la distinción atendiendo a la calificación del inmueble. Si es un predio ajeno aprovechado por los que no son titulares puede haber una servidumbre de pastos. Si el predio pertenece a todos los interesados en dominio singular agrupados para el disfrute en común por todos ellos o en dominio plural pro indiviso, entonces es una comunidad de pastos (SSTS de 2 de febrero de 1954 y 23 de octubre de 1964, RRJJ 323 y 4664).

Las principales características de esta comunidad especial son las siguientes:

a) Los condóminos están unidos por un vínculo de vecindad o por vínculos personales, familiares o sociales.

b) El número de condóminos es, por norma general, indeterminado.

c) Todos tienen derecho al aprovechamiento de pastos —si bien sería conveniente ordenar el aprovechamiento—.

d) No hay cuotas, por lo que no cabe la división material ni jurídica, ni existen derechos de adquisición preferente (de lo contrario, es una comunidad ordinaria como en el caso de la STS de 17 de julio de 2012, RJ 9331).

La única norma en el Código civil que incide en el régimen de la comunidad de pastos es el artículo 602, el cual permite a cualquiera de los condóminos la salida de la comunidad mediante el cerramiento de la finca. Con esta medida se quiere impedir el acceso del ganado a la finca cercada, pero no significa un acto de división (cfr. art. 400 CC). El artículo 602 no es de aplicación cuando los condóminos del ganado no son propietarios de las fincas y cuando los bienes son comunales.

4. La comunidad por turnos

Esta comunidad especial viene regulada únicamente en el libro quinto del CCcat (arts. 554-1 a 554-12). En el Preámbulo de la Ley 5/2004, de 10 de mayo, se precisa que la comunidad por turnos es diferente de la regulación de los turnos de apartamentos para vacaciones según la Directiva 94/47/CE, de 26 de octubre, y que es compatible con la misma. El argumento principal del legislador catalán es que se limita a bienes unitarios y excluye de forma expresa la aplicación a los supuestos a que se refiere la normativa europea. Con posterioridad a esta Ley se aprobó la Directiva 2008/122/CE, de 14 de enero de 2009, sin que hasta ahora se haya reformado la normativa catalana.

Nos interesa conocer mínimamente este tipo de comunidad ya que en el Derecho estatal carecemos de cualquier normativa para regular el aprovechamiento por turno mediante un régimen específico de comunidad.

La Ley estatal 4/2012, de 6 de julio, que transpone la Directiva 2008/122/CE, admite expresamente la configuración del derecho de aprovechamiento por turno como derecho real (art. 23.1, frase última). El derecho real de aprovechamiento por turno no podrá en ningún caso vincularse a una cuota indivisa de la propiedad, ni denominarse multipropiedad, ni de cualquier otra manera que contenga la palabra propiedad (art. 23.4). Se deberá prever en la escritura reguladora del régimen de aprovechamiento por turnos una comunidad de titulares (art. 34.4) que aglutinará a los titulares de derechos reales sobre un mismo apartamento con los titulares de derechos reales sobre todos los demás, en la que cada titular tendrá tantos votos como derechos de los que es titular (es de aplicación subsidiaria para los acuerdos la LPH (art. 34.4.5.ª). Esta forma o tipo de aprovechamiento en común no se debe confundir con las «membresías» o contratos de afiliación a un club de vacaciones (SSTS de 23 de noviembre de 2017 y 20 de abril de 2018, RR. 5284 y 1754).

En virtud de la autonomía privada en el ámbito de los Derechos reales, no debería haber impedimento alguno para constituir en otros territorios una comunidad por turnos siempre que no sea un instrumento para burlar las normas tuitivas de la Ley estatal 4/2012. Para su constitución en los demás territorios de España, nos podemos inspirar en la normativa catalana sobre la comunidad por turnos. Como idea rectora, esta comunidad se caracteriza por la concurrencia de titulares que tienen el derecho de gozar del bien sobre el que recae, con carácter exclusivo, por unidades temporales discontinuas y periódicas. Ello debe comportar la existencia del turno, que delimita la participación de los titulares en la comunidad, la configuración de una organización para el ejercicio de los derechos y el cumplimiento de los deberes de los titulares de los turnos así como la exclusión de la acción de división y de los derechos de adquisición de carácter legal entre los titulares. Se deberá fijar un tiempo mínimo y máximo para el aprovechamiento, de forma discontinua y periódica. El título de constitución de la comunidad por turnos lo otorgan los propietarios del bien sobre el que recae. En el título constitutivo se deberán fijar los derechos y las obligaciones de cada titular, los gastos y cargas que cada uno tiene que asumir, debiendo regir el principio «un derecho de aprovechamiento, un voto». Se pueden aprobar estatutos y normas de régimen interior, tomando como referencia la LPH, que debería ser siempre de aplicación subsidiaria.

5. El condominio naval

El condominio naval, esto es, la copropiedad de un buque o embarcación, es claramente una comunidad especial que comparte con la comunidad ordinaria que es una propiedad pro indiviso. Una de las características del condominio naval es que tiene como finalidad la explotación mercantil de un buque o embarcación. Por lo tanto, se trata de una comunidad funcional, activa, dinámica, próxima a la sociedad. Entre las diversas teorías sobre el condominio naval, la que quizá mejor explica su verdadera naturaleza es la expuesta por Reglero Campos, para quien se trata de una institución bidimensional que se desenvuelve en dos planos: la copropiedad del buque y un régimen de explotación en común de carácter mercantil. No es, sin embargo, condominio naval cuando dos o más personas adquieren pro indiviso una embarcación deportiva o de recreo (es una comunidad de bienes ordinaria).

El condominio naval está regulado en los artículos 150 a 155 de la Ley 14/2014, de 24 de julio, de Navegación Marítima (LNM). Se entenderá por condominio naval la copropiedad de un buque o embarcación cuando tenga como finalidad su explotación mercantil (art. 150). La definición legal responde al concepto que mayoritariamente se defiende en la doctrina y en la jurisprudencia. Según la STS de 7 de julio de 2009 (R. 4768), en los artículos 589 y siguientes Ccom (entonces vigentes) se regulaba «la comunidad en la titularidad dominical del buque con una visión dinámica y funcional, pues se refiere a ella como medio o instrumento del ejercicio de una empresa de comercio marítimo por los cotitulares —que más que tener en común ponen en común, según la frase acuñada por la doctrina—». La definición actual del condominio en el artículo 150 LNM responde claramente y mejor a lo que es en realidad el condominio naval. El régimen jurídico del condominio naval vendrá determinado por el contrato constitutivo. En su defecto, habrá que estar a los artículos 151 a 155 LNM y, con carácter subsidiario, regirán los artículos 392 y siguientes CC y las normas reguladoras de la compañía mercantil.

¿Cuál es el régimen jurídico básico de esta comunidad? Como en cualquier comunidad, podemos diferenciar en esta comunidad los actos de administración, gestión y disposición sobre el buque o embarcación. La LNM sigue el criterio de la mayoría, de tal manera que para la realización de cualquier acto o negocio jurídico de administración, disposición o gravamen del buque en condominio naval, será suficiente el acuerdo de los condueños que representen la mayoría de las cuotas de la copropiedad. Un solo condueño puede ostentar dicha mayoría (art. 151). El contrato constitutivo puede fijar otras normas, en atención por ejemplo a los diversos actos que requieren un acuerdo siempre que rija el principio de mayoría, así como cualquier aspecto formal para los acuerdos mayoritarios (lugar de celebración, requisitos de convocatoria, fijación del orden del día).

Donde hay mayorías siempre hay minorías cuyos derechos deben ser protegidos. La LNM regula diversos supuestos. Por una parte, cuando la falta de participación u oposición se refiera a la decisión de realizar cualquier acto o negocio jurídico de administración o disposición, designación de administrador u obras de reparación del buque, el condómino tendrá derecho a separarse del condominio, transmitiendo su cuota a los restantes condóminos que acepten su adquisición, por el valor fijado de común acuerdo, a falta de éste por tasación de perito designado por ambas partes, y en defecto de todo ello, por el juez. Si ninguno aceptara, podrá solicitar su venta en pública subasta (art. 152.2). Por otra, todo condómino que no haya participado o se haya opuesto a la decisión de vender el buque tiene derecho a exigir que la venta se realice en subasta pública (art. 152.1).

Para la gestión del condominio naval se puede nombrar por acuerdo mayoritario un gestor. Recibe el nombre de administrador y tiene la consideración legal de factor mercantil (art. 153.1). El administrador ostentará las facultades de administración y representación (art. 153.1). Si son varios los administradores, la administración y representación será en forma mancomunada o solidaria, según se haya expresado en su nombramiento (art. 153.1). La designación del administrador podrá hacerse constar en el Registro de Bienes Muebles (art. 153.2). Será ineficaz frente a tercero cualquier limitación o restricción a las facultades citadas en el apartado primero (art. 153.3).

Al ser el condominio naval una copropiedad pro indiviso, en principio cada condómino puede disponer de su cuota, pero con una limitación importante respecto a la hipoteca naval. Dispone el artículo 154: «Todo copropietario puede realizar sobre su cuota cualquier acto de disposición o gravamen, con excepción de la hipoteca naval, que sólo podrá recaer sobre la totalidad del buque y requerirá acuerdo de la mayoría de los condóminos».

Por último, la LNM regula también la adquisición preferente. En caso de venta de una cuota indivisa a un extraño a la comunidad, los demás condóminos podrán ejercer los derechos de tanteo y retracto (art. 155.1). Si son más de uno quienes deciden ejercitar tales derechos, la adquirirán en proporción a su respectiva cuota indivisa (art. 155.1). En los apartados 2 y 3 del artículo 155 se regulan los requisitos para el ejercicio de los derechos de tanteo y retracto.

La LNM no regula la extinción del condominio naval. No cabe en principio la división material de un buque o de una embarcación porque pierde su principal función. El desguace, que deberá ser decidido por la mayoría (art. 151), es causa de extinción. En este sentido, resulta de interés el supuesto examinado en la Sentencia de 7 de julio de 2009 (RJ 4768): la extinción de la comunidad sobre un buque por desguace y la constitución posterior de un condominio naval sobre un nuevo buque. La venta del condominio a uno de los cotitulares o a un tercero también es causa de extinción del condominio.

CASO PRÁCTICO

Con fecha de 6 de octubre de 2000, se vende en documento privada una finca rústica. Esta finca pertenece a la comunidad hereditaria formada por cuatro hermanos. En el documento privado de compraventa sólo intervienen tres de los hermanos. Cuando el comprador pide que se eleve a escritura pública, se notifica por conducto notarial al otro hermano para que comparezca en la Notaría el 10 de octubre de 2006. El hermano se opone al otorgamiento de la escritura pública. Pregunta a su abogado si existe alguna posibilidad de negarse a la venta, que tuvo lugar el 6 de octubre de 2000. Consulten la STS de 23 de junio de 2009 (R. 4233).

Cuestiones:

1. Ante qué tipo de comunidad de bienes nos encontramos.
2. ¿Cuáles son sus principales características?
3. ¿Se pueden aplicar con carácter supletorio los artículos 392 y siguientes CC?
4. ¿Qué acción podría ejercitar el comunero ausente en la venta contra sus hermanos (los demás comuneros) y el comprador?
5. ¿En qué normas habrá que basar la acción?
6. ¿Está caducada la acción?
7. En caso de estimarse la acción, ¿cuáles son las consecuencias?
8. ¿Qué pueden alegar los hermanos y el comprador?
9. En el caso, ¿cuál es la jurisprudencia «dominante»?

BIBLIOGRAFÍA BÁSICA

AAVV: *Comunidad de bienes*, coord. REYES LÓPEZ, M. J., Tirant lo Blanch, 2014; AAVV, *Bienes en común*, dir. NASARRE AZNAR, S., Tirant lo Blanch, 2015; ABELLA RUBIO, J. M.ª: *La división de la cosa común en el Código civil*, 2.ª ed., Dykinson, 2005; ALBIEZ DOHRMANN, K. J.: «Contratos sobre comunidades convencionales. Cláusulas usuales», *Comunidad de bienes*, coord. REYES LÓPEZ, M. J., Tirant lo Blanch, 2014, pp. 1023 ss.; BELTRÁN DE HEREDIA Y CASTAÑO, J.: *La comunidad de bienes en el Derecho español*, ed. Revista de Derecho Privado, 1954; CRESPO ALLÚE, F.: *La división de la comunidad de bienes*, Lex Nova, 1993; LÓPEZ FRÍAS, M. J.: «Una nueva reflexión sobre la singularidad jurídica de algunas propiedades inmobiliarias: especial referencia a los adarves, engalabernos y cobertizos. Cuestiones actuales y proyección de futuro», *RCDI*, 2012, pp. 2567 a 2600; MIQUEL GONZÁLEZ, J. M.ª, «Comentarios de los artículos 392 y siguientes»; *Comentario del Código civil*, dirs. PAZ-ARES, C. *et alii*, Ministerio de Justicia, tomo I, pp. 1066 a 1118; PAZ-ARES, C.: «Comentarios de los artículos 1665 y siguientes»; *Comentario del Código civil*, dirs. PAZ-ARES, C. *et alii*, Ministerio de Justicia, tomo II, pp. 1299 a 1523; REGLERO CAMPOS, L. F.: «El condominio naval», *ADC*, 1991, vol. 44, n.º 1, pp. 183 a 232.

EJERCICIOS DE AUTOEVALUACIÓN

1) ¿Con qué tipo de comunidad de bienes se identifica el Código civil?
2) ¿Qué es una comunidad romana?
3) ¿Qué es una comunidad de tipo germánico?
4) Principal diferencia entre una y otra comunidad.
5) La comunidad de bienes, ¿tiene personalidad jurídica?
6) Señale alguna comunidad de tipo funcional.
7) Señale alguna comunidad de tipo instrumental.
8) La sociedad civil interna, ¿es una comunidad de bienes?
9) ¿Se pueden aplicar a la sociedad civil interna los artículos 392 y siguientes CC? ¿En qué sentido?
10) ¿Existe la comunidad empresarial?
11) ¿Se puede crear una comunidad en virtud de un negocio jurídico o contrato?
12) Principales cláusulas reguladoras de la comunidad.
13) ¿Qué es una subcomunidad?
14) ¿Es de aplicación el artículo 399 CC a los actos de disposición sobre un bien común?
15) Preceptos del Código civil que regulan los actos de uso y disfrute de un bien común.
16) Mayorías necesarias para aprobar actos de administración relacionados con el bien común.
17) ¿Cómo se reparten los beneficios y cargas entre los comuneros?
18) Notas características del derecho a disponer de la cuota.

19) Requisitos para la inscripción de la cuota en el Registro de la Propiedad.

20) El pacto de indivisión: su principal límite.

21) Supuestos de indivisibilidad de un bien común.

22) Notas características del derecho a pedir la indivisión y de la acción de división.

23) Efectos de la división.

24) ¿Cuáles son las principales características dela comunidad vecinal de montes en mano común?

25) Señale las diferencias entre la comunidad de pastos y la servidumbre de pastos.

26) ¿Es factible en el Derecho estatal constituir una comunidad por turnos?

27) El aprovechamiento por turno de bienes inmuebles según la Ley estatal 4/2012, de 6 de julio, ¿puede organizarse constituyendo una comunidad entre los titulares de los aprovechamientos por turno de bienes inmuebles?

28) ¿Qué mayoría es necesaria para la realización de cualquier acto o negocio jurídico de administración, gestión, disposición o gravamen del buque o embarcación en régimen de condominio naval?

La comunidad de bienes

Comunidad de bienes en el Código civil	✓ En el Código civil, la comunidad de bienes se identifica, de acuerdo con el artículo 392, con la copropiedad: «Hay comunidad cuando la propiedad de una cosa o un derecho pertenece pro indiviso a varias personas».
Comunidad pro indiviso	✓ La comunidad de bienes a la que se refieren los artículos 392 ss. CC es la comunidad pro indiviso, llamada también ordinaria por ser la principal comunidad en nuestro ordenamiento jurídico.
Comunidad por cuotas	✓ En la comunidad pro indiviso cada comunero es titular de una cuota. Artículo 399 CC.
Comunidades legales y convencionales	✓ Artículo 392.2 CC: «A falta de contratos o de disposiciones especiales, se regirá la comunidad por las prescripciones de este título».
Actos de disposiciones sobre los bienes comunes	✓ «Ninguno de los condueños podrá, sin el consentimiento de los demás, hacer alteraciones en la cosa común, aunque de ellas pudieran resultar ventajas para todos». Artículo 397 CC.
Actos de uso y disfrute de los bienes comunes	✓ El uso y disfrute del bien pro indiviso es un derecho individual de cada comunero, pero al mismo tiempo es un derecho solidario. Artículo 394 CC.
Actos de conservaciones de los bienes comunes	✓ El Código civil no contiene una norma expresa sobre la conservación del bien pro indiviso. Artículo 397 CC.
Administración de la comunidad de bienes	✓ Para cualquier acto de uso y disfrute sobre el bien pro indiviso se requiere que sea aprobado por la mayoría de los comuneros. Artículo 398 CC.
Reparto de beneficios y cargas	✓ El reparto de beneficios y cargas se rige por el principio de proporcionalidad en función de las cuotas de cada comunero. Artículo 393 CC.

DISPOSICIÓN DE LA CUOTA	✓ Cada comunero es, según el artículo 399 CC, titular pleno de su cuota y de los derechos accesorios a la misma (frutos y utilidades).
INSCRIPCIÓN DE LA CUOTA EN EL REGISTRO DE LA PROPIEDAD	✓ Es inscribible en el Registro de la Propiedad la cuota que cada comunero tiene sobre el bien común. Artículo 54.1 RH.
DIVISIÓN DE LA COMUNIDAD	✓ La división del bien común es la principal causa de extinción de la comunidad. La división es un derecho individual de cada comunero (art. 400.1). Este derecho individual se materializa ejerciendo la acción de división (*actio communi dividundo*). Artículos 400 a 406 CC.
COMUNIDADES ESPECIALES	✓ La medianería, la comunidad vecinal de montes en mano común, la comunidad de pastos, la comunidad por turnos, el condominio naval.

LECCIÓN 8

LA PROPIEDAD HORIZONTAL*[1]

I. GENERALIDADES

1. CONCEPTO

La Propiedad Horizontal constituye una figura jurídica en la que, junto a una propiedad exclusiva sobre un espacio concreto (pisos o locales), coexiste una co-

* Por Manuel RIVERA FERNÁNDEZ.

[1] La propiedad horizontal es una materia esencialmente casuística, por ello, la presente lección está sustentada en la jurisprudencia de nuestro Tribunal Supremo y en la doctrina emanada de la Dirección General de los Registros y del Notariado. El número de referencia de las distintas sentencias y resoluciones (R.) es el designado en el repertorio de jurisprudencia Aranzadi.

propiedad obligada, necesaria e indivisible sobre unos elementos comunes (servicios e instalaciones comunes a la finca).

Se caracteriza por la existencia de un único derecho de propiedad cuyo objeto es complejo: el piso, local o departamento privativo, es decir, un espacio suficientemente delimitado y susceptible de aprovechamiento independiente, y la participación inseparable en la titularidad de los elementos, pertenencias y servicios comunes del edificio (arts. 3 LPH y 396 CC). No se trata de dos propiedades yuxtapuestas (la del piso, local u otro departamento privativo y la copropiedad sobre los elementos comunes), sino de un único derecho, de naturaleza especial y compleja, entre cuyas características más destacadas se encuentran: por una parte, la atribución a cada piso o local de «una cuota de participación con relación al total del valor del inmueble y referida a centésimas del mismo», de suerte que dicha cuota «servirá de módulo para determinar la participación en las cargas y beneficios por razón de la comunidad» (art. 3, párrafo segundo, LPH); y, por otro lado, la inseparabilidad e indisponibilidad de la cuota sobre «las partes en copropiedad» o elementos comunes, que en ningún caso son susceptibles de división y que sólo podrán ser enajenadas, gravadas o embargadas juntamente con la parte determinada privativa de la que son anejo inseparable (art. 396, párrafo segundo, CC) [RDGRN de 19 de julio de 2018 (*BOE* de 7 de agosto de 2018)].

2. Normativa aplicable

La propiedad horizontal viene regulada por la Ley 49/1960, de 21 de julio, sobre propiedad horizontal (LPH).

Previamente, el Código civil había regulado esta peculiar forma de propiedad en su artículo 396 configurándola como una modalidad de la comunidad de bienes. Habrá que esperar a la reforma operada por la Ley de 26 de octubre de 1939 para desechar la idea preponderante de comunidad y el paso al reconocimiento preferente de la propiedad privativa o singular del piso o local, quedando la comunidad, como accesoria, circunscrita a lo que se ha venido llamando elementos comunes. La ley de 1960, tal y como expresa en su propia Exposición de Motivos, dando un paso más, pretende llevar al máximo posible la individualización de la propiedad desde el punto de vista del objeto. A tal fin, a este objeto de la relación, constituido por el piso o local, se incorpora el propio inmueble, sus pertenencias y servicios. Mientras sobre el piso *stricto sensu*, o espacio, delimitado y de aprovechamiento independiente, el uso y disfrute son privativos, sobre el «inmueble», edificación, pertenencias y servicios (abstracción hecha de los particulares espacios) tales usos y disfrute han de ser, naturalmente, compartidos; pero unos y otros derechos, aunque distintos en su alcance, se reputan inseparablemente unidos, unidad que también mantienen respecto de la facultad de disposición. La ley, continúa señalando la Exposición de Motivos, representa, más que una reforma de la legalidad vigente, la ordenación *ex novo*, de manera completa, de la propiedad por pisos.

La LPH de 1960 ha sufrido diversas modificaciones (Ley 2/1988, de 23 de febrero, Ley 3/1990, de 21 de junio, Ley 8/1999, de 6 de abril, Ley 1/2000, de 7 de enero, de Enjuiciamiento Civil, Ley 51/2003, de 2 de diciembre, Real Decreto-Ley 7/2019, de 1 de marzo), las dos más relevantes son:

1) Ley 8/1999, de 6 de abril, que presentaba como principales novedades: 1.º Se flexibilizó el régimen de la unanimidad en la adopción de acuerdos, para evitar situaciones antieconómicas y de abuso que suponía el anterior derecho de veto de cada uno de los propietarios. 2.º La «lucha contra la morosidad» mediante una serie de medidas tendentes a tal fin, como son: *a*) La creación de un fondo de reserva para atender a las obras de conservación y reparación. *b*) Publicidad de las cantidades adeudadas en el instrumento público de transmisión. *c*) Afección real del inmueble al pago de los gastos generales de la Comunidad. *d*) La eliminación de los derechos sociales del propietario moroso. *e*) El establecimiento de un procedimiento ágil y eficaz de ejecución judicial. 3.º Reguló el régimen de funcionamiento de los Órganos de la Comunidad y del nombramiento y remoción de sus cargos. 4.º Dio tratamiento a los conjuntos inmobiliarios a los que se les aplica con algunas especialidades el régimen de PH.

2) Real Decreto-Ley 7/2019, de 1 de marzo, de medidas urgentes en materia de vivienda y alquiler, cuyas novedades más relevantes se centran en: 1.º Incrementa la cantidad mínima del fondo de reserva a un 10 por 100 (antes era del 5 por 100) del último presupuesto ordinario. 2.º Permite que el fondo de reserva pueda atender, entre otros aspectos, a la realización de las obras de accesibilidad recogidas en el artículo 10.1.*b*) LPH. 3.º Se establece la obligatoriedad de realizar obras de accesibilidad cuando las ayudas públicas a las que la comunidad pueda tener acceso alcancen el 75 por 100 del importe de las mismas. 4.º Se establece que el acuerdo comunitario por el que se limite o condicione los llamados arrendamientos turísticos, en los términos establecidos en la normativa sectorial turística, suponga o no modificación del título constitutivo o de los estatutos, requerirá el voto favorable de las tres quintas partes del total de los propietarios que, a su vez, representen las tres quintas partes de las cuotas de participación. Asimismo, esta misma mayoría se requerirá para el acuerdo por el que se establezcan cuotas especiales de gastos o un incremento en la participación de los gastos comunes de la vivienda donde se realice dicha actividad, siempre que estas modificaciones no supongan un incremento superior al 20 por 100.

Junto a la LPH, debemos tener en cuenta que el último párrafo del artículo 396 CC señala que: «Esta forma de propiedad se rige por las disposiciones legales especiales y, en lo que las mismas permitan, por la voluntad de los interesados»; es decir, la autonomía privada, la voluntad de las partes, es ciertamente relevante en la regulación de la propiedad horizontal. Autonomía privada que encuentran su expresión en los denominados estatutos o en el reglamento de régimen interior de la comunidad.

3. Naturaleza

La comunidad de propietarios en régimen de propiedad horizontal carece de personalidad jurídica. Esta falta de personalidad la ha sostenido la jurisprudencia reiteradamente, con lo que la comunidad no puede ser titular registral ni es posible que, sin tal personalidad, puede ser propietaria de un bien y, por extensión, ser titular registral del asiento de inscripción correspondiente [STS de 8 de enero de 2019 (R. 33)].

No obstante, aunque la LPH no le atribuye personalidad jurídica, son variadas las situaciones en las que el planteamiento de su existencia, o no, se presenta: 1) Puede ser centro de imputación de relaciones jurídicas. Así, el artículo 22.1 dice que «La comunidad de propietarios responderá de sus deudas frente a terceros con todos los fondos y créditos a su favor...»; 2) Tiene capacidad procesal para ser parte procesal (art. 6.5 LEC); o, 3) Supone una novedad la resolución de la DGRN de 12 de febrero de 2016 (R. 1884), que partiendo de la redacción del artículo 9 de la Ley Hipotecaria, reformado por la Ley 13/2015, y reconociendo la doctrina mantenida en precedentes resoluciones, añade que «debe admitirse el acceso registral de bienes a favor de la comunidad de propietarios en régimen de propiedad horizontal en los supuestos de ejecuciones judiciales, como una consecuencia normal de la ejecución de un embargo por deudas de uno de los propietarios, pues admitiendo el embargo a su favor, debe admitirse la posibilidad de que la ejecución culmine con su adjudicación. Ahora bien, esta inscripción a favor de la comunidad de propietarios debe reputarse como una situación excepcional y transitoria, pues no constituye finalidad de las comunidades de propietarios en propiedad horizontal, ser titulares permanentes de bienes, por lo que debe reputarse como una situación de tránsito a su posterior transmisión, a su atribución a copropietarios en proporción a sus cuotas o a su conversión en elemento común».

II. ÁMBITO DE APLICACIÓN DE LA LPH

Describe el artículo 2 LPH el ámbito de aplicación de la Ley en los siguientes términos:

La LPH será de aplicación:

a) A las comunidades de propietarios constituidas con arreglo a lo dispuesto en el artículo 5.

b) A las comunidades que reúnan los requisitos establecidos en el artículo 396 del Código civil y no hubiesen otorgado el título constitutivo de la propiedad horizontal. Estas comunidades se regirán, en todo caso, por las disposiciones de la LPH en lo relativo al régimen jurídico de la propiedad, de sus partes privativas y elementos comunes, así como en cuanto a los derechos y obligaciones recíprocas de los comuneros.

c) A los complejos inmobiliarios privados, en los términos establecidos en la LPH.

d) A las subcomunidades, entendiendo por tales las que resultan cuando, de acuerdo con lo dispuesto en el título constitutivo, varios propietarios disponen, en régimen de comunidad, para su uso y disfrute exclusivo, de determinados elementos o servicios comunes dotados de unidad e independencia funcional o económica.

e) A las entidades urbanísticas de conservación en los casos en que así lo dispongan sus estatutos.

III. CONSTITUCIÓN DEL RÉGIMEN DE PROPIEDAD HORIZONTAL

Por regla general, la constitución del régimen de propiedad horizontal se produce: 1) Mediante la construcción de un edificio que, en su origen, se encuentra dividido en pisos o locales de aprovechamiento independiente y cuyo promotor va a destinar al mercado inmobiliario bajo la configuración de propiedad horizontal [situación denominada de *prehorizontalidad*, STS de 29 de abril de 2010 (R. 4355)]; 2) Mediante la enajenación, por parte del propietario único, de alguno de los pisos o locales, para lo que, previamente, constituye el régimen de propiedad horizontal [STS de 23 de octubre de 2009 (R. 5706)]; y, 3) Mediante la sumisión al régimen de propiedad horizontal de un inmueble previamente sometido al régimen de comunidad previsto en el artículo 401, párrafo segundo, CC [STS de 15 de junio de 2012 (R. 6719)].

IV. EL TÍTULO CONSTITUTIVO

El título constitutivo es el acto por el que el propietario, o propietarios, del inmueble construido, o en construcción, cuyas características lo permitan, someten éste al régimen jurídico inmobiliario de propiedad horizontal. Es definido como «el documento, normalmente notarial, en el que constan las circunstancias de hecho y de derecho en virtud de las cuales nace y se configura la institución» [STS de 30 de marzo de 1999 (R. 2421)]. Es, en definitiva, el elemento básico de la institución.

La existencia del título constitutivo no es necesaria para la existencia de la propiedad horizontal. La posibilidad de que haya situaciones regidas por las normas de la propiedad horizontal sin que haya habido título constitutivo de la misma es evidente y así la reconoce el artículo 2 LPH, cuando dice que la ley será de aplicación no sólo a las comunidades de propietarios constituidas con arreglo a lo establecido en el artículo 5, mediante otorgamiento de título, sino también a aquellas comunidades que, reuniendo los requisitos del artículo 396 del Código civil, no lo hubiesen otorgado [STS de 24 de noviembre de 2010 (R. 577)]. Estamos ante la denominada *propiedad horizontal de hecho.*

Tampoco es necesaria la inscripción del título constitutivo en el Registro de la Propiedad, requisito que carece de efectos constitutivos, sino simplemente a efectos de publicidad y en cuanto a eficacia frente a terceros [STS de 17 de julio de 2006 (R. 4961)].

Por otro lado, la existencia del título constitutivo puede no ser suficiente para la existencia de la propiedad horizontal. Es el caso de las denominadas situaciones de *prehorizontalidad*, como estadio preparatorio de la propiedad horizontal, que, como refiere la doctrina, hace referencia a las situaciones en que todavía falta el elemento objetivo (el edificio no está concluido, sino que es un edificio en construcción dividido por pisos) o el elemento subjetivo (existencia de una pluralidad de propietarios) [STS de 4 de octubre de 2013 (R. 7053)].

1. ¿Quién otorga el título constitutivo?

Tan sólo el propietario único o los copropietarios, mediante acuerdo unánime, pueden otorgar el título constitutivo, tal y como se deriva de lo establecido en el artículo 5, segundo y último párrafo LPH al determinar la fijación de la cuota [STS de 11 de diciembre de 2009 (R. 853/2010)].

En este sentido, es relevante el momento de la adquisición de la titularidad dominical, ya que, por ejemplo, no podrá otorgar el título constitutivo la persona que ha comprado, pero no ha adquirido el derecho de propiedad sobre un piso o local, al haber obtenido título (contrato) pero no modo (tradición real o simbólica). Así lo ha dicho reiteradamente la jurisprudencia [STS de 2 de diciembre de 2010 (R. 1174) y 30 de marzo de 1999 (R. 2421)]. De igual forma, podrá ser declarado nulo el título constitutivo otorgado por el promotor cuando ya haya transmitido, al menos un piso o local [STS de 23 de octubre de 2009 (R. 5706)].

2. Forma

La LPH no exige que el título constitutivo conste en escritura pública, pero, lógicamente, sí lo exige la LH, en cuanto que veda el acceso al Registro de la Propiedad del documento privado (art. 3 LH). Es un requisito para la inscripción que, de practicarse, garantizaría la eficacia y oponibilidad de lo inscrito frente a terceros (art. 5 LH).

3. Contenido del título constitutivo

Lleva a cabo el artículo 5 LPH la descripción del contenido del título constitutivo en los siguientes términos: «El título constitutivo de la propiedad por pisos o locales describirá, además del inmueble en su conjunto, cada uno de aquellos al que se asignará número correlativo. La descripción del inmueble habrá de expresar las circunstancias exigidas en la legislación hipotecaria y los servicios e instalaciones con que cuente el mismo. La de cada piso o local expresará su extensión, linderos, planta en la que se hallare y los anejos, tales como garaje, buhardilla o sótano.

En el mismo título se fijará la cuota de participación que corresponde a cada piso o local, determinada por el propietario único del edificio al iniciar su venta por pisos, por acuerdo de todos los propietarios existentes, por laudo o por resolución judicial. Para su fijación se tomará como base la superficie útil de cada piso o local en relación con el total del inmueble, su emplazamiento interior o exterior, su situación y el uso que se presuma racionalmente que va a efectuarse de los servicios o elementos comunes.

El título podrá contener, además, reglas de constitución y ejercicio del derecho y disposiciones no prohibidas por la ley en orden al uso o destino del edificio, sus diferentes pisos o locales, instalaciones y servicios, gastos, administración y gobierno, seguros, conservación y reparaciones, formando un estatuto privativo que no perjudicará a terceros si no ha sido inscrito en el Registro de la Propiedad.

En cualquier modificación del título, y a salvo lo que se dispone sobre validez de acuerdos, se observarán los mismos requisitos que para la constitución».

Vemos que el artículo 5 LPH (complementado por los arts. 8 y 9 LH) establece un contenido necesario:

1. *La descripción del inmueble en su totalidad*, con expresión de su superficie, situación y linderos, con la determinación de los elementos privativos y comunes, para lo cual se tomará en cuenta la enumeración de elementos, servicios e instalaciones establecida en el artículo 396 CC (suelo, vuelo, cimentaciones y cubiertas... Ascensores, instalaciones, conducciones y canalizaciones para el desagüe y para el suministro de agua, gas o electricidad…). Clasificación no exaustiva sólo orientativa.

2. *La descripción de los pisos o locales*. Descripción de cada elemento susceptible de propiedad privativa. Los requisitos descriptivos resultan de las normas hipotecarias, siendo éstos: *a*) Número: expresión del número de elemento dentro de la división horizontal. Se exige numeración correlativa expresada en letra (número uno, número dos...). La designación de cada elemento por número correlativo responde a un criterio de claridad. Si no se expresa, no debe ser defecto que impida la inscripción (Resolución de 10 de octubre de 2006). *b*) Situación: indicación de la planta en que se ubica. *c*) Designación del elemento dentro de su planta: vivienda número 1, 2..., o letra A, B ... o, derecha, izquierda... *d*) Superficie. En materia de superficies, suele hablarse de: superficie útil (o *pisable*). Superficie perimetral: supo-

ne medir la superficie comprendida dentro del perímetro del concreto elemento, incluye, por tanto, los muros y paredes. Superficie construida total.

3. *La expresión de la cuota de participación correspondiente a cada piso o local*, determinada por el propietario único del edificio al iniciar su venta por pisos, por acuerdo unánime de todos los propietarios existentes, por laudo o por resolución judicial.

Junto al contenido necesario describe el artículo 5 LPH un contenido potestativo al hacer referencia al hecho de que el título constitutivo puede contener las reglas de constitución y ejercicio de los derechos, y disposiciones no prohibidas por la ley en orden al uso o destino del edificio, sus diferentes pisos o locales, instalaciones y servicios, gastos, administración y gobierno, seguros, conservación y reparaciones, formando un estatuto privativo (los *estatutos de la comunidad*) que no perjudicará a terceros si no ha sido inscrito en el Registro de la Propiedad.

4. Las reservas realizadas en el título constitutivo

Dentro del régimen del título constitutivo tienen especial trascendencia las posibles reservas que el promotor, o promotores, del otorgamiento del título constitutivo hayan podido establecer.

Es reiteradísima la jurisprudencia del Tribunal Supremo y la doctrina de la DGRN admitiendo las reservas realizadas en el título constitutivo de propiedad horizontal, cuando son establecidas por el único propietario del inmueble, antes de verificar su venta por espacios independientes, para instrumentar y delimitar ciertos aspectos fundamentales de la misma siempre que no alteren o contradigan el régimen de propiedad horizontal. En concreto, la DGRN, en reiteradas ocasiones, ha admitido reservas a favor del promotor, por ejemplo, para independizar zonas excedentarias del solar [Resolución de 16 de febrero de 2004 (R. 2375)], constituir servidumbre recíproca sobre dos fincas (Resolución de 5 de junio de 2006), o declarar la segunda fase de edificación [Resolución de 19 de mayo de 2007 (R. 3237)]. También para describir las plazas de garaje sobre las que se vayan concretando las sucesivas cuotas vendidas, como medio de evitar que la exigencia de unanimidad en los acuerdos comunitarios implique la atribución a cada propietario de un desmedido derecho de veto (Resolución de 22 de julio de 2009), siendo posible dar un uso privativo a un elemento común, e incluso, la agrupación de un elemento privativo con otro común no esencial, comprendiendo en dicha reserva la facultad de desafectar dicho elemento común [Resolución de 21 de junio de 2013 (R. 5771)].

O las más llamativas referidas a la exoneración de contribución a los gastos de la comunidad a favor del promotor, propietario de una serie de garajes y trasteros, mientras no proceda a la venta de los mismos, aunque condicionada la exención a que el promotor no haga uso de ninguna forma de dichas plazas. Se ocupa del supuesto la RDGRN de 3 de marzo de 2011 (*BOE* de 27 de junio de 2011) señalando que, la legalidad o no de cláusulas similares dependerá del caso concreto y de la existencia de una causa proporcionada que justifique la exención. En el presente caso considera que no hay suficiente justificación y que se causa perjuicio a terceros, pues el propietario-promotor conserva sus derechos de propiedad y voto y sin embargo no contribuye a los gastos. Por otro lado, los restantes copropietarios tendrían que pagar una cuota mucho mayor que la que corresponde a su coeficiente y a su uso potencial, para compensar. Además, hay determinados gastos que son fijos, independientes del uso. Por todo ello considera ilegal y no inscribible dicha cláusula. Lo decisivo para rechazar la cláusula es el factor de subjetividad o principio que pretende introducir: no uso igual a no pago, dependiendo de la voluntad del titular. Diferente es el caso de los locales de planta de calle que objetivamente no pueden acceder, o son independientes funcionalmente del portal, escalera y al ascensor y por tanto habitualmente se les exonera de esos concretos gastos en los Estatutos [RDGRN de 31 de mayo de 2013 (*BOE* de 28 de junio de 2013) y RDGRN de 15 de abril de 2010 (*BOE* de 7 de junio de 2010)].

Por el contrario, no son válidas: *a*) la reserva abstracta e ilimitada de vuelo y suelo a favor del promotor porque deja en estado de provisionalidad a la comunidad en cuanto a la configuración final del edificio y a la atribución de cuotas [STS de 27 de mayo de 2009 (R. 4319)]; o, *b*) la cláusula en el título constitutivo que permite al promotor la modificación de la escritura de declaración de obra nueva y división en propiedad horizontal contraviniendo lo dispuesto en la LPH [STS de 4 de octubre de 2013 (R. 7053)].

5. Modificación del título constitutivo

En cualquier modificación del título, señala el último párrafo del artículo 5 LPH, y a salvo lo que se dispone sobre validez de acuerdos, se observarán los mismos requisitos que para la constitución. Es decir, se requiere el acuerdo unánime de todos los copropietarios (art. 17.6 LPH). No obstante, la Dirección General de los Registros y del Notariado viene exigiendo una doble unanimidad cuando la modificación del título constitutivo pretende acceder al Registro de la Propiedad: unanimidad de todos los propietarios en el momento de adoptar los acuerdos y la de todos los titulares registrales en el momento de su inscripción; y ello por cuanto para los propietarios actuales no pueden producir efectos aquellas modificaciones del título constitutivo que no hubieran sido inscritas oportunamente, pues para dichos titulares el acto no inscrito constituiría una verdadera carga oculta carente de la transparencia y publicidad necesaria que exige el sistema registral o hipotecario, conforme a sus preceptos y a sus principios [RDGRN de 27 de junio de 2018 (*BOE* de 10 de julio de 2018)].

Destacar la posibilidad de que la modificación del título constitutivo de un edificio regido por la Ley de Propiedad Horizontal se lleve a cabo por la vía judicial, aunque no haya unanimidad en la Junta de Propietarios, cuando la oposición de un propietario se considere como un acto de abuso del derecho o de ejercicio antisocial del mismo [STS de 19 de diciembre de 2008 (R. 159/2009)].

6. Estatutos de la comunidad

El título, señala el artículo 5, último párrafo, LPH, podrá contener, además, reglas de constitución y ejercicio del derecho y disposiciones no prohibidas por la ley en orden al uso o destino del edificio, sus diferentes pisos o locales, instalaciones y servicios, gastos, administración y gobierno, seguros, conservación y reparaciones, formando un *estatuto privativo* que no perjudicará a terceros si no ha sido inscrito en el Registro de la Propiedad. Son los estatutos de la comunidad, normas *establecidas de común acuerdo por todos los propietarios de un edificio sujeto al régimen de Propiedad Horizontal* y que tienen fuerza de ley en el inmueble sujeto a dicho régimen.

Con carácter general se puede decir que los estatutos contienen normas que regulan los derechos de cada propietario en relación con su piso y a la propiedad común. Las normas estatutarias más comúnmente utilizadas se pueden clasificar en los siguientes apartados: *a*) Las que se refieren al uso y destino del edificio. *b*) Las que regulan el uso y la utilización de los servicios y elementos comunes. *c*) Las que se refieren a la exoneración en la distribución de los gastos generales o contemplan especialidades en los mismos. *d*) Las que completan las normas legales sobre gobierno de la comunidad [STS de 22 de octubre de 2008 (R. 5782)]. No cabe hacer una enumeración de todas las cuestiones que puede contener el Estatuto, pues la posibilidad de fijar reglas es amplísima si no vulneran las disposiciones de la propia Ley.

Los estatutos forman parte del título constitutivo y se integran en él, se redacten y se incluyan en el propio título constitutivo o se haga con posterioridad; aunque no son imprescindibles para la existencia del régimen de propiedad horizontal. A falta de estatutos rige directamente la LPH. No tienen porque constar en escritura pública, si bien, su oponibilidad frente a terceros la requerirá para poder acceder al Registro de la Propiedad [STS de 3 de diciembre de 2014 (R. 6502)].

7. Reglas de régimen interior

Para regular los detalles de la convivencia y la adecuada utilización de los servicios y cosas comunes, y dentro de los límites establecidos por la Ley y los estatutos, el conjunto de propietarios podrá fijar normas de régimen interior que obligarán también a todo titular mientras no sean modificadas en la forma prevista para tomar acuerdos sobre la administración (art. 6 LPH). La obligatoriedad comprende, no sólo a los propietarios o titulares de los distintos pisos, sino también a todos los que habiten el inmueble, como los usufructuarios de pisos o locales, dado que las citadas normas son una ordenanza de régimen interior de edificio. Se inscriben en el libro de actas y son aprobadas por mayoría. A diferencia de los estatutos, no constan en el título constitutivo. Se trata de normas internas, con un origen convencional, al igual que los estatutos y con un carácter subordinado a éstos, puesto que ocupan el tercer lugar en la prelación de fuentes, por detrás de la Ley de Propiedad Horizontal y los señalados estatutos.

El contenido del reglamento de régimen interior puede ser muy variado, desde el establecimiento de un horario de la piscina común o para sacar y depositar la basura, hasta el uso de bicicletas dentro del recinto o el sistema de la limpieza de las zonas comunes.

— *Diferencia estatutos-reglamento de régimen interior*: Con carácter general se puede decir que los estatutos contienen normas que regulan los derechos de cada propietario en relación con su piso y a la propiedad común, mientras que las normas de régimen interior se destinan a regular detalles de la convivencia, pero sin que en modo alguno modifiquen ni creen limitaciones a los derechos establecidos. Para la aprobación y modificación del estatuto es necesario el cumplimiento de los mismos requisitos que para la constitución (art. 5, último párrafo) y es precisa la unanimidad del total de propietarios para su aprobación (art. 17.6). Para las normas de régimen interior, por el contrario, bastará la mayoría (art. 17.7). La necesidad de una u otra mayoría dependerá del contenido de las normas que se pretenden aprobar.

8. La cuota de participación

El artículo 3.*b*), párrafo segundo, LPH establece que «a cada piso o local se atribuirá una cuota de participación con relación al total del valor del inmueble y referida a centésimas del mismo. Dicha cuota servirá de módulo para determinar la participación en las cargas y beneficios por razón de la comunidad. Las mejoras o menoscabos de cada piso o local no alterarán la cuota atribuida, que sólo podrá variarse de acuerdo con lo establecido en los artículos 10 y 17 de esta Ley». Por su parte, el artículo 5 LPH señala: «[...] en el mismo título se fijará la cuota de participación que corresponde a cada piso o local, determinada por el propietario único del edificio al iniciar su venta por pisos, por acuerdo de todos los propietarios existentes, por laudo o por resolución judicial. Para su fijación se tomará como base la superficie útil de cada piso o local en relación con el inmueble, su emplazamiento interior o exterior, su situación y el uso que se presuma racionalmente que va a efectuarse de los servicios o elementos comunes».

De los preceptos transcritos se puede destacar los siguientes:

1) La cuota viene establecida en el título constitutivo de la Propiedad Horizontal.

2) La cuota sirve para determinar la participación en la propiedad, ya que representa la parte o fracción que corresponde a cada propietario en el valor total del edificio [arts. 3, párrafo 2.º, LPH y 8.4.º LH]. La cuota de participación es especialmente relevante, por ejemplo, en los casos de venta o arrendamiento de algún elemento común del edificio (vivienda del portero, por ejemplo), o en los supuestos de destrucción o expropiación forzosa del inmueble, pues en todos estos supuestos el precio, las indemnizaciones, o el solar resultante se repartirá entre los propietarios en atención a sus respectivas cuotas de participación. Sirve, también, para determinar el porcentaje con el que cada propietario participa en los beneficios y cargas que derivan de los elementos comunes.

3) La cuota sirve para determinar la participación en los gastos de la comunidad, en el deber del propietario de contribuir a sufragar los gastos generales para el adecuado sostenimiento del inmueble, y los servicios, cargas y responsabilidades que no sean susceptibles de individualización y siempre que en los estatutos no esté «especialmente establecido» otro módulo o sistema de contribución a los gastos.

4) La cuota es el referente al computar las mayorías en la junta de propietarios, ya que, conforme al denominado sistema de doble mayoría que rige la adopción de acuerdos en la propiedad horizontal, para que puedan aprobarse válidamente los acuerdos comunitarios no sólo es necesario que se alcance la *mayoría personal* que la ley exige en cada caso, que se obtendrá con el número de votos personales positivos de los propietarios, sino que también es preciso que se alcance la *mayoría de cuotas* correspondientes, de modo que los propietarios que hayan votado a favor del acuerdo sean titulares de un número de cuotas equivalente a la mayoría exigida (art. 17 LPH).

5) La cuota debe expresarse en centésimas y la suma de las cuotas de todos ellos, debe de totalizar el 100 por 100.

6) La cuota debe fijarse atendiendo a los criterios imperativos que establece el artículo 5 LPH: la superficie útil de cada piso o local en relación con el inmueble, su emplazamiento interior o exterior, su situación y el uso que se presuma racionalmente que va a efectuarse de los servicios o elementos comunes. Si bien, nada impide que se puedan tener como referentes otros elementos para su fijación [STS de 8 de abril de 2013 (R. 2598)].

7) Cuando el edificio pertenece a un propietario único (normalmente, el promotor de la edificación), éste fijará las cuotas antes de «iniciar su venta por pisos», ya que desde el momento en que venda los pisos (todos o alguno), al per-

tenecer ya el edificio a varios propietarios, para fijar las cuotas deberá concurrir el consentimiento individualizado y expreso de todos los propietarios del inmueble. Cuando hay una pluralidad de propietarios se exigirá el acuerdo unánime de todos ellos.

8) La ley contempla la posibilidad de que la fijación de las cuotas se pueda realizar también por «laudo» o por «resolución judicial». La determinación, o modificación, judicial de la cuota tendrá lugar cuando se demuestre que la establecida previamente contraviene clara, patente e inequívocamente los criterios legales establecidos en la Ley [STS de 5 de julio de 2005 (R. 5840)].

9) La cuota puede ser alterada. Así, las excepciones establecidas en el artículo 10.3 LPH, que no exigen acuerdo unánime de los propietarios, sólo mayoría de tres quintos (personal y cuota). Fuera de éstas, la modificación de la cuota en tanto en cuanto afecta al contenido esencial del derecho individual de cada uno de los propietarios de los pisos o locales, requiere el consentimiento unánime individualizado y singular de los propietarios afectados.

V. ELEMENTOS PRIVATIVOS Y COMUNES

La Propiedad Horizontal constituye una figura jurídica en la que, junto a una propiedad exclusiva sobre un espacio concreto privativo, coexiste una copropiedad obligada, necesaria e indivisible sobre unos elementos comunes. Así la describe el artículo 3.1 LPH: «En el régimen de propiedad establecido en el artículo 396 del Código civil corresponde a cada piso o local: *a*) El derecho singular y exclusivo de propiedad sobre un espacio suficientemente delimitado y susceptible de aprovechamiento independiente, con los elementos arquitectónicos e instalaciones de todas clases, aparentes o no, que estén comprendidos dentro de sus límites y sirvan exclusivamente al propietario, así como el de los anejos que expresamente hayan sido señalados en el título, aunque se hallen situados fuera del espacio delimitado. *b*) La copropiedad, con los demás dueños de pisos o locales, de los restantes elementos, pertenencias y servicios comunes».

1. El elemento privativo

Establece el artículo 396 CC: «Los diferentes pisos o locales de un edificio o las partes de ellos susceptibles de aprovechamiento independiente por tener salida propia a un elemento común de aquél o a la vía pública podrán ser objeto de propiedad separada». Por su parte, señala el artículo 3.*a*) LPH: «En el régimen de propiedad establecido en el artículo 396 del Código civil corresponde a cada piso o local: *a*) El derecho singular y exclusivo de propiedad espacio suficientemente delimitado y susceptible de aprovechamiento independiente, con los elementos arquitectónicos e instalaciones de todas clases, aparentes o no, que estén comprendidos dentro de sus límites y sirvan exclusivamente al propietario, así como el de los anejos que expresamente hayan sido señalados en el título, aunque se hallen situados fuera del espacio delimitado».

Puestos en relación ambos preceptos, lo que se sigue es que la atribución a cada propietario de un derecho singular y exclusivo sobre las instalaciones de todas clases existentes en su vivienda, aparentes o no aparentes, vendrá definida, salvo que el título constitutivo disponga otra cosa, por las siguientes notas: *a*) Que se trate de espacios susceptibles de aprovechamiento independiente; *b*) Que se trate de espacios suficientemente delimitados; *c*) Que tengan salida propia a un elemento común o a la vía pública; *d*) Que estén comprendidas dentro de los limites de su piso o local, y *e*) Que sirvan exclusivamente al propietario.

Cualquier elemento del edificio cuya propiedad privativa no venga declarada en el título constitutivo es un elemento común del edificio [STS de 5 de septiembre de 2011 (R. 6289)].

Anejos: El artículo 3.A) LPH hace referencia a los anejos, como elemento privativo, sin definir lo que son. Es el artículo 5.1 el que nos da la pista sobre qué debamos considerar anejos al incluir como tales a garaje, buhardilla o sótano. Como vemos son espacios de indudable posibilidad de aprovechamiento independiente que el título constitutivo ha atribuido de manera unitaria al propietario del piso o local.

2. Los elementos comunes

El artículo 396 CC destaca que los elementos comunes del edificio son todos los necesarios para su adecuado uso y disfrute, tales como el suelo, vuelo, cimentaciones y cubiertas; elementos estructurales y entre ellos los pilares, vigas, forjados y muros de carga; las fachadas, con los revestimientos exteriores de terrazas, balcones y ventanas, incluyendo su imagen o configuración, los elementos de cierre que las conforman y sus revestimientos exteriores; el portal, las escaleras, porterías, corredores, pasos, muros, fosos, patios, pozos y los recintos destinados a ascensores, depósitos, contadores, telefonías o a otros servicios o instalaciones comunes, incluso aquellos que fueren de uso privativo; los ascensores y las instalaciones, conducciones y canalizaciones para el desagüe y para el suministro de agua, gas o electricidad, incluso las de aprovechamiento de energía solar; las de agua caliente sanitaria, calefacción, aire acondicionado, ventilación o evacuación de humos; las de detección y prevención de incendios; las de portero electrónico y otras de seguridad del edificio, así como las de antenas colectivas y demás instalaciones para los servicios audiovisuales o de telecomunicación, todas ellas hasta la entrada al espacio privativo; las servidumbres y cualesquiera otros elementos materiales o jurídicos que por su naturaleza o destino resulten indivisibles.

La enumeración de elementos comunes realizada por el artículo 396 CC es meramente indicativa y abierta, y no constituye un *numerus clausus* [STS de 20 de mayo de 2016 (R. 1995)].

— *Clases de elementos comunes*: Dentro de los elementos comunes, cabe distinguir entre elementos comunes por naturaleza o esenciales, imprescindibles para asegurar el uso y disfrute de los diferentes pisos o locales; y por destino, o no esenciales, admitiéndose que estos últimos pueden ser, por esta razón, «desafectados» de su destino común y dedicados a un uso privado o exclusivo, en favor de uno o varios de los propietarios de pisos o locales, excluyendo en ese uso al resto. Por ejemplo, puede atribuirse el uso privativo de los patios interiores, las terrazas a nivel o cubiertas de parte del edificio. La desafectación de un elemento común no esencial, como los ejemplos indicados, no implica que el bien deje de tener tal consideración; tan sólo supone una variación respecto del uso del mismo que cabrían hacer todos los copropietarios con arreglo a su cuota, configurándose el uso privado o exclusivo como una excepción a lo que constituye regla general en el régimen de propiedad horizontal [SSTS de 18 de junio de 2012 (R. 9318) y de 8 de abril de 2011 (R. 3156)].

VI. DERECHOS Y OBLIGACIONES DEL PROPIETARIO

Como ha definido nuestro Tribunal Supremo, la Propiedad Horizontal constituye una figura jurídica en la que, junto a una propiedad exclusiva sobre un espacio concreto, coexiste una copropiedad obligada, necesaria e indivisible sobre unos elementos comunes, por lo que su Ley reguladora pretende configurar, o ajustar, esa forma de goce mediante determinadas reglas para conseguir una pacífica coexistencia entre copropietarios, cuyas relaciones de vecindad son susceptibles de conflicto por la interconexión existente por razón de la cosa [STS de 1 de febrero de 2007 (R. 704)].

1. Derechos relativos a elementos privativos

Dice el artículo 3 LPH: «Cada propietario tiene un *derecho singular y exclusivo de propiedad sobre su piso o local*, entendido como todo espacio susceptible de aprovechamiento independiente y suficientemente delimitado. Serán, igualmente, objeto de propiedad separada todas aquellas instalaciones ubicadas dentro de los límites de la unidad privativa de que se trate y estén al servicio exclusivo del titular dominical de la misma».

El derecho de propiedad, singular y exclusivo sobre el piso o local, comprende todas las facultades inherentes al dominio: uso, disfrute o disposición (hipotecar o gravar y enajenar el piso, si bien, conjuntamente con los elementos comunes que no pueden ser separados [art. 3.*b*), último párrafo, LPH].

1.1. *Modificación del elemento privativo*

El artículo 7.1 LPH establece, dentro del elemento privativo (piso o local), la posibilidad de modificar: 1) Los elementos arquitectónicos del piso o local. 2) Las instalaciones o servicios del mismo (aparentes o no, según se deduce del art. 3.*a*) LPH), siempre que no menoscaben o alteren: *a*) La seguridad del edificio; *b*) Su estructura general; *c*) Su configuración o estado exterior; y, *d*) Los derechos de otro propietario.

La casuística que se deduce del precepto es inabarcable. ¿Cuándo nos encontramos ante una modificación del elemento privativo que debamos considerar que menoscaba o altera la seguridad del edificio, su estructura general, su configuración o estado exterior o perjudica los derechos de otro propietario? Veamos algunos ejemplos resueltos por nuestros tribunales:

1) Menoscaba o altera la seguridad el edificio: La produce la instalación de una chimenea que no cumple las prescripciones administrativas de seguridad [STS de 11 de julio de 2012 (R. 7423)]; o la instalación de una caseta en patio comunitario de uso privativo al no tratarse de una obra desmontable, estando anclada a las paredes del edificio, embebida su cubierta en la fachada, lo que provoca que su eliminación no implique un simple desmontaje [SAP de Málaga de 20 de febrero de 2017 (AC 2017/1276)].

2) Menoscaba o altera la estructura general del edificio: Se produce cuando se ejecuta la unión física de vivienda con trastero situado en planta superior eliminando el forjado interior de división de ambos [STS de 17 de noviembre de 2011 (R. 1499)].

3) Menoscaba o altera la configuración o estado exterior: Se genera con el cerramiento de los porches o soportales utilizándolos como trasteros, lo que supone una clara modificación de la configuración y estado exterior [STS de 17 de enero de 2019 (R. 67)].

4) Perjudica los derechos de otros propietarios: Ocurre con la apertura de un escaparate en un local comercial en el pasillo de entrada a la comunidad, que como tal es un elemento común, distorsiona el acceso a la misma y dispone, sin autorización unánime de ese pasillo, en su propio beneficio. No se trata sólo de que se pueda o no cerrar con una verja el acceso a la comunidad, ni de si urbanísticamente es posible, sino de que se ha dispuesto un escaparate sobre el camino de acceso al portal, posibilitando que los comuneros tengan que compartirlo con los clientes que visualicen el escaparate lateral, lo que les provoca un notorio perjuicio [STS de 29 de diciembre de 2015 (R. 6238)].

Junto a las posibilidades de modificación del elemento privativo recoge el artículo 7.1 LPH la obligación de notificar la realización de dichas obras a «quien represente a la comunidad». La notificación debe realizarse antes de que se realicen las obras. Si bien, la LPH no establece las consecuencias del retraso o incluso la omisión de la notificación. Constituye un requisito cuyo incumplimiento podría agravar la responsabilidad del propietario en caso de que se produjeran daños. La falta de autorización de la comunidad no supone ilegalidad de la obra.

1.2. *Prohibición de alteración de los elementos comunes*

La doctrina jurisprudencial distingue entre las obras ejecutadas por los propietarios en sus elementos privativos y sobre elementos comunes. Como hemos visto, en el primero de los casos, el propietario podrá modificar los elementos arquitectónicos, instalaciones o servicios de su piso o local si no menoscaba o altera la seguridad del edificio, su estructura general, configuración o estado exterior o perjudica los derechos de otros propietarios. En el supuesto que las obras realizadas afecten o alteren los elementos comunes se precisará para la legalidad de las obras la autorización unánime de la comunidad [STS de 17 de noviembre de 2011 (R. 1499)]; y si advirtiere la necesidad de reparaciones urgentes deberá comunicarlo sin dilación al administrador (art. 7.1, párrafo segundo).

2. Derechos relativos a elementos comunes

2.1. *Indemnizaciones*

Los propietarios han de consentir en su vivienda o local las reparaciones que exija el servicio del inmueble y permitir en él las servidumbres imprescindibles requeridas para la creación de servicios comunes de interés general acordados conforme a lo establecido en la Ley, teniendo derecho a que la comunidad le resarza de los daños y perjuicios ocasionados, de acuerdo con el artículo 9.1.*c*) LPH. Constituye un claro ejemplo de lo dicho en la instalación del ascensor en la comunidad carente del mismo. Es doctrina jurisprudencial que la instalación de un ascensor en una comunidad de vecinos que carece de este servicio, considerado como de interés general, permite la constitución de una servidumbre con el oportuno resarcimiento de daños y perjuicios, incluso cuando suponga la ocupación de parte de un espacio privativo, siempre que concurran las mayorías exigidas legalmente para la adopción de tal acuerdo, sin que resulte preceptivo el consentimiento del copropietario directamente afectado, y que el gravamen impuesto no suponga una pérdida de habitabilidad y funcionalidad del espacio privativo [STS de 10 de octubre de 2011 (R. 7410)].

2.2. *Impago de cuotas*

Regula la LPH algunos supuestos en los que el propietario del piso o local puede negarse, legítimamente, a satisfacer la cuota derivada de alguna actuación autorizada por la comunidad de propietarios. Así:

1) La instalación de las infraestructuras comunes para el acceso a los servicios de telecomunicación regulados en el Real Decreto-ley 1/1998, de 27 de febrero, sobre infraestructuras comunes en los edificios para el acceso a los servicios de telecomunicación, o la adaptación de los existentes, así como la instalación de sistemas comunes o privativos, de aprovechamiento de energías renovables, o bien de las infraestructuras necesarias para acceder a nuevos suministros energéticos colectivos, podrá ser acordada, a petición de cualquier propietario, por un tercio de los integrantes de la comunidad que representen, a su vez, un tercio de las cuotas de participación. La comunidad *no podrá repercutir* el coste de la instalación o adaptación de dichas infraestructuras comunes, ni los derivados de su conservación y mantenimiento posterior, sobre aquellos propietarios que no hubieren votado expresamente en la Junta a favor del acuerdo. No obstante, si con posterioridad solicitasen el acceso a los servicios de telecomunicaciones o a los suministros energéticos, y ello requiera aprovechar las nuevas infraestructuras o las adaptaciones realizadas en las preexistentes, podrá autorizárseles siempre que abonen el importe que les hubiera correspondido, debidamente actualizado, aplicando el correspondiente interés legal (art. 17.1 LPH). No obstante, lo dispuesto en el párrafo anterior respecto a los gastos de conservación y mantenimiento, la nueva infraestructura instalada tendrá la consideración, a los efectos establecidos en la Ley, de elemento común.

2) En el supuesto de que se acuerde la realización de innovaciones no exigibles para la adecuada conservación, habitabilidad y seguridad del inmueble y cuya cuota de instalación exceda del importe de tres mensualidades ordinarias de gastos comunes, el propietario disidente con dicho acuerdo «no resultará obligado, ni se modificará su cuota, incluso en el caso de que no pueda privársele de la mejora o ventaja», según el artículo 17.4 LPH. Si el disidente desea, en cualquier tiempo, participar de las ventajas de la innovación, habrá de abonar su cuota en los gastos de realización y mantenimiento, debidamente actualizados mediante la aplicación del correspondiente interés legal.

2.3. *Facultad de oposición*

Los propietarios tienen derecho a oponerse a aquellas innovaciones que hagan inservible alguna parte del edificio para el uso y disfrute de su propiedad, de conformidad con lo dispuesto en el artículo 17.4 LPH: «No podrán realizarse innovaciones que hagan inservible alguna parte del edificio para el uso y disfrute de un propietario, si no consta su consentimiento expreso» (art. 17.4, último párrafo, LPH).

2.4. *Derechos sociales*

La titularidad de un piso o local proporciona al propietario una serie de derechos sociales como pueden ser el intervenir en las juntas ejerciendo el derecho de voto y oponerse a sus acuerdos, así como, en su caso, impugnar los acuerdos adoptados por la junta de propietarios, o elegir, revocar y ser nombrado presidente u otros cargos.

3. Obligaciones relativas a elementos privativos

El derecho a la propiedad privada constituye un derecho constitucionalmente reconocido (art. 33 CE), concebido ampliamente en nuestro ordenamiento jurídico, sin más limitaciones que las establecidas legal o convencionalmente que, en todo caso, deben ser interpretadas de un modo restrictivo. En el ámbito de la propiedad horizontal, resulta posible, el establecimiento de limitaciones o prohibiciones que, en general, atienden al interés general de la comunidad. Estas prohibiciones referidas a la realización de determinadas actividades o al cambio de uso del inmueble, deben constar de manera expresa, y a fin de tener eficacia frente a terceros deben aparecer inscritas en el Registro de la Propiedad [STS de 3 de septiembre de 2014 (R. 4945)].

1) Existe una plena libertad a la hora de establecer el uso que se le puede dar a un inmueble en el ámbito de la propiedad horizontal, de tal forma que los copropietarios no pueden verse privados de la utilización de su derecho a la propiedad del inmueble como consideren más adecuado. No obstante, establece el artículo 7.2 LPH: «Al propietario y al ocupante del piso o local no les está permitido desarrollar en él o en el resto del inmueble actividades prohibidas en los estatutos, que resulten dañosas para la finca o que contravengan las disposiciones generales sobre actividades molestas, insalubres, nocivas, peligrosas o ilícitas».

El sujeto infractor puede ser tanto el propietario como cualquier ocupante del piso o local y se le prohíbe realizar ciertas actividades, tanto en el elemento privativo como en los elementos comunes.

— *Actividades prohibidas en el título constitutivo o en los estatutos*: En el título constitutivo y los estatutos se hace constar, de ordinario, el uso y destino del edificio, de sus pisos y locales, pero esta mera descripción no supone limitación del uso o de las facultades dominicales, sino que la eficacia de una prohibición de esta naturaleza exige de una estipulación clara, concreta y precisa que la establezca, con obligación para los comuneros de su cumplimiento, tanto para los fundadores de la comunidad, como para los titulares posteriores [STS de 30 de diciembre de 2010 (R. 1794/2011)]. Debemos recordar que la STS de 3 de diciembre de 2014 (R. 6502), declarando la validez de cláusulas estatutarias de prohibiciones de uso, contempla la sujeción a los siguientes límites: *a*) Han de constar en los propios estatutos de la comunidad o en el título constitutivo. No se deben fijar en los reglamentos de régimen interior ya que no es éste el objeto de estos últimos, conforme a lo estipulado en el artículo 6 LPH. *b*) La prohibición debe constar de forma expresa, debe ser clara y concisa. *c*) No pueden contravenir la moral, las buenas costumbres ni el orden público. *d*) Tiene que existir un interés legítimo o atendible.

Las posibles cláusulas de prohibición, establecidas en el título constitutivo o en los estatutos de la comunidad, deben ser interpretadas de forma restrictiva, porque están limitando el derecho principal de la disposición plena de la propiedad. Los ejemplos son múltiples, así, la STS de 6 de febrero de 1989 (R. 669) permitió el cambio de cine a discoteca; la STS de 24 de julio de 1992 (R. 6454) ha acogido la modificación del destino de una vivienda a consulta radiológica; la STS de 21 de abril de 1997 (R. 3431) admitió la instalación en un piso para vivienda de una oficina; la de 29 de febrero de 2000 (R. 683), en similar circunstancia, ha consentido el ejercicio de la profesión de médico; y la STS de 30 de mayo de 2001 (R. 3443) lo declaró también para la práctica profesional de quiromasaje. Por otro lado, se prohíbe ejercer la actividad de bar expresamente prohibida en los estatutos en STS de 28 de febrero de 2007 (R. 1629); o la tenencia de caballos en la parcela es considerada una actividad ilícita, debiendo el propietario proceder a su retirada y al resarcimiento de los daños [STS de 19 de julio de 2006 (R. 4731)].

— *Actividades que resulten dañosas para la finca*: Son aquellas que causen daños materiales o que entrañen perjuicio económico para la finca. Constituye un deber igualmente impuesto en el artículo 9.1.*a*), *b*) y *g*) de respetar las instalaciones generales y elementos comunes, haciendo uso adecuado de los mismos.

— *Actividades que contravengan las disposiciones generales sobre actividades molestas, insalubres, nocivas, peligrosas o ilícitas*: Se recoge en el artículo 7.2 la terminología ya establecida en el artículo 27.2.*c*) LAU de 1994 que establecía como causa de resolución del contrato de arrendamiento la realización de estas actividades en el inmueble. Los términos se adaptan a los empleados por el Reglamento de Actividades Molestas, Insalubres, Nocivas y Peligrosas de 2414/1961, de 30 de noviembre.

Los casos son variados. Por ejemplo, la STS de 20 de mayo de 2015 (R. 2459) considera una intromisión ilegítima en el derecho a la intimidad las inmisiones acústicas y sonoras causadas por una pista de padel, por lo que se condena a los demandados al pago de 22.000 euros en concepto de daños morales; o el famoso caso de la actividad molesta que supone el tocar el piano a todas horas [SAP de Burgos de 5 de enero de 2016 (AC 2016/70)]; o la instalación de aires acondicionados en el edificio que, aun instalados en la azotea, tienen un nivel de ruido superior al establecido en la normativa municipal provocando insomnio obligando a dormir en horario diurno lo que genera un daño moral [SAP de Madrid de 16 de junio de 2010 (AC 2010/1335)]. O la consideración de actividad molesta e insalubre la tenencia de grandes perros causantes de ruidos, así como de numerosos residuos orgánicos que producen malos olores [SAP de Huelva de 8 de octubre de 2004 (JUR 2004/52131)]. O la peligrosidad que supone la instalación de un yacuzzi en la terraza, pues producen sobrecarga, con riesgo para el edificio, y causan molestias a los demás vecinos [SAP de Málaga de 15 de septiembre de 2014 (AC 2014/2212)].

— *Acción de cesación*: Para impedir tales actividades se regula la «acción de cesación», que puede llegar en casos extremos a suponer la privación judicial del uso y disfrute del inmueble por un tiempo máximo de tres años. El procedimiento se comienza mediante requerimiento del presidente, a iniciativa propia o de cualquiera de los propietarios u ocupantes, instando la cesación inmediata de la actividad, bajo apercibimiento de iniciar las acciones judiciales procedentes.

Si el infractor persistiere en su conducta el presidente, previa autorización de la Junta de propietarios, debidamente convocada al efecto, podrá entablar contra él acción de cesación que, en lo no previsto expresamente por el artículo 7.2 LPH, se sustanciará a través del juicio ordinario. La demanda habrá de dirigirse contra el propietario y, en su caso, contra el ocupante de la vivienda o local.

Presentada la demanda, acompañada de la acreditación del requerimiento fehaciente al infractor y de la certificación del acuerdo adoptado por la Junta de propietarios, el juez podrá acordar con carácter cautelar la cesación inmediata de la actividad prohibida, bajo apercibimiento de incurrir en delito de desobediencia. Podrá adoptar asimismo cuantas medidas cautelares fueran precisas para asegurar la efectividad de la orden de cesación.

Si la sentencia fuese estimatoria podrá disponer, además de la cesación definitiva de la actividad prohibida y la indemnización de daños y perjuicios que proceda, la privación del derecho al uso de la vivienda o local por tiempo no superior a tres años, en función de la gravedad de la infracción y de los perjuicios ocasionados a la comunidad. Si el infractor no fuese el propietario, la sentencia podrá declarar extinguidos definitivamente todos sus derechos relativos a la vivienda o local, así como su inmediato lanzamiento.

A tener en cuenta que la actividad objeto de cesación puede ser legal desde el punto de vista administrativo y no obstante sancionada civilmente en el sentido expuesto [STS de 24 de octubre de 2011 (R. 431)].

2) Obligación de mantener en buen estado de conservación el piso o local y las instalaciones privativas, en términos que no perjudiquen a la comunidad o a los otros propietarios, resarciendo los daños que ocasione por su descuido o el de las personas por quienes deba responder [art. 9.1.*b*) LPH].

Nuestro Tribunal Supremo recuerda que los deberes legales de diligencia, vigilancia, cuidado, conservación, y, en fin, control sobre los elementos privativos, en evitación de daños y molestias a los demás propietarios y a la comunidad, y en aras a preservar las relaciones de vecindad, presentan una intensidad tal que, al traducirse en una diligencia superior a la común del buen padre de familia, comporta en la práctica una presunción de culpabilidad, con los consustanciales elementos de previsibilidad y evitabilidad, y el consiguiente desplazamiento hacia el propietario o poseedor en cuya vivienda o local se originó el siniestro de la carga de acreditar que el mismo tuvo un origen externo y ajeno a su ámbito de control, siempre, claro está, atendidas las peculiaridades del caso, y teniendo a la vista el criterio de facilidad o disponibilidad probatoria (STS de 28 de mayo de 2008).

3) Consentir en su vivienda o local las reparaciones que exija el servicio del inmueble y permitir en él las servidumbres imprescindibles requeridas para la realización de obras, actuaciones o la creación de servicios comunes llevadas a cabo o acordadas conforme a lo establecido en la LPH, teniendo derecho a que la comunidad le resarza de los daños y perjuicios ocasionados [art. 9.1.*c*) LPH].

4) Obligación del propietario de permitir la entrada en su piso o local a los efectos prevenidos en los párrafos *a*), *b*) y *c*) del artículo 9 LPH. La negativa del propietario obliga a la Junta a acudir a la autoridad judicial.

5) Las obligaciones de comunicar un domicilio para citaciones y notificaciones y el cambio de titularidad del piso o local previstas en el artículo 9.1.*h*) y 9.1.*i*) LPH.

La obligación prevista en el artículo 9.1.*h*) pretende un normal desarrollo de la vida de la comunidad, constituye una obligación esencial para no entorpecer el normal funcionamiento de la Comunidad de Propietarios. El incumplimiento de dicha obligación ni puede perjudicar a la Comunidad de Propietarios ni debe beneficiar al propietario infractor, cuestión especialmente delicada cuando se le reclaman cantidades correspondientes a las cuotas comunitarias (STS de 1 de marzo de 2016).

Por su parte, la obligación prevista en el apartado *i*) tiene un efecto sustancial importante, pues, libera a quien transmite el piso o local de las deudas de la comunidad surgidas después de la transmisión. Quien incumpliere esta obligación seguirá respondiendo de las deudas con la comunidad devengadas con posterioridad a la transmisión de forma solidaria con el nuevo titular, sin perjuicio del derecho de aquél a repetir sobre éste.

4. Obligaciones relativas a elementos comunes

1) Respeto a las instalaciones generales de la comunidad y demás elementos comunes, ya sean de uso general o privativo de cualquiera de los propietarios, estén o no incluidos en su piso o local, haciendo un uso adecuado de los mismos y evitando en todo momento que se causen daños o desperfectos [art. 9.1.*a*) LPH].

2) Observar la diligencia debida en el uso del inmueble y en sus relaciones con los demás titulares y responder ante éstos de las infracciones cometidas y de los daños causados [art. 9.1.*g*)].

3) Actuación en zonas comunes: Como hemos hecho notar, la doctrina jurisprudencial distingue entre las obras ejecutadas por los propietarios bien en sus elementos privativos bien sobre elementos comunes. Si existe una regla general que permite al propietario, con las limitaciones ya vistas, actuar sobre el elemento privativo, la regla contraria es la que opera en relación a los elementos comunes. En el supuesto que las obras realizadas afecten o alteren los elementos comunes se precisará para la legalidad de las obras la autorización unánime de la comunidad [STS de 17 de noviembre de 2011 (R. 1499)].

Ahora bien, la prohibición de realizar alteraciones en los elementos comunes no debe obstaculizar la adecuada conservación del inmueble. Así, *tendrán carácter obligatorio y no requerirán de acuerdo previo de la Junta de propietarios*, impliquen o no modificación del título constitutivo o de los estatutos, y vengan impuestas por las Administraciones públicas o solicitadas a instancia de los propietarios, las siguientes actuaciones (art. 10 LPH):

a) Los trabajos y las obras que resulten necesarias para el adecuado mantenimiento y cumplimiento del deber de conservación del inmueble y de sus servicios e instalaciones comunes, incluyendo en todo caso, las necesarias para satisfacer los requisitos básicos de seguridad, habitabilidad y accesibilidad universal, así como las condiciones de ornato y cualesquiera otras derivadas de la imposición, por parte de la Administración, del deber legal de conservación.

b) Las obras y actuaciones que resulten necesarias para garantizar los ajustes razonables en materia de accesibilidad universal y, en todo caso, las requeridas a instancia de los propietarios en cuya vivienda o local vivan, trabajen o presten servicios voluntarios, personas con discapacidad, o mayores de setenta años, con el objeto de asegurarles un uso adecuado a sus necesidades de los elementos comunes, así como la instalación de rampas, ascensores u otros dispositivos mecánicos y electrónicos que favorezcan la orientación o su comunicación con el exterior, siempre que el importe repercutido anualmente de las mismas, una vez descontadas las subvenciones o ayudas públicas, no exceda de doce mensualidades ordinarias de gastos comunes. No eliminará el carácter obligatorio de estas obras el hecho de que el resto de su coste, más allá de las citadas mensualidades, sea asumido por quienes las hayan requerido. También será obligatorio realizar estas obras cuando las ayudas públicas a las que la comunidad pueda tener acceso alcancen el 75 por 100 del importe de las mismas.

c) La ocupación de elementos comunes del edificio o del complejo inmobiliario privado durante el tiempo que duren las obras a las que se refieren las letras anteriores.

d) La construcción de nuevas plantas y cualquier otra alteración de la estructura o fábrica del edificio o de las cosas comunes, así como la constitución de un complejo inmobiliario, tal y como prevé el artículo 17.4 del texto refundido de la Ley de Suelo, aprobado por el Real Decreto Legislativo 2/2008, de 20 de junio, que resulten preceptivos a consecuencia de la inclusión del inmueble en un ámbito de actuación de rehabilitación o de regeneración y renovación urbana (disposición hoy derogada, por lo que debemos entenderlo referido al art. 26 del Real Decreto Legislativo 7/2015, de 30 de octubre, por el que se aprueba el texto refundido de la Ley de Suelo y Rehabilitación Urbana).

e) Los actos de división material de pisos o locales y sus anejos para formar otros más reducidos e independientes, el aumento de su superficie por agregación de otros colindantes del mismo edificio, o su disminución por segregación de alguna parte, realizados por voluntad y a instancia de sus propietarios, cuando tales actuaciones sean posibles a consecuencia de la inclusión del inmueble en un ámbito de actuación de rehabilitación o de regeneración y renovación urbanas.

Teniendo en cuenta el carácter de necesarias u obligatorias de las actuaciones referidas en las letras *a*) a *d*) del artículo 10.1 LPH, procederá lo siguiente:

a) Serán costeadas por los propietarios de la correspondiente comunidad o agrupación de comunidades, limitándose el acuerdo de la Junta a la distribución de la derrama pertinente y a la determinación de los términos de su abono.

b) Los propietarios que se opongan o demoren injustificadamente la ejecución de las órdenes dictadas por la autoridad competente responderán individualmente de las sanciones que puedan imponerse en vía administrativa.

c) Los pisos o locales quedarán afectos al pago de los gastos derivados de la realización de dichas obras o actuaciones en los mismos términos y condiciones que los establecidos en el artículo 9 para los gastos generales.

Termina el artículo 10.3 LPH exigiendo autorización administrativa, en todo caso, para los siguientes actos:

a) La constitución y modificación del complejo inmobiliario privado a que se refiere el artículo 17.6 del texto refundido de la Ley de Suelo, aprobado por el Real Decreto Legislativo 2/2008, de 20 de junio [art. 10.3.*a*) LPH] (disposición hoy derogada, por lo que debemos entenderlo referido al art. 26 del Real Decreto

Legislativo 7/2015, de 30 de octubre, por el que se aprueba el texto refundido de la Ley de Suelo y Rehabilitación Urbana).

b) Cuando se haya solicitado por un comunero la realización de ciertas obras que describe el artículo 10.3.*b*) LPH. Las obras para las que se necesita autorización son: la división material de los pisos o locales y sus anejos, para formar otros más reducidos e independientes; el aumento de su superficie por agregación de otros colindantes del mismo edificio o su disminución por segregación de alguna parte; la construcción de nuevas plantas y cualquier otra alteración de la estructura o fábrica del edificio, incluyendo el cerramiento de las terrazas y la modificación de la envolvente para mejorar la eficiencia energética, o de las cosas comunes. Ahora bien, el propio artículo 10.3.*b*) LPH añade que, para ser necesaria la referida autorización, deben concurrir los requisitos que señala el artículo 17.6 del texto refundido de la Ley de Suelo, aprobado por el Real Decreto Legislativo 2/2008, de 20 de junio (disposición hoy derogada, por lo que debemos entenderlo referido al art. 26 del Real Decreto Legislativo 7/2015, de 30 de octubre, por el que se aprueba el texto refundido de la Ley de Suelo y Rehabilitación Urbana).

Señala el artículo 26.6 del Real Decreto Legislativo 7/2015, de 30 de octubre, que «No será necesaria dicha autorización en los supuestos siguientes: *a*) Cuando el número y características de los elementos privativos resultantes del complejo inmobiliario sean los que resulten de la licencia de obras que autorice la construcción de las edificaciones que integren aquél. *b*) Cuando la modificación del complejo no provoque un incremento del número de sus elementos privativos». Para lo cual, añade el artículo 26.6 del Real Decreto Legislativo 7/2015, que a los efectos previstos en este número se considera complejo inmobiliario todo régimen de organización unitaria de la propiedad inmobiliaria en el que se distingan elementos privativos, sujetos a una titularidad exclusiva, y elementos comunes, cuya titularidad corresponda, con carácter instrumental y por cuotas porcentuales, a quienes en cada momento sean titulares de los elementos privativos.

Es curioso que el artículo 10 LPH comienza hablando de obras obligatorias sin necesidad de acuerdo de la Junta, y acaba expresando el quórum de adopción de acuerdos para determinadas actuaciones. Si bien, debemos entender que el quórum requerido será de obligado cumplimiento cuando no exista un plan de rehabilitación o de regeneración y renovación urbanas en el que esté incluido el inmueble en cuestión [de existir dicho plan deberíamos acudir al art. 10.1.*e*) que no requiere el acuerdo de la junta de propietarios] [RDGRN de 7 de mayo de 2014 (*BOE* de 3 de julio de 2014)].

4) La obligación de contribuir a los gastos generales para el adecuado sostenimiento del inmueble [art. 9.1.*e*) LPH].

Todos los propietarios están obligados a contribuir, con arreglo a la cuota de participación fijada en el título o a lo especialmente establecido, a los gastos generales para el adecuado sostenimiento del inmueble, sus servicios, cargas y responsabilidades que no sean susceptibles de individualización.

El sistema de distribución de los gastos generales que, en principio, ha de tener por base la cuota de participación fijada en el título de constitución en régimen de propiedad horizontal, puede ser modificado por medio de los estatutos, en los que cabe establecer un régimen de participación distinto o incluso consignar ciertas exclusiones en favor de determinados elementos privativos (pisos o locales) del edificio, así se desprende del artículo 9.1.*e*) LPH, cuando dice que cada propietario contribuirá a los gastos generales con arreglo a la cuota de participación fijada en el título o a lo especialmente establecido, y así lo tiene declarado el Tribunal Supremo al interpretar dicho precepto [STS de 29 de diciembre de 2015 (R. 5896)]. En ambos casos, la alteración, ya sea del sistema establecido en el título constitutivo o en los estatutos, requerirá acuerdo unánime de la Junta de Propietarios [STS de 7 de marzo de 2013 (R. 3257)].

El no uso de un elemento o un servicio común no exime de contribuir a los gastos que éste genere (art. 9.2 LPH), si bien los tribunales admiten la validez de las cláusulas del título constitutivo o los estatutos que exoneran del pago de ciertos gastos a determinados propietarios, por ejemplo, la exención a los propietarios de los locales comerciales de los gastos de ascensor, de portería y escaleras; si bien, «[...] las exenciones genéricas de gastos que afectan a los locales contenidas en las cláusulas estatutarias, con apoyo en el no uso del servicio, comprenden tanto los gastos ordinarios como los extraordinarios, y tanto para la conservación y funcionamiento del ascensor, como de los precisos para la reforma o sustitución de éste o de las escaleras que ya existen y que simplemente se transforman para adecuarlas a una necesidad nueva, pues en ambos casos estamos ante unos locales que no tienen acceso al portal ni a la entrada ni tienen participación en uno ni en otro elemento y como tal están excluidos del coste que supondría la reforma pretendida por la Comunidad [...] y que *solo tiene como excepción la instalación de un nuevo ascensor que antes no existiera*» [STS de 21 de junio de 2018 (R. 2673)].

¿Qué debe entenderse por gastos generales? Dice el artículo 9.2 LPH que, se reputarán generales los gastos que no sean imputables a uno o varios pisos o locales, sin que la no utilización de un servicio exima del cumplimiento de las obligaciones correspondientes, sin perjuicio de lo establecido en el artículo 17.4.

Lo determinante para la caracterización de un gasto como general es el hecho de que la Ley o los estatutos lo consideren como tal. Los gastos comunes referidos en el artículo 9.1.*e*) LPH afectan exclusivamente a los gastos comunes ordinarios, es decir a los que fueron objeto de acuerdo en Junta General a la hora de efectuar el presupuesto anual de la comunidad al que el artículo 14.*b*) hace referencia [STS de 29 de mayo de 2009 (R. 4222)].

Los créditos a favor de la comunidad derivados de la obligación de contribuir al sostenimiento de los gastos generales correspondientes a las cuotas imputables a la parte vencida de la anualidad en curso y a los tres años naturales inmediatamente anterior tienen la condición de preferentes a efectos del artículo 1.923 CC y preceden, para su satisfacción, a los enumerados en los apartados 3.º, 4.º y 5.º de dicho precepto, sin perjuicio de la preferencia establecida a favor de los créditos salariales en el Estatuto de los Trabajadores.

Se ha escogido la referencia a la anualidad corriente y los tres años anteriores. El *dies a quo* para el cómputo de las anualidades debe ser aquel en que se emite la certificación por parte de la Junta de Propietarios indicativa de la deuda, si bien, hay quien considera que debe ser el momento de interposición de la demanda.

El apartado tercero del artículo 9.*e*) LPH declara «responsable» al adquirente de vivienda o local en régimen de propiedad horizontal, incluso con título inscrito en el Registro de la Propiedad, *con el propio inmueble adquirido* por las cantidades adeudadas por los anteriores titulares, hasta el límite de las cuotas imputables a la parte vencida de la anualidad en la cual tenga lugar la adquisición y los tres años naturales inmediatamente anteriores. Constituye una asunción cumulativa de deuda que no libera al anterior propietario de su obligación de pago. Estimando, que el piso o local, sea quien sea su actual titular, estará legalmente afecto al cumplimiento de esta obligación. Posibilidad de su entendimiento como hipoteca legal tácita.

Cuando el deudor de cuotas por gastos de comunidad de propietarios, por obligación propia o por extensión de responsabilidad, no coincida con el titular registral, la reclamación frente a éste sólo será necesaria al objeto de soportar la ejecución sobre el inmueble inscrito a su nombre [STS de 22 de abril de 2015 (R. 2381)].

El último apartado del artículo 9.*e*) LPH establece que cualquier transmisión del inmueble exige, salvo exoneración expresa del adquirente, la certificación de la comunidad de propietarios del estado de cuentas del transmitente, bajo la responsabilidad del secretario y presidente en el retraso de su emisión. De lo contrario no se autorizará el documento público de venta, salvo que fuese exonerado por el adquirente.

5) Contribuir, con arreglo a su respectiva cuota de participación, a la dotación del fondo de reserva que existirá en la comunidad de propietarios para atender las obras de conservación y reparación de la finca y, en su caso, para las obras de rehabilitación [art. 9.1.*f*) LPH].

Así pues, el fondo de reserva al que se está obligado a contribuir, se puede extender a obras de rehabilitación y, como señala el último párrafo del artículo 9.1.*f*) LPH, también con cargo al fondo de reserva la comunidad podrá suscribir un contrato de seguro que cubra los daños causados en la finca o bien concluir un contrato de mantenimiento permanente del inmueble y sus instalaciones generales.

El fondo de reserva, cuya titularidad corresponde a todos los efectos a la comunidad, estará dotado con una cantidad que en ningún caso podrá ser inferior al 10 por 100 de su último presupuesto ordinario.

Según establece el artículo 21.1 LPH, las obligaciones a que se refieren los apartados *e*) y *f*) del artículo 9 deberán cumplirse por el propietario de la vivienda o local en el tiempo y forma determinados por la Junta. En caso contrario, el presidente o el administrador, si así lo acordase la junta de propietarios, podrá exigirlo judicialmente a través del proceso monitorio.

5. Procedimiento judicial para la reclamación de gastos comunes

El artículo 21 LPH establece el procedimiento a seguir en las reclamaciones de los gastos comunes a los propietarios incumplidores de su obligación de contribuir. Así, señala: 1. Las obligaciones a que se refieren los apartados *e*) y *f*) del artículo 9 deberán cumplirse por el propietario de la vivienda o local en el tiempo y forma determinados por la Junta. En caso contrario, el presidente o el administrador, si así lo acordase la junta de propietarios, podrá exigirlo judicialmente a través del proceso monitorio. 2. La utilización del procedimiento monitorio requerirá la previa certificación del acuerdo de la Junta aprobando la liquidación de la deuda con la comunidad de propietarios por quien actúe como secretario de la misma, con el visto bueno del presidente, siempre que tal acuerdo haya sido notificado a los propietarios afectados en la forma establecida en el artículo 9. 3. A la cantidad que se reclame en virtud de lo dispuesto en el apartado anterior podrá añadirse la derivada de los gastos del requerimiento previo de pago, siempre que conste documentalmente la realización de éste, y se acompañe a la solicitud el justificante de tales gastos. 4. Cuando el propietario anterior de la vivienda o local deba responder solidariamente del pago de la deuda, podrá dirigirse contra él la petición inicial, sin perjuicio de su derecho a repetir contra el actual propietario. Asimismo, se podrá dirigir la reclamación contra el titular registral, que gozará del mismo derecho mencionado anteriormente. En todos estos casos, la petición inicial podrá formularse contra cualquiera de los obligados o contra todos ellos conjuntamente. 5. Cuando el deudor se oponga a la petición inicial del proceso monitorio, el acreedor podrá solicitar el embargo preventivo de bienes suficientes de aquél, para hacer frente a la cantidad reclamada, los intereses y las costas. El tribunal acordará, en todo caso, el embargo preventivo sin necesidad de que el acreedor preste caución. No obstante, el deudor podrá enervar el embargo prestando aval bancario por la cuantía por la que hubiese sido decretado. 6. Cuando en la solicitud inicial del proceso monitorio se utilizaren los servicios profesionales de abogado y procurador para reclamar las cantidades debidas a la Comunidad, el deudor deberá pagar, con sujeción en todo caso a los límites establecidos en el apartado tercero del artículo 394 de la Ley de Enjuiciamiento Civil, los honorarios y derechos que devenguen ambos por su intervención, tanto si aquél atendiere el requerimiento de pago como si no compareciere ante el tribunal. En los casos en que exista oposición, se seguirán las reglas generales en materia de costas, aunque si el acreedor obtuviere una sentencia totalmente favorable a su pretensión, se deberán incluir en ellas los honorarios del abogado y los derechos del procurador derivados de su intervención, aunque no hubiera sido preceptiva.

Destacar el carácter solidario de la deuda en los casos de pertenencia del inmueble a varios copropietarios.

El plazo para reclamar los gastos a los comuneros incumplidores es el de cinco años establecido en el artículo 1.964 CC.

6. Responsabilidad frente a terceros

Establece el artículo 22 LPH: La comunidad de propietarios responderá de sus deudas frente a terceros con todos los fondos y créditos a su favor. Subsidiariamente y previo requerimiento de pago al propietario respectivo, el acreedor podrá dirigirse contra cada propietario que hubiese sido parte en el correspondiente proceso por la cuota que le corresponda en el importe insatisfecho.

Por lo tanto, el artículo 22 LPH permite que, de forma subsidiaria, la deuda de la comunidad pueda ser reclamada a los distintos copropietarios integrantes de la referida comunidad, con la particularidad de que el acreedor es libre para dirigir su demanda no contra todos los comuneros, sino sólo contra alguno de ellos, eso sí por la cuota correspondiente, sin que en tal caso se pueda entender que exista un litisconsorcio pasivo necesario. Para que esto tenga lugar, será preciso que concurran los siguientes presupuestos: *a*) Que no existan fondos y créditos a favor de la comunidad o que «todos» sean insuficientes para atender el total de la deuda: es un supuesto de excusión a favor de los copropietarios. *b*) Que dicho propietario haya sido parte en el correspondiente proceso. Esto obliga al acreedor que quiera dirigir su crédito contra los bienes privativos de los copropietarios el tener que demandarlos en el procedimiento declarativo, a fin de que éstos sean condenados subsidiariamente. No obstante, este requisito no lo podemos sacar de contexto, puesto que hace referencia al supuesto en que se quiera ampliar la ejecución de un declarativo anterior llevado únicamente contra la comunidad de propietarios. *c*) Que se requiera de pago al propietario respectivo [SAP de Valencia de 22 de marzo de 2019 (AC 2019/531)].

Cualquier propietario podrá oponerse a la ejecución si acredita que se encuentra al corriente en el pago de la totalidad de las deudas vencidas con la comunidad en el momento de formularse el requerimiento a que se refiere el artículo 22.1 LPH (art. 22.2 LPH).

VI. ÓRGANOS DE LA COMUNIDAD DE PROPIETARIOS

La existencia de una copropiedad sobre los elementos comunes, junto a la titularidad exclusiva y excluyente sobre el elemento privativo, exige un mínimo de organización que, en el seno de la comunidad de propietarios al carecer de personalidad jurídica, se obtiene a través de unos concretos órganos de administración y gestión encargados de coordinar los intereses de los distintos propietarios y de la propia colectividad. Si bien, cuando el número de propietarios de viviendas o locales en un edificio no exceda de cuatro podrán acogerse al régimen de administración del artículo 398 del Código civil, si expresamente lo establecen los estatutos.

El artículo 13 LPH establece los órganos de la comunidad: *a*) La Junta de propietarios. *b*) El presidente y, en su caso, los vicepresidentes. *c*) El secretario; y, *d*) El administrador. No obstante, en los estatutos, o por acuerdo mayoritario de la Junta de propietarios, podrán establecerse otros órganos de gobierno de la comunidad, sin que ello pueda suponer menoscabo alguno de las funciones y responsabilidades frente a terceros que la LPH atribuye a los anteriormente señalados.

La junta de propietarios y el presidente son órganos esenciales, el resto son facultativos.

1. PRESIDENTE

El presidente ostenta legalmente la representación de la comunidad, en juicio y fuera de él, en todos los asuntos que la afecten (art. 13.3 LPH).

— *Nombramiento*: El presidente será nombrado, entre los propietarios, mediante elección o, subsidiariamente, mediante turno rotatorio o sorteo. Constituye una norma de *ius cogens*, cuya vulneración supone la nulidad de pleno derecho del nombramiento como presidente de la comunidad de propietarios de quien no es propietario [STS de 14 de octubre de 2008 (R. 5690)].

En contra de lo que se señalaba en el antiguo artículo 12 LPH, donde se suscitó la cuestión de la obligatoriedad del cargo de presidente nombrado por la Junta de Propietarios, actualmente, no hay dudas, el precepto trascrito es terminante: «su nombramiento será obligatorio». De lo expuesto se colige que una vez producido el nombramiento, la aceptación del cargo tiene lugar *ope legis*, sin necesidad de que el copropietario nombrado lleve a cabo ningún acto positivo (ni expreso ni tácito). Pese a la rotundidad inicial con la que se expresa el legislador, acto seguido introduce previsiones que la suavizan disponiendo que el propietario designado podrá solicitar, dentro del mes siguiente a su acceso al cargo, su relevo al juez invocando las razones que le asistan para ello. En tal caso, el juez, a través del juicio de equidad previsto en el artículo 17.7.ª LPH, resolverá lo procedente, designando en la misma resolución al propietario que hubiera de sustituir, en su caso, al presidente en el cargo hasta que se proceda a nueva designación en el plazo que se determine en la resolución judicial. Igualmente podrá acudirse al juez cuando, por cualquier causa, fuese imposible para la Junta designar presidente de la comunidad.

— *Naturaleza*: La doctrina jurisprudencial señala que el presidente de la comunidad de propietarios asume la representación orgánica de la comunidad [STS de 8 de enero de 2019 (R. 33)]. No se habla de una representación ordinaria, la establecida entre un representante y su representado, sino la orgánica en cuya virtud la voluntad del presidente frente al exterior vale como voluntad de la comunidad de la que es órgano de manifestación [STS de 10 de octubre de 2011 (R. 7256)].

— *Funciones*: La LPH otorga al presidente de la comunidad de propietarios la representación de la misma en juicio y fuera de él, pero, como matiza la STS de 19 de febrero de 2014 (R. 1135), «esto no significa que esté legitimado para cualquier actuación por el mero hecho de ostentar el cargo de presidente ya que no puede suplir o corregir la voluntad de la comunidad expresada en las juntas ordinarias o extraordinarias».

La doctrina jurisprudencial declara que la actuación del presidente en defensa de la comunidad ha de autorizarse a través de un acuerdo adoptado válidamente en el ámbito de las competencias de ésta, ya que de conformidad con el artículo 14.4 LPH es a la Junta de Propietarios a la que corresponde «conocer y decidir en los demás asuntos de interés general para la comunidad acordando las medidas necesarias o convenientes para el mejor servicio común». Así, aunque la LPH únicamente exige de modo expreso el acuerdo previo para que el presidente pueda ejercitar acciones judiciales en defensa de la comunidad de propietarios en los supuestos de acción de cesación de actividades prohibidas por los estatutos que resulten dañosas para la finca (art. 7.2) y de reclamación de cuotas impagadas (art. 21), el TS ha entendido [STS de 19 de febrero de 2014 (R. 1135)] que no resulta razonable sostener que la facultad de representación que se atribuye de modo genérico al presidente le permita decidir unilateralmente sobre asuntos importantes para la comunidad. De ahí que, es pacífica la doctrina jurisprudencial [reiterada en las SSTS de 10 de octubre de 2011 (R. 7404) y 12 de diciembre de 2012 (R. 370)] que declara la necesidad de un previo acuerdo de la junta de propietarios que autorice expresamente al presidente de la comunidad para ejercitar acciones judiciales en defensa de ésta, salvo que los estatutos expresamente dispongan lo contrario o el presidente actúe en calidad de copropietario. Ahora bien, no es necesario que se identifique la acción judicial concreta que se le autoriza ejercitar, basta con una autorización genérica de defensa de los intereses de los comuneros [STS de 21 de marzo de 2019 (R. 944)].

El presidente está investido de un mandato suficiente para defender en juicio y fuera de él los intereses complejos de toda la comunidad, no sólo en lo que afecta a los elementos o intereses comunes, sino también de los propietarios en particular, siendo para ello suficiente aducir, en el caso de la discutida proyección de ese mandato representativo del presidente sobre intereses particulares, el principio general de que su actuación en tal aspecto está reportando unos indiscutibles beneficios a dichos comuneros, lo cual debe mantenerse salvo que exista una oposición expresa o formal a que en su nombre pudiese proyectar la defensa de esos intereses asumidos, tal y como lo declara una reiterada línea jurisprudencial.

— *Duración*: El nombramiento será por un año, salvo que en los estatutos de la comunidad se diga cosa contraria (art. 13.7 LPH) y sin que nada impida su prórroga por iguales períodos anuales.

— *Remoción*: El presidente, al igual que el resto de los órganos de gobierno de la comunidad, podrán ser removidos de su cargo antes de la expiración del mandato por acuerdo de la Junta de propietarios, convocada en sesión extraordinaria.

2. Vicepresidente(s)

La existencia de vicepresidentes será facultativa. Su nombramiento se realizará por el mismo procedimiento que el establecido para la designación del presidente. Corresponde al vicepresidente, o a los vicepresidentes por su orden, en el caso de que existan, sustituir al presidente en los casos de ausencia, vacante o imposibilidad de éste, así como asistirlo en el ejercicio de sus funciones en los términos que establezca la Junta de propietarios (art. 13.4 LPH).

3. Administrador y secretario

La existencia del secretario y del administrador es, al igual que el vicepresidente, facultativa. Las funciones del secretario y del administrador serán ejercidas por el presidente de la comunidad, salvo que los estatutos, o la Junta de propietarios por acuerdo mayoritario, dispongan la provisión de dichos cargos separadamente de la presidencia (art. 13.5 LPH).

Los cargos de secretario y administrador podrán acumularse en una misma persona o bien nombrarse independientemente (art. 13.6 LPH).

El cargo de administrador y, en su caso, el de secretario-administrador podrá ser ejercido por cualquier propietario, así como por personas físicas con cualificación profesional suficiente y legalmente reconocida para ejercer dichas funciones (como podemos imaginar, la LPH hace referencia, esencialmente, a los administradores de fincas). También podrá recaer en corporaciones y otras personas jurídicas en los términos establecidos en el ordenamiento jurídico (art. 13.6 LPH).

Suele definirse al administrador de una comunidad de propietarios como «la persona física o jurídica que gestiona los intereses de la comunidad bajo una relación de mandato *sui generis*, con proyección externa, cuya gestión pertenece a la esfera propia de su misma actividad». De este modo, la relación jurídica que se crea entre la comunidad de propietarios y el administrador queda encuadrada dentro del contrato de mandato.

El artículo 20 LPH establece que: «Corresponde al administrador: *a*) Velar por el buen régimen de la casa, sus instalaciones y servicios, y hacer a estos efectos las oportunas advertencias y apercibimientos a los titulares. *b*) Preparar con la debida antelación y someter a la Junta el plan de gastos previsibles, proponiendo los medios necesarios para hacer frente a los mismos. *c*) Atender a la conservación y entretenimiento de la casa, disponiendo las reparaciones y medidas que resulten urgentes, dando inmediata cuenta de ellas al presidente o, en su caso, a los propietarios. *d*) Ejecutar los acuerdos adoptados en materia de obras y efectuar los pagos y realizar los cobros que sean procedentes. *e*) Actuar, en su caso, como secretario de la Junta y custodiar a disposición de los titulares la documentación de la comunidad. *f*) Todas las demás atribuciones que se confieran por la Junta».

Respecto al secretario, el artículo 19.4 LPH señala obligaciones específicas en los siguientes términos: «El secretario custodiará los libros de actas de la Junta de propietarios. Asimismo, deberá conservar, durante el plazo de cinco años, las convocatorias, comunicaciones, apoderamientos y demás documentos relevantes de las reuniones».

4. La Junta de propietarios

La Junta, compuesta de todos los titulares, es el órgano de gobierno de la comunidad de propietarios, si bien carente de personalidad jurídica propia necesita actuar por medio de su presidente que, como hemos señalado, representa a la comunidad en juicio y fuera de él, en todos los asuntos que la afecten [STS de 8 de enero de 2019 (R. 33)].

La Junta de propietarios es el órgano superior, que decide todas las cuestiones comunitarias y goza plenamente de las facultades para las actuaciones en el inmueble y, de hecho, nadie puede suplir sus competencias; la aprobación de cuentas, los presupuestos ordinarios y extraordinarios, las normas de funcionamiento, la autorización de obras, el nombramiento y cese de cargos y, en definitiva, cualquier decisión pasa por el previo acuerdo de la Junta; no es posible su sustitución por otros órganos intermedios, por lo que sería nulo un estatuto que determinara la no existencia o cualquier disminución de sus prerrogativas, ya que estamos ante conceptos de carácter imperativo y fuera de la autonomía de la voluntad [STS de 4 de febrero de 2008 (R. 394)].

4.1. *Competencias*

El artículo 14 LPH describe las competencias de la Junta de propietarios a la que le corresponde:

1) Nombrar y remover a las personas que ejerzan los cargos de presidente, en su caso vicepresidentes, administrador y secretario, así como resolver las reclamaciones que los titulares de los pisos o locales formulen contra la actuación de aquéllos.
2) Aprobar los presupuestos de la comunidad.
3) Aprobar la ejecución de todas las obras de reparación de la finca, sean ordinarias o extraordinarias, y ser informada de las medidas urgentes adoptadas por el administrador [de conformidad con lo dispuesto en el art. 20.*c*) LPH] en orden a atender a la conservación y mantenimiento de la casa, disponiendo las reparaciones y medidas que resulten urgentes.
4) Aprobar o reformar los estatutos y determinar las normas de régimen interior.
5) Conocer y decidir en los demás asuntos de interés general para la comunidad, acordando las medidas necesarias o convenientes para el mejor servicio común.

Junto al artículo 14 LPH, a lo largo del texto legal se van estableciendo algunas competencias de la Junta de propietarios de muy diversa índole. Así: 1) Acordar la interposición de la acción de cesación prevista en el artículo 7 LPH. 2) Determinar el tiempo y forma del cumplimento, por parte de los propietarios, de las obligaciones de contribución a los gastos generales de la comunidad y a la constitución del fondo de reserva [art. 9.*e*) y *f*) LPH]. 3) Autorizar la división material de los pisos o locales y sus anejos, para formar otros más reducidos e independientes, el aumento de su superficie por agregación de otros colindantes del mismo edificio o su disminución por segregación de alguna parte; la construcción de nuevas plantas y cualquier otra alteración de la estructura o fábrica del edificio, incluyendo el cerramiento de las terrazas y la modificación de la envolvente para mejorar la eficiencia energética, o de las cosas comunes cuando concurran los requisitos a que alude el artículo 17.6 del texto refundido de la Ley de Suelo, aprobado por el Real Decreto Legislativo 2/2008, de 20 de junio (disposición hoy derogada, por lo que debemos entenderlo referido al art. 26 del Real Decreto Legislativo 7/2015, de 30 de octubre, por el que se aprueba el texto refundido de la Ley de Suelo y Rehabilitación Urbana). En estos supuestos es competencia de la Junta de propietarios la determinación de la indemnización de daños y perjuicios que corresponda y la determinación de las nuevas cuotas de participación, así como la determinación de la naturaleza de las obras que se vayan a realizar [art. 10.3.º*b*) LPH].

4.2. *Clases de juntas*

El artículo 16 LPH distingue dos tipos de Juntas: 1) Junta ordinaria anual que se reunirá por lo menos una vez al año para aprobar los presupuestos y cuentas. 2) Las Juntas extraordinarias, que se celebrarán en las ocasiones en que el Presidente lo estime conveniente o cuando lo soliciten la cuarta parte de los propietarios, o un número de éstos que representen al menos el 25 por 100 de las cuotas de participación.

4.3. *Convocatorias*

Es doctrina jurisprudencial consolidada, que cuando un organismo o entidad, cualquiera que sea su naturaleza, está compuesto por una pluralidad de personas, la garantía de que los acuerdos o decisiones de los órganos deliberantes (Junta de propietarios) efectivamente responden y son fruto de la concorde voluntad de todos o de la mayoría de sus miembros, causa a su vez de su eficacia frente a todos (asistentes y ausentes), reside en el escrupuloso cumplimiento y estricta observancia de las normas rectoras de la convocatoria (asuntos a tratar, lugar, día y hora en que se celebrará la junta, etc.), de los actos de comunicación o citación, y, en suma, de las posibilidades de defensa del derecho que asiste a cada uno de los componentes o miembros del ente comunitario, de modo que su cumplimiento debe ser, por ello, real y efectivo y no sólo aparente y ficticio, extendiéndose esta exigencia a la ulterior notificación de lo acordado a los no asistentes [STS de 13 de noviembre de 2012 (R. 11060)].

Ahora bien, no toda vulneración de las normas reguladoras de la convocatoria a junta, aunque tengan naturaleza imperativa, justifican su declaración de nulidad, ya que no cabe interpretar los formalismos exigibles a la convocatoria a junta de manera rigorista, sin tener en cuenta la finalidad que cumplen, pues ello podría desembocar en una indeseada paralización del normal funcionamiento de la comunidad.

— *¿Quién la realiza?*: La convocatoria la realiza el presidente de la comunidad y, en su defecto, los promotores de la Junta (una cuarta parte de los propietarios, o un número de éstos que representen al menos el 25 por 100 de las cuotas de participación). Si bien, debe tenerse en cuenta que la legitimación de los propietarios (una cuarta parte o el 25 por 100 de cuotas) es meramente subsidiaria, no directa, al requerir de la negativa previa, expresa o tácita, del presidente a convocar. Igualmente cabe la posibilidad de que la Junta podrá reunirse válidamente aun sin la convocatoria del presidente, siempre que concurran la totalidad de los propietarios y así lo decidan, al estilo de las juntas universales en el ámbito societario.

— *Plazo*: Las Juntas ordinarias deben convocarse con seis días de antelación, a contar desde el día siguiente a la notificación [STS de 26 de abril de 2000 (R. 3187)]. Las extraordinarias no requieren plazo, sólo que se realice con la antelación necesaria para que pueda llegar a conocimiento de todos los interesados.

— *Celebración*: La junta puede celebrarse en primera o segunda convocatoria. Para la eficacia de la primera convocatoria se exige la concurrencia de la mayoría de propietarios que representen, a su vez, la mayoría de cuotas de participación. Por lo que respecta a la segunda convocatoria, de no alcanzarse los requisitos exigidos en primera, no queda sometida a exigencia de *quorum*, pudiendo celebrarse en el lugar, día y hora indicados en la primera citación, incluso el mismo día si hubiese transcurrido media hora desde la anterior. En su defecto, será nuevamente convocada, conforme a los requisitos establecidos en el artículo 16 LPH, dentro de los ocho días naturales siguientes a la Junta no celebrada, cursándose en este caso las citaciones con una antelación mínima de tres días. Con la particularidad de que, en segunda convocatoria serán válidos los acuerdos adoptados por la mayoría de los asistentes, siempre que ésta represente, a su vez, más de la mitad del valor de las cuotas de los presentes (art. 17.7 LPH).

— *Contenido*: La convocatoria de las Juntas debe contener claramente el carácter de la misma (ordinaria o extraordinaria), los asuntos a tratar (lo que se denomina orden del día), el lugar, día y hora en que se celebrará en primera o, en su caso, en segunda convocatoria.

El orden del día será elaborado por el presidente quien estará obligado a incluir en el de la reunión de la Junta más próxima los temas de interés para la comunidad que le haya planteado previamente por escrito cualquier propietario (art. 16.2, párrafo 2, LPH).

Es importante señalar que en el orden del día de la convocatoria de la Junta de propietarios deben quedar fijados con claridad los asuntos objeto de debate, a fin de que todos los copropietarios tengan conocimiento de las materias que se van a tratar, de modo que exista una plena concordancia entre el contenido del orden del día y los temas que se debatirán [STS de 28 de junio de 2007 (R. 2000)]. La finalidad de que quede claramente fijado el orden del día permite cumplir con la exigencia de que los comuneros puedan adquirir antes del momento de celebración de la Junta la suficiente información para votar respecto a las materias que van a ser discutidas, o bien para decidir si delegan su voto a favor de un tercero, o si, en su caso, optan por no asistir a su celebración [STS de 12 de enero de 2011 (R. 4706)].

De este modo, no resulta posible adoptar acuerdos en las Juntas de la Comunidad de Propietarios que no estén en el orden del día, por cuanto ello supondría burlar la voluntad de determinados copropietarios al obtener en la Junta convocada acuerdos diferentes de los señalados en dicho orden. De ahí que no se puedan adoptar acuerdos en el epígrafe de ruegos y preguntas, por considerarse sorpresivo para la buena fe de los propietarios. Si bien, es cierto que la jurisprudencia ha suavizado esta posición al entender que basta hacer constar en el orden del día las materias a tratar en la Junta que se convoca, sin que se exija con rigor la exposición previa de todos los datos o medios de conocimiento precisos para la participación y, en su caso, deliberación de los interesados. Así, no resulta exigible un grado de detalle exhaustivo en el orden del día, pudiendo tratarse en la Junta cualquier cuestión que resulte consecuencia directa de lo expresado en aquél [STS de 18 de marzo de 2010 (R. 2408)].

Asimismo, la convocatoria contendrá una relación de los propietarios que no estén al corriente en el pago de las deudas vencidas a la comunidad y advertirá de la privación del derecho de voto si se dan los supuestos previstos en el artículo 15.2 LPH. Al iniciar la Junta de Propietarios es cuando se debe comprobar si concurre o no la condición de moroso en el propietario que consta como tal, de seguir en dicha condición no podrá votar, salvo que antes haya pagado la deuda, hecha la correspondiente consignación, o acredite haberla impugnado judicialmente, ya que, en este último caso, la suspensión del derecho queda sin efecto hasta que se resuelva por los Tribunales [STS de 2 de julio de 2009 (R. 4325)].

Hay que tener en cuenta que el acta de la Junta deberá reflejar la relación de los propietarios privados del derecho de voto, cuya persona y cuota de participación en la comunidad no será computada a efectos de alcanzar las mayorías exigidas en esta Ley, como ya se ha indicado.

— *La citación y su forma*: El artículo 16 remite, en cuanto a la forma de realizar la citación, a lo establecido en el artículo 9 LPH donde se establece la obligación de cada propietario de comunicar a quien ejerza las funciones de secretario de la comunidad, por cualquier medio que permita tener constancia de su recepción, el domicilio en España a efectos de citaciones y notificaciones de toda índole relacionadas con la comunidad. En defecto de esta comunicación se tendrá por domicilio para citaciones y notificaciones el piso o local perteneciente a la comunidad, surtiendo plenos efectos jurídicos las entregadas al ocupante del mismo. Si intentada una citación o notificación al propietario fuese imposible practicarla en el lugar prevenido y en los términos señalados, se entenderá realizada mediante la colocación de la comunicación correspondiente en el tablón de anuncios de la comunidad, o en lugar visible de uso general habilitado al efecto, con diligencia expresiva de la fecha y motivos por los que se procede a esta forma de notificación, firmada por quien ejerza las funciones de secretario de la comunidad, con el visto bueno del presidente. La notificación practicada de esta forma producirá plenos efectos jurídicos en el plazo de tres días naturales.

De lo expuesto, no cabe duda que la citación debe ser personal y por escrito en el domicilio señalado, que constituya la residencia de los titulares en España, o, en su defecto, en el propio piso o local y, subsidiariamente, en el tablón de anuncios o lugar destinado en la finca a estos fines, sin que quepa que las convocatorias, con todos los requisitos exigidos, se efectúen verbalmente, toda vez que ello quiebra las garantías concernientes al propietario [STS de 28 de junio de 2007 (R. 3869)].

En cualquier caso, debemos tener en cuenta que lo que se pretende es dinamizar la vida de la comunidad y evitar que la pasividad de los copropietarios no entorpezca el funcionamiento de la institución, propugnando un criterio flexible en esta cuestión. Así, con reiteración ha señalado el Tribunal Supremo que nada impide, tanto desde el punto de vista sustantivo como probatorio, que se pueda considerar acreditado haber tenido lugar la citación de un comunero a la Junta general, aunque no conste la fehaciencia del conducto notarial o del correo certificado con acuse de recibo, siempre que se den determinadas circunstancias y entre ellas la de que se trate de un sistema habitual de comunicación entre la comunidad y los comuneros sin queja o protesta de sus integrantes [STS de 19 de septiembre de 2007 (R. 6265)].

En cuanto a la carga de la prueba respecto a que una citación ha sido practicada en tiempo y forma, corresponde a la parte que sostiene que la citación ha tenido lugar [STS de 10 de julio de 2003 (R. 4625)]. Dicha prueba es especialmente dificultosa cuando se han utilizado las nuevas tecnologías para practicarla, el correo electrónico, por ejemplo.

— *Asistencia*: La asistencia a la Junta de propietarios será personal o por representación legal o voluntaria, bastando para acreditar ésta un escrito firmado por el propietario. Si algún piso o local perteneciese «pro indiviso» a diferentes propietarios éstos nombrarán un representante para asistir y votar en las juntas. Si la vivienda o local se hallare en usufructo, la asistencia y el voto corresponderá al nudo propietario, quien, salvo manifestación en contrario, se entenderá representado por el usufructuario, debiendo ser expresa la delegación cuando se trate de los acuerdos a que se refiere la regla primera del artículo 17 o de obras extraordinarias y de mejora (art. 15 LPH).

Los propietarios que en el momento de iniciarse la Junta no se encontrasen al corriente en el pago de todas las deudas vencidas con la comunidad y no hubiesen impugnado judicialmente las mismas o procedido a la consignación judicial o notarial de la suma adeudada, podrán participar en sus deliberaciones si bien no tendrán derecho de voto. El acta de la Junta reflejará los propietarios privados del derecho de voto, cuya persona y cuota de participación en la comunidad no será computada a efectos de alcanzar las mayorías exigidas en esta Ley (art. 15.2 LPH).

4.4. *Sistema de adopción de acuerdos*

Los acuerdos adoptados por la Junta de propietarios de la comunidad constituida en régimen de propiedad horizontal son actos jurídicos colectivos, formados por el conjunto de la voluntad de sus miembros, expresada y adoptada con arreglo a las disposiciones legales. No se trata, como se suele recordar, de una simple suma de votos, sino de un acto de voluntad que se imputa al ente como tal en cuanto expresión legal de su voluntad colectiva. Por este motivo, vinculan a todos los propietarios y son ejecutivos con carácter general desde el mismo momento en que se adoptan, y ello con independencia de que las comunidades de propietarios carezcan de personalidad jurídica [SAP de Pontevedra de 26 de noviembre de 2018 (JUR 2019/9673)].

El sistema de adopción de acuerdos de la Junta de Propietarios queda recogido en el artículo 17 LPH, pudiendo ser adoptados por unanimidad o por mayoría, cualificada o simple según los casos. La LPH establece un sistema mixto, que combina los criterios de la mayoría personal o de propietarios y la mayoría económica o de cuotas de participación.

1) La *unanimidad* total de los propietarios que, a su vez, representen el total de las cuotas de participación, actualmente sólo es exigible para la aprobación o modificación de las reglas contenidas en el título constitutivo o en los estatutos de la comunidad (art. 17.6 LPH). Ya la reforma de la LPH de 1999 explicaba los efectos negativos de una aplicación excesiva de la regla de la unanimidad: «Se considera así hoy en día que la regla de la unanimidad es en exceso rigurosa, en cuanto obstaculiza la realización de determinadas actuaciones que son convenientes para la comunidad de propietarios e incluso, por razones medioambientales o de otra índole, para el resto de la colectividad. Se ha considerado así conveniente flexibilizar el régimen de mayoría para el establecimiento de determinados servicios (porterías, ascensores, supresión de barreras arquitectónicas que dificulten la movilidad de personas con minusvalías, servicios de telecomunicación, aprovechamiento de la energía solar, etc.)». De ahí que, la exigencia de la regla de la unanimidad para la adopción de acuerdos comunitarios queda reservada a los supuestos estrictamente necesarios: modificación del título constitutivo y los estatutos de la comunidad.

Si bien, como se verá posteriormente, la unanimidad requerida es una unanimidad «presunta» al considerar el artículo 17.8 LPH que la unanimidad (o las distintas mayorías exigidas en la Ley) se obtiene si votan a favor del acuerdo todos los propietarios presentes en la Junta y los ausentes, debidamente citados e informados de la decisión adoptada de acuerdo con el procedimiento señalado en el artículo 9 LPH, no manifiestan su discrepancia en el plazo de treinta días naturales, comunicándoselo al Secretario de la Comunidad.

A tener en cuenta la posibilidad de que, aunque la unanimidad no se haya podido alcanzar en un determinado supuesto, ésta puede ser suplida por la decisión judicial siempre y cuando se considere que la oposición, del (o los) propietario que impiden la unanimidad exigida, constituye un acto de abuso del derecho o de ejercicio antisocial del mismo [STS de 10 de octubre de 2013 (R. 7804) y STS de 19 de diciembre de 2008 (R. 159/2009)].

2) Mayoría reforzada de las *tres quintas partes* del total de propietarios que, a su vez, representen las tres quintas partes de las cuotas de participación: *a*) para el establecimiento o supresión de los servicios de portería, conserjería, vigilancia u otros servicios comunes de interés general, supongan o no modificación del título constitutivo o de los estatutos; *b*) para el arrendamiento de elementos comunes que no tengan asignado un uso específico en el inmueble; y, *c*) el establecimiento o supresión de equipos o sistemas que tengan por finalidad mejorar la eficiencia energética o hídrica del inmueble y no tengan un aprovechamiento privativo. Para este último caso, los acuerdos válidamente adoptados obligan a todos los propietarios.

3) Igualmente, se exige esta mayoría de *tres quintas partes* del total de propietarios que, a su vez, representen las tres quintas partes de las cuotas de participación, para autorizar la división material de los pisos o locales y sus anejos, para formar otros más reducidos e independientes, el aumento de su superficie por agregación de otros colindantes del mismo edificio o su disminución por segregación de alguna parte; la construcción de nuevas plantas y cualquier otra alteración de la estructura o fábrica del edificio, incluyendo el cerramiento de las terrazas y la modificación de la envolvente para mejorar la eficiencia energética, o de las cosas comunes cuando concurran los requisitos a que alude el artículo 17.6 del texto refundido de la Ley de Suelo, aprobado por el Real Decreto Legislativo 2/2008, de 20 de junio (disposición hoy derogada, por lo que debemos entenderlo referido al art. 26 del Real Decreto Legislativo 7/2015, de 30 de octubre, por el que se aprueba el texto refundido de la Ley de Suelo y Rehabilitación Urbana). Si bien, en estos supuestos, además de la aprobación en Junta por tal mayoría, se requiere autorización administrativa, y el consentimiento de los titulares afectados. En estos supuestos es competencia de la Junta de propietarios, con idéntica mayoría reforzada de tres quintos, la determinación de la indemnización de daños y perjuicios que corresponda y el establecimiento de las nuevas cuotas de participación, así como la determinación de la naturaleza de las obras que se vayan a realizar [art. 10.3.º*b*) LPH].

4) Las innovaciones, nuevas instalaciones, servicios o mejoras no requeridos para la adecuada conservación, habitabilidad, seguridad y accesibilidad del inmueble, no exigibles y cuya cuota de instalación exceda del importe de tres mensualidades ordinarias de gastos comunes, pueden ser adoptadas con el voto favorable de las *tres quintas partes* del total de los propietarios que, a su vez, representen las tres quintas partes de las cuotas de participación. En estos casos, el disidente no resultará obligado, ni se modificará su cuota, incluso en el caso de que no pueda privársele de la mejora o ventaja. Si el disidente desea, en cualquier tiempo, participar de las ventajas de la innovación, habrá de abonar su cuota en los gastos de realización y mantenimiento, debidamente actualizados mediante la aplicación del correspondiente interés legal (art. 17.4 LPH).

Sólo requerirá comunicación a la Junta la instalación de un punto de recarga de vehículos eléctricos para uso privado en el aparcamiento del edificio, siempre que éste se ubique en una plaza individual de garaje. El coste de la instalación y el consumo de electricidad serán asumidos íntegramente por el o por los interesados directos en la misma (art. 17. 5 LPH).

5) Se permite que la Junta general limite o condicione la utilización de los inmuebles para el ejercicio de la actividad de alquiler turístico cuando voten a su favor *tres quintas partes* de los propietarios que representen tres quintas partes de las cuotas de participación. Estas mayorías podrán establecer, sin efectos retroactivos, cuotas especiales de gastos o incremento en la participación de los gastos comunes de la vivienda que realice dicha actividad (siempre que estas modificaciones no supongan un incremento superior al 20 por 100). Con ello, el legislador intenta poner coto a la proliferación de esta práctica de alquileres de muy corta duración, realizada a través de internet mediante plataformas como Airbnb, al poder ocasionar grandes molestias al resto de los vecinos por el continuo tránsito de personas ajenas a la comunidad (art. 17.12 LPH).

6) *Un tercio* de los integrantes de la comunidad que representen, a su vez, un tercio de las cuotas de participación para las instalaciones de infraestructuras comunes para el acceso a los servicios de telecomunicación regulados en el Real Decreto-Ley 1/1998, de 27 de febrero, sobre infraestructuras comunes en los edificios para el acceso a los servicios de telecomunicación, o la adaptación de los existentes, así como la instalación de sistemas comunes o privativos, de aprovechamiento de energías renovables o bien, de las infraestructuras necesarias para acceder a nuevos suministros energéticos colectivos.

La comunidad, en relación con tales acuerdos no podrá repercutir el coste de la instalación o adaptación de dichas infraestructuras comunes, ni los derivados de su conservación y mantenimiento posterior, sobre aquellos propietarios que no hubiesen votado expresamente en la Junta a favor del acuerdo. Si con posterioridad solicitasen el acceso a los servicios de telecomunicaciones o suministros energéticos y ello requiera aprovechar las nuevas infraestructuras o las adaptaciones realizadas en las preexistentes, se podrá autorizar su acceso, siempre que abonen el importe que les hubiera correspondido, debidamente actualizado, y aplicando el correspondiente interés legal (art. 17.2 LPH).

No obstante, lo dispuesto en el párrafo anterior respecto a los gastos de conservación y mantenimiento, la nueva infraestructura instalada tendrá la consideración, a los efectos establecidos en esta Ley, de elemento común.

Asimismo, se podrán adoptar por esta mayoría otros equipos o sistemas para mejorar la eficiencia energética o hídrica de aprovechamiento privativo con la anterior repercusión de costes (art. 17.3 LPH).

7) La *mayoría* de los propietarios que, a su vez, representen la mayoría de las cuotas de participación para la realización de obras, o el establecimiento de nuevos servicios comunes que tengan por finalidad la supresión de barreras ar-

quitectónicas que dificulten el acceso o la movilidad de personas con discapacidad y, en todo caso, el establecimiento de los servicios de ascensor, incluso cuando impliquen modificación del título constitutivo, o de los estatutos.

Cuando se adopten válidamente acuerdos para la realización de obras de accesibilidad, la comunidad quedará obligada al pago de los gastos, aun cuando su importe repercutido anualmente exceda de doce mensualidades ordinarias de gastos comunes.

8) Para la validez de los demás acuerdos bastará el voto de la *mayoría* del total de los propietarios que, a su vez, representen la mayoría de las cuotas de participación. En segunda convocatoria serán válidos los acuerdos adoptados por la mayoría de los asistentes, siempre que ésta represente, a su vez, más de la mitad del valor de las cuotas de los presentes.

Señala el segundo párrafo del artículo 17.2 LPH el denominado juicio de equidad al que se debe acudir cuando la mayoría no se pudiere lograr por los procedimientos establecidos en los apartados anteriores, en tal caso, el Juez, a instancia de parte deducida en el mes siguiente a la fecha de la segunda Junta, y oyendo en comparecencia los contradictores previamente citados, resolverá en equidad lo que proceda dentro de veinte días, contados desde la petición, haciendo pronunciamiento sobre el pago de costas.

— *El «voto presunto» de los propietarios ausentes*: El artículo 17.8 LPH fija como regla general que se computarán como votos favorables los de aquellos propietarios ausentes de la Junta, debidamente citados, quienes una vez informados del acuerdo adoptado por los presentes, conforme al procedimiento establecido en el artículo 9, no manifiesten su discrepancia mediante comunicación a quien ejerza las funciones de secretario de la comunidad en el plazo de treinta días naturales, por cualquier medio que permita tener constancia de la recepción. Se extiende el denominado «voto presunto» a todos los acuerdos de la Junta, con la excepción de los acuerdos previstos en la ley en que la obra o modificación se haga en aprovechamiento privativo y aquellos en que no se puede repercutir el coste del servicio a los que no votaron expresamente a favor del acuerdo. El plazo de treinta días es de caducidad.

Destacar la doctrina jurisprudencial que señala que el copropietario ausente de la Junta a quien se comunica el acuerdo y no manifiesta su discrepancia en el plazo de treinta días establecido en el artículo 17.8 LPH, no queda privado de su legitimación para impugnarlo con arreglo a los requisitos establecidos en el artículo 18 LPH, salvo si la impugnación se funda en no concurrir la mayoría cualificada exigida por la LPH fundándose en la ausencia de su voto [STS de 7 de marzo de 2013 (R. 3480)].

— *Eficacia de los acuerdos válidamente adoptados*: Los acuerdos válidamente adoptados con arreglo a lo dispuesto en este artículo obligan a todos los propietarios (art. 17.9 LPH).

— *Documentación de los acuerdos de la Junta*: El artículo 19 LPH exige que los acuerdos de la Junta de propietarios se reflejen en un libro de actas que debe estar diligenciado por el Registrador de la Propiedad en la forma que reglamentariamente se disponga, que no es otra que la establecida en el artículo 415 del Reglamento Hipotecario. A tener en cuenta que no se diligenciará un nuevo libro mientras no se acredite la íntegra utilización anterior. En caso de pérdida o extravío del libro anterior, podrá diligenciarse un nuevo libro siempre que el presidente o el secretario de la comunidad afirme, bajo su responsabilidad, en acta notarial o ante el Registrador, que ha sido comunicada la desaparición o destrucción a los dueños que integran la comunidad o que ha sido denunciada la substracción [RDGRN de 6 de junio de 2017 (*BOE* de 28 de junio de 2017)]. Por ejemplo, no se procederá a diligenciar un nuevo libro ante la negativa del administrador de la comunidad a entregar el anterior [RDGRN de 28 de julio de 2014 (*BOE* de 10 de septiembre de 2014)].

El acta de cada reunión de la Junta de propietarios deberá expresar, al menos, las siguientes circunstancias: *a*) La fecha y el lugar de celebración. *b*) El autor de la convocatoria y, en su caso, los propietarios que la hubiesen promovido. *c*) Su carácter ordinario o extraordinario y la indicación sobre su celebración en primera o segunda convocatoria. *d*) Relación de todos los asistentes y sus respectivos cargos, así como de los propietarios representados, con indicación, en todo caso, de sus cuotas de participación. *e*) El orden del día de la reunión. *f*) Los acuerdos adoptados, con indicación, en caso de que ello fuera relevante para la validez del acuerdo, de los nombres de los propietarios que hubieren votado a favor y en contra de los mismos, así como de las cuotas de participación que respectivamente representen. *g*) Relación de propietarios privados del derecho de voto, cuya persona y cuota de participación en la comunidad no será computada a efectos de alcanzar las mayorías exigidas en la Ley (art. 15.2 LPH).

El acta deberá cerrarse con las firmas del presidente y del secretario al terminar la reunión o dentro de los diez días naturales siguientes. Desde su cierre los acuerdos serán ejecutivos, salvo que la Ley previere lo contrario [R. de 31 de marzo de 2005 (*BOE* de 20 de mayo de 2005)]. Si bien, destacar que el TS no considera la falta de las firmas de presidente y secretario de la comunidad un defecto que genere la nulidad de la Junta y de los acuerdos adoptados en ella, ya que puede subsanarse en una siguiente Junta, ratificando lo acordado en ésta. Es decir, por falta de la diligencia de aquéllas, no cabe anular la Junta y los acuerdos. No cabe que meros formalismos lleven consigo nulidades que perjudiquen a toda la comunidad [STS de 20 de abril de 2015 (R. 1204)].

El acta de las reuniones se remitirá a los propietarios de acuerdo con el procedimiento establecido en el artículo 9. Serán subsanables los defectos o errores del acta siempre que la misma exprese inequívocamente la fecha y lugar de celebración, los propietarios asistentes, presentes o representados, y los acuerdos adoptados, con indicación de los votos a favor y en contra, así como las cuotas de participación que respectivamente suponga y se encuentre firmada por el presidente y el secretario. Dicha subsanación deberá efectuarse antes de la siguiente reunión de la Junta de propietarios, que deberá ratificar la subsanación. En cualquier caso, los propietarios siempre podrán acudir a la vía judicial para impugnar los acuerdos reflejados en el acta.

El secretario custodiará los libros de actas de la Junta de propietarios. Asimismo deberá conservar, durante el plazo de cinco años, las convocatorias, comunicaciones, apoderamientos y demás documentos relevantes de las reuniones.

4.5. *Impugnación de los acuerdos de la Junta de propietarios*

Los acuerdos de la Junta de propietarios serán impugnables ante los tribunales de conformidad con lo establecido en la legislación procesal general, en los siguientes supuestos (art. 18 LPH):

a) Cuando sean contrarios a la ley o a los estatutos de la comunidad de propietarios.

Tras la reforma de la LPH operada en 1999 la jurisprudencia se decantó claramente por considerar meramente anulables los acuerdos que entrañasen infracción de algún precepto de la Ley de Propiedad Horizontal o de los estatutos de la respectiva comunidad, y por tanto convalidables por su ratificación ulterior y por la falta de impugnación de los mismos en el plazo legalmente determinado, quedando reservada la más grave calificación de nulidad radical o absoluta solamente para aquellos otros acuerdos que, por infringir cualquier otra Ley imperativa o prohibitiva que no tenga establecido un efecto distinto para el caso de contravención o por ser contrarios a la moral o el orden público o por implicar un fraude de Ley, hayan de ser conceptuados nulos de pleno derecho, conforme al párrafo 3.º del artículo 6 CC, y por tanto insubsanables por el transcurso del tiempo [SSTS de 21 de marzo de 2018 (R. 1484) y 5 de marzo de 2014 (R. 1686)].

b) Cuando resulten gravemente lesivos para los intereses de la propia comunidad en beneficio de uno o varios propietarios.

c) Cuando supongan un grave perjuicio para algún propietario que no tenga obligación jurídica de soportarlo o se hayan adoptado con abuso de derecho.

La doctrina del abuso de derecho, declara la jurisprudencia de nuestro Tribunal Supremo, se sustenta en la existencia de unos límites de orden moral, teleológico y social que pesan sobre el ejercicio de los derechos, y como institución de equidad, exige para poder ser apreciada, una actuación aparentemente correcta que, no obstante, representa en realidad una extralimitación a la que la ley no concede protección alguna, generando efectos negativos (los más corrientes, daños y perjuicios), al resultar patente la circunstancia subjetiva de ausencia de finalidad seria y legítima, así como la objetiva de exceso en el ejercicio del derecho exigiendo su apreciación, una base fáctica que proclame las circunstancias objetivas (anormalidad en el ejercicio) y subjetivas (voluntad de perjudicar o ausencia de interés legítimo). En materia de propiedad horizontal, el abuso de derecho, se traduce en el uso de una norma, por parte de la comunidad o de un propietario, con mala fe, en perjuicio de otro u otros copropietarios, sin que por ello se obtenga un beneficio amparado por la norma. En definitiva, la actuación calificada como abusiva no debe fundarse en una justa causa y su finalidad no será legítima [STS de 5 de marzo de 2014 (R. 1686)]. Así, existe abuso del derecho cuando la comunidad de propietarios deniega lo que los estatutos autorizan [STS de 16 de octubre de 2013 (R. 7254)].

— *Legitimación*: El artículo 18.2 LPH regula la legitimación para impugnar los acuerdos de la Junta de Propietarios. El precepto establece una regla de legitimación y un requisito de procedibilidad. La primera limita la posibilidad de impugnar los acuerdos de la Junta a los propietarios que hubiesen salvado su voto en la Junta, a los ausentes por cualquier causa y a los que indebidamente hubiesen sido privados de su derecho de voto. La segunda introduce una regla de procedibilidad y una excepción condicionando la impugnación a que el propietario esté al corriente en el pago de la totalidad de las deudas vencidas con la comunidad o haya hecho previa consignación judicial de las mismas, salvo que la impugnación de los acuerdos de la Junta tenga que ver con el establecimiento o alteración de las cuotas de participación a que se refiere el artículo 9 entre los propietarios [STS de 22 de octubre de 2014 (R. 5387)].

Propietarios que salvan su voto: El problema se centra en determinar qué debe interpretarse por la expresión «salvar el voto». Nuestro Tribunal Supremo en sentencia de 10 de mayo de 2013 (R. 7616) establece la siguiente doctrina jurisprudencial. Salvar el voto y votar en contra no suponen lo mismo. El hecho de votar en contra significa que, sin más expresión de voluntad que la del propio voto disidente, el propietario tiene legitimación para impugnar los acuerdos en la forma que previene la LPH. La necesidad de salvar el voto únicamente tiene sentido en aquellos casos en los que los propietarios asisten a la Junta sin una información o conocimiento suficiente sobre el contenido y alcance de los acuerdos que se van a deliberar, y deciden no comprometer su voto, favorable o en contra, sino abstenerse de la votación a la espera de obtenerla y decidir en su vista. A ellos únicamente habrá de exigírseles dicho requisito de salvar el voto, pues en otro caso sí que se desconocería su postura ante dicho acuerdo. Con ello se evitaría, además, que el silencio o la abstención puedan ser interpretados como asentimiento al posicionamiento de la voluntad mayoritaria que se expresa en uno o en otro sentido.

Por lo tanto, de los asistentes a la Junta no podrán impugnar el acuerdo los propietarios que hayan votado a favor del mismo ni los que se hubieran abstenido sin salvar su voto.

Propietarios ausentes: El copropietario ausente de la junta a quien se comunica el acuerdo y no manifiesta su discrepancia en el plazo de treinta días establecido en el artículo 17.8 LPH, no queda privado de su legitimación para impugnarlo con arreglo a los requisitos establecidos en el artículo 18 LPH, salvo si la impugnación se funda en no concurrir la mayoría cualificada exigida por la LPH fundándose en la ausencia de su voto [STS de 7 de marzo de 2013 (R. 3480)].

Los que indebidamente hubiesen sido privados de su derecho a voto. La excepción: la impugnación queda condicionada a que el propietario esté al corriente en el pago de la totalidad de las deudas vencidas con la comunidad o haya hecho previa consignación judicial de las mismas, salvo que la impugnación de los acuerdos de la Junta tenga que ver con el establecimiento o alteración de las cuotas de participación fijadas en el título y prevista en el párrafo segundo del artículo 5 LPH, sino también los demás acuerdos que establezcan un sistema de distribución de gastos, bien sea de manera general, bien para algunos gastos en particular, y tanto cuanto el referido sistema de distribución de gastos se acuerde con vocación de permanencia o para una determinada ocasión [STS de 22 de octubre de 2013 (R. 7441)].

En conclusión, la legitimación para impugnar judicialmente los acuerdos adoptados por la Junta de propietarios correspondería: 1) a los propietarios asistentes a la Junta que hubiesen salvado su voto en ella; a aquellos propietarios que hubieren votado en contra del acuerdo y a aquellos que, habiéndose abstenido, hubiesen manifestado carecer de información o conocimiento suficiente sobre el contenido y alcance del acuerdo sometido a la deliberación de la Junta, por lo que decidieron no comprometer su voto a la espera de obtener aquella información y decidir en su vista; 2) a los propietarios ausentes por cualquier causa, y 3) a los propietarios a los que indebidamente se les hubiese privado de su derecho a voto.

— *Caducidad*: La acción de impugnación caducará a los tres meses de adoptarse el acuerdo por la Junta de propietarios, salvo que se trate de actos contrarios a la ley o a los estatutos, en cuyo caso la acción caducará al año. Para los propietarios ausentes dicho plazo se computará a partir de la comunicación del acuerdo conforme al procedimiento establecido en el artículo 9 (art. 18.3 LPH).

— *No suspensión*: La impugnación de los acuerdos de la Junta no suspenderá su ejecución, salvo que el juez así lo disponga con carácter cautelar, a solicitud del demandante, oída la comunidad de propietarios (art. 18.4 LPH).

VII. CAUSAS DE EXTINCIÓN DE LA PROPIEDAD HORIZONTAL

El régimen de propiedad horizontal se extingues según establece el artículo 23 LPH:

1) Por la destrucción del edificio, salvo pacto en contrario. Se estimará producida aquélla cuando el coste de la reconstrucción exceda del 50 por 100 del va-

lor de la finca al tiempo de ocurrir el siniestro, a menos que el exceso de dicho coste esté cubierto por un seguro.

Lo correcto para calcular el «valor de la finca al tiempo de ocurrir el siniestro» es atender al valor actual de la construcción [STS de 24 de abril de 2019 (R. 1776)].

2) Por conversión en propiedad o copropiedad ordinarias.

VIII. LOS COMPLEJOS INMOBILIARIOS PRIVADOS

El artículo 24 LPH prevé que el régimen especial de propiedad establecido en el artículo 396 del Código civil será aplicable a aquellos complejos inmobiliarios privados que reúnan los siguientes requisitos:

a) Estar integrados por dos o más edificaciones o parcelas independientes entre sí cuyo destino principal sea la vivienda o locales.

b) Participar los titulares de estos inmuebles, o de las viviendas o locales en que se encuentren divididos horizontalmente, con carácter inherente a dicho derecho, en una copropiedad indivisible sobre otros elementos inmobiliarios, viales, instalaciones o servicios.

El artículo 24 LPH, está pensado no sólo para las urbanizaciones, sino también es aplicable este precepto al régimen jurídico de los edificios complejos con varios portales, cada vez más frecuentes en el mundo de la construcción inmobiliaria, así como a los supuestos de varios edificios que, sin constituir propiamente una urbanización, comparten servicios e instalaciones comunes [STS de 29 de abril de 2015 (R. 1557)].

En este sentido, el artículo 24.2 LPH prevé que los referidos complejos inmobiliarios podrán:

a) Constituirse en una sola comunidad de propietarios a través de cualquiera de los procedimientos establecidos en el párrafo segundo del artículo 5. En este caso quedarán sometidos a las disposiciones de la LPH, que les resultarán íntegramente de aplicación.

b) Constituirse en una agrupación de comunidades de propietarios. A tal efecto, se requerirá que el título constitutivo de la nueva comunidad agrupada sea otorgado por el propietario único del complejo o por los presidentes de todas las comunidades llamadas a integrar aquélla, previamente autorizadas por acuerdo mayoritario de sus respectivas Juntas de propietarios. El título constitutivo contendrá la descripción del complejo inmobiliario en su conjunto y de los elementos, viales, instalaciones y servicios comunes. Asimismo, fijará la cuota de participación de cada una de las comunidades integradas, las cuales responderán conjuntamente de su obligación de contribuir al sostenimiento de los gastos generales de la comunidad agrupada. El título y los estatutos de la comunidad agrupada serán inscribibles en el Registro de la Propiedad.

La agrupación de comunidades gozará, a todos los efectos, de la misma situación jurídica que las comunidades de propietarios y se regirá por las disposiciones de la LPH, con las siguientes especialidades:

a) La Junta de propietarios estará compuesta, salvo acuerdo en contrario, por los presidentes de las comunidades integradas en la agrupación, los cuales ostentarán la representación del conjunto de los propietarios de cada comunidad.

b) La adopción de acuerdos para los que la ley requiera mayorías cualificadas exigirá, en todo caso, la previa obtención de la mayoría de que se trate en cada una de las Juntas de propietarios de las comunidades que integran la agrupación.

c) Salvo acuerdo en contrario de la Junta no será aplicable a la comunidad agrupada lo dispuesto en el artículo 9 de esta Ley sobre el fondo de reserva.

La competencia de los órganos de gobierno de la comunidad agrupada únicamente se extiende a los elementos inmobiliarios, viales, instalaciones y servicios comunes. Sus acuerdos no podrán menoscabar en ningún caso las facultades que corresponden a los órganos de gobierno de las comunidades de propietarios integradas en la agrupación de comunidades.

Los complejos inmobiliarios privados que no adopten ninguna de las formas jurídicas señaladas en el apartado 2 del artículo 24 LPH les serán aplicables, supletoriamente respecto de los pactos que establezcan entre sí los copropietarios, las disposiciones de la LPH, con las mismas especialidades señaladas en el apartado 3 del artículo 24 LPH.

CASO PRÁCTICO

Antonio y Belén, propietarios del piso bajo de un inmueble en régimen de propiedad horizontal, deciden un buen día techar el patio interior del edificio, patio al que sólo ellos tienen acceso. Realizan la obra sin solicitar permiso a la comunidad, pues saben que los propietarios de la primera planta se oponen a dicho cierre. Una vez realizada la obra, durante diez años ningún propietario ha manifestado su oposición; sin embargo, una vez que el propietario del piso primero es designado presidente de la comunidad reciben la convocatoria de una Junta extraordinaria en la que, como punto de orden del día, figura la adopción del acuerdo tendente a obligar a Antonio y Belén a reponer el patio a su estado originario. Antonio y Belén acuden a usted y le hacen las siguientes

PREGUNTAS

1) ¿Un propietario puede techar el patio interior sin contar con el consentimiento de la Junta de propietarios?

2) ¿Es necesaria la unanimidad o basta la mayoría de la Junta de propietarios? ¿Por qué?

3) La inactividad de la comunidad durante diez años, ¿tiene alguna consecuencia?

BIBLIOGRAFÍA BÁSICA

ÁLVAREZ OLALLA, P.: «Las obras en la Comunidad de Propietarios tras la reciente reforma de la Ley de Propiedad Horizontal», *Revista Doctrinal Aranzadi Civil-Mercantil*, n.º 5/2013; BERCOVITZ RODRÍGUEZ-CANO, R. (coord.): *Comentarios a la Ley de Propiedad Horizontal*, Pamplona, 2014; BRASA GAYOSO, J.: «Notas sobre los efectos que el Real Decreto-ley 7/2019, de 1 de marzo, de medidas urgentes en materia de vivienda y alquiler produce sobre las viviendas de uso turístico», *Actualidad administrativa*, n.º 4, abril, 2019; DÍAZ MARTÍNEZ, A.: *Propiedad Horizontal. Título constitutivo y su impugnación judicial*, Pamplona, 1996; ESPEJO LERDO DE TEJADA, M.: «Las obras realizadas por el comunero sobre un elemento común en la propiedad horizontal y el transcurso del tiempo», *Revista de Derecho Patrimonial*, n.º 43, 2017; FUENTES LOJO, J. V.: *Comentarios a la Ley estatal de Propiedad Horizontal*, Barcelona, 2009; LOSCERTALES, D.: *Propiedad Horizontal: comunidades y urbanizaciones*, Madrid, 1999; MARTÍNEZ DE SANTOS, A.: «La reclamación de la deuda a un propietario moroso: convocatoria de la junta, certificación de la deuda y notificación del acuerdo», *Actualidad Civil*, n.º 10, octubre 2018; MARTÍNEZ ORTEGA, J. C. (coord.): *Urbanismo, edificación y propiedad horizontal*, Barcelona, 2012; MOLINA ROIG, E.: «El Real Decreto-Ley 7/2019, de medidas urgentes en materia de vivienda y alquiler», *Actualidad Civil*, n.º 3, marzo, 2019; PARA MARTÍN, A.: *La comunidad de propietarios y sus órganos*, Barcelona, 1992; ROSAT ACED, J. I. (coord.): *GPS. Propiedad Horizontal. Guía íntegra para la administración de fincas* (5.ª ed.), Valencia, 2019; SAN CRISTÓBAL REALES, S.: *Estudios sobre la Propiedad Horizontal*, Madrid, 2009; ZURILLA CARIÑENA, M.ª A.: *La garantía real y la propiedad horizontal*, Madrid, 1995.

EJERCICIOS DE AUTOEVALUACIÓN

1) ¿Qué es la propiedad horizontal?

2) ¿Cómo se origina la propiedad horizontal?

3) ¿Puede inscribirse un piso o local bajo la titularidad de la comunidad de propietarios?

4) ¿Qué es el título constitutivo?

5) ¿Cuál es el contenido necesario del título constitutivo?

6) ¿Cuáles son las funciones de la cuota de participación?

7) ¿Qué son los estatutos de la comunidad de propietarios?

8) ¿Los estatutos deben estar contenidos en el título constitutivo o pueden estarlo en documento independiente?

9) ¿Qué mayoría se requiere para aprobar los estatutos?

10) ¿Qué eficacia jurídica tienen los estatutos?

11) ¿Son válidas las cláusulas de los estatutos que limitan o prohíben las actividades profesionales en el edificio sujeto a régimen de propiedad horizontal?

12) ¿Pueden exonerar los estatutos a determinados propietarios del pago de alguno o alguno de los gastos de la comunidad?

13) ¿Qué son las normas de régimen interior?

14) ¿Cuáles son las diferencias entre las normas de régimen interior y los estatutos?

15) ¿Puede un propietario hacer cualquier modificación en los elementos arquitectónicos de su piso o local?

16) ¿Pueden los propietarios desarrollar en sus pisos o locales cualquier tipo de actividad?

17) ¿Qué es y en qué consiste la acción de cesación?

18) ¿Qué tipos de elementos comunes existen en la propiedad horizontal?

19) ¿Puede un propietario realizar obras en los elementos comunes? ¿Siempre requiere el acuerdo unánime de los propietarios?

20) ¿Quién puede ser presidente de la comunidad de propietarios? ¿Por cuánto tiempo?

21) ¿Es necesario un administrador de la comunidad de propietarios?

22) ¿Quien convoca a la Junta de propietarios? ¿Cómo se debe convocar la Junta?

23) La insatalación de un ascensor en un inmueble requiere ¿unanimidad o mayoría de los propietarios?

24) ¿Quién está legitimado para impugnar los acuerdos de la Junta de propietarios?

25) ¿Qué plazo hay para impugnar los acuerdos adoptados en Junta de propietarios?

26) ¿Qué significa «salvar el voto» en la Junta de propietarios?

27) ¿Qué ocurre si el propietario no contribuye a los gastos generales de la comunidad?

28) ¿Qué es el fondo de reserva? ¿A qué se destina?

29) ¿Tiene el propietario el deber de comunicar la transmisión de la titularidad del piso, local o elemento privativo? ¿Qué ocurre si no lo hace?

30) ¿Cuándo se extingue la propiedad horizontal?

La propiedad horizontal

CONCEPTO	✓ Constituye una figura jurídica en la que, junto a una propiedad exclusiva sobre un espacio concreto (pisos o locales), coexiste una copropiedad obligada, necesaria e indivisible sobre unos elementos comunes (servicios e instalaciones comunes a la finca). ✓ Se caracteriza por la existencia de un único derecho de propiedad cuyo objeto es complejo: el piso, local o departamento privativo, es decir, un espacio suficientemente delimitado y susceptible de aprovechamiento independiente, y la participación inseparable en la titularidad de los elementos, pertenencias y servicios comunes del edificio (arts. 3 LPH y 396 CC).
NORMATIVA APLICABLE	✓ La propiedad horizontal viene regulada por la Ley 49/1960, de 21 de julio, sobre propiedad horizontal (LPH). ✓ El Código civil había regulado esta peculiar forma de propiedad en su artículo 396 configurándola como una modalidad de la comunidad de bienes. ✓ La LPH de 1960 ha sufrido diversas modificaciones, • Ley 2/1988, de 23 de febrero. • Ley 3/1990, de 21 de junio. • Ley 8/1999, de 6 de abril. • Ley 1/2000, de 7 de enero, de Enjuiciamiento Civil. • Ley 51/2003, de 2 de diciembre, de igualdad de oportunidades, no discriminación y accesibilidad universal de las personas con discapacidad. • Ley 19/2009, de 23 de noviembre, de medidas de fomento y agilización procesal del alquiler y de la eficiencia energética de los edificios. • Ley 26/2011, de 1 de agosto, de adaptación normativa a la Convención Internacional sobre los Derechos de las Personas con Discapacidad. • Ley 8/2013, de 26 de junio, de Rehabilitación, Regeneración y Renovación urbanas. • La última, mediante Real Decreto-Ley 7/2019, de 1 de marzo, de medidas urgentes en materia de vivienda y alquiler.

NATURALEZA	✓ La comunidad de propietarios en régimen de propiedad horizontal carece de personalidad jurídica. Esta falta de personalidad la ha sostenido la jurisprudencia reiteradamente, con lo que la comunidad no puede ser titular registral ni es posible que, sin tal personalidad, puede ser propietaria de un bien y, por extensión, ser titular registral del asiento de inscripción correspondiente [STS de 8 de enero de 2019 (R. 33)].
ÁMBITO DE APLICACIÓN DE LA LPH	✓ Artículo 2 LPH. • Comunidades constituidas con arreglo al artículo 5 LPH (título constitutivo). • Comunidades que reúnan los requisitos del artículo 396 CC y no hubiesen otorgado título constitutivo, en lo relativo: ⇨ al régimen jurídico de la propiedad de las partes privativas; ⇨ a los derechos y obligaciones recíprocas de los comuneros; ⇨ la adopción de acuerdos, por lo tanto, se regirán por las normas generales de la comunidad de bienes, en concreto por los artículos 398 y 399 CC. • Complejos inmobiliarios (arts. 24 LPH). • A las subcomunidades, entendiendo por tales las que resultan cuando, de acuerdo con lo dispuesto en el título constitutivo, varios propietarios disponen, en régimen de comunidad, para su uso y disfrute exclusivo, de determinados elementos o servicios comunes dotados de unidad e independencia funcional o económica. • A las entidades urbanísticas de conservación en los casos en que así lo dispongan sus estatutos.
CONSTITUCIÓN DEL RÉGIMEN DE PROPIEDAD HORIZONTAL	✓ Mediante la construcción de un edificio que, en su origen, se encuentra dividido en pisos o locales de aprovechamiento independiente y cuyo promotor va a destinar al mercado inmobiliario bajo la configuración de propiedad horizontal. ✓ Mediante la enajenación, por parte del propietario único, de alguno de los pisos o locales, para lo que, previamente, constituye el régimen de propiedad horizontal. ✓ Mediante la sumisión al régimen de propiedad horizontal de un inmueble previamente sometido al régimen de comunidad previsto en el artículo 401, párrafo segundo, CC.

EL TÍTULO CONSTITUTIVO	✓ El título constitutivo es el acto por el que el propietario, o propietarios, del inmueble construido, o en construcción, cuyas características lo permitan, someten éste al régimen jurídico inmobiliario de propiedad horizontal. Es definido como «el documento, normalmente notarial, en el que constan las circunstancias de hecho y de derecho en virtud de las cuales nace y se configura la institución». ✓ ¿QUIÉN OTORGA EL TÍTULO CONSTITUTIVO? Tan sólo el propietario único o los copropietarios, mediante acuerdo unánime, pueden otorgar el título constitutivo. ✓ FORMA: La LPH no exige que el título constitutivo conste en escritura pública. ✓ CONTENIDO DEL TÍTULO CONSTITUTIVO: ARTÍCULO 5 LPH. • La descripción del inmueble en su totalidad. • La descripción de los pisos o locales. • La expresión de la cuota de participación correspondiente a cada piso o local. ✓ LAS RESERVAS REALIZADAS EN EL TÍTULO CONSTITUTIVO. ✓ MODIFICACIÓN DEL TÍTULO CONSTITUTIVO: En cualquier modificación del título, señala el último párrafo del artículo 5 LPH, y a salvo lo que se dispone sobre validez de acuerdos, se observarán los mismos requisitos que para la constitución. Es decir, se requiere el acuerdo unánime de todos los copropietarios (art. 17.6 LPH).
ESTATUTOS DE LA COMUNIDAD	✓ El título, señala el artículo 5, último párrafo, LPH, podrá contener, además, reglas de constitución y ejercicio del derecho y disposiciones no prohibidas por la ley en orden al uso o destino del edificio, sus diferentes pisos o locales, instalaciones y servicios, gastos, administración y gobierno, seguros, conservación y reparaciones, formando un *estatuto privativo* que no perjudicará a terceros si no ha sido inscrito en el Registro de la Propiedad. ✓ Los estatutos contienen normas que regulan los derechos de cada propietario en relación con su piso y a la propiedad común. ✓ Los estatutos forman parte del título constitutivo y se integran en él. ✓ A falta de estatutos rige directamente la LPH.
REGLAS DE RÉGIMEN INTERIOR	✓ Para regular los detalles de la convivencia y la adecuada utilización de los servicios y cosas comunes, y dentro de los límites establecidos por la Ley y los estatutos, el conjunto de propietarios podrá fijar normas de régimen interior que obligarán también a todo titular mientras no sean modificadas en la forma prevista para tomar acuerdos sobre la administración (art. 6 LPH).

LA CUOTA DE PARTICIPACIÓN	✓ El artículo 3.*b*), párrafo segundo, LPH establece que «a cada piso o local se atribuirá una cuota de participación con relación al total del valor del inmueble y referida a centésimas del mismo. Dicha cuota servirá de módulo para determinar la participación en las cargas y beneficios por razón de la comunidad. Las mejoras o menoscabos de cada piso o local no alterarán la cuota atribuida, que sólo podrá variarse de acuerdo con lo establecido en los artículos 10 y 17 de esta Ley». ✓ Por su parte, el artículo 5 LPH señala: «[…] en el mismo título se fijará la cuota de participación que corresponde a cada piso o local, determinada por el propietario único del edificio al iniciar su venta por pisos, por acuerdo de todos los propietarios existentes, por laudo o por resolución judicial. Para su fijación se tomará como base la superficie útil de cada piso o local en relación con el inmueble, su emplazamiento interior o exterior, su situación y el uso que se presuma racionalmente que va a efectuarse de los servicios o elementos comunes».
ELEMENTOS PRIVATIVOS Y COMUNES	✓ ELEMENTO PRIVATIVO: artículo 3.*a*) LPH: «En el régimen de propiedad establecido en el artículo 396 del Código civil corresponde a cada piso o local: *a*) El derecho singular y exclusivo de propiedad espacio suficientemente delimitado y susceptible de aprovechamiento independiente, con los elementos arquitectónicos e instalaciones de todas clases, aparentes o no, que estén comprendidos dentro de sus límites y sirvan exclusivamente al propietario, así como el de los anejos que expresamente hayan sido señalados en el título, aunque se hallen situados fuera del espacio delimitado». ✓ ANEJOS: El artículo 3.*a*) LPH hace referencia a los anejos, como elemento privativo, sin definir lo que son. Es el artículo 5.1 el que nos da la pista sobre qué debamos considerar anejos al incluir como tales a garaje, buhardilla o sótano. ✓ LOS ELEMENTOS COMUNES: ARTÍCULO 396 CC: Los elementos comunes del edificio son todos los necesarios para su adecuado uso y disfrute, tales como el suelo, vuelo, cimentaciones y cubiertas… ✓ Dentro de los elementos comunes, cabe distinguir entre elementos comunes por naturaleza o esenciales, imprescindibles para asegurar el uso y disfrute de los diferentes pisos o locales; y por destino, o no esenciales, admitiéndose que estos últimos, pueden ser, por esta razón, «desafectados» de su destino común y dedicados a un uso privado o exclusivo, en favor de uno o varios de los propietarios de pisos o locales, excluyendo en ese uso al resto.

DERECHOS Y OBLIGACIONES DEL PROPIETARIO	✓ DERECHOS RELATIVOS A ELEMENTOS PRIVATIVOS: • *Modificación del elemento privativo (art. 7.1 LPH).* • *Prohibición de alteración de los elementos comunes.* ✓ DERECHOS RELATIVOS A ELEMENTOS COMUNES: • *Indemnizaciones*: Los propietarios han de consentir en su vivienda o local las reparaciones que exija el servicio del inmueble y permitir en él las servidumbres imprescindibles requeridas para la creación de servicios comunes de interés general acordados conforme a lo establecido en la Ley, teniendo derecho a que la comunidad le resarza de los daños y perjuicios ocasionados, de acuerdo con el artículo 9.1.*c*) LPH. • *Impago de cuotas*: Supuestos en los que el propietario del piso o local puede negarse, legítimamente, a satisfacer la cuota derivada de alguna actuación autorizada por la comunidad de propietarios (art. 17.1 y 4 LPH). • *Facultad de oposición*: No podrán realizarse innovaciones que hagan inservible alguna parte del edificio para el uso y disfrute de un propietario, si no consta su consentimiento expreso (art. 17.4, último párrafo, LPH). • *Derechos sociales*: Intervenir en las Juntas ejerciendo el derecho de voto y oponerse a sus acuerdos, así como, en su caso, impugnar los acuerdos adoptados por la Junta de propietarios, o elegir, revocar y ser nombrado presidente u otros cargos. ✓ OBLIGACIONES RELATIVAS A ELEMENTOS PRIVATIVOS: • Artículo 7.2 LPH: «Al propietario y al ocupante del piso o local no les está permitido desarrollar en él o en el resto del inmueble actividades prohibidas en los estatutos, que resulten dañosas para la finca o que contravengan las disposiciones generales sobre actividades molestas, insalubres, nocivas, peligrosas o ilícitas». • *Acción de cesación*: Para impedir las actividades descritas en el artículo 7.2 LPH se regula la «acción de cesación», que puede llegar en casos extremos a suponer la privación judicial del uso y disfrute del inmueble por un tiempo máximo de tres años. • Obligación de mantener en buen estado de conservación el piso o local y las instalaciones privativas, en términos que no perjudiquen a la comunidad o a los otros propietarios, resarciendo los daños que ocasione por su descuido o el de las personas por quienes deba responder [art. 9.1.*b*) LPH]. • Consentir en su vivienda o local las reparaciones que exija el servicio del inmueble y permitir en él las servidumbres imprescindibles requeridas para la realización de obras, actuaciones o la creación de servicios comunes llevadas a cabo o acordadas conforme a lo establecido en la LPH, teniendo derecho a que la comunidad le resarza de los daños y perjuicios ocasionados [art. 9.1.*c*) LPH].

- Obligación del propietario de permitir la entrada en su piso o local a los efectos prevenidos en los párrafos *a*), *b*) y *c*) del artículo 9 LPH.
- Las obligaciones de comunicar un domicilio para citaciones y notificaciones y el cambio de titularidad del piso o local previstas en el artículo 9.1.*h*) y 9.1.*i*) de la LPH.

✓ OBLIGACIONES RELATIVAS A ELEMENTOS COMUNES:

- Respeto a las instalaciones generales de la Comunidad y demás elementos comunes, ya sean de uso general o privativo de cualquiera de los propietarios, estén o no incluidos en su piso o local, haciendo un uso adecuado de los mismos y evitando en todo momento que se causen daños o desperfectos [art. 9.1.*a*) LPH].
- Observar la diligencia debida en el uso del inmueble y en sus relaciones con los demás titulares y responder ante éstos de las infracciones cometidas y de los daños causados [art. 9.1.*g*)].
- Prohibición general de actuación en zonas comunes. Excepciones (art. 10 LPH).
- La obligación de contribuir a los gastos generales para el adecuado sostenimiento del inmueble [art. 9.1.*e*) LPH].
  - ⇨ El no uso de un elemento o un servicio común no exime de contribuir a los gastos que éste genere (art. 9.2 LPH).
  - ⇨ Artículo 9.2 LPH, se reputarán generales los gastos que no sean imputables a uno o varios pisos o locales, sin que la no utilización de un servicio exima del cumplimiento de las obligaciones correspondientes, sin perjuicio de lo establecido en el artículo 17.4.
  - ⇨ Lo determinante para la caracterización de un gasto como general es el hecho de que la Ley o los Estatutos lo consideren como tal.
  - ⇨ Los créditos a favor de la comunidad derivados de la obligación de contribuir al sostenimiento de los gastos generales correspondientes a las cuotas imputables a la parte vencida de la anualidad en curso y a los tres años naturales inmediatamente anterior tienen la condición de preferentes.
  - ⇨ Afección real del inmueble al cumplimiento de la obligación de contrinuir [art. 9.*e*) LPH].
- Contribuir, con arreglo a su respectiva cuota de participación, a la dotación del fondo de reserva que existirá en la comunidad de propietarios para atender las obras de conservación y reparación de la finca y, en su caso, para las obras de rehabilitación [art. 9.1.*f*) LPH].
  - ⇨ El fondo de reserva, cuya titularidad corresponde a todos los efectos a la comunidad, estará dotado con una cantidad que en ningún caso podrá ser inferior al 10 por ciento de su último presupuesto ordinario.

✓ PROCEDIMIENTO JUDICIAL PARA LA RECLAMACIÓN DE GASTOS COMUNES: ARTÍCULO 21 LPH.

RESPONSABILIDAD FRENTE A TERCEROS	✓ Establece el artículo 22 LPH: La comunidad de propietarios responderá de sus deudas frente a terceros con todos los fondos y créditos a su favor. Subsidiariamente y previo requerimiento de pago al propietario respectivo, el acreedor podrá dirigirse contra cada propietario que hubiese sido parte en el correspondiente proceso por la cuota que le corresponda en el importe insatisfecho. ✓ El artículo 22 LPH permite que, de forma subsidiaria, la deuda de la comunidad pueda ser reclamada a los distintos copropietarios integrantes de la referida comunidad, con la particularidad de que el acreedor es libre para dirigir su demanda no contra todos los comuneros sino sólo contra alguno de ellos, eso sí por la cuota correspondiente, sin que en tal caso se pueda entender que exista un litisconsorcio pasivo necesario.
ÓRGANOS DE LA COMUNIDAD DE PROPIETARIOS	✓ El artículo 13 LPH establece los órganos de la comunidad: *a*) La Junta de propietarios; *b*) El presidente y, en su caso, los vicepresidentes; *c*) El secretario; y, *d*) El administrador. No obstante, en los estatutos, o por acuerdo mayoritario de la Junta de propietarios, podrán establecerse otros órganos de gobierno de la comunidad, sin que ello pueda suponer menoscabo alguno de las funciones y responsabilidades frente a terceros que la LPH atribuye a los anteriormente señalados. ✓ PRESIDENTE: • El presidente ostenta legalmente la representación de la comunidad, en juicio y fuera de él, en todos los asuntos que la afecten (art. 13.3 LPH). • El presidente será nombrado, entre los propietarios, mediante elección o, subsidiariamente, mediante turno rotatorio o sorteo. • Su nombramiento será obligatorio. • El presidente de la comunidad de propietarios asume la representación orgánica de la comunidad. • *Funciones*: La LPH otorga al presidente de la comunidad de propietarios la representación de la misma en juicio y fuera de él, pero, como matiza la STS de 19 de febrero de 2014 (R. 1135), «esto no significa que esté legitimado para cualquier actuación por el mero hecho de ostentar el cargo de presidente ya que no puede suplir o corregir la voluntad de la comunidad expresada en las Juntas ordinarias o extraordinarias». • El nombramiento será por un año, salvo que en los estatutos de la comunidad se diga cosa contraria (art. 13.7 LPH) y sin que nada impida su prórroga por iguales períodos anuales. • El presidente, al igual que el resto de los órganos de gobierno de la comunidad, podrán ser removidos de su cargo antes de la expiración del mandato por acuerdo de la Junta de propietarios, convocada en sesión extraordinaria.

	✓ VICEPRESIDENTE(S): La existencia de vicepresidentes será facultativa. Su nombramiento se realizará por el mismo procedimiento que el establecido para la designación del presidente. ✓ ADMINISTRADOR Y SECRETARIO: La existencia del secretario y del administrador es, al igual que el vicepresidente, facultativa. Las funciones del secretario y del administrador serán ejercidas por el presidente de la comunidad, salvo que los estatutos, o la Junta de propietarios por acuerdo mayoritario, dispongan la provisión de dichos cargos separadamente de la presidencia (art. 13.5 LPH). • Funciones del administrador: artículo 20 LPH. • Funciones del secretario: artículo 19.4 LPH.
LA JUNTA DE PROPIETARIOS	✓ La Junta, compuesta de todos los titulares, es el órgano de gobierno de la comunidad de propietarios, si bien carente de personalidad jurídica propia necesita actuar por medio de su presidente que, como hemos señalado, representa a la comunidad en juicio y fuera de él, en todos los asuntos que la afecten [STS de 8 de enero de 2019 (R. 33)]. ✓ La Junta de propietarios es el órgano superior, que decide todas las cuestiones comunitarias y goza plenamente de las facultades para las actuaciones en el inmueble y, de hecho, nadie puede suplir sus competencias. ✓ Competencias: artículo 14 LPH. ✓ CLASES DE JUNTAS: El artículo 16 LPH distingue dos tipos de Juntas: 1) Junta ordinaria anual que se reunirá por lo menos una vez al año para aprobar los presupuestos y cuentas. 2) Las Juntas extraordinarias, que se celebrarán en las ocasiones en que el presidente lo estime conveniente o cuando lo soliciten la cuarta parte de los propietarios, o un número de éstos que representen al menos el 25 por 100 de las cuotas de participación. ✓ CONVOCATORIAS: • *¿Quién la realiza?* La convocatoria la realiza el presidente de la comunidad y, en su defecto, los promotores de la Junta (una cuarta parte de los propietarios, o un número de éstos que representen al menos el 25 por 100 de las cuotas de participación). • *Plazo*: Las Juntas ordinarias deben convocarse con seis días de antelación, a contar desde el día siguiente a la notificación. Las extraordinarias no requieren plazo, sólo que se realice con la antelación necesaria para que pueda llegar a conocimiento de todos los interesados. • *Celebración*: La Junta puede celebrarse en primera o segunda convocatoria. • *Contenido*: La convocatoria de las Juntas debe contener claramente el carácter de la misma (ordinaria o extraordinaria), los asuntos a tratar (lo que se denomina orden del día), el lugar, día y hora en que se celebrará en primera o, en su caso, en segunda convocatoria.

	• *La citación y su forma*: El artículo 16 remite, en cuanto a la forma de realizar la citación, a lo establecido en el artículo 9 LPH. • *Asistencia*: La asistencia a la Junta de propietarios será personal o por representación legal o voluntaria.
SISTEMA DE ADOPCIÓN DE ACUERDOS	✓ Los acuerdos adoptados por la Junta de propietarios de la comunidad constituida en régimen de propiedad horizontal son actos jurídicos colectivos, formados por el conjunto de la voluntad de sus miembros, expresada y adoptada con arreglo a las disposiciones legales. ✓ El sistema de adopción de acuerdos de la Junta de propietarios queda recogido en el artículo 17 LPH, pudiendo ser adoptados por unanimidad o por mayoría, cualificada o simple según los casos. ✓ La LPH establece un sistema mixto, que combina los criterios de la mayoría personal o de propietarios y la mayoría económica o de cuotas de participación. • La *unanimidad* total de los propietarios que, a su vez, representen el total de las cuotas de participación, actualmente sólo es exigible para la aprobación o modificación de las reglas contenidas en el título constitutivo o en los estatutos de la comunidad (art. 17.6 LPH). • Mayoría reforzada de las *tres quintas partes* del total de propietarios que, a su vez, representen las tres quintas partes de las cuotas de participación. Supuestos. • *Un tercio* de los integrantes de la comunidad que representen, a su vez, un tercio de las cuotas de participación. Supuestos. • La *mayoría* de los propietarios que, a su vez, representen la mayoría de las cuotas de participación. Supuestos. • Para la validez de los demás acuerdos bastará el voto de la *mayoría* del total de los propietarios que, a su vez, representen la mayoría de las cuotas de participación. En segunda convocatoria serán válidos los acuerdos adoptados por la mayoría de los asistentes, siempre que ésta represente, a su vez, más de la mitad del valor de las cuotas de los presentes. ✓ EL «VOTO PRESUNTO» DE LOS PROPIETARIOS AUSENTES: El artículo 17.8 LPH fija como regla general que se computarán como votos favorables los de aquellos propietarios ausentes de la Junta, debidamente citados, quienes una vez informados del acuerdo adoptado por los presentes, conforme al procedimiento establecido en el artículo 9, no manifiesten su discrepancia mediante comunicación a quien ejerza las funciones de secretario de la comunidad en el plazo de treinta días naturales, por cualquier medio que permita tener constancia de la recepción. ✓ EFICACIA DE LOS ACUERDOS VÁLIDAMENTE ADOPTADOS: Los acuerdos válidamente adoptados con arreglo a lo dispuesto en este artículo obligan a todos los propietarios (art. 17.9 LPH).

	✓ DOCUMENTACIÓN DE LOS ACUERDOS DE LA JUNTA: El artículo 19 LPH exige que los acuerdos de la Junta de propietarios se reflejen en un libro de actas que debe estar diligenciado por el Registrador de la Propiedad en la forma que reglamentariamente se disponga, que no es otra que la establecida en el artículo 415 del Reglamento Hipotecario. ✓ El secretario custodiará los libros de actas de la Junta de propietarios. Asimismo deberá conservar, durante el plazo de cinco años, las convocatorias, comunicaciones, apoderamientos y demás documentos relevantes de las reuniones.
IMPUGNACIÓN DE LOS ACUERDOS DE LA JUNTA DE PROPIETARIOS	✓ Los acuerdos de la Junta de propietarios serán impugnables ante los tribunales de conformidad con lo establecido en la legislación procesal general, en los siguientes supuestos (art. 18 LPH): • Cuando sean contrarios a la ley o a los estatutos de la comunidad de propietarios. • Cuando resulten gravemente lesivos para los intereses de la propia comunidad en beneficio de uno o varios propietarios. • Cuando supongan un grave perjuicio para algún propietario que no tenga obligación jurídica de soportarlo o se hayan adoptado con abuso de derecho. ✓ LEGITIMACIÓN: El artículo 18.2 LPH regula la legitimación para impugnar los acuerdos de la Junta de propietarios. El precepto establece una regla de legitimación y un requisito de procedibilidad. La primera limita la posibilidad de impugnar los acuerdos de la Junta a los propietarios que hubiesen salvado su voto en la Junta, a los ausentes por cualquier causa y a los que indebidamente hubiesen sido privados de su derecho de voto. La segunda introduce una regla de procedibilidad y una excepción condicionando la impugnación a que el propietario esté al corriente en el pago de la totalidad de las deudas vencidas con la comunidad o haya hecho previa consignación judicial de las mismas, salvo que la impugnación de los acuerdos de la Junta tenga que ver con el establecimiento o alteración de las cuotas de participación a que se refiere el artículo 9 entre los propietarios. ✓ CADUCIDAD: La acción de impugnación caducará a los tres meses de adoptarse el acuerdo por la Junta de propietarios, salvo que se trate de actos contrarios a la ley o a los estatutos, en cuyo caso la acción caducará al año. ✓ NO SUSPENSIÓN: La impugnación de los acuerdos de la Junta no suspenderá su ejecución, salvo que el juez así lo disponga con carácter cautelar, a solicitud del demandante, oída la comunidad de propietarios (art. 18.4 LPH).

CAUSAS DE EXTINCIÓN DE LA PROPIEDAD HORIZONTAL	✓ El régimen de propiedad horizontal se extingues según establece el artículo 23 LPH: • Por la destrucción del edificio, salvo pacto en contrario. Se estimará producida aquélla cuando el coste de la reconstrucción exceda del 50 por 100 del valor de la finca al tiempo de ocurrir el siniestro, a menos que el exceso de dicho coste esté cubierto por un seguro. • Por conversión en propiedad o copropiedad ordinarias.
LOS COMPLEJOS INMOBILIARIOS PRIVADOS	✓ Artículo 24 LPH.

LECCIÓN 9

EL USUFRUCTO*

SUMARIO: I. CONCEPTO. II. CARACTERES. III. OBJETO Y SUJETOS. IV. CONSTITUCIÓN DEL USUFRUCTO. V. DERECHOS Y OBLIGACIONES DEL USUFRUCTUARIO. VI. DERECHOS Y OBLIGACIONES DEL NUDO PROPIETARIO. VII. EXTINCIÓN DEL USUFRUCTO. VIII. USUFRUCTOS ESPECIALES. IX. LIQUIDACIÓN DEL IMPUESTO DEL USUFRUCTO. X. INSCRIPCIÓN DEL USUFRUCTO EN EL REGISTRO DE LA PROPIEDAD. CASO PRÁCTICO. BIBLIOGRAFÍA BÁSICA. EJERCICIOS DE AUTOEVALUACIÓN. ESQUEMA: EL USUFRUCTO.

I. CONCEPTO

Al usufructo dedica el Código civil los artículos 467 a 529 en el Libro II de los bienes, de la propiedad y de sus modificaciones:

— Artículos 467-470: del usufructo en general.
— Artículos 471-490: derechos del usufructuario.
— Artículos 491-512: obligaciones del usufructuario.
— Artículos 513-522: modos de extinguirse el usufructo.

Según el artículo 467 CC «El usufructo da derecho a disfrutar los bienes ajenos con la obligación de conservar su forma y sustancia, a no ser que el título de su constitución o la ley autoricen otra cosa».

El usufructo se configura como un derecho real de goce en cosa ajena, derecho sobre una cosa propiedad de otro, con lo que hay que diferenciar el usufructo de la propiedad aunque ambos coinciden sobre el mismo objeto.

(Recordemos que cuando se ha estudiado el derecho subjetivo, siguiendo a la doctrina, se definía como un centro de unificación de facultades, una unidad abstracta que hace que se mantenga invariable su significado jurídico aunque se re-

* Por Esther MUÑIZ ESPADA.

duzca o incremente el número de facultades que comprende, facultades que revertirán en el derecho de dominio o que se recuperarán por el propietario a la finalización del derecho que ha generado la transmisión de alguna de las facultades que forman parte del dominio, dado el carácter elástico de la propiedad; es decir, el derecho de propiedad tiene diversas facultades, pues bien, éstas pueden transmitirse temporalmente dando lugar a otro derecho subjetivo, la cesión de la facultad de uso y disfrute da lugar al derecho de usufructo, que tiene un carácter temporal, no es un derecho perpetuo, para respetar la libertad de la propiedad. Así, constituido el derecho de usufructo habrá que distinguir entre el usufructuario y el nudo propietario —nudo propietario, puesto que al ceder sus facultades éstas se han reducido—[1].)

En la clásica definición, se conceptúa el usufructo como el *ius alienis rebus utendi fruendi salva rerum substantia* (D. 7.1.1). Así, el derecho de usufructo consiste en el uso y disfrute de la cosa, por tanto, implica poseerla, usarla, obtener sus utilidades y hacer propios los frutos de la misma, pero no es imprescindible que la cosa sobre la que recae sea fructífera, de su simple uso puede resultar ya un beneficio, no confundiéndose con el derecho de uso.

Este uso y disfrute lo es de manera limitada, en cuanto el usufructuario debe conservar su forma y sustancia a los efectos de incorporarse a la propiedad en el momento de la finalización del usufructo. Así lo exige:

— el artículo 497 CC, al expresar que «el usufructuario deberá cuidar las cosas dadas en usufructo como un buen padre de familia»;

— el artículo 487 CC, a propósito de las mejoras útiles, mientras que el artículo 489 CC lo hace desde el punto de vista del propietario, pues «el propietario de bienes en que otro tenga el usufructo podrá enajenarlos, pero no alterar su forma ni sustancia, ni hacer en ellos nada que perjudique al usufructuario»;

— así también, a propósito de obras y mejoras, lo refiere el artículo 503 CC.

De este modo, como también se destaca por la jurisprudencia, tanto el usufructuario como el nudo propietario han de respetar la forma y sustancia de la cosa sobre la que recae el usufructo.

[1] «Propiedad y usufructo han sido siempre dos categorías distintas. Nunca fueron concebidos como poderes cualitativamente iguales y sólo cuantitativamente diferentes. No se trata de un poder mayor que otro, sino de poderes por esencia distintos. Donde está uno no está otro: la exclusión es recíproca». «Su nacimiento responde a la necesidad de dejar a la viuda lo necesario para seguir viviendo en forma que lo hiciera antes de morir el marido, y sin que, por otra parte, se la nombre heredera en perjuicio de los hijos». IGLESIAS, J., *Derecho romano*, p. 305; este origen explica sus principios fundamentales: conexión con la actual estructura y el destino económico de la cosa y con su actual situación jurídica y temporalidad, ARANGIO-RUIZ, V., *Istituzioni di Diritto romano*, p. 218; la defensa de este Derecho de usufructo se ejercía a través de la acción confesoria, y también para el usufructo de cosas inmuebles se extendió el interdicto posesorio.

El principio *salva rerum subtantia* tiene algunas excepciones: el usufructo sobre cosa consumible, y cuando recae sobre algunos inmuebles que implica la alteración de la forma, como en el caso del usufructo de minas, también cuando el título de constitución autorice su transformación, que no ha de confundirse con el fideicomiso de residuo.

II. CARACTERES

1. El usufructo es un *derecho real absoluto*, inherente a la cosa sobre la que recae, y por tanto oponible frente a todos, incluido el propietario.
2. Es *transmisible*. El usufructuario puede transferir por diverso título, oneroso o gratuito, los derechos de que es titular, sin necesidad, en principio, de consentimiento del nudo propietario y puede constituir sobre el derecho del que es titular derechos de hipoteca o prenda; puede constituir una servidumbre a favor del fundo; también estaría legitimado para ceder a un tercero un derecho de uso y habitación respecto del objeto sobre el que recae el usufructo. La transmisión por el usufructuario y por diverso título, oneroso o gratuito, de los derechos de que es titular, como forma de obtener rentabilidad del mismo derecho, se limita a la duración del tiempo otorgado a favor del usufructuario y es, obviamente, distinto de la figura del usufructo con facultad de disposición. Por tanto, el usufructuario obtiene una rentabilidad de su derecho directa o indirectamente.
3. *Puede recaer sobre cosas, bienes o derechos*, pueden ser bienes muebles o inmuebles, y sobre derechos siempre que el derecho no sea personalísimo o intransmisible (art. 469 CC): «Podrá constituirse el usufructo en todo o en parte de los frutos de la cosa, a favor de una o varias personas, simultánea o sucesivamente, y en todo caso desde o hasta cierto día, puramente o bajo condición. También puede constituirse sobre un derecho, siempre que no sea personalísimo o intransmisible».
4. *Tiene un carácter temporal*, lo que no ha de confundirse con la propiedad temporal, ni con el arrendamiento, ni con la enfiteusis.

No obstante, por el principio de autonomía de la voluntad el propietario puede hacer prescindir al usufructuario de ciertos límites, lo que le puede asemejar casi a un propietario; esto ha llevado a algunos autores a defender o aplicar aquí la doctrina de la propiedad dividida o temporal, pero hay que señalar que frente a esto, a diferencia de un verdadero propietario, el usufructuario sólo tiene específicamente derecho a usar, poseer la cosa y obtener de ella todas sus utilidades en función de su naturaleza, es decir, tiene el mero disfrute y aprovechamiento de frutos y utilidades, por lo que la excepción debería entenderse a lo sumo a que la explotación se hiciere bajo determinadas condiciones, que en principio no son las propias para la percepción de sus rentabilidades, o una transformación o cambio en su destino, que no es lo mismo que destruir o consumir la cosa. La autonomía privada puede modificar el régimen legal, pero sin que se desnaturalice la esencia y naturaleza de la institución. Así, lo característico teóricamente del usufructo es su independencia de la propiedad, en cuanto que nudo propietario y usufructuario tienen facultades diferentes.

5. El usufructo *se extiende a las accesiones y a los aumentos del valor* de la cosa sobre la que recae que no se hagan propiedad del usufructuario. Respecto a las accesiones (art. 479 CC) pueden deberse a incorporación natural (arts. 366 ss. CC) o artificial o por obra del hombre (especialmente edificaciones, arts. 358 ss. CC), sin que ello signifique que el usufructuario haga suyo lo incorporado, sino que exclusivamente se produce una extensión del usufructo a lo añadido por accesión. No disponiéndose otra cosa, el derecho del usufructuario comprende la percepción de todos los frutos naturales, industriales y civiles (art. 471 CC) y, además, tal como dispone el artículo 479 del mismo texto, el usufructuario tiene derecho a disfrutar del aumento que reciba por accesión la cosa usufructuada, de las servidumbres que tenga a su favor y, en general, de todos los beneficios inherentes a la misma, de forma que el derecho a la percepción de los frutos se complementa con el disfrute de cualquier otra utilidad de la cosa, aunque no sean los frutos a que se refiere el artículo 471 CC; configurándose, así, el usufructo como el más completo de los derechos de uso y disfrute sobre cosa ajena.

III. OBJETO Y SUJETOS

Según el artículo 469 CC «Podrá constituirse el usufructo en todo o parte de los frutos de la cosa, a favor de una o varias personas, simultánea o sucesivamente, y en todo caso, desde o hasta cierto día, puramente o bajo condición. También puede constituirse sobre un derecho siempre que no sea personalísimo o intransmisible».

En cuanto al objeto, el usufructo puede ser universal o singular, total o parcial, puede recaer sobre una parte de la cosa, como sobre una cuota de los beneficios, o sobre una universalidad de hecho; puede recaer sobre cosas corporales o bienes incorporales, sobre muebles o inmuebles; el Código también prevé que sean consumibles (art. 482 CC). El precepto tiene en cuenta que recae sobre cosas y derechos, señalando algunos autores que los créditos no se entenderían incluidos, lo que no parece tan claro desde el punto de vista de que el usufructo de acciones en el fondo es un crédito, pues las acciones son un título representativo de un crédito[2].

Si el usufructo estuviera constituido sobre una finca de la que forme parte un edificio, y éste llegare a perecer, el usufructuario tendrá derecho a disfrutar del suelo y de los materiales. Lo mismo sucederá cuando el usufructo estuviera constituido solamente sobre un edificio y éste pereciere. Pero en tal caso, si el propie-

---

[2] Vid. STS 256/2015, de 20 de mayo, Rec. 1686/2013.

tario quisiere construir otro edificio, tendrá derecho a ocupar el suelo y a servirse de los materiales, quedando obligado a pagar al usufructuario, mientras dure el usufructo, los intereses de las sumas correspondientes al valor del suelo y de los materiales (art. 517 CC). A este respecto hay que señalar que:

— Es un supuesto específico, junto al artículo 518 CC, de extinción o modificación del usufructo, según otros autores es una aplicación o manifestación del artículo 514 CC y, según otros, una excepción a este precepto.

— En este caso se concede al usufructuario el derecho a disfrutar de los materiales restantes que se mantienen después de la destrucción. El usufructuario pasa a usar y disfrutar del fundo y de los materiales restantes, sin hacerse propietario de ellos.

— El precepto no distingue para la determinación de los efectos jurídicos si interviene culpa, negligencia o dolo de un tercero o del propio usufructuario, si así sucediera se impondrían además las respectivas consecuencias, por tanto, una indemnización.

— La aplicación del precepto se produce por caso fortuito o fuerza mayor, como si es debido a hechos de un tercero o del mismo usufructuario.

En cuanto a los sujetos, puede constituirse a favor de una o varias personas, simultánea o sucesivamente, de igual modo que la nuda propiedad puede corresponder a uno o varios titulares. En cualquiera de las modalidades, usufructo simultáneo o sucesivo, puede establecerse como *conditio iuris* de la constitución del usufructo la existencia de todos los beneficiarios en el momento de hacerse efectivo el derecho del primero de ellos.

Concedido de manera simultánea, dos o más beneficiarios adquieren al mismo tiempo la titularidad del derecho, usufructuarían al mismo tiempo por partes iguales o en la medida que el disponente determine; si es a favor de varias personas también se pueden adjudicar aprovechamientos distintos para cada una, pues el llamamiento simultáneo de varias personas puede hacerse sin especial designación de partes o de forma separada, cuya responsabilidad también será en proporción al modo de esta designación.

Se puede también ordenar el uso y disfrute de manera consecutiva y sucesiva, en virtud de lo cual cada uno de los beneficiarios es llamado a la titularidad después de otro, adquiriendo cada uno del transmitente o disponente. La constitución de un usufructo sucesivo mediante acto negocial *inter vivos* se entiende a favor de los sujetos que vivieren al tiempo de la perfección del negocio, incluyéndose a favor del *nasciturus*.

La constitución de un usufructo sucesivo mediante un acto negocial *inter vivos* puede limitarse a períodos concretos de tiempo para cada uno y no tiene que estar deferido al término inicial de la muerte del precedente titular ni subordinado a la condición suspensiva de la propia sobrevivencia; en el usufructo sucesivo, para los posteriores usufructuarios se trata de usufructo ya constituido, pero con disfrute diferido, que actúa en un momento posterior y deriva del constituyente. Y puede darse un usufructo sucesivo y conjunto, pues no son dos supuestos incompatibles. Al usufructo sucesivo se aplican los artículos 640, 781, 786 y 787 CC como límites.

No podrá constituirse el usufructo a favor de un pueblo o corporación o sociedad por más de treinta años. Si se hubiese constituido, y antes de este tiempo el pueblo quedara yermo, o la corporación o la sociedad se disolviera, se extinguirá por este hecho el usufructo (art. 515). A este respecto:

— El usufructo concedido a una persona jurídica, para evitar usufructos perpetuos, no puede exceder de un determinado límite, que el legislador cifra en treinta años.
— Convenciones sucesivas no puedan derogar esta regla o señalar un plazo superior, ya que se trata de una norma de carácter imperativo.
— La temporalidad del usufructo se justifica en evitar durante demasiado tiempo el vaciamiento que se produce en la situación jurídica del propietario.
— Cualquier disposición en contra se tendría por no puesta o sería nula, pero no invalidará la concesión del usufructo.
— Dada la dicción literal del precepto cabe plantearse si es de estricta aplicación a la clase de personas jurídicas expresamente tomadas en consideración o puede extenderse a cualesquier otros tipo de personas jurídicas. La cuestión se resolvería teniendo en cuenta los intereses a que responde ese concreto usufructo y el fundamento mismo del derecho de usufructo.

El usufructo concedido por el tiempo que tarde un tercero en llegar a cierta edad, subsistirá el número de años prefijado, aunque el tercero muera antes, salvo si dicho usufructo hubiese sido expresamente concedido sólo en atención a la existencia de dicha persona (art. 516 CC).

«El usufructuario de parte de una cosa poseída en común ejercerá todos los derechos que correspondan al propietario de ella referentes a la administración y a la percepción de frutos o intereses. Si cesare la comunidad por dividirse la cosa poseída en común, corresponderá al usufructuario el usufructo de la parte que se adjudicare al propietario o condueño» (art. 490 CC).

IV. CONSTITUCIÓN DEL USUFRUCTO

Según el artículo 468 «El usufructo se constituye por la ley, por la voluntad de los particulares manifestada en actos entre vivos o en última voluntad, y por prescripción».

Por voluntad de los particulares, por actos *inter vivos* puede hacerse a título oneroso o lucrativo. Da lugar a través de un acto negocial[3].

Por acto *mortis causa* puede constituirse el usufructo por testamento, mediante la institución de heredero o por vía de legado, y por pacto sucesorio en algunos territorios con Derecho civil foral (siguiendo la terminología de la Constitución española, art. 149.1.8.ª). Por actos de última voluntad puede recaer sobre un bien concreto, sobre una parte del patrimonio o sobre la totalidad del patrimonio.

En cuanto a la adquisición por prescripción, puede entenderse que está sometido a las mismas condiciones y posibilidades de los demás derechos de esta naturaleza y bajo la aplicación de las reglas generales de los artículos 1.955, 1.957 y 1.959 CC. La usucapión del usufructo requeriría posesión legítima, ejercicio continuado, pacífico, público, a título de usufructo. Se rige, por tanto, por las reglas de la usucapión adquisitiva.

En cuanto al usufructo legal, tras la reforma del Código civil operada por la Ley 11/1981 en la que se suprimieron el usufructo legal de los padres sobre los bienes de los hijos menores no emancipados y el del marido sobre los bienes de la dote inestimada de la esposa, permanece como único caso previsto en el Código el del cónyuge viudo (arts. 807.2 y 834 CC).

El usufructo puede someterse a condición, plazo o término, añadiendo la doctrina incluso el modo; podrá constituirse puramente o bajo condición, en cuyo caso sería de aplicación el régimen general de tales elementos accidentales del negocio (arts. 790 ss. y 1.113 ss. CC —entendiendo la doctrina tanto para el supuesto de que el usufructo recaiga sobre cosas o derechos—); teniendo en cuenta que la obtención de autorización judicial que se considere necesaria no puede entenderse reputada como verdadera condición, pues no se trataría de una circunstancia voluntariamente añadida por el constituyente del usufructo a los fines de modalizar su eficacia, sino de un requisito que vendría establecido directamente por la propia ley.

V. DERECHOS Y OBLIGACIONES DEL USUFRUCTUARIO

Según el artículo 470 «Los derechos y las obligaciones del usufructuario serán los que determine el título constitutivo del usufructo; en su defecto, o por insufi-

[3] Vid. STS 284/2013, de 22 de abril, Rec. 505/2010, «Calificada la ocupación del inmueble por la demandada como usufructo gratuito vitalicio, éste no tiene eficacia al haberse constituido de forma verbal. La doctrina jurisprudencial ha establecido que la constitución del usufructo sobre un inmueble a título gratuito es un negocio jurídico que tiene la naturaleza de un acto de liberalidad que supone la existencia jurídica de una donación, por lo que es exigible su constitución en escritura pública como requisito determinante de su validez por aplicación del artículo 633 CC».

ciencia de éste, se observarán las disposiciones contenidas en las dos secciones siguientes».

Por tanto, primeramente se atenderá a lo que hubieran pactado las partes, en cuanto se da preferencia a la regulación de la autonomía de la voluntad, que estará contemplada en el título de constitución del usufructo y que estará relacionada con la naturaleza del objeto sobre el que recae, en su defecto, es decir, por inexistencia o ineficacia o por insuficiencia de lo pactado, original o sobrevenida, el régimen será el establecido por el legislador.

1. Para empezar, el artículo 491 CC señala las obligaciones del usufructuario antes de entrar en el goce de los bienes; por tanto, la primera obligación es la de formar, con citación del nudo propietario o su legítimo representante, inventario de todos ellos, haciendo tasar los muebles y describiendo el estado de los inmuebles. Pero el usufructuario puede ser dispensado de esta obligación si no causare perjuicio a nadie, artículo 493 CC —no perjudique, por ejemplo, a los acreedores—.

2. En cuanto al pago de una fianza, el nudo propietario puede hacer opcional para el usufructuario la prestación de fianza. En caso contrario y ante un supuesto de incumplimiento: podrá el propietario exigir que los inmuebles se pongan en administración, que los muebles se vendan, que los efectos públicos, títulos de crédito nominativos o al portador se conviertan en inscripciones o se depositen en un banco o establecimiento público, y que los capitales o sumas en metálico y el precio de la enajenación de los bienes muebles se inviertan en valores seguros. En todo caso, el interés del precio de las cosas muebles y de los efectos públicos y valores, y los productos de los bienes puestos en administración, pertenecen al usufructuario.

También podrá el propietario, si lo prefiere, mientras el usufructuario no preste fianza o quede dispensado de ella, retener en su poder los bienes del usufructo, en calidad de administrador, y con la obligación de entregar al usufructuario su producto líquido, deducida la suma que por dicha administración se convenga o judicialmente se le señale» (art. 494 CC, lo que se complementa con lo dispuesto en los arts. 495 y 496 CC).

La prestación de la fianza no es aplicable al vendedor o donante que se hubiere reservado el usufructo de los bienes vendidos o donados ni al cónyuge sobreviviente respecto de la cuota legal usufructuaria, si no contrajere el cónyuge ulterior matrimonio (art. 492 CC).

3. «Podrá el usufructuario aprovechar por sí mismo la cosa usufructuada, arrendarla a otro y enajenar su derecho de usufructo, aunque sea a título gratuito, pero todos los contratos que celebre como tal usufructuario se resolverán al fin del usufructo, salvo el arrendamiento de las fincas rústicas, el cual se considerará subsistente durante el año agrícola» (art. 480 CC).

4. Según el artículo 107 LH el derecho de usufructo puede hipotecarse «pero quedando extinguida la hipoteca, cuando concluya el mismo usufructo por un hecho ajeno a la voluntad del usufructuario. Si concluyere por su voluntad, subsistirá la hipoteca hasta que se cumpla la obligación asegurada, o hasta que venza el tiempo en que el usufructo habría naturalmente concluido a no mediar el hecho que le puso fin. Segundo. La mera propiedad, en cuyo caso, si el usufructo se consolidare con ella en la persona del propietario, no sólo subsistirá la hipoteca, sino que se extenderá también al mismo usufructo, como no se haya pactado lo contrario».

5. El usufructuario tiene derecho a usar y disfrutar manteniendo la conservación de su forma y sustancia.

— Esto implica el mantenimiento de su específico destino económico o natural, este destino es el que tuviera en el momento inicial, pero el nudo propietario puede autorizar al usufructuario a la modificación de este destino inicial.

— La conservación de la sustancia no equivale necesariamente a preservar el valor de la cosa y su potencia fructífera, puesto que incluso la explotación, de acuerdo con su adecuado tratamiento, puede perfectamente comprometer su valor; el usufructuario puede obtener toda su rentabilidad productiva, aunque por ello se empobrezca el objeto; fácilmente el uso supondrá un deterioro natural o económico; pero implica la imposibilidad de consumir o destruir, otra cosa es que se deteriore con el tiempo por el uso, es decir, no debe ser deteriorada por dolo o negligencia del usufructuario; por tanto, en su ejercicio no cabe afectar a su estado esencial y condiciones naturales, como tampoco a su situación jurídica, así, por ejemplo, no puede transformar un bosque en un viñedo, otra cosa son las rotaciones del cultivo o la diversificación en el cultivo.

— El usufructuario debe servirse según el uso al que estuviera destinada, mediante la no alteración «del modo de ser de la cosa». Su justificación es la posterior recuperación de dichas facultades por el propietario.

— Por ello, cuando el propio precepto, una vez expuesta la consideración general, hace la salvedad de que el título de su constitución o la ley autoricen a otra cosa, no debe llevar al extremo de desnaturalizar la esencia de la figura[4].

6. El usufructuario tendrá derecho a percibir todos los frutos naturales, industriales y civiles de los bienes usufructuados, aunque respecto de los tesoros que se hallaren en la finca será considerado como extraño.

---

[4] Vid. STS 504/2010, de 20 de julio, Rec. 2083/2006, sobre obligación del usufructuario de conservar la forma y sustancia del bien objeto de usufructo. Incumplimiento por eliminación de la industria de panadería que constituía objeto del derecho de usufructo. Acción de los nudos propietarios para solicitar indemnización de daños y perjuicios. Se puede ejercitar durante la vigencia del usufructo.

Los frutos naturales o industriales, pendientes al tiempo de comenzar el usufructo, pertenecen al usufructuario.

Los pendientes al tiempo de extinguirse el usufructo pertenecen al propietario.

En estos casos, el usufructuario, al comenzar el usufructo, no tiene obligación de abonar al propietario ninguno de los gastos hechos; pero el propietario está obligado a abonar al fin del usufructo, con el producto de los frutos pendientes, los gastos ordinarios de cultivo, simientes y otros semejantes, hechos por el usufructuario.

Lo dispuesto en este artículo no perjudica los derechos de tercero, adquiridos al comenzar o terminar el usufructo (art. 472 CC).

7. «Si el usufructuario hubiere arrendado las tierras o heredades dadas en usufructo y acabare éste antes de terminar el arriendo, sólo percibirán él o sus herederos y sucesores la parte proporcional de la renta que debiere pagar el arrendatario» (art. 473 CC). «Los frutos civiles se entienden percibidos día por día, y pertenecen al usufructuario en proporción al tiempo que dure el usufructo» (art. 474 CC).

8. «El usufructuario tendrá el derecho de disfrutar del aumento que reciba por accesión la cosa usufructuada, de las servidumbres que tenga a su favor, y en general de todos los beneficios inherentes a la misma» (art. 479 CC).

9. «El usufructuario podrá hacer en los bienes objeto del usufructo las mejoras útiles o de recreo que tuviere por conveniente, con tal que no altere su forma o su sustancia; pero no tendrá por ello derecho a indemnización. Podrá, no obstante, retirar dichas mejoras, si fuere posible hacerlo sin detrimento de los bienes» (art. 487 CC). El usufructuario podrá compensar los desperfectos de los bienes con las mejoras que en ellos hubiese hecho (art. 488 CC).

10. «El usufructuario que enajenare o diere en arrendamiento su derecho de usufructo será responsable del menoscabo que sufran las cosas usufructuadas por culpa o negligencia de la persona que le sustituya» (art. 498 CC). Sin embargo, el usufructo no se extingue por el mal uso de la cosa usufructuada, pero si el abuso infiriese considerable perjuicio al nudo propietario podrá éste pedir que se le entregue la cosa, obligándose a pagar anualmente al usufructuario el producto líquido de la misma, después de deducir los gastos y el premio que se le asignare por su administración (art. 520).

En cuanto a las reparaciones sobre la cosa, en cuanto a las *ordinarias*: el usufructuario está obligado a hacer las reparaciones ordinarias que necesiten las cosas dadas en usufructo, y se tratan de desperfectos que procedan del uso natural de las cosas y sean indispensables para su conservación. Si no las hiciere después de requerido por el propietario, podrá éste hacerlas por sí mismo a costa del usufructuario (art. 500 CC).

En cuanto a las *reparaciones extraordinarias*: las reparaciones extraordinarias serán de cuenta del propietario. El usufructuario está obligado a darle aviso cuando fuere urgente la necesidad de hacerlas (art. 501).

«Si el propietario hiciere las reparaciones extraordinarias, tendrá derecho a exigir al usufructuario el interés legal de la cantidad invertida en ellas mientras dure el usufructo. Si no las hiciere cuando fuesen indispensables para la subsistencia de la cosa, podrá hacerlas el usufructuario; pero tendrá derecho a exigir del propietario, al concluir el usufructo, el aumento de valor que tuviese la finca por efecto de las mismas obras. Si el propietario se negare a satisfacer dicho importe, tendrá el usufructuario derecho a retener la cosa hasta reintegrarse con sus productos» (art. 502).

«El pago de las cargas y contribuciones anuales y el de las que se consideran gravámenes de los frutos será de cuenta del usufructuario todo el tiempo que el usufructo dure» (art. 504). «Las contribuciones que durante el usufructo se impongan directamente sobre el capital serán de cargo del propietario. Si éste las hubiese satisfecho, deberá el usufructuario abonarle los intereses correspondientes a las sumas que en dicho concepto hubiese pagado y, si las anticipare el usufructuario, deberá recibir su importe al fin del usufructo» (art. 505 CC)[5].

11. El usufructuario estará obligado a poner en conocimiento del propietario cualquier acto de un tercero, de que tenga noticia, que sea capaz de lesionar los derechos de propiedad, y responderá, si no lo hiciere, de los daños y perjuicios, como si hubieran sido ocasionados por su culpa (art. 511 CC).

12. Serán de cuenta del usufructuario los gastos, costas y condenas de los pleitos sostenidos sobre el usufructo (art. 512 CC).

VI. DERECHOS Y OBLIGACIONES DEL NUDO PROPIETARIO

Por su parte, el nudo propietario «podrá hacer las obras y mejoras de que sea susceptible la finca usufructuada, o nuevas plantaciones en ella si fuere rústica, siempre que por tales actos no resulte disminuido el valor del usufructo, ni se perjudique el derecho del usufructuario» (art. 503 CC).

«El que tenga la propiedad de una finca cuyo usufructo pertenezca a otro, podrá imponer sobre ella, sin el consentimiento del usufructuario, las servidumbres que no perjudiquen al derecho del usufructo» (art. 595 CC).

«El usufructo no se extingue por el mal uso de la cosa usufructuada; pero si el abuso infiriese considerable perjuicio al propietario, podrá éste pedir que se le entregue la cosa, obligándose a pagar anualmente al usufructuario el producto lí-

---

[5] Vid. STS 250/2018, de 25 de abril, Rec. 3318/2015, sobre reparación por la usufructuaria del bien que le fue dado en usufructo.

quido de la misma, después de deducir los gastos y el premio que se le asignare por su administración» (art. 520 CC).

El propietario de bienes en que otro tenga el usufructo podrá enajenarlos, pero no alterar su forma ni sustancia, ni hacer en ellos nada que perjudique al usufructuario (art. 489 CC).

VII. EXTINCIÓN DEL USUFRUCTO

Siguiendo el artículo 513 el usufructo se extingue:

1.º Por muerte del usufructuario.
2.º Por expirar el plazo por que se constituyó, o cumplirse la condición resolutoria consignada en el título constitutivo.
3.º Por la reunión del usufructo y la propiedad en una misma persona.
4.º Por la renuncia del usufructuario.
5.º Por la pérdida total de la cosa objeto del usufructo.
6.º Por la resolución del derecho del constituyente.
7.º Por prescripción.

1. *Muerte del usufructuario.* Dado el carácter eminentemente personal del usufructo, se extingue por la muerte del usufructuario. Su muerte determina la extinción del derecho, aunque no haya transcurrido el término final previsto de duración del usufructo. Produce el mismo efecto la declaración de fallecimiento.

Si se ha constituido a favor de varias personas, en cuyo caso por la muerte de una de ellas se transfiere el usufructo a las sucesivas contempladas en el título constitutivo. Su parte acrece a los demás en los supuestos de concesión simultánea, salvo que, a su vez, se haya previsto que en el caso de fallecimiento de uno de ellos su parte revierta a la propiedad. Si el usufructuario fallece antes de la duración prevista para la extinción del usufructo y nada se dispusiera sobre ello en el negocio constitutivo, para algunos autores continuaría hasta el plazo previsto a favor de sus sucesores, mientras para otros autores debería revertir a favor de la propiedad y extinguirse el usufructo, pues el supuesto es un caso diverso del planteado por el artículo 521 CC.

La finalización del usufructo determina la extinción de los derechos que sobre la base de éste el usufructuario hubiera constituido (art. 480 CC).

2. *Cumplimiento del plazo o de condición resolutoria consignada en el título constitutivo.* El usufructo puede constituirse hasta cierto día o bajo cierta condición, ya contemplado por el artículo 469 (arts. 515 y 516 CC).

Como hemos tenido la oportunidad de comentar a propósito del artículo 467 CC el usufructo es un derecho esencialmente temporal, que puede constituirse por un tiempo determinado, a término inicial o final o por el tiempo que tarde una persona en llegar a cierta edad.

Una de las características del derecho de usufructo es estar limitado en el tiempo y estar llamado a extinguirse, a diferencia del derecho de propiedad o de servidumbres o enfiteusis. El usufructo es por esencia un derecho de duración limitada, por lo que el hecho de constituir un beneficio a favor de alguien con vigencia que exceda los límites legales de duración del usufructo es indicio de que el disponente quiso constituir otro tipo de derecho distinto del usufructo.

Ocurrida la muerte antes del cumplimiento del plazo o condición se plantea la cuestión de si finaliza el usufructo y revierte al propietario o se transmite a los herederos del usufructuario hasta su cumplimiento.

El usufructo se extingue automáticamente al llegar el día, y el nudo propietario recobra la integridad de su dominio sobre la cosa; al extinguirse el usufructo la posesión sobre la cosa por parte del que fue usufructuario resulta desprovista de todo título propio.

3. *Reunión del usufructo y la propiedad en una misma persona.* La extinción por concurrencia en la misma persona, de forma total y por cualquier título, tiene lugar *ope legis*.

La reunión del usufructo y de la propiedad en la misma persona puede verificarse en el caso en el que el usufructuario adquiera la nuda propiedad del bien a título originario, por usucapión, o a título derivativo, por acto *inter vivos* o *mortis causa*, o en el caso de que un tercero adquiera la nuda propiedad y el usufructo. Cuando de cualquier modo se extinga el usufructo se produce de manera inmediata una asunción de tales facultades a favor de la propiedad.

La STS de 19 de mayo de 2006 (RJ 2006, 3047), hace una primera distinción entre confusión y consolidación de derechos, así «la extinción de un derecho de crédito por concurrir en la misma persona (y en el mismo concepto) las dos cualidades de acreedor y deudor se denomina confusión, la cual se reserva para el campo de los derechos de crédito, en tanto que cuando la coincidencia de cualidades se produce en el campo de los derechos reales se habla de consolidación, la cual opera en virtud de la extinción de un derecho real sobre cosa ajena (*ad ex* arts. 513.3.º y 546.1.º CC) produciéndose la recuperación por el propietario de la facultad del dominio, hasta entonces desgajada, en virtud de la nota de la elasticidad que caracteriza a la propiedad. Entre ambas figuras jurídicas hay una diferencia estructural importante, porque mientras en la confusión (que como modo de extinción de las obligaciones se menciona en el art. 1.156 CC y se regula en los arts. 1.192 a 1.194 del mismo texto legal) se extingue el único derecho existente, en cambio en la consolidación subsiste uno de los derechos: el de propiedad».

4. *Renuncia del usufructuario.* La renuncia es un acto abdicativo por el que el usufructuario hace dejación de su derecho, concurriendo los requisitos de capaci-

dad y libre disposición sobre la cosa y el derecho, respecto del cual no se necesita el consentimiento o aceptación del propietario. Por la renuncia pasan al nudo propietario todas las facultades ejercitadas hasta entonces por el usufructuario. La renuncia puede ser la consecuencia de una transacción, aun siendo diferenciable la renuncia propiamente dicha del negocio de transacción, como es diferenciable aquélla de los actos de enajenación.

Se aplican las características de la renuncia de derechos del artículo 6.2 CC y sus límites, es decir, que no haya perjuicio para terceros, por ejemplo, para acreedores.

5. *Pérdida total de la cosa objeto del usufructo*. La pérdida de la cosa sobre la que recae el ejercicio del derecho da lugar a la extinción de éste. Si es parcial continúa el usufructo en la parte restante. Se trata de una pérdida o destrucción total y definitiva o cuando la cosa no sea susceptible de ningún tipo de goce; por pérdida cabe entender desaparición material de la cosa, destrucción o pérdida funcional; habría que entender que no se extinguiría cuando determinados acontecimientos hayan modificado sus condiciones o circunstancias originales, así como su función, si siguiera sirviendo y produciendo ciertas utilidades o frutos, que podría suponer un caso de pérdida parcial, salvo que otra cosa se hubiera expresado en el título constitutivo o salvo que el usufructo se hubiera transmitido a título oneroso y en las nuevas condiciones no interesara al usufructuario porque lo adquirió para los objetivos o funciones para las que venía cumpliendo y ya no puede cumplir.

El usufructo se sustituye por una indemnización en el caso de que estuviera asegurada o fuera perdida, total o parcialmente, por culpa de un tercero o el nudo propietario; si la indemnización es parcial el usufructo puede mantenerse en la parte que resta y no estaríamos en presencia de este precepto. Si el perecimiento es debido a hecho culposo o negligente por parte del usufructuario debe resarcir daños y perjuicios al nudo propietario.

Si el usufructo se constituyera sobre una cosa principal o accesoria y pereciera la primera el usufructo podría permanecer sobre la segunda, pero otros autores defienden que «si la cosa destruida objeto de usufructo tenía una accesoria, el usufructo se extingue también respecto de ésta, porque al no ser una parte se aplica el artículo 513.5 y no el 514»; en todo caso, éste no es supuesto del artículo 517 CC.

Si la cosa dada en usufructo se perdiera sólo en parte, continuará este derecho en la parte restante (art. 514 CC). Pérdida o destrucción física, material o funcional, que impide su normal y actual aptitud para producir la debida rentabilidad, no se refiere a un deterioro, ni a una pérdida derivada del sucesivo y continuo uso. La subsistencia del usufructo depende de si la cosa sobre la que recae este derecho sigue siendo susceptible, del modo que sea, de prestar las mismas o similares utilidades o servicios, aquellos previstos en el título constitutivo, aunque no sean en la misma proporción en la que se venían recibiendo.

«Si el usufructuario concurriere con el propietario al seguro de un predio dado en usufructo, continuará aquél, en caso de siniestro, en el goce del nuevo edificio si se construyere, o percibirá los intereses del precio del seguro si la reedificación no conviniere al propietario. Si el propietario se hubiera negado a contribuir al seguro del predio, constituyéndolo por sí solo el usufructuario, adquirirá éste el derecho de recibir por entero en caso de siniestro el precio del seguro, pero con obligación de invertirlo en la reedificación de la finca. Si el usufructuario se hubiese negado a contribuir al seguro, constituyéndolo por sí solo el propietario, percibirá éste íntegro el precio del seguro en caso de siniestro, salvo siempre el derecho concedido al usufructuario en el artículo anterior» (art. 518 CC).

6. *Resolución del derecho del constituyente.* Está basada en el principio *resoluto iure concedentis resolvitur ius concesum*, por el que el constituyente no puede conceder al usufructuario un derecho más amplio del de su propio título. Se entiende cualquier causa de resolución como consecuencia del ejercicio también de cualquier tipo de acción.

Se distingue según que la causa de la resolución del derecho del constituyente sea anterior o posterior a la constitución del usufructo para determinar la extinción de éste.

7. *Prescripción.* Establecido de manera tan genérica puede referirse a varias cuestiones, a la extinción del usufructo por su no uso, con aplicación de los artículos 1.962 y 1.963 CC, o referirse a la prescripción de la acción confesoria. Para interrumpir la prescripción es suficiente cualquier acto de ejercicio, que puede realizarse también por medio de un tercero. El artículo 1.476 CC portugués, entre las causas de extinción del usufructo, utiliza la expresión «por su no ejercicio durante veinte años cualquiera que sea el motivo», con ello, como se explica, hay un interés público en hacer caducar las limitaciones de la propiedad, a fin de que las cosas puedan proporcionar la mayor utilidad posible en beneficio de la propiedad y del interés general; advirtiéndose, al mismo tiempo, que la extinción por el no uso está basado en la inacción del usufructuario, pero no se confunde con la llamada *usucapio libertatis*.

8. *Otras causas de extinción.* Este elenco se refiere a usufructos voluntarios, al que pueden añadirse otras causas previstas en el título constitutivo.

También el usufructo podría cesar por abuso grave del usufructuario en el ejercicio de sus facultades, como opción del nudo propietario para la defensa de sus intereses y como tal estar dispuesto en el título constitutivo; no obstante, el artículo 520 CC hace referencia a perjuicio considerable, y prescribe que «El usufructo no se extingue por el mal uso de la cosa usufructuada; pero si el abuso infiriese considerable perjuicio al propietario, podrá éste pedir que se le entregue la cosa, obligándose a pagar anualmente al usufructuario el producto líquido de la misma, después de deducir los gastos y el premio que se le asignare por su administración» (art. 520 CC).

Asimismo, debe hacerse referencia a la extinción por expropiación forzosa: «Si la cosa usufructuada fuere expropiada por causa de utilidad pública, el propietario estará obligado, o bien a subrogarla con otra de igual valor y análogas condiciones, o bien a abonar al usufructuario el interés legal del importe de la indemnización por todo el tiempo que deba durar el usufructo. Si el propietario optare por lo último, deberá afianzar el pago de los réditos» (art. 519 CC).

Los artículos 482 y 499 CC contienen supuestos concretos y consecuencias particulares de pérdida del objeto.

Terminado el usufructo, «se entregará al propietario la cosa usufructuada, salvo el derecho de retención que compete al usufructuario o a sus herederos por los desembolsos de que deban ser reintegrados. Verificada la entrega, se cancelará la fianza o hipoteca» (art. 522 CC).

VIII. USUFRUCTOS ESPECIALES

1. Cuando recae *sobre bienes consumibles*, artículo 482 CC, tiene características tan peculiares que no pueden reconducirse a la figura general o a la estructura básica y esencial del usufructo, entendiendo algunos autores que se trataría de un *cuasi usufructo*, y que incluso podría sacarse fuera de la institución, al menos no es susceptible de un encuadramiento dogmático común al usufructo, sino más bien asimilable al mutuo. Algunos autores entienden que en estos casos se sustancia, en realidad, en un derecho de propiedad sobre las cosas consumibles que constituyen el objeto del negocio constitutivo; también se explica el *cuasi usufructo* como un derecho real de goce excepcionalmente acompañado de la atribución al titular de un poder de disposición de las cosas que forman el objeto, por lo que puede usar la cosa sin ninguna limitación y puede disponer de ella a su gusto, eventualmente también enajenándola a terceros; sin que falten quienes argumenten que, teniendo el *cuasi usufructo* una diversa naturaleza jurídica, tiene la misma función económica del usufructo, de donde se aplican todas las normas concernientes al usufructo que no sean incompatibles con el negocio traslativo, es decir, no se le aplicarán las normas sobre abuso en el disfrute.

2. En cuanto al *usufructo con facultad de disponer*, la jurisprudencia reconoce en la posibilidad de disposición del usufructo una esencial alteración del usufructo ordinario, comprensible en el artículo 467 CC y en el artículo 470 CC; alteración que consiste en que el usufructuario puede disponer en todo o en parte de la cosa usufructuada o de cosas contenidas en el patrimonio usufructuado.

Cuando se constituye un usufructo con facultad de disponer el usufructuario puede transmitir la propiedad aunque no sea propietario porque el propietario le ha transmitido además de la facultad de usar y disfrutar la facultad de disponer. Obsérvese que el Código civil contempla otros supuestos paralelos a éste en cierta medida, como el del artículo 639, cuando en el ámbito de la donación respecto de los bienes que han sido objeto de donación permite que el donante pueda reservarse la facultad de disponer, que de no ejercer esta facultad el donatario conservaría su propiedad, y la misma idea de disponer de bienes sobre los que en principio no se tendría poder de disposición está implícito también en el artículo 1.717 CC en el mandato para enajenar, cuando se trata de un mandato sin poder.

El usufructo con facultad de disponer es frecuente en usufructos sucesorios, normalmente previendo que se disponga a título oneroso en caso de necesidad apreciada en conciencia y sin necesidad de justificación.

Por tanto, el usufructo sobre patrimonio hereditario instituido a favor del otro cónyuge con facultad de disponer para los supuestos de que se encuentre en difícil situación económica, apreciada libremente por el cónyuge a favor del cual se constituye, es una cláusula de conciencia muy común, sin tener que justificar los actos ni la inversión que se realice, supuesto de amplísima facultad de disposición que otorga el causante, que puede impugnarse sufriendo la carga de la prueba de la presencia de la mala fe, abuso de derecho o intervención de dañar del usufructuario, salvo que la venta no parezca arbitraria atendidos los rendimientos de los bienes del usufructuario, venta, por ejemplo, de uno solo de los bienes, no por precio irrisorio, a favor de terceros. Por tanto, la venta, como tienen declarado diversas sentencias del TS, «como disposición a título oneroso motivada por la apreciación libre del usufructuario de su situación económica es válida y no se infringe el contenido del artículo 467 del Código civil que prevé el usufructo con facultad de disponer». Efectivamente, la venta no parece arbitraria si como disposición a título oneroso, motivada por la apreciación libre del usufructuario de su situación económica, es válida y no se infringe, antes bien respeta, el contenido del artículo 467 y si «atendidos los rendimientos de los bienes de la usufructuaria, se vende uno solo de los bienes, no por precio irrisorio, a favor de terceros».

La jurisprudencia contempla la figura relacionada con circunstancias basadas en la necesidad, pero, una vez admitido, también podría concederse sin atención a tales consideraciones, no es contrario al artículo 1.255 CC.

3. Al *usufructo sobre cosas deteriorables* se aplica el artículo 481 CC, por tanto, «Si el usufructo comprendiera cosas que sin consumirse se deteriorasen poco a poco por el uso, el usufructuario tendrá derecho a servirse de ellas, empleándolas según su destino, y no estará obligado a restituirlas al concluir el usufructo sino en el estado en que se encuentren; pero con la obligación de indemnizar al propietario del deterioro que hubieran sufrido por su dolo o negligencia».

4. Al *usufructo sobre plantaciones*: viñas, olivares y otros árboles o arbustos se le aplican los artículos 483 y 484: «El usufructuario de viñas, olivares u otros árboles o arbustos podrá aprovecharse de los pies muertos, y aun de los tronchados o arrancados por accidente, con la obligación de reemplazarlos por otros».

«Si a consecuencia de un siniestro o caso extraordinario, las viñas, olivares u otros árboles o arbustos hubieran desaparecido en número tan considerable que no fuese posible o resultase demasiado gravosa la reposición, el usufructuario podrá dejar los pies muertos, caídos o tronchados a disposición del propietario, y exigir de éste que los retire y deje el suelo expedito».

5. Para el *usufructo de montes*, el artículo 485 CC dispone que «El usufructuario de un monte disfrutará todos los aprovechamientos que pueda éste producir según su naturaleza. Siendo el monte tallar o de maderas de construcción, podrá el usufructuario hacer en él las talas o las cortas ordinarias que solía hacer el dueño, y en su defecto las hará acomodándose en el modo, porción y épocas, a la costumbre del lugar. En todo caso hará las talas o las cortas de modo que no perjudiquen a la conservación de la finca. En los viveros de árboles podrá el usufructuario hacer la entresaca necesaria para que los que queden puedan desarrollarse convenientemente. Fuera de lo establecido en los párrafos anteriores, el usufructuario no podrá cortar árboles por el pie como no sea para reponer o mejorar alguna de las cosas usufructuadas, y en este caso hará saber previamente al propietario la necesidad de la obra».

6. En cuanto al *usufructo de un rebaño* o piara de ganado se aplica el artículo 499 CC: «Si el usufructo se constituyere sobre un rebaño o piara de ganados, el usufructuario estará obligado a reemplazar con las crías las cabezas que mueran anual y ordinariamente, o falten por la rapacidad de animales dañinos.

Si el ganado en que se constituyere el usufructo pereciere del todo, sin culpa del usufructuario, por efecto de un contagio u otro acontecimiento no común, el usufructuario cumplirá con entregar al dueño los despojos que se hubiesen salvado de esta desgracia.

Si el rebaño pereciere en parte, también por un accidente, y sin culpa del usufructuario, continuará el usufructo en la parte que se conserve.

Si el usufructo fuere de ganado estéril, se considerará, en cuanto a sus efectos, como si se hubiese constituido sobre cosa fungible».

7. Al *usufructo de renta o pensión* se le aplica el artículo 475 CC: «Si el usufructo se constituye sobre el derecho a percibir una renta o una pensión periódica, bien consista en metálico, bien en frutos, o los intereses de obligaciones o títulos al portador, se considerará cada vencimiento como productos o frutos de aquel derecho.

Si consistiere en el goce de los beneficios que diese una participación en una explotación industrial o mercantil cuyo reparto no tuviese vencimiento fijo, tendrán aquéllos la misma consideración.

En uno y otro caso se repartirán como frutos civiles, y se aplicarán en la forma que previene el artículo anterior».

8. Para el *usufructo de minas* los artículos 476 a 478 CC disponen que «No corresponden al usufructuario de un predio en que existen minas los productos de las denunciadas, concedidas o que se hallen en laboreo al principiar el usufructo, a no ser que expresamente se le concedan en el título constitutivo de éste, o que sea universal.

Podrá, sin embargo, el usufructuario extraer piedras, cal y yeso de las canteras para reparaciones u obras que estuviere obligado a hacer o que fueren necesarias».

Artículo 477: «Sin embargo de lo dispuesto en el artículo anterior, en el usufructo legal podrá el usufructuario explotar las minas denunciadas, concedidas o en laboreo, existentes en el predio, haciendo suya la mitad de las utilidades que resulten después de rebajar los gastos, que satisfará por mitad con el propietario».

Artículo 478: «La calidad de usufructuario no priva al que la tiene del derecho que a todos concede la Ley de Minas para denunciar y obtener la concesión de las que existan en los predios usufructuados, en la forma y condiciones que la misma ley establece».

9. Al *usufructo sobre acciones judiciales* se le aplica el artículo 486 CC: «El usufructuario de una acción para reclamar un predio o derecho real, o un bien mueble, tiene derecho a ejercitarla y obligar al propietario de la acción a que le ceda para este fin su representación y le facilite los elementos de prueba de que disponga. Si por consecuencia del ejercicio de la acción adquiriese la cosa reclamada, el usufructo se limitará a sólo los frutos, quedando el dominio para el propietario».

10. Sobre el *usufructo de un patrimonio* se aplica el artículo 506 CC: «Si se constituyere el usufructo sobre la totalidad de un patrimonio, y al constituirse tuviere deudas el propietario, se aplicará, tanto para la subsistencia del usufructo como para la obligación del usufructuario a satisfacerlas, lo establecido en los artículos 642 y 643 respecto de las donaciones.

Esta misma disposición es aplicable al caso en que el propietario viniese obligado, al constituirse el usufructo, al pago de prestaciones periódicas, aunque no tuvieran capital conocido».

11. En cuanto al *usufructo de créditos* se aplica el artículo 507 CC: «El usufructuario podrá reclamar por sí los créditos vencidos que formen parte del usu-

fructo si tuviese dada o diere la fianza correspondiente. Si estuviese dispensado de prestar fianza o no hubiere podido constituirla, o la constituida no fuese suficiente, necesitará autorización del propietario, o del Juez en su defecto, para cobrar dichos créditos.

El usufructuario con fianza podrá dar al capital que realice el destino que estime conveniente. El usufructuario sin fianza deberá poner a interés dicho capital de acuerdo con el propietario; a falta de acuerdo entre ambos, con autorización judicial; y, en todo caso, con las garantías suficientes para mantener la integridad del capital usufructuado».

12. Al *usufructo de finca hipotecada* se aplica el artículo 509 CC, de modo que «El usufructuario de una finca hipotecada no estará obligado a pagar las deudas para cuya seguridad se estableció la hipoteca. Si la finca se embargare o vendiere judicialmente para el pago de la deuda, el propietario responderá al usufructuario de lo que pierda por este motivo».

13. En cuanto al *usufructo de la herencia* los artículos 508 y 510 CC prescriben que «El usufructuario de una finca hipotecada no estará obligado a pagar las deudas para cuya seguridad se estableció la hipoteca.

Si la finca se embargare o vendiere judicialmente para el pago de la deuda, el propietario responderá al usufructuario de lo que pierda por este motivo».

«Si el usufructo fuere de la totalidad o de parte alícuota de una herencia, el usufructuario podrá anticipar las sumas que para el pago de las deudas hereditarias correspondan a los bienes usufructuados, y tendrá derecho a exigir del propietario su restitución, sin interés, al extinguirse el usufructo.

Negándose el usufructuario a hacer esta anticipación, podrá el propietario pedir que se venda la parte de los bienes usufructuados que sea necesaria para pagar dichas sumas, o satisfacerlas de su dinero, con derecho, en este último caso, a exigir del usufructuario los intereses correspondientes».

14. Dicha lista no se trata de un elenco exhaustivo, encontrándose en el Código civil otros supuestos que podrían configurar un usufructo, como sobre la base del artículo 399 CC, como fuera del Código civil y en algunas leyes especiales, así en texto refundido de la Ley de sociedades de capital (arts. 121 y 127).

IX. LIQUIDACIÓN DEL IMPUESTO DEL USUFRUCTO

Estará obligado al pago del impuesto a título de contribuyente en la constitución de derechos reales aquel a cuyo favor se realice el acto (art. 8 del Real Decreto Legislativo 1/1993, de 24 de septiembre, por el que se aprueba el texto refundido de la Ley del Impuesto sobre Transmisiones Patrimoniales y Actos Jurídicos Documentados).

La base imponible está constituida por el valor real del bien transmitido o del derecho que se constituya o ceda. El valor del usufructo temporal se reputará proporcional al valor total de los bienes, en razón del 2 por 100 por cada período de un año, sin exceder del 70 por 100.

En los usufructos vitalicios se estimará que el valor es igual al 70 por 100 del valor total de los bienes cuando el usufructuario cuente menos de veinte años, minorando, a medida que aumenta la edad, en la proporción de un 1 por 100 menos por cada año más con el límite mínimo del 10 por 100 del valor total.

El usufructo constituido a favor de una persona jurídica si se estableciera por plazo superior a treinta años o por tiempo indeterminado se considerará fiscalmente como transmisión de plena propiedad sujeta a condición resolutoria.

El valor del derecho de nuda propiedad se computará por la diferencia entre el valor del usufructo y el valor total de los bienes. En los usufructos vitalicios que, a su vez, sean temporales, la nuda propiedad se valorará aplicando, de las reglas anteriores, aquella que le atribuya menor valor, artículo 10 del citado texto legal.

Los Registradores de la Propiedad o Mercantiles harán constar por nota marginal, en los casos de desmembración del dominio, la afección de los bienes al pago de la liquidación que proceda por la extinción del usufructo, a cuyo efecto las oficinas liquidadoras consignarán la que provisionalmente, y sin perjuicio de la rectificación procediere, según las bases y tipos aplicables en el momento de la constitución del usufructo, artículo 5 del mismo texto legal.

Extinguido el derecho de usufructo por fallecimiento del usufructuario consolidándose en la propiedad a favor del propietario se liquidará el impuesto por el que se tributó cuando se desmembró de la propiedad el usufructo, cuando procede de una transmisión onerosa se hará conforme al impuesto de transmisiones patrimoniales onerosas, y si la transmisión fue a título lucrativo conforme al impuesto de sucesiones y donaciones.

X. INSCRIPCIÓN DEL USUFRUCTO EN EL REGISTRO DE LA PROPIEDAD

Artículos 2.2 y 107.1 LH sobre el derecho de usufructo; artículos 9 LH y 51 RH sobre extensión del derecho; artículo 82 LH sobre cancelación; artículo 192 RH sobre consolidación del pleno dominio en el nudo propietario, y artículos 79 y 80 LH sobre pérdida y destrucción del inmueble.

El usufructo se puede constituir entre las partes mediante acuerdo en documento privado, pero para su inscripción se necesita la escritura pública por el principio de titulación auténtica.

Pero, si bien, en principio, la constitución del derecho real de usufructo no exige necesariamente el otorgamiento de escritura pública, la doctrina jurisprudencial ha establecido que la constitución del usufructo sobre un inmueble a título gratuito es un negocio jurídico que tiene la naturaleza de un acto de liberalidad que supone la existencia jurídica de una donación, por lo que es exigible su constitución en escritura pública como requisito determinante de su validez por aplicación del artículo 633 CC»[6].

El usufructo se puede constituir en documento judicial si deriva de una partición judicial o en acuerdo ante el registrador si resuelve una controversia por medio de la conciliación registral (art. 103 bis LH).

A la extinción del usufructo la inscripción queda sin efecto y se puede solicitar la cancelación en el Registro justificando la causa de extinción.

En cuanto al a cancelación, la misma se puede extender en virtud del certificado de defunción del usufructuario, siendo innecesaria la escritura de extinción (art. 192 RH).

CASO PRÁCTICO

Consulte la regulación de la propiedad temporal y de la propiedad compartida del Código civil de Cataluña (arts. 556-1 ss.) y argumente si se tratan de figuras independientes y particulares o de modos de expansión y ampliación del derecho de usufructo.

BIBLIOGRAFÍA BÁSICA

Código Civil Comentado, dir. VALPUESTA-DE PABLO CONTRERAS, CAÑIZARES-ORDUÑA, Civitas, 2016; *Comentarios al Código civil*, dir. BERCOVITZ RODRÍGUEZ-CANO, Aranzadi, 2006; *Comentarios al Código civil*, dir. DOMÍNGUEZ LUELMO, Lex Nova, 2010; DE CASTRO VÍTORES, G.: *La obligación real en el derecho de bienes*, CER, Madrid, 2000; RIVERO HERNÁNDEZ: *El usufructo, uso y habitación*, Civitas, 2016; SÁNCHEZ SÁNCHEZ: «La tributación de la extinción del usufructo en el Impuesto sobre Sucesiones y Donaciones», *Nueva fiscalidad*, 2018; *Tratado de usufructo*, dir. LECIÑERA IBARRA, La Ley-Wolters-Kluwer, 2016. Y sobre el origen, vid. PUGLIESE: *Istituzioni di Diritto romano*, 1986; FUENTESECA: *Derecho privado romano*, 1978.

EJERCICIOS DE AUTOEVALUACIÓN

1) En qué ámbitos se permite el juego de la autonomía de la voluntad en el usufructo.

---

[6] Vid. STS 284/2013, de 22 de abril, Rec. 505/2010.

2) Por qué al usufructo le acompaña la característica de la temporalidad.

3) ¿Cabe el usufructo sobre créditos?

4) Límites al usufructo constituido a favor de varias personas de manera sucesiva.

5) Características del usufructo concedido a una persona jurídica.

6) A favor de qué tipo de personas jurídicas puede concederse un usufructo.

7) Ejemplifique algún supuesto de usufructo legal.

8) Requisitos para la adquisición del usufructo por usucapión.

9) A qué elementos accidentales del negocio jurídico puede someterse el usufructo.

10) Imagine otros supuestos de extinción del usufructo que los contemplados expresamente en el Código civil.

El usufructo

CONCEPTO	✓ *Ius alienis rebus utendi fruendi salva rerum substantia*
CARACTERES	1. Derecho real absoluto. 2. Transmisible. 3. Recae sobre cosas, bienes o derechos. 4. Carácter temporal. 5. Se extiende a las accesiones y a los aumentos del valor de la cosa sobre la que recae.
OBJETO	✓ El usufructo puede ser: — universal o singular, — total o parcial, — puede recaer sobre una parte de la cosa, como sobre una cuota de los beneficios, o sobre una universalidad de hecho, — puede recaer sobre cosas corporales o bienes incorporales, sobre muebles o inmuebles.
SUJETOS	— Puede constituirse a favor de una o varias personas, simultánea o sucesivamente. — No podrá constituirse el usufructo a favor de un pueblo o Corporación o Sociedad por más de treinta años.
CONSTITUCIÓN	✓ El usufructo se constituye: — por la ley, — por la voluntad de los particulares manifestada en actos entre vivos o en última voluntad, — y por prescripción.
OBLIGACIONES DEL USUFRUCTUARIO	— Inventario. — Fianza. — Conservación y custodia. — Mantenimiento y reparación de la cosa usufructuada. — Gastos. — Restitución.

DERECHOS DEL USUFRUCTUARIO	— Posesión de la cosa. — Disfrute. Límite: *salva rerum substantia*. — Frutos naturales, civiles e industriales. — Poder de gestión, administración, y disposición. — Régimen de las mejoras.
EXTINCIÓN DEL USUFRUCTO	— Muerte del usufructuario. — Espirar el plazo por el que se constituyó. — Cumplimiento de la condición resolutoria. — Por consolidación. — Renuncia del usufructuario. — Pérdida de la cosa objeto del usufructo. — Resolución del derecho del constituyente. — Prescripción. — Otras causas previstas en el título constitutivo.
USUFRUCTOS ESPECIALES	— Sobre bienes consumibles. — Usufructo con facultad de disponer. — Usufructo sobre cosas deteriorables. — Usufructo sobre plantaciones. — Usufructo de montes. — Usufructo de un rebaño. — Usufructo de renta o pensión. — Usufructo de minas. — Usufructo sobre acciones judiciales. — Usufructo de un patrimonio. — Usufructo de créditos. — Usufructo de finca hipotecada. — Usufructo de la herencia. — Otros usufructos particulares.

LECCIÓN 10

USO Y HABITACIÓN*

SUMARIO: I. CONCEPTO. II. CARACTERÍSTICAS. III. DERECHOS Y OBLIGACIONES. CASO PRÁCTICO. BIBLIOGRAFÍA BÁSICA. EJERCICIOS DE AUTOEVALUACIÓN. ESQUEMA: USO Y HABITACIÓN.

I. CONCEPTO

Los derechos de uso y habitación están regulados en los artículos 523 a 529 CC. Si bien, otros preceptos contemplan la posibilidad de constituir un derecho de uso o habitación. Así, el artículo 822 CC, a favor de una persona discapacitada, en virtud de dicho precepto «La donación o legado de un derecho de habitación sobre la vivienda habitual que su titular haga a favor de un legitimario persona con discapacidad, no se computará para el cálculo de las legítimas si en el momento del fallecimiento ambos estuvieren conviviendo en ella. Este derecho de habitación se atribuirá por ministerio de la ley en las mismas condiciones al legitimario discapacitado que lo necesite y que estuviera conviviendo con el fallecido, a menos que el testador hubiera dispuesto otra cosa o lo hubiera excluido expresamente, pero su titular no podrá impedir que continúen conviviendo los demás legitimarios mientras lo necesiten. El derecho a que se refieren los dos párrafos anteriores será intransmisible. Lo dispuesto en los dos primeros párrafos no impedirá la atribución al cónyuge de los derechos regulados en los artículos 1.406 y 1.407 de este Código, que coexistirán con el de habitación».

Así, también, en el artículo 1.407 CC, que en el ámbito de la disolución y liquidación de la sociedad de gananciales, contempla la posibilidad que el cónyuge pueda pedir, a su elección, que se le atribuyan a su favor los bienes en propiedad o que se constituya sobre ellos, en concreto en cuanto al local donde hubiera ejercido su profesión o a la vivienda habitual, en caso de muerte del otro cónyuge, un

[1] Por Esther MUÑIZ ESPADA.

derecho de uso o habitación. Lo que algunos autores han explicado como un supuesto de constitución *ex lege* del derecho de uso y habitación, a semejanza de una de las modalidades de constitución del derecho de usufructo[1].

Igualmente, se admite por ciertos autores la posibilidad de adquirir estos derechos de uso y habitación mediante la prescripción adquisitiva aunque no se mencione en su regulación del Código civil, de igual modo que en el usufructo, aunque en el usufructo se contemple expresamente.

En virtud del artículo 523 CC, «Las facultades y obligaciones del usuario y del que tiene derecho de habitación se regularán por el título constitutivo de estos derechos; y, en su defecto, por las disposiciones siguientes». Por lo que prima en su regulación el principio de autonomía de la voluntad dispuesto en el título constitutivo, que no exige escritura pública, teniendo en cuenta que en aquello no regulado por los artículos correspondientes de esta sección del derecho de uso y habitación se aplicará por analogía lo dispuesto para el derecho de usufructo en cuando resulte compatible: «Las disposiciones establecidas para el usufructo son aplicables a los derechos de uso y habitación, en cuanto no se opongan a lo ordenado en el presente capítulo» (art. 528 CC).

En la clásica STS de 4 de febrero de 1983 se define y contempla como «un derecho real de uso y disfrute recayente sobre un inmueble, limitado a las necesidades de los titulares del mismo, de carácter personal, pero con dos particularidades esenciales que le dan individualidad jurídica, cuales son la temporalidad del uso y su régimen jurídico, que atiende en primer lugar a lo dispuesto en el título constitutivo del mismo, respecto del cual tienen carácter dispositivo las demás normas legales que disciplinen efectos de este derecho real; el carácter temporal deviene esencial e incluso inspirado en normas de orden público, ya que es decisivo para distinguir el uso de la cosa por el propietario, del uso por otras personas no pro-

[1] Artículo 1.406 CC: «Cada cónyuge tendrá derecho a que se incluyan con preferencia en su haber, hasta donde éste alcance: 1.º Los bienes de uso personal no incluidos en el número 7 del artículo 1.346. 2.º La explotación económica que gestione efectivamente. 3.º El local donde hubiese venido ejerciendo su profesión. 4.º En caso de muerte del otro cónyuge, la vivienda donde tuviese la residencia habitual».

Artículo 1.407 CC: «En los casos de los números 3 y 4 del artículo anterior podrá el cónyuge pedir, a su elección, que se le atribuyan los bienes en propiedad o que se constituya sobre ellos a su favor un derecho de uso o habitación. Si el valor de los bienes o el derecho superara al del haber del cónyuge adjudicatario, deberá éste abonar la diferencia en dinero».

Se plantea también Peña Bernaldo de Quirós si son casos de derechos reales de uso y habitación las facultades de uso y habitación conferidas a uno de los cónyuges sobre la vivienda y ajuar familiares con ocasión del proceso de nulidad, separación y divorcio, entendiendo que en estos casos, como los del artículo 1.320, son «casos de afectación del ciertos bienes (vivienda, ajuar) a un especial destino familiar, y consiguientemente, de sujeción de los mismos a un especial régimen matrimonial, que puede persistir aun disuelto el matrimonio, pero sin que en este régimen el cónyuge que goza de la vivienda tenga ventajas desmedidas en relación con las que tendría si el matrimonio no sufriera la crisis que sufre».

pietarios y sí titulares del derecho real limitado sobre cosa ajena; y [...] no es en modo alguno derecho perpetuo e inextinguible».

En virtud del artículo 524 CC:

— El uso da derecho a percibir de los frutos de la cosa ajena, los que basten a las necesidades del usuario y de su familia, aunque ésta se aumente.

— La habitación da a quien tiene este derecho la facultad de ocupar en una casa ajena las piezas necesarias para sí y para las personas de su familia.

II. CARACTERÍSTICAS

1. Se tratan de derechos reales en cosa ajena.
2. Pueden constituirse *inter vivos* o *mortis causa*, a título oneroso o gratuito.
3. Se puede constituir, a semejanza del usufructo, también a favor de varias personas, sucesiva o simultáneamente, que vivan al tiempo de constituirse el uso o habitación.
4. El derecho de uso se aplica a cosas corporales, muebles o inmuebles; y el derecho de habitación se aplica particularmente a una vivienda. Comprende las dependencias y los derechos anexos.
5. El derecho de uso permite al usuario usar y servirse de un inmueble ajeno que produce frutos, de cualquier clase, frutos naturales, civiles o industriales, pero para servirse de ellos, no para venderlos. Y limitado sólo a las necesidades reales, es decir a las necesidades objetivas del usuario y de su familia, por tanto *hasta el límite de estas necesidades*, hasta *las que basten*, dice el precepto; entendiendo por familia no sólo a la familia en sentido nuclear, sino en sentido amplio, por tanto, los que convivan con el titular del derecho. En cuanto al límite de las necesidades reales ello se ejemplifica con lo dispuesto en el artículo 526 CC: «El que tuviere el uso de un rebaño o piara de ganado podrá aprovecharse de las crías, leche y lana en cuanto baste para su consumo y el de su familia, así como también del estiércol necesario para el abono de las tierras que cultive».
6. Mientras que el derecho de habitación no se trata de una percepción de frutos, sino de la ocupación de una vivienda: total o parcial, pero limitada a lo necesario para las atenciones del habitacionista y de su familia, en este caso la doctrina entienda en función de la posición social y de las concretas circunstancias de la familia, lo que puede variar a lo largo del tiempo. Y se entiende que además de las personas relacionadas por vínculos de parentesco estarían incluidas aquellas que habitualmente vienen conviviendo con el habitacionista.

Se ocuparían las dependencias según se indique en el título de constitución o, en defecto de esta indicación, los que sean precisos para atender las necesidades de vivienda del titular o los titulares y de las personas que conviven con ellos, aunque el número de éstos aumente después de la constitución.

7. Son derechos temporales. En el Código civil de Cataluña (art. 562-2) el derecho de uso o de habitación constituido a favor de una persona física se presume vitalicio.

8. Los derechos de uso y habitación no se pueden arrendar ni traspasar a otro por ninguna clase de título (art. 525 CC), por lo que son derechos personalísimos, son indisponibles e intransmisibles, no pueden traspasarse, ni hipotecarse (art. 108 LH), ni arrendarse, puesto que el derecho de uso desde su origen tiene un carácter mucho más personal que el usufructo. Entendiendo algunos autores que en el título de constitución podría excepcionarse esta regla, considerando otros autores que se trata de una norma imperativa, que no puede modificarse. A este respecto, hay que tener en cuenta que el Código civil está contemplando unos derechos que tienen que ejercerse de modo directo y con los límites indicados y que no pueden desnaturalizarse por medio de la autonomía de la voluntad, por muy amplio que se presente el artículo 523 CC en relación con el principio de autonomía de la voluntad, por tanto se entenderá en todo caso la posibilidad de excepcionar en cuanto no altere la sustancia y especialidad de tales derechos[2].

Según el artículo 562-4 del Código civil catalán: Los usuarios y los que tienen derecho de habitación sólo pueden gravar o enajenar su derecho si lo consienten los propietarios. Y la ejecución de una hipoteca sobre el bien comporta la extinción de los derechos de uso y habitación si sus titulares consintieron su constitución, sin perjuicio de lo establecido por los artículos 233-19 a 233-24 y 234-8, en materia de vivienda familiar.

9. Se extinguen por las mismas causas que el derecho de usufructo, teniendo en cuenta que en virtud del artículo 529 CC los derechos de uso y habitación también se extinguen además por abuso grave sobre la cosa y de la habitación. Y en virtud del principio de autonomía de la voluntad, artículo 523 CC para estos casos, pueden contemplarse otros supuestos de extinción que dispusieran las partes.

El artículo 562-5 del Código civil catalán especifica que «Los derechos de uso y habitación se extinguen por resolución judicial en caso de ejercicio gravemente contrario a la naturaleza del bien».

III. DERECHOS Y OBLIGACIONES

Si el usuario consumiera todos los frutos de la cosa ajena, o el que tuviere derecho de habitación ocupara toda la casa, estará obligado a los gastos de cultivo, a los reparos ordinarios de conservación y al pago de las contribuciones, del mismo modo que el usufructuario.

---

[2] Vid. STS 38/2008, de 22 de enero, Rec. 5501/2000, pese a que lo convenido fue la concesión de un derecho de uso y habitación, la verdadera intención de las partes fue establecer un derecho de usufructo sobre los locales.

Si sólo percibiera parte de los frutos o habitara parte de la casa, no deberá contribuir con nada, siempre que quede al propietario una parte de frutos o aprovechamientos bastantes para cubrir los gastos y las cargas. Si no fueren bastantes, suplirá aquél lo que falte (art. 527 CC)[3].

En cuanto a los gastos, el artículo 562-11 Código civil catalán, como forma de reparto, prescribe que corren a cargo del que tiene derecho de habitación los gastos de la vivienda que sean individualizables y que deriven de la utilización que hace de la misma, así como los gastos correspondientes a los servicios que haya instalado o contratado.

Como el derecho de usufructo, pueden inscribirse los derechos de uso y habitación (art. 2.2 LH), en cuyo caso la constitución de estos derechos ha de hacerse en escritura pública, si bien no es obligatoria la inscripción, para lo que nos remitimos a lo explicado para el derecho de usufructo.

CASO PRÁCTICO

En el ámbito de la economía colaborativa dentro del sector inmobiliario han surgido diversas modalidades de *cohousing*. Dictamine: ¿se trata de una ampliación de los derechos de uso o habitación o constituyen figuras nuevas o no se trata de ninguna particularidad nueva respecto de los modalidades ya existentes de vivienda compartida?

BIBLIOGRAFÍA BÁSICA

Código Civil Comentado, dir. VALPUESTA -DE PABLO CONTRERAS, CAÑIZARES- ORDUÑA; Civitas, 2016; *Comentarios al Código civil*, dir. BERCOVITZ RODRÍGUEZ-CANO, Aranzadi, 2006; RIVERO HERNÁNDEZ, *El usufructo, uso y habitación*, Civitas, 2016.

EJERCICIOS DE AUTOEVALUACIÓN

1) Distinguir el derecho de uso y de habitación del derecho de usufructo.
2) Diferencias con la renta vitalicia (vid. STS 694/2007, de 7 de junio).
3) Diferencias entre el precario, el derecho de habitación y el arrendamiento (vid. sentencia de la Audiencia Provincial de Madrid, Sección 14.ª, Sentencia 141/2012, de 27 de marzo).
4) Diferenciar entre el derecho de uso y el derecho de alimentos.

---

[3] Vid. STS 519/2006, de 31 de mayo, sobre obligación de realizar obras de restauración a cuenta del usuario, quedando las mejoras en beneficio de la propiedad.

5) Explicar de qué modos pueden defenderse jurídicamente los derechos de usufructo, de uso y habitación.

6) Dada la asimilación entre el derecho de usufructo y los derechos de uso y habitación qué artículos del derecho de usufructo pueden aplicarse al uso y habitación para completar su régimen jurídico en relación con las obligaciones del usuario y habitacionista.

7) El abuso leve, no grave, sobre la cosa ¿daría derecho a la extinción del uso y habitación o facultaría al propietario simplemente a exigir una indemnización por los perjuicios producidos?

8) Qué consecuencias jurídicas se producirían si se percibe mayor cantidad de frutos de los que necesita para cubrir sus necesidades el usuario y su familia.

Uso y habitación

CONCEPTO	— El uso da derecho a percibir de los frutos de la cosa ajena, los que basten a las necesidades del usuario y de su familia, aunque ésta se aumente. — La habitación da a quien tiene este derecho la facultad de ocupar en una casa ajena las piezas necesarias para sí y para las personas de su familia.
CARACTERES	1. Derechos reales en cosa ajena. 2. Pueden constituirse *inter vivos* o *mortis causa*, a título oneroso o gratuito. 3. Se puede constituir a favor de varias personas, sucesiva o simultáneamente, que vivan al tiempo de constituirse el uso o habitación. 4. El derecho de uso se aplica a cosas corporales, muebles o inmuebles; y el derecho de habitación se aplica particularmente a una vivienda. 5. Derecho de uso permite al usuario usar y servirse de frutos, no para venderlos, sino para atender las necesidades objetivas del usuario y de su familia, por tanto hasta el límite de estas necesidades. 6. El derecho de habitación no se trata de una percepción de frutos, sino de la ocupación de una vivienda: total o parcial, pero limitada a lo necesario para las atenciones del habitacionista y de su familia. 7. Son derechos temporales. 8. No se pueden arrendar ni traspasar a otro por ninguna clase de título.
CONTENIDO	— Si el usuario consumiera todos los frutos de la cosa ajena, o el que tuviere derecho de habitación ocupara toda la casa, estará obligado a los gastos de cultivo, a los reparos ordinarios de conservación y al pago de las contribuciones, del mismo modo que el usufructuario. — Si sólo percibiera parte de los frutos o habitara parte de la casa, no deberá contribuir con nada, siempre que el propietario mantenga una parte de frutos o aprovechamientos bastantes para cubrir los gastos y las cargas.
EXTINCIÓN	— Se extinguen por las mismas causas que el derecho de usufructo. — Se extinguen además por abuso grave sobre la cosa. — Y en virtud del principio de autonomía de la voluntad puede contemplarse otros supuestos de extinción que dispusieran las partes.

LECCIÓN 11

LAS SERVIDUMBRES*

SUMARIO: I. CONCEPTO. II. CLASES. 1. *Por su naturaleza*. 2. *Por su origen*. 3. *Por su modo de ejercitarse: continuas y discontinuas; aparentes y no aparentes, positivas y negativas*. 4. *Por su duración: servidumbres temporales y servidumbres perpetuas*. III. CONSTITUCIÓN DE LAS SERVIDUMBRES. 1. *Constitución mediante título o negocio jurídico*. 2. *Constitución por signo aparente*. 3. *Constitución por usucapión*. IV. CONTENIDO DE LAS SERVIDUMBRES. V. DEFENSA DE LAS SERVIDUMBRES. VI. CONTENIDO OBLIGACIONAL DE ALGUNAS SERVIDUMBRES. VII. MODIFICACIÓN DE LAS SERVIDUMBRES: POR LEY, POR PRESCRIPCIÓN Y POR NEGOCIO JURÍDICO. VIII. EXTINCIÓN DE LAS SERVIDUMBRES. 1. *Por razón de los sujetos*. 2. *Por razón del objeto*. 3. *Por razón del contenido*. IX. SERVIDUMBRES LEGALES. 1. *Servidumbres en materia de aguas*. 2. *Servidumbre de desagüe de edificios*. 3. *Servidumbre de paso*. X. SERVIDUMBRES DE LUCES Y VISTAS. XI. ESTUDIO ESPECIAL DE LA MEDIANERÍA. 1. *Concepto*. 2. *Naturaleza jurídica*. 3. *Constitución*. 4. *Presunciones favorables y signos contrarios a la medianería*. 5. *Contenido*. XII. SERVIDUMBRES PERSONALES. CASO PRÁCTICO. BIBLIOGRAFÍA BÁSICA. EJERCICIOS DE AUTOEVALUACIÓN. ESQUEMA: LAS SERVIDUMBRES.

I. CONCEPTO

Dado que el Código civil agrupa las servidumbres prediales y las servidumbres personales, resulta conveniente proporcionar una definición que comprenda ambas categorías, siendo útil en tal sentido la que ofrece M. PEÑA BERNALDO DE QUIRÓS[1] que las define como «derechos reales limitados de goce sobre un inmueble, que se caracterizan porque el goce se limita a determinados servicios o utilizaciones».

Se trata, pues, de derechos subjetivos de naturaleza real, que implican facultades de goce inmediato sobre cosas, protegidos *erga omnes* por acciones reales. Su

* Por José María DE LA CUESTA SAENZ.

[1] M. PEÑA BERNALDO DE QUIRÓS, *Derechos reales. Derecho hipotecario*, Centro de Estudios Registrales, Madrid, 1999, t. I, p. 645.

carácter de derechos limitados, se deriva de que contienen facultades que normalmente se integran en el derecho de propiedad, al que a su vez limitan, lo que explica que no se presumen, sino que al contrario es el dominio el que se presume, libre, y son de interpretación estricta.

El objeto de las servidumbres es siempre un bien inmueble, y a su vez el artículo 334.10.º del Código civil las enumera entre los bienes inmuebles. Su peculiaridad dentro de la categoría de los derechos reales limitados de goce, reside en que en ellas el goce se restringe a determinadas utilidades de la cosa, a diferencia de lo que acontece en el usufructo y figuras afines.

II. CLASES

1. Por su naturaleza

Como se ha anticipado en el apartado precedente, pueden ser de naturaleza predial o personal, siendo las primeras aquellas que se establecen en beneficio de una finca que se conoce como predio dominante, mientras que las segundas se establecen en beneficio de una persona o un grupo de personas.

Se trata de figuras muy separadas entre sí, ya que las servidumbres prediales son derechos subjetivamente reales por que su titular lo es por razón de serlo del predio dominante, son inseparables del fundo en el tráfico jurídico (art. 108 LH) y tienen duración indefinida, mientras que las segundas pueden circular con independencia del fundo (dominante) y son necesariamente limitadas en el tiempo. Tales diferencias obedecen a una muy diferente naturaleza de ambas categorías, siendo las personales muy próximas a los derechos de uso y habitación, aunque referidas a utilidades concretas de un fundo (vistas, extracción de piedra o gravas, etc.)[2].

2. Por su origen

Tiene también gran importancia en su regulación, la clasificación que tiene en cuenta su origen, según la cual hay servidumbres voluntarias y servidumbres legales o forzosas.

La clasificación está referida exclusivamente a las servidumbres prediales y la establece el artículo 536 del Código civil: «las servidumbres se establecen por la ley o por la voluntad de los propietarios. Aquéllas se llaman legales y éstas voluntarias».

[2] Véase J. de la Cuesta Saenz, «Servidumbres personales. Duración en relación con la atipicidad de los derechos reales y la libertad del dominio», en *Homenaje al Prof. Carlos Vattier Fuenzalida*, Aranzadi-Thomson-Reuters, Pamplona, 2013, pp. 493 ss.

Se contraponen, pues, las servidumbres prediales generadas en ejercicio de la autonomía privada dentro de sus límites para transferir parte de la utilidad del predio sirviente al predio dominante, a aquellas que consisten en tipos legales previstos para situaciones de especial necesidad de un inmueble cuyo dueño tiene derecho a imponer tal servidumbre al dueño del predio sirviente, más allá de lo que expresa de modo insuficiente el citado artículo 536 del Código civil, ya que no aclara que tales servidumbres pueden ser objeto de contrato y de otros negocios jurídicos, toda vez que no se constituyen directamente por la ley, y también por acto administrativo o resolución judicial firmes, en tanto que servidumbres no legales, pueden, además, establecerse sin convenio por usucapión o por signo aparente.

Por ello, algunos autores[3] propugnan distinguir entre servidumbres originadas por hechos del hombre (convenio, usucapión, destinación del padre de familia), y servidumbres coactivas o forzosas susceptible de establecerse por imperativo legal aun en contra de la voluntad del dueño del fundo sirviente.

De este modo, se descarta la imprecisión en que también incurre el artículo 549 del Código civil que atribuye a las servidumbres legales el rasgo de estar constituidas teniendo «por objeto la utilidad pública o el interés de los particulares», lo que englobaría también en la primera de las alternativas, límites del dominio que configuran el contenido normal del dominio, y que se rigen conforme al artículo 550 del Código civil «por las leyes y reglamentos que las determinan».

Más preciso, aunque no suficientemente por cuanto parece olvidar que se trata de verdaderas necesidades, el artículo 551 del Código civil establece que «las servidumbres que impone la ley en interés de los particulares o por causa de utilidad privada, se regirán por las disposiciones de este título, sin perjuicio de lo que dispongan las leyes, reglamentos y ordenanzas generales sobre policía urbana o rural. Estas servidumbres podrán ser modificadas por convenio de los interesados cuando no lo prohíba la ley ni resulte perjuicio a tercero».

Las servidumbres legales son siempre típicas y de contenido preestablecido, que impone el legislador apreciando necesidades concretas, que no tienen por qué concurrir en el caso de las servidumbres voluntarias.

3. Por su modo de ejercitarse: continuas y discontinuas; aparentes y no aparentes, positivas y negativas

Las servidumbres continuas se contraponen a las discontinuas en el artículo 532 del Código civil, que establece que son servidumbres continuas «aquellas cuyo uso es o puede ser incesante, sin intervención de ningún hecho del hombre»,

[3] Véase J. L. Lacruz Berdejo, *Elementos de Derecho civil. Derechos reales*, tomo III, vol. 2, Dykinson, Madrid, 2000, p. 101.

en tanto que son discontinuas «las que se usan a intervalos más o menos largos y dependen de actos del hombre».

El criterio distintivo es, por lo tanto, el uso o el ejercicio, según requiera o no «actos del hombre», lo que define la servidumbre discontinua como aquella cuyo uso necesita de un acto de quien la ejercita, mientras que será continua la servidumbre que no requiere tales actos, aunque su ejercicio pueda no ser constante. El ejemplo más claro de servidumbre discontinua es la servidumbre de paso, y será continua la servidumbre de no elevar una construcción, pero también lo será la de desagüe o vertido de aguas, porque no requiere actividad alguna, aunque no opere constantemente.

No hay que confundir, por otra parte, continuidad con permanencia, pues la servidumbre predial es siempre permanente, aunque sea discontinua, en tanto persistan los fundos dominante y sirviente.

Aparentes y no aparentes se contraponen también en el artículo 532 del Código civil en los siguientes términos: son servidumbres aparentes «las que se anuncian y están continuamente a la vista por signos exteriores, que revelan el uso y aprovechamiento de las mismas» y no aparentes «las que no presentan indicio alguno exterior de su existencia».

Los signos exteriores de que habla el precepto están ligados a la naturaleza y función de la servidumbre (el camino y su anchura, la conducción de aguas y su caudal), lo que ha suscitado algún debate doctrinal sobre si un cartel anunciador de la servidumbre será signo exterior suficiente, o por el contrario, será preciso que el signo exterior patentice el uso y aprovechamiento. Así, ni la existencia de un camino, por sí sola, ni la existencia de un cartel, puesto que el camino puede no servir a otros fundos, y el cartel no denotar que función cumple el pretendido paso (camino, cañada, cordel, vereda).

Pero las servidumbres aparentes tienen en su apariencia suficiente publicidad, que las convierte en oponibles a los terceros sin necesidad de publicidad registral, mientras que las discontinuas y no aparentes, de acuerdo con el artículo 539 del Código civil, «sólo podrán adquirirse en virtud de título» lo que concuerda con la exigencia de que la posesión *ad usucapionem* haya de ser pública y no interrumpida conforme al artículo 1.941 del Código civil.

Servidumbres positivas y negativas, por último, aparecen contrapuestas en el artículo 533 del Código civil que establece que «se llama positiva la servidumbre que impone al dueño del predio sirviente la obligación de dejar hacer alguna cosa, o de hacerla por sí mismo, y negativa la que prohíbe al dueño del predio sirviente hacer algo que le sería lícito sin la servidumbre».

La situación se contempla en el precepto desde el punto de vista del dueño del fundo sirviente, que para obtener mayor clarificación conviene completar con el punto de vista del dueño del fundo dominante, ya que las positivas permiten a éste intromisiones en el fundo sirviente o en la esfera jurídica de su titular, mientras que las negativas no permiten tales intromisiones, y se agotan en la mera abstención del propietario del fundo sirviente (p. ej., no elevar a una construcción, servidumbre llamada en derecho romano *servitus altius non tollendi*)[4], lo que es tanto como decir que las servidumbres positivas consisten en dejar hacer al dueño del fundo dominante, y en las negativas, no llevar a cabo determinadas posibilidades del propietario del fundo sirviente. Con todo, en la servidumbre de luces y vistas algún autor discute la conformidad con el texto del Código civil de la jurisprudencia del TS que la califica como servidumbre positiva, frente a cuya opinión parece mejor fundada la de que en ocasiones, tratándose de huecos abiertos en pared propia, la servidumbre de luces y vistas sería positiva, con las consecuencias que tal calificación comporta en orden a la usucapión.

4. Por su duración: servidumbres temporales y servidumbres perpetuas

El artículo 546.4.º prevé la extinción de las servidumbres por cumplimiento de condición resolutoria expiración de plazo, si la servidumbre es temporal, lo que afecta tanto a las servidumbres prediales como a las personales, pero especialmente a éstas, ya que en ellas no es concebible la perpetuidad, que sería contraria al orden público, y que incluso en las prediales sobre predios con dueño directo y dueño útil, sólo pueden establecer con el consentimiento de ambos (art. 596 CC).

III. CONSTITUCIÓN DE LAS SERVIDUMBRES

Como se ha anticipado al tratar de las clases de servidumbres, existen diversos modos de constituirse las servidumbres, que reflejan los artículos 537 y 539 del Código civil, de los que el primero enumera la constitución mediante título (que es la única posible en servidumbres discontinuas o no aparentes), y por prescripción de veinte años. Pero a ello hay que añadir, el modo conocido como constitución mediante signo aparente (o por destinación del padre de familia), que como su propio nombre indica es sólo apta para generar servidumbres aparentes.

Hay que recordar que las servidumbre legales o forzosas se pueden constituir por título, o por resolución administrativa o judicial firmes, y también que la jurisprudencia del Tribunal Supremo se resiste a admitir otros modos como podría ser la accesión invertida por construcción extralimitada con vuelo sobre suelo ajeno (STS de 10 de diciembre de 1980 y 3 de abril de 1992).

---

[4] P. de Pablo Contreras, *Curso de Derecho civil, III, Derechos reales*, Dykinson, Madrid, 2016, p. 487.

1. Constitución mediante título o negocio jurídico

El vocablo «título» no tiene una significación formal, equivalente a documento, sino que se refiere a cualquier declaración negocial dirigida a constituir una servidumbre, por ejemplo, mediante la celebración de un contrato.

El artículo 594 del Código civil legitima para ello al dueño del predio sirviente, y en el caso de comunidad sobre tal predio, con el consentimiento de todos los condueños, pues de lo contrario, aunque queden obligados los promitentes, no se constituye el derecho real.

Tratándose de un contrato, está claro que ha de consentir el dueño del predio dominante, aun en el caso de constituirse a título gratuito por aplicación del artículo 633 del Código civil, siendo también de aplicación el artículo 596 del Código civil, respecto de las fincas sometidas a usufructo, el cual no exige el consentimiento del usufructuario salvo en el caso de que perjudique a su derecho, y el artículo 597 del Código civil, ya citado, que exige el consentimiento del dueño directo y el dueño útil en caso de división del dominio (enfiteusis, derecho de superficie).

La oponibilidad frente a terceros del derecho de servidumbre requiere por lo general su inscripción en el Registro de la Propiedad, aunque excepcionalmente la jurisprudencia admite la oponibilidad frente a terceros, habiendo signos externos ostensibles e indubitados.

Por último, el artículo 540 del Código civil establece que «la falta de título constitutivo de las servidumbres que no pueden adquirirse por prescripción, únicamente se puede suplir por la escritura de reconocimiento del dueño del predio sirviente, o por una sentencia firme», pero en este precepto la referencia al título tiene el sentido formal de documento, y no de declaración de voluntad negocial.

2. Constitución por signo aparente

El artículo 541 del Código civil establece que «la existencia de un signo aparente de servidumbre entre dos fincas, establecido por el propietario de ambas, se considerará, si se enajenare una, como título para que la servidumbre continúe activa y pasivamente, a no ser que, al tiempo de separarse la propiedad de las dos fincas, se exprese lo contrario en el título de enajenación de cualquiera de ellas, o se haga desaparecer aquel signo antes del otorgamiento de la escritura», supuesto éste de constitución de servidumbres prediales y aparentes que se conoce como constitución por signo aparente o por destinación del padre de familia.

El fundamento de la admisión de este modo de constituirse las servidumbres es sobre todo económico, por cuanto se trata de lograr el máximo aprovechamiento de las fincas, pero el supuesto de hecho es complejo, ya que no se trata de una virtualidad creativa del mismo signo aparente, que sería contraria al principio expresado en el aforismo *nemini res sua servit*, sino del resultado de un proceso que puede descomponerse en el necesario concurso de varios requisitos: 1.º La existencia de dos fincas pertenecientes a un mismo propietario, aunque se admite la hipótesis de división de una sola finca (STS de 15 de marzo de 1993), siempre que no sea un edificio en régimen de propiedad horizontal (STS de 24 de febrero de 1997). 2.º Que exista un signo aparente de servidumbre prestada por una finca a la otra, aunque realmente la servidumbre no exista como tal por haber un único propietario. 3.º Que el signo aparente de (hipotética) servidumbre haya sido instaurado por el único propietario de ambas fincas (o por un propietario anterior y conservado por el sucesor). 4.º Que dicho signo persista en el momento de enajenarse una de las dos fincas, pasando a pertenecer a dueños distintos, y 5.º Que en el título correspondiente no se exprese nada en contra de la existencia de la servidumbre, sin que baste para impedir la constitución la simple manifestación de que se enajena una finca libre de cargas (STS de 20 de diciembre de 1997).

3. Constitución por usucapión

Regulada por los artículos 537 a 540 del Código civil que presentan algunas dificultades al intérprete, sobre las que puede ofrecerse como conclusión mayoritaria de la doctrina en torno a las principales cuestiones la que sigue:

En primer lugar, respecto de qué servidumbres pueden adquirirse por usucapión, de acuerdo con el artículo 537 del Código civil, sólo pueden usucapirse las servidumbres continuas y aparentes, en tanto que las que no tienen tal calificación sólo pueden adquirirse por título (negocio jurídico) de acuerdo con los artículos 539 y 540 del Código civil.

En segundo lugar, la usucapión de servidumbres es única, sin que pueda distinguirse entre usucapión ordinaria y extraordinaria, y requiere posesión durante veinte años sin necesidad de justo título y buena fe, lo que aproxima la usucapión de servidumbres a la usucapión extraordinaria, aunque con plazo notablemente reducido.

En tercer lugar, el artículo 538 del Código civil establece que «para adquirir por prescripción las servidumbres a que se refiere el artículo anterior, el tiempo de posesión se contará en las positivas, desde el día en que el dueño del predio dominante o el que haya aprovechado la servidumbre, hubiera empezado a ejercerla sobre el predio sirviente; y en las negativas, desde el día en que el dueño del predio dominante hubiera prohibido por un acto formal, al del sirviente la ejecución del hecho que sería lícito sin la servidumbre».

Por último, el artículo 547 del Código civil, establece que «la forma de prestar la servidumbre puede prescribirse, como la servidumbre misma, y de la misma manera».

Frente a esta doctrina mayoritaria, LACRUZ BERDEJO[5], estima que cabe la usucapión ordinaria con justo título y buena fe de las servidumbres no continuas y no aparentes, además de la extraordinaria de veinte años de las continuas y aparente, doctrina ésta que ha inspirado el artículo 147 de la vigente Compilación aragonesa, y que aparece en la Ley 397 del Fuero Nuevo de Navarra.

Por el contrario, el Código civil de Cataluña en su artículo 566-2 introducido por Ley 5/2006, de 10 de mayo, excluye la constitución de servidumbres por usucapión.

IV. CONTENIDO DE LAS SERVIDUMBRES

El artículo 598 del Código civil establece en su comienzo que «el título y en su caso la posesión de la servidumbre adquirida por prescripción, determinan los derechos del predio dominante y las obligaciones del sirviente», todo ello lógicamente teniendo en cuenta que la función de la servidumbre es beneficiar al predio dominante.

En las servidumbres voluntarias, el contenido concreto está ampliamente entregado a la voluntad de los constituyentes, puesto que el artículo 594 del Código civil establece que «todo propietario de una finca puede establecer en ella las servidumbres que tenga por conveniente, y en el modo y forma que bien le pareciere, siempre que no contravenga las leyes y el orden público», lo que no impide que el título constitutivo no señale más que grandes rasgos sobre su contenido, por lo que el mismo artículo 598 antes citado, añade que «en su defecto, se regirá la servidumbre por las disposiciones del presente título que le sean aplicables», según tipificación por los constituyentes.

En todo caso, existe una obligación de ejercitar el derecho *civiliter*, obteniendo el máximo beneficio el predio dominante con el mínimo detrimento para el fundo sirviente, y siempre atendiendo los fines para los que se constituyó y no para otros diferentes, produciéndose en el modo, cantidad, frecuencia y otros pormenores previstos en el título, sin que un descenso en la intensidad del aprovechamiento, pueda impedir el retorno a los niveles inicialmente previstos, salvo si cambia por prescripción el modo de prestarse conforme al artículo 547 del Código civil.

Establece también el artículo 542 del Código civil que «al establecerse una servidumbre se entienden concedidos todos los derechos necesarios para su uso», lo que trata de posibilitar el ejercicio de la servidumbre con todos los accesorios im-

---

[5] J. L. LACRUZ BERDEJO, *Elementos de Derecho civil, III*, vol. 2.º, obra citada, pp. 114 ss.

prescindibles para ello, como acceso para limpiar un acueducto, o conservar un camino, o acceder a un abrevadero (art. 556 CC).

Por ello, el artículo 543 del Código civil atribuye al dueño del predio dominante la posibilidad «de hacer, a su costa, en el predio sirviente las obras necesarias para el uso o conservación de la servidumbre, pero sin alterarla ni hacerla más gravosa». Deberá elegir para ello el tiempo y la forma conveniente a fin de ocasionar la menor incomodidad al dueño del predio sirviente, lo que no deja de ser una manifestación concreta de la prohibición del abuso del derecho, que veda al beneficiario la posibilidad de atender a nuevas necesidades no contempladas en el título constitutivo, ni aplicarla a otros predios, ni ejercerla con medios no previstos inicialmente, o con el exclusivo propósito de usucapir un modo de usar de ella más amplio, sin utilidad presente.

Cuando la servidumbre se presta en favor de varios predios dominantes, prevé el artículo 544 del Código civil, sus dueños «estarán obligados a contribuir a los gastos de que trata el artículo anterior, en proporción al beneficio que cada uno reporta la obra. El que no quiera contribuir podrá eximirse renunciando a la servidumbre en provecho de los demás».

V. DEFENSA DE LAS SERVIDUMBRES

La defensa de la servidumbre se opera por medio de la llamada acción confesoria (o *vindicatio servitutis*) en el Derecho romano, que tiene por objeto obtener la declaración judicial de la existencia del derecho frente a cualquiera que lo niegue o entorpezca, reponiendo, en su caso, al actor en el ejercicio efectivo de su derecho, pudiendo incluir petición de resarcimiento de daños y perjuicios causados por la violación del derecho.

Se trata de una acción real sin regulación específica en el Código civil, a la que sirven de alternativa otras posibles acciones sumarias como las acciones posesorias (art. 250.4 LEC) y la acción real registral (art. 41 LH).

Diametralmente opuesta es la acción del propietario conocida como acción negatoria, en la que el propietario está amparado por la presunción de libertad del dominio, que le descarga de la prueba.

VI. CONTENIDO OBLIGACIONAL DE ALGUNAS SERVIDUMBRES

En algunos casos, como excepción al principio *servitus in faciendo consistere nequit*, puede estar obligado el titular del fundo sirviente a realizar obras que posibiliten el uso de la servidumbre, supuesto éste que contempla el artículo 599 del Código civil en los siguientes términos: «si el dueño del predio sirviente se hubiese obligado al constituirse la servidumbre, a costear las obras necesarias para el uso y conservación de la misma, podrá librarse de esta carga abandonando su predio al dueño del dominante». Se trata de una obligación *propter rem*, que no forma parte del contenido del derecho real, pero que puede extinguirse con la renuncia traslativa total o parcial del fundo sirviente.

VII. MODIFICACIÓN DE LAS SERVIDUMBRES: POR LEY, POR PRESCRIPCIÓN Y POR NEGOCIO JURÍDICO

La ley que puede originar las servidumbres legales o forzosas, puede también disponer directamente su modificación, como prevé el artículo 230 de la Ley de Reforma y Desarrollo Agrario (Texto Refundido por Decreto de 12 de enero de 1973), y puede igualmente producir su variación, la prescripción adquisitiva de un nuevo modo de ejercitarse la servidumbre conforme al artículo 547 del Código civil.

Las servidumbres, a lo largo de su existencia, pueden también modificarse tanto para evitar sacrificio excesivo al dueño del predio sirviente en relación con la utilidad prestada al fundo dominante, como para adaptarse a los cambios que se operen en los predios, o bien porque así lo acuerden los interesados, o bien por imperativo legal.

El artículo 542.2 del Código civil prevé que después de la intimación al dueño del predio sirviente para que no haga desmerecer la utilidad que presta, «si por razón del lugar asignado primitivamente, o de la forma establecida para el uso de la servidumbre, llegara ésta a ser muy incómoda al dueño del predio sirviente, o le privase de hacer en él obras, reparos o mejoras importantes, podrá variarse a su costa siempre que ofrezca otro lugar o forma igualmente cómodos, y de suerte que no resulte perjuicio alguno al dueño del predio dominante o a los que tengan derecho al uso de la servidumbre».

El derecho así concedido al dueño del predio sirviente para modificar el lugar de prestación o la forma de su ejercicio es una proyección del llamado ejercicio *civiliter* y de la prohibición del abuso de derecho de que se trató más arriba, y requiere la prueba de la incomodidad o perjuicio generado por la servidumbre tal y como se estableció, lo que resulta ser una facultad dominical del dueño del predio sirviente, que pervive tanto como dure la servidumbre.

En cuanto a la modificación por variaciones acaecidas en el estado de los predios, aunque el derecho positivo sólo contempla el artículo 546.3.º del Código civil como causa de extinción el hecho de «que los predios vengan a tal estado que no pueda usarse» (la servidumbre), es posible pensar que los cambios acaecidos provoquen simplemente una disminución de la utilidad. Algunos autores señalan, además, que los cambios en los predios no sólo serán las modificaciones físicas, sino también los impuestos por su destino económico, que exija, por ejemplo, la ampliación de un camino para el paso de maquinaria.

La modificación de las servidumbres siempre es posible por voluntad de los interesados, ya que la autonomía privada que puede crearlas en los términos del artículo 594 del Código civil, puede también modificarlas a través de negocios jurídicos.

VIII. EXTINCIÓN DE LAS SERVIDUMBRES

1. Por razón de los sujetos

Por razón de reunirse en la misma persona la propiedad del predio dominante y del sirviente, en virtud del principio *nemini res sua servit*, positivada en el artículo 530 del Código civil se extingue la servidumbre predial por consolidación, según el artículo 546.1.º del Código civil, y lo mismo ha de ocurrir si el titular de una servidumbre personal adquiere la propiedad del fundo gravado.

2. Por razón del objeto

Por razón del objeto las servidumbres pueden extinguirse conforme al n.º 3.º del artículo 546 del Código civil al llegar los predios «a tal estado que no pueda usarse la servidumbre; pero ésta revivirá si después el estado de los predios permitiera usar de ella, a no ser que cuando sea posible el uso, haya transcurrido tiempo suficiente para la prescripción».

3. Por razón del contenido

Por razón del contenido se extingue la servidumbre cuando llegue el término final o se realice la condición resolutoria según prevé el n.º 4.º del artículo 546 del Código civil. También la renuncia prevista en el mismo artículo en su n.º 5.º extinguirá la servidumbre si se formula de modo inequívoco por persona capaz titular del predio dominante, al igual que por abandono mediante actos concluyentes, con los límites previstos por el artículo 6.2 del Código civil, y la redención convenida entre el dueño del predio dominante y el dueño del predio sirviente, bien mediante negocio bilateral o mediante declaración unilateral si así se hubiese previsto en el título constitutivo, tal y como se desprende del n.º 6.º del artículo 546 del Código civil.

Por último, se encuadra también en este apartado la extinción por no uso durante veinte años que prevé el artículo 546 del Código civil en su n.º 2.º, contados «desde el día en que hubiera dejado de usarse la servidumbre respecto de las discontinuas; y desde el día en que haya tenido lugar un acto contrario a la servidumbre respecto a las continuas». Causa ésta que obedece no a la prescripción, sino al hecho de que la servidumbre obliga a su titular a usar de ella, a diferencia de la propiedad.

Pero además de estas causas de extinción contempladas todas ellas en el artículo 546 del Código civil, la ineficacia sobrevenida del título constitutivo tendría el mismo efecto extintivo, además de la usucapión liberatoria, así como por la ejecución de una hipoteca sobre el fundo sirviente constituida con anterioridad a la servidumbre, y por las actuaciones administrativas derivadas de expropiación forzosa, concentración parcelaria, catalogación de montes y planificación urbanística.

IX. SERVIDUMBRES LEGALES

1. Servidumbres en materia de aguas

Siguiendo el orden empleado por el Código civil procede en primer lugar referirse a la servidumbre natural de aguas, a cuya regulación concurren los artículos 552 del Código civil y 47.1 de la Ley de Aguas (Texto Refundido por RDL 1/2001, de 20 de julio), según el primero de los cuales «los predios inferiores están sujetos a recibir las aguas, que, naturalmente y sin obra del hombre, descienden de los predios superiores, así como la tierra o piedra que arrastren en su curso.

Ni el dueño del predio inferior puede hacer obras que impidan esta servidumbre, ni el del superior obras que la agraven», y que, como puede apreciarse, es una consecuencia de la propiedad misma sobre ciertos fundos.

El artículo 47.2 de la Ley de Aguas por su parte añade «si las aguas fueran producto del alumbramiento, sobrantes de otros aprovechamientos o se hubiesen alterado de modo artificial su calidad espontánea, el dueño del predio inferior podrá oponerse a su recepción, con derecho a exigir resarcimiento de daños y perjuicios, de no existir la correspondiente servidumbre».

Otro grupo de servidumbres en materia de aguas está constituido por las encaminadas a facilitar el uso público de los cauces y la policía de los mismos, y, al igual que la precedente, constituyen la configuración misma de la propiedad de los predios ribereños, que están sometidos a una servidumbre de cinco metros de anchura para uso público, regulada ahora en el artículo 6.1.*a*) del Texto Refundido de la Ley de Aguas (derogatorio de la servidumbre regulada en el art. 553.1.º CC), y una zona de policía de cien metros [art. 6.1.*b*) TRLA], también derogatorio del artículo 553 del Código civil, del que tal vez solamente estaría vigente el párrafo 3.º, según el cual, «si fuere necesario ocupar terrenos de la propiedad particular, procederá la correspondiente indemnización».

Además de estos límites propios de la configuración general del dominio de los predios ribereños, existen servidumbres legales o forzosas en sentido estricto, como las de estribo de presa (art. 554 CC), de saca de agua y abrevadero (arts. 555 y 556 CC), de parada o partidor (art. 562 CC) y de acueducto (arts. 557 a 561 CC), definida en el primero de estos artículos del modo siguiente: «todo el que quiera servirse del agua del que puede disponer para una finca suya tiene derecho a hacerla pasar por los predios intermedios, con obligación de indemnizar a sus dueños, como también a los de los predios inferiores sobre los que se filtren o caigan las aguas».

Para usar de tal derecho el beneficiario estará obligado conforme al artículo 558 del Código civil: 1.º «A justificar que puede disponer de agua y que ésta es suficiente para el uso a que se destina», que debe de ser objetivamente adecuado a una utilidad que justifique el menoscabo del predio sirviente». 2.º «A demostrar que el paso que solicita es el más conveniente y menos oneroso para tercero», todo lo cual resulta del principio general del uso *civiliter* de las servidumbres, y 3.º «A indemnizar al dueño del predio sirviente en la forma que se determine por las leyes y reglamentos».

Por supuesto, el que promueve la constitución de la servidumbre debe sufragar las obras necesarias para su construcción y conservación, lo que comporta implícitamente la existencia de servidumbre de paso para efectuar tales trabajos.

El artículo 559 del Código civil excluye que pueda imponerse la servidumbre de acueducto «para objeto de interés particular sobre edificios, ni sus patios o dependencias, ni sobre jardines o huertos ya existentes».

Por último, la existencia de la servidumbre «no obsta para que el dueño del predio sirviente pueda cerrarlo y cercarlo, así como edificar sobre el mismo acueducto de manera que éste no experimente perjuicio, ni se imposibiliten las reparaciones y limpias necesarias», reza el artículo 560 del Código civil.

2. Servidumbre de desagüe de edificios

En lo que atañe al desagüe de los predios, el Código civil lo contempla en parte como límite normal del dominio de los edificios, en parte como servidumbre de vertiente de tejado, y en parte como servidumbre de desagüe de aguas pluviales en su artículo 586 en los siguientes términos: «el propietario de un edificio está obligado a construir sus tejados o cubiertas de manera que las aguas pluviales caigan sobre su propio suelo o sobre la calle, y no sobre el suelo del vecino. Aun cayendo sobre el propio suelo, el propietario está obligado a recoger las aguas de modo que no causen perjuicio al predio contiguo».

Continúa el artículo 587 del Código civil estableciendo que «el dueño del predio que sufra la servidumbre de vertiente de los tejados, podrá edificar recibiendo las aguas sobre su propio tejado, o dándoles otra salida conforme a las ordenanzas o costumbres locales, y de modo que no resulte gravamen ni perjuicio alguno para el predio dominante».

Por último, el artículo 588 del Código civil establece que «cuando el corral o patio de una casa se halle enclavado entre otras y no sea posible dar salida por la misma casa a las aguas pluviales que en él se recojan, podrá exigirse el establecimiento de la servidumbre de desagüe, dando paso a las aguas por el punto de los predios contiguos en que sea más fácil la salida, y estableciéndose el conducto de desagüe en la forma que menos perjuicios ocasione al predio sirviente, previa la indemnización que le corresponda».

3. Servidumbre de paso

En cuanto a la servidumbre legal de paso en beneficio de fundos enclavados, el artículo 564.1 del Código civil establece que «el propietario de una finca o heredad enclavada entre otras ajenas y sin salida a camino público, tiene derecho a exigir paso por las heredades vecinas, previa la correspondiente indemnización».

Es, pues, el propietario de la finca enclavada el legitimado para imponer tal servidumbre, si bien, la jurisprudencia lo ha extendido a otros titulares de derechos de goce, como el usufructuario.

Se trata de un derecho potestativo, condicionado a ciertos presupuestos físicos que son el tratarse de un enclave y la falta de acceso a camino público, que han de entenderse estrictamente, por lo que el artículo 567 la excluye en el caso de que «adquirida una finca por venta, permuta o partición, quedare enclavada entre otras del vendedor, permutante o copartícipe, éstos estarán obligados a dar paso sin indemnización, salvo pacto en contrario».

En el caso ordinario la indemnización habrá de ser previa, aunque nada se opone a pactar un pago posterior, y su montante está señalado en el artículo 564.2 del modo siguiente: «si esta servidumbre se constituye de manera que pueda ser continuo su uso para todas las necesidades del predio dominante estableciendo una vía permanente, la indemnización consistirá en el valor del terreno que se ocupe y en el importe de los perjuicios que se causen en el predio sirviente».

Si la pretensión del legitimado para formular la petición de constitución de la servidumbre legal se acepta por los destinatarios, se podrá constituir por vía negocial, sin que por ello pierda su carácter forzoso, pero si hay oposición, debe solicitarse del juez, que si estima la demanda, lo hará con efecto constitutivo.

En cuanto al modo de prestarse, el artículo 565 establece que ha ser «por el punto menos perjudicial al predio sirviente, y en cuanto fuere conciliable con esta regla, por donde sea menor la distancia del predio dominante al camino público».

Además de esta servidumbre de paso, el Código prevé la posibilidad de servidumbres transitorias de paso en el artículo 569: «si fuere indispensable para construir o reparar algún edificio pasar materiales por predio ajeno, o colocar en él andamios u otros objetos para la obra, el dueño de este predio está obligado a consentirlo, recibiendo la indemnización correspondiente al perjuicio que se le irrogue».

También, para el paso de ganados, el artículo 571 del Código civil prevé que «las servidumbres existentes de paso para ganados, conocidas por los nombres de cañada, cordel, vereda o cualquier otro, y las de abrevadero, descansadero y majada, se regirán por las ordenanzas y reglamentos del ramo, y en su defecto, por la costumbre del lugar», pero la doctrina entiende que el precepto se refiere a las vías pecuarias que son de dominio público y están regidas por la Ley 3/1995, de 23 de marzo, de Vías Pecuarias.

X. SERVIDUMBRES DE LUCES Y VISTAS

Lo que el Código civil regula bajo este epígrafe, en los artículos 580 y siguientes, dentro del capítulo dedicado a servidumbres legales, se corresponde por lo general con limitaciones legales del dominio impuestas por razón de vecindad, es decir, conformadoras del régimen ordinario del dominio.

La apertura de huecos para luces y vistas sin respetar los límites establecidos en los artículos 581 y 582 del Código civil, legitima a los dueños de los predios vecinos para obligar al que lo ha practicado, a clausurarles o a regularizarles.

Es, no obstante, posible que la apertura de huecos en pared no medianera sea contenido de una servidumbre voluntaria, o pueda generar una servidumbre de luces, de vistas, o con ambas funciones simultáneas.

El carácter positivo o negativo de la servidumbre de vistas, depende de la propiedad de la pared (propia o medianera) y de la existencia o no de voladizos, en la jurisprudencia del TS (S. de 9 de febrero de 1907) que considera negativa la servidumbre de vistas mediante huecos en pared propia y sin voladizos, lo que comporta que el plazo prescriptivo se haya de computar en ese caso desde el momento en que el usucapiente prohibiese formalmente la conducta (cerrar el hueco o tapiar), conducta lícita sin la existencia de la servidumbre, aunque hay opiniones discrepantes sobre esta cuestión, como la formulada por J. L. LACRUZ BERDEJO[6], quien la considera positiva.

XI. ESTUDIO ESPECIAL DE LA MEDIANERÍA

1. CONCEPTO

Aunque el Código civil en su artículo 1.571 se refiere a ella como «servidumbre de medianería», la mayoría de los autores la conceptúan como una comuni-

---

[6] Obra citada, t. III, vol, 2.°, Dykinson, Madrid, 2000, p. 145.

dad especial, por lo que puede definirse como lo hace M. PEÑA BERNALDO DE QUIRÓS como «comunidad especial que se da cuando los propietarios de los fundos contiguos tienen, como anejo de su respectivo dominio, el derecho de participación en la comunidad constituida sobre los elementos medianeros o divisorios de los fundos»[7]. El propio Código civil en el artículo 579 se refiere a la existencia en ella de una «mancomunidad», al tratar del uso de que puede hacer cada propietario. Su origen es tardío, y su regulación en el Código civil dimana del Proyecto de 1851, siendo su finalidad la de permitir el máximo aprovechamiento de las superficies de los fundos contiguos con la mayor funcionalidad para su utilización por los medianeros, especialmente en el caso de las paredes medianeras.

Las paredes, cercas, vallados, setos que separan varias fincas es medianera si su construcción ha sido costeada por ambos colindantes y está construida en terreno común de ambos. Asimismo, el Código civil contempla presunciones de medianería que pueden destruirse por prueba en contrario.

2. NATURALEZA JURÍDICA

Es una comunidad aneja, en el sentido de que es inseparable de las propiedades de los fundos contiguos a los que separa, a los que pertenece de modo inseparable de modo que en la enajenación les acompaña de acuerdo con el artículo 534 del Código civil, así como en el gravamen con usufructo (art. 479 CC) y con hipoteca (art. 108.1.º LH).

También es una comunidad especial por razón del objeto, ya que no recae sobre una cosa independiente, sino sobre elementos como paredes, cercas, vallados, setos, etc., que no son por sí mismos objeto de derecho independiente, y están al servicio de los fundos por ella separados.

Por último, la medianería es también una comunidad que puede contener parte de uso exclusivo de algún medianero, como lo ejemplifica el artículo 579 al regular el uso.

3. CONSTITUCIÓN

Esta comunidad se rige en primer lugar por las disposiciones específicas que le dedica al Código civil (arts. 571 a 579), en segundo lugar por las disposiciones del Código civil relativas a las servidumbres, y en tercer lugar por las disposiciones relativas a la comunidad de bienes, aunque sin retracto de comuneros, ni *actio communi dividundo*.

[7] Obra citada, t. I, p. 601.

Por lo tanto, la medianería puede establecer por negocio jurídico, incluso por signo aparente, aunque no sea muy usual, y aunque el Código civil la regule entre las servidumbres legales, no prevé que su constitución pueda ser exigida por los propietarios, aunque pudiera estar prevista en otras fuentes escritas (ordenanzas) o consuetudinarias.

4. Presunciones favorables y signos contrarios a la medianería

Lo que sí que regula el Código civil con detenimiento es la prueba de su existencia y alcance a través de presunciones y de signos externos favorables y contrarios a su existencia.

Así, mientras que la prueba de la existencia y contenido de las servidumbres debe ser cumplida, puesto que se opone a la presunción de libertad del dominio, en el caso de la medianería ocurre lo contrario por la existencia de ciertas presunciones y de esos signos contrarios a ella.

Comenzando por las presunciones, el artículo 572 del Código civil establece una serie de presunciones, cuyo efecto es el ordinario, es decir, el desplazamiento de la carga de la prueba sobre quien se oponga a ella, con el siguiente tenor: «Se presume la existencia de la medianería mientras no haya un título o signo o exterior, o prueba en contrario:

1.° En las paredes divisorias de los edificios contiguos hasta el punto común de elevación.
2.° En las paredes divisorias de los jardines o corrales sitos en poblado o en el campo.
3.° En las cercas, vallados y setos vivos que dividen los predios rústicos».

Supuestos a los que añade el artículo 574 del Código civil un cuarto caso de presunción que es el relativo a «las zanjas o acequias abiertas entre las heredades».

Todas ellas son presunciones relativas que sucumben ante la prueba en contrario, que, en ciertos casos, deriva de los signos externos contrarios a la medianería que establece el Código civil en los artículos 573 y 574.

El primero de estos preceptos citados enumera como signos exteriores contrarios a la medianería, los siguientes:

«1.° Cuando en las paredes divisorias de los edificios haya ventanas o huecos abiertos.
2.° Cuando la pared divisoria esté por un lado recta y a plomo en todo su paramento, y por el otro presente lo mismo en su parte superior, teniendo en la inferior relex o retallos.

3.º Cuando resulte construida toda la pared sobre el terreno de una de las fincas, y no por mitad entre una y otra de las dos contiguas.

4.º Cuando sufra las cargas de carreras, pisos y armaduras de una de las fincas y no de la contigua.

5.º Cuando la pared divisoria entre patios, jardines y heredades esté construida de modo que la albardilla vierta hacia una de las propiedades.

6.º Cuando la pared divisoria, construida de mampostería, presenta piedras llamadas pasaderas, que de distancia en distancia salgan fuera sólo por un lado y no por el otro.

7.º Cuando las heredades contiguas a otras defendidas por vallados o setos vivos no se hallen cerradas.

En todos estos casos la propiedad de las paredes, vallados y setos vivos se entenderá que pertenece exclusivamente al dueño de la finca o heredad que tenga a su favor la presunción fundada en cualquiera de los signos indicados».

Ciertamente el léxico empleado por el Código civil es muy exacto, pero no se trata hoy día de palabras usuales, por lo que requiere cierta explicación en algunos casos.

Así, el número 2.º contrapone el paramento recto y a plomo con la existencia de relex o retallos por el lado contrario, que son simple engrosamiento suave o brusco, y resulta signo de que la pared es propiedad del dueño del fundo en que presenta tal engrosamiento[8].

En el número 4.º hay que precisar que ese signo puede ser engañoso cuando se ha derribado uno de los edificios contiguos, porque hasta su derribo pudo estar soportado por la pared y ésta sería medianera. En cuanto al número 5.º, si el agua vierte hacia un solo lado, por la inclinación de la albardilla, el signo favorece al dueño del fundo sobre el que vierte el agua. Y en cuanto al número 6.º, las piedras pasaderas empleadas para la construcción de la pared de mampostería, son signo favorable al dueño del predio sobre el cual sobresalen.

Los demás signos son interpretables sin especial explicación, y por lo que atañe al artículo 574, párrafo 2.º, éste contiene en sí mismo la explicación al indicar que el predio sobre el que reposa la tierra extraída de la zanja o acequia indicará el dueño exclusivo de la zanja o acequia.

5. Contenido

Los beneficios y cargas que para los partícipes depara la medianería, los contempla el Código civil con cierto detenimiento, en los artículos 575 y siguientes.

---

[8] Véase M. Alonso Pérez, *Comentario del Código civil*, Ministerio de Justicia, Madrid, 1991, t. I, pp. 1464 y 1475.

Así, respecto del uso, el artículo 579 del Código civil establece que «cada propietario de una pared medianera podrá usar de ella en proporción al derecho que tenga en la mancomunidad; podrá, por lo tanto, edificar apoyando su obra en la pared medianera, o introduciendo vigas hasta la mitad de su espesor, pero sin impedir el uso común y respectivo de los demás medianeros.

Para usar el medianero de este derecho ha de obtener previamente el consentimiento de los demás interesados en la medianería, y si no lo obtuviere, se fijarán por peritos las condiciones necesarias para que la nueva obra no perjudique a los derechos de aquéllos».

La obligación principal de los propietarios es la contribución a los gastos a la que se refiere el artículo 575 del Código civil, estableciendo que «la reparación y construcción de las paredes medianeras y el mantenimiento de los vallados, setos vivos, zanjas y acequias, también medianeros, se costeará por todos los dueños de las fincas que tengan a su favor la medianería, en proporción al derecho de cada uno.

Sin embargo, todo propietario puede dispensarse de contribuir a esta carga renunciando a la medianería, salvo en el caso en que la pared medianera sostenga un edificio suyo».

También puede el propietario de un edificio que se apoya en la pared medianera, derribarlo y renunciar a la medianería, pero «serán de su cuenta todas las reparaciones y obras necesarias para evitar, por aquella vez solamente, los daños que el derribo pueda ocasionar a la pared medianera» (art. 576 CC).

En cuanto a la posible alteración de los elementos comunes, se requiere el consentimiento de todos los propietarios, salvo en el caso previsto en el artículo 577 del Código civil, el cual establece que podrá por sí solo alzar la pared medianera, pero asumiendo los costes de la elevación, de los perjuicios que ocasione las obras, de la reconstrucción de la pared si no pudiera resistir la mayor elevación, del mayor espesor que haya de darle para que resista, de la conservación de la pared en lo que se haya alzado y profundizado y de los mayores gastos de conservación que haya que hacer por razón de la mayor altura o profundidad que se le haya dado.

Los demás propietarios que no hayan contribuido a dar elevación, podrán sin embargo adquirir en ella derechos de medianería, pagando proporcionalmente el importe de la obra y la mitad del valor del terreno sobre el que se hubiese dado mayor espesor, conforme al artículo 578 del Código civil.

XII. SERVIDUMBRES PERSONALES

Como se anticipó al comienzo del tema, el artículo 531 del Código civil prevé que «también pueden establecerse servidumbres en provecho de una o más personas, o de una comunidad, a quienes no pertenezca la finca gravada».

Se admite, pues bajo la calificación de servidumbre, derechos de goce y disfrute de cosas ajenas, cuya naturaleza se asemeja en mayor medida al usufructo y figuras análogas que a las servidumbres, lo que, junto a la parquedad de su regulación, plantea algunas dificultades a la hora de establecer los límites de la autonomía privada, por ejemplo, en cuanto a duración de tales servidumbres, a lo que parece más adecuado aplicar analógicamente los establecidos para el usufructo.

El Código civil regula dentro de las servidumbres voluntarias las de pastos y leñas en los artículos 600 a 604, denominando a la primera indistintamente servidumbre y comunidad, lo que plantea un importante problema de calificación que ha generado abundante jurisprudencia del Tribunal Supremo, que ha tratado de zanjar la distinción acudiendo a la exigencia de que el predio sea ajeno, y a la necesidad de acudir al título constitutivo (STS de 7 de noviembre de 2006)[9].

Cuando todos los cotitulares sean vecinos de un mismo municipio, se tratará aprovechamientos comunales, y si son sobre bienes públicos, el artículo 601 del Código civil remite la cuestión a las leyes administrativas.

En todo caso el artículo 602 del Código civil permite excluir de la comunidad las fincas mediante cerramiento, y el artículo 603 permite la redención «sobre la base del 4 por 100 del valor anual de los pastos, regulado por tasación pericial», aspecto éste que el artículo 604 del Código civil hace aplicable a la servidumbre de leñas.

CASO PRÁCTICO

Se nos consulta sobre la constitución de una servidumbre personal en favor de una mercantil dedicada a la fabricación y comercio de materiales de construcción, de una servidumbre de extracción de roca sobre un fundo con una duración indeterminada (hasta el agotamiento de la roca extraíble) o un plazo final de quinientos años.

BIBLIOGRAFÍA BÁSICA

Alonso Pérez, M.: *Comentarios al Código civil*, Ministerio de Justicia, t. I, Madrid, 1991; Alonso Pérez, M. T.: *Código civil comentado*, Ana Cañizares Laso y otros (dirs.), Aranzadi, Pamplona, 2011, vol. I, pp. 2090 ss.; De la Cuesta Saenz, J. M.: «Servidumbres personales. Duración en relación con la atipicidad de los derechos reales y la libertad del dominio», *Homenaje al Prof. C. Vattier Fuenzalida*, Aranzadi, Pamplona, 2013, pp. 493 ss.; De Pablo Contreras, P.: *Curso de derecho civil, III, Derechos reales*, Edisofer, Madrid, 2016; Karrera Egialde, M.: *Código civil comentado*, A. Cañizares Laso y otros

[9] M. Karrera Egialde, *Código civil comentado*, A. Cañizares Laso y otros (dirs.), Aranzadi, t. I, Pamplona, 2011, p. 2326.

(dirs.), Aranzadi, t. I, Pamplona, 2011; LACRUZ BERDEJO, J. L.: *Elementos de derecho civil. derechos reales*, t. III, vol. 2.º, revisado por A. LUNA SERRANO, Dykinson, Madrid, 2000; MUÑIZ ESPADA, E.: «La medianería», en *Bienes en común*, S. NASARRE (dir.), Tirant lo Blanch, Valencia, 2015, pp. 3494 ss.; PEÑA BERNALDO DE QUIRÓS, M.: *Derechos reales. Derecho hipotecario*, Colegio Nacional de Registradores de la Propiedad, t. I, Madrid, 1999.

EJERCICIOS DE AUTOEVALUACIÓN

1) Definir las servidumbres personales.
2) Las servidumbres legales ¿necesitan proceso de constitución?
3) Definir las servidumbres continuas.
4) Requisitos de la usucapión de servidumbres.
5) ¿Qué servidumbres solamente se pueden adquirir por título?
6) Requisitos de la constitución de servidumbres por signo aparente.
7) ¿Qué nombre recibe la acción real en defensa de una servidumbre?
8) ¿Qué nombre recibe la acción en defensa de la libertad del dominio?
9) ¿Se puede modificar una servidumbre por prescripción?
10) La constitución de una servidumbre legal de paso ¿requiere previa indemnización?

Las servidumbres

LAS SERVIDUMBRES	✓ Las servidumbres son derechos reales limitados de goce sobre inmuebles en los que el goce se limita a determinadas utilidades del inmueble. — La principal clasificación las divide en servidumbres prediales y servidumbres personales, siendo las primeras las que gravan una finca (predio sirviente), en beneficio de otra que recibe el nombre de predio dominante. Son derechos subjetivamente reales y por lo general perpetuas o por tiempo indefinido. Servidumbres personales son por el contrario las que gravan una finca en beneficio de una persona o un grupo de ellas, y son temporales o, en caso contrario, redimibles, y por lo general atípicas salvo las de leñas y pastos. — Por su origen, las servidumbres prediales se dividen en servidumbres voluntarias y servidumbres legales, siendo éstas las que la ley permite que el dueño del predio dominante las imponga por causa de especiales necesidades de un fundo, aunque su constitución sea también convencional, además de por resolución judicial o administrativa o por usucapión. — Por su modo de ejercitarse se contraponen las servidumbres continuas «cuyo uso puede ser incesante sin intervención de ningún hecho del hombre» a las discontinuas cuso uso requiere un acto de quien las ejercita, y también las servidumbres aparentes «que se anuncian y están continuamente a la vista por signos exteriores que revelan el uso», y no aparentes, que «no presentan indicio exterior alguno de su existencia», y por último en servidumbres positivas, que consisten en último término en dejar hacer al titular del fundo dominante, y negativas que obligan al propietario del fundo sirviente a no realizar determinados actos que habría tenido derecho a realizar sin la servidumbre.
CONSTITUCIÓN DE LAS SERVIDUMBRES	✓ Destaca la constitución mediante título el artículo 537 CC, aplicable a cualquier servidumbre y única posible en servidumbres discontinuas y continuas no aparentes. Requiere capacidad y poder de disposición. — También pueden constituirse por usucapión las servidumbres continuas y aparentes, por ejercicio durante más de veinte años sin otros requisitos, que se computan en las positivas desde que se empezó a ejercitar, y en las negativas desde que se prohibiese formalmente determinada actividad al titular del predio sirviente. — Mediante signo aparente o destinación del padre de familia permite el Código civil que se constituyan servidumbres entre fincas que perteneciesen a un mismo propietario de las que enajena una, manteniéndose el signo aparente y sin expresar en el título de enajenación nada que contraríe su existencia.

CONTENIDO DE LAS SERVIDUMBRES	✓ Será el título constitutivo y, en caso de prescripción adquisitiva, la posesión, lo que determine el contenido de la servidumbre. En defecto de concreción del título, se regirán por lo previsto en el Código civil para el tipo de servidumbre de que se trate. Pesa sobre el titular la obligación de ejercitar su derecho *civiliter*, que no haga más gravosa la situación del predio sirviente, aunque la servidumbre lleva consigo todos los derechos necesarios para su uso. — Algunas servidumbres tienen contenido obligacional, como excepción a la regla *servitus in faciendo consistere nequit*, que recibe el nombre de obligación *propter rem*.
DEFENSA DE LAS SERVIDUMBRES	✓ La tutela procesal de las servidumbres se ejerce a través de acciones posesorias sumarias, pero también a través de la llamada acción confesoria, que carecen de *nomen iuris* legal, y que se tramitará como juicio ordinario, en el que el actor debe destruir mediante prueba la llamada presunción de libertad del dominio. También es posible que, ante la demanda en acción negatoria del propietario del fundo gravado, se alegue y pruebe la existencia de la servidumbre.
MODIFICACIÓN Y EXTINCIÓN DE LAS SERVIDUMBRES	✓ Aunque como derecho real la servidumbre goce de permanencia y fijeza, es lo cierto que la ley que pudo darla origen, pueda modificarla. También prevé el Código civil que la prescripción adquisitiva opere como legitimadora de un nuevo modo de ejercitarse, y por supuesto, que la autonomía privada que la creó por título, pueda también modificarla. Además las variaciones en los predios pueden redundar en modificación de las servidumbres. Por lo que respecta a su extinción se pueden distinguir diversas causas: — Por razón de los sujetos, las servidumbres tanto prediales como personales, se extinguen por consolidación. — Por razón del objeto se extinguen cuando los predios lleguen a tal estado que no puedan usarse, aunque renacerán si la situación revierte antes de la prescripción. — Por razón del contenido, el advenimiento del término final o el cumplimiento de la condición resolutoria extinguen todo tipo de servidumbres, así como por no uso durante veinte años porque el titular está obligado a usar de ellas. — Distinta causa de extinción es la prescripción extintiva por no ejercicio de la acción confesoria, y la usucapión liberatoria que una opuesta prescripción adquisitiva favorable al titular del fundo que era sirviente.

SERVIDUMBRES EN MATERIA DE AGUAS	✓ En primer lugar, trata el Código civil como servidumbre, al igual que la vigente Ley de Aguas, la servidumbre natural que grava los predios inferiores con el curso de las aguas y materiales que arrastren procedentes de los predios superiores. — El uso público de los cauces genera otras figuras calificadas como servidumbres, aunque sea en realidad una configuración normal de los predios ribereños, entre las que destaca la relativa a la existencia de una franja de cinco metros en la que se ha de tolerar el uso público de acuerdo con el artículo 6 de la Ley de Aguas. — Servidumbres legales en sentido técnico son las de estribo de presa, saca de agua y abrevadero, y parada o partidor, reguladas por los artículos 557 a 562 del Código civil. — La llamada servidumbre de desagüe de edificios se contempla en los artículos 586 a 588 del Código civil, que en el caso de este último precepto es una verdadera servidumbre legal.
SERVIDUMBRE DE PASO	✓ Los titulares dominicales y de otros derechos reales sobre fincas enclavadas, pueden exigir la constitución de servidumbre de paso para acceder a vía pública, previa indemnización, tal y como resulta de los artículos 564 y siguientes del Código civil.
SERVIDUMBRES DE LUCES Y VISTAS	✓ Se trata de normas conformadoras de régimen ordinario de los predios, que regulan los artículos 580 y siguientes del Código civil, que contemplan la apertura de huecos en paredes propias que no respeten los límites establecidos en los artículos 581 y 582 del citado texto legal. — La servidumbre de vistas mediante hueco abierto en pared propia es considerada como servidumbre negativa por la jurisprudencia, dato éste a tener en cuenta para el cómputo de los plazos de prescripción.
LA MEDIANERÍA	✓ Se discute el carácter de servidumbre de esta figura, cuya función es permitir el óptimo aprovechamiento de los fundos contiguos, porque en rigor se trataría de una comunidad especial (sin acción de división) sobre los elementos divisorios con la condición de medianeros, regida de modo subsidiario por los artículos 575 a 578 del Código civil. — Se puede constituir por las vías de constitución de servidumbres que son el título e incluso el signo aparente (no prevé el Código civil su constitución como servidumbre legal). — Los artículos 573 y 574 del Código civil establecen una serie de signos externos del carácter medianero y del carácter no medianero respectivamente, de las paredes, vallados, setos vivos, zanjas y acequias.

LAS SERVIDUMBRES PERSONALES	✓ Califica el artículo 531 del Código civil como servidumbres personales una serie de figuras que conceden a una persona o conjunto de ellas derechos sobre una finca ajena, si bien se trata de una serie de figuras con notable semejanza con el usufructo y figuras análogas. — Hay en esta materia una casi total falta de tipicidad (sólo trata el Código civil como figuras, por otra parte oscilantes entre servidumbres y comunidades, las de pastos y leñas en los arts. 600 a 604), por lo que puede decirse que es un campo abierto a la autonomía privada, con los límites, y a los límites.

LECCIÓN 12

LOS CENSOS*

SUMARIO: I. CONCEPTO. II. NATURALEZA JURÍDICA. III. CLASES. 1. *Típicos y atípicos*. 2. *Los censos enfitéutico, consignativo y reservativo*. IV. ORIGEN, FUNDAMENTO E IMPORTANCIA DE ESTAS FIGURAS. V. RÉGIMEN COMÚN. 1. *Constitución de los censos*. 2. *Estructura*. 3. *Contenido*. 3.1. Facultades del censualista. 3.2. Facultades del censatario. 3.3. Contenido obligacional del censo. 3.4. Extinción. VI. PECULIARIDADES DE LOS CENSOS CONSIGNATIVO Y RESERVATIVO. VII. ESTUDIO ESPECIAL DEL CENSO ENFITÉUTICO. 1. *Concepto*. 2. *Naturaleza jurídica*. 3. *Régimen*. 3.1. Constitución. 3.2. Contenido. 4. *Facultades del enfiteuta*.

I. CONCEPTO

Los define M. PEÑA BERNALDO DE QUIRÓS[1] como «derechos reales limitados que se caracterizan por conferir la facultad de obtener del bien gravado una renta, pensión o prestación».

II. NATURALEZA JURÍDICA

Se trata de derechos reales, que confieren un poder inmediato sobre la cosa, protegido frente a todos por acciones reales. Se trata, además, de derechos reales que se pueden calificar como derechos *in faciendo*, porque las facultades que comportan consistentes en la posibilidad de exigir cierto comportamiento de una persona determinada, que, a su vez, es titular de un derecho real, y obligado *propter rem*. Se trata de obligaciones llamadas ambulatorias, que se transmiten pasivamente con el derecho real, y con él, en su caso, se extinguen. Es precisamente por

* Por José María DE LA CUESTA SAENZ.

[1] M. PEÑA BERNALDO DE QUIRÓS, *Derechos reales. Derecho Hipotecario*, t. I, Colegio Nacional de Registradores de la Propiedad, 3.ª ed., Madrid, 1999, p. 679.

ese contenido obligacional, por el que el Código civil los regula en el Libro IV, de las obligaciones y los contratos, pese a su inequívoca naturaleza real.

Son derechos reales limitados porque reducen el contenido normal del dominio, y por la misma razón no se presume su existencia, y han de interpretarse de modo estricto.

III. CLASES

1. Típicos y atípicos

El Código civil regula y presta tipicidad a los censos, a los foros, y al derecho de superficie, y se puede pensar en figuras análogas atípicas ya que se admite que se trata de un *numerus apertus* de cargas reales, que a su vez tienen la consideración de bienes inmuebles de acuerdo con el artículo 334.10 del Código civil.

Aunque algunos censos tienen carácter perpetuo, e indefinido, el Código civil, continuando con la corriente contraria a las limitaciones perpetuas del dominio surgida en el reformismo del siglo XVIII, reproduce lo previsto por el último párrafo de la Base 26 de la Ley de 11 de mayo de 1888 en el último párrafo del artículo 1.611.

2. Los censos enfitéutico, consignativo y reservativo

El artículo 1.604 del Código civil los define del modo siguiente: «se constituye el censo cuando se sujetan algunos bienes inmuebles al pago de un canon o rédito anual en retribución de un capital que se recibe en dinero, o del dominio pleno o menos pleno que se transmite de los mismos bienes», lo que responde a la definición genérica antes propuesta, con la importante matización de que en el censo enfiteútico, quien tiene derecho a percibir el canon, más que un derecho real limitado tendría el dominio mismo.

En todo caso, se trata de derechos de realización de valor en los que el inmueble garantiza el cumplimiento de la obligación periódica, al tiempo que designa al deudor (censatario).

IV. ORIGEN, FUNDAMENTO E IMPORTANCIA DE ESTAS FIGURAS

El origen romano de los censos se encuentra en el *vectigal censum* mediante el que a cambio del pago de un canon se cedía el goce y disfrute de terrenos públicos, quedando el poseedor de la tierra defendido, a diferencia de lo que acontecía en el arrendamiento, por acciones reales que se conocieron *actiones in rem utiles* de las que surge la doctrina del dominio dividido *dominium directum* y *dominium utile*, ampliamente desarrollada por glosadores y comentaristas, permitiendo este último que se generase una situación de gran estabilidad necesaria para la adecuada explotación de la tierra.

Pero en la Edad Media la figura romana se mezcla con otras prestaciones propias del régimen feudal, y con ejercicio de potestades públicas que se prolongan hasta que se imponen las tendencias reformistas que cristalizaron en la abolición de los señoríos jurisdiccionales y en las leyes desamortizadoras y desvinculadoras de las propiedades, y desembocan la contemplación de los censos como figuras exclusivamente jurídico privadas, orientadas a la retribución de capitales o del goce y disfrute de fincas.

Así, los censos enfitéutico y reservativo responderían a una economía agraria, y el censo consignativo a una economía más dineraria y ciudadana, pero lo cierto es que en los ordenamientos contemporáneos que los mantienen, como es el caso de nuestro derecho común y de algunos derechos forales, el cambio de las circunstancias socioeconómicas ha despojado a estas figuras de la aplicación práctica que tuvieron, con alguna notable excepción en el caso del derecho de superficie al que se dedicará otro tema sucesivo, para convertirlas en verdaderos residuos del pasado casi en total desuso.

V. RÉGIMEN COMÚN

El Código civil español agrupa estas figuras heterogéneas dotándolas de un régimen común, pese a que el censo enfiteútico presenta divergencias conceptuales muy notables ya que genera una verdadera división del dominio. Pero lo cierto es que como señala J. L. LACRUZ BERDEJO[2], «temporalidad, reversión e inesencialidad del canon (rasgos del derecho de superficie) frente, en el caso de los censos, al derecho de pensión institucionalmente imprescindible, indefinido y redimible», justifican esta agrupación basada en un régimen común de los censos enfitéutico, consignativo y reservativo.

1. CONSTITUCIÓN DE LOS CENSOS

Como derechos reales que son, los censos se constituyen por vía de los modos de adquirir regulados en el párrafo 2.º del artículo 609 del Código civil, es decir, por contrato oneroso o gratuito, por testamento y por prescripción adquisitiva.

[2] J. L. LACRUZ BERDEJO, *Elementos de Derecho Civil. Derechos reales*, t. III, vol. 2.º, Dykinson, Madrid, 2000, pp. 158 y 1569.

El contrato es el modo ordinario de constituirse los censos, y sólo el censo enfitéutico, mediante un contrato solemnizado en escritura pública como prescribe el artículo 1.628 del Código civil: «el censo enfitéutico sólo puede establecerse sobre bienes inmuebles y en escritura pública». Los contratos para constituir los censos consignativo y reservativo deben constar en escritura pública conforme al artículo 1.280.1.º del Código civil, pero con mero efecto *ad probationem*, y con las consecuencias previstas en el artículo 1.279 del Código civil para los supuestos de inobservancia de esa forma prescrita por la ley.

La celebración de tales contratos requiere que las partes tengan capacidad de obrar y poder de disposición, y que no estén sujetos como censatarios a las prohibiciones especiales del artículo 1.459 del Código civil[3].

El Código civil solamente contempla que la constitución de los censos enfitéutico y reservativo tenga lugar a título oneroso, y en el momento de su constitución deben determinarse sus más importantes elementos: 1.º La determinación de la pensión o canon, que podrá consistir en dinero o frutos (art. 1.613 CC). 2.º La determinación de la finca gravada. 3.º La determinación del valor de la aportación del censualista, aspecto éste de gran importancia con vistas a la siempre posible redención del censo.

Por testamento, aunque no se prevea expresamente en el Código civil, es posible constituir censos, atribuyendo en disposiciones testamentarias las condiciones de censualista y censatario, y, por último, también es posible, en principio, su adquisición por prescripción, cumpliéndose los requisitos de los artículos 1.957 y 1.959 del Código civil, pero lo cierto es que el censualista no tiene posesión material de la finca, ni tampoco posee a través de otro, el enfiteuta, porque su posesión no es derivada, lo que a juicio de LACRUZ BERDEJO conduce a denegar en principio tal posibilidad.

2. ESTRUCTURA

En cuanto a la estructura general de los censos, el sujeto acreedor de la pensión o canon es el censualista que lo constituyó o los posibles cesionarios de su derecho, y el sujeto deudor es el censatario a quien asiste el derecho de redención en los términos previstos en los artículos 1.608 a 1.612 del Código civil.

El objeto de los censos viene dado por la finca sobre la que se constituyen, que puede ser rústica o urbana que debe ser generatriz de frutos o rentas, pues de lo contrario el censo se extinguiría como prevé el artículo 1.625 del Código civil.

---

[3] J. L. LACRUZ BERDEJO, obra citada, p. 159.

3. Contenido

3.1. *Facultades del censualista*

El haz de facultades que ostenta todo censualista, se centra en la facultad de obtener de la finca una renta o pensión, a la que se suman otras facultades sobre la finca en cuanto garantía del propio derecho real de censo.

Por lo que respeta a las obligaciones del censatario, se concretan en que quien lo sea en cada vencimiento (dueño del fundo gravado) estará obligado a pagar al censualista la pensión garantizada con la finca. En caso de incumplimiento, el censualista puede ejercer acción real y acción personal contra él (art. 1.623 CC).

Las circunstancias del cumplimiento se regulan en los artículos 1.614 y siguientes del Código civil, estableciendo el primero de ellos que, a falta de plazo expresamente convenido, se pagarán si consisten en dinero por años vencidos a contar desde la fecha del contrato, y fueren en frutos, al fin de la respectiva recolección.

Por lo que respecta al lugar el artículo 1.615 del Código civil, a falta de convenio, señala como lugar del cumplimiento aquel en que radique la finca gravada, si el censualista o su apoderado tuviesen su domicilio en el término municipal, y no teniéndolo en el domicilio del censatario.

En cuanto a la prueba del cumplimiento, el artículo 1.616 faculta censualista al tiempo de entregar el recibo para obligar al censatario a entregar resguardo donde conste haberse hecho el pago, en este caso a efectos de demostrar la pervivencia de la relación y obstar a la prescripción extintiva.

La garantía de la finca ante la acción real alcanza a todas las pensiones vencidas, si no hay perjuicio a tercero, y si lo hubiese, sólo garantiza las dos últimas anualidades y la parte vencida de la anualidad corriente, salvo pacto ampliatorio.

El censualista, en relación con la finca, además de poder procederá ejercitar la acción real, puede provocar que la finca pase a su posesión en los casos más graves de incumplimiento e insuficiencia de garantías.

Por último, el censualista puede disponer de su derecho a título oneroso o lucrativo de acuerdo con el artículo 1.617 del Código civil.

3.2. *Facultades del censatario*

Por lo que respecta a las facultades de todo censatario, o dueño de la finca, tiene todas las facultades propias del dominio, en cuanto no perjudiquen al censo, incluida la de gravarla con hipoteca (art. 106 LH).

Excepcionalmente, tiene restringida la facultad de división por el artículo 1.618 del Código civil, que la somete a consentimiento del censualista, el cual, en el caso de prestarlo, consentirá también la designación de las partes del censo que gravarán cada porción de la finca dividida.

3.3. *Contenido obligacional del censo*

Como derechos reales, los censos imponen al censatario algunas obligaciones accesorias en relación con la propia finca, como lo es la de no menoscabar ésta, pues si se pierde, o se inutiliza total o parcialmente por su culpa, quedará sujeto al resarcimiento de daños y perjuicios conforme a los artículos 1.623, 1.625 y 1.652.2.º del Código civil.

Además, el censatario es el obligado al pago de las contribuciones y demás impuestos que afecten a la finca gravada, pudiendo descontar de la pensión la parte correspondiente al censualista (art. 1.622 CC).

3.4. *Extinción*

El censo se extingue por las causas que lo hacen en general los derechos reales, incluida la consolidación. Existen normas especiales en las siguientes causas de extinción: por razón del objeto, la esterilidad total o parcial y la pérdida de los frutos, no comportan la posibilidad de pedir la condonación total o parcial por el censatario (art. 1.624 CC).

La pérdida total de la finca por fuerza mayor extingue el censo, al igual que la pérdida parcial lo extingue parcialmente (art. 1.625 CC), y en tal caso el valor del seguro quedará afecto al pago del capital y de las pensiones vencidas, a no ser que el censatario lo reinvierta en reedificarlo, en cuyo caso revivirá el censo (art. 1.626 CC), al igual que el justiprecio en los casos de expropiación forzosa (arts. 1.627 y 1.631 CC). El abandono del censo por el censatario al censualista, y la redención impuesta por el censatario al censualista son casos de ejercicio de facultades del censatario que conducen a la extinción del censo. La redención procederá, cuando se haya establecido conforme al artículo 1.608 CC, y siempre que el censatario esté al corriente del pago de las pensiones (art. 1.610.2.º CC), y con previo aviso con un año de antelación, o anticipando el pago de una pensión anual (art. 1.609 CC).

La redención consiste en la entrega en metálico y de una vez al dueño del valor de la finca o del capital fijados al constituirse el censo (arts. 1.651, 1.658 y 1.662 CC), o en caso de paco en tal sentido de la parte que se hubiese convenido para redención parcial.

Los gastos ocasionados serán de cuenta del censatario, salvo que se hayan causado por oposición temeraria a juicio de los Tribunales (art. 1.612 CC).

VI. PECULIARIDADES DE LOS CENSOS CONSIGNATIVO Y RESERVATIVO

El artículo 1.606 del Código civil define el censo consignativo como aquel en el que «el censatario impone sobre un inmueble de su propiedad el gravamen del canon o pensión que se obliga a pagar al censualista por el capital que de éste recibe en dinero».

El censo reservativo por su parte es definido en el artículo 1.607 del Código civil como aquel en el que «una persona cede a otra el pleno dominio de un inmueble, reservándose el derecho a percibir sobre el mismo inmueble una pensión anual que deba pagar el censatario».

Así pues, aun siendo ambos definidos como censos, su naturaleza difiere por su causa final, ya que en el censo consignativo se facilita «la colocación del dinero con suficiente garantía inmobiliaria»[4], en tanto que, en el censo reservativo, se procede a la «enajenación de la finca a cambio de una retribución suficientemente garantizada sobre la misma finca enajenada»[5].

Las diferencias entre ambos tipos de censos radican en la consideración de la finca como base o garantía del respectivo derecho de censo, ya que los supuestos más graves de incumplimiento por el censatario, o de insuficiencia de la garantía, permiten al censualista obligar al censatario a optar en el censo reservativo, entre la devolución de la finca, o la redención del censo (art. 1.664 CC), y en el censo consignativo a optar entre el abandono del resto de la finca en favor del censualista, o redimir el censo devolviendo el capital que recibió o completar la garantía (art. 1.659 CC).

En ambos casos lo que permite al censualista imponer al censatario la opción es que el valor de la finca resulte insuficiente para cubrir el capital del censo y un 25 por 100 más del mismo, concurriendo además alguna de las circunstancias siguientes: 1.ª Haberse ejercitado acción real contra la finca por impago de pensiones si lo que resta de la misma no alcanza la suficiencia indicada (arts. 1.659 y 1.664 CC). 2.ª Haber disminuido el valor de la finca por culpa o negligencia del censatario, que en tal caso será además responsable de los daños y perjuicios. 3.ª Haber dejado de pagar la pensión por dos años consecutivos. 4.ª Haber sido el censatario declarado en concurso o insolvencia (art. 1.660 CC).

---

[4] M. Peña Bernaldo de Quirós, obra citada, p. 696. Lo cierto es que hoy la figura emergente de la llamada hipoteca inversa ha desplazado buena parte de la función económica del censo consignativo, desde su regulación por Ley 41/2007, de 7 de diciembre, de regulación del mercado hipotecario, de la que se trata *infra* p. 432.

[5] Obra y lugar citados en nota precedente.

VII. ESTUDIO ESPECIAL DEL CENSO ENFITÉUTICO

1. Concepto

Formulado ya un concepto genérico de los censos, la definición legal del censo enfitéutico la encontramos en el artículo 1.605 del Código civil, según el cual «es enfitéutico el censo cuando una persona cede a otra el dominio útil de una finca, reservándose el directo y el derecho a percibir del enfiteuta una pensión anual en reconocimiento de este mismo dominio». Las diferencias respecto de otros censos resaltan y se pueden resumir en que no sólo atribuye el derecho a percibir la pensión censal a cargo del enfiteuta, sino que mantiene facultades relativas a la disposición de la finca por el enfiteuta, el reconocimiento del dominio directo e incluso el derecho de readquisición del dominio pleno.

2. Naturaleza jurídica

El amplio haz de facultades correspondientes al censualista, se refleja en la propia terminología empleada por el legislador, que en este censo habla de dominio directo para denominar el derecho del censualista, reservando para el censatario (enfiteuta) los nombres de dueño útil y para su derecho el de dominio útil que trae causa del Derecho romano (*reivindicatio utilis*), y que fue muy utilizada en el *ius commune* medieval.

La doctrina contemporánea ha discutido quién es el dueño, respondiendo unos autores que el censualista o dueño directo, otros que el enfiteuta, y otros que se trata de un dominio compartido. La cuestión era resuelta por los comentaristas tardo medievales en el sentido de un *duplex dominium* (Bartolo), que asemeja a la posición del dominio compartido, que también ha recogido en ocasiones nuestro Tribunal Supremo (STS de 30 de diciembre de 1930), aunque en otras ocasiones se ha inclinado por la tesis de que el dueño es el enfiteuta. La cuestión hoy carece de consecuencias prácticas, ya que cualquiera de los dominios directo o útil puede abrir folio registral según el artículo 377 del Reglamento Hipotecario, pero históricamente tuvo su importancia, al igual que la determinación de qué contratos, además de la enfiteusis, generaban división del dominio, pregunta ésta a la que se respondió incluyendo también la *locatio ad longum tempus*.

3. Régimen

3.1. *Constitución*

Conocemos ya la peculiaridad de su constitución, que es uno de los pocos casos de forma *ad solemnitatem* de los contratos que registra nuestro Código civil (art. 1.628 CC). La fijación de la pensión en el negocio constitutivo puede hacerse en forma de cantidad fija de frutos o de dinero, o en forma de parte alícuota de los primeros (art. 1.630 CC). También ha de fijarse el valor de la finca y de la pensión (art. 1.629 CC).

3.2. *Contenido*

El dueño directo tiene como todo censualista derecho al cobro de la pensión censal, y además otras facultades relativas a la disposición de la finca por el enfiteuta, de reconocimiento del derecho y de readquisición.

Las primeras se producen porque, si bien el enfiteuta puede disponer de la finca de acuerdo con el artículo 1.633 del Código civil, si lo hace a través de donación o permuta el contrato deberá ser notificado (art. 1.635 CC). Si se opera a través de compraventa o dación en pago, el dueño directo tiene los derechos de tanteo y retracto (art. 1.636.1.° CC), de que también goza recíprocamente el enfiteuta. En cualquier enajenación a título oneroso, le corresponderá el derecho de laudemio siempre que se haya pactado en el título constitutivo, que se concreta en una percepción de cantidades en función del precio, y a costa del adquirente (art. 1.645 CC).

La facultad de exigir reconocimiento del derecho por parte de quien se encuentre en el goce de la finca, corresponde al dueño directo cada veintinueve años, con gastos a cuenta del enfiteuta (art. 1.647 CC).

Y, por último, las facultades de readquisición, son la de comiso, reversión y consolidación.

Comiso es el derecho de readquisición que nace de determinados tipos de incumplimiento, si bien el enfiteuta y sus acreedores pueden impedir el comiso optando por la redención y el pago de las pensiones vencidas (art. 1.650 CC).

Los supuestos en que el dueño directo puede pedir el comiso son: 1.° Impago de la pensión de tres años consecutivos, si no se realiza dentro de los treinta días siguientes al requerimiento notarial (art. 1.649 CC). 2.° Deterioro grave de la finca imputable al enfiteuta. 3.° Incumplimiento por el enfiteuta de la condición estipulada en el contrato, por ejemplo, de mejorar, edificar o plantar.

En caso de prosperar la resolución del contrato por comiso el dueño directo deber abonar las mejoras, siempre que subsistan al tiempo de devolver la finca y no se compensen con deterioros causados o pensiones vencidas y no prescritas (art. 1.652 CC).

El comiso no supone la liberación del enfiteuta de las pensiones vencidas y no satisfechas y del resarcimiento de deterioros causados por su culpa (art. 1.652 CC).

La reversión es el derecho que asiste al dueño de recuperar la finca por fallecimiento del enfiteuta si no hay herederos testamentarios dentro del sexto grado (art. 1.653 CC).

Y, por último, la consolidación es la recuperación del pleno dominio por abandono, renuncia o prescripción, que tiene su apoyo en las normas sobre el comiso.

4. Facultades del enfiteuta

El enfiteuta tiene casi todas las facultades del propietario, en cuanto no perjudique al dueño directo, y además los derechos de tanteo y retracto sobre el dominio directo cuando éste se enajene.

Ello no obstante, el Código civil suprimió una facultad que le asemejaba todavía en mayor medida al dueño, como era la facultad de conceder subenfiteusis, en el artículo 1.654 CC.

En consecuencia, tiene facultades de goce, ya que «hace suyos los productos de la finca y de sus accesiones. Tiene los mismos derechos que corresponderían al propietario en los tesoros y minas que se descubran en la finca enfitéutica» (art. 1.632 CC).

También, como hemos visto, tiene facultades de disposición, conforme al artículo 1.633 del Código civil «del predio enfitéutico y sus accesiones, tanto por actos *inter vivos* como de última voluntad, dejando a salvo los derechos del dueño directo».

En cuanto a la constitución de servidumbres, cuando la pensión consista en parte alícuota de los frutos, no podrá imponer servidumbre que disminuya los productos sin consentimiento del dueño directo (art. 1.634 CC).

LECCIÓN 13

EL DERECHO DE SUPERFICIE*

SUMARIO: I. PLANTEAMIENTO GENERAL. 1. *Concepto. El derecho de superficie y la accesión.* 2. *Naturaleza jurídica.* 3. *Indicaciones históricas e importancia actual.* II. EL PROBLEMA DE LA REGULACIÓN LEGAL EN EL DERECHO ESPAÑOL. 1. *El Código civil y la normativa hipotecaria como marco general.* 2. *La regulación en la legislación urbanística.* 3. *Superficie urbana y urbanística. Distintas posturas.* 4. *Posición de la Jurisprudencia.* III. CONSTITUCIÓN DEL DERECHO DE SUPERFICIE. 1. *«Superficiante y superficiario».* 2. *Elementos reales.* 3. *Elementos formales.* 4. *Duración del derecho de superficie urbana.* 5. *Requisitos adicionales exigidos por el Reglamento Hipotecario para la inscripción.* IV. CONTENIDO. 1. *Derechos y deberes del concedente.* 1.1. Derecho a la percepción pactada. 1.2. Derecho de reversión. 1.3. Derechos convencionales de adquisición preferente. 1.4. Transmisión de su derecho. 2. *Derechos y deberes del superficiario.* V. EXTINCIÓN DEL DERECHO DE SUPERFICIE. 1. *Causas de extinción.* 2. *Liquidación de las relaciones jurídicas existentes.* VI. EL DERECHO DE SUPERFICIE SOBRE FINCAS RÚSTICAS. 1. *Supuesto general.* 2. *El artículo 1.656 del Código civil* (rabassa morta). 3. *Derecho de superficie sobre montes vecinales en mano común.* VII. EL DERECHO REAL DE VUELO O DE LEVANTE. 1. *Concepto, naturaleza y diferencias con el derecho de superficie.* 2. *Regulación.* 3. *Objeto sobre el que puede constituirse: supuesto de edificio en régimen de propiedad horizontal.* 4. *Consideración especial de las edificaciones en el subsuelo público.* BIBLIOGRAFÍA BÁSICA. EJERCICIOS DE AUTOEVALUACIÓN. ESQUEMA: EL DERECHO DE SUPERFICIE.

I. PLANTEAMIENTO GENERAL

1. CONCEPTO. EL DERECHO DE SUPERFICIE Y LA ACCESIÓN

No define el Código civil el derecho de superficie, aunque sí lo menciona como luego tendremos ocasión de examinar. La doctrina lo suele definir como: «Un derecho real que confiere a su titular el poder de edificar o plantar en suelo (o subsuelo) ajeno, haciendo suya la propiedad de lo edificado o plantado».

---

[1] Por Juan José PRETEL SERRANO.

Se recogen en esta definición dos variedades de este derecho:

a) La denominada superficie *urbana*. En esta variedad cabe incluir también el supuesto en el que se confiera la facultad de edificar en el subsuelo o en el vuelo (llamado también de sobre o sub edificación). Esto último ocurrirá cuando el dueño de un edificio conceda a un tercero el poder elevar sobre él una o varias plantas. Sobre este punto insistiremos más tarde.

b) La otra variedad es la denominada superficie *rústica*.

Una y otra variedad suponen una excepción al principio, ya formulado en el Derecho romano (*superficies solo cedit*), que en nuestro Código civil es el fundamento del Derecho de accesión regulado en los artículos 353 y siguientes del mismo. De todas formas se trata de una excepción relativa, ya que también en el derecho de superficie, lo edificado, plantado o sembrado, puede, después de cierto tiempo, pasar a la propiedad del dueño del suelo, como luego veremos.

2. Naturaleza jurídica

En cuanto a su naturaleza, las concepciones tradicionales oscilaban entre la configuración de la superficie como un derecho real sobre construcciones hechas en fundo ajeno, pero sin llegar a constituir una verdadera propiedad separada, y su consideración como una verdadera propiedad, limitada en ciertos aspectos, pero independiente de la propiedad del suelo. Modernamente, se entiende que el derecho de superficie —en su variante urbana— se desenvuelve en dos fases: la primera supone la existencia de un derecho real, de edificar sobre fundo ajeno (que sería el derecho de superficie propiamente dicho); y la segunda, que supone el previo ejercicio de ese derecho, da origen a lo que se da en llamar «propiedad superficiaria», que permite a su titular tener y mantener lo edificado en terreno ajeno, actuando como propietario. En esta misma línea se mueve la jurisprudencia, y así la STS de 4 de febrero de 1993 afirma expresamente que «la superficie constituye un derecho real sobre el suelo y al mismo tiempo una propiedad superficiaria y separada».

3. Indicaciones históricas e importancia actual

Se encuentran los orígenes del derecho de superficie en la legislación romana. Surgido primeramente en el Derecho público, con ocasión de las concesiones hechas a los particulares para edificar en el suelo del Estado y de las ciudades, y extendido luego a los terrenos privados. En un momento posterior el derecho de superficie fue absorbido por la enfiteusis y tomó, consiguientemente, la estructura de un dominio dividido.

Los Códigos del siglo pasado vieron con prevención la propiedad dividida, y apenas tuvieron en cuenta el derecho de superficie. Se trataba de una figura de escasa utilidad práctica. Pero en la segunda mitad del siglo XX se acudió a la misma desde una perspectiva distinta, produciéndose un «resurgimiento legal» de este derecho, como medio de regeneración no sólo del parque de viviendas, sino también del tejido agrícola.

En la actualidad, especialmente en nuestro país, se acude a esta figura por la Administración (sobre todo por los Ayuntamientos) como un instrumento útil para la realización de la acción administrativa superando las limitaciones que pueden derivarse del régimen jurídico de los bienes de titularidad pública. Es útil en su aplicación a la categoría de los bienes patrimoniales afectos a un servicio público o a una función pública (v. STC 166/1998, de 15 de julio); con la constitución de un derecho de superficie vinculado a la prestación de un servicio público no se pretende disponer del bien ni comprometer su propiedad, sino dedicarlo a una finalidad pública similar a la que justificaría la constitución de una concesión administrativa sobre un bien demanial. El derecho de superficie va unido a la afectación material del bien al servicio público el cual surge merced a la constitución del derecho de superficie[1].

II. EL PROBLEMA DE LA REGULACIÓN LEGAL EN EL DERECHO ESPAÑOL

1. El Código civil y la normativa hipotecaria como marco general

Con anterioridad al Código civil, ya la Ley Hipotecaria de 1861 y sus Reglamentos de 1863 y 1870, contenían referencias expresas al derecho de superficie, pero no llegaron a establecer su régimen legal.

El Código civil en el artículo 1.611 (que está incluido entre las disposiciones generales relativas a los censos), dispone que una Ley especial regulará la redención de los dominios en los foros, subforos, derechos de superficie y cualesquiera otros gravámenes semejantes. Tal Ley especial no se llegó a dictar. Además el Código dispone en el artículo 1.655 que: «Los foros y cualesquiera otros gravámenes de naturaleza análoga que se establezcan desde la promulgación de este Código, cuando sean por tiempo indefinido, se regirán por las disposiciones establecidas para el censo enfitéutico en la sección que precede. Si fueren temporales o por tiempo limitado se estimarán como arrendamiento y se regirán por las disposiciones relativas a este contrato». Partiendo de tan escasa regulación inicialmente se entendió que bajo la expresión «cualesquiera otros gravámenes de naturaleza análoga» cabía incluir el derecho de superficie, que, por tanto, se regía por las dis-

[1] El Texto Refundido de la Ley del Suelo y Rehabilitación Urbana de 30 de octubre de 2015, en su artículo 20.*b*) alude al derecho de superficie como una de las posibles formas (distinta de la concesión administrativa) a través de las cuales las Administraciones Públicas deben facilitar el acceso a la vivienda.

posiciones del censo enfitéutico cuando se haya constituido por tiempo indefinido y por las disposiciones del contrato de arrendamiento, cuando se hubiera constituido con carácter temporal. Tampoco faltaron autores que estimaron que el artículo 1.655 no era de aplicación al derecho de superficie[2].

En el Derecho hipotecario destaca la redacción dada al Reglamento Hipotecario por el Decreto de 17 de marzo de 1959 que intentó introducir una regulación general en los artículos 16 y 30, referidos respectivamente a la superficie urbana y a la rústica. El artículo 16 ha sido modificado por el Real Decreto de 4 de septiembre de 1998; parte de esta reforma fue anulada por el Tribunal Supremo como luego veremos.

2. La regulación en la legislación urbanística

Aparece su regulación por primera vez en la Ley sobre Régimen del Suelo y Ordenación Urbana de 16 de mayo de 1956. En su Exposición de Motivos se resalta que la finalidad de la Ley en este punto era fomentar la edificación evitando que el que construyera tuviera que ser necesariamente dueño del suelo, abaratando así la construcción; admitiéndose su constitución tanto por entidades públicas como por particulares.

En la actualidad se recoge en los artículos 53 y siguientes del Texto Refundido de la Ley del Suelo y Rehabilitación Urbana, de 30 de octubre de 2015.

Según el artículo 53.1, «El derecho real de superficie atribuye al superficiario la facultad de realizar construcciones o edificaciones en la rasante y en el vuelo y el subsuelo de una finca ajena, manteniendo la propiedad temporal de las construcciones o edificaciones realizadas. También puede constituirse dicho derecho sobre construcciones o edificaciones ya realizadas o sobre viviendas, locales o elementos privativos de construcciones o edificaciones, atribuyendo al superficiario la propiedad temporal de las mismas, sin perjuicio de la propiedad separada del titular del suelo». Por su parte el artículo 53.4 (con una aparente pretensión de generalidad) añade que «el derecho de superficie se rige por las disposiciones de este Capítulo, por la legislación civil en lo no previsto por él y por el título constitutivo del derecho».

3. Superficie urbana y urbanística. Distintas posturas

Esta duplicidad de regulación plantea un problema de coexistencia entre los preceptos hipotecarios y los urbanísticos.

---

[2] Desde la perspectiva del Derecho privado se regula también la figura en el Derecho civil de Cataluña: artículo 564, números 1-6, de la Ley 5/2006, de 10 de mayo, Libro V del Código civil de Cataluña (con anterioridad se regulaba en la Ley de 2 de abril de 2002).

Así, algunos autores estiman que existe un solo derecho de superficie regido por la Ley del Suelo, alegándose que dicha Ley de Suelo dota de contenido a esta institución: no es posible edificar, sino con arreglo al planeamiento y a las normas urbanísticas; la construcción de un edificio exige una licencia municipal y ésta sólo podrá ser concedida si el edificio proyectado cumple con lo establecido en las normas urbanísticas (postura monista). Otros atribuyen a cada uno un distinto ámbito de aplicación, entendiendo que la normativa urbanística sólo debe aplicarse a las edificaciones previstas en los planes de ordenación (postura dualista). Incluso autores como PEÑA BERNALDO DE QUIRÓS[3], entienden que es posible una mayor diferenciación. Sostiene que es posible:

a) Constituir un derecho de superficie de carácter censuario (al amparo de los arts. 1.611 y 1.655 CC), el cual puede tener duración perpetúa.

b) Un derecho de superficie sin carácter censuario (sin derecho de pensión) al amparo del *numerus apertus*, como se permitió en la Resolución de 14 de mayo de 1984, y

c) Un derecho de superficie urbanístico.

4. POSICIÓN DE LA JURISPRUDENCIA

El TS, en Sentencias de 27 de marzo de 2001, 26 de noviembre de 2002 y 10 de diciembre de 2013, ha acogido la corriente doctrinal dualista, según la cual, la constitución de este derecho podría revestir dos modalidades: la urbana común o clásica, y la urbanística. La primera de ellas, al dar satisfacción únicamente a intereses particulares y recaer sobre suelos de tal naturaleza, no tiene que verse afectada, según el TS, por una regulación distinta de la que establece el derecho civil. La creación de este derecho de superficie entre particulares para dar satisfacción a intereses puramente privados y por tanto ajenos a cualquier objetivo social, no precisa, para su constitución, de la inscripción registral que, en cambio, es requerida por el TRLS.

La DGRN no acaba de decantarse por una u otra postura. Si bien en ciertas Resoluciones (en cuanto a los requisitos formales) pareció prevalecer la tesis unitaria de que no había más derecho de superficie urbana que el regulado por la normativa urbanística, en la Resolución de 28 de septiembre de 2016 no se decanta claramente ni por la postura del TS ni por la suya propia, más formalista, que sentó la Resolución de 16 de abril de 2010 en la que se dijo que en relación con el vigente Texto Refundido de la Ley de Suelo —semejante a la legislación precedente respecto de dicha cuestión— «la doctrina más autorizada entiende que este

---

[3] Manuel PEÑA BERNALDO DE QUIRÓS, *Derechos reales, Derecho Hipotecario*, 4.ª edición de 2001 realizada por el Colegio de Registradores de la Propiedad y Mercantiles de España, pp. 738 ss.

precepto, al no hacer distinción, se refiere tanto al derecho de superficie pactado entre particulares, como a aquel que se inscribe en el marco de una actuación urbanística».

III. CONSTITUCIÓN DEL DERECHO DE SUPERFICIE

1. «Superficiante y superficiario»

Dos partes se relacionan jurídicamente en el derecho de superficie: el propietario del suelo que concede el derecho de superficie, y que por ello es denominado también concedente o superficiante, y el superficiario o concesionario, es decir, el titular del derecho de superficie.

El concedente para constituir el derecho de superficie y por tratarse de un derecho real ha de tener capacidad para disponer del inmueble que ha de ser gravado, lo que presupone su plena titularidad dominical. Este requisito se exige expresamente en el ámbito urbanístico: el Texto Refundido dispone que: «El derecho de superficie sólo puede ser constituido por el propietario del suelo sea público o privado» (art. 53.2, párrafo 2.º). Por otro lado, si la finca pertenece a varios pro indiviso debe tenerse en cuenta que no es posible constituir derecho de superficie cuando no media el consentimiento de alguno de los comuneros, aunque se sujete a condición suspensiva, porque ese consentimiento es una *condictio iuris*, no convertible en *condictio facti* (Resolución de la DG de 27 de noviembre de 2017).

Al superficiario sólo podrá exigírsele capacidad general para obligarse.

2. Elementos reales

El derecho de superficie supone una finca en cuyo suelo puedan elevarse construcciones. Puede edificarse sobre suelo o sobre otras edificaciones ya realizadas o sobre viviendas, locales o elementos privativos de construcciones o edificaciones, atribuyendo al superficiario la propiedad temporal de las mismas, sin perjuicio de la propiedad separada del titular del suelo (art. 53.1 TRLSRU). Igualmente puede edificarse sobre el subsuelo, pero para ello es necesario que expresamente se haya previsto así pues en otro caso corresponderá al propietario del suelo (art. 54.4 TR).

El concepto de construcción o edificación ha de entenderse en sentido muy amplio pues debe destacarse la particularidad de que se ha admitido la constitución de un derecho de superficie sobre la cubierta de una nave industrial, para la instalación y explotación de placas solares fotovoltaicas, bastando al efecto la perfecta identificación del espacio físico afectado, sin necesidad de previa segregación o constitución de la total finca en régimen de propiedad horizontal (Resolución de 15 de febrero de 2012). También se ha admitido que a través del derecho de superficie pueda cederse parte de la utilización de una finca para las instalaciones de un parque eólico (Resolución de 15 de junio de 2012).

3. Elementos formales

En este punto es necesario aceptar la postura dualista antes citada, de distinción entre el derecho de superficie urbana (entre particulares) y urbanística.

Como regla general si el derecho de superficie se constituye por actos *inter vivos* a través de un contrato, deben seguirse las reglas generales de los artículos 1.279 y 1.280, sin que el otorgamiento de una escritura pública tenga carácter de requisito esencial para el nacimiento del derecho. No obstante, también podría argumentarse que partiendo de la remisión que hace el artículo 1.655, apartado 1.º, a las reglas de la enfiteusis, parece requisito esencial la escritura pública. Y ello por aplicación del artículo 1.628 que lo impone para el censo enfitéutico. Por su parte el Tribunal Supremo se ha pronunciado en el sentido de que la forma *ad solemnitatem* no es aplicable a la superficie urbana, aunque teniendo en cuenta la especial trascendencia del acto mediante el cual se constituye y que mientras no se realizada la edificación no hay contacto posesorio, no ha de haber duda sobre la constancia de la constitución del derecho (STS de 26 de noviembre de 2002, reiterada por la STS de 10 de diciembre de 2013).

Cuando se trate del derecho de superficie sometido a la legislación urbanística, no existe duda alguna en que es necesaria la escritura pública y la inscripción en el Registro de la Propiedad. Expresamente dice el TRLSRU que para que el derecho de superficie quede válidamente constituido, se requiere su formalización en escritura pública y la inscripción de ésta en el Registro de la Propiedad (art. 53.2, párrafo 1.º, inciso 1.º).

4. Duración del derecho de superficie urbana

Con arreglo al artículo 1.655 del Código civil podría constituirse un derecho de superficie de carácter censuario por tiempo indefinido o por tiempo limitado (tesis de Peña, en su clasificación tripartita antes vista).

Con independencia de este supuesto particular, en su manifestación más normal de carácter temporal, la doctrina considera que no es posible un derecho de superficie que tenga una duración temporal más allá de lo permitido por la normativa urbanística. El Reglamento Hipotecario introdujo un plazo máximo de cincuenta años que en la actualidad está derogado por lo establecido en el artículo 53.2 TRLSRU, «En la escritura deberá fijarse el plazo de duración del derecho que no podrá exceder de noventa y nueve años». Transcurrido el plazo se produce la extinción del derecho (art. 54.5 TR).

5. Requisitos adicionales exigidos por el Reglamento Hipotecario para la inscripción

El artículo 16.1 del Reglamento Hipotecario (según redacción dada en el año 1959) introdujo una serie de requisitos para que el derecho de superficie pudiera acceder al Registro de la Propiedad, a la vez que determinaba que la inscripción tendría carácter constitutivo.

Dicho precepto (de gran utilidad ante la carencia de regulación sustantiva fuera de la normativa urbanística) fue criticado por la doctrina por entender que se excedía, con mucho, de lo que era el ámbito de un Reglamento. Fue modificado por el Real Decreto de 4 de septiembre de 1998; dicho Real Decreto fue objeto de impugnación, y declarado nulo en todos sus apartados por sentencia del Tribunal Supremo (Sala 3.ª) de 31 de enero de 2001 por establecer, a juicio del Tribunal Supremo, una extralimitación al señalar el carácter constitutivo de la inscripción del derecho de superficie y por establecer una serie de circunstancias para la inscripción, que exceden de la vía reglamentaria. Parte de la doctrina entendió que tras esta sentencia recobra vigencia el artículo 16.1 del Reglamento Hipotecario en su redacción anterior, salvo en aquellos aspectos en que ya estaba derogado por la Ley de Suelo, como, por ejemplo, en cuanto al plazo de duración. Pero es muy arriesgado este tipo de soluciones doctrinales haciendo recobrar vigencia a disposiciones derogadas.

Lo cierto es que prevalece la idea de que no es necesario considerar aplicable la redacción del artículo 16.1 del Reglamento Hipotecario dada en el año 1959, para exigir la mayor parte de los requisitos que en aquel momento se exigían, ya que vienen los mismos impuestos por el principio de determinación y claridad que ha de tener el contenido de los derechos reales para su inscripción.

Veamos estos requisitos (además del plazo de duración al que ya hemos hecho referencia) en aquello que sería exigible para la inscripción:

— «Determinación del canon o precio que haya de satisfacer el superficiario. Establece sobre este punto el artículo 53.3 TRLSRU «el derecho de superficie puede constituirse a título oneroso o gratuito. En el primer caso, la contraprestación del superficiario podrá consistir en el pago de una suma alzada o de un canon periódico, o en la adjudicación de viviendas o locales o derechos de arrendamiento de unas u otros a favor del propietario, o en varias de estas modalidades a la vez, sin perjuicio de la reversión total de lo edificado al finalizar el plazo pactado al constituirse el derecho de superficie».

— «Plazo señalado para realizar la edificación, que no podrá exceder de cinco años; sus características generales, destino y costo del presupuesto». Este plazo (necesario para evitar una situación de indeterminación en el contenido del derecho de propiedad) debemos precisarlo en un triple sentido: *a*) es un plazo máximo; *b*) en todo caso debe prevalecer el plazo para edificar que pudiere establecer el planeamiento urbanístico; *c*) una vez transcurrido el plazo si el derecho sigue vigente en el Registro de la Propiedad, no será obstáculo ello para inscribir la declaración de obra nueva de la edificación realizada[4].

— «Pactos relativos a la realización de actos de disposición por el superficiario». Interpretando este apartado en relación con el artículo 54.1 TRLSRU («El derecho de superficie es susceptible de transmisión y gravamen con las limitaciones fijadas al constituirlo») y con el artículo 107.5.º LH (que permite su hipotecabilidad), hay que entenderlo referido a aquellos pactos que puedan suponer una limitación en las facultades dispositivas del superficiario y siempre y cuando, como ya han señalado los comentaristas, se respeten los límites de los artículos 26 y 27 de la Ley Hipotecaria.

IV. CONTENIDO

1. Derechos y deberes del concedente

1.1. *Derecho a la percepción pactada*

Como hemos visto anteriormente el derecho de superficie puede constituirse a título oneroso o gratuito. En el caso en que se constituya a título oneroso, la contraprestación puede consistir en una cantidad alzada, un canon periódico, o en la adjudicación de viviendas o locales o derechos de arrendamiento de unas u otros (art. 53.3 TR). Aunque la Ley establece estas posibilidades de forma alternativa, el precepto permite que se pueda pactar una retribución que realice una combinación de ellas.

1.2. *Derecho de reversión*

Al finalizar el plazo de duración se producirá la reversión de lo edificado a favor del dueño del suelo. Sobre este punto el Reglamento Hipotecario establece dicha reversión para el caso en el que así se haya pactado, con lo cual se da a en-

[4] No hay duda alguna de ello si la edificación se hizo dentro de plazo aunque no se hubiere formalizado la declaración de la misma dentro de dicho plazo. Más discutible puede ser si se edificó también fuera de plazo.

tender que es posible que el superficiario (al término de su derecho) adquiera la propiedad definitiva de la edificación. Cuando sea de aplicación la norma urbanística se establece que la reversión es algo que se va a producir en todo caso, ya que la retribución que se pacte es «sin perjuicio de la reversión total de lo edificado al finalizar el plazo pactado al constituir el derecho de superficie» (art. 53.3 TR); ello supone destacar el carácter temporal de este derecho frente a la adquisición definitiva que se produce de la edificación a través del derecho de vuelo o de sobre edificación que después veremos.

1.3. *Derechos convencionales de adquisición preferente*

Para el supuesto en que así se hubiere pactado, lógicamente. En el TRLSRU específicamente se alude a posibles pactos de derechos de tanteo, retracto, retroventa a favor del propietario del suelo tanto para el caso de transmisión del derecho de superficie como de las edificaciones o construcciones (art. 54.3). También sería posible que tales derechos de adquisición preferente se pacten a favor del superficiario en el caso de transmisión del derecho del concedente.

1.4. *Transmisión de su derecho*

El propietario del suelo podrá transmitir y gravar su derecho con separación del derecho del superficiario y sin necesidad de consentimiento de éste. El subsuelo corresponderá al propietario del suelo y será objeto de transmisión y gravamen juntamente con éste, salvo que haya sido incluido en el derecho de superficie (art. 54.1, 2, 3 y 4 TR).

2. Derechos y deberes del superficiario

Como principales derechos podemos señalar los siguientes:

a) Derecho a edificar en el suelo (o bajo el suelo) ajeno dentro del plazo convenido. No solamente es un derecho, también es una obligación, soportando el superficiario las cargas derivadas de la normativa al respecto.

b) Derecho a la propiedad temporal de lo edificado mientras dure el derecho de superficie.

En cuanto propietario (aunque lo sea temporalmente), si las características de la construcción lo permiten, el superficiario podrá constituir la propiedad en régimen de propiedad horizontal, aunque en la misma no se integrará el terreno, el cual pertenece al concedente (cfr. art. 54.2 TR).

c) Derecho a transmitir a tercero por actos *inter vivos* o *mortis causa* su derecho de superficie (art. 54.1).

d) Derecho a hipotecar su derecho de superficie (art. 107.5 LH).

V. EXTINCIÓN DEL DERECHO DE SUPERFICIE

1. Causas de extinción

En el TRLSRU (art. 54.5) se señalan dos causas (aparte de las que pudieren haberse pactado):

1. Si el superficiario no edifica de conformidad con la ordenación territorial y urbanística en el plazo previsto en el título de constitución. Ahora bien, el transcurso del plazo para realizar la construcción sin haberla realizado, plantea el problema de si impide el ejercicio tardío de dicha facultad. Dejando al lado las posibles consecuencias desde el punto de vista de la normativa urbanística (p. ej., sanciones por construcciones paralizadas, inclusión de la finca en el registro de solares de venta forzosa —que en este caso sería del derecho de superficie, no de la propiedad del solar—, etc.), lo que podemos preguntarnos es si es posible un cumplimiento tardío. Parece que no habrá ningún inconveniente en ello si no se opone el propietario del suelo; otra cosa distinta es si existe oposición, en cuyo caso no sería posible dado que la misma pone de manifiesto la voluntad de dar por extinguido el derecho.
2. Si transcurre el plazo de duración pactado, que como dijimos, como máximo puede ser de noventa y nueve años.

2. Liquidación de las relaciones jurídicas existentes

A la extinción del derecho de superficie por el transcurso de su plazo de duración, el propietario del suelo hace suya la propiedad de lo edificado, sin que deba satisfacer indemnización alguna cualquiera que sea el título en virtud del cual se hubiera constituido el derecho. No obstante, podrán pactarse normas sobre la liquidación del régimen del derecho de superficie (art. 54.5, párrafo 2.º).

La extinción del derecho de superficie por el transcurso del tiempo origina también la extinción de toda clase de derechos reales o personales impuestos por el superficiario, por ejemplo, por arrendamiento (art. 54.5, párrafo 3.º).

Cuando por cualquier causa la condición de propietario del suelo y del superficiario concurra en la misma persona, se extinguirá por consolidación el derecho real de superficie. Ahora bien, la previa existencia por separado de la propiedad del suelo y de la propiedad de lo edificado, puede haber generado facultades o derechos en favor de terceros (arrendatarios o acreedores hipotecarios, por ejemplo) que lógicamente han de ser respetados. Por ello, el Texto Refundido dispone que: «Si por cualquier otra causa se reunieran los derechos de propiedad del suelo y los del superficiario, las cargas que recayeren sobre uno y otro derecho continuarán gravándolos separadamente hasta el transcurso del plazo del derecho de superficie» (art. 54.5, párrafo 4.º).

VI. EL DERECHO DE SUPERFICIE SOBRE FINCAS RÚSTICAS

Ya le hemos definido como «el derecho real que confiere a su titular el poder plantar o sembrar en suelo ajeno, adquiriendo la propiedad de lo plantado o sembrado».

1. Supuesto general

Tal derecho, para los autores que consideran aplicable el artículo 1.655 del Código civil, se regirá por las disposiciones del censo enfitéutico cuando se hubiera constituido por tiempo indefinido y por las disposiciones del contrato de arrendamiento cuando se hubiera constituido con carácter temporal.

El artículo 30.3 del Reglamento Hipotecario establece que: «El derecho real de vuelo sobre fincas rústicas ajenas se inscribirá en el folio de aquélla sobre la que se constituya; en la inscripción se harán constar: su duración, la plantación o siembra en que consista, así como el destino de éstas y el de las mejoras en el momento de la extinción del derecho, los convenios y prestaciones estipulados, y, si las hubiere, las garantías pactadas con carácter real».

Merece destacarse en este precepto el que se haga referencia a la duración. Ello es interpretado por la mayoría de los autores en el sentido de que es necesario hacer constar en la inscripción la duración del derecho de superficie, tanto si es si es limitada como ilimitada, ya que un precepto reglamentario no puede alterar el régimen jurídico que se desprende del Código civil.

2. El artículo 1.656 del Código civil (*rabassa morta*)

El artículo 1.656 CC se refiere al caso de cesión de un terreno para plantar viñas por el tiempo que vivieren las primeras cepas, pagándole el cesionario una renta o pensión anual en frutos o en dinero, y por una duración máxima de cincuenta años si en la concesión no se hubiera fijado expresamente otro plazo.

Esta institución el Código civil la recogió de la *rabassa morta* del Derecho catalán; en la actualidad, puede extenderse a plantaciones de naranjos, olivares y otras especies arbóreas no forestales.

3. Derecho de superficie sobre montes vecinales en mano común

La Ley de Montes Vecinales en Mano Común de 11 de noviembre de 1980, dispone que las comunidades titulares de estos montes podrán establecer sobre ellos derechos de superficie con destino a instalaciones, edificaciones o plantaciones por el plazo máximo de treinta años (art. 3.3). Su constitución requiere escritura pública e inscripción en el Registro de la Propiedad (art. 3.4). A la extinción del derecho de superficie, lo construido, plantado, etc., revierte a la propiedad, sin indemnización alguna (art. 3.5).

VII. EL DERECHO REAL DE VUELO O DE LEVANTE

1. Concepto, naturaleza y diferencias con el derecho de superficie

El derecho real de vuelo se conoce también con el nombre de derecho de sobreedificación, sobreelevación e incluso, derecho de levante. En su vertiente de subedificación se le conoce también con el nombre de derecho de profundización.

El propietario o propietarios de un inmueble o de un edificio podrán elevar el mismo mediante la superposición de una o más plantas, si lo permiten las normas urbanísticas o transmitir a un tercero tal derecho, y ello podrán hacerlo constituyendo en favor de tal tercero bien un derecho de superficie, bien un derecho real autónomo. La misma decisión puede tomarse respecto de nuevas plantas en el subsuelo.

La naturaleza del derecho a elevar una o varias plantas sobre un edificio, ha sido objeto de discusión. La tesis que tiene mayor predicamento es la que sostiene (al igual que en el derecho de superficie) que existen dos fases discernibles: una primera, en la que el vuelo es un derecho real sobre cosa ajena (la edificación sobre la que se constituye), y una segunda en la que, como consecuencia del ejercicio de tal derecho, surge un derecho de propiedad sobre la planta o plantas que se construyen. Es decir, una vez ejercitado se transforma en derecho perpetuo de propiedad sobre la obra realizada y sobre los elementos comunes del edificio o finca en la que se encuentra (Resolución de 3 de septiembre de 2012).

Para elevar plantas puede concederse un derecho de superficie, en cuyo caso serán de aplicación las normas que hemos estudiado anteriormente. Pero también se puede conceder un derecho real autónomo, distinto de la superficie, mediante el cual el tercero adquirirá la propiedad de las plantas superpuestas una vez construidas las mismas, originándose una comunidad con los propietarios de las plantas ya construidas que implicará la necesidad de determinar las cuotas de participación en la propiedad del suelo y de los demás elementos comunes.

Por tanto, la diferencia entre el derecho real de superficie concedido para elevar una o más plantas y el derecho real autónomo concedido con la misma finalidad, reside en que este último atribuye a perpetuidad la propiedad de las plantas superpuestas una vez construidas las mismas, e implica la vinculación de ellas a una cuota de participación en la propiedad del suelo y demás elementos comunes del edificio; mientras que en el derecho de superficie, no se da la participación abstracta en la propiedad del suelo, sino que sólo se es titular de un derecho real de goce del suelo, dando derecho a construir una edificación, cuya propiedad se tendrá temporalmente hasta su reversión al dueño del suelo.

Así se ha dicho por la DGRN: al contrario de lo que ocurre en el derecho de superficie, el de vuelo no lleva consigo el deslinde entre la propiedad del suelo y la de la edificación, de suerte que una vez ejercitado el derecho, ésta, la nueva planta construida, pasa a formar parte de un régimen de propiedad horizontal (bien porque se integra en el anteriormente existente, que por tanto ha de ser modificado, bien porque se crea *ex novo* dicho régimen), de modo que el dueño de esa nueva planta pasa a ser copropietario del suelo, al ser considerado éste como elemento común. Es por tanto el de vuelo un derecho real en cosa ajena que nace con vocación de perpetuidad, que nace limitado para, una vez ejercitado, formar parte de una cotitularidad dominical; su origen es una comunidad inicial que necesariamente culmina en un régimen de propiedad horizontal (Resolución de 11 de febrero de 2015).

2. Regulación

El Código civil pasa en silencio la existencia de este derecho. Su regulación viene recogida en el artículo 16.2.º del Reglamento Hipotecario: «El derecho de elevar una o más plantas sobre un edificio o el de realizar construcciones bajo su suelo, haciendo suyas las edificaciones resultantes, que, sin constituir derecho de superficie, se reserve el propietario en caso de enajenación de todo o parte de la finca, o transmita a un tercero, será inscribible conforme a las normas del apartado 3.º del artículo 8 de la Ley y sus concordantes. En la inscripción se hará constar:

a) Las cuotas que haya de corresponder a las nuevas plantas en los elementos y gastos comunes o las normas para su establecimiento.

b) Las normas de régimen de comunidad, si se señalaren, para el caso de hacer la construcción»[5].

[5] La reforma de 1998 añadió dos requisitos más: determinación concreta del número máximo de plantas a construir, y el plazo máximo para el ejercicio del derecho de vuelo, que no podría exce-

La inscripción del título de constitución de este derecho tiene carácter declarativo y no constitutivo (STS de 23 de febrero de 1993)

Con posterioridad al Reglamento Hipotecario, por Ley de 6 de abril 1999 se modificó la Ley de Propiedad Horizontal, haciéndose referencia al derecho de sobreelevación otorgado sobre un edificio en régimen de propiedad horizontal [actualmente art. 10.1.*d*) y 3.*b*)][6].

---

der de diez años, pero fueron anulados, respectivamente, por STS de 31 de enero de 2001 (el número de plantas sólo puede establecerlo el ordenamiento urbanístico) y 24 de febrero de 2000 (el límite temporal debe venir establecido necesariamente por ley, al afectar a lo dispuesto en el artículo 1 LH, sin perjuicio de reconocer que el principio de determinación no tolera gravámenes indefinidos o indeterminados), aunque la DGRN ha venido exigiéndolos por aplicación de los principios de especialidad y determinación en Resoluciones de 26 de septiembre de 2000 y 18 de noviembre de 2002.

[6] Artículo 10 de la Ley de Propiedad Horizontal:

«1. Tendrán carácter obligatorio y no requerirán de acuerdo previo de la Junta de propietarios, impliquen o no modificación del título constitutivo o de los estatutos, y vengan impuestas por las Administraciones Públicas o solicitadas a instancia de los propietarios, las siguientes actuaciones:

[...]

d) La construcción de nuevas plantas y cualquier otra alteración de la estructura o fábrica del edificio o de las cosas comunes, así como la constitución de un complejo inmobiliario, tal y como prevé el artículo 17.4 del texto refundido de la Ley de Suelo, aprobado por el Real Decreto Legislativo 2/2008, de 20 de junio, que resulten preceptivos a consecuencia de la inclusión del inmueble en un ámbito de actuación de rehabilitación o de regeneración y renovación urbana.

2. Teniendo en cuenta el carácter de necesarias u obligatorias de las actuaciones referidas en las letras *a*) a *d*) del apartado anterior, procederá lo siguiente:

a) Serán costeadas por los propietarios de la correspondiente comunidad o agrupación de comunidades, limitándose el acuerdo de la Junta a la distribución de la derrama pertinente y a la determinación de los términos de su abono.

b) Los propietarios que se opongan o demoren injustificadamente la ejecución de las órdenes dictadas por la autoridad competente responderán individualmente de las sanciones que puedan imponerse en vía administrativa.

c) Los pisos o locales quedarán afectos al pago de los gastos derivados de la realización de dichas obras o actuaciones en los mismos términos y condiciones que los establecidos en el artículo 9 para los gastos generales.

3. Requerirán autorización administrativa, en todo caso:

[...]

b) Cuando así se haya solicitado, previa aprobación por las tres quintas partes del total de los propietarios que, a su vez, representen las tres quintas partes de las cuotas de participación, la división material de los pisos o locales y sus anejos, para formar otros más reducidos e independientes; el aumento de su superficie por agregación de otros colindantes del mismo edificio o su disminución por segregación de alguna parte; la construcción de nuevas plantas y cualquier otra alteración de la estructura o fábrica del edificio, incluyendo el cerramiento de las terrazas y la modificación de la envolvente para mejorar la eficiencia energética, o de las cosas comunes, cuando concurran los requisitos a que alude el artículo 17.6 del texto refundido de la Ley de Suelo, aprobado por el Real Decreto Legislativo 2/2008, de 20 de junio [en la actualidad art. 26.6 del TR de 2015]. En estos supuestos deberá constar el consentimiento de los titulares afectados y corresponderá a la Junta de Propietarios, de común acuerdo con aquéllos, y por mayoría de tres quintas partes del total de los propietarios, la determinación de la indemnización por daños y perjuicios que corresponda. La fijación de las nue-

3. Objeto sobre el que puede constituirse: supuesto de edificio en régimen de propiedad horizontal

Ya hemos dicho anteriormente que puede constituirse sobre el suelo y en el subsuelo de un inmueble. Pero también puede constituirse sobre o bajo un edificio en propiedad horizontal. Veamos este supuesto.

a) Se ha discutido si cabe constituir el vuelo sobre un edificio meramente proyectado, esto es que existe en los planos pero todavía no en la realidad física. La respuesta ha de ser positiva por varias razones: es cierto que el artículo 16.1.º RH habla del vuelo como un derecho a elevar una o más plantas sobre un edificio o realizar construcciones bajo su suelo, lo que parece presuponer su existencia fáctica. Sin embargo, en términos jurídicos, es dominante la opinión que entiende que el concepto «edificio» incluye no sólo el ya construido, sino también el que está meramente proyectado. Es precisamente por esta razón por la que el artículo 8 LH permite el acceso al Registro de la Propiedad a la escritura de división horizontal de un edificio en fase de proyecto. La DGRN ha admitido la constitución del derecho real de vuelo sobre un edificio meramente proyectado, condicionado suspensivamente a la efectiva construcción de tal edificio, entendiendo que tal vuelo era inscribible en base al artículo 23 de la Ley Hipotecaria, que se refiere a la inscripción de las titularidades reales sometidas a condición (Resolución de 5 de febrero de 1986).

b) Edificio ya construido en régimen de propiedad horizontal. El vuelo como elemento común del mismo.

Cuando nos encontremos con un edificio en régimen de propiedad horizontal, debe de distinguirse entre el derecho real de vuelo que estamos examinando y el vuelo del edificio como un elemento que es, en principio, común (cfr. art. 396 CC). Al respecto, la Dirección General ha establecido que no es admisible que en los estatutos de una división horizontal se reserve el constituyente un derecho de vuelo, sin fijar el máximo de plantas a edificar ni el plazo en que habrá de ejercitarse el derecho. En estos supuestos (de simple reserva del derecho a edificar en un futuro) no nos hallaríamos ante un derecho real de los configurados en el artículo 16.2 RH, sino ante «la sustracción a los propietarios de la finca edificada, y con carácter perpetuo, de una facultad dominical, que eventualmente puede surgir en el futuro, cual es la materialización del aprovechamiento urbanístico adicional que posibilite en cada momento el planeamiento urbanístico, esto es, la de adquirir los

---

vas cuotas de participación, así como la determinación de la naturaleza de las obras que se vayan a realizar, en caso de discrepancia sobre las mismas, requerirá la adopción del oportuno acuerdo de la Junta de Propietarios, por idéntica mayoría. A este respecto también podrán los interesados solicitar arbitraje o dictamen técnico en los términos establecidos en la Ley.

Redacción dada por la Ley 8/2013, de 26 de junio, *de rehabilitación, regeneración y renovación urbanas.*

nuevos usos o intensidades edificatorias susceptibles de apropiación que puedan definirse en lo sucesivo con arreglo a la normativa urbanística». Resoluciones de 18 de noviembre de 2002 y 15 de septiembre de 2009. Es decir, el propietario del edificio en el momento de llevar a cabo la constitución del régimen de propiedad horizontal no puede sustraer a los futuros propietarios el derecho que la normativa urbanística pueda reconocerles en el futuro sobre una mayor edificabilidad; si desea reservarse esta posibilidad habrá de cumplir con todos los requisitos que la constitución de este derecho exige (número de plantas, plazo, etc.).

Una vez que ya está constituido el régimen de propiedad horizontal, el establecimiento de un derecho de sobreedificación (vuelo) sobre el mismo aunque supone, sin duda, una importante alteración de la estructura del edificio, el acuerdo de la Junta de Propietarios en la actualidad no es necesario que se adopte por unanimidad, sino que es suficiente que voten a favor tres quintas partes de los propietarios (vid. el art. 10 de la Ley de Propiedad Horizontal trascrito en nota 6).

4. Consideración especial de las edificaciones en el subsuelo público

Además de lo que hasta aquí hemos dicho, ha de añadirse que la edificación en el subsuelo no solamente puede hacerse a través del mecanismo del derecho de subedificación como técnica jurídica, ni únicamente bajo suelos de propiedad privada.

Según la Resolución de 24 de febrero de 2007, en nuestro sistema civil e hipotecario no existe obstáculo alguno para la configuración de un régimen jurídico distinto para el suelo y el subsuelo de una finca. Es incluso posible la configuración de una finca como un volumen edificable o subedificable, siempre que se delimiten con la claridad que demanda el principio de especialidad.

Cuando estemos ante un suelo público (p. ej., una calle bajo la cual se pretende construir un aparcamiento para vehículos) caben varias opciones:

a) Concesión administrativa: la titularidad sigue siendo pública y su explotación se otorga normalmente a una sociedad en régimen de concesión administrativa.

b) Desafectación mediante la técnica de crear un complejo inmobiliario. Ello es posible en cuanto que el concepto de finca no solamente es perimetral, sino también volumétrico; hoy está consagrada legislativamente la doctrina de la propiedad volumétrica; dispone el artículo 26.5 TRLSRU de 2015: «Cuando los instrumentos de ordenación destinen superficies superpuestas, en la rasante y el subsuelo o el vuelo, a la edificación o uso privado, y al dominio público, se constituirá complejo inmobiliario en el que aquéllos y éstos tengan el carácter de fincas especiales de atribución privativa, previa la desafectación y con las limitaciones y servidumbres que procedan para la protección del dominio público. Tales fincas podrán estar constituidas tanto por edificaciones ya realizadas como por suelos no edificados, siempre que su configuración física se ajuste al sistema parcelario previsto en el instrumento de ordenación».

Este precepto está aludiendo al hoy relativamente frecuente supuesto de construcción de aparcamientos bajo calles o plazas de dominio público. La regulación legal tiene precedentes en distintas Resoluciones de la DGRN que admitieron la constitución de un complejo inmobiliario entre el subsuelo desafectado y la finca en superficie de dominio público de la que procede. Se considera que es inscribible, como finca independiente, una unidad subterránea constituida por un volumen edificable bajo suelo de carácter público, previa desafectación como bien demanial (perteneciente a un Ayuntamiento) de aquella unidad, que pasa a configurarse como patrimonial. Nada obsta a que se asigne al subsuelo un uso diverso al del suelo. En tal caso, registralmente habrá de abrirse folio autónomo a la unidad subterránea, constituida por el volumen de subsuelo desafectado, pero sin que ello implique desconexión total con la finca de procedencia, ya que en el folio abierto a ésta se hará constar la configuración independiente del subsuelo desafectado. En conclusión, en este destino patrimonial del subsuelo, ya sea como concesión administrativa, ya sea por vía de desafectación, ninguna limitación se aprecia al destino demanial público del suelo, ninguna merma al servicio o uso público al que éste estuviera destinado. Y la mejor manera para regular las relaciones entre la superficie y el subsuelo puede ser la constitución de un complejo inmobiliario entre la finca en superficie y la unidad subterránea (Resolución de 5 de abril de 2002).

CASO PRÁCTICO

Concesión de un derecho para la instalación y explotación de una planta fotovoltaica sobre la cubierta de determinadas naves industriales

Mediante escritura pública la Sociedad «X» lleva a cabo la constitución de un derecho de superficie sobre la totalidad de la cubierta de diez naves industriales de su propiedad situadas en un polígono industrial. Dicho derecho se constituye a favor de una sociedad mercantil denominada (nombre ficticio) «Energía fotovoltaica, S.L., para que sobre tales cubiertas proceda a instalar, montar, explotar, mantener, conservar y reparar, por sí o por un tercero, instalaciones solares fotovoltaicas con todos sus elementos y componentes. En la escritura queda determinada la duración del derecho, el canon y la forma de pago, así como los términos en los que las partes han pactado el ejercicio del citado derecho.

¿Es posible pactar dicho derecho? ¿Es un derecho de superficie o un derecho de vuelo?

Recordemos que el derecho de superficie puede recaer sobre suelo o sobre otras edificaciones ya realizadas o elementos privativos de construcciones o edificaciones. Y por lo que se refiere al concepto de «construcción», la misma se entiende en sentido muy amplio, habiéndose reconocido por la jurisprudencia precisamente este supuesto de instalación de placas fotovoltaicas.

Para que se trate de un derecho de superficie es necesario que se establezca con claridad su duración temporal.

BIBLIOGRAFÍA BÁSICA

Con carácter general se pueden ver la figura en cualquiera de los Manuales vigentes de Derecho civil. Dentro del trabajo se cita especialmente a Manuel Peña Bernaldo de Quirós, *Derechos reales, Derecho Hipotecario*, 4.ª edición de 2001 realizada por el Colegio de Registradores de la Propiedad y Mercantiles de España, pp. 738 ss.

Las monografías sobre el tema (en exclusiva o dentro de la materia más amplia de la edificación, la propiedad horizontal o el urbanismo) son numerosas; y aún más numerosos los son los artículos en revistas especializadas. Pueden consultarse las siguientes:

Ballesteros Alonso, Manuel: *Derecho de vuelo* (RCDI-612, 1992); De la Iglesia Monje, Isabel: *El Derecho de superficie. Aspectos civiles y registrales*, Colegio de Registradores de la Propiedad y Mercantiles, 1996; ídem: «A vueltas con el derecho de superficie, el derecho de elevación, el Reglamento Hipotecario y la Sentencia de 31 de enero de 2001 de la Sala Contencioso-Administrativo del Tribunal Supremo», RCDI-667, 2001; Pérez de Ontiveros Baquero, Carmen: *El derecho de sobreedificación y subedificación*, Servicio de Estudios del Colegio de Registradores, 2003; Corvo López, Felisa María: *El derecho de sobreedificación y subedificación, y su integración en el régimen de propiedad horizontal*, Colegio de Registradores, 2010; Arnáiz Eguren, Rafael: «El derecho de vuelo o de levante sobre fincas urbanas», Capítulo XII del libro *Terreno y edificación, propiedad horizontal y prehorizontalidad*, Civitas-Thomson-Reuters, 2.ª ed., 2015; Aranda Rodríguez, Remedios: «El derecho de superficie. Análisis de algunos de sus problemas jurídicos» (Estudia su naturaleza de derecho real de goce, el derecho de superficie urbana y el derecho de superficie rústica), RCDI-759, 2017.

EJERCICIOS DE AUTOEVALUACIÓN

1) ¿Es posible adquirir un derecho a edificar en una finca ajena sin adquirir la propiedad de la misma?

2) ¿Se adquiere la propiedad de lo que se construya?

3) ¿Qué ocurre si no se construye en el plazo establecido?

4) Mientras se tiene la propiedad de la construcción, ¿se puede disfrutar plenamente de la misma?

5) Cuando trascurre el plazo legal, ¿a quién corresponde la propiedad de lo construido?

6) Al extinguirse el derecho de superficie, ¿qué ocurre con los derechos que se habían constituido sobre dicho derecho?

7) ¿Hay alguna figura jurídica que pueda utilizarse en lugar del derecho de superficie para conseguir la propiedad de lo edificado?

8) ¿Cuáles son las diferencias fundamentales entre el derecho de superficie y el derecho de vuelo (o de levante)?

9) ¿Se pueden construir nuevas plantas sobre un edificio anteriormente existente?

10) ¿Pueden crearse fincas sobre el subsuelo de dominio público?

El derecho de superficie

EL DERECHO DE SUPERFICIE URBANA	✓ Derecho real que confiere a su titular el poder de edificar en suelo (o subsuelo) ajeno, haciendo suya la propiedad de lo edificado.
REGULACIÓN LEGAL	✓ Con independencia de la distinción entre un derecho de superficie regido por normas civiles al margen de las urbanísticas, la regulación principal se encuentra en los artículos 53 y siguientes del Texto Refundido de la Ley del Suelo y Rehabilitación Urbana, de 30 de octubre de 2015. ✓ Según el artículo 53.1: «El derecho real de superficie atribuye al superficiario la facultad de realizar construcciones o edificaciones en la rasante y en el vuelo y el subsuelo de una finca ajena, manteniendo la propiedad temporal de las construcciones o edificaciones realizadas. También puede constituirse dicho derecho sobre construcciones o edificaciones ya realizadas o sobre viviendas, locales o elementos privativos de construcciones o edificaciones, atribuyendo al superficiario la propiedad temporal de las mismas, sin perjuicio de la propiedad separada del titular del suelo».
LOS DOS MOMENTOS DEL DERECHO	✓ El derecho de superficie —en su variante urbana— se desenvuelve en dos fases: la primera supone la existencia de un derecho real, de edificar sobre fundo ajeno (que sería el derecho de superficie propiamente dicho); y la segunda, que supone el previo ejercicio de ese derecho, da origen a lo que se da en llamar «propiedad superficiaria», que permite a su titular tener y mantener lo edificado en terreno ajeno, actuando como propietario, aunque solamente durante un determinado plazo de años.
REQUISITOS FORMALES PARA LA CONSTITUCIÓN	✓ Cuando se trate del derecho de superficie sometido a la legislación urbanística, no existe duda alguna en que es necesaria la escritura pública y la inscripción en el Registro de la Propiedad. Expresamente dice el TRLSRU que para que el derecho de superficie quede válidamente constituido, se requiere su formalización en escritura pública y la inscripción de ésta en el Registro de la Propiedad (art. 53.2, párrafo 1.°, inciso 1.°).
FACULTADES DEL TITULAR DEL DERECHO	✓ En consonancia con lo dicho anteriormente, el titular del derecho de superficie tiene: *a*) Derecho a edificar en el suelo (o bajo el suelo) ajeno dentro del plazo convenido. No solamente es un derecho, también es una obligación, soportando el superficiario las cargas derivadas de la normativa al respecto. *b*) Derecho a la propiedad temporal de lo edificado mientras dure el derecho de superficie.

EXTINCIÓN	1. Si el superficiario no edifica de conformidad con la ordenación territorial y urbanística en el plazo previsto en el título de constitución. 2. Si transcurre el plazo de duración pactado, que como máximo puede ser de 99 años. ✓ A la extinción del derecho de superficie por el transcurso de su plazo de duración, el propietario del suelo hace suya la propiedad de lo edificado, sin que deba satisfacer indemnización alguna cualquiera que sea el título en virtud del cual se hubiera constituido el derecho. No obstante, podrán pactarse normas sobre la liquidación del régimen del derecho de superficie.
EL DERECHO DE SUPERFICIE RÚSTICA	✓ Derecho real (distinto por tanto de un derecho de arrendamiento) que confiere a su titular el poder plantar o sembrar en suelo ajeno, adquiriendo la propiedad de lo plantado o sembrado.
EL DERECHO DE VUELO (CONOCIDO TAMBIÉN COMO DE «SOBRE O SUB EDIFICACIÓN» O DE LEVANTE). DIFERENCIAS CON EL DERECHO DE SUPERFICIE	✓ El propietario o propietarios de un inmueble o de un edificio podrán elevar el mismo mediante la superposición de una o más plantas, si lo permiten las normas urbanísticas o transmitir a un tercero tal derecho, y ello podrán hacerlo constituyendo en favor de tal tercero bien un derecho de superficie, bien un derecho real autónomo. La misma decisión puede tomarse respecto de nuevas plantas en el subsuelo. ✓ La diferencia entre el derecho real de superficie concedido para elevar una o más plantas y el derecho real autónomo concedido con la misma finalidad, reside en que este último atribuye a perpetuidad la propiedad de las plantas superpuestas una vez construidas las mismas, e implica la vinculación de ellas a una cuota de participación en la propiedad del suelo y demás elementos comunes del edificio; mientras que en el derecho de superficie, no se da la participación abstracta en la propiedad del suelo, sino que sólo se es titular de un derecho real de goce del suelo, dando derecho a construir una edificación, cuya propiedad se tendrá temporalmente hasta su reversión al dueño del suelo.
EL DERECHO DE VUELO EN RELACIÓN CON LA PROPIEDAD HORIZONTAL	✓ El derecho de vuelo es un elemento común en el régimen de propiedad horizontal. Ello supone que aunque en el momento inicial el propietario único del edificio puede reservarse el derecho a elevar nuevas plantas en el futuro, dicha reserva no puede ser genérica e indeterminada, sino que han de quedar ya fijadas las características esenciales de lo que va a realizarse (principalmente número de plantas y plazo máximo para el ejercicio). ✓ Cuando son los propietarios los que van a constituir dicho derecho, será necesario un acuerdo de la Junta según la Ley de Propiedad Horizontal (en la actualidad ya no es necesaria la unanimidad, sino que bastan los tres quintos).

LA EDIFICACIÓN EN EL SUBSUELO DE DOMINIO PÚBLICO	✓ Cuando estemos ante un suelo público (p. ej., una calle bajo la cual se pretende construir un aparcamiento para vehículos) caben varias opciones: *a*) Concesión administrativa: la titularidad sigue siendo pública y su explotación se otorga normalmente a una sociedad en régimen de concesión administrativa. *b*) Desafectación mediante la técnica de crear un complejo inmobiliario. Ello es posible en cuanto que el concepto de finca no solamente es perimetral, sino también volumétrico; hoy está consagrada legislativamente la doctrina de la propiedad volumétrica. ✓ Hoy es relativamente frecuente el supuesto de construcción de aparcamientos bajo calles o plazas de dominio público. ✓ Se considera que es inscribible, como finca independiente, una unidad subterránea constituida por un volumen edificable bajo suelo de carácter público, previa desafectación como bien demanial (perteneciente a un Ayuntamiento) de aquella unidad, que pasa a configurarse como patrimonial. Nada obsta a que se asigne al subsuelo un uso diverso al del suelo.

LECCIÓN 14

LAS GARANTÍAS REALES EN GENERAL*

SUMARIO: I. CONCEPTO Y TIPOS DE GARANTÍA REAL. II. CARACTERES GENERALES DE LAS GARANTÍAS REALES. III. NORMAS COMUNES A LA PRENDA Y A LA HIPOTECA. CASO PRÁCTICO. BIBLIOGRAFÍA BÁSICA. EJERCICIOS DE AUTOEVALUACIÓN. ESQUEMA: LAS GARANTÍAS REALES EN GENERAL.

I. CONCEPTO Y TIPOS DE GARANTÍA REAL

En las relaciones obligatorias existe un riesgo estructural: puesto que la satisfacción del crédito depende de la conducta del deudor, siempre puede producirse el evento del incumplimiento. Ante esta situación el ordenamiento establece una serie de medidas de tutela y defensa del crédito, que no es necesario estudiar ahora porque ha sido objeto de tratamiento en la teoría general de las obligaciones (la responsabilidad patrimonial universal, la acción de cumplimiento o de ejecución forzosa, la responsabilidad contractual que se concreta en una indemnización, las medidas conservativas del patrimonio del deudor, etc.). Las garantías son refuerzos o ampliaciones de estos poderes ordinarios del acreedor; es decir, son facultades o derechos que se añaden al derecho de crédito para asegurar su satisfacción, o para asegurar las consecuencias de su incumplimiento; de modo que las garantías atribuyen al acreedor un derecho subjetivo o unas nuevas facultades con las que no contaría en general como simple titular de la obligación.

Existen diversas modalidades y técnicas de garantías, pero todas ellas se pueden clasificar en dos grandes grupos: las garantías personales, que atribuyen al acreedor facultades de naturaleza meramente personal; y las garantías reales, que consisten en derechos o facultades que recaen sobre cosas determinadas y alcanzan oponibilidad *erga omnes*; en estas últimas se logra una especie de cuadratura del círculo: el acreedor cuenta con un derecho personal que queda protegido por

---

* Por Manuel ESPEJO LERDO DE TEJADA.

facultades que tienen la naturaleza propia de los derechos reales. No obstante, el Código civil regula las garantías reales típicas en sede de los contratos y no dentro de los derechos reales: la razón es que estas garantías nacen más frecuentemente del contrato; sin embargo, también pudieran estar constituidas de otro modo, por ejemplo, en un testamento. Pero, pese a esta ubicación sistemática, estas garantías constituyen auténticos derechos reales, aunque hay autores que prefieren hablar de «cargas reales» y no de «derechos reales», lo cual no resulta demasiado claro, pues si habláramos de «cargas» no queda explicado que las mismas suponen verdaderamente un activo patrimonial del acreedor.

Las garantías reales pueden tener, como derechos subjetivos que son, un contenido más o menos amplio de facultades. En principio cualquier facultad jurídico-real o pacto de trascendencia real puede añadirse al crédito en función de garantía, salvo que existan límites legales que específicamente lo impidan. Como señaló Peña, el propietario de un bien podría conferir a un acreedor, con fines de garantía, distintas facultades sobre él: de posesión, de retención y goce (como para los inmuebles se prevé con la anticresis), de administración (o de intervención en la administración) o incluso de disposición.

Las garantías reales que implican una mayor intervención en el patrimonio del garante aparecieron históricamente antes que las que suponen una menor intervención, como ha recordado este mismo autor. Así en el Derecho romano primero apareció la fiducia en garantía, luego la prenda y luego la hipoteca. En la primera, había una transmisión de la propiedad del garante al acreedor y este último se comprometía a que, en caso de que la deuda fuera pagada, retransmitiría el bien al constituyente; en la segunda se realizaba una transmisión sólo de la posesión, para evitar que el derecho del constituyente quedara tan debilitado como en la fiducia (p. ej., en esta última en el caso de que el acreedor enajenara el bien, el constituyente ya no tenía ni la propiedad ni la posibilidad de recuperarla); en la tercera, inicialmente no había transmisión ni de la propiedad ni de la posesión por parte del garante, sino un simple convenio, por el que se mantenía la posesión en manos del garante, y el acreedor adquiría la posibilidad de enajenar el bien sin intervención de su propietario. Básicamente estas formas principales de garantía real se siguen utilizando hoy en día, incluso las más primitivas como la fiducia (aunque veremos que sus efectos son limitados: no produce la transmisión de la propiedad, ni inicialmente, ni tampoco como consecuencia del incumplimiento).

En la época de la Codificación se concretaron y regularon los tipos de derechos reales de garantía en función de la naturaleza de los bienes afectados. La prenda sería el derecho real de garantía adecuado para los bienes muebles, porque tiene como mecanismo publicitario el desplazamiento de la posesión de manos del constituyente a manos del acreedor. La hipoteca sería el derecho adecuado para los inmuebles: no hay desplazamiento posesorio, pero la publicidad registral suple esa falta. Se reguló entonces la anticresis como un tipo autónomo dentro de las formas de garantía (antes era un pacto añadido a las otras garantías) que concede el derecho al acreedor a percibir los frutos de un inmueble para imputarlos al crédito.

Más tarde han sido reguladas en una ley especial otras figuras de garantía: la hipoteca mobiliaria que recae sobre bienes muebles perfectamente identificables (maquinarias, automóviles). Este tipo de bienes cuenta con un valor que depende de su efectiva explotación, y es poco económico que sólo pudiera ser objeto de prenda, porque este derecho, con la consiguiente entrega de la posesión, impediría que el pignorante los rentabilizara, y con esta figura se permite que el pignorante los conserve en explotación. Una segunda forma se denomina prenda sin desplazamiento de la posesión, y recae sobre bienes muebles que no pueden ser tan fácilmente identificados (frutos agrícolas, cosechas, productos forestales, animales, maquinaria no susceptible de hipoteca mobiliaria, objetos histórico-artísticos, derechos de crédito), pero en los que se suple esta deficiencia con otros medios de publicidad. En cualquier caso se trata también de dos garantías que llevan consigo el derecho a la realización del valor.

También han sido reguladas fuera del Código civil, o al menos han sido mencionadas en otras normas, formas diversas de garantía como son la hipoteca naval, la prenda de créditos, la garantía de valores representados mediante anotaciones en cuenta, las garantías financieras, la reserva de dominio o el arrendamiento financiero. Estas dos últimas, por lo general no conllevan un derecho de realización del valor, pero las otras sí; incluso muy enérgico en su efectividad.

II. CARACTERES GENERALES DE LAS GARANTÍAS REALES

a) Derecho a la realización del valor. Según el artículo 1.858 CC, vencida la obligación principal, pueden ser enajenadas las cosas objeto de prenda o hipoteca para pagar al acreedor; lo cual significa que el derecho a la realización del valor es un elemento esencial de ambas figuras, es decir, pertenece a su estructura típica. Sin embargo, más allá de estas figuras típicas, no hay ninguna razón que imponga que la garantía cuente con un derecho a la realización del valor, ya que, como explicó FERRANDIS, con estos derechos se trata de dar una *garantía* a la obligación, pero no necesariamente proporcionar un medio de *satisfacerla*; de hecho incluso la prenda apareció históricamente como un medio coercitivo, que carecía de facultades de ejecución a menos que se hubiera añadido una cláusula de comiso o un pacto de venta. Nada exige, pues, que la garantía consista precisamente en un derecho de realización del valor; aunque esta fórmula sea la más acabada y perfecta entre todas las posibles.

Es necesario aclarar que la realización del valor es una facultad que es propia de cualquier acreedor cuando necesita hacer efectiva la responsabilidad derivada del crédito, y lo que añade el derecho real de garantía son dos cosas muy importantes: que el acreedor cuenta con una preferencia frente a los demás acreedores, en cuanto a la suma obtenida; y que la garantía es oponible *erga omnes* (es decir que se impone cualquiera que sea la persona que ostente la titularidad dominical de la cosa objeto de garantía).

La preferencia reconocida a los créditos garantizados con prenda e hipoteca se justifica dogmáticamente tanto en razón de que estos derechos tienen carácter real, como porque consisten en la realización del valor. Está claro que esta configuración legal o tipo de la prenda y la hipoteca necesita la preferencia del acreedor pignoraticio sobre los demás acreedores en lo que se refiere al precio del bien; porque los demás acreedores deben quedar afectados por la existencia del derecho real, y no podrán inmiscuirse en el ámbito de poder que ese derecho concede. Dicho de otra manera: si no existiera la preferencia, la realización del valor no podría calificarse como garantía real. Por tanto, si el derecho de garantía comporta la realización del valor debemos calificarlo como una prenda o una hipoteca.

En otras garantías de carácter real diferentes a la prenda y la hipoteca, como pudiera ser la reserva de dominio o la cláusula resolutoria, sólo se trataría de garantizar, con eficacia real, la restitución del bien en caso de resolución por incumplimiento del contrato al que la garantía se añade: por tanto, su función no requiere que se reconozca una preferencia al acreedor a la hora de la ejecución y por eso no se debiera regular para ellas ninguna preferencia concursal ni extraconcursal. No obstante, el artículo 90 de la Ley Concursal sí reconoce a estos acreedores una preferencia en el concurso, lo que implica que los acreedores cuentan con una doble garantía: pueden recuperar la cosa si ejercitan la resolución del contrato, sin que la situación de concurso lo impida; y, además, pueden cobrar su crédito y cuentan para ello con una preferencia especial. En el caso de las garantías sobre bienes muebles sometidas a la Ley de venta a plazos, la preferencia para el cobro es también extraconcursal (art. 16.5 LVP). Quedaría, pues, por añadir al anterior cuadro, que las garantías de este tipo, bien inmobiliarias o bien mobiliarias que no estuvieran sometidas a la ley de venta a plazos, no contarían con preferencias extraconcursales.

b) Naturaleza real de la garantía. Un elemento imprescindible del derecho real es la absolutividad que comporta como consecuencia la reipersecutoriedad: y está claro que la cosa dada en garantía puede perseguirse *erga omnes*, frente a cualquier tercero (sea un adquirente de la misma o acreedor); sin embargo, se ha dudado si los derechos de garantía reúnen otro elemento propio de los derechos reales, como es la inherencia, que se traduciría en la inmediatividad del poder conferido sobre la cosa. La razón de la duda es que no estaría tan claro que los derechos reales de garantía confieran al acreedor unas facultades en la cosa que se ejerciten sin colaboración de la otra parte; mayormente los derechos de garantía implican restricciones a las facultades del titular, y esto está justificado por la razón de que para salvaguardar el interés del acreedor es suficiente la afección de las facultades ajenas. No obstante, en las garantías típicas la enajenación forzosa del bien es una facultad que se debe calificar como positiva.

c) Accesoriedad de la garantía con relación al crédito. Como hemos dicho el derecho de garantía nace al servicio del crédito (art. 1.857.1 CC), y por eso su propia vida sigue las vicisitudes del crédito. La accesoriedad significa que, en nuestro sistema legal, el derecho real no existe sin la obligación y no garantiza más que esa obligación a cuyo servicio se constituye. Esto implicaría que no existe vida autónoma de la garantía y que, por ejemplo, no puede producirse la transmisión autónoma de la garantía sin que haya una transmisión del crédito garantizado.

Esto último puede resultar discutible en algún caso. Por ejemplo, si el crédito hipotecario hubiera sido pagado habría que defender que la hipoteca se ha extinguido; pero, en la práctica puede suceder que, pese al pago, la inscripción registral de la hipoteca no se haya cancelado. En esa situación, el crédito y la propia hipoteca que lo garantiza pueden haber sido cedidos a otro acreedor, bien sea por el traspaso en bloque del patrimonio de una entidad a su sucesora (p. ej., en la fusión por absorción, tan frecuente en los últimos tiempos en las entidades financieras); o por una transmisión singular del crédito y su garantía. La pregunta entonces sería: ¿puede haberse transmitido la hipoteca, pese a que se haya extinguido el crédito? El artículo 144 LH parecería dar una respuesta positiva a esta pregunta pues dice que «todo hecho o convenio entre las partes que pueda modificar o destruir la eficacia de una obligación hipotecaria anterior, como el pago [...] no surtirá efecto contra tercero, como no se haga constar en el Registro por medio de una inscripción nueva, de una cancelación total o parcial o de una nota marginal, según los casos». En efecto, podría sostenerse con esta base normativa que el adquirente de la hipoteca es un tercero respecto al crédito y al pago, que él ha confiado en la publicidad registral y que ha hecho de buena fe un desembolso para adquirir el derecho de crédito, por lo que concurren los requisitos generales de protección que el artículo 34 LH exige para proteger a los adquirentes.

Pero se ha dicho, más convincentemente, que el pago no puede «por menos de afectar al que aparece como adquirente del crédito hipotecario [...] En este sentido el ámbito propio del artículo 34 LH no es el de los derechos personales y así el deudor no pasa a serlo porque el crédito hipotecario extinguido, pero no cancelado, se ceda a un tercero, aunque se inscriba en el Registro de la Propiedad. Es decir a quien pagó válidamente, no le revive el crédito que quedó extinguido». En definitiva, que «dada la accesoriedad de la hipoteca respecto del crédito, lo relevante es la transmisión de éste»: así RRDGRN de 19 de febrero de 2018 (RJ 2018\729) y 11 de diciembre de 2017 (RJ 2017\5666).

d) En materia de derechos reales de garantía se ha generalizado decir que impera la tipicidad y no el sistema de *numerus apertus*: el argumento principal sería que los derechos de garantía conceden preferencia al acreedor titular del mismo para cobrar sobre el bien afectado, lo cual deroga la regla de la *par condicio creditorum*, lo que no está al alcance de la autonomía privada sino del legislador. Sin embargo se debe tener presente, en primer lugar, que las garantías típicas que cuentan con preferencias son bastante flexibles en su regulación, y permiten mucho margen a la autonomía de la voluntad. En segundo lugar, que hablar de tipicidad puede confundir, cuando existen fuera del Código civil otras fórmulas legales que constituyen en último término formas de garantías reales (afecciones reales reguladas en la legislación del suelo, en materia de propiedad horizontal, etc.), que otorgan preferencias. Pero, en tercer lugar, que nada impide en general que los derechos reales puedan usarse en función de garantía, sea creando derechos nuevos o recortando las facultades de derechos reales ya existentes. Debe repararse, a este respecto que cuando el legislador se refiere a los derechos de garantía, incluso a los específicamente reales, en ningún lugar establece listas cerradas, sino que utiliza fórmulas abiertas; así se puede comprobar en los artículos 1.212 y 1.528 CC, y, sobre todo, en el artículo 27 LH, que menciona a la «hipoteca o cualquier otra forma de garantía real».

De hecho, en materia inmobiliaria, las normas registrales se refieren a la existencia de actos de trascendencia real que tendrán por objeto «modificar» o «limitar» algunas de las facultades integrantes del contenido típico de los derechos reales (vid. arts. 7 y 51.6 RH). Si analizamos someramente algunos ejemplos de estos actos, llegaríamos a la conclusión de que su causa o función no es otra que la de garantizar una obligación. Así, por ejemplo, la transmisión del dominio bajo condición resolutoria, tiende al aseguramiento del vendedor frente a la eventualidad del impago del precio, y supedita el mantenimiento del efecto transmisivo del dominio a la efectiva satisfacción del precio. Los artículos 11 LH y 59 RH suponen que un eventual tercer adquirente se vería perjudicado por la condición resolutoria inscrita, puesto que el dominio estaba sometido a la condición y sólo de esa manera lo pudo adquirir. También existe la posibilidad de condicionar suspensivamente una transmisión: nos encontraremos entonces ante el llamado pacto de reserva de dominio que merece la misma solución.

Naturalmente si a la garantía real se quisiera añadir un derecho de realización del valor de carácter preferente, deberá tenerse presente que, a tenor del artículo 1.925 CC las causas de preferencia tienen carácter tasado. Pero la Ley autoriza que los créditos puedan mejorar su condición como fruto de la autonomía de la voluntad; aunque dicha autonomía tendrá los límites que se establezcan imperativamente en la regulación de los derechos de prenda e hipoteca (básicamente la prohibición del pacto comisorio); o, eventualmente, en otros derechos reales que también tengan reconocida esa preferencia. Por tanto, o el derecho de garantía se adapta al régimen de la prenda o la hipoteca, o no será derecho real de realización del valor.

No debemos dejar de hacer referencia a la limitación que puede suponer a la libre creación de garantías reales la norma del artículo 27 LH que se ocupa de la prohibición de disponer en el ámbito inmobiliario. El obstáculo que representa este precepto a la inscripción de estas prohibiciones impide que se las utilice como garantía de forma segura en el ámbito de los bienes inmuebles; aunque la norma tenga escasa justificación. Sin embargo, en la Ley de venta a plazos de bienes muebles el uso de la prohibición de disponer como garantía sí se conoce (art. 7.11 LVP).

III. NORMAS COMUNES A LA PRENDA Y A LA HIPOTECA

El Código civil incluye una serie de normas dedicadas a las garantías reales en general, antes de regular más específicamente cada una de ellas: incluso hay normas dictadas conjuntamente para la hipoteca y para la prenda; en el caso de la anticresis existe una remisión del artículo 1.886 CC a algunas de las normas anteriores.

El artículo 1.857 CC se refiere a los requisitos esenciales de la prenda y la hipoteca:

a) Las garantías reales son accesorias de una obligación, como ya hemos visto antes. En cuanto a la obligación garantizada, dice el artículo 1.861 CC, puede ser pura o condicional; la LH admite incluso las obligaciones futuras como objeto de la garantía hipotecaria, solución que se puede extender a la prenda, pese al silencio legal.

b) La cosa o el derecho objeto de la garantía debe pertenecer al garante, que a su vez debe tener la libre disposición de sus bienes (porque el acto de constitución de la garantía tiene trascendencia dispositiva); naturalmente esto no impide que en ocasiones se pueda producir una válida constitución del derecho real *a non domino* de acuerdo con las normas que disciplinan este tipo de adquisiciones. El acto constitutivo de la garantía no es personalísimo, sino que puede ser realizado por apoderado que cuente con un poder especial.

c) Es posible que las personas extrañas a la obligación constituyan un derecho real de garantía; sin embargo del artículo 1.857 CC, que permite esta posibilidad, no se deduce cuál sea el régimen aplicable a esta figura al que tampoco se alude, por ejemplo, en la Ley Concursal. Por este motivo para algunos autores esta falta de regulación debe colmarse mediante la analogía con la fianza, mientras que, para otros, la razón de esa aparente omisión no es otra que el ordenamiento considera que a estas hipotecas se aplican las reglas generales. Los primeros califican al constituyente de la garantía de «fiador real» y deducen de ello la aplicabilidad al mismo de las normas de la fianza; que responda también con el resto de su patrimonio, o que pueda responder de la deuda incluso si transmitiera la cosa objeto de garantía a un tercero. Así, como consecuencia de estas ideas, en un caso en que la hipoteca no llegó a inscribirse y los hipotecantes habían transmitido el bien hipotecado, la STS de 18 de octubre de 2007 (RJ 2007\8623) condenó a los hipotecantes no deudores al cumplimiento de la obligación garantizada, por considerarlos responsables de la deuda. Nos parece una solución criticable, además de que no conocemos Jurisprudencia que la apoye decisivamente.

Otra parte de la doctrina sostiene más bien que con esta figura el tercero simplemente aportaría en garantía un bien concreto, y este hecho nada tendría que ver con la fianza. Parece más correcta esta segunda interpretación, que ha sido asumida en general por la STS de 6 de octubre de 1995 (RJ 1995\7022), al afirmar que «si el hipotecante ajeno a la deuda no es deudor, no puede ser considerado garante análogo al fiador»; lo que llevó a excluir, en consecuencia, que fuera aplicable al caso el artículo 1.843 CC, que prevé que el fiador puede pedir la relevación de la fianza cuando estuviera en riesgo la solvencia del deudor principal, relevación de la hipoteca que pretendía el hipotecante no deudor.

En esta misma línea, la STS de 3 de febrero de 2009 (RJ 2009/1361) ha considerado aplicable al hipotecante no deudor la subrogación por pago del artículo 1.210.3.º [lo que también han reiterado las SSTS de 15 de diciembre de 2014 (RJ 2014\6579) y 30 de diciembre de 2015 (RJ 2015\6437)]. En concreto, la duda es si los fiadores del deudor principal deben responder ante el hipotecante no deudor que ha pagado la deuda, sea de modo voluntario o mediante la ejecución de la hipoteca, o si quedan liberados porque el hipotecante solamente tiene la acción de repetición contra el deudor. Estas SSTS han reconocido la subrogación y se han opuesto al criterio de la muy criticada STS de 23 de marzo de 2000 (RJ 2000\2025), que solamente reconoció la repetición. También estaría en cuestión si se aplica al hipotecante no deudor el criterio del artículo 1.852 CC, que prevé la liberación del fiador si no pudiera subrogarse en los derechos con que contaba el deudor principal, cuando el deudor principal liberara a los fiadores antes del pago. Esta liberación de los fiadores se había producido en el caso de la STS de 3 de febrero de 2009, que dijo que esta norma no era aplicable a la hipoteca de deuda ajena, por lo que la hipoteca debía subsistir.

d) La prohibición del pacto comisorio. El incumplimiento de la obligación garantizada no autoriza a que el acreedor se apropie directamente de las cosas dadas en garantía: antes se ha explicado que la prenda y la hipoteca consisten en un derecho de realización del valor (cfr. en este sentido el art. 1.858 CC). El artículo 1.859 CC impide este pacto en materia de prenda e hipoteca; mientras que el artículo 1.884 CC reitera para la anticresis la misma prohibición. Este último precepto dice explícitamente que el pacto comisorio es nulo, pero no lo es el contrato de garantía en su conjunto, que sigue siendo válido, es decir, se trata de una hipótesis de nulidad parcial. ¿Se aplica la misma consecuencia en el caso de la prenda y a la hipoteca? La respuesta casi unánime es que sí.

La justificación de la prohibición suele fundarse en que si se admitiera el pacto comisorio se estaría legitimando que el acreedor hiciera suyo un bien por un valor superior al de la deuda, lo que perjudica al deudor y a los otros acreedores de éste. Pongamos un ejemplo: adquirida una vivienda mediante préstamo garantizado con hipoteca y fianza, los deudores pactaron con los fiadores que si estos últimos tuvieran que hacer frente a la deuda, disponían de la vivienda en favor de ellos. Resolviendo ese caso, la STS de 21 de febrero de 2017 (RJ 2017\595) consideró que estábamos ante un pacto comisorio prohibido porque «la disposición de la vivienda en favor de los fiadores opera automáticamente ante el incumplimiento total o "parcial" de los deudores». Y acto seguido explicó que el pacto operaba «sin ningún procedimiento objetivable de realización del bien y con ausencia de todo mecanismo de restitución o compensación por los pagos y gastos ya satisfechos por los deudores con relación al préstamo hipotecario suscrito. Del mismo modo dichos deudores hipotecarios no reciben ninguna contra-garantía por la disposición efectuada en favor de los fiadores, pues para la entidad bancaria continúan sujetos a la relación crediticia y, por tanto, siguen respondiendo de las obligaciones derivadas del préstamo hipotecario».

La STS parece apuntar a que hay modalidades de pacto de apropiación por el acreedor del bien dado en garantía que no conducirían a un resultado prohibido, por lo que deben estimarse permitidas. En esa situación se ha dicho en la doctrina que estarían aquellos casos en los que existe equivalencia entre el valor de la garantía y la deuda: así sucede en el caso de la prenda irregular, o cuando cabe determinar mediante mecanismos objetivos el valor de la cosa objeto de la garantía (éste sería el llamado pacto marciano, admitido según muchos autores en nuestro sistema). Por esta razón, el legislador habría admitido la licitud de la apropiación en las garantías financieras, reguladas en el Real Decreto-ley 5/2005, de 11 de marzo (vid. art. 11.1), pues en principio éstas recaen sobre bienes y derechos cuya valoración no debiera estar sujeta a dudas, ya que tienen un valor líquido en el mercado. Así lo han explicado las SSTS de 24 de junio de 2010 (RJ 2010\5410) y 10 de noviembre de 2011 (RJ 2012\1372): «las razones que en su día justificaron los recelos del legislador [sobre el pacto comisorio], no son aplicables a determinadas modalidades de garantía». En concreto, en el caso de la primera de estas SSTS «los valores pignorados fueron enajenados en un mercado público y transparente —la Bolsa de Nueva York—, en un procedimiento paralelo al previsto en el artículo 322 del Código de Comercio», lo cual hacía que cesara o no existiera la *ratio* de la prohibición del pacto comisorio. Y, en el caso de la segunda STS, ni siquiera existió apropiación por el acreedor de las acciones pignoradas, que siguieron perteneciendo al garante, si bien, por no acudir éste, como se le ofreció, a la ampliación de capital de la sociedad, pasara a perder el control sobre ella.

En este mismo sentido, hay que contemplar la aplicación en España, incluso en conflictos internos (cfr. art. 50), del «Convenio relativo a garantías internacionales sobre elementos de equipo móvil», hecho en Ciudad del Cabo el 16 de noviembre de 2001, que ciertamente reconoce la posibilidad de la ejecución comisoria de estas garantías, pues el rótulo del artículo 9 se expresa así: «transferencia del objeto como satisfacción de la obligación». Para algunos autores esto supone una incoherencia con el criterio general de nuestro ordenamiento, que se hubiera podido evitar si en la adhesión al Convenio se hubiera previsto una reserva a ese efecto. No obstante, la norma, que es bastante confusa, quizá merece una consideración más detenida, que permitiría interpretarla de un modo conforme con el sistema general. En concreto nos interesa destacar, en primer lugar, que el artículo 9.1 parece referirse a la dación en pago, pues permite que, tras el incumplimiento de la obligación, «el acreedor garantizado y todas las personas interesadas podrán acordar que la propiedad de un objeto gravado por el derecho de garantía [...] se transfiera a dicho acreedor para satisfacer total o parcialmente las obligaciones garantizadas». Si no estamos equivocados, esta necesidad de un acuerdo entre los interesados que sea posterior al incumplimiento, hace que la solución se reconduzca a la dación en pago, que es una figura que no contraviene la prohibición del pacto comisorio. En segundo lugar, es cierto que el artículo 9.2 y 3 regula una garantía comisoria al prever que «el tribunal podrá ordenar, a petición del acreedor garantizado, que la propiedad de un objeto gravado por el derecho de garantía [...] se transfiera a dicho acreedor para satisfacer total o parcialmente las obligaciones garantizadas»; pero hay que considerar también que esta solución podrá tener lugar «únicamente cuando la cuantía de las obligaciones garantizadas [...] corresponda al valor del objeto», lo cual permitiría hacer una interpretación respetuosa con la prohibición del pacto comisorio.

El pacto comisorio se suele entender también prohibido cuando aparezca en las garantías atípicas o se intente burlar la prohibición mediante mecanismos indirectos, como pudiera ser la dación en pago condicionada al impago del préstamo [cfr. STS de 1 de marzo de 2013 (RJ 2013\2280)]; la venta con pacto de retro en garantía [cfr. RDGRN de 5 de junio de 1991 (RJ\1991\4649)]; el otorgamiento de una opción de compra, que entraría en funcionamiento si el deudor no cumple con la obligación garantizada, y entonces la cantidad debida pasaría a ser el precio de la compra [cfr. RRDGRN de 10 de junio de 1986 (RJ 1986\3840) y 26 de noviembre de 2008 (RJ 2009\1461)]; el arrendamiento financiero de retorno o *lease back* [STS de 15 de abril de 2010 (RJ 2010\3536)] o la venta en garantía. A este respecto, en un supuesto de venta en garantía, pero con una afirmación que tiene alcance general, afirmó la STS de 26 de abril de 2001 (RJ 2001\2037) que «la referida prohibición del pacto comisorio no debe entenderse circunscrita a los contratos de garantía típicos, sino también a los negocios indirectos que persigan fines de garantía. De lo contrario, el principio de la autonomía de la voluntad reconocido en el artículo 1.255 del Código civil permitiría la creación de negocios en fraude de ley. Se tendría entonces, una vez descubierto el fraude, que aplicar la prohibición tratada de eludir, previa nulidad de las estipulaciones contrarias al espíritu y finalidad de aquélla (art. 6.4.º CC)».

Desarrollemos ahora los casos en que la prohibición del pacto comisorio se ha manifestado en las garantías atípicas.

En primer lugar, en la dación en pago, que como es sabido es un subrogado del cumplimiento. En la práctica se ha pretendido pactar la dación en el momento de otorgamiento del préstamo, condicionada al futuro impago del mismo. En este caso se ha dicho con razón que no es el pago la causa de este convenio, pues ha sido adoptado cuando la obligación no está vencida, ni es líquida y exigible. Más bien habría que decir que la transmisión dominical se ha querido como garantía de la obligación, que ésta no es causa suficiente para la transmisión de la propiedad y que se habría incurrido en la prohibición del pacto comisorio: así STS de 1 de marzo de 2013 (RJ 2013\2280) y RRDGRN de 20 de julio de 2012 (RJ 2012\10097), 21 de febrero de 2013 (RJ 2013\1988) y 22 de febrero de 2013 (RJ 2013\1989).

En segundo lugar, la compraventa con pacto de retro también es una figura complicada cuando se estudia a la luz de la prohibición del pacto comisorio. En principio, habrá que calificar de compraventa el contrato en que la entrega del bien a cambio de precio sea lo realmente querido por las partes (aunque el vendedor se reserve la *posibilidad* de recuperar); caso contrario, es decir, si el comprador utiliza la figura para garantizar con ella un crédito contra el vendedor, estaríamos ante una garantía con pacto comisorio. Quizá la clave está, como supo ver la RDGRN de 5 de junio de 1991 (RJ 1991\4649), en que el vendedor se *obligara* a devolver lo que recibe del comprador; porque entonces tendríamos un negocio en que si el vendedor incumpliera, el comprador podría optar entre *exigir* el cumplimiento forzoso de ese crédito o hacer suya definitivamente la propiedad del bien: el pacto de retro pretendería burlar la prohibición del pacto comisorio. Y, en realidad, no sería el vendedor quien se ha reservado la *posibilidad* de recuperar (como el pacto de retro permite), sino que estaría *obligado* a pagar y con ello recuperar; o si no paga, perdería la cosa. No cabe duda de que en estos casos el préstamo sería válido, y la compraventa, aunque a veces se ha sostenido su nulidad —STS de 26 de abril de 1991 (RJ 1991\3064)—, sería mejor decir que no es causa suficiente para producir la transmisión de la propiedad: así STS de 27 de enero de 2012 (RJ 2012\3658), lo que supone reconducir el tratamiento de la misma al de la venta en garantía. Se suelen subrayar algunos síntomas que pueden indicar que en realidad no hubo compraventa: el precio módico; el hecho de que la cosa quede después de la venta en posesión del vendedor y que las cargas de la propiedad sigan gravándole; que el precio para ejercer la retroventa crezca con el paso del tiempo, como lo hacen los intereses.

En tercer lugar, habría que referirse a la opción de compra en garantía; esto es, la concesión al acreedor de un derecho de opción que, si ejercita, no le supone ningún desembolso, pues el precio de la compraventa sería el importe de la cantidad adeudada e impagada. En estos casos se suele decir que «la opción se concede en función de garantía, dada la conexión directa entre el derecho de opción y las vicisitudes de la deuda reconocida (cuyo impago determina la concesión de la opción…)», por lo que vulnera la prohibición del pacto comisorio [así, entre otras, RRDGRN de 26 de noviembre de 2008 (RJ 2009\1461), 30 de septiembre de 1998 (RJ 1998\7214), 22 de septiembre de 1992 (RJ 1992\6919) y 10 de junio de 1986 (RJ 1986\3840)].

En cuarto lugar, también es polémica la situación, respecto de la prohibición del pacto comisorio, del arrendamiento financiero de retorno o *lease back*. Mediante esta figura el arrendador financiero (que es una entidad de *leasing*) compra un bien inmueble a su propietario y a continuación lo arrienda al vendedor mediante una renta y determina un valor residual para dar al vendedor/arrendatario una opción de compra para la readquisición de la propiedad. En función de las características concretas de cada operación, que es necesario examinar para calificar al contrato como *leasing* o como préstamo garantizado mediante una transmisión fiduciaria de la propiedad [vid. por todas STS de 2 de febrero de 2006 (RJ 2006\494)], pudiéramos estar ante un mecanismo de burla de la prohibición del pacto comisorio [vid. SSTS de 10 de febrero de 2005 (RJ 2005\1405) y 15 de abril de 2010 (RJ 2010\3536)]. La clave para estimar que existe fraude, según la STS de 10 de febrero de 2005, es si lo trascendente en el contrato es la necesidad de contar con el bien sobre el que se constituye (estaríamos ante un verdadero *leasing*), o solamente solicitar financiación para proseguir en el desarrollo de su industria (estaríamos ante un préstamo con garantía comisoria prohibida). En las SSTS de 10 de febrero de 2005 y 15 de abril de 2010 se respondió en sentido divergente a esa cuestión en función de las diferentes circunstancias de hecho: en la primera se dijo que estábamos ante un préstamo, porque «el bien ya pertenece a quien aparentemente se convierte en arrendatario del mismo con opción de compra»; mientras que en la segunda, el contrato se calificó como *leasing* ya que «no se trata del mismo bien cuya titularidad se transmitió en virtud del contrato de compraventa, sino de otro integrado fundamentalmente por la edificación que alcanza un valor notablemente superior al del suelo» y que había sido sufragada por la entidad de *leasing*. Muy probablemente la valoración de los hechos sea correcta en ambos casos.

En quinto lugar, ya se ha aludido repetidas veces a la venta en garantía. Suele generalmente aceptarse que esta figura presenta una incongruencia entre el medio jurídico utilizado (enajenación) y el fin práctico de garantía que persigue, por lo que una vez que se descubra la verdad, habrá que estar a ella. Como nuestro ordenamiento sigue una orientación causalista en la transmisión de la propiedad, habrá que decir que el comprador no adquiere la propiedad plena y definitiva de la cosa, y que tampoco la garantía comporta un derecho de realización del valor y preferencia para el cobro que no han sido pactados. En particular, parecen muy acertadas las afirmaciones de la STS de 13 de mayo de 1998 (RJ 1998\3687): «en la transmisión de la propiedad con fines de garantía, ante la falta de todo convenio entre las partes sobre la realización de los bienes, ni el acreedor puede apropiárselos porque incurriría en la prohibición del pacto comisorio, que es una prohibición aplicable a toda garantía dada las razones de moralidad e interés general en que se asienta, ni puede determinar el procedimiento de realización forzosa de su crédito». Poco antes había declarado también que el artículo 1.872 CC «está dictado sólo y exclusivamente para la realización de un derecho real de prenda, mientras que ella (la demandada) tenía un derecho real atípico, no regulado legalmente».

¿Cuáles son, entonces, los efectos de la venta en garantía? La venta en garantía lo que pretende es poner la cosa a disposición del acreedor, en garantía de que cobrará y hasta tanto que cobre. De esa forma se bloquea —externamente— la titularidad del fiduciante, el acreedor se asegura de que el deudor no puede enajenar esos bienes y evita que otros acreedores puedan actuar sobre ellos. El vendedor y el comprador quedan obligados a respetar la situación creada, es decir, el vendedor debe respetar el bloqueo externo de su titularidad de ahí que se diga que el fiduciario tiene un derecho de retención: así, entre otras, SSTS de 4 de diciembre de 2002 (RJ 2002\10424), 26 de julio de 2004 (RJ 2004\6633) y 30 de mayo de 2008 (RJ 2008\3190); mientras que el comprador no se podrá considerar verdadero titular dominical, ni ejercitar facultades de disposición sobre la cosa, sino tan sólo aquellas facultades expresamente concedidas en el negocio.

En sexto lugar, entendemos que no habría problema en relación con la prohibición del pacto comisorio con aquellas garantías que sólo permitieran asegurar de modo indirecto el pago del precio o la contraprestación de la cosa sobre la que se constituye la garantía, mediante la inserción de una condición resolutoria explícita, del llamado pacto de reserva de dominio, o instrumentando la operación a través del arrendamiento financiero. En estos casos es verdad que el acreedor puede hacerse con la propiedad plena de la cosa por el incumplimiento del crédito asegurado, pero ello es consecuencia de la restitución derivada de la resolución por incumplimiento: obligación de naturaleza muy diferente de la que motiva la prohibición del pacto comisorio, y que hace que cese la *ratio* de la misma. Por eso entendemos que, en cambio, incurriría en la prohibición del pacto comisorio el uso de estos mecanismos de garantías cuando pretendieran beneficiar al tercero financiador de la operación, porque, de ser permitido este uso, en realidad se estaría proporcionando un mecanismo que garantizaría la obligación de amortizar el préstamo. Es cierto que la LVP permite el uso de estas garantías comisorias con esta otra función de garantía del tercero financiador de la compra; así, por ejemplo, el artículo 7.10, habla de que la cláusula de reserva de dominio puede ser cedida a otro (se tratará del financiador) por el vendedor. Pero no se puede olvidar que a tenor del artículo 16.2.*e*) «La adquisición por el acreedor de los bienes entregados por el deudor no impedirá la reclamación entre las partes de las cantidades que correspondan, si el valor del bien en el momento de su entrega por el deudor, conforme a las tablas o índices referenciales de depreciación establecidos en el contrato, fuese inferior o superior a la deuda reclamada»; lo cual hace que estas garantías más que autorizar un pacto comisorio de los prohibidos en general, se refieren a pactos marcianos. Esta última cuestión pone de manifiesto que no se debe perder de vista que la prohibición del pacto comisorio está justificada por unas determinadas razones que señalan los límites que tendrá la prohibición: por ejemplo, no se extiende a los casos en los que existe equivalencia entre el valor de la garantía y la deuda.

e) Indivisibilidad, a tenor del artículo 1.860 CC la garantía se mantiene inalterada, tal y como fue constituida, hasta la extinción total de la obligación garantizada. A efectos de la garantía, por tanto, carecen de trascendencia tanto la división física de la cosa objeto de la misma, como la división jurídica de la obligación o su extinción parcial.

f) La promesa de constitución de prenda o hipoteca sólo produce acción personal entre los contratantes (art. 1.862 CC). Como estamos ante problemas que afectan específicamente a estas dos figuras de garantía típicas, entendemos más conveniente remitirnos a su tratamiento en las lecciones posteriores, si bien adelantamos que se trata de una norma con escasa importancia práctica.

CASO PRÁCTICO

Por motivo de la crisis económica en Banco Verano comenzó a tener problemas serios de liquidez y fue adquirido por el Banco Primavera en otoño de 2015. Entre los bienes del Banco Verano figuraba una cartera de préstamos hipotecarios y dentro de ella se encontraba el préstamo otorgado a Doña Flora que tras años de esfuerzos había conseguido liquidar su deuda en el invierno de 2015; naturalmente tiene recibos de todos los pagos, pero ningún documento público que los acredite. En febrero de 2016 Doña Flora recibe un requerimiento de pago del Banco Verano reclamando el pago de unas cantidades supuestamente pendientes de esa deuda hipotecaria y amenazando con la ejecución de la hipoteca.

Se pregunta: ¿Qué diversos escenarios considera posibles en este caso y qué datos adicionales tiene que recabar de su cliente, Doña Flora? ¿Qué pasos le aconsejaría dar a su cliente?

BIBLIOGRAFÍA BÁSICA

Bustos Pueche: «Teoría general sobre los derechos reales de garantía, con especial atención al pacto comisorio», *ADC*, 1990; Caramés Puentes: «Algunas garantías inmobiliarias atípicas o indirectas», *Estudios de Deusto*, vol. 29,1, 1981; Carrasco Perera/Cordero Lobato/Marín López: *Tratado de los derechos de garantía*, I, 3.ª ed., Cizur Menor (Navarra), 2015; Ferrandis Vilella: «Introducción al estudio de los derechos reales de garantía», *ADC*, 1960; Peña Bernaldo de Quirós: *Derechos reales. Derecho Hipotecario*, II, Madrid, 2001; Ramos Chaparro: *La garantía real inmobiliaria. Manual sistemático de la hipoteca*, Cizur Menor (Navarra), 2008; Roca Trias: «Rasgos básicos de la regulación española en materia de negocios de garantía», en *Tratado de garantías en la contratación mercantil* (coord. NIETO CAROL y BONET SÁNCHEZ), I, Madrid, 1996; ROJO AJURIA: «Las garantías mobiliarias (Fundamentos del derecho de garantías mobiliarias a la luz de la experiencia de los Estados Unidos de América)», *ADC*, 1989.

EJERCICIOS DE AUTOEVALUACIÓN

1) ¿Cuál es la razón de la debilidad de los derechos de crédito y qué le aportan las garantías reales? ¿Qué facultades pueden teóricamente conferir las garantías reales y cuáles, en concreto, confieren las garantías típicas?

2) ¿Resultaría hoy posible en Derecho español una fiducia en garantía con el funcionamiento que tenía en Derecho romano?

3) ¿Cuál es el criterio actual del ordenamiento acerca de la realización del valor en la reserva de dominio, y en la condición resolutoria?

4) En el caso de otorgamiento de hipoteca por un tercero no deudor, ¿qué aspectos del régimen jurídico resultan controvertidos en la jurisprudencia y cuál es su criterio?

5) ¿Cuál es la razón de ser de la prohibición del pacto comisorio y qué implica esa *ratio* en cuanto a la aplicación práctica de la prohibición en los diversos casos que se han planteado ante los tribunales?

Las garantías reales en general

CONCEPTO DE GARANTÍA REAL	✓ Las garantías reales son facultades o derechos que se añaden al derecho de crédito para asegurar su satisfacción, o para asegurar las consecuencias de su incumplimiento y que recaen sobre cosas determinadas y alcanzan oponibilidad *erga omnes.*
TIPOS DE GARANTÍA REAL	— Se podrían clasificar según las facultades que confieren sobre el bien: de posesión, de retención y goce, de administración (o de intervención en la administración) o incluso de disposición. — Históricamente apareció primero la fiducia en garantía: transmisión de la propiedad del garante al acreedor que se obligaba a retransmitir la propiedad cuando la deuda fuera pagada. — La prenda supone el desplazamiento de la posesión del constituyente al acreedor; se utiliza en bienes muebles. — La hipoteca inmobiliaria no implica desplazamiento posesorio, sino publicidad registral. — La anticresis concede el derecho al acreedor a percibir los frutos de un inmueble para imputarlos al crédito. — La hipoteca mobiliaria recae sobre bienes muebles perfectamente identificables. — La prenda sin desplazamiento de la posesión recae sobre bienes muebles que no pueden ser tan fácilmente identificados.
CARACTERES GENERALES DE LAS GARANTÍAS REALES	*a*) Derecho a la realización del valor. Es un carácter propio de la prenda y la hipoteca; fuera de esas figuras típicas de garantía no es un carácter necesario. *b*) Naturaleza real de la garantía, que implica su absolutividad y reipersecutoriedad y también su inherencia, es decir, la inmediatividad del poder sobre la cosa. *c*) Accesoriedad de la garantía con relación al crédito. *d*) No tipicidad, sino sistema de *numerus apertus*, si bien si queremos que la garantía cuente con un sistema de realización de valor que dote al crédito de preferencia, se debe tener presente que en las preferencias sí impera el *numerus clausus.*

NORMAS COMUNES A LA PRENDA Y A LA HIPOTECA	— La cosa o el derecho objeto de la garantía debe pertenecer al garante, que debe tener la libre disposición sobre ellos. — Es posible que las personas extrañas a la obligación constituyan un derecho real de garantía; según una opinión hay entonces una «fianza real» y se pueden aplicar por analogía las normas de la fianza; según otra tesis que resulta preferible, no hay tal posibilidad. — La prohibición del pacto comisorio (ver luego el desarrollo), pretende impedir que el acreedor haga suyo un bien por un valor superior al de la deuda. — Indivisibilidad. — La promesa de constitución de prenda o hipoteca sólo produce acción personal entre los contratantes.
LA PROHIBICIÓN DEL PACTO COMISORIO	1. Opera también en las garantías atípicas o en mecanismos indirectos de garantía: — la dación en pago condicionada al impago del préstamo — la venta con pacto de retro en garantía — la opción de compra en garantía — el arrendamiento financiero de retorno o *lease back* — la venta en garantía 2. No contravienen la prohibición del pacto comisorio aquellas garantías que garantizan al vendedor la restitución derivada de la resolución por incumplimiento: — la condición resolutoria explícita — el pacto de reserva de dominio — el arrendamiento financiero 3. Tampoco se extiende la prohibición a los casos en los que existe equivalencia entre el valor de la garantía y la deuda, por ejemplo: — las anteriores garantías comisorias usadas con función de garantía del tercero financiador de la compra, previstas en la LVP — las garantías financieras, reguladas en el Real Decreto-ley 5/2005, de 11 de marzo — las garantías sobre elementos de equipo móvil del Convenio de Ciudad del Cabo de 16 de noviembre de 2001

LECCIÓN 15

LA PRENDA*

SUMARIO: I. INTRODUCCIÓN. CLASES DE PRENDA. II. CONCEPTO Y CARACTERES. III. REQUISITOS PARA SU CONSTITUCIÓN. 1. *Capacidad y consentimiento. La promesa de prenda.* 2. *El objeto: bienes muebles. La prenda sobre créditos.* 3. *Forma y eficacia frente a terceros.* 4. *El traspaso posesorio: la entrega al acreedor.* IV. EL ACREEDOR PIGNORATICIO. 1. *Derechos.* 2. *Obligaciones.* V. EL INCUMPLIMIENTO Y LA EJECUCIÓN. 1. *La prohibición del pacto comisorio y su incidencia en la prenda.* 2. *La ejecución notarial extrajudicial.* 3. *La ejecución judicial.* CASO PRÁCTICO. CUESTIONES. BIBLIOGRAFÍA BÁSICA. EJERCICIOS DE AUTOEVALUACIÓN. ESQUEMA: LA PRENDA.

I. INTRODUCCIÓN. CLASES DE PRENDA

Los derechos reales de garantía se caracterizan porque el elemento que sirve de base para tal fin es un bien que puede tener la condición de mueble o inmueble, siendo la prenda la garantía real que se constituye sobre un bien mueble, de tal modo que su rasgo configurador inicial es su carácter mobiliario.

Esta figura ha evolucionado a lo largo del tiempo para adaptarse, principalmente, a las nuevas realidades económicas, pretendiéndose con ello superar las exigencias que dificultan su constitución, especialmente la necesidad, como se verá, de poner en disposición del acreedor el bien mueble entregado como garantía.

La situación expuesta provoca que, en la actualidad, no puede hablarse de un único tipo de prenda, pues es posible encontrar, en primer lugar, la que podríamos denominar prenda general u ordinaria, cuyo régimen jurídico se encuentra en los artículos 1.863 a 1.873 del Código civil, preceptos a los que han de sumarse los artículos 1.857 a 1.862 del mismo Código, comunes tanto a la prenda como a la hipoteca; igualmente es posible hallar prendas especiales, destacando la prenda

* Por Eduardo DE LA IGLESIA PRADOS.

sin desplazamiento de la posesión, caracterizada por la forma exigida para su constitución, ser el objeto sobre el que recae explícitamente concretado y limitado en la norma y no requerir la puesta a disposición del acreedor de la cosa mueble que sirve de garantía, figura regulada en la Ley sobre Hipoteca Mobiliaria y Prenda sin Desplazamiento de la Posesión de 16 de diciembre de 1954.

En el presente tema se va a proceder al estudio de la prenda ordinaria, realizándose en otro posterior el análisis de la especial derivada de la Ley de 1954.

II. CONCEPTO Y CARACTERES

La definición de la prenda no se efectúa en el Código civil, si bien se ha abordado por la doctrina y la jurisprudencia, siendo útil y destacada, tanto por su claridad como por integrar los rasgos configuradores de esta figura, la realizada por la Sentencia del Tribunal Supremo de 26 de marzo de 1997 (RJ 1997, 2539), en la que se afirmó que «el derecho de prenda es un derecho real de garantía que, para asegurar el cumplimiento de una obligación, otorga a su titular el poder sobre una cosa mueble que le permite poseerla y, si se incumple aquélla, realizarla».

Del citado concepto, así como de la configuración legal de la figura estudiada, pueden concretarse como sus características principales las siguientes:

— La prenda es una garantía real, por lo tanto, su constitución ha de estar vinculada, necesariamente, a asegurar el cumplimiento de una obligación [art. 1.857.1.*a*) CC], pudiendo asegurar cualquiera de ellas, tanto las puras como las sujetas a condición resolutoria o suspensiva (art. 1.861 CC); así pues, la prenda es una obligación accesoria de otra principal, lo que provoca que su vigencia esté anudada a la de la obligación principal garantizada, de tal modo que de extinguirse ésta, idéntico efecto procederá para la prenda.

— El objeto de la prenda ha de ser, en todo caso, un bien mueble, por lo que los bienes que no posean tal condición no podrán servir para constituir esta garantía real mobiliaria, aun cuando puedan ser útiles para otras (art. 1.864 CC).

— La cosa dada en prenda, esto es pignorada, ha de ser titularidad del sujeto que la empeña, quien además ha de tener su libre disposición, o estar autorizado a disponer de ella; por tanto, para su constitución, el bien mueble sobre el que recae la garantía ha de ser, necesariamente, de un propietario con plenas facultades dispositivas [art. 1.857.1.*b*) y *c*) CC].

— Para constituir la prenda ordinaria ha de existir, obligatoriamente, un desplazamiento posesorio del bien mueble, de tal modo que el deudor pignoraticio ha de entregar su posesión al acreedor, obligación que puede igualmente cumplimentarse con la puesta en posesión del bien en favor de un tercero de común acuerdo (art. 1.863 CC).

— La prenda, como garantía real, otorga un derecho de realización sobre la cosa pignorada, por lo tanto, en caso de incumplimiento de la obligación principal el acreedor no podrá apropiarse del bien como medio de pago, teniendo que proceder a su venta, siendo a través de ésta y de lo obtenido como se satisfará, en principio, la deuda, circunstancia que provoca que nos encontremos ante un derecho de realización de valor (arts. 1.858 y 1.859 CC).

— La prenda es indivisible, aunque la deuda se divida entre los causahabientes del deudor o del acreedor, si bien se exceptúa de la aplicación de esta regla general el supuesto en el que, siendo varias las cosas dadas en prenda, cada una de ellas garantice solamente una porción determinada del crédito, pues en este caso el deudor tendrá derecho a que se extinga la prenda a medida que satisfaga la parte de deuda de la que cada cosa responda especialmente (art. 1.860 CC).

III. REQUISITOS PARA SU CONSTITUCIÓN

El mecanismo a través del cual es posible la constitución de una garantía pignoraticia es el contrato, por lo tanto, será necesario valorar los elementos requeridos para su conclusión, en el que las partes de la relación son denominadas acreedor pignoraticio y deudor pignoraticio.

1. Capacidad y consentimiento. La promesa de prenda

La capacidad requerida para prestar el consentimiento necesario para la constitución de la prenda no se detalla en la normativa de un modo explícito, al no establecerse regla alguna especial sobre la materia en los artículos del Código civil que proceden a establecer el régimen jurídico de esta figura, de tal modo que, en principio, se requerirá, como punto de partida, la capacidad general para contratar, a lo que ha de sumarse la titularidad del bien dado en garantía y su libre disposición.

Por lo tanto, la capacidad de obrar y la titularidad sobre el objeto no son suficientes para la constitución de la prenda, pues además se requiere la libre disposición de la cosa mueble por parte del dueño del bien dado en empeño, exigencia valorada por nuestros Tribunales en algún supuesto, principalmente en relación a la incidencia en la libre disponibilidad de la inclusión estatutaria de cláusula de prohibición de disponer sobre el uso de acciones de entidades mercantiles, siendo destacado el supuesto resuelto por la Sentencia del Tribunal Supremo de 21 de octubre de 2003 (RJ 2003, 7516) y la Resolución de la Dirección General de los Registros y el Notariado de 7 de noviembre de 2018 (RJ 2018, 4854), favorables a la legalidad de tal prohibición.

Para ello se precisa que «respecto de la constitución de derechos reales sobre las participaciones sociales, pudiera entenderse que la prohibición de la misma sólo estaría justificada en los casos en que como consecuencia del derecho real de que se trate se atribuyera según los estatutos sociales el ejercicio de derechos de socio al titular del derecho real limitado constituido. Pero lo cierto es que, aun cuando no exista esa atribución estatutaria del ejercicio de derechos de socio, la previsión expresa de aplicación de restricciones a la constitución de derechos reales se justifica por el hecho de que del título constitutivo de los mismos puede atribuir determinados derechos sociales al titular del derecho constituido que le permitan influir en la vida corporativa de la sociedad. Y aunque tales riesgos pudieran conjurarse mediante la simple extensión de las limitaciones estatutarias, o las legales supletorias, no siempre estas normas se acomodan sin dificultades al derecho real de que se trate. Por ello, no puede rechazarse la inscripción de la cláusula estatutaria que excluye la posibilidad de constitución de tales derechos reales sobre las participaciones, y concretamente el de prenda, toda vez que, al permitir al socio la transmisión plena de sus participaciones no lo convierte en «prisionero» de la sociedad y no perturba la realización del valor patrimonial de las participaciones con una dificultad objetiva que sea prácticamente insalvable ni puede considerarse que rebase los límites generales a la autonomía de la voluntad».

Dentro de este apartado, ha de valorarse la situación de los menores, pues debe tenerse en cuenta que el artículo 166 del Código civil impide a los titulares de la responsabilidad parental gravar objetos preciosos y valores mobiliarios, salvo que posean la correspondiente autorización judicial; por lo tanto, la constitución de prenda sobre otros bienes muebles no integrados en tal ámbito podrá efectuarse por los progenitores de los menores libremente, como ha reconocido expresamente la Sentencia del Tribunal Supremo de 28 de noviembre de 1989 (RJ 1989, 7915), al dotar de validez a gravamen del importe a metálico de imposiciones de menores a plazo fijo efectuados por los titulares de la patria potestad, indicando expresamente que la pretendida prohibición «no está recogida de un modo concreto, ni en la redacción anterior del artículo 164, ni en la actual del artículo 166», rechazando además la interpretación extensiva de la misma o analógica de la normativa de otras instituciones tuitivas para dejar sin efecto el contrato de prenda suscrito en representación de los hijos.

Por último, debe advertirse que la producción de los efectos propios de la prenda ordinaria no tendrá lugar hasta que se acuerde por las partes afectadas, por lo tanto, si lo existente es una mera promesa para ello, en tal caso todavía no estará perfeccionada la garantía, generándose conforme precisa el artículo 1.862 del Código civil una acción personal entre los contratantes, sin perjuicio de la responsabilidad criminal en que incurriere el que defraudase a otro ofreciendo en prenda como libres las cosas que sabía estaban gravadas, o fingiéndose dueño de las que no le pertenecen.

2. El objeto: bienes muebles. La prenda sobre créditos

El objeto de la prenda, como ya se ha advertido, ha de ser necesariamente un bien mueble, exigencia consagrada en el artículo 1.864 del Código civil, precepto que no se limita a mencionar tal dato, sino que además añade, en primer lugar, que el bien mueble ha de estar dentro del comercio, cuestión lógica pues si no lo estuviera no se cumpliría la exigencia de la libre disposición ya advertida para la constitución de una garantía pignoraticia y, en segundo lugar, que sea susceptible de posesión, requisito justificado en el hecho de requerirse un traspaso posesorio del deudor al acreedor pignoraticio del mueble que sirve de garantía para su creación.

La necesidad de traspaso posesorio y, derivado de ello, la aptitud de la cosa mueble para ser poseída provoca que haya de valorarse si dentro del objeto válido para la celebración de esta garantía se han de integrar, exclusivamente, los bienes muebles corporales, susceptibles de aprehensión por su propia naturaleza o si, por el contrario, pueden integrarse igualmente cosas incorporales, principalmente derechos.

Esta cuestión incide principalmente en la práctica en si los créditos pueden ser objeto de prenda, asunto que ya fue resuelto por la jurisprudencia tradicionalmente en un sentido favorable, solución que encuentra además en la actualidad respaldo normativo en el artículo 91.1.6 de la vigente Ley Concursal, que reconoce de modo explícito la aptitud de los créditos para ser objeto de la prenda, con el consiguiente privilegio especial del acreedor pignoraticio sobre ellos [pueden señalarse, entre otras, con anterioridad a la Ley Concursal, las SSTS de 25 de junio de 2001 (RJ 2001, 7243) y 26 de septiembre de 2002 (RJ 2002, 7873) y, con posterioridad, las SSTS de 10 de marzo de 2004 (RJ 2004, 1821), 20 de junio de 2007 (RJ 2007, 3455) y 11 de mayo de 2008 (RJ 2008, 4044)].

La solución apuntada se justifica por la jurisprudencia por considerar que dicha garantía no puede circunscribirse a las cosas materiales, estando basada en una interpretación literal del artículo 1.864 del Código civil, pues la contraria chocaría con lo dispuesto en el artículo 1.868 del mismo Código, el cual admite la prenda que produce intereses [vid. STS de 31 de mayo de 1993 (RJ 1993, 4055)], concretando por todas la Sentencia del Tribunal Supremo de 3 de febrero de 2009 (RJ 2009, 1360) que «la prenda de derechos es el derecho real de prenda que no recae sobre una cosa, sino sobre un derecho y al acreedor pignoraticio se le transmite, no la posesión de la cosa, sino el poder en que el derecho consiste, que le permite realizarlo. En el caso de prenda sobre derecho de crédito se producen los mismos efectos que la posesión por la notificación al deudor y por la facultad del acreedor pignoraticio de percibir directamente el crédito que ha sido objeto de aquella prenda».

Dentro de este ámbito, como primer ejemplo, destaca la constitución de prenda sobre valores, existiendo una pacífica y reiterada jurisprudencia que la admite, pues «las imposiciones bancarias a plazo originan un crédito a favor del imponente que posee un valor patrimonial apto para ser objeto de un derecho de prenda, pues éste no puede circunscribirse a las cosas materiales. Cabe, pues, que el depositante pignore su derecho de crédito a la restitución, en garantía de una obligación que mantiene o que contrae con la entidad bancaria. El que exista, como contenido de dicha pignoración un pacto de compensabilidad es algo añadido que viene a evitar el sistema de ejecución de la prenda previsto en el artículo 1.872 del Código civil. Esta compensación entre el derecho de crédito del deudor pignorante y lo que éste adeuda al Banco no infringe la prohibición que respecto al pacto comisorio contiene el artículo 1.859, ya que no puede producirse perjuicio alguno ni para el deudor ni para terceros, pues la entidad financiera no va a obtener ni nada más ni nada menos que la cantidad objeto de la imposición [cfr. SSTS de 19 de abril de 1997 (RJ 1997, 3429), 7 de octubre de 1997 (RJ 1997, 7101) y 25 de junio de 2001 (RJ 2001, 5080)].

Igualmente se valida que las imposiciones a plazo fijo puedan ser objeto de prenda por la Sentencia del Tribunal Supremo de 10 de marzo de 2004 (RJ 2004, 1821), dado que «si bien el dinero como tal no puede constituir por sus características el objeto de un derecho real de prenda, otra cosa es cuando es objeto de un contrato celebrado con un tercero, que otorga un derecho a la restitución de la suma entregada. Ese crédito tiene obviamente un valor, que no hay ninguna necesidad física y jurídica de que quede inmovilizado, lo que además sería anómalo e incongruente en una sociedad económica como la actual, en la que los créditos desempeñan un papel esencial en el tráfico económico. De ahí que la jurisprudencia lo reconozca, permitiendo que el crédito a la restitución sea objeto de un derecho real de prenda. Nada obsta a todo ello la naturaleza jurídica de la imposición a plazo fijo. Desde luego no es un título-valor, pero no puede concluirse que por esta circunstancia sea un bien no susceptible de comercio».

Un tercer ejemplo de crédito susceptible de pignoración son los derechos de cobro de subvenciones derivadas de la Política Agraria Común (PAC), regulándose los requisitos por disposiciones autonómicas, que suelen establecer su constitución en documento público notarial, especialidad respecto a la regla general como se verá, y la comunicación de la pignoración a la Administración, surtiendo efecto la garantía frente a la Administración a partir de la toma de razón de la misma, la cual únicamente podrá efectuarse a partir de la autorización del pago de la ayuda.

Una última cuestión a tener en cuenta es si es posible que sea objeto válido de la prenda un crédito futuro, cuestión resuelta expresamente de un modo favorable por la Sentencia del Tribunal Supremo de 20 de junio de 2007 (RJ 2007, 3455), que para ello pone de manifiesto que «el artículo 1.861 del Código civil dice que la hipoteca o la prenda pueden asegurar toda clase de obligaciones, ya sean puras, ya estén sujetas a condición suspensiva o resolutoria. El crédito futuro puede ser considerado jurídicamente como sometido a la condición suspensiva de que llegue a existir, y la garantía quedará entonces condicionada de la misma forma».

3. Forma y eficacia frente a terceros

La perfección de un contrato de prenda ordinaria no requiere forma alguna, por lo tanto, rige en este punto el principio de libertad de forma consagrado para nuestro ordenamiento jurídico en el artículo 1.278 del Código civil.

Sin embargo, esta circunstancia no provoca que la certeza de la existencia del contrato y sus efectos sean idénticos según el modo de constitución formal o no de la prenda, pues el artículo 1.865 del Código civil, aunque no impone forma alguna, explícitamente dispone que, para la extensión de sus efectos a terceros será necesaria su constancia en documento público con precisión cierta de la fecha de constitución, por lo tanto, como indica la Sentencia del Tribunal Supremo de 26 de marzo de 1997 (RJ 1997, 2539) «siendo todo derecho real oponible *erga omnes*, sin embargo, el artículo 1.865 del Código civil dispone que la prenda sólo lo será desde que consta por instrumento público la certeza de la fecha».

De este modo, puede concluirse que la prenda que no conste en documento público tendrá eficacia exclusiva *inter partes*, pues vinculará y se extenderá únicamente a acreedor y deudor pignoraticio, no pudiendo afectar ni oponerse a terceros mientras que, por el contrario, de plasmarse el acuerdo en documento público y precisarse la fecha exacta de su constitución, poseerá una eficacia *erga omnes* y, por ello, afectará tanto a las personas integrantes de la relación como a los terceros.

4. El traspaso posesorio: la entrega al acreedor

Tal y como precisa la Sentencia del Tribunal Supremo de 21 de julio de 2006 (RJ 2006, 5139), la entrega de la cosa al acreedor y su posesión durante la vigencia de la prenda es necesaria para la configuración de este derecho real de garantía, deber de entrega que, como indica nuestro Tribunal Supremo desde la Sentencia de 11 de junio de 1912, integra la esencia del contrato de prenda, pues precisamente la garantía descansa en la posesión material que el acreedor obtiene de la prenda.

Este traspaso al acreedor pignoraticio del bien empeñado, sin embargo, no provoca que el acreedor se constituya en propietario del bien, pues su condición durante la vigencia de la prenda será la de poseedor del mismo, más allá de que, como se verá, pueda actuar en defensa de su derecho mediante el uso de las acciones reales que le correspondan al titular.

Esta realidad, sin embargo, tal y como aclara la Sentencia del Tribunal Supremo de 21 de julio de 2006 (RJ 2006, 5139), no impide que puedan ser válidas modalidades contractuales pignoraticias especiales, como así ocurre, en las que no existe posesión material, ya porque el propósito que llevó al legislador al tipificarlas fue precisamente mantener la cosa gravada en poder del deudor (caso de las prendas sin desplazamiento reguladas en la Ley de 16 de diciembre de 1954), ya porque, como consecuencia de la desincorporación cartular del valor mobiliario y su representación meramente contable, la entrega se haya sustituido en algún caso por una inscripción (art. 10 Ley del Mercado de Valores), ya porque estén expresamente admitidas formas negociales precontractuales de prenda o promesa de constituirla en el futuro, como fuentes sólo de acción personal entre los contratantes (art. 1.862 CC), ya porque sean tolerables contratos que cumplan funciones iguales a la prenda y tengan por objeto bienes incorporales, no susceptibles de posesión [SSTS de 25 de junio de 2001 (RJ 2001, 5080) y 26 de septiembre de 2002 (RJ 2002, 7873)], ya porque el reconocimiento de la potencialidad normativa creadora de los particulares y el respeto a lo pactado (*pacta sunt servanda*) excluyen considerar, al margen de cuales sean las calificaciones procedentes, que no quede obligado quien, de acuerdo con el acreedor en constituir la prenda, se compromete a cumplir las formalidades posteriores que, unidas al consentimiento, sean necesarias para el nacimiento del derecho real de garantía y realización de valor en qué consiste, entre ellas, la entrega de la cosa que se quiere pignorar.

IV. EL ACREEDOR PIGNORATICIO

El necesario traspaso posesorio del bien mueble sobre el que recae la garantía pignoraticia por su titular al acreedor genera que, durante la vigencia de la prenda, las facultades y obligaciones recaigan principalmente en este último, ante el carácter real de la obligación y dado que el deudor, si cumple con la deuda garantizada, provocará la extinción de la relación y, de no realizarlo, podrá entrar en juego la fase de ejecución que se analizará en apartado independiente.

1. Derechos

La primera facultad que se otorga al acreedor pignoraticio se concreta en el artículo 1.866 del Código civil y es una consecuencia lógica y natural del traspaso posesorio existente, siendo la posibilidad de retener la cosa en su poder hasta que se produzca la satisfacción del crédito garantizado.

Esta posesión por parte del acreedor pignoraticio no conlleva el reconocimiento a su favor de las facultades de uso, goce o disposición del bien mueble que sirve de garantía, pues hasta la extinción o la ejecución la facultad que le es otorgada se limita, precisamente, a tenerlo materialmente bajo su poder, como se concreta explícitamente en el artículo 1.870 del Código civil; por ello, el acreedor no podrá usar la cosa dada en prenda sin autorización del dueño y, si lo hiciere o abusare de ella en otro concepto, puede éste pedir que se la constituya en depósito.

El acreedor pignoraticio, por lo tanto, no es el titular de la cosa mueble dada en garantía, al ser un mero poseedor, pero ello no significa que no goce de la posibilidad de actuar en caso de que se ponga en tela de juicio su condición como tal, por discutirse el título habilitante a su favor del bien sobre el que recae la prenda o el dominio de su dueño, por ello, el artículo 1.869 del Código civil le otorga legitimación para ejercitar las acciones que competan al dueño de la cosa pignorada para reclamarla o defenderla contra tercero, precisando la Sentencia del Tribunal Supremo de 2 de julio de 2008 (RJ 2008, 4278) que el pignorante sigue conservando las facultades dominicales sobre el crédito pignorado, perdiendo únicamente los derechos posesorios sobre el mismo, mientras que el acreedor pignoraticio no es que use las acciones correspondientes al dueño, sino que le corresponden, por su derecho real, acciones de defensa del mismo, análogas a las que tendría el propietario.

En segundo lugar, el acreedor pignoraticio goza de la condición de acreedor preferente, de conformidad con lo dispuesto en el artículo 1.922.2 del Código civil, por ello la cosa empeñada estará afecta al pago de la deuda garantizada por la prenda y hasta donde alcance su valor, sin que pueda acudirse a dicho bien para el cobro de otros créditos distintos del deudor hasta satisfacer el garantizado, privilegio que como precisan las Sentencias del Tribunal Supremo de 13 de noviembre de 2001 (RJ 2001, 9449) y 7 de octubre de 2016 (RJ 2016, 4901) «está condicionado a que no exista ningún otro derecho preferente que se haga valer mediante una tercería de mejor derecho».

La preferencia del derecho de prenda vendrá determinada por la fecha de su constitución y no por la fecha en la que el crédito garantizado con la prenda resulta líquido y exigible, precisando la jurisprudencia en las anteriores sentencias que «una garantía real constituida antes del embargo, en principio, no necesitaría acudir a la tercería de mejor derecho, pues el embargo se habría trabado sobre el bien o derecho gravado, razón por la cual, en todo caso, la realización del bien o del derecho previamente gravado debe respetar la garantía real. En estos casos, como el embargo se trabó sin que quedara constancia de que los derechos estaban previamente pignorados, la realización de los derechos embargados puede vaciar la garantía real, que no podrá oponerse frente al adquirente en la ejecución. Por esta razón, para no vaciar la garantía real, debemos admitir que el acreedor pignoraticio pueda hacer valer la preferencia de cobro que le concede su garantía real mediante la tercería de mejor derecho».

La admisión de la prenda sobre créditos futuros y su carácter preferente ha planteado en los últimos tiempos el problema de su eficacia en caso de declaración de concurso, ante la posibilidad de proceder la retroacción, sin embargo, el Tribunal Supremo, en una doctrina pacífica y reiterada, señala que «los créditos garantizados con una prenda de créditos futuros no existentes en el momento de declararse el concurso, pero que derivaban de relaciones jurídicas existentes antes de su declaración, han de considerarse resistentes a éste y otorgan a tales créditos la calificación de créditos con privilegio especial, aunque el crédito pignorado haya nacido tras la declaración de concurso» [vid. SSTS de 22 de febrero de 2008 (RJ 2008, 3048), 6 de noviembre de 2013 (RJ 2013, 7863), 18 de marzo de 2016 (RJ 2016, 993) y 13 de junio de 2017 (RJ 2017, 2899)].

Derivado de dicho criterio, la Sentencia del Tribunal Supremo de 13 de marzo de 2017 (RJ 2017, 981) aborda la cuestión de la pignoración de los créditos consistentes en devoluciones por parte de la Administración Tributaria y su resistencia al concurso, declarando que «los créditos consistentes en las devoluciones de ingresos que pudiera acordar la Agencia Estatal de Administración Tributaria (AEAT) sólo pueden considerarse derivados de una relación jurídica preexistente a la declaración de concurso en los casos en que el hecho imponible del impuesto respecto del cual se haya acordado la devolución de ingresos se ha producido antes de la declaración de concurso», solución igualmente establecida para la calificación como crédito concursal o contra la masa de los derivados de las facturas rectificativas del IVA en las Sentencias del Tribunal Supremo de 3 de octubre de 2011 (RJ 2011, 6696) y 22 de julio de 2013 (RJ 2013, 5202); por el contrario, no puede aceptarse la pretensión formulada por la AEAT de que también son resistentes al concurso las prendas sobre créditos que deriven de relaciones jurídicas cuyos caracteres definitorios estén recogidos en la escritura de constitución de la prenda pero que se encuentren pendientes de concertar, o que no hayan nacido aun cuando se declaró el concurso.

Una tercera cuestión a valorar es si el acreedor pignoraticio puede extender la garantía dada, cuestión resuelta en el artículo 1.866.2 del Código civil, que permite ampliar los efectos de la prenda a otra deuda, si bien exclusivamente si es entre las mismas personas y no se tuvo en cuenta en el momento de acordarse la referida garantía. Por ello, las Sentencias del Tribunal Supremo de 24 de junio de 1941 (RJ 1941, 758) y 21 de febrero de 1997 (RJ 1997, 1011), precisan que su aplicación necesita el cumplimiento de dos requisitos: *a*) que entre el acreedor pignoraticio y el deudor principal existan dos o más deudas, de las que la primera de ellas esté garantizada con prenda, mientras que sobre la segunda no se ha pactado garantía alguna, y *b*) que la segunda deuda, que carece de garantía, tenga vencimiento anterior a la primera que se constituyó y que está garantizada con la prenda.

Sin embargo, como concluyen las referidas resoluciones judiciales, lo que pretende el artículo 1.866 del Código civil es otorgar al acreedor la facultad de prorrogar la retención de la cosa dada en prenda a otras deudas, en principio no garantizadas con ella, pero no significa que dicha prenda pueda ser realizada en caso de incumplimiento en «esas otras deudas» para su satisfacción, y ni mucho menos, que con ello pueda perjudicarse a terceros afectados por la deuda principalmente garantizada.

Un nuevo derecho reconocida al acreedor deriva del artículo 1.868 del Código civil, y es en relación a los intereses, al establecer que si la prenda los produce, compensará el acreedor los que perciba con los que se le deben; por el contrario si no se le deben, o en cuanto excedan de los legítimamente debidos, los imputará al capital.

Por último, debe reflejarse en el presente apartado, aun cuando sea objeto de desarrollo en otro específico, que la última facultad del acreedor será, lógicamente, ejecutar la garantía en caso de incumplimiento para, a través de lo obtenido, cobrar el crédito.

2. Obligaciones

La tenencia por parte del acreedor pignoraticio de un bien mueble de tercero provoca que se le impongan una serie de obligaciones, principalmente dado que el objeto deberá mantenerse en condiciones adecuadas, ya para ser devuelto a su titular si se produce el pago de la deuda en cuya garantía se constituyó la prenda, ya para poder efectuar su realización y, con ella, poder cobrar el acreedor la obligación no satisfecha.

Por ello, el artículo 1.867 del Código civil impone al acreedor pignoraticio el deber de custodia y cuidado adecuado de las cosas dadas en prenda, precisando el referido precepto que el parámetro de diligencia a tal fin será el del buen padre de familia, respondiendo de su pérdida o deterioro en caso de incumplimiento de esta obligación, efectos aplicados en la Sentencia del Tribunal Supremo de 1 de abril de 1996 (RJ 1996, 2877), que determinó la responsabilidad del acreedor pignoraticio, en el caso un banco, pues «estaba obligado a ejercer la facultad de retención, cuidando al tiempo de la cosa, que cuando son efectos exige la práctica de los actos necesarios para que éstos conserven el valor y los derechos que les corresponden».

El cumplimiento adecuado del deber de conservación y custodia puede conllevar la necesidad de afrontar determinados gastos, los cuales no deben ser asumidos por el acreedor pignoraticio, toda vez que sus facultades se limitan a la mera posesión sin posibilidad de uso, por ello, en caso de que para poder cumplir con esta obligación deba hacer frente al pago de cantidades, tales gastos deberán ser abonados por el titular de la cosa mueble, de conformidad con lo dispuesto en el artículo 1.867 del Código civil.

V. EL INCUMPLIMIENTO Y LA EJECUCIÓN

El carácter esencial del traspaso posesorio de la prenda provoca que, en tanto en cuanto no se cumpla con la obligación principal garantizada, el titular de la cosa mueble no pueda reclamar su restitución al acreedor pignoraticio, a la que tendrá derecho lógicamente tras la satisfacción del crédito, si bien la garantía real derivada de la prenda va a desplegar sus efectos materiales en caso de incumplimiento de la obligación principal, pues será aquí cuando se le otorguen los derechos pertinentes al acreedor para cobrar la deuda a través del bien mueble dado en garantía.

Para ello, al estar imposibilitado el pago a través de la apropiación del bien por la prohibición del pacto comisorio, lo procedente será su realización para, con las cantidades obtenidas, lograr la satisfacción de la deuda, pues tal y como precisó la Sentencia del Tribunal Supremo de 24 de junio de 1941 (RJ 1941, 758) «el derecho de prenda no está caracterizado solamente por una facultad de retención, sino que también es de esencia en él la facultad de enajenar las cosas constituidas en garantía para pagar al acreedor (*ius distrahendi*)», actuación a llevar a cabo judicial o extrajudicialmente.

1. La prohibición del pacto comisorio y su incidencia en la prenda

Desde un primer momento debe recordarse que la ejecución de la garantía, en caso de incumplimiento, no provocará el pago al acreedor pignoraticio con la entrega en propiedad del bien, al estar proscrita tal posibilidad para las garantías reales en nuestro ordenamiento jurídico en el artículo 1.859 del Código civil, consagrándose así la plena aplicabilidad de la prohibición del pacto comisorio a este supuesto, figura que ha sido objeto de detallado análisis en el capítulo anterior, centrándonos en este punto a valorar su incidencia en la prenda.

El principal efecto, lógicamente, de existir acuerdo entre las partes en el que se determine que en caso de impago el acreedor pignoraticio puede quedarse con la cosa dada en prenda, será su nulidad, siendo la ilicitud del pacto llamado comisorio declarada reiteradamente por el Tribunal Supremo, pues se afirma que no puede prescindirse para la enajenación de la prenda de los términos prescritos en el artículo 1.872 del Código civil [cfr. SSTS de 25 de septiembre de 1986 (RJ 1986, 4789), 22 de diciembre de 1988 (RJ 1988, 9748) y 24 de junio de 2010 (RJ 2010, 5410)], aclarando la Sentencia del Tribunal Supremo de 26 de septiembre de 1995 (RJ 1995, 9398) que «el término podrá del artículo 1.872 quiere decir que el acreedor está facultado y no obligado a utilizar el procedimiento que el precepto establece, pudiendo prescindir de él, sin abandonar sus derechos a la prenda y procediendo a su realización de su crédito mediante la persecución de otros bienes del deudor, si bien, en caso de pretender la venta de lo entregado en prenda, deberá seguir el procedimiento del artículo 1.872, lo que equivale a negar la eficacia de las aludidas cláusulas en su carácter de pactos comisarios que contravinieran el tenor de los preceptos citados».

La aplicación de esta prohibición debe matizarse cuando la prenda se constituye sobre un derecho, pues como señala la Sentencia del Tribunal Supremo de 19 de abril de 1997 (RJ 1997, 3429) «la pignoración del mismo obliga a cumplir el requisito de la desposesión del titular que lo pignora mediante la notificación al deudor del cambio en la titularidad efectuado para que quede vinculado con el nuevo acreedor, que ostentará aquella titularidad en garantía de la deuda que el pignorante tiene contraída con él o pueda contraer en el futuro. Una vez cobrado por el acreedor pignoraticio el importe del crédito, el pacto de compensación con lo debido por el deudor pignorante para extinguir la deuda no repugna a la prohibición del pacto comisorio, que de otra manera podrían quedarse para pago de las deudas garantizadas con objetos de más valor de lo debido. En la prenda de imposiciones a plazo por definición está ausente cualquier clase de perjuicio al deudor y a terceros, porque el banco que goza de la pignoración no va a obtener ni más ni menos de lo que aquella imposición represente, límite de su derecho pignoraticio».

2. La ejecución notarial extrajudicial

La ejecución extrajudicial, de carácter notarial, se regula en el artículo 1.872 del Código civil y habrá de realizarse mediante subasta pública con citación del deudor y del dueño de la prenda, en su caso, subasta y modo de realizarla sobre la que, como señala la Sentencia del Tribunal Supremo de 21 de noviembre de 2000 (RJ 2000, 9312), no están concretados todos los requisitos a los que ha de ajustarse, encontrándonos por tanto ante un vacío legal para cuya solución habrá de acudirse a las normas que regulan la celebración de subastas públicas en los procesos ejecutivos, judiciales o extrajudiciales, que permitan establecer unos criterios objetivos aplicables al caso no regulado del artículo 1.872 del Código civil.

El examen de la regulación legal de la subasta pública pone de manifiesto, por un lado, la necesidad de un trámite previo para la evaluación económica de los bienes que han de ser subastados pues, a diferencia de la hipoteca en que las partes han de fijar el valor de los bienes a efectos de la ejecución desde su inicio, esta labor en la prenda no consta en el origen, actuación que ha de realizarse de forma objetiva, tanto en beneficio del acreedor, para poder obtener un precio suficiente para satisfacer, en todo o en parte, su crédito, como del deudor, para no ver malbaratados sus bienes.

Por otro lado, es requisito necesario e indispensable la publicación de la subasta mediante los pertinentes anuncios, cuyo efecto es una *provocatio ad offerendum*, estando dirigida a que llegue al mayor número posible de interesados para así lograr un mejor conocimiento de sus condiciones y que pueda ser superior la concurrencia de postores que, por interés en la adquisición, den lugar a la obtención de un precio más elevado. La adecuada difusión de la subasta se consigue teniendo en cuenta, no sólo el medio a través del cual se publican los anuncios, sino también señalando un plazo entre la publicación del anuncio y la celebración de la subasta, plazo que, en los textos legales, se gradúa teniendo en cuenta la naturaleza de los bienes y su importancia económica.

El incumplimiento de las exigencias advertidas provocará la nulidad de la subasta, precisamente lo efectuado en el caso resuelto por la sentencia anteriormente citada, pues la publicación en diario deportivo, aunque de difusión nacional, «no parece el más adecuado por su exclusiva dedicación a temas deportivos, para el anuncio y difusión de unas subastas de acciones de una sociedad anónima dedicada a actividades financieras [...] las subastas se celebraron el siguiente día, de los mismos mes y año, a las nueve horas; no se observaron, por tanto, unos mínimos plazos entre la publicación del anuncio de la subasta y su celebración, como establecen todas las normas legales [...] procediendo la nulidad de las subastas celebradas por vulneración del fundamental requisito de publicidad que no puede entenderse cumplido al haber mediado entre su anuncio y la celebración un plazo cuando más, de veinticinco horas, que, lógicamente, no podían desconocer el acreedor y el notario autorizante que era a todas luces insuficientes para provocar la concurrencia de postores que hubieran podido elevar el precio ofrecido por las acciones, conculcándose así el derecho e interés del propietario de las acciones a obtener el mayor precio posible y sin que se alcance a comprender como esa escasísima publicidad podía proteger los legítimos derechos del ejecutante a resarcirse del crédito existente a su favor».

En el desarrollo de la subasta podrá obtenerse la cantidad suficiente para saldar la deuda tras la venta, pero es posible que ésta no llegue siquiera a producirse, previendo para tal caso el artículo 1.872 del Código civil que, si en la primera subasta no hubiese sido enajenada la prenda, podrá celebrarse una segunda con iguales formalidades y, si tampoco diere resultado, podrá el acreedor hacerse dueño de la prenda, en cuyo caso estará obligado a dar carta de pago de la totalidad de su crédito.

De este modo, el pago puede llegar a través del bien mueble que sirve de garantía con su apropiación por el acreedor, pero no como solución pactada entre las partes, ni directa u originaria, sino última y definitiva para poder hacer realmente eficaz y útil la garantía y que, a través de ella, pueda cobrarse la deuda.

3. La ejecución judicial

El régimen jurídico de la ejecución judicial de la prenda se encuentra en los artículos 681 y siguientes de la Ley de Enjuiciamiento Civil, preceptos que contienen una serie de previsiones de común aplicación tanto para la prenda como para la hipoteca.

En primer lugar, el artículo 684.1.4 de la mencionada norma procesal civil precisa que serán competente para la ejecución los Juzgados de Primera Instancia al que las partes se hubieren sometido en la escritura o póliza de constitución de la garantía y, en su defecto, el del lugar en que los bienes se hallen, estén almacenados o se entiendan depositados, debiendo examinar el Tribunal de oficio su propia competencia.

En segundo lugar, la demanda ejecutiva deberá dirigirse frente al deudor y estar acompañada del título o títulos de crédito, precisando el artículo 686 de la Ley de Enjuiciamiento Civil que, en el auto por el que se autorice y despache la ejecución se mandará requerir notarialmente de pago al deudor, si bien se habilita una excepción a la realización del citado requerimiento cuando se acredite haberse efectuado extrajudicialmente, conforme al artículo 581.2 de la Ley de Enjuiciamiento Civil, siendo el trámite para la realización de los bienes pignorados, según indica el artículo 694 de la Ley de Enjuiciamiento Civil, el procedimiento de apremio.

Por último, debe señalarse que el deudor tiene un mecanismo para evitar la subasta y realización del bien a través de la oposición a la ejecución, si bien ésta sólo se admitirá por las causas tasadas en el artículo 695 de la Ley procesal civil: *a*) extinción de la garantía o de la obligación garantizada, siempre que se presente escritura pública de carta de pago o de cancelación de la garantía; *b*) error en la determinación de la cantidad exigible, cuando la deuda garantizada sea el saldo que arroje el cierre de una cuenta entre ejecutante y ejecutado, y *c*) carácter abusivo de una cláusula contractual que constituya el fundamento de la ejecución o que hubiese determinado la cantidad exigible.

Las consecuencias de la estimación de la oposición variarán según la causa que la motive, pues de proceder por la primera de las señaladas se mandará sobreseer la ejecución; de estimarse por la causa segunda, se fijará la cantidad por la que haya de seguirse la ejecución y, respecto a la causa tercera, se acordará el sobreseimiento de la ejecución cuando la cláusula contractual fundamente la ejecución, pues en otro caso, se continuará la ejecución con la inaplicación de la cláusula abusiva.

CASO PRÁCTICO

Juan, es deudor de la entidad bancaria y de Pedro, y le ofrece a la entidad bancaria en garantía de pago de su deuda la celebración de un contrato de prenda sobre depósitos de dinero a plazo fijo, acordando las partes la constitución de la prenda en documento privado.

Ante tal situación, Pedro, acreedor de Juan, considera que dicho comportamiento le perjudica, pues le dificulta el cobro de sus créditos, planteándose además que tal garantía es inválida, al incumplirse la normativa reguladora de la misma en cuanto al objeto, forma y desplazamiento de la posesión.

CUESTIONES

Deben responderse, razonada y fundadamente las siguientes:

1. ¿Cuál es el objeto sobre el que es posible constituir una prenda? ¿Se integra un depósito de valores bancario entre ellos?
2. ¿Se puede constituir una prenda en documento privado? ¿Posee efectos *erga omnes*?
3. ¿Se cumple el debido traspaso de la posesión al acreedor en el presente caso?
4. ¿Puede Pedro cobrar sus créditos atacando el depósito de dinero a plazo fijo sobre el cual se ha constituido la prenda?

BIBLIOGRAFÍA BÁSICA

AAVV: *Tratado de Derechos de Garantía*, Navarra, 2015; Bermejo Gutiérrez, N.: «La prenda de créditos futuros y los contratos pendientes de ejecución», en *Anuario de Derecho Concursal*, n.º 46, 2019, pp. 7-49; De la Cámara García, F.: «La prenda», en *La contratación bancaria*, Madrid, 2007; García Parra, S. E.: *Pignoración de créditos*, Valencia, 2017; García Vicente, J. R.: *La prenda de créditos*, Madrid, 2006; Medina Alcoz, M. y De Miguel Hernando, D.: «El contrato de constitución de prenda ordinaria», en *Contratos civiles, mercantiles, públicos, laborales e internacionales con sus implicaciones tributarias*, Navarra, 2014; Mejías Gómez, J.: *La prenda de acciones*, Navarra, 2002; Pérez García, M. J.: «El sistema de ejecución de la prenda y el pacto comisorio: el artículo 1872 del Código civil», en *Garantías reales mobiliarias en Europa*, Madrid, 2007; Tarragona Fernández, E. y Aranda Rodríguez, R.: *La prenda de créditos futuros*, Navarra, 2018; Vallet de Goytisolo, J.: *Estudios sobre garantías reales*, Madrid, 1973; Veiga Copo, A. B.: *Tratado de la prenda*, Madrid, 2011; ídem: «La ejecución de la prenda», en *Derechos reales de garantía y adquisición*, Navarra, 2014; ídem: *La prenda de acciones*, Navarra, 2015.

EJERCICIOS DE AUTOEVALUACIÓN (JUSTIFICAR TODAS LAS RESPUESTAS)

1) ¿Qué es la prenda? Distinción con la hipoteca.
2) ¿Cuáles son los caracteres del derecho de prenda?
3) ¿Basta para dar un bien en prenda que su titular tenga plena capacidad de obrar?

4) ¿Puede un padre de un menor de edad constituir un derecho de prenda en un bien de su hijo?

5) ¿Se puede constituir un derecho de prenda sobre un crédito? ¿Por qué? ¿Y sobre un crédito futuro?

6) ¿Es la forma un requisito sustancial para la constitución de la prenda?

7) ¿Cuáles son los derechos principales del acreedor pignoraticio?

8) ¿Cómo afecta a la condición de la prenda como crédito privilegiado la declaración de concurso?

9) ¿Es el acreedor pignoraticio titular del bien dado en garantía? ¿Puede ejercitar acciones en protección de la cosa empeñada?

10) ¿Cuáles son las obligaciones del acreedor pignoraticio?

11) ¿Puede cobrarse la deuda el acreedor en caso de impago con la apropiación del bien dado en prenda?

12) ¿Cuál es el Juzgado competente para conocer de una ejecución judicial de la prenda?

13) ¿Cuáles son las causas de oposición a la ejecución judicial? ¿Qué consecuencias tendrán lugar para el procedimiento en caso de admitirse la oposición?

La prenda

CONCEPTO	✓ Es un derecho real de garantía que, para asegurar el cumplimiento de una obligación, otorga a su titular el poder sobre una cosa mueble que le permite poseerla y, si se incumple aquélla, realizarla.
CARACTERES	1. Es una garantía real, por lo tanto, es obligación accesoria de otra principal. 2. Su objeto ha de ser un bien mueble. 3. La cosa dada en prenda ha de ser titularidad del sujeto que la empeña, que ha de tener su libre disposición. 4. Necesidad de desplazamiento, pues el deudor pignoraticio ha de entregar su posesión al acreedor. 5. Otorga un derecho de realización de valor, no pudiendo el acreedor apropiarse del bien que sirve de garantía en pago. 6. Es indivisible, salvo que, siendo varias las cosas dadas en prenda, cada una garantice una porción del crédito.
REQUISITOS DE CONSTITUCIÓN	1. Sujetos: Capacidad general, titularidad del bien mueble empeñado y plena disponibilidad. 2. Objeto. Bien mueble. Se admite la prenda tanto de créditos como de bienes y derechos futuros. 3. Forma: libertad. Pero para poder oponerse a terceros ha de constar en documento público con precisión de la fecha. 4. Entrega: necesidad de traspaso posesorio del deudor al acreedor. Existencia de excepciones o precisiones conforme la naturaleza del bien o derecho que sirve de garantía.
DERECHOS DEL ACREEDOR PIGNORATICIO	1. Poseedor, no titular del bien. Legitimación para ejercer las acciones del dueño de la cosa pignorada para reclamarla o defenderla contra tercero. 2. Titular de crédito preferente sobre el bien empeñado *ex* artículo 1.922.2 CC. En caso de concurso, si deriva de actuación anterior gozará igualmente del privilegio crediticio. 3. Posibilidad de extender la garantía a otras deudas entre idéntico acreedor y deudor. 4. Restitución de las cantidades abonadas para la custodia y conservación del bien empeñado. 5. Cobro de la deuda en caso de impago a través de la ejecución y realización del bien empeñado.
OBLIGACIONES DEL ACREEDOR PIGNORATICIO	1. Deber de custodia y conservación del bien dado en prenda. 2. Diligencia exigida: buen padre de familia.

LA EJECUCIÓN DE LA PRENDA	1. Otorga un derecho de realización de valor. Prohibición del pacto comisorio (art. 1.859 CC), por lo que no es posible el cumplimiento mediante la entrega directa del bien. Realización a través de ejecución extrajudicial o judicial. 2. La ejecución extrajudicial es notarial. Regulada en el artículo 1.872 CC. A través de subasta pública. De no existir venta en primera subasta, podrá haber segunda. Si tampoco se vende tras la segunda, se entregará el bien al acreedor en pago. 3. Ejecución judicial: artículos 651 y siguientes LEC. Necesidad de requerimiento de pago previo salvo excepciones. Ejecución por trámites del procedimiento de apremio. Posibilidad de oposición por causas tasadas.

LECCIÓN 16

LA HIPOTECA MOBILIARIA Y LA PRENDA SIN DESPLAZAMIENTO DE LA POSESIÓN*

SUMARIO: I. INTRODUCCIÓN. II. REQUISITOS COMUNES A LA HIPOTECA MOBILIARIA Y LA PRENDA SIN DESPLAZAMIENTO. III. LA HIPOTECA MOBILIARIA. 1. *El objeto*. 2. *Forma y derechos de las partes*. IV. LA PRENDA SIN DESPLAZAMIENTO DE LA POSESIÓN. 1. *El objeto*. 2. *La forma para su constitución*. 3. *Derechos y obligaciones de las partes*. V. LOS PROCEDIMIENTOS DE EJECUCIÓN DE ESTAS GARANTÍAS. VI. LAS GARANTÍAS INTERNACIONALES. CASO PRÁCTICO. CUESTIONES. BIBLIOGRAFÍA BÁSICA. EJERCICIOS DE AUTOEVALUACIÓN. ESQUEMA: LA HIPOTECA MOBILIARIA Y LA PRENDA SIN DESPLAZAMIENTO DE LA POSESIÓN.

I. INTRODUCCIÓN

La adecuación a las nuevas circunstancias económicas ha provocado la alteración de las exigencias tradicionales de las garantías reales, consagrándose esta situación tras la admisión en nuestro ordenamiento de la hipoteca mobiliaria y la prenda sin desplazamiento de la posesión por la Ley de 16 de diciembre de 1954. Por ello, como precisa la Resolución de la Dirección General de los Registros y el Notariado de 2 de abril de 2013 (RJ 2013, 3665) «la aparición de nuevos bienes muebles y la mejora de las técnicas de su identificación, junto con razones prácticas, favorecieron la implantación de modalidades de derechos reales de garantía mobiliaria en que el desplazamiento posesorio se sustituyó por la publicidad registral, culminando con la Ley de 16 de diciembre de 1954, que consagró las categorías de la hipoteca mobiliaria y de prenda sin desplazamiento de posesión».

Esta evolución viene motivada por varias circunstancias: *a*) la limitación tradicional de la prenda e hipoteca a bienes muebles e inmuebles, respectivamente, con sus características de desplazamiento y no desplazamiento de la posesión, exigencias en muchos casos insuficientes para satisfacer las necesidades de las ga-

* Por Eduardo DE LA IGLESIA PRADOS.

rantías reales; *b*) el carácter perjudicial del desplazamiento de la posesión tanto para el deudor, al privarle de bienes adecuados, que además en muchos casos son su fuente de ingreso, como para la economía nacional, al paralizar elementos de trabajo y de producción y, con ellos, fuentes de riqueza, e incluso para el propio acreedor, al disminuir la capacidad económica del deudor y la posibilidad de hacer frente de un modo normal a sus obligaciones, y *c*) la reducción de la prenda ordinaria a cosas meramente suntuarias, por ser ineficaz respecto de cosas necesarias para el trabajo del hombre.

II. REQUISITOS COMUNES A LA HIPOTECA MOBILIARIA Y LA PRENDA SIN DESPLAZAMIENTO

En primer lugar el objeto, tanto de la hipoteca mobiliaria como de la prenda sin desplazamiento, ha de ser un bien mueble, especificando la Ley los concretos sobre los que puede recaer cada una de forma incompatible, restricción justificada en la Exposición de Motivos de la norma dado que «la determinación de los bienes susceptibles de una y otra forma de garantía, no podía dejarse a la libre interpretación. Por tratarse de una regulación nueva, se ha estimado indispensable fijar con exactitud y de un modo completo los bienes sujetos a hipoteca mobiliaria y a prenda sin desplazamiento».

La cosa mueble ha de ser propiedad del deudor o del tercero que presta la garantía, siendo posible igualmente en caso de pro indiviso, aunque sólo podrán hipotecarse o pignorarse en su totalidad de mediar el consentimiento de todos los partícipes; además, deberá estar pagado el precio de adquisición, a menos que la hipoteca o la prenda se constituyan precisamente en garantía del precio aplazado, justificándose esta medida por la consideración de que las ventas a plazos se verían entorpecidas, en perjuicio del comercio, si el vendedor tuviere el fundado temor de ver perjudicado su crédito por la constitución de una garantía sobre los bienes así vendidos.

En segundo lugar, una de las principales peculiaridades para la constitución de estas garantías reales mobiliarias es su necesaria constancia en escritura pública, así como la posterior necesaria inscripción en el Registro habilitado para este tipo de garantía; por lo tanto, nos encontramos ante garantías que han de plasmarse formalmente y de inscripción constitutiva, equiparándose las exigencias, por lo tanto, a las establecidas para la hipoteca inmobiliaria.

Esta necesaria inscripción registral de la hipoteca mobiliaria y la prenda sin desplazamiento de la posesión se ha de efectuar en el Registro de Bienes Muebles, adscrito al Ministerio de Justicia y bajo la dependencia de la Dirección General de los Registros y del Notariado, de cuya llevanza se encargarán los Registradores de la Propiedad, superándose así la existencia del anterior Registro de Hipoteca Mobiliaria y Prenda sin Desplazamiento, al integrarse este último en aquél,

Registro de carácter público, lo que se hará efectivo: *a*) por manifestación directa de los libros al interesado, que podrá tomar por escrito de los datos que necesite; *b*) por nota informativa facilitada por la oficina; y *c*) por certificación de los asientos expedida por el Registrador.

La inscripción requerirá la previa calificación positiva del Registrador, que para ello y sobre la base de los documentos presentados habrá de valorar: *a*) la legalidad de las formas extrínsecas; *b*) la capacidad y la facultad de disposición de los otorgantes, así como la competencia del Juez, Tribunal o funcionarios autorizantes, y *c*) la legalidad del contenido de los documentos, limitándose el Registrador a examinar si el referido contenido infringe o no, de una manera clara, directa y concreta, alguna disposición legal de carácter imperativo. En caso de ser la calificación positiva, procederá la inscripción, destinándose a cada bien hipotecado un asiento separado y especial en folio independiente y figurando todos los asientos relativos a dicho bien, mientras no se cancele la hipoteca y otros gravámenes, bajo un solo número, a continuación unos de otros, sin solución de continuidad.

La extinción de la deuda dará lugar a la cancelación de la inscripción registral, precisando a tal fin la Resolución de la Dirección General de los Registros y el Notariado de 11 de julio de 1998 (RJ 1998, 5966) que «la cancelación voluntaria requiere el consentimiento de la persona a cuyo favor aparezca inscrita, constatado a través de otra escritura pública o un documento auténtico. Esa exigencia de una determinada vestidura formal que garantice la autenticidad del consentimiento cancelatorio será distinta en cada caso, según de quien dimane aquel consentimiento y el tipo de relación jurídica en cuya virtud se haya constituido el derecho».

Las inscripciones de hipoteca caducarán y se cancelarán de oficio o a instancia de parte, una vez transcurridos seis años, y las de prenda, una vez transcurridos tres años, contados, en ambos casos, a partir de la fecha del vencimiento de la obligación garantizada.

En tercer lugar, existen otros datos comunes que inciden en ambas garantías especiales y que pueden sintetizarse en: *a*) el crédito garantizado podrá enajenarse o cederse en todo o en parte por escritura, debiendo notificarse al deudor por acta notarial; del mismo modo, el deudor no podrá enajenar los bienes hipotecados o pignorados sin el consentimiento del acreedor; *b*) la hipoteca mobiliaria y la prenda sin desplazamiento, en garantía de una obligación que devengue intereses, salvo pacto expreso en contra, asegurarán, en perjuicio de tercero, además del principal, los intereses de los dos últimos años y la parte vencida de la anualidad corriente, y *c*) el acreedor hipotecario o pignoraticio gozará para el cobro de su crédito de la preferencia establecida en los artículos 1.922.2 y 1.926.1 del Código civil, dejando a salvo siempre la prelación por créditos laborales. En caso de concurso, la preferencia y prelación del acreedor hipotecario o pignoraticio se regirán por lo establecido en la Ley Concursal.

Por último, la Ley de 1954 establece un procedimiento de venta extrajudicial común a ambas garantías, el cual será objeto de desarrollo particular en posterior epígrafe del presente capítulo, poseyendo la acción hipotecaria y la pignoraticia derivada de estas figuras un plazo de prescripción particular y específico fijado en tres años, cuyo cómputo se inicia en el momento en el que pudieran ser ejercitadas.

III. LA HIPOTECA MOBILIARIA

1. El objeto

La primera característica de este tipo de garantía es que recae sobre un bien mueble, hecho que le dota de una situación especial frente al tradicional carácter inmobiliario exigido para la hipoteca, caracterizándose eso sí como aquélla por sujetar, directa e inmediatamente, los bienes sobre los que se impone, cualquiera que sea su poseedor, al cumplimiento de la obligación para cuya seguridad fue constituida.

El objeto sobre el que se podrá constituir la hipoteca mobiliaria, como ya se advirtió, no podrá ser cualquier cosa mueble, al admitirse únicamente sobre aquellos habilitados en la Ley, de ahí que únicamente podrán ser hipotecados:

1. Los establecimientos mercantiles: precisa la Resolución de la Dirección General de los Registros y el Notariado de 7 de octubre de 1991 (RJ 1991, 7493) que son «la unidad económica que trasciende a la mera suma de una serie de elementos materiales e inmateriales organizados y dispuestos para el desenvolvimiento de una actividad comercial o fabril y su viabilidad como objeto de la garantía no precisa que se diluya en los singulares elementos que lo integran, sino que es suficiente con el señalamiento para éstos de un común destino jurídico que asegure la subsistencia de aquella unidad». Su constitución requiere: *a*) que el hipotecante sea su titular o arrendatario, debiéndose en este último caso notificar por acta notarial al arrendador o propietario del local en que se hallare instalado el establecimiento que se hipoteca, y *b*) que no tenga limitada la facultad de traspasar. Integra el ámbito de esta garantía, salvo que se excluya, el nombre comercial, rótulo del establecimiento, marcas distintivas y demás derechos de propiedad industrial e intelectual, así como las máquinas, mobiliario, utensilios y demás instrumentos de producción y trabajo, siempre que sean de la propiedad del titular del establecimiento, que su precio de adquisición esté pagado, y que se hallen destinados de modo permanente a satisfacer las necesidades de la explotación mercantil o industrial; por el contrario, quedan excluidos los elementos inmateriales del establecimiento como la organización y la clientela.

2. Los automóviles y otros vehículos de motor, así como los tranvías y vagones de ferrocarril, de propiedad particular, debiendo ser asegurados contra los riesgos de robo, hurto, extravío, sustracción o menoscabo, por una cantidad igual o superior al importe total de la responsabilidad hipotecaria, no pudiendo salir del territorio nacional los vehículos que tuvieren anotada la hipoteca en el permiso de circulación sin consentimiento del acreedor.

3. Las aeronaves: su constitución requiere: *a*) que sean de nacionalidad española, aunque es posible hipotecar aeronaves extranjeras, aunque conforme a los convenios internacionales y al principio de reciprocidad, y *b*) que se hallen inscrita en la sección correspondiente del Registro Mercantil de la provincia donde estén matriculadas. Comprenderá, salvo pacto en contrario, la célula, motores, hélices, aparatos de radio y navegación, herramientas, accesorios, mobiliario y, en general, pertrechos y enseres destinados al servicio de la aeronave, aunque sean separables de ésta. Igualmente, los repuestos de almacén quedarán hipotecados con la aeronave, siempre que consten inventariados en la escritura de constitución. Además, podrá hipotecarse la aeronave en construcción cuando se hubiere invertido un tercio de la cantidad total presupuestaria y la inscripción provisional en el Registro Mercantil deberá convertirse en definitiva terminada la construcción.

4. La maquinaria industrial: puedan ser hipotecadas las máquinas, instrumentos o utensilios instalados y destinados por su propietario a la explotación de una industria y que directamente concurran a satisfacer las necesidades de la explotación misma. El dueño de las máquinas y demás bienes hipotecados tiene la obligación de conservarlos, pudiendo usar normalmente dichos bienes conforme a su destino, pero sin merma de su integridad.

5. La propiedad industrial: son aptos las patentes, topografías de productos semiconductores, marcas, nombres comerciales, diseños industriales, variedades vegetales y otras cualesquiera modalidades típicas, pudiendo efectuarse la garantía por el propietario y por el licenciatario con facultad de ceder su derecho a tercero, y tanto sobre el derecho en sí como sobre la solicitud de concesión del derecho, no siendo susceptibles de hipoteca mobiliaria los derechos de propiedad industrial registrables pero no registrados, los derechos personalísimos carentes de contenido patrimonial o no enajenables y, en general, los que no sean susceptibles de apropiación individual.

6. La propiedad intelectual: podrán hipotecarse tanto los derechos de explotación de la obra como todos aquellos derechos y modalidades de la propiedad intelectual de contenido patrimonial que sean susceptibles de transmisión *inter vivos*, así como los derechos de explotación de una obra cinematográfica, no siendo susceptibles de hipoteca mobiliaria los derechos de propiedad intelectual registrables pero no registrados, los derechos personalísimos como el derecho moral de autor, los no enajenables y, en general, los que no sean susceptibles de apropiación individual. Además, salvo que se pacte otra cosa, la garantía sobre la obra original no se extiende a las traducciones y adaptaciones; las revisiones, ac-

tualizaciones o anotaciones; los compendios, resúmenes o extractos; los arreglos musicales o cualesquiera transformaciones de la obra, si bien dichas transformaciones puedan ser objeto de otras tantas garantías separada.

La limitación del objeto hábil para constituir la hipoteca mobiliaria se completa con el rechazo explícito para que puedan serlo los bienes comprendidos en los artículos 52 a 54 de la Ley de 1954, pues sobre los mismos exclusivamente podrá constituirse la prenda sin desplazamiento, siendo de este modo incompatible que el mismo bien pueda servir de garantía para una hipoteca mobiliaria y una prenda sin desplazamiento.

Por último, quien preste esta garantía deberá, en primer lugar, acreditar en la escritura su dominio del bien o valor mobiliario hipotecado, precisando la Resolución de la Dirección General de los Registros y el Notariado de 1 de febrero de 2012 (RJ 2012, 4390) que este requisito «supone algo más que expresar que se ostenta su titularidad, exigiendo especificar el concreto título de adquisición de esa propiedad» y, en segundo lugar, identificar e individualizar los bienes sobre los que recae la garantía de efectuarse una hipoteca conjunta sobre varios de ellos, pues como señala la Resolución de la Dirección General de los Registros y el Notariado de 2 de abril de 2013 (RJ 2013, 3665) «en la hipoteca conjunta de varios establecimientos mercantiles, vehículos de motor, vagones, tranvías, aeronaves o derechos de propiedad intelectual o industrial, deberá distribuirse entre ellos la responsabilidad real por principal y, en su caso, por intereses y costas».

2. Forma y derechos de las partes

El nacimiento de la hipoteca mobiliaria requiere escritura pública e inscripción, de carácter constitutiva, en el Registro de Bienes Muebles, debiendo integrar la escritura, además de los datos que se establezcan específicamente para cada objeto, los siguientes: *a*) identificación del acreedor, deudor y, en su caso, del dueño de los bienes hipotecados; *b*) descripción de los bienes hipotecados, especificando su naturaleza, cantidad, calidad, signos distintivos y demás particularidades que en cada caso sirvan para individualizarlos; *c*) título de adquisición de los bienes y declaración del hipotecante de que no están hipotecados, pignorados ni embargados; *d*) importe, en moneda nacional, del principal garantizado, plazo para su devolución, tipo de interés si se pactare y cantidad que se señale para costas y gastos, y *e*) fijación de un domicilio para requerimientos y notificaciones al deudor y, en su caso, al hipotecante no deudor.

En relación a las partes, en primer lugar el hipotecante, al mantener la posesión, deberá conservar los bienes hipotecados, principales y accesorios, con la diligencia de un buen padre de familia, haciendo cuantas reparaciones fueran necesarias, imposición lógica pues, en caso contrario, la falta de cumplimiento de esta obligación pudiera provocar la pérdida de valor del bien y, por tanto, su ineficacia para el fin para el que se constituyó la garantía. De todos modos, la posibilidad de la pérdida de valor del bien hipotecado es abordada expresamente por el legislador, estableciendo que la depreciación de los bienes hipotecados, excepto cuando provenga de caso fortuito, concederá al acreedor el derecho a pedir se intervenga judicialmente la administración de tales bienes, presentando los justificantes necesarios al efecto.

El acreedor hipotecario, lógicamente y como se advirtió y se desarrollará posteriormente, gozará de la preferencia para el cobro de la deuda a través del bien dado en garantía, conforme a los procedimientos de ejecución judicial y extrajudicial normativamente establecidos.

IV. LA PRENDA SIN DESPLAZAMIENTO DE LA POSESIÓN

1. El objeto

El dato destacado que diferencia de la prenda ordinaria a esta garantía es, precisamente, su falta de desplazamiento, de tal modo que la posesión del bien mueble sigue en manos del garante que, por tanto, podrá continuar haciendo uso de él y obteniendo, con ello, los beneficios económicos inherentes a su actividad, teniendo la prenda sin desplazamiento un objeto limitado, al no poder ser útil a tal fin cualquier tipo de bien mueble, pues deberá constreñirse a los habilitados normativamente.

Por ello, podrán constituir esta prenda sin desplazamiento, conforme el artículo 52, los titulares de explotaciones agrícolas, forestales y pecuarias sobre los siguientes bienes: *a*) frutos pendientes y cosechas esperadas en el año agrícola en que se celebre el contrato; *b*) frutos separados o productos de dichas explotaciones. Si no estuvieren almacenados, se determinará el lugar en que hubieren de depositarse; *c*) animales, así como sus crías y productos, y *d*) máquinas y aperos de las referidas explotaciones.

En segundo lugar, el artículo 53 habilita su constitución sobre algunos bienes, aunque no formen parte de las explotaciones anteriormente referidas, como: *a*) máquinas y demás bienes muebles identificables por características propias, como marca y número de fabricación, etc.; *b*) mercaderías y materias primas almacenadas.

En tercer lugar, serán susceptibles de prenda sin desplazamiento de la posesión las colecciones de objetos de valor artístico e histórico, como cuadros, esculturas, porcelanas o libros, bien en su totalidad o en parte; también podrán serlo dichos objetos aunque no formen parte de una colección.

En cuarto lugar, los créditos y demás derechos que correspondan a los titulares de contratos, licencias, concesiones o subvenciones administrativas siempre que la Ley o el título de constitución autoricen su enajenación a un tercero, debiendo el Registrador, una vez constituida, comunicar de oficio esta circunstancia a la Administración competente. En este ámbito, la Dirección General de los Registros y el Notariado admite tanto la pignoración de licencias de taxi [Resoluciones de 30 de mayo de 2016 (RJ 2016, 3032) y 10 de octubre de 2016 (RJ 2016, 5014)], como de farmacias [Resoluciones de 15 de junio de 2016 (RJ 2016, 4989) y 28 de marzo de 2017 (RJ 2017, 1397)].

Por último, también podrán ser objeto de prenda mobiliaria los derechos de crédito, incluso los créditos futuros, siempre que no estén representados por valores y no tengan la consideración de instrumentos financieros a los efectos de lo previsto en el Real Decreto-Ley 5/2005, de 11 de marzo.

Por el contrario, no podrá constituirse prenda sin desplazamiento sobre los bienes expresados en el artículo 12 de la Ley de 1954, por ser aptos únicamente para la hipoteca mobiliaria, ni sobre los que por pacto hubieren sido hipotecados con arreglo al artículo 111 de la Ley Hipotecaria.

2. La forma para su constitución

La constitución de esta prenda requerirá escritura pública, en la cual, además de las circunstancias generales, deberá: *a*) describirse los bienes que se pignoran, con expresión de su naturaleza, cantidad, calidad, estado y demás circunstancias que contribuyan a individualizarlos; *b*) determinar, en su caso, el inmueble en que se situaren esos bienes por su origen, aplicación, almacenamiento o depósito; *c*) precisar la obligación del dueño de conservación y puesta a disposición del acreedor, para que éste pueda, en cualquier momento, inspeccionarlos y comprobar la existencia y estado de los mismos, en la forma pactada o, en su defecto, conforme al artículo 63; *d*) integrar los seguros concertados, con referencia a la póliza correspondiente.

La plasmación en documento público de una prenda sin desplazamiento no es suficiente para su constitución, al requerirse como se ha expuesto, además, su inscripción, de carácter por tanto constitutiva, en el Registro de Bienes Muebles.

Una última cuestión de interés es si, en aplicación del principio de conservación de los contratos, es admisible que la falta de inscripción de una prenda sin desplazamiento pueda acarrear su transformación en prenda ordinaria, posibilidad rechazada por la Sentencia del Tribunal Supremo, de 21 de marzo de 2006 (RJ 2006, 1589), al indicar que «una prenda sin desplazamiento de posesión inexistente legalmente no se convierte nunca en una prenda ordinaria porque le falta el requisito constitutivo, requerido por el artículo 1.863 del Código civil, del desplazamiento posesorio, o, en otras palabras, la desposesión del deudor pignorante del objeto dado en prenda en favor del acreedor o de un tercero designado de común acuerdo [...]. Si la inscripción de la prenda sin desplazamiento se deniega no opera la figura de la conversión, transformándose el contrato creador de aquella garantía en otro originador de una prenda ordinaria porque carece obviamente de uno de los requisitos del contrato en que pudiera convertirse (el desplazamiento posesorio). Además, tal conversión no cuenta ni con precepto legal que la admita ni convención que la acuerde. En todo caso, seguiría faltando el requisito legal de la desposesión».

3. Derechos y obligaciones de las partes

El dueño de los bienes pignorados conserva su posesión, que no se traslada al acreedor pignoraticio como ocurre en la prenda ordinaria, si bien, a todos los efectos legales, tendrá la consideración de depositario de los mismos, con la consiguiente responsabilidad civil y criminal, lo que no le impide su derecho a usarlos sin menoscabo de su valor, cosa lógica pues a tal fin se crea esta figura, no pudiéndose trasladar los bienes pignorados del lugar en que se encuentren, según la escritura o póliza, sin consentimiento del acreedor.

Por ello, el deudor tiene la obligación de conservar y custodiar adecuadamente los bienes y derechos sobre los que recae la prenda, siendo de su cuenta los gastos necesarios para la debida conservación, reparación, administración y recolección de los bienes pignorados, de tal modo que si el deudor hiciere mal uso de los bienes o incumpliere sus obligaciones, el acreedor podrá exigir la devolución de la cantidad adecuada o la inmediata venta de la prenda; igualmente, la pérdida o deterioro de dichos bienes dará derecho a la indemnización correspondiente, exigible a los responsables del daño y, en su caso, a la entidad aseguradora.

La conservación del bien por el deudor provoca que, para proteger los intereses del acreedor, se le autorice a que pueda comprobar la existencia de los bienes pignorados e inspeccionar su estado, pudiendo solicitarla judicialmente en caso de denegación para penetrar en el local o lugar donde los bienes estuvieren depositados.

Además, por último, cuando el deudor, con consentimiento del acreedor, decidiere vender, en todo o en parte, los bienes pignorados, tendrá el último derecho preferente para adquirirlos por dación en pago, siempre que el precio convenido para esa proyectada venta fuere inferior al total importe del crédito y quedará subsistente por la diferencia.

V. LOS PROCEDIMIENTOS DE EJECUCIÓN DE ESTAS GARANTÍAS

El incumplimiento por el deudor la obligación principal garantizada, provocará la satisfacción del crédito a través de la realización del bien dado en garantía hipotecaria o pignoraticia, lo que se podrá hacer a través de dos vías, en primer lugar, por el procedimiento extrajudicial de venta de los artículos 86 y siguientes de la Ley de 1954 y, en segundo lugar, mediante la ejecución judicial prevista en la

Ley de Enjuiciamiento Civil, centrándonos en el primero de ellos al ser el propio habilitado para estas figuras.

La venta extrajudicial requerirá la concurrencia de unos requisitos previos, a saber: *a*) que en la escritura de constitución de la hipoteca se designe por el deudor, o por el hipotecante no deudor, en su caso, un mandatario que le represente, en su día, en la venta de los bienes hipotecarios; *b*) que se haga constar el precio en el que los interesados tasan los bienes. El tipo de subasta pactado no podrá ser distinto del que se fije, en su caso, para el procedimiento judicial, y *c*) que se fije por el deudor, o hipotecante no deudor en su caso, un domicilio para requerimientos y notificaciones. También podrá designarse una dirección electrónica, en cuyo caso los requerimientos y notificaciones se harán, además, en esa forma.

El desarrollo del procedimiento se ajustará, necesariamente, a las amplias reglas del artículo 87 de la Ley de 1954 y sólo podrá suspenderse por alguna de las causas detalladas en el artículo 88; también se suspenderá la venta extrajudicial cuando cualquiera de las partes acredite haber planteado judicialmente el carácter abusivo de alguna de las cláusulas contractuales del préstamo hipotecario que constituya el fundamento de la venta extrajudicial o que hubiese determinado la cantidad exigible.

De manera especial para la prenda sin desplazamiento, precisa la normativa que para la venta en subasta notarial de los bienes pignorados, el acreedor, por notario hábil para actuar en el lugar donde se hallen, estén almacenados o se encuentren depositados, requerirá el pago al deudor, expresando la cantidad total reclamada y la causa del vencimiento de la obligación, haciendo constar que, de no efectuarse el pago, procederá la subasta de los bienes sin necesidad de nuevas notificaciones ni requerimientos.

En este caso, el requerido, en los tres días siguientes deberá pagar o entregar la posesión de los bienes pignorados al acreedor o a la persona que éste haya designado en el acto del requerimiento; de no hacerlo, el notario no seguirá adelante su actuación, y el acreedor podrá, para hacer efectivo su crédito, acudir a cualquiera de los procedimientos judiciales, sin perjuicio de ejercitar las acciones civiles y criminales que le correspondan. Si el deudor no pagare, pero entregare la posesión de los bienes, el notario procederá a su enajenación conforme el artículo 1.872 del Código civil.

Por último, cuando los bienes ejecutados consistan en frutos pendientes o cosechas esperadas, podrán aplazarse las subastas hasta que se haya verificado la recolección de los mismos.

VI. LAS GARANTÍAS INTERNACIONALES

Un completo análisis sobre las garantías mobiliarias sin desplazamiento de la posesión ha de culminar con una referencia a la posibilidad de su constitución con carácter internacional, cuya actuación se encuentra sometida al Convenio relativo a garantías internacionales sobre elementos de equipo móvil, hecho en la Ciudad del Cabo el 16 de noviembre de 2001, publicándose la adhesión al mismo de España en el *BOE* n.º 238, de 4 de octubre de 2013.

El citado Convenio Internacional, presenta una regulación de interés sobre el ámbito del presente tema, destacando su contenido por dos datos principales, en primer lugar, por la creación de una garantía internacional que deberá ser reconocida en todos los Estados contratantes y, en segundo lugar, por el establecimiento de un Registro internacional, de carácter telemático, en el que se podrán inscribir las garantías internacionales constituidas al amparo de la normativa del Convenio.

La constitución de esta garantía internacional requiere el cumplimiento de las exigencias formales establecidas en su artículo 7, entre las que destaca su debida constancia por escrito, así como la precisa descripción del objeto que sirve de base para ello, siendo derivadas a las normativas internas de aplicación el resto de cuestiones propias para su creación, que podrá tener lugar de tres modos diversos: *a*) mediante un contrato constitutivo de garantía; *b*) una reserva de propiedad, o *c*) un arrendamiento financiero u operativo, si bien, de todos modos, el dato que más destaca respecto a la constitución de esta garantía internacional es el objeto, pues el mismo no es libre al estar limitado a los expresamente señalados como hábiles en el artículo 2.3 del Convenio, que lo ciñe a las células de aeronaves, motores de aeronaves y helicópteros, material rodante ferroviario y bienes de equipo espacial.

El segundo aspecto a destacar del Convenio es el establecimiento de un Registro internacional de garantías internacionales para cada categoría de bienes, independiente de los Registros nacionales, que presenta como dato destacado su disponibilidad y accesibilidad exclusivamente telemática, aunque debe advertirse que no será necesaria la inscripción de la garantía para su constitución, pues su creación estará condicionada, únicamente, al cumplimiento de los requisitos formales y materiales anteriormente reseñados.

Estos Registros, sin embargo, no publican ni actos o contratos ni titularidades, pues se limitan a dar constancia de las garantías y cargas, siendo por ello el objeto de la inscripción el bien, no el deudor, de ahí la necesaria identificación adecuada del mismo en su constitución, aunque solamente tendrá efectos desde el momento en que puede ser consultada y no desde que los datos se transmiten o reciben en el Registro internacional, otorgando la inscripción registral de una garantía internacional una prioridad a ésta sobre las garantías nacionales no inscritas en el Registro, de ahí que los efectos no van a ser de fe pública registral, sino de mera oponibilidad de las cargas inscritas y de inoponibilidad de las no inscritas.

Por último, señalar que, en caso de incumplimiento de la obligación garantizada, el artículo 8 del Convenio establece que el acreedor podrá solicitar una o más de las medidas siguientes: *a*) tomar la posesión o el control de cualquier objeto gravado en su beneficio; *b*) vender o arrendar dicho objeto, y *c*) percibir o recibir todo ingreso o beneficio proveniente de la gestión o explotación de dicho objeto.

CASO PRÁCTICO

María, para garantizar una deuda con entidad de crédito, plantea constituir una hipoteca mobiliaria sobre un anillo de gran valor de su propiedad, si bien, al ser su profesión la de relaciones públicas, solicita al acreedor conservar la posesión de la mencionada joya. La entidad de crédito, admite tal garantía y proceden a plasmarla en documento privado, que posteriormente es elevado a escritura pública notarial. Ante el impago de la deuda garantizada, la entidad de crédito plantea la ejecución del bien conforme a la normativa de la prenda sin desplazamiento de la propiedad.

CUESTIONES

Se pretende responda justificadamente a las siguientes preguntas:

1. ¿Puede constituirse una hipoteca mobiliaria sobre un anillo?
2. En caso que fuera posible su constitución, ¿habría tenido lugar en el presente caso?
3. Es adecuada la denegación de la ejecución ¿por qué?
4. De considerar no existente la hipoteca mobiliaria ¿podría conservarse la garantía bajo otro tipo?

BIBLIOGRAFÍA BÁSICA

AAVV: *Anales de la Academia Matritense del Notariado*, tomo XI, Madrid, 1951; ADÁN DOMÈNECH, F.: «La venta extrajudicial de la hipoteca mobiliaria», en *Cuadernos de Derecho y Comercio*, n.º 64, 2015, pp. 13-41; FERNÁNDEZ DEL POZO, L.: «Bienes muebles corporales susceptibles de prenda sin desplazamiento. Revisión crítica de la doctrina», en *Revista Crítica de Derecho Inmobiliario*, n.º 753, 2016, pp. 41-65; FORTEA GORBE, J. L.: «El nuevo régimen de la hipoteca mobiliaria de propiedad», en *Actualidad Civil*, n.º 4, 2017, pp. 71-78; GONZÁLEZ-BUENO CATALÁN DE OCÓN, C. J.: *Comentarios a la Ley de hipoteca mobiliaria y prenda sin desplazamiento*, Navarra, 1996; GULLÓN BALLESTEROS, A.: «Cuestiones de preferencia en la Ley de Hipoteca Mobiliaria y Prenda sin desplazamiento», en *Anuario de Derecho Civil*, vol. 17, n.º 4, 1964, pp. 771-796; MUÑIZ ESPADA, E.: «El convenio de Cape Town y sus protocolos sobre garantías mobiliarias», *Garantías reales mobiliarias en Europa*, coord. por E. LAUROBA/J. MARSALS, ed. Pons, Madrid/Barcelona, 2007;

VALLET DE GOYTISOLO, J.: «La Ley de 16 de diciembre de 1954 y su Reglamento de 17 de junio de 1955 sobre Hipoteca Mobiliaria y Prenda sin desplazamiento», en *Anuario de Derecho Civil*, vol. 8, n.º 4, 1955, pp. 1227-1260.

EJERCICIOS DE AUTOEVALUACIÓN (JUSTIFICAR TODAS LAS RESPUESTAS)

1) ¿Cuáles son las causas que justifican el reconocimiento legal a la hipoteca mobiliaria y la prenda sin desplazamiento de la posesión?

2) ¿Puede recaer una hipoteca mobiliaria y una prenda sin desplazamiento sobre el mismo objeto?

3) ¿Existe libertad de forma para constituir una hipoteca mobiliaria o una prenda sin desplazamiento? ¿Cuáles son los requisitos debidos para ello?

4) ¿Cuál es el plazo de prescripción de la acción hipotecaria o pignoraticia derivada de la Ley de 1954?

5) ¿Qué objetos son útiles para la constitución de una hipoteca mobiliaria?

6) ¿Qué derechos y obligaciones tienen las partes de la relación en la hipoteca mobiliaria?

7) ¿Es posible convertir la prenda sin desplazamiento en prenda ordinaria en caso de que no se constituya en escritura pública? ¿Por qué?

8) ¿Qué derechos y obligaciones tienen las partes de la relación en la prenda sin desplazamiento de la posesión?

9) ¿Cómo se concreta el carácter público del Registro de hipoteca mobiliaria y prenda sin desplazamiento?

10) La calificación por el Registrador: consecuencias.

11) ¿Cuáles son los procedimientos para la realización de la hipoteca mobiliaria y la prenda sin desplazamiento en caso de impago?

La hipoteca mobiliaria y la prenda sin desplazamiento de la posesión

INTRODUCCIÓN	1. La Ley de 19 de diciembre de 1954 regula la hipoteca mobiliaria y prenda sin desplazamiento de la posesión, alterando la tradición configuración jurídica de estas garantías reales. 2. Aparece para adecuar la regulación a las nuevas necesidad económicas y de mercado y dotar de un mayor impulso a la constitución de estas garantías.
CUESTIONES COMUNES A LA HIPOTECA MOBILIARIA Y LA PRENDA SIN DESPLAZAMIENTO	1. La normativa detalla los bienes aptos para constituir estas garantías, siendo incompatibles, pues los admitidos para la hipoteca no lo son para la prenda y viceversa. 2. El mueble debe ser titularidad de quien presta la garantía. 3. Su constitución, en ambos casos, requiere acto formal e inscripción constitutiva, pues se requiere escritura pública e inscripción, actualmente en el Registro de Bienes Muebles. 4. Se admite la cesión del crédito y la inclusión de intereses en la garantía. 5. El acreedor hipotecario o pignoraticio gozará de la preferencia y prelación de los artículos 1.922.2 y 1.926.1 del Código civil. 6. La Ley de 1954 establece un procedimiento de venta extrajudicial para el caso de impago de la obligación principal. 7. La acción hipotecaria y la pignoraticia tiene un plazo de prescripción particular y específico en estas figuras de tres años, cuyo cómputo se inicia desde el momento en el que pudieran ser ejercitadas.
LA HIPOTECA MOBILIARIA: OBJETO	✓ La hipoteca mobiliaria recae exclusivamente sobre los siguientes bienes muebles: 1. Los establecimientos mercantiles. 2. Los automóviles y otros vehículos de motor, así como los tranvías y vagones de ferrocarril, de propiedad particular. 3. Las aeronaves. 4. La maquinaria industrial. 5. La propiedad intelectual y la industrial.

LA HIPOTECA MOBILIARIA: FORMA	✓ La escritura pública de constitución de cualquier hipoteca mobiliaria, debe contener: 1. Identificación del acreedor, deudor y, en su caso, del dueño de los bienes hipotecados. 2. Descripción de los bienes hipotecados, especificando su naturaleza, cantidad, calidad, signos distintivos y demás particularidades para individualizarlos. 3. Título de adquisición y declaración del hipotecante de que no están hipotecados, pignorados ni embargados. 4. Importe, en moneda nacional, del principal garantizado, plazo para su devolución, tipo de interés si se pactare y cantidad que se señale para costas y gastos. 5. Fijación de domicilio para requerimientos y notificaciones al deudor y, en su caso, al hipotecante no deudor.
LA HIPOTECA MOBILIARIA: DERECHOS Y OBLIGACIONES DE LAS PARTES	1. El hipotecante debe conservar y custodiar los bienes hipotecados, principales y accesorios, con la diligencia de un buen padre de familia, realizando las reparaciones necesarias. 2. El acreedor gozará de preferencia para el cobro y podrá pedir la administración judicial de los bienes dados en garantía si sufren depreciación.
LA PRENDA SIN DESPLAZAMIENTO: OBJETO	1. Se diferencia de la prenda ordinaria porque la posesión sigue en manos del titular del bien. 2. Puede constituirse, exclusivamente, sobre los bienes y derechos establecidos en los artículos 52 y siguientes de la Ley y sobre créditos futuros, siempre que no estén representados por valores y no tengan la consideración de instrumentos financieros.
LA PRENDA SIN DESPLAZAMIENTO: FORMA	✓ Su constitución requerirá escritura pública, en la cual, además de las circunstancias generales, deberá contenerse: 1. Descripción de los bienes que se pignoran, con expresión de su naturaleza, cantidad, calidad, estado y demás circunstancias que contribuyan a individualizarlos. 2. Determinación, en su caso, del inmueble en que se situaren esos bienes por su origen, aplicación, almacenamiento o depósito. 3. La obligación del dueño de conservarlos y tenerlos a disposición del acreedor, para que éste pueda, en cualquier momento, inspeccionarlos y comprobar la existencia y estado de los mismos. 4. Los seguros concertados, con referencia a la póliza correspondiente. La falta de esta forma no convierte a la prenda sin desplazamiento en prenda ordinaria, precisamente por la falta del traslado posesorio requerido para que ello pudiera suceder.

LA PRENDA SIN DESPLAZAMIENTO: DERECHOS DE LAS PARTES	1. El dueño de la cosa pignorada conserva la posesión como depositario, tiene la obligación de custodia y conservación, debiendo efectuar a su costa las reparaciones necesarias para mantener el bien. 2. El acreedor tiene el derecho a comprobar el estado del bien y si se depreciara a solicitar la devolución de lo entregado o su venta.
EJECUCIÓN DE LA HIPOTECA MOBILIARIA Y PRENDA SIN DESPLAZAMIENTO	1. A través del proceso extrajudicial de venta establecido en la normativa reguladora de las figuras analizadas, en sus artículos 86 y siguientes. 2. Mediante la ejecución general conforme a lo dispuesto en la Ley de Enjuiciamiento Civil.
LAS GARANTÍAS INTERNACIONALES	1. Regidas por el Convenio relativo a garantías internacionales sobre elementos de equipo móvil, hecho en la Ciudad del Cabo el 16 de noviembre de 2001. 2. Constitución formal por escrito limitada a determinados elementos móviles precisamente señalados. 3. Creación de Registro telemático a efectos de publicidad.

LECCIÓN 17

LA HIPOTECA INMOBILIARIA*

* Por Juan José PRETEL SERRANO.

CAPÍTULO I

PLANTEAMIENTO GENERAL

I. CONCEPTO Y PRECEDENTES HISTÓRICOS

La legislación positiva no ofrece un verdadero concepto de la hipoteca, limitándose el Código civil y la Ley Hipotecaria a destacar los diversos elementos esenciales de la misma. Señala la Ley Hipotecaria en el artículo 104 que «la hipoteca sujeta directa e inmediatamente los bienes sobre que se impone, cualquiera que sea su poseedor, al cumplimiento de la obligación para cuya seguridad fue constituida». El Código civil reproduce este precepto en su artículo 1.876.

Dentro del campo doctrinal, es clásica la definición de Roca Sastre, que con fórmula descriptiva, nos dice que la hipoteca es «un derecho real de realización de valor en función de garantía de una obligación pecuniaria de carácter accesorio e indivisible y de constitución registral que recae directamente sobre bienes inmuebles, ajenos y enajenables, los cuales permanecen en la posesión del propietario».

En el mismo sentido el Tribunal Supremo tiene establecido que «la hipoteca es un derecho real de realización de valor y actúa en función de garantía del cumplimiento de una obligación de pago de dinero, derecho que, consiguientemente, ofrece carácter esencialmente accesorio, y que, a tenor de los artículos 1.875 CC y 145 LH, para que dicho derecho real exista es indispensable que el documento en que se constituya sea inscrito en el Registro de la Propiedad (Sentencia de 13 de julio de 1984).

La evolución histórica del régimen jurídico de la hipoteca se inicia en el Derecho romano, donde aparece aquella figura como el resultado de un lento proceso de superación y perfeccionamiento de otras formas de garantía real, como fueron la fiducia y el *pignus*. La evolución se hizo en el sentido de ir progresivamente evitando los inconvenientes de la necesidad del traspaso posesorio del bien dado en garantía al acreedor (con lo que el deudor veía limitada su capacidad económica dificultándose el pago de la deuda). Similar evolución se hizo desde el Derecho germánico, aunque con una mayor publicidad en su constitución.

En el Derecho español a partir del siglo XVI, el mejoramiento económico del país crea un clima favorable al desenvolvimiento de la hipoteca, poniéndose entonces de manifiesto la conveniencia de una reforma que acogiera el principio germánico de publicidad. Sin embargo, y pese a diversos intentos encaminados a tal fin, aquella reforma no se efectúa plenamente hasta la primera Ley Hipotecaria. En efecto, ante el fracaso del Proyecto de 1851, se adoptó la idea de desglosar del citado Proyecto la materia de hipotecas y del Registro de la Propiedad, para formar una Ley especial, que regiría hasta que el Código civil estuviere definitivamente formado y, dentro del cual, aquella materia quedaría incluida. Así surgió nuestra primera Ley Hipotecaria de 8 de febrero de 1861.

A partir de los años ochenta del pasado siglo, la hipoteca ha experimentado en España un enorme desarrollo, en sentido tanto cuantitativo como cualitativo. Como razones del crecimiento cuantitativo, es destacable, ante todo, el crecimiento que a su vez ha tenido la propiedad urbana (a través de la propiedad horizontal). Y como razones del crecimiento cualitativo de la hipoteca puede citarse la aparición de nuevas modalidades de crédito e instrumentos financieros susceptibles de ser garantizados con este derecho.

Pero precisamente en este crecimiento extraordinario está también el germen de la crisis que tiene en la actualidad, en gran parte debido a la aplicación de nuevos principios derivados de la legislación de protección de consumidores y usuarios como veremos posteriormente.

II. NATURALEZA JURÍDICA. LA HIPOTECA ES UN DERECHO REAL

En efecto, ante todo se trata de un derecho real, en el que se dan las notas fundamentales que la doctrina asigna a los derechos de esta clase, es decir: la inmediatividad o poder directo e inmediato del sujeto sobre la cosa (elemento interno), y la absolutividad u oponibilidad *erga omnes* (elemento externo). Resulta, así, claramente del artículo 104 LH antes citado.

En tiempos recientes se ha sostenido que no es un auténtico derecho real, sino más bien una facultad, o poder puramente procesal, una acción tendente a la efectividad de la deuda mediante la venta forzosa de la finca (tesis en su origen de parte de la doctrina italiana, CARNELUTTI especialmente); vendría a ser un embargo anticipado. Pero esta visión puramente procesalista no explicaría toda la fase en la cual el derecho existe (con un contenido característico) produciendo multiplicidad de efectos sin necesidad de entrar en ejecución.

III. CARACTERES

Podemos sintetizarlos (siguiendo a la generalidad de los autores) de la siguiente manera:

a) Es un derecho real (v. *supra*).

b) Es un derecho de realización de valor, en que el titular de la misma puede resarcirse del incumplimiento de la obligación garantizada mediante la realización del valor por precio de la cosa dada en garantía (aunque ésta haya pasado a poder de un tercero). Así resulta del artículo 1.858 CC cuando señala: «Es también de esencia en estos contratos que, vencida la obligación principal, puedan ser enajenadas las cosas en que consista la prenda o hipoteca para pagar al acreedor».

c) En tercer lugar, la hipoteca se configura como un derecho de garantía accesorio de otro derecho, la obligación que asegura; como dice el artículo 1.857 CC, se constituye «para asegurar el cumplimiento de una obligación principal». Ello significa que la hipoteca necesita de una obligación válida para que pueda existir, de tal manera que extinguida la obligación, se extingue también el derecho real (principio de accesoriedad). Una vez constituida la hipoteca sigue todas las vicisitudes jurídicas de la obligación, transmitiéndose juntamente (según reconoce el art. 1.528 CC), y extinguiéndose cuando el crédito queda extinguido. Sin perjuicio de las matizaciones que deberían hacerse para la cancelación pero que no corresponde hacer aquí[1].

d) Por otro lado, la hipoteca se caracteriza por su indivisibilidad, como dispone el artículo 1.860 CC. Ello significa que la hipoteca permanece entera (mientras el acreedor no consienta su modificación) a pesar de que:

— El crédito o la deuda se dividan entre varias personas (arts. 122 y 125 LH).

— La finca hipotecada se divida (arts. 122 y 123 de la misma LH); aunque cuando la finca hipotecada se divide en dos o más, puede distribuirse entre ellas el crédito hipotecario cuando voluntariamente lo acuerden el acreedor y el deudor (art. 123 LH). Dividida, en este caso, la hipoteca entre varias fincas, puede irse liberando cada una de ellas a medida que se vayan pagando las porciones de crédito con que estuviesen gravadas, y si lo pagado se pudiera aplicar a la liberación de una o de otra de las fincas gravadas, elegirá el deudor la que haya de quedar libre (art. 124 LH).

---

[1] En la actualidad este principio se pone en cuestión por parte de ciertos autores. Pero es precisamente la accesoriedad respecto de una obligación lo que diferencia a la hipoteca de otras formas de garantía. Se estudia más detenidamente este tema a propósito de las obligaciones susceptibles de garantizarse con hipoteca, la transmisión del crédito o la cancelación.

e) Se caracteriza también la hipoteca tradicional u ordinaria (que ahora examinamos) por ser un derecho inmobiliario, en cuanto que, según se desprende de los artículos 1.874 CC y 106 LH, sólo puede recaer sobre bienes o derechos de naturaleza inmueble, los cuales, además, habrán de ser ajenos (ya que en nuestro Derecho no se admite la hipoteca sobre bienes propios, con las particularidades que luego diremos) y enajenables (toda vez que la hipoteca envuelve una posible futura enajenación).

f) También se configura la hipoteca como derecho de constitución registral. Los artículos 145 y 159 LH (recogiendo la doctrina ya aceptada en el art. 1.875 CC), exigen como indispensable para que la hipoteca quede *válidamente* establecida que la escritura o título en que se *constituya* sean inscritos en el Registro de la Propiedad. De ello deduce la doctrina más generalizada que la inscripción de la hipoteca tiene carácter constitutivo, siendo necesaria aquélla no simplemente para la validez (como a primera vista parece desprenderse de los artículos citados), sino como requisito necesario para su propia existencia.

Esta necesidad de inscripción registral viene determinada por la nota de que la hipoteca también es un derecho formal o inmaterial que no precisa el desplazamiento de la posesión del bien gravado, que permanece en poder del propietario.

IV. CLASIFICACIÓN DE LAS HIPOTECAS

Como ocurre en toda clasificación, dependiendo del criterio o punto de partida, nos dará una u otra clasificación. Atendiendo a los criterios generalmente utilizados en esta materia, podemos distinguir entre las clases más importantes a las siguientes hipotecas:

1. Por su origen

Conforme al artículo 137 LH, las hipotecas pueden ser voluntarias y legales, según que en su constitución el hipotecante actúe con plena libertad o venga constreñido a ello por un precepto legal. Así, según el artículo 138 LH: «Son hipotecas voluntarias las convenidas entre partes o impuestas por disposición del dueño de los bienes sobre que se establezcan». Y según el artículo 158 LH: «Sólo serán hipotecas legales las admitidas expresamente por las leyes con tal carácter».

Las hipotecas legales, a su vez, pueden ser expresas o públicas y tácitas u ocultas. En principio todas las hipotecas legales han de ser expresas (v. el art. 158 LH) pero hay algunas hipotecas que resultan directamente de la ley sin necesidad de acto constitutivo alguno ni de inscripción en el Registro de la Propiedad. Son los privilegios establecidos en favor de las Comunidades de Propietarios por el artículo 9.1.*e*) de la Ley de la Propiedad Horizontal, y en favor de la Hacienda Pública sobre las contribuciones que graven periódicamente los bienes inmuebles. Se discute el carácter de auténticas hipotecas porque en el fondo no dejan de ser sino créditos privilegiados, aunque con la particularidad de que gozan de reipersecutoriedad.

2. Por la unidad o pluralidad de bienes gravados

Se distinguen las hipotecas en únicas y múltiples. Estas últimas pueden ser a su vez:

— Especiales, en las que la responsabilidad hipotecaria se divide entre los distintos bienes gravados (art. 119 LH).

— Y solidarias, en las que no se practica dicha distribución, por lo que el acreedor podrá dirigirse, por la totalidad de la suma asegurada, contra todos o cada uno de los bienes hipotecados. Ya hemos dicho que en nuestro Derecho actual estas últimas constituyen la excepción, y sólo puede llegarse a ellas en el caso de división de la finca gravada sin consentir el acreedor la distribución de responsabilidad (art. 123 LH).

3. Por su contenido. Las hipotecas pueden ser

Hipotecas ordinarias y de seguridad. Hipoteca «ordinaria o de tráfico» es la que se constituye en garantía de un crédito que desde el mismo momento de la constitución de la hipoteca aparece plenamente determinado en su existencia y cuantía. Por contra, la «hipoteca de seguridad» es aquella en la que falta esa determinación inicial, de manera que la cuantía de la obligación garantizada (p. ej., hipoteca en garantía de cuenta corriente de crédito), e incluso la propia existencia de ésta (p. ej., hipoteca en garantía de obligación futura), son cuestiones a fijar en un momento posterior al de constitución de la hipoteca.

Dentro de las hipotecas de seguridad se habla especialmente de las hipotecas de máximo, que son aquellas respecto de las cuales no aparece precisado registralmente el importe de la obligación asegurada, sino solamente el máximo al que puede ascender la responsabilidad hipotecaria (arts. 12 LH y 219 RH).

4. Otras posibles categorías

Actualmente, además habría que añadir las denominadas «hipotecas inversas» introducidas en la Disposición Adicional 1.ª de la Ley 41/2007 (y modificadas por la Ley 5/2019 reguladora de los contratos de crédito inmobiliario). Están destinadas a un solicitante mayor de sesenta y cinco años o afectado de dependencia, sobre una finca que constituye su vivienda habitual. La entidad financiera entregará un pago único inicial o pagos periódicos hasta un horizonte preestablecido (siendo una renta vitalicia lo más habitual). La entidad solamente puede ejecutar el préstamo en el momento del fallecimiento del propietario y a los herederos se les da la opción entre aceptar la herencia y cancelar el préstamo o consentir que la vivienda sea ejecutada por la entidad financiera.

Igualmente también es posible hacer una referencia a las denominadas hipotecas recargables o reutilizables. La Ley 41/2007, de 7 de diciembre modificó el artículo 4 de la Ley 2/1994 de subrogación y novación de los préstamos hipotecarios, cuya nueva redacción planteó la duda de si la misma ampara la llamada «hipoteca recargable». El precepto a su vez ha sido modificado por la Ley 5/2019, reguladora de los contratos de crédito inmobiliario. No es propiamente un tipo de hipoteca sino simplemente la posibilidad de la facultad de compensar las cantidades amortizadas del principal con los nuevos importes concedidos, siempre que la suma de éstos con el capital pendiente de amortización del préstamo primitivo no supere la cifra de capital inicialmente concedido, aunque existan acreedores intermedios, y con el mantenimiento del rango de la hipoteca que seguirá siendo única (Resolución de la Dirección General de los Registros y del Notariado de 14 de mayo de 2015). Ello es diferente del modelo de la *hypothèque rechargeable* del Derecho francés.

V. FUNDAMENTO E IMPORTANCIA DE LA GARANTÍA HIPOTECARIA PARA EL FOMENTO DEL CRÉDITO. SU UTILIZACIÓN PARA LA OBTENCIÓN DE CRÉDITO PARA LA CONSTRUCCIÓN Y ADQUISICIÓN DE VIVIENDAS

Como dice la Exposición de Motivos de la Ley 5/2019 reguladora de los contratos de crédito inmobiliario: «La regulación de los contratos de crédito inmobiliario desempeña un papel relevante en la estabilidad económica y es un instrumento de cohesión social. El sistema hipotecario español y, en particular, el régimen de concesión de préstamos y créditos con garantía hipotecaria inmobiliaria, ha hecho posible que numerosas familias españolas puedan disfrutar de viviendas en propiedad y que lo hagan en una proporción superior a la de muchos países de nuestro entorno. Garantizar un régimen jurídico seguro, ágil y eficaz, que proteja este tipo de operaciones es una exigencia que deriva no sólo de las obligaciones impuestas por el Derecho de la Unión Europea, sino de los indudables beneficios que supone para la economía de un país. Tanto la protección de las transacciones como la seguridad jurídica generan crédito para los individuos, lo que redunda en el crecimiento de la economía. Asimismo, el acceso a la propiedad consolida la libertad y responsabilidad de los individuos como ciudadanos.

En este proceso el acceso al crédito hipotecario es un elemento clave en el éxito del régimen de propiedad de España».

En efecto, la hipoteca es la que ha hecho posible el acceso a la vivienda y la obtención de créditos en condiciones más asequibles. En los últimos años puede decirse que en la búsqueda de soluciones humanitarias (en especial respecto de la vivienda familiar) el legislador ha desnaturalizado la esencia de la figura al menguar su efectividad[2]. Por influencia de la legislación de la Unión Europea (en especial la Directiva 93/13/CEE del Consejo, de 5 de abril de 1993, sobre cláusulas abusivas en los contratos celebrados con los consumidores) y de la jurisprudencia del TSJUE, se han dictado normas[3] y resoluciones judiciales (como se estudia en el capítulo final) que han debilitado la figura y la obtención de crédito se ha vuelto más dificultosa.

---

[2] Peligro que ya advertía Manuel PEÑA BERNALDO DE QUIRÓS, *Derechos reales. Derecho Hipotecario*, Colegio de Registradores de la Propiedad y Mercantiles de España, 4.ª ed., 2001, pp. 118 ss.

[3] En su momento fueron especialmente llamativos los Reales Decreto-Ley 6/2012, de 9 de marzo y 7/2012, de 15 de noviembre, de medidas urgentes de protección de deudores hipotecarios sin recursos, donde se establecen diversos mecanismos conducentes a permitir la reestructuración de la deuda hipotecaria de quienes padecen extraordinarias dificultades para atender su pago, así como la flexibilización de la ejecución de la garantía real a través de un Código de Buenas Prácticas.

CAPÍTULO II

CONSTITUCIÓN DEL DERECHO REAL DE HIPOTECA

I. ELEMENTOS PERSONALES DEL DERECHO REAL DE HIPOTECA

1. Requisitos subjetivos

Los elementos personales que intervienen en la constitución de la hipoteca por negocio bilateral son el sujeto activo o acreedor hipotecario que es el adquirente del derecho real y el pasivo o constituyente de la hipoteca que debe ser siempre el dueño o titular de la finca (sea o no sea el deudor de la obligación que se garantiza).

Respecto del *acreedor hipotecario*, por regla general, no necesitará más que la capacidad general para obligarse. Ahora bien, no debemos de olvidar que normalmente se trata de entidades de crédito o personas que actúan de forma profesional en este mercado, por lo que:

— Cuando se trate de una entidad de crédito (bancos, cajas de ahorro, cooperativas de crédito y el Instituto de Crédito Oficial), ha de estarse a su normativa especial, principalmente la Ley 11/2015, de 16 de junio, de recuperación y resolución de entidades de crédito, en la Ley 26/2013, de 27 de diciembre, de cajas de ahorros y fundaciones bancarias, y en la Ley 10/2014, de 26 de junio, de ordenación, supervisión y solvencia de entidades de crédito.

— Para los establecimientos financieros de crédito (a diferencia de las entidades de crédito, no reciben depósitos o fondos reembolsable del público, pero sí pueden conceder créditos y préstamos hipotecarios) ha de aplicarse la Ley 5/2015, de 27 de abril, de fomento de la financiación empresarial.

— Cuando se trate de cualquier otro tipo de persona física o jurídica que de forma profesional se dedique a esta actividad (y para ello es suficiente que haya concedido dos préstamos según Resoluciones de la DGRN de 11 de julio de 2016 y posteriores), o incluso de forma ocasional si es con finalidad inversora y el prestatario sea consumidor o simplemente una persona física, será necesario en la generalidad de los casos que el prestamista se encuentre debidamente inscrito en un Registro especial, que si opera o va a operar *exclusivamente dentro del ámbito territorial de una Comunidad Autónoma corresponderá a la autoridad competente designada en cada Comunidad, mientras que si los prestamistas inmobiliarios operan o vayan a operar fuera del ámbito territorial de una única Comunidad Autónoma, deberán estar registrados por el Banco de España* (Ley 2/2009, de 31 de marzo, por la que se regula la contratación con los consumidores de préstamos o créditos hipotecarios y de servicios de intermediación para la celebración de contratos de préstamo o crédito y Ley 5/2019, de 15 de marzo, reguladora de los Contratos de Crédito Inmobiliario).

Por lo que se refiere al *hipotecante*, el artículo 138 LH exige que el constituyente tenga la libre disposición de los bienes o, en caso de no tenerla, se halle autorizado para ello con arreglo a las leyes.

Esta exigencia de la libre disposición debe entenderse tanto en su aspecto subjetivo de la capacidad para disponer como en su aspecto objetivo de poder de disposición, en el sentido de que la cosa que se pretende gravar no sea indisponible por naturaleza ni esté afecta a una prohibición de disponer.

En todo caso, es importante la distinción entre los supuestos en los que se constituye hipoteca sobre un bien del que ya se es titular o simplemente se adquiere un bien que ya está hipotecado, pues en el segundo caso bastará la capacidad o poder para adquirir.

Con relación a la capacidad para disponer hay que señalar que:

— La hipoteca constituida por testamento es un supuesto especial para el que, según la doctrina, basta la capacidad de testar.

— El emancipado puede constituir hipoteca sobre sus bienes siempre que se complete su capacidad en la forma que establecen los artículos 323 y 324 CC, y con la especialidad que abordaremos más adelante.

— Los sujetos a patria potestad o tutela deben intervenir a través de sus representantes legales, los cuales necesitarán autorización judicial (arts. 166 y 271 CC).

— Los incapacitados sujetos a curatela y los pródigos necesitarán la asistencia del curador cuando así lo establezca la correspondiente sentencia (arts. 289 CC y 760 LEC).

Por lo que se refiere a la constitución a través de representante dice el artículo 139 LH: «Los que, con arreglo al artículo anterior, tienen la facultad de constituir hipotecas voluntarias, podrán hacerlo por sí o por medio de apoderado, con poder especial y bastante». Al respecto hay que tener en cuenta:

— El poder habrá de ser expreso (arts. 1.710 y 1.713 CC), y constar en documento público (art. 1.280.5 CC).

— Y el poder ha de ser bastante, sin que sea suficiente el poder que autoriza para vender, para realizar operaciones de tipo registral, o para pedir créditos y tomar dinero a préstamo.

Especial problemática puede suponer la constitución de hipoteca por Sociedades Mercantiles a través de sus órganos sociales. De manera general se entiende que los Administradores pueden por sí mismos constituir hipoteca sobre los bienes sociales (art. 234 del TR de la Ley de Sociedades de Capital) pues a los mismos les corresponde la representación de la sociedad. Puede discutirse el supuesto en el que se hipotequen bienes sociales en garantía de débito ajeno. La DGRN lo considera posible pero siempre que se trate de un acto neutro y no contradictorio con el objeto social, no pudiendo el registrador entrar a valorar si el acto está o no comprendido dentro del objeto social.

Distinta de la capacidad es la legitimación para constituir hipotecas. Este requisito lo recoge el artículo 1.857 CC, cuando exige que la cosa hipotecada pertenezca en propiedad al que la hipoteca; siendo de destacar que está admitida la posibilidad de que el pleno propietario de una cosa pueda hipotecar sólo el usufructo, la nuda propiedad o una cuota indivisa, sin necesidad de desmembrar, hasta la ejecución, los derechos o la cuota hipotecada. Como reglas especiales en esta materia podemos destacar:

— En el ámbito de la sociedad conyugal, si se trata de un régimen económico de comunidad, habrá que estar a las normas sobre la disposición de inmuebles. Incluso cuando se trate de un bien privativo, será necesario el consentimiento del otro cónyuge si se trata de la vivienda habitual (art. 1.320 CC) y disposiciones similares en las distintas legislaciones autonómicas con competencia en materia de Derecho privado.

El estudio más detenido de la hipoteca sobre la vivienda habitual se realiza más adelante.

— Cuando se trate de Administraciones Públicas, Asociaciones, Fundaciones o entidades eclesiásticas, habrá que estar a la normativa específica de las mismas.

En todo caso, será necesario que los bienes no esté sujetos a prohibición de disponer (arts. 26 y 27 LH).

2. El hipotecante no deudor

El hipotecante no deudor es el que ha hipotecado voluntariamente un bien propio en garantía de un débito ajeno. El último párrafo del artículo 1.857 CC dispone en este sentido que las terceras personas extrañas a la obligación principal pueden asegurar ésta, hipotecando sus propios bienes.

El hipotecante no deudor no responde de la deuda, quedando limitada su responsabilidad al bien hipotecado. Ahora bien, por haber intervenido en el acto de constitución de la hipoteca, le son de aplicación ciertas reglas sobre extensión objetiva de la misma, incluso con relación a los intereses. No tiene que soportar el derecho del acreedor a la ampliación de hipoteca en garantía de los intereses (art. 115, párrafo 3.º). Pero las ventajas que se establecen a favor del tercer poseedor en los artículos 112 y 113 LH no son aplicables.

3. El tercer poseedor de los bienes hipotecados

Surge esta figura cuando el adquirente de una finca hipotecada no asume, junto a la titularidad de la finca, el crédito asegurado con la hipoteca.

Entre el hipotecante no deudor y el tercer poseedor existen ciertas diferencias, ya que aquél interviene en el acto de constitución de la hipoteca, y no puede ser tercero, sino parte; mientras que el tercer poseedor, al ser ajeno a aquel acto de constitución, reúne dicha condición de tercero. Dichas diferencias se traducen legalmente en determinados beneficios en favor del tercer poseedor (de los que carece el hipotecante por deuda ajena): la limitación, en cuanto a la extensión objetiva de la hipoteca, que establecen los artículos 112 y 113 LH; el tope máximo de responsabilidad por intereses a que se refiere el artículo 114 LH; que el acreedor sólo podrá exigir la ampliación de hipoteca sobre los mismos bienes gravados (art. 115 LH). La figura tiene especial importancia a la hora de la ejecución de la hipoteca habiéndose discutido si ha de ser requerido de pago o simplemente notificado (ello se estudia en el Capítulo V).

4. Hipoteca constituida a favor de pluralidad de acreedores. Distintos supuestos

Si conforme a los artículos 105 LH y 1.861 CC, la hipoteca puede constituirse en garantía de toda clase de obligaciones, está claro que podrá garantizar un crédito pluripersonal apareciendo entonces una cotitularidad del crédito hipotecario que puede revestir alguna de las siguientes formas:

— Mancomunado, en cuyo caso y según el artículo 1.138 CC el crédito hipotecario se estimará dividido en tantas partes cuantas sean los acreedores, reputándose cada parte como crédito distinto.

— Solidario, en cuyo caso el crédito pertenece en su totalidad a los diferentes acreedores. Para que ello suceda será necesario que se haya pactado expresamente, pues la regla general según el Código civil es la mancomunidad.

— Titularidad en mano común. Como regla general, en caso de pluralidad de acreedores, se da la mancomunidad simple, ya que la solidaridad no se presume, y la titularidad en mano común presupone una situación excepcional.

Por lo que se refiere a los requisitos que debe de reunir esta especial cotitularidad de cara a su inscripción en el Registro:

— En caso de mancomunidad, será necesaria la expresión de cuotas conforme al artículo 54 RH, que dispone que: «Las inscripciones de partes indivisas de una finca o derecho precisarán la porción ideal de cada condueño con datos matemáticos que permitan conocerla indudablemente». La DGRN ha declarado que: *a*) no cabe presumirse la igualdad en las cuotas adquiridas, de manera que en todo supuesto de cotitularidad de un derecho real, deberá expresarse en el asiento, de manera inequívoca, la cuota correspondiente a cada uno de ellos; *b*) el principio de especialidad, cuando se trata de un supuesto de cotitularidad de un derecho real, exige expresar en el asiento, de forma precisa, la concreta cuota correspondiente a cada uno de ellos.

— En caso de titularidad solidaria o en mano común, no es aplicable el artículo 54 RH al no existir cuotas ideales que den lugar a su aplicación (Resolución de la DGRN de 4 de diciembre de 2012, entre otras).

— Supuesto distinto es la figura del llamado Crédito Sindicado: frente a las formas tradicionales de créditos parciarios, solidarios y mancomunados o en mano común, con la sindicación, se produce una organización jurídica de las titularidades del conjunto de los acreedores que, aun conservado su individualidad, les dota de una dimensión colectiva. Y así, aunque generalmente se considera que cada acreedor es titular de un crédito distinto o separado del de los demás, en la práctica, y por razón de la sindicación, pierden su independencia funcional: si bien no hay solidaridad activa entre ellos, sí ocurre que su poder de actuación se canaliza a través de uno solo de los acreedores, el Agente, que actúa en virtud de un mandato representativo irrevocable, como instrumento necesario para el desenvolvimiento de la operación subyacente de sindicación. Con la sindicación, los créditos no son estrictamente parciarios, pero tampoco en mano común (pues no se exige la intervención de todos los acreedores en el ejercicio de acciones). Se trata con ello de favorecer la gestión de la pluralidad de créditos, por lo que junto al nombramiento del Agente se pactan una serie de reglas que disciplinan las relaciones internas entre los acreedores, que incluso pueden llevar a permitir el ejercicio separado de alguna de las facultades de gestión, administración o disposición de los créditos, o aplicar una combinación de criterios según la materia concreta de que se trate (así, en el caso debatido, la ejecución y cancelación de la hipoteca requieren la actuación unánime de los acreedores, para la modificación de las condiciones financieras basta la mayoría simple, mientras que la cesión a tercero de cada crédito individualmente considerado puede realizarla exclusivamente su titular). Esta figura de los créditos sindicados está hoy admitida por la doctrina más autorizada, y también por la jurisprudencia (así, STS de 20 de enero de 2004). Todo ello lleva la no necesidad de la expresión de cuotas en la comunidad especial configurada en la escritura presentada a inscripción (Resolución de la DGRN de 8 de junio de 2011).

II. OBLIGACIONES QUE PUEDEN SER GARANTIZADAS CON HIPOTECA

1. Requisitos generales

De los artículos 105 LH y 1.861 CC resulta que la hipoteca puede asegurar toda clase de obligaciones, ya sean puras, ya estén sujetas a condición suspensiva o resolutoria. Y el artículo 142 LH admite además la hipoteca constituida para la seguridad de una obligación futura. Incluso se admite la hipoteca en garantía de obligaciones de hacer.

En conclusión, en nuestro Derecho, toda relación obligatoria que sea lícita y tenga fuerza de obligar puede ser objeto de garantía hipotecaria, siempre que la prestación correspondiente se traduzca en una cantidad de dinero, dada la naturaleza de la hipoteca como derecho de realización de valor (en función de garantía de una obligación pecuniaria).

Lo que ocurrirá es que la hipoteca constituida en cada caso, aun conservando siempre su misma naturaleza sustancial, podrá presentar diversas particularidades según el tipo de obligación asegurada. Desde esta perspectiva se distingue entre la hipoteca ordinaria o de tráfico y la hipoteca de seguridad, a las que ya hemos hecho referencia con anterioridad (v. *supra* Capítulo I, apartado IV, «Clasificación de las hipotecas»). En estos casos de hipoteca de seguridad, la legitimación y la fe pública sólo se refieren al derecho de hipoteca, pero no cubren el crédito garantizado, siendo suficiente que conste en el Registro en sus líneas generales.

En cualquier caso, por exigencias de los principios de especialidad y publicidad, la obligación garantizada con la hipoteca ha de estar determinada aunque su existencia no sea actual sino futura. En este sentido, disponen los artículos 12 LH y 219 RH que «las inscripciones de hipoteca expresarán el importe de la obligación garantizada o la cantidad máxima de que responda la finca, y el de los intereses si se hubieran estipulado». Del mismo modo se expresarán las demás circunstancias que definen la obligación, es decir: la causa; la naturaleza de la obligación (unipersonal, pluripersonal, mancomunada o solidaria); el vencimiento; y el lugar, forma y tiempo del pago, y el nombre del deudor.

Finalmente, se ha discutido doctrinalmente si la hipoteca puede garantizar una pluralidad de obligaciones o solo una (no debe confundirse con la cuestión de una sola obligación y una pluralidad de acreedores, vista anteriormente):

Por un lado lo que sí cabe es que se constituyan varias hipotecas (hipotecas simultáneas con igualdad de rango), de manera que la ejecución de cada una deje subsistentes a las demás hasta la ejecución de la última (conforme al art. 227 RH). Pero como regla general, el carácter accesorio de la hipoteca respecto del crédito garantizado imposibilita que la hipoteca garantice más de un crédito (la simple reunión contable de varios créditos en una cuenta corriente no los convierte en una única obligación (Resolución de 30 de enero de 2013, entre otras). No obstante, tras la Ley 41/2007, flexibilizando el principio de accesoriedad, se permite cuando se trate de entidades de crédito o de Administraciones Públicas titulares de créditos tributarios o de la Seguridad Social o la posibilidad de constituir una sola hipoteca de máximo en garantía de una pluralidad de obligaciones, siempre que estén determinadas en los términos del artículo 153 bis LH introducido por esta ley. Es la llamada hipoteca flotante, que se estudia por separado.

2. La hipoteca de seguridad. La hipoteca de máximo

En la clasificación de las hipotecas se distingue en la tipología de las hipotecas entre hipotecas ordinarias y de seguridad. Hipotecas ordinarias o de tráfico son aquellas que se constituyen en garantía de créditos que aparecen desde el momento mismo de la constitución de la hipoteca plenamente determinados en su existencia y cuantía. Hipotecas de seguridad: son las que se constituyen en garantía de obligaciones de existencia incierta o de cuantía indeterminada. Por ello, será necesario probar tal existencia por medios extrarregistrales, lo que servirá para formar el título ejecutivo. Hay que advertir, en cualquier caso, que la expresión «hipoteca de seguridad», no es unívoca, sino que abarca una multiplicidad de figuras o tipos, tales como las hipotecas en garantía de obligaciones futuras, las sometidas a condición suspensiva y las de prestación no dineraria, cuya especialidad radica en la incertidumbre acerca de la propia existencia de la obligación, como aquellas en lo que está indeterminado es solamente la cuantía del crédito.

En efecto, variante de la hipoteca de seguridad son las «hipotecas de máximo» que son aquellas que se constituyen por una cuantía máxima en garantía de créditos indeterminados en que sólo se indican en sus líneas fundamentales y cuya determinación se efectúa por medios extra hipotecarios.

La naturaleza de la hipoteca de máximo carece de una regulación positiva específica pero ha sido perfilada por la DGRN en múltiples Resoluciones. Como caracteres básicos de estas hipotecas podemos señalar los siguientes:

1. Se constituyen por una cantidad máxima, que habrá de alcanzar también a los intereses, si los hubiere.

2. Se constituyen en garantía de créditos de existencia o cuantía indeterminada. Créditos que, una vez determinados, sólo quedarán garantizados por el máximo de responsabilidad hipotecaria previamente fijado.

3. Inicialmente, el crédito se indica en sus líneas fundamentales, es decir, con los datos indispensables para identificar la obligación garantizada con la hipoteca, para que los terceros puedan hacerse cargo de las posibles responsabilidades y para que los Tribunales puedan declarar, en su día, cuáles se hallan cubiertas por la garantía.

4. Su determinación se efectúa por medios extra hipotecarios. Con esto se pone de manifiesto la diferencia que en estas hipotecas existe entre el título de constitución y el título ejecutivo, de modo que éste ha de formarse *a posteriori* del constitutivo, a diferencia de lo que ocurre en las hipotecas ordinarias o de tráfico, en que coinciden.

3. Supuestos especiales: hipoteca en garantía de obligaciones futuras o sujetas a condición. Hipotecas que aseguran una obligación de dar o hacer alguna cosa que no sea dinero

3.1. *Hipoteca en garantía de obligaciones futuras o sujetas a condición*

Dice el artículo 142.1 LH que «La hipoteca constituida para la seguridad de una obligación futura o sujeta a condiciones suspensivas inscritas, surtirá efecto contra tercero, desde su inscripción, si la obligación llega a contraerse o la condición a cumplirse». Estos supuestos entran dentro de la categoría de hipotecas de seguridad en los términos que se acaban de exponer en el apartado anterior.

En cuanto a las obligaciones futuras hay que tener en cuenta que se aplica un criterio restrictivo dado que no cabe constituir una hipoteca en garantía de deudas aún no existentes, totalmente futuras (cuyo nacimiento dependa de un acto o contrato incierto que las partes puedan libremente celebrar o no), sino que es necesario que en el momento de la constitución de la hipoteca exista una relación jurídica básica que vincule ya al deudor, y que bien deje a la sola voluntad de una de las partes el nacimiento de la concreta obligación asegurada con la hipoteca (como la apertura de crédito) o bien tal relación jurídica implique deberes respecto del posible acreedor cuya infracción dé lugar precisamente al nacimiento de la concreta relación asegurada (Resolución de 17 de enero de 1994). Según el artículo 143 LH: «Cuando se contraiga la obligación futura o se cumpla la condición suspensiva, de que trata el párrafo primero del artículo anterior, podrán los interesados hacerlo constar así por medio de una nota al margen de la inscripción hipotecaria». Este precepto legal se desarrolla por el artículo 238 RH.

Cuando se trate de condiciones resolutorias, según el artículo 142.2 LH la hipoteca surte sus efectos hasta que se haga constar en el Registro el cumplimiento de la condición. Se trata pues, siempre, de una hipoteca ordinaria que produce todos los efectos comunes, aunque amenazada de la posible resolución. Para cuando se cumpla la condición, dice el artículo 239 RH que «se extenderá una cancelación formal, previos los requisitos expresados en el artículo anterior». En caso de incumplimiento de la condición, nada se determina, pero lo cierto es que la hipoteca se consolida, y desaparece la amenaza de resolución, lo cual debe constatarse, como dice Roca, mediante la nota marginal a que se refiere el artículo 238 RH.

3.2. *Hipotecas que aseguran una obligación de dar o hacer alguna cosa que no sea dinero*

Su admisibilidad no puede ofrecer duda alguna dada la amplitud de los términos con que se manifiestan tanto el artículo 1.861 CC como el artículo 105 LH, que dan cabida a toda obligación que tenga por objeto una prestación de dar, hacer o no hacer alguna cosa. Ahora bien, teniendo en cuenta que la hipoteca, por su misma naturaleza, sólo puede garantizar de un modo directo e inmediato la percepción de una cantidad de dinero, ocurrirá que lo realmente asegurado por la hipoteca no podrá ser el derecho del acreedor a obtener el cumplimiento de la prestación debida, sino el derecho a recibir la cantidad que como ser garantizadas con hipoteca aquellas obligaciones que no son susceptibles de ser traducidas a metálico, como las derivadas del estado civil de las personas, o de los deberes personales de los cónyuges y otras análogas.

En estas hipotecas existe una obligación actual, pero no de deuda dineraria, que sólo surgirá cuando al producirse el incumplimiento se concrete el importe de la indemnización. Esto obliga a que al constituirse estas hipotecas haya de determinarse preventivamente la cantidad máxima a que pueda ascender la responsabilidad hipotecaria.

4. Hipoteca en garantía de rentas o prestaciones periódicas

Es una hipoteca que presenta la particularidad de estar constituida en garantía de una obligación que tiene por objeto rentas, pensiones o prestaciones periódicas. Es distinta de la hipoteca que garantiza una obligación del pago de un capital aunque la devolución deba hacerse mediante amortización en plazos periódicos (p. ej., caso de un préstamo hipotecario a devolver en mensualidades) o de la llamada hipoteca inversa en donde los pagos a percibir (cuando se trate de un supuesto de pagos en forma de renta) ha de hacerlos precisamente el acreedor hipotecario. Dentro del Código civil, actualmente aparecen en este sentido (entre otros supuestos): las garantías de la pensión compensatoria, o de la contribución a las cargas matrimoniales, a que aluden los artículos 90, 91, 93, 97, 103 y 106; la que puede exigir el perceptor de la renta vitalicia para la seguridad de las pensiones futuras (arts. 1.802 y 1.805), y la contemplada en el artículo 1.797 CC para el contrato de alimentos (introducido por Ley de 18 de noviembre de 2003). Dentro de la LH encontramos la hipoteca en garantía de legados de renta o pensiones (arts. 89 y 90) y la hipoteca de ampliación para asegurar el pago de intereses no cubiertos por el artículo 114, regulada en el artículo 115.

Dice el artículo 157 LH en sus dos primeros párrafos: «Podrá constituirse hipoteca en garantía de rentas o prestaciones periódicas.

En la inscripción se hará constar el acto o contrato por el cual se hubieran constituido las rentas o prestaciones y el plazo, modo o forma con que deban ser satisfechas».

Se tratará, por lo tanto, de una obligación de satisfacer rentas o prestaciones periódicas, que tendrá las condiciones siguientes: será una obligación de duración temporal, y por ello el artículo 248 RH exige que se haga constar en la inscripción la fecha en que ha de satisfacerse la última pensión, o el evento o condición que determine su extinción, que generalmente será la muerte del pensionista; las rentas han de tener un vencimiento regular, o periódico.

Desde el punto de vista formal el artículo 248 RH alude a la constitución por testamento: «Cuando estas hipotecas se constituyeren en actos de última voluntad, será título suficiente para inscribirlas el testamento, acompañado de los certificados de defunción del testador y del Registro General de Actos de Última Voluntad, y la aceptación del pensionista o beneficiario de la prestación podrá otorgarse en la escritura particional de la herencia o en otra escritura».

La peculiaridad de la hipoteca está sobre todo en su ejecución. Según el mismo artículo 157 LH: «El que remate los bienes gravados con tal hipoteca los adquirirá con subsistencia de la misma...». Por tanto, a diferencia de lo que sucede en las hipotecas de capital, en las que el remate y adjudicación de los bienes implica la extinción y cancelación de la hipoteca, es característica fundamental de la hipoteca de renta la subsistencia de la hipoteca hasta el vencimiento total de la obligación.

También el artículo 157 citado recoge un supuesto de cancelación automática o sin consentimiento del titular: «Salvo pacto en contrario, transcurridos seis meses desde la fecha en que, a tenor de lo consignado en el Registro, debiera haberse satisfecho la última pensión o prestación, el titular del inmueble podrá solicitar la cancelación de la hipoteca, siempre que no conste asiento alguno que indique haberse modificado el contrato o formulado reclamación contra el deudor sobre pago de dichas pensiones o prestaciones». Según el artículo 248 RH, «el pacto en contrario... no podrá exceder en ningún caso de cinco años».

Más problemática es la cuestión de la venta voluntaria de la finca hipotecada. Frente a la opinión tradicional de entender que el adquirente necesariamente asume la obligación de pago (el art. 157 habla de que iguales efectos producirá la hipoteca respecto de tercero) los autores en la actualidad (especialmente PEÑA BER-

NALDO DE QUIRÓS[5]) entienden que ello no es posible si no hay consentimiento del adquirente (arts. 1.205 CC y 118 LH), a menos que se haya constituido de una manera *propter rem* (GARCÍA GARCÍA)[6].

5. LA HIPOTECA INVERSA

La Ley 41/2007, de 7 de diciembre, sobre reforma del Mercado Hipotecario, introdujo esta figura en su Disposición Adicional 1.ª, ocupándose también de la misma en la 4.ª Por su parte, la Ley 5/2019, de 15 de marzo, reguladora de los Contratos de Crédito Inmobiliario se refiere también a esta figura para decir que no le es de aplicación dicha norma.

Se concibe como un recurso financiero para que las personas con cierta edad o grado de dependencia puedan hacer líquido el valor de su vivienda sin desprenderse de la misma, contribuyendo de esta manera a paliar el problema que plantea la necesidad de conseguir la satisfacción del incremento de las necesidades de renta durante los últimos años de la vida, según dice la Exposición de Motivos de la Ley.

Mediante esta figura el prestamista (entidad de crédito) realiza un desembolso de una cantidad alzada o se compromete al pago de rentas periódicas a cambio de la venta futura de un inmueble residencial que constituye la vivienda habitual del solicitante. De una manera más descriptiva podemos decir que es un instrumento financiero articulable mediante un préstamo o crédito hipotecario del que el propietario de la vivienda realiza disposiciones, normalmente periódicas (aunque la disposición pueda ser de una sola vez), hasta un importe máximo determinado por un porcentaje del valor de tasación en el momento de la constitución. Cuando se alcanza dicho porcentaje, el mayor o dependiente deja de disponer de la renta y la deuda sigue generando intereses. La recuperación por parte de la entidad del crédito dispuesto más los intereses se produce normalmente de una vez cuando fallece el propietario, mediante la cancelación de la deuda por los herederos o la ejecución de la garantía hipotecaria por parte de la entidad de crédito.

El solicitante y los beneficiarios que éste pueda designar han de ser personas de edad igual o superior a los sesenta y cinco años o afectadas de dependencia severa o gran dependencia. La vivienda hipotecada ha de tratarse de la vivienda habitual del solicitante, que ha de ser tasada y asegurada contra daños de acuerdo con los términos y los requisitos que se establecen en la Ley de Regulación del Mercado Hipotecario. Cuando no se trate de la vivienda habitual también podrá constituirse esta figura, pero ya no tendrá los beneficios fiscales que se prevén en la normativa vigente.

---

[5] Manuel PEÑA BERNALDO DE QUIRÓS, *Derechos reales. Derecho Hipotecario*, 4.ª ed., Colegio de Registradores de la Propiedad y Mercantiles de España, p. 318.

[6] José Manuel GARCÍA GARCÍA, *Código de Legislación Inmobiliaria Hipotecaria y del Registro Mercantil*, Civitas-Thomnson-Reuters, pp. 453 y 454.

Se trata, en definitiva, de facilitar la obtención de recursos económicos a determinadas personas que reciben el dinero pero que no son las obligadas a devolverlo, pues la entidad acreedora no recibirá el capital prestado y los intereses correspondientes sino después del fallecimiento del beneficiario, de modo que el reembolso corre a cargo de los herederos o se consigue mediante la realización dineraria del bien hipotecado en caso de impago de aquéllos: al fallecimiento del deudor hipotecario sus herederos o, si así se estipula en el contrato, al fallecimiento del último de los beneficiarios, podrán cancelar el préstamo, en el plazo estipulado, abonando al acreedor hipotecario la totalidad de los débitos vencidos, con sus intereses; si deciden no pagar, el acreedor podrá ejecutar la garantía y si la vivienda no fuere suficiente para el pago de la deuda solamente obtener recobro hasta donde alcancen los demás bienes de la herencia.

Por último, digamos que el propietario de la vivienda sigue teniendo la posibilidad de disponer de la misma, ahora bien ello supondrá para el caso en que haya sido transmitida voluntariamente que el acreedor podrá declarar el vencimiento anticipado del préstamo o crédito garantizado, salvo que se proceda a la sustitución de la garantía de manera suficiente.

Aunque se trata de una figura cuya finalidad parece bien intencionada, en la práctica se convierte en un instrumento financiero complejo, respecto del cual han de cumplirse (por esa misma razón) especiales requisitos de información y transparencia en el momento de su constitución.

6. La hipoteca en garantía de cuentas corrientes de crédito

Este tipo de hipoteca es una modalidad de la hipoteca de máximo, y aparece regulado en los artículos 153 LH y 246 RH. Es una hipoteca constituida en garantía del saldo resultante de la liquidación de un contrato de apertura de crédito en cuenta corriente, es decir, aquel en cuya virtud una persona (generalmente un Banco) se obliga, por un tiempo fijo y una cantidad máxima, a poner a disposición de otra una suma de dinero, de la que éste podrá disponer de una vez o en fracciones, ya directamente, ya mediante operaciones que permitan obtenerlo, con facultad de reembolsarlo a su voluntad durante el tiempo prefijado, y procediéndose, una vez transcurrido éste, a la liquidación de la cuenta, al objeto de determinar el saldo definitivo a restituir. La especialidad de este contrato radica, pues, en esa doble facultad de disposición y reintegro concedida al acreditado, y que es precisamente lo que hace que la hipoteca constituida en garantía del saldo definitivo tenga indudablemente el carácter de hipoteca de máximo, pues hasta la conclusión del contrato se desconocerá no sólo la cuantía del crédito asegurado, sino incluso si existe o no tal crédito.

Esta hipoteca ha de ser distinguida de aquella figura en la que la cuenta corriente no es más que un medio de contabilizar las relaciones del deudor con el acreedor, que no suponen necesariamente concesión de crédito ni la inclusión de una obligación en la cuenta produce efectos novatorios (se trataría simplemente de una reunión contable). Y también debe distinguirse de la apertura de crédito simple aunque el mismo se instrumente a través de una cuenta corriente bancaria. En conclusión, para que propiamente podamos hablar de una hipoteca en garantía de cuenta corriente de crédito, es preciso que exista concesión de crédito con pacto de disponibilidad, y que haya acuerdo novatorio para que las diversas obligaciones pierdan su individualidad al entrar en la cuenta.

En cambio, se considera que es aplicable el régimen jurídico de esta figura a lo que se ha denominado «crédito abierto garantizado con hipoteca», que se define como aquél por virtud del cual una entidad financiera concede al acreditado una determinada disponibilidad de dinero, que puede hacer efectiva en una o varias veces, sin que las disposiciones puedan ser superiores a la diferencia entre el límite máximo de crédito concedido y la parte dispuesta anteriormente no amortizada, y en el que cada una de las disposiciones efectuadas tienen una configuración autónoma en cuanto a tipo de interés y plazo de amortización, el cual en ningún caso puede exceder de la fecha de vencimiento final del crédito, siendo el cierre de la cuenta instrumental articulada el hecho determinante del saldo final exigible. Igualmente se entiende que la vigente Ley de Enjuiciamiento Civil extiende la posibilidad de aplicar esta figura a los contratos de financiación[7].

Su regulación se contiene en el artículo 153 de la Ley Hipotecaria junto con la Ley de Enjuiciamiento Civil, especialmente el artículo 695.

6.1. *Requisitos para la constitución*

Los requisitos que han de contener la escritura y la inscripción son los que de una forma general se predican para toda clase de hipotecas. Pero, además, señala el artículo 153 LH en su primer párrafo: «Podrá constituirse hipoteca en garantía de cuentas corrientes de crédito, determinándose en la escritura la cantidad máxima de que responda la finca y el plazo de duración, haciendo constar si éste es o no prorrogable; y, caso de serlo, la prórroga posible y los plazos de liquidación de la cuenta». Dentro de la cantidad máxima se consideran incluidos los intereses remuneratorios (sin el límite del art. 114 LH); solamente cuando se cierra la cuenta y se produce el impago es cuando puede hablarse de intereses moratorios.

Además de tales circunstancias, la escritura de constitución deberá contener la indicación de las líneas fundamentales del crédito garantizado, y especialmente las partidas de cargo y abono, y la clase de operaciones mediante las cuales se puede utilizar el crédito abierto en cuenta corriente cuando las entregas no sean de numerario (descuento de efectos, pago de créditos, domiciliación de recibos, etc.).

---

[7] Manuel PEÑA BERNALDO DE QUIRÓS, ob. cit., p. 324.

6.2. *Requisitos para la ejecución*

Dispone el artículo 153 LH: «Si al vencimiento del término fijado por los contratantes o de la prórroga, en su caso, el acreedor no se hubiere reintegrado del saldo de la cuenta, podrá utilizar la acción hipotecaria para su cobro en la parte que no exceda de la cantidad asegurada con la hipoteca por el procedimiento establecido en los artículos 129 y siguientes. A la escritura y demás documentos designados en la regla 3.ª del artículo 131 se deberá acompañar el que acredite el importe líquido de la cantidad adeudada». Las referencias deben entenderse hechas a los artículos 681 y siguientes LEC y, en cuanto a los documentos a acompañar, a los artículos 572 a 574 y 685 LEC.

De este conjunto normativo se desprende lo siguiente:

a) Es preciso que el saldo se justifique por uno de los medios legalmente previstos: doble libreta (de muy escasa utilización en la práctica) o certificación bancaria.

Respecto de la certificación bancaria establece el párrafo 5.º del artículo 153: «[....] en las cuentas corrientes abiertas por los Bancos, Cajas de Ahorro y Sociedades de crédito debidamente autorizadas, podrá convenirse que, a los efectos de proceder ejecutivamente, el saldo puede acreditarse mediante una certificación de la Entidad acreedora. En este caso, para proceder a la ejecución, se notificará judicial o notarialmente al deudor un extracto de la cuenta...». Este precepto se debe completar con el artículo 245 RH que amplía su ámbito de aplicación a toda clase de operaciones cambiarias y crediticias (no sólo a las cuentas corrientes, como hace el art. 153 LH) y especialmente por los artículos 685 y 695 de la Ley de Enjuiciamiento Civil. Este mecanismo de certificación no puede ser utilizado nada más que por entidades de crédito, como se dice en el precepto. La razón de este trato diferente se encuentra en la supervisión que a las mismas somete el Banco de España, lo que hace que sus certificados gocen en el tráfico de la presunción de veracidad.

b) En cuanto al procedimiento de ejecución extrajudicial (la llamada venta extrajudicial) parece excluida por el artículo 235 RH que sólo lo admite cuando se trate de obligaciones cuya cuantía aparezca inicialmente determinada (aunque sí podrá utilizarse este procedimiento, cuando la hipoteca de máximo se convierta en hipoteca ordinaria habiéndose hecho constar en el Registro el acuerdo liquidatorio entre las partes con arreglo a los arts. 143 LH y 238 de su Reglamento; así lo admitió la DGRN en Resolución de 20 de junio de 2012).

6.3. *Oposición del deudor al saldo*

La oposición del deudor se recoge ahora en el artículo 695.1.2.ª LEC. En el caso de doble libreta sólo se admitirá la oposición cuando el saldo que arroje dicha libreta sea distinto del que resulte de la presentada por el ejecutante. Cuando se trate de certificación de la entidad de crédito el deudor al oponerse deberá expresar con la debida claridad los puntos sobre los que discrepa. En uno y otro caso se produce una suspensión de la ejecución ya que el Letrado de la Administración de Justicia convocará a las partes a una comparecencia ante el Tribunal el cual oirá a las partes, admitirá los documentos que se presenten y acordará en forma de auto lo que estime procedente dentro del segundo día; los autos que decidan la oposición a que se refiere este artículo no serán susceptibles de recurso alguno y sus efectos se circunscribirán exclusivamente al proceso de ejecución en que se dicten.

Lógicamente, además de la oposición al saldo, cabe también la suspensión por alegación de falsedad, en cuyo caso surge una cuestión de prejudicialidad penal.

7. La llamada hipoteca flotante o global

Se trata de un término (a veces se le llamó también hipoteca «sumidero») que se acuñó doctrinalmente para referirse a aquellos casos en los que mediante la hipoteca se pretendía garantizar una pluralidad (más o menos determinada) de obligaciones. Con carácter general dicho supuesto se rechazó por la jurisprudencia de la DGRN porque se entendía que se vulneraba el principio de especialidad, al no determinar las obligaciones aseguradas, así como el de accesoriedad de la hipoteca, pues de entender aseguradas todas las obligaciones (o al menos una pluralidad) que una persona pueda tener con otra se produciría una novación continuada del crédito garantizado, ya que, extinguida una obligación, sería sustituida, en su caso, por otra nueva que entre acreedor y deudor pudiera nacer. Además, según esta misma jurisprudencia, el conjunto de obligaciones aseguradas por la hipoteca debe tener entre sí una conexión causal, que ha de derivar no de razones subjetivas (como la identidad del deudor y acreedor), sino de causas objetivas; v. gr., en la hipoteca en garantía de obligaciones, la unidad de la emisión; en hipotecas en garantía de cuenta corriente, la refundición en el saldo. En fin, se nos decía reiteradamente que se trataba de impedir que en realidad se constituya a través de estos mecanismos una mera reserva de rango registral o una especie de hipoteca «flotante»; por ello, no es posible inscribir en el Registro una sola hipoteca que garantice todas aquellas obligaciones, existentes y futuras, que haya o pudiera haber entre acreedor y deudor, de suerte que la hipoteca «flote» sobre las diversas obligaciones garantizadas para, en el momento en que el acreedor desee ejecutar alguna, algunas o todas las que, siendo vencidas, líquidas y exigibles, no hayan sido satisfechas, se deje caer la hipoteca sobre la obligación u obligaciones incumplidas que el acreedor desee. La mera referencia a la liquidación del saldo existente entre ambas entidades derivado del suministro referido carece de virtualidad suficiente para que las distintas obligaciones sean sustituidas con pleno alcance novatorio por una obligación sustantiva e independiente por el saldo resultante, que pudiera por sí sostener la garantía hipotecaria. Parte de la doctrina consideraba demasiado restrictiva esta jurisprudencia ya que entendía que la figura permitiría al deudor acceder al mercado crediticio con un abaratamiento de costes superior al que permiten las hipotecas singulares.

8. La hipoteca del artículo 153 bis de la Ley Hipotecaria

Se incluye en la perspectiva de abrir la posibilidad de utilización de la hipoteca como garantía a supuestos hasta ahora no recogidos (especialmente a supuestos de financiación), por la Ley 41/2007, de 7 de diciembre se introduce en la Ley Hipotecaria un artículo 153 bis.

Entre los autores se ha sostenido que este precepto no supone una regulación innovadora, ni la admisión de la figura de la denominada hipoteca flotante, sino solamente un supuesto de ampliación del ámbito de hipoteca superando algunos de los obstáculos que se daban en la práctica en los que existe pluralidad de operaciones pero unidad de sujetos[8].

Desde el punto de vista de la jurisprudencia de la Dirección General de los Registros y del Notariado, por el contrario, se insiste en que lo regulado en el citado precepto es un supuesto de hipoteca flotante.

Por encima de esta discusión puramente nominal, lo importante es lo que dice el artículo: «También podrá constituirse hipoteca de máximo:

a) a favor de las entidades financieras a las que se refiere el *artículo 2* de la Ley 2/1981, de 25 de marzo, de regulación del mercado hipotecario, en garantía de una o diversas obligaciones, de cualquier clase, presentes y/o futuras, sin necesidad de pacto novatorio de las mismas;

b) a favor de las administraciones públicas titulares de créditos tributarios o de la Seguridad Social, sin necesidad de pacto novatorio de los mismos.

Será suficiente que se especifiquen en la escritura de constitución de la hipoteca y se hagan constar en la inscripción de la misma: su denominación y, si fuera preciso, la descripción general de los actos jurídicos básicos de los que deriven o puedan derivar en el futuro las obligaciones garantizadas; la cantidad máxima de que responde la finca; el plazo de duración de la hipoteca, y la forma de cálculo del saldo final líquido garantizado.

---

[8] Por todos, v. Esther Muñiz Espada, «La hipoteca de máximo del artículo 153 bis de la Ley Hipotecaria», en *La reforma del mercado hipotecario y otras medidas financieras en el contexto de la crisis económica*, Edisofer, 2009.

Podrá pactarse en el título que la cantidad exigible en caso de ejecución sea la resultante de la liquidación efectuada por la entidad financiera acreedora en la forma convenida por las partes en la escritura.

Al vencimiento pactado por los otorgantes, o al de cualquiera de sus prórrogas, la acción hipotecaria podrá ser ejercitada de conformidad con lo previsto en los artículos 129 y 153 de esta Ley y concordantes de la Ley de Enjuiciamiento Civil».

La literatura jurídica sobre este precepto es muy abundante. Limitándonos a los aspectos que han sido precisados por la DGRN a través de varias Resoluciones (en especial la Resolución de 24 de octubre de 2017), podemos señalar:

— No puede constituirse a favor de una sociedad de garantía recíproca; solamente a favor de las entidades financieras a las que alude el precepto (dentro de las que se incluye la SAREB).

— Es imprescindible señalar un plazo de duración de la hipoteca. La falta de este plazo de duración de la propia hipoteca impide su inscripción, cualquiera que fuere el número, clase o naturaleza de las obligaciones garantizadas. Ello es así porque este plazo tiene el carácter de requisito estructural o de constitución de ésta, de manera que sin él no se podrá inscribir la hipoteca. No tiene por qué coincidir con el de las obligaciones garantizadas para las cuales puede ocurrir que sea desconocido en el momento de constitución de la hipoteca flotante por incluir ésta la garantía de obligaciones futuras aun no nacidas ni pactados sus términos definitorios.

— El plazo implica que quedan garantizadas todas aquellas obligaciones que, siendo incluibles dentro de la cláusula de globalización, hayan nacido durante la vigencia de la hipoteca y una vez vencidas, también durante su vigencia, no hayan sido amortizadas, incluidas las vencidas anticipadamente por pacto de vencimiento cruzado entre las mismas.

— Puede ser prorrogable, siempre que se fije el plazo máximo de las prórrogas (prórrogas que son renunciables).

—El plazo de duración propio de la hipoteca flotante, más el máximo de prórroga en su caso, opera como un plazo de caducidad del asiento registral correspondiente, dando lugar a su cancelación automática por aplicación del artículo 353 RH, salvo que conste nota marginal de iniciación de su ejecución.

9. Hipoteca en garantía de títulos transmisibles por endoso o al portador. La hipoteca en garantía de obligaciones objeto de una misma emisión

Se trata de hipotecas de seguridad cuya especialidad estriba no en la indeterminación de la existencia o cuantía del crédito garantizado, sino en que el titular del crédito no aparece personalmente determinado. Surgió (en lo que se refiere a la hipoteca en garantía de la emisión de obligaciones) por la necesidad para facilitar los préstamos a favor de los concesionarios de ferrocarriles y se reguló por primera vez en la Ley Hipotecaria de 1869.

Cuando se trate de hipoteca en garantía de títulos valores aislados, hay que tener en cuenta que no hay otros supuestos que los de cheques, letras de cambio y pagarés. En efecto, en Resoluciones de 17 de septiembre de 1996 y 24 de enero de 1997 (que resolvieron, respectivamente, un supuesto de emisión de una sola obligación, y otro de emisión de varias pero en número muy escaso, ambas por particulares), la DGRN declaró que en nuestro Derecho la creación de títulos al portador, por lo que «obligación» aislada, emitida en un ejemplar único por una persona física o jurídica, no es tal «obligación» y sólo merecerá la consideración de título-valor si cumple los requisitos formales exigidos para otros títulos-valores admitidos por nuestra legislación. Son de aplicación los artículos 154 a 156 LH y 247 RH.

Por lo que se refiere a la hipoteca en garantía de la *emisión de obligaciones*, es también una hipoteca que se constituye en garantía de créditos cuyo titular, acreedor, se determina por la tenencia del título o por una cláusula de endoso que legitima para el ejercicio del crédito hipotecario a su vencimiento. En cuanto que se constituye respecto de una emisión unitaria de títulos en favor de una pluralidad de acreedores, ello determina también la existencia de reglas peculiares sobre su constitución, contenido y extinción.

La regulación se encuentra en los artículos 154 a 156 LH y 247 RH citados, aunque también hay que tener en cuenta (con carácter preferente al ser posteriores): el TR de la Ley de Sociedades de Capital de 2 de julio de 2010 y la Ley de 24 de diciembre de 1964, sobre emisión de obligaciones por sociedades anónimas y demás personas jurídicas. Igualmente ha de tenerse presente la Ley de regulación del Mercado Hipotecario de 25 de marzo de 1981, y su Reglamento de 17 de marzo de 1982. Y por supuesto también incide en la figura la Ley del Mercado de Valores de 23 de octubre de 2015, con toda la normativa que desarrolla la emisión de valores y su admisión a cotización en mercados oficiales. Igualmente debe tenerse presente la normativa del Registro Mercantil en cuanto que una vez que se haga constar la hipoteca en el Registro de la Propiedad ha de reflejarse también en aquel Registro cuando se trate de la emisión de obligaciones de sociedades o entidades inscribibles en dicho Registro.

La Ley de Sociedades de Responsabilidad Limitada, de 23 de marzo de 1995, prohibió (Disp. Adic. 3.ª y art. 9) la emisión de obligaciones por personas físicas y sociedades civiles, colectivas, comanditarias simples y Sociedades de Responsabilidad Limitada. No obstante, la Ley de Fomento de la Financiación Empresarial de 27 de abril de 2015, en su modificación del Título XI de la LSC, cambió nuevamente el sistema establecido, que reservaba la emisión de obligaciones sólo para las SA, admitiendo que la emisión de obligaciones pueda llevarse a cabo por todas las sociedades de capital y, por tanto, por las SRL y las Comanditarias por acciones, aunque con alguna especialidad en estos dos casos. Dentro de estas sociedades de capital que pueden emitir obligaciones regula la Ley de 2015 a una nueva entidad, las «Plataformas de Financiación Participativas» que se dedican a las actividades de financiación por «*crowdfunding*», y que, efectivamente, tienen que revestir la forma de sociedades de capital, si bien con un requisito añadido: que tienen que estar constituidas por tiempo indefinido [art. 55.*c*) de la citada Ley]. Sigue expresamente prohibida la emisión a las personas físicas, sociedades colectivas, comanditarias y civiles (Disp. Adic. 1.ª TRLSC).

9.1. *Constitución y requisitos de la escritura y de los títulos*

Lo primero que ha de decirse es que es necesario que nos encontremos ante un supuesto de una auténtica emisión; es decir ha de tratarse de una pluralidad de obligaciones como ha quedado dicho anteriormente (v. *supra*).

Desde el punto de vista formal el artículo 154 LH exige, lógicamente, escritura pública e inscripción en el Registro de la Propiedad. La escritura pública, además de las circunstancias generales relativas a la constitución de una hipoteca, deberá contener aquellas que hacen referencia a la emisión de las obligaciones que vienen impuestas por la legislación mercantil: autorización de la emisión (si ello fuere necesario), datos relativos al crédito, fecha y plazo para realizar la suscripción, etc. Especialmente se harán constar también el cumplimiento de las reglas relativas al Sindicato de obligacionistas que ha de constituirse. No obstante, las obligaciones también pueden estar representadas por anotaciones en cuenta, en cuyo caso, se rigen por la Ley del Mercado de Valores de 23 de octubre de 2015. La hipoteca quedará constituida (y así se hará constar en la inscripción) a favor de los tenedores presentes y futuros de las obligaciones.

9.2. *Peculiaridades de la ejecución*

Podemos destacar dos especialmente. Por un lado que el título ejecutivo lo constituye la certificación del Registro de la Propiedad acompañada de los títulos u obligaciones cuya tenencia o en su caso endoso acrediten la titularidad del crédito hipotecario; cuando los títulos estuvieren representados en anotaciones en cuenta, deberá acompañarse el correspondiente certificado de los registros contables.

La otra particularidad es que el artículo 155 LH prevé la posibilidad de ejecución basada en tan sólo alguno o algunos de los títulos o valores, de modo que los demás títulos de con igual derecho quedan fuera de la ejecución y por eso la enajenación forzosa de la finca dejará subsistentes las hipotecas correspondientes al valor total de esos otros títulos, como si fueren hipotecas distintas y preferentes. Ahora bien, esta ejecución aislada no será posible en aquellos casos en los que existiere un acuerdo del sindicato de obligacionistas en sentido distinto.

9.3. *Peculiaridades de la cancelación*

Es posible que aunque la hipoteca se haya constituido, los valores no hayan sido puestos en circulación. En este caso la cancelación puede hacerse a la sola solicitud de la entidad emisora (como ocurriría en la hipoteca unilateral que no ha sido aceptada). Pero ello debe acompañarse de prevenciones: Declaración de la Entidad emisora de que los títulos no han sido puestos en circulación, certificación de su contabilidad expresiva de que no ha habido el ingreso en caja correspondiente al valor de los mismos, y publicación de anuncios notificando al público su propósito de solicitar la cancelación.

Si los títulos han sido puestos en circulación como regla general es necesario que se justifique la inutilización de los mismos para evitar que puedan ser puestos en circulación nuevamente. Pero la multiplicidad de los mismos ha llevado al legislador a adoptar distintos mecanismos, distinguiendo según se trate de hipoteca en garantía de títulos transmisibles por endoso o al portador, y según se pretenda la cancelación total o parcial (v. art. 156 LH).

Una vez practicada la cancelación en el Registro de la Propiedad, podrá hacerse constar esta circunstancia, en su caso, en el Registro Mercantil (conforme al art. 315 RRM).

10. La hipoteca cambiaria

Aunque parece un contrasentido hablar de hipoteca cambiaria (se supone que la letra de cambio es un título valor seguro a la hora de lograr su cobro) lo cierto es que la crisis en la que entró dicho documento hizo que se sintiera la necesidad de reforzar su eficacia con la garantía hipotecaria. La novedad de esta figura (llamada desde el primer momento «hipoteca cambiaria») planteó inmediatamente el problema de su admisibilidad, ante la falta de una norma legal que expresamente le diera cobertura.

En un principio la DGRN se había mostrado contraria a ella. Después de varias aproximaciones a la figura, en la Resolución de 26 de octubre de 1973 se admite abiertamente, estimando que la insuficiencia legal puede sustituirse con la aplicación analógica del artículo 154 LH, y con la actuación de Notarios y Registradores, que, como órganos cualificados, contribuyen así al desarrollo del Derecho a través de su actividad creadora y calificadora. Posteriormente la Dirección General ha reiterado este criterio permisivo, tratando de perfilar sus contornos al fijar los requisitos que debe reunir. La figura hoy se entiende como una garantía real directa, que asegura, en vía cambiaria, el mandato abstracto de pago de una o varias letras de cambio, ya emitidas o que se libran en el acto de su constitución, en ambos casos aceptadas, y que se establece en favor del tenedor, o tenedores, actuales y futuros[9]. Se destaca en esta definición: *a*) el carácter de «garantía directa» del cobro de la letra que a su juicio tiene esta hipoteca, en cuanto que no es una superposición de garantía o una garantía subsidiaria o subordinada a ninguna otra; *b*) que la esencia de la hipoteca cambiaria es el aseguramiento del mandato abstracto de pago que contiene la letra; *c*) que la hipoteca se establece en garantía de los tenedores actuales y futuros, consecuencia lógica del aseguramiento de un mandato abstracto de pago, cualquiera que sea el titular de la letra; y *d*) que la letra ha de estar ya emitida, o emitirse, al tiempo de constituirse la garantía, pues de lo contrario nos hallaríamos ante una hipoteca en garantía de una obligación futura.

De lo dicho se desprende que su naturaleza es la propia de una hipoteca de *seguridad*, dada la indeterminación del acreedor hipotecario. Como hemos visto, su rasgo más característico radica en que garantiza la obligación cambiaria de la letra misma y no la relación causal subyacente. De ahí que, como afirmó la DG en Resolución de 14 de octubre de 1986, haya que distinguir la hipoteca cambiaria de la hipoteca ordinaria constituida en garantía de un crédito cuyo pago se instrumenta a través de letras de cambio, pues en este último caso la garantía no se establece en favor de los tenedores presentes y futuros de las letras, sino a favor de una entidad acreedora en concreto. De todas formas, este criterio de la DGRN no es compartido unánimemente por la doctrina. Y algunos autores se inclinan por la consideración de la hipoteca cambiaria como una hipoteca ordinaria, pues, a su juicio, si bien puede hablarse de indeterminación «del» acreedor, hay que tener en cuenta que éste existe, necesariamente ha de existir, y está identificado (o es identificable) a través del Registro, pues lo será bien el primer tenedor, bien el posterior que esté legitimado por la cadena de endosos.

10.1. *Constitución*

El constituyente de la hipoteca puede serlo cualquiera de los firmantes de la letra, aunque generalmente lo será el aceptante, admitiendo la mayoría de los autores, así como la DG (Resolución de 20 de septiembre de 1989), la posibilidad del hipotecante no deudor, que, según algunos autores, se convierte así en avalista.

La hipoteca debe constituirse a favor del tenedor legítimo de la letra en el momento de la constitución, designándolo nominativamente, así como a favor de los sucesivos tenedores legítimos, designándolos genéricamente.

La posibilidad de constituir, vía garantía cambiaria, una hipoteca de propietario (como cuando constituye la hipoteca el librador y la letra se gira a la propia

[9] Antonio Manzano Solano, *Hipoteca cambiaria. Tipos especiales de garantía hipotecaria*, Madrid, 1993.

orden), es admitida por algunos autores, siempre que su eficacia quede suspensivamente condicionada al endoso de la letra. Pero la doctrina mayoritaria y la DGRN (Resolución de 22 de marzo de 1988) la descartan.

Respecto de la obligación garantizada, procede examinar diversas cuestiones: ¿cabe constituir una hipoteca en garantía de varios efectos cambiarios sobre una pluralidad de fincas?, la DG admitió tal posibilidad sin exigir la especificación de la concreta finca o fincas que se afectan hipotecariamente a la cobertura de cada letra (Resolución de 18 de octubre de 1979). Pero esta doctrina cambió con la Resolución de 18 de diciembre de 1996, que estimó necesaria tal especificación, por exigencias del principio de especialidad, y en aplicación del criterio de proporcionalidad de la garantía respecto de la obligación exigida, al no suponer la hipoteca cambiaria, la cobertura hipotecaria de una verdadera emisión de obligaciones, de un empréstito único del que cada obligación constituye una fracción que atribuye a su titular una posición totalmente autónoma, sino la constitución, en un solo acto, de una pluralidad de hipotecas en garantía de otros tantos créditos diferenciados, cada uno de ellos representado por un título (la letra) llamado a desenvolverse jurídicamente con plena autonomía e independencia.

Otra cuestión importante que se plantea es si cabe pactar el vencimiento anticipado de todas las letras de cambio en el supuesto en el que se produzca el impago de cualquiera de ellas. La DG en un principio no admitió esta posibilidad pero posteriormente ha entendido que ello es posible siempre y cuando a la ejecución se presenten todas las letras de cambio.

Desde el punto de vista formal, será necesaria la escritura pública y la inscripción en el Registro de la Propiedad, como en toda hipoteca. En uno y otro supuesto la letra ha de estar perfectamente identificada (en especial su numeración). También es importante señalar que los datos de constitución de la hipoteca deben figurar en la letra «bajo fe notarial», exigencia que ha sido interpretada en la práctica en el sentido de que basta con que, al otorgar la escritura, el Notario haga constar que ha reflejado los datos de la misma en las letras, sin que sea necesario que éstas se presenten después junto con la escritura en el Registro.

10.2. *Contenido*

Merece destacarse especialmente lo relativo a la cesión del crédito garantizado y si existe posibilidad de renovación de la letra.

En cuanto a la cesión, por regla general el derecho de hipoteca quedará transferido al nuevo tenedor con el endoso de la letra de cambio sin necesidad de dar conocimiento al deudor ni de hacer constar la transferencia en el Registro (v. art. 150 LH).

En cuanto a la renovación de la letra, lo que se desea es que la hipoteca pase a garantizar la letra de renovación. Para ello será necesario que se identifique la nueva letra y que garantice la inutilización de la anterior a fin de evitar que existan dos letras de cambio circulando con la misma hipoteca.

10.3. *Ejecución y cancelación*

No es unánime la doctrina acerca de cuál haya de ser el título ejecutivo. Así, para algunos autores estará constituido por el acta de protesto y la escritura; para otros, por la letra aceptada y la escritura; y, en fin, para otros, por la certificación registral y el acta de protesto.

La cancelación presenta como peculiaridad que procederá, sin necesidad de consentimiento del acreedor, siempre que el deudor acredite tener en su poder, debidamente inutilizadas, las letras garantizadas. Este criterio no es aplicable cuando se trate de hipoteca constituida en garantía de unos pagarés debidamente identificados (Resolución de la DGRN de 12 de febrero de 1999), por tratarse, a diferencia de la letra, de documentos privados, creados por particulares, y carentes de datos identificativos inequívocos. Para el caso de cancelación parcial, hay que entender que será aplicable analógicamente el artículo 156 LH, que regula la cancelación de las hipotecas en garantía de títulos transmisibles por endoso o al portador.

III. ELEMENTOS REALES: COSAS Y DERECHOS QUE PUEDEN SER HIPOTECADOS

1. Bienes inmuebles y derechos reales enajenables impuestos sobre los mismos

1.1. *Reglas generales*

La Ley Hipotecaria establece una norma general (art. 106) y dos enumeraciones casuísticas, relativas a los bienes y derechos que pueden (art. 107) o no (art. 108) ser hipotecados.

Según el artículo 106 LH: «Podrán ser hipotecados: 1.º Los bienes inmuebles susceptibles de inscripción. 2.º Los derechos reales enajenables, con arreglo a las leyes, impuesto sobre los mismos bienes».

Este precepto mantiene una sustancial coincidencia con el artículo 1.874 CC que dispone que «sólo podrán ser objeto del contrato de hipoteca: 1.º Los bienes inmuebles. 2.º Los derechos reales enajenables con arreglo a las leyes, impuestos sobre bienes de aquella clase». Así pues, con leves matices ambos textos son coincidentes.

La hipoteca puede recaer sobre la totalidad del bien, sobre una cuota del mismo, sobre un derecho real limitado o sobre una pluralidad de bienes. En este último caso será necesario determinar la cantidad de que cada finca o derecho deba responder.

Los requisitos que ha de reunir el bien hipotecable son:

a) Debe ser inmueble, en el sentido amplio del artículo 334 CC.

b) Debe ser ajeno al acreedor. Como regla general no cabe la hipoteca sobre finca propia a favor del mismo dueño (la llamada hipoteca de propietario).

c) Debe ser un bien inmueble enajenable. Ello es así porque como dice el artículo 1.858 CC es esencia del contrato de hipoteca que vencida la obligación principal puedan ser enajenadas las cosas en qué consiste para pagar al acreedor.

1.2. *Supuestos dudosos*

Junto a los bienes y derechos que pueden hipotecarse (arts. 106 y 107 LH) y los que no pueden hipotecarse (art. 108 LH) existen otros supuestos cuya hipotecabilidad es dudosa: derecho de opción, el derecho hereditario... Entre ellos se ha discutido tradicionalmente si el arrendamiento es hipotecable. Atendiendo a antiguas Resoluciones y a la admisibilidad de la hipoteca de establecimiento en la Ley de Hipoteca Mobiliaria y Prenda sin Desplazamiento, la mayoría de los autores se muestra partidario. Ahora bien, para que sea viable esta hipoteca, es preciso que el arrendamiento sea transmisible, y se cumplan los requisitos que para su transmisión o cesión establecen las distintas normas reguladoras según la clase de arrendamiento, común, rústico o urbano, en sus diversas modalidades, pues sólo de este modo se dará cumplimiento a la norma del artículo 106 LH.

2. Especial referencia a la hipoteca de la vivienda habitual

Hasta no hace mucho tiempo, la hipoteca sobre la vivienda habitual no presentaba más especialidad que la protección familiar que otorga el régimen matrimonial primario del artículo 1.320 CC en el sentido de ser preciso el consentimiento de ambos cónyuges para poder hipotecarla aun cuando pertenezca a uno solo de los cónyuges con carácter privativo.

Sin embargo, la generalización de una fase de crisis económica que afectó a las familias, llevaron al legislador a ocuparse más específicamente de esta materia, legislando al respecto y pudiendo destacarse las siguientes normas: la Ley 1/2013, de 14 de mayo, de protección del deudor hipotecario; la Ley 19/2015, de 13 de julio, de medidas de reforma administrativa en el ámbito de la Administración de Justicia y del Registro Civil; la Ley 42/2015, de 5 de octubre, de reforma de la LEC. Estas normas han modificado la redacción determinados preceptos dando lugar que en la actualidad se pueda entender que cuando la hipoteca recae sobre vivienda habitual, se sujeta a un régimen jurídico específico que debe calificar el registrador. A toda esta normativa debe añadirse también la Ley 5/2019, de 15 de marzo, reguladora de los contratos de crédito inmobiliario, que aunque no se refiere directamente a la vivienda habitual, puede ser también de aplicación puesto que su ámbito se extiende a los bienes inmuebles de uso residencial (concepto más amplio que el de vivienda habitual).

La Ley 1/2013 reforma la Ley Hipotecaria en tres de sus artículos, en concreto el artículo 21, el artículo 114 y el artículo 129. El artículo 21 de la Ley Hipotecaria dice ahora en su nuevo párrafo final lo siguiente: «En las escrituras de préstamo hipotecario sobre vivienda deberá constar el carácter, habitual o no, que pretenda atribuirse a la vivienda que se hipoteque. Se presumirá, salvo prueba en contrario, que en el momento de la ejecución judicial del inmueble es vivienda habitual si así se hiciera constar en la escritura de constitución». De esta exigencia —reiterada en relación al procedimiento extrajudicial de ejecución hipotecaria en el artículo 129.2.*b*) de la Ley Hipotecaria—, se hacen depender en la nueva regulación consecuencias de distinta índole, que van desde la eventual suspensión de lanzamientos en los términos del artículo 1 de la Ley 1/2013, ya citada, hasta la limitación en la exigibilidad de intereses de demora conforme a lo dispuesto en el artículo 114 de la Ley Hipotecaria, pasando por la fijación de un especial valor de adjudicación del bien hipotecado a favor del acreedor en el caso de subasta sin ningún postor de acuerdo con lo dispuesto en el artículo 671 de la Ley de Enjuiciamiento Civil, o las especialidades previstas para la ejecución en caso de que el remate fuese insuficiente para lograr la completa satisfacción del derecho del ejecutante según lo dispuesto en el artículo 579.2 de la propia Ley de Enjuiciamiento Civil.

3. Bienes que no pueden ser objeto de hipoteca

A tenor del artículo 108 LH: «No se podrán hipotecar:

1.º Las servidumbres a menos que se hipotequen juntamente con el predio dominante, y exceptuándose, en todo caso, la de aguas, la cual podrá ser hipotecada.

2.º Los usufructos legales, excepto el concedido al cónyuge viudo por el Código civil.

3.º El uso y la habitación».

Veremos cada supuesto por separado.

3.1. *Las servidumbres*

En cuanto a las servidumbres, hay que entender que la Ley alude exclusivamente a las prediales, y no incluye a las personales, dada la expresión «predio dominante», elemento que no interviene en las personales; y de la letra del artículo 107.5 LH, que admite la posibilidad de hipotecar los derechos de aguas, pastos, leñas y otros semejantes de naturaleza real, los cuales suelen constituir servidumbres personales.

El fundamento de la prohibición de hipotecar las servidumbres prediales en cuanto a sí mismas, es decir, con separación del predio dominante, radica en que como destaca el artículo 534 CC, «Las servidumbres son inseparables de la finca a que activa o pasivamente pertenecen».

De la regla general, se exceptúa la servidumbre de aguas, que sí podrá ser hipotecada, excepción que sólo puede fundarse en la naturaleza misma del agua, que es transportable y no inseparable del fundo.

No obstante, en la actualidad, esta posibilidad está muy restringida por el TR de la Ley de Aguas, de 20 de julio de 2001, que parte del dominio público hidráulico, estableciendo escasas excepciones en favor del dominio privado.

3.2. *Los usufructos legales*

La prohibición del artículo 108 LH debe entenderse referida actualmente al Derecho Foral, pues en el Código civil no existe otro usufructo legal que el que ostenta el cónyuge viudo en la herencia del premuerto, cuya hipotecabilidad está expresamente admitida como se verá más adelante, aunque con ciertas opiniones doctrinales que matizan mucho la afirmación legal. Esta opinión la matiza mucho Manuel PEÑA BERNALDO DE QUIRÓS (ob. cit., p. 275): dice que, en rigor, tampoco es hipotecable el usufructo concedido al cónyuge viudo por el Código civil. Este usufructo recae sobre un conjunto patrimonial (una cuota de la herencia) y, por tanto, aunque en el patrimonio haya bienes inmuebles, no hay propiamente el derecho real que exige el artículo 1.874 CC para que esa situación usufructuaria pueda ser hipotecada. El patrimonio no puede ser considerado como una cosa (y menos, una cosa inmueble) ni puede decirse que la titularidad usufructuaria sobre el patrimonio se resuelva en el derecho real de usufructo sobre cada bien. Por todo ello este autor entiende que el artículo 108.2.º debe referirse al usufructo concretado o conmutado en bienes inmuebles determinados por acto particional (arts. 839 y 1.068 CC).

Respecto del Derecho Foral, puede sentarse la regla general de que los usufructos legales concedidos en el ámbito matrimonial o familiar no serán hipotecables, pues constituyen un beneficio afecto a un deber o función familiar. En cambio, los que constituyen un simple lucro sucesorio sí son susceptibles de hipoteca, por equiparación con el usufructo vidual del Código civil. Todo ello sin perjuicio de las particularidades recogidas en cada Derecho Foral.

3.3. *El uso y la habitación*

El fundamento de la prohibición de hipotecar el uso y la habitación se encuentra en que son derechos personalísimos vinculados a una persona para satisfacer las necesidades de uso o vivienda de la misma y su familia, por ello el artículo 525 CC establece su inalienabilidad.

Algunos autores entienden que con base en el artículo 523 CC, que admite que en su título constitutivo se pueda permitir la enajenación, podrían constituirse estos derechos como transmisibles y por tanto hipotecables. La Doctrina tradicionalmente ha entendido que la intransmisibilidad de los derechos de uso y habitación es de esencia a los mismos, de modo que si se pactara su transmisión quedarían desnaturalizados creándose un derecho distinto, una especie de usufructo modificado en cuanto su extensión. Ahora bien, esta opinión tradicional en los últimos tiempos ha sido objeto de matizaciones en sentido contrario. Así en Resolución de 10 de diciembre de 2015, la DGRN ha entendido que el derecho de uso y habitación pueda hipotecarse por el usuario u habitacionista, siempre que esté autorizado para ello en el título constitutivo, o bien que concurra al acto de gravamen consintiéndolo el dueño de la finca.

Finalmente, hay que entender que tampoco será hipotecable el derecho de uso sobre la vivienda familiar que puede atribuirse a uno de los cónyuges en los procesos matrimoniales, dado su carácter personalísimo (y ello sin perjuicio de su caracterización como derecho inscribible en el Registro de la Propiedad).

3.4. *Otros supuestos*

Tampoco pueden hipotecarse, aunque no se mencionen en el artículo 108 LH:

— Aisladamente, las partes en copropiedad sobre los elementos comunes del edificio en régimen de propiedad horizontal o sobre los elementos comunes de un complejo inmobiliario, en cuanto que «sólo podrán ser enajenadas, gravadas o embargadas juntamente con la parte determinada privativa de la que son anejo inseparable» (art. 396.11 CC y 3.º, *in fine*, art. 24 LPH).

— Los derechos de un comunero en las comunidades de tipo germánico; ni, en particular, los derechos sobre un patrimonio en liquidación, y en concreto el llamado derecho hereditario, pues expresan una cotitularidad sobre el patrimonio (derechos y obligaciones) y no un derecho real sobre cada bien.

— El derecho de hipoteca legal (arts. 107.4.º y 152 LH).

4. Supuestos especiales contemplados en la Ley Hipotecaria: el artículo 107 de la Ley Hipotecaria

El artículo 107 de la Ley Hipotecaria hace una larga enumeración de supuestos especiales de bienes o derechos susceptibles de hipoteca. Según este precepto, podrán también hipotecarse:

1. «El derecho de usufructo, pero quedando extinguida la hipoteca cuando concluya el mismo usufructo por un hecho ajeno a la voluntad del usufructuario. Si concluyere por su voluntad, subsistirá la hipoteca hasta que se cumpla la obligación asegurada, o hasta que venza el tiempo en que el usufructo habría naturalmente concluido a no mediar el hecho que le puso fin».

Hay que aclarar que esta hipoteca puede constituirla no sólo el usufructuario, sino también, como declara la Resolución de 27 de mayo de 1968, el titular de pleno dominio del inmueble, sin necesidad de desmembrar hasta la ejecución el derecho hipotecado; pues si un propietario puede ceder a otros el disfrute de su derecho, no hay razón para que no pueda hipotecarlo, como parcela de valor de su dominio.

2. «La mera propiedad, en cuyo caso, si el usufructo se consolidare con ella en la persona del propietario, no sólo subsistirá la hipoteca, sino que se extenderá también al mismo usufructo, como no se haya pactado lo contrario».

3. «Los bienes anteriormente hipotecados, aunque lo estén con el pacto de no volverlos a hipotecar».

El fundamento de la posibilidad de segundas y posteriores hipotecas descansa en de un lado, en el estímulo al crédito territorial; de otro, el que no hay peligro alguno para el primitivo acreedor hipotecario, que está firmemente protegido por el principio de prioridad y el rango que el mismo determina.

Las doctrina y la jurisprudencia de la DGRN también rechaza el acceso al Registro no sólo de la prohibición de hipotecar establecida en actos a título oneroso, sino también la de enajenar, gravar, arrendar, ceder el disfrute o realizar cualesquiera otros actos inscribibles, se subordinen o no al consentimiento del acreedor y se garanticen o no con pacto de vencimiento anticipado.

4. «El derecho de hipoteca voluntaria, pero quedando pendiente la que se constituya sobre él, de la resolución del mismo derecho».

Es el supuesto que se denomina «hipoteca de hipoteca» o «subhipoteca». La especialidad radica en que, extinguida la primera hipoteca, queda también extinguida la subhipoteca. Por eso el régimen de la cancelación de la subhipoteca es diferente según que se haya notificado o no la constitución de la misma al deudor hipotecario. Mediando notificación, no podrá cancelarse la hipoteca sin que el acreedor subhipotecario dé su consentimiento, como requisito complementario a los exigidos para cancelar cualquier hipoteca (v. arts. 149 LH y 175.4.ª del Reglamento).

No obstante, en opinión de algunos autores[9], la hipoteca de hipoteca lo que supone es una cesión del crédito en concepto de garantía (prenda de créditos).

5. «Los derechos de superficie, aguas, pastos, leñas y otros semejantes de naturaleza real».

El carácter especial de estas hipotecas radica en que los derechos sobre los que recaen tienen una vida limitada, por ser vitalicios, por su temporalidad o por su posibilidad de redención. Son también derechos renunciables antes del momento natural de su extinción, pero en este caso, y a diferencia de lo antes visto para el usufructo, el legislador no ha previsto expresamente la subsistencia del derecho de hipoteca, con la finalidad de que ésta no dependa del arbitrio del deudor. Pero la doctrina estima que cabe aplicar por analogía el mismo criterio.

En rigor, hay que comprender en este grupo tres tipos distintos de derechos: derecho de superficie; derecho sobre aguas; y servidumbres personales (pastos, leñas...). Respecto del derecho de superficie, se considera que es hipotecable tanto el derecho de superficie en sentido estricto (sea urbanístico sometido a la Ley del Suelo, o no sea urbanístico[10]) como el derecho de sobre o subedificación (arts. 16 y 30.3 RH).

6. «Las concesiones administrativas de minas, ferrocarriles, canales, puentes y otras obras destinadas al servicio público, y los edificios o terrenos que no estando directa o exclusivamente destinados al referido servicio, pertenezcan al dominio particular, si bien se hallen agregados a aquellas obras, quedando pendiente la hipoteca, en el primer caso, de la resolución del derecho del concesionario».

Las concesiones administrativas tienen la consideración de bien inmueble según el Código civil. No solamente serán hipotecables las concesiones a las que se refiere este artículo, sino las concesiones en general. No obstante habrá que estar al régimen jurídico (muy dispar) que las regule exigiéndose en la mayoría de los supuestos una previa autorización administrativa.

Su especialidad más destacada es que su eficacia está supeditada a la concesión sobre que recae, de modo que, extinguido el derecho del concesionario por expiración del plazo, por caducidad, por rescate o por reversión anticipada, quedará también extinguida la hipoteca, y podrá cancelarse, en cuyo caso parece que la indemnización que pudiera otorgarse al concesionario quedará afecta al pago del crédito hipotecario.

7. «Los bienes vendidos con pacto de retro o a carta de gracia, si el comprador o su causahabiente limita la hipoteca a la cantidad que debe recibir en caso de resolverse la venta, dándose conocimiento del contrato al vendedor, a fin de que si se retrajeran los bienes antes de cancelarse la hipoteca, no devuelva el precio sin conocimiento del acreedor hipotecario, a no mediar para ello precepto judicial».

---

[9] Manuel Peña Bernaldo de Quirós, ob. cit., pp. 280 ss.

[10] Sobre la cuestión acerca de si existe un solo tipo de derecho de superficie (el urbanístico y el no urbanístico) véase el capítulo correspondiente de esta obra donde se estudia esta figura.

Se trata de hipoteca sobre bienes inmuebles sometidos a retracto convencional. La especialidad de la hipoteca es que debe quedar automáticamente extinguida en el momento en que el vendedor ejercite su derecho de retracto. El artículo 1.520 CC así lo presupone al decir que «el vendedor que recobre la cosa vendida con pacto de retro, la recibirá libre de toda carga o hipoteca impuesta por el comprador». No dice la Ley expresamente que en tal supuesto el precio del retracto reembolsado al hipotecante deba quedar afecto al pago del crédito garantizado, pero ello se desprende así de: *a*) la obligación que impone al vendedor de no devolver el precio sin dar conocimiento al acreedor hipotecario; *b*) de la norma del artículo 175.6.º RH, aplicable aquí por analogía, para la hipoteca sobre bienes sujetos a condición resolutoria.

8. «El derecho de retracto convencional, si bien el acreedor no podrá repetir contra los bienes hipotecados sin retraerlos previamente en nombre del deudor en el tiempo en que éste tenga derecho y anticipando la cantidad que para ello fuere necesaria.

Si el vendedor ejercita el derecho de retracto no sólo subsistirá la hipoteca, sino que ésta recaerá directamente sobre los retraídos».

La especialidad de esta hipoteca radica en que queda extinguida cuando caduca el derecho de retracto que el hipotecante ostenta, lo que se produce por el transcurso del plazo pactado o, en su defecto, el de cuatro años que establece el artículo 1.508 CC; si bien, para evitar que esto ocurra, el acreedor podrá ejercitar el derecho de retracto, a nombre del deudor, aun antes del vencimiento de la hipoteca, según se deduce de los artículos 1.111 CC y 117 LH. También es especialidad el que si se ejercita el derecho de retracto, la hipoteca pasa a recaer sobre los bienes retraídos.

9. «Los bienes litigiosos, si la demanda origen del pleito se ha anotado preventivamente, o si se hace constar en la inscripción que el acreedor tenía conocimiento del litigio, pero en cualquiera de los dos casos, la hipoteca quedará pendiente de la resolución del pleito».

10. «Los bienes sujetos a condiciones resolutorias expresas, quedando extinguida la hipoteca al resolverse el derecho del hipotecante».

Supuesto típico de hipoteca de bien sujeto a condición resolutoria es el de la hipoteca constituida sobre finca adquirida con precio aplazado garantizado con pacto expreso de condición resolutoria por falta de pago (art. 1.504 CC), sobre la que posteriormente se pacta una hipoteca. En este caso, ejercida la resolución se extinguirá la hipoteca, si bien, las cantidades recibidas por dicha resolución quedan afectas al pago de la hipoteca, las cuales deberán consignarse (art. 175 RH).

11. «Los pisos o locales de un edificio en régimen de propiedad horizontal inscritos conforme a lo que determina el artículo 8».

El requisito que se establece es que el régimen de propiedad horizontal esté debidamente constituido y los pisos o locales que se hipotequen sean fincas independientes. Este tipo de hipoteca presenta dos importantes especialidades: 1. Extenderse a la copropiedad aneja sobre las partes comunes del edificio. Así se desprende de lo dispuesto en el artículo 396.II CC: «Las partes en copropiedad no son en ningún caso susceptibles de división y sólo podrán ser enajenadas, gravadas o embargadas juntamente con la parte determinada privativa de la que son anejo inseparable». Además, se extenderá también a los anejos (garaje, buhardilla o trastero), que presentan una vinculación *ob rem*. 2. Y en caso de extinción de la propiedad horizontal por destrucción del edificio, la hipoteca pasaría a recaer sobre la cuota que asume el propietario en el solar que resulta.

Distinto de este supuesto es el caso peculiar de hipoteca unitaria de casa dividida por pisos, en la forma que se regula en el artículo 218 del Reglamento Hipotecario.

12. «Derecho del rematante sobre los inmuebles subastados en un procedimiento judicial. Una vez satisfecho el precio del remate e inscrito el dominio a favor del rematante, la hipoteca subsistirá, recayendo directamente sobre los bienes adjudicados».

La LEC por su parte dispone que: «Cuando se le reclama para constituir la hipoteca a que se refiere el artículo 107.12.º LH, el Letrado de la Administración de Justicia expedirá inmediatamente testimonio del auto de aprobación del remate, aun antes de haberse pagado el precio, haciendo constar la finalidad para que se expide» (art. 670.6). Con ello se busca facilitar una financiación al rematante.

5. Hipoteca de varias fincas o derechos; distribución de la responsabilidad hipotecaria

5.1. *La necesaria distribución de la responsabilidad como requisito de orden público*

En determinadas ocasiones el bien ofrecido en garantía puede ser insuficiente para el importe de la obligación garantizada, siendo necesaria la hipoteca de varios bienes o derechos. Admitido esto, puede optarse por dos soluciones distintas: sistema de responsabilidad hipotecaria distribuida o bien el de responsabilidad hipotecaria conjunta. En el primer caso, cada finca responde de una parte del crédito, por lo que, en realidad, hay tantas hipotecas como fincas, vulnerándose el principio de indivisibilidad; y, en el segundo caso, cada finca responde de la totalidad del crédito, surgiendo una hipoteca solidaria que derriba el principio de especialidad. El legislador español no ha establecido un único sistema, sino que ha optado por establecer la necesidad de distribuir la responsabilidad hipotecaria cuando se hipotecan varias fincas en seguridad de un solo crédito, aunque admitiendo ciertas excepciones en favor de la responsabilidad conjunta o solidaria. La solución contraria se presta a engaños y maquinaciones fraudulentas, aminorando el crédito territorial del deudor.

Desde el derecho positivo el precepto básico es el artículo 119 LH: «Cuando se hipotequen varias fincas a la vez por un solo crédito, se determinará la cantidad o parte de gravamen de que cada una deba responder». Confirma esta regla el artículo 216 RH, al disponer que «No se inscribirá ninguna hipoteca sobre varias fincas, derechos reales o porciones ideales de unas y otros, afectos a una misma obligación, sin que [...] se determine previamente la cantidad de que cada finca, porción o derecho deba responder».

Esta necesidad de distribución de la responsabilidad hipotecaria se considera que obedece a razones de interés público, como es que el tercer adquirente conozca la responsabilidad que afecta a la finca adquirida; y por ello:

— No se admite renuncia ni estipulación en contrario.
— Su incumplimiento es un obstáculo para la inscripción.

En cuanto a la forma de verificar la distribución, el artículo 216 RH establece que la distribución de responsabilidad puede tener lugar por convenio entre las partes o por mandato judicial:

a) Convenio entre las partes. Los interesados podrán acordar la distribución:

— ya en el mismo título inscribible;
— ya en otro documento público;
— o en solicitud dirigida al Registrador, firmada o ratificada ante él, o cuyas firmas estén legitimadas.

b) Faltando dicho acuerdo, deberá procederse judicialmente.

5.2. *Efectos de la distribución*

Según el artículo 120 LH: «Fijada en la inscripción la parte del crédito de que deba responder cada uno de los bienes hipotecados, no se podrá proceder contra ellos con perjuicio de tercero sino por la cantidad a que respectivamente estén afectos y la que a la misma corresponda por razón de intereses, con arreglo a lo prescrito en los anteriores artículos». Aunque como precisa el artículo 121 LH: «Lo dispuesto en el artículo anterior se entenderá sin perjuicio de que, si la hipoteca no alcanzase a cubrir la totalidad del crédito, pueda el acreedor repetir por la diferencia contra las demás fincas hipotecadas que conserve el deudor en su poder; pero sin prelación, en cuanto a dicha diferencia, sobre los que, después de inscrita la hipoteca, hayan adquirido algún derecho real en las mismas fincas».

Los efectos también se reflejan en el momento en que vaya a procederse a la cancelación: artículo 124 LH: «Dividida la hipoteca constituida para la seguridad de un crédito entre varias fincas, y pagada la parte del mismo crédito con que estuviere gravada alguna de ellas, se podrá exigir por aquel a quien interese la cancelación parcial de la hipoteca en cuanto a la misma finca. Si la parte de crédito pagada se pudiere aplicar a la liberación de una o de otra de las fincas gravadas, por no ser inferior al importe de la responsabilidad especial de cada una, el deudor elegirá la que haya de quedar libre» (v. también el art. 221 del Reglamento).

Supuesto contemplado especialmente por la Ley es el caso de división de una finca hipotecada en dos o más (art. 123 LH); en tal supuesto «no se distribuirá entre ellas el crédito hipotecario sino cuando voluntariamente lo acordaren el acreedor y el deudor». Aunque el precepto habla de deudor, no parece haber dificultad en que esa distribución sea convenida entre el acreedor y los terceros poseedores o hipotecantes por débito ajeno. Por ello, si hay acuerdo en la distribución se producirán los efectos que antes hemos examinado, o sea los efectos de los artículos 120 y 121 LH, y los que se refieren al momento de la cancelación de los artículos 124 LH y 221 RH. Pero si, por el contrario, la finca se divide sin distribución de responsabilidad entre las resultantes, surge una hipoteca solidaria, cuyos efectos ejecutivos vienen recogidos en el artículo 123 LH en su inciso final, al disponer que «[...] No verificándose esta distribución, podrá repetir el acreedor por la totalidad de la suma asegurada contra cualquiera de las nuevas fincas en que se haya dividido la primera o contra todas a la vez». En punto a la cancelación, dispone el artículo 125 LH: «Cuando sea una la finca hipotecada, o cuando siendo varias no se haya señalado la responsabilidad de cada una, por ocurrir el caso previsto en el artículo 123, no se podrá exigir la liberación de ninguna parte de los bienes hipotecados, cualquiera que sea la del crédito que el deudor haya satisfecho».

IV. ELEMENTOS FORMALES EN LA CONSTITUCIÓN DE LA HIPOTECA

1. Requisitos formales

Los elementos formales en la constitución de hipotecas voluntarias vienen recogidos en los artículos 145 LH y 1.875 CC, conforme a los cuales, para que las hipotecas voluntarias queden válidamente establecidas se requiere un doble requisito: que se hayan constituido en escritura y que dicha escritura haya sido inscrita en el Registro de la Propiedad. Ambos requisitos se exigen *ad substantiam*[12].

---

[12] Es llamativo que la Ley 5/2019, de 15 de marzo, *reguladora de los contratos de crédito Inmobiliario*, establezca en el *apartado primero del artículo 22* que «los contratos de *préstamo regulados en*

Hay supuestos en los que puede ser suficiente otro tipo de documento público:

a) En la hipoteca testamentaria es título suficiente el testamento (incluso el ológrafo) acompañado de los certificados de defunción y de última voluntad, más la escritura de aceptación (normalmente será la escritura de partición hereditaria) (v. art. 248 RH).

b) En las llamadas hipotecas *apud acta* (v. arts. 530 y 595 de la Ley de Enjuiciamiento Criminal) es suficiente el documento judicial.

c) Y en fin, hay supuestos en los que puede ser suficiente un documento administrativo, como en la hipoteca constituida a favor de la Administración Tributaria en garantía de aplazamientos o fraccionamientos de deudas tributarias, en donde la aceptación del ofrecimiento unilateral que se hace por el deudor (en escritura pública) se realiza por documento administrativo.

2. La escritura notarial: el control de transparencia en los préstamos hipotecarios que graven inmuebles de uso residencial

La escritura deberá contener todos los requisitos personales y reales exigidos por la ley pudiendo destacarse que tras la Ley 1/2013, se añade un apartado tercero al artículo 21 LH que exige que «En las escrituras de préstamo hipotecario sobre vivienda deberá constar el carácter, habitual o no, que pretenda atribuirse a la vivienda que se hipoteque. Se presumirá, salvo prueba en contrario, que en el momento de la ejecución judicial del inmueble es vivienda habitual si así se hiciera constar en la escritura de constitución».

Pero de una manera mucho más amplia, para cuando se trate de hipoteca sobre inmuebles de uso residencial, la Ley 5/2019, de 15 de marzo, reguladora de los contratos de crédito inmobiliario, a fin de lograr un adecuado cumplimiento de los requisitos de transparencia en sentido formal y material, establece en sus artículos 14 y 15 una detallada regulación de la fase precontractual y el mecanismo a través del cual ha de quedar justificado el cumplimiento de los trámites establecidos, introduciendo la necesidad de que por parte del Notario, antes del otorgamiento de la escritura, en un acta previa, recoja los trámites realizados. Así, se

---

esta Ley se formalizarán *en papel o en otro soporte duradero. En caso* de que estén *garantizados con hipoteca constituida sobre un inmueble de uso residencial situado en territorio nacional*, deberán formalizarse en *escritura pública, pudiendo adoptar el formato electrónico conforme a la legislación notarial.* En ellos se harán constar, además de los elementos esenciales del contrato, los datos y los elementos que se determinen por el Gobierno mediante real decreto». La imprecisión de este precepto (parece limitar la escritura a solamente los supuestos en que el bien hipotecado sea un inmueble de uso residencial) en nada cambia el sistema de escritura pública como requisito imprescindible para que la hipoteca pueda acceder al Registro de la Propiedad (art. 3 LH).

dice que en estos preceptos que el prestamista, intermediario de crédito o su representante designado, en su caso, deberá entregar al prestatario o potencial prestatario, con una antelación mínima de diez días naturales respecto al momento de la firma del contrato, la siguiente documentación: *a*) La Ficha Europea de Información Normalizada (FEIN). *b*) Una Ficha de Advertencias Estandarizadas (FiAE). *c*) En caso de tratarse de un préstamo a tipo de interés variable, de un documento separado con una referencia especial a las cuotas periódicas a satisfacer por el prestatario en diferentes escenarios de evolución de los tipos de interés. *d*) Una copia del proyecto de contrato. *e*) Información clara y veraz de los gastos que corresponden al prestamista y los que corresponden al prestatario.

Esta documentación junto a la manifestación firmada por el prestatario, en la que declare que ha recibido la documentación y que le ha sido explicado su contenido, deberá remitirse también al notario elegido por el prestatario [...]. La remisión de la documentación se realizará por medios telemáticos seguros cuyas especificaciones se han quedado determinadas a través de varias Resoluciones e Instrucciones de la DGRM.

Por lo que se refiere a las actuaciones posteriores que han de hacerse:

1. El prestatario habrá de comparecer ante el notario por él elegido a efectos de obtener presencialmente el asesoramiento descrito en los siguientes apartados.

2. El notario verificará la documentación acreditativa del cumplimiento de los requisitos previstos... En caso de que quede acreditado su cumplimiento hará constar en un *acta notarial* previa a la formalización del préstamo hipotecario:

a) El cumplimiento de los plazos legalmente previstos de puesta a disposición del prestatario de los documentos legalmente establecidos.

b) Las cuestiones planteadas por el prestatario y el asesoramiento prestado por el notario.

c) En todo caso, el notario deberá informar individualizadamente haciéndolo constar en el acta, que ha prestado asesoramiento relativo a las cláusulas específicas recogidas en la Ficha Europea de Información Normalizada (FEIN) y en la Ficha de Advertencias Estandarizadas (FiAE), de manera individualizada y con referencia expresa a cada una, sin que sea suficiente una afirmación genérica. Igualmente, y en presencia del notario, el prestatario responderá a un test que tendrá por objeto concretar la documentación entregada y la información suministrada.

3. El prestatario, o quien le represente a estos efectos, deberá comparecer ante el notario, para que éste pueda extender el acta, como tarde el día anterior al de la autorización de la escritura pública del contrato de préstamo.

4. La obligación de comparecencia y las normas de protección al prestatario previstas en la presente Ley se extenderán a toda persona física que sea fiadora o garante del préstamo.

5. Si no quedara acreditado documentalmente el cumplimiento en tiempo y forma de las obligaciones previstas en el artículo 14.1, o si no se compareciese para recibir el asesoramiento en el plazo señalado en el apartado 3, el notario expresará en el acta esta circunstancia. En este caso, no podrá autorizarse la escritura pública de préstamo.

En la escritura pública del préstamo el notario autorizante insertará una reseña identificativa del acta, sin la cual la escritura pública no podrá inscribirse.

Todo este procedimiento se desarrolla en el Real Decreto 309/2019, de 26 de abril, por el que se desarrolla parcialmente la Ley 5/2019, de 15 de marzo, reguladora de los contratos de crédito inmobiliario y se adoptan otras medidas en materia financiera, de especial trascendencia en la fase previa de información y control de transparencia por parte del Notario, y por la Orden ECE/482/2019, de 26 de abril.

3. El requisito de la inscripción en el Registro de la Propiedad

En cuanto al requisito de la inscripción, cabe decir ante todo que, sobre la base de lo dispuesto en los artículos 1.875 CC, y 145 y 159 LH (que se refieren a la inscripción como indispensable para que la hipoteca quede «válidamente constituida —o establecida—»), es generalmente aceptado el carácter de constitutiva que ésta tiene respecto de la hipoteca. En la actualidad han de entenderse superadas las opiniones que centraban el efecto constitutivo en la escritura (en este mismo sentido, la nueva redacción del art. 130 LH, en cuanto al carácter constitutivo a efectos de ejecución). Como dice Peña Bernaldo de Quirós[13], el acto dispositivo se realiza en el momento de la escritura (en dicho instante es cuando ha de apreciarse la capacidad o la buena o mala fe a efectos del art. 34 LH), pero los efectos más característicos de la hipoteca presuponen la inscripción.

4. La hipoteca unilateral

Se trata de una peculiar forma de constitución de la hipoteca. Establece el párrafo 1.º del artículo 141 LH: «En las hipotecas voluntarias constituidas por acto unilateral del dueño de la finca hipotecada, la aceptación de la persona a cuyo favor se establecieron o inscribieron se hará constar en el Registro por nota marginal, cuyos efectos se retrotraerán a la fecha de la constitución de la misma».

Debe destacarse que antes de la aceptación, la hipoteca ya está constituida y constatada en el Registro, por lo que pesa como gravamen sobre la finca, quedan-

[13] Ob. cit., p. 142.

do bajo el amparo de los principios fundamentales del sistema y afectando a todo posible tercer adquirente de la finca hipotecada. No obstante, el acreedor no podrá ejercitar aún los derechos derivados de la titularidad sobre la hipoteca. Una vez aceptada la hipoteca, se producirá la adquisición de la misma por el favorecido, cuyos efectos se retrotraerán a la fecha de la constitución de la misma. En consecuencia, la nota marginal de aceptación tiene carácter constitutivo para la adquisición de la hipoteca y se extenderá en virtud de la escritura de aceptación, o del documento administrativo del órgano competente (cuando se trate de hipoteca constituida en favor de Hacienda o de la Tesorería General de la Seguridad Social).

La cancelación de las hipotecas unilaterales antes de su aceptación (que es la que presenta especialidad, toda vez que la que se produce después de la aceptación se rige por las reglas generales) puede tener lugar por un mecanismo peculiar: para despejar situaciones interinas o de pendencia, la Ley adopta un medio específico de cancelación en el párrafo 2.º del artículo 141 de la Ley que «Si no constare la aceptación después de transcurridos dos meses, a contar desde el requerimiento que a dicho efecto se haya realizado, podrá cancelarse la hipoteca a petición del dueño de la finca, sin necesidad del consentimiento de la persona a cuyo favor se constituyó». Lo cual aparece completado por el artículo 237 RH, que determina que en el requerimiento deberá hacerse constar expresamente la posibilidad de cancelar la hipoteca, en la forma expresada, para lo cual será preciso el otorgamiento por el dueño de la finca de la correspondiente escritura cancelatoria.

CAPÍTULO III

CONTENIDO DEL DERECHO REAL DE HIPOTECA

I. EXTENSIÓN OBJETIVA DE LA HIPOTECA CON RELACIÓN A LOS BIENES HIPOTECADOS

Cuando se habla de extensión objetiva de la hipoteca nos referimos tanto a qué se entiende hipotecado junto con el inmueble sobre el que recae la garantía, como al *quantum* garantizado por principal, interés y costas. Empezamos por el primer aspecto: extensión objetiva respecto de los bienes hipotecados.

La Ley Hipotecaria parte de una distinción fundamental:

1.° Elementos a los que se extiende la hipoteca naturalmente sin necesidad de pacto.

2.° Elementos excluidos de la hipoteca, pero a los que se puede extender mediante pacto expreso.

1. Extensión natural de la hipoteca

Establece el artículo 109 LH: «La hipoteca se extiende a las accesiones naturales, a las mejoras y al importe de las indemnizaciones concedidas o debidas al propietario por razón de los bienes hipotecados».

Y según el artículo 110 LH se entenderán hipotecados juntamente con la finca, aunque no se mencionen en el contrato, siempre que correspondan al propietario:

1.° Las mejoras que no consistan en agregación de terrenos, excepto por accesión natural, o en nueva construcción de edificios donde antes no los hubiere.

2.° Las indemnizaciones concedidas o debidas al propietario de los inmuebles hipotecados por razón de éstos.

2. Extensión mediante pacto

Los muebles, frutos y rentas no quedan comprendidos en la hipoteca «salvo pacto expreso o disposición legal en contrario» (art. 111 LH).

A los supuestos anteriores la doctrina considera que la posibilidad de pactar la extensión de la hipoteca a:

a) los terrenos agregados, excepto por accesión natural, y

b) a la construcción de edificios donde antes no los había (art. 110.1.º LH *a contrario*). Así lo ha admitido la Resolución de 6 de febrero de 1986 antes citada.

3. Extensión objetiva frente a un tercer poseedor

Cuando los bienes pasan a un tercer poseedor (se considera tercer poseedor a todo adquirente a título singular del pleno dominio, una cuota indivisa o parte material de la finca, que no quede personalmente obligado al pago de la obligación garantizada con la hipoteca) existen reglas especiales respecto de la extensión objetiva. El artículo 113 LH introduce una norma específica que los autores suelen sintetizar de la siguiente manera:

a) La hipoteca se extiende a los elementos a que naturalmente es extensiva, con excepción de las mejoras que no consistan en obras de reparación, seguridad o transformación, que hubiesen sido costeadas por el nuevo dueño.

b) La hipoteca *no* se extiende a los elementos del artículo 111 LH, es decir, objetos muebles colocados permanentemente en la finca pero costeados por el tercer poseedor, frutos pendientes y rentas vencidas que sean pertenencia del mismo.

Dichos elementos mencionados a los que no se extiende la hipoteca, en cuanto que son de la propiedad del tercer poseedor, el cual podrá detraerlos (si ello es posible sin menoscabo del valor del resto de la finca) o cobrar su importe en los términos del artículo 113 LH.

II. EXTENSIÓN DE LA HIPOTECA RESPECTO DEL CRÉDITO GARANTIZADO

1. En cuanto al capital de la obligación

La extensión de la hipoteca a la obligación o crédito principal está fuera de toda duda, pues precisamente es la obligación el objeto principal y la razón primera de la constitución de la garantía hipotecaria, y en nuestro Derecho ello es así hasta el punto de que la hipoteca no es posible sin crédito a garantizar, tal como se desprende del artículo 1.857 CC, dado su carácter accesorio respecto del crédito garantizado.

Lo que en cambio sí puede presentar algún problema es la determinación del *quantum* o cantidad asegurada por la hipoteca en concepto de *principal*, toda vez que en nuestro sistema no sólo son susceptibles de garantía hipotecaria las obligaciones plenamente determinadas en el momento de constituirse la hipoteca, sino también las obligaciones de existencia incierta o cuantía indeterminada (como las obligaciones futuras, las sometidas a condición suspensiva, las sujetas a cláusula de estabilización, las cuentas corrientes de crédito, etc.), cuya garantía se articula a través de las llamadas hipotecas de *máximo o de seguridad.*

Para salvar este inconveniente de la indeterminación relativa de la obligación garantizada, la Ley impone que se cumplan ciertos requisitos mínimos, en aras de los principios de especialidad o determinación hipotecaria, y de publicidad, que consisten en que, en la inscripción de la hipoteca, se haga constar:

— El importe de la obligación garantizada.

— En el caso de que ello no sea posible (por tratarse de una hipoteca de seguridad), la cantidad máxima de que responda la finca hipotecada.

Así resulta de los artículos 12 y 153 LH, y 219 RH.

2. Garantía de los intereses remuneratorios: criterio seguido por la Ley según que la finca hipotecada pertenezca al deudor o a un tercero

Si la hipoteca se constituye para asegurar una obligación o crédito que produzca interés, surge el problema de si la misma alcanza a cubrir estos intereses, y en qué cuantía o medida. Los sistemas seguidos en orden a la extensión o cobertura de los intereses pueden, según Roca Sastre, reducirse a tres:

a) Sistema de garantía indefinida: En este caso, la hipoteca asegura, por ministerio de la Ley, ilimitadamente, todos los intereses que devengue el crédito hipotecario, de modo que el crédito por intereses, cualquiera que sea la cantidad a que ascienda, se coloca bajo el mismo rango que el crédito principal. Su fundamento o justificación radica en el principio de que lo accesorio sigue a lo principal, y constando en el Registro la cuantía del crédito y el tipo de interés que produzca, quedan cumplidas las exigencias del principio de especialidad o determinación. No obstante, es un sistema que presenta dos claros inconvenientes. Por un lado, la acumulación de intereses impagados, y con ella, el aumento del volumen de responsabilidad hipotecaria, lo que dificultará actos de contratación sobre la finca, y, en definitiva, el crédito territorial; y, por otro lado, no asegurar suficientemente al tercer adquirente frente a posibles confabulaciones del acreedor y deudor, declarando impagados intereses que en realidad han sido satisfechos.

b) Sistema de tope máximo: La hipoteca únicamente asegurará por ministerio de la ley, además del capital, una determinada suma de intereses fijada expresamente, y que puede consistir en un número de anualidades o en una cantidad alzada, o un tanto por ciento. Constituye el sistema más ventajoso, pues evita los inconvenientes del anterior, y proporciona plena seguridad al tercer adquirente y favorece el crédito territorial.

c) Sistema de ampliación de hipoteca: La hipoteca sólo garantiza el importe del crédito principal, pero a cada vencimiento de los intereses, se atribuye al acreedor la facultad de exigir del deudor la constitución de una nueva hipoteca, de ampliación, en seguridad de los intereses impagados.

Puede decirse que nuestra LH acoge a los tres sistemas en los artículos 114 y 115 LH.

Establece el primero de ellos: «Salvo pacto en contrario, la hipoteca constituida a favor de un crédito que devengue interés no asegurará, con perjuicio de tercero, además del capital, sino los intereses de los dos últimos años transcurridos y la parte vencida de la anualidad corriente.

En ningún caso podrá pactarse que la hipoteca asegure intereses por plazo superior a cinco años».

Y según el artículo 115 LH: «Para asegurar los intereses vencidos y no satisfechos que no estuvieren garantizados conforme al artículo anterior, el acreedor podrá exigir del deudor ampliación de la hipoteca sobre los mismos bienes hipotecados.

Esta ampliación no perjudicará en ningún caso los derechos reales inscritos con anterioridad a ella.

Si la finca hipotecada no perteneciera al deudor, no podrá el acreedor exigir que se constituya sobre ella la referida ampliación pero podrá ejercitar igual derecho respecto a cualquiera otros bienes inmuebles del deudor que puedan ser hipotecados».

De estos dos artículos, y de otros concordantes de la Ley y del Reglamento, se deduce que nuestra legislación hipotecaria adopta un criterio mixto o integral, pues:

— Así, aplica el de tope máximo o el de garantía indefinida según que exista o no tercero que pueda resultar perjudicado.

— Permite, en todo caso, la utilización del sistema de ampliación.

— Y todo ello salvo que otra cosa se hubiere pactado, dentro de ciertos límites.

3. GARANTÍA DE LOS INTERESES MORATORIOS

Los intereses moratorios son aquellos que, a modo de indemnización de daños y perjuicios, debe pagar el deudor una vez constituido en mora por incumplimiento de la obligación principal (art. 1.108 CC).

Si se pretende garantizarlos hipotecariamente, como regla general habrá de pactarse una garantía independiente, y establecer, además, un máximo de responsabilidad, al revestir dicha garantía la naturaleza de hipoteca de seguridad.

El Tribunal Supremo y la DGRN han establecido una doctrina respecto de este tipo de intereses, diferenciada del tratamiento de los remuneratorios.

El Tribunal Supremo ha establecido que en los préstamos hipotecarios concertados con consumidores han de considerarse abusivos los intereses moratorios que excedan en dos puntos respecto de los intereses ordinarios (STS de 3 de junio de 2016). Por su parte la DGRN (Resolución de 16 de octubre de 2016) considera que la doctrina de la STS de 3 de junio de 2016 es aplicable a todo préstamo hipotecario vigente concertado entre profesional del crédito y consumidor, incluso a los concertados antes de ese fallo judicial, y aun cuando la hipoteca haya sido inscrita en el Registro de la Propiedad.

Este sistema ha sido modificado por la Ley 5/2019, de 15 de marzo, de contratos de crédito inmobiliario. Ahora ha de tenerse en cuenta que la ley incluye una regulación civil de los intereses de demora, contenida en su artículo 25, conforme al cual «en el caso de préstamo o crédito concluido por una persona física que esté garantizado mediante hipoteca sobre bienes inmuebles para uso residencial, el interés de demora será el interés remuneratorio más tres puntos a lo largo del período en el que aquél resulte exigible. El interés de demora sólo podrá devengarse sobre el principal vencido y pendiente de pago y no podrán ser capitalizados en ningún caso, salvo en el supuesto previsto en el artículo 579.2.*a*) de la Ley de Enjuiciamiento Civil». Igualmente se da nueva redacción que el párrafo tercero del artículo 114 LH, en términos prácticamente idénticos a los de este artículo 25.

Puede apreciarse, antes que nada, que la norma deja fuera a ese segundo grupo de préstamos «cuya finalidad sea adquirir o conservar derechos de propiedad sobre terrenos o inmuebles construidos o por construir» [art. 2.1.*b*)], quedando el ámbito de aplicación de la misma circunscrito a los inmuebles de uso residencial.

La regulación tiene carácter imperativo: así, el número 2 del artículo establece que «las reglas relativas al interés de demora contenidas en este artículo no admitirán pacto en contrario». En consecuencia, frente a lo previsto hasta ahora a por el artículo 114 LH y a lo interpretado como límite de la no abusividad por el TS (interés remuneratorio más dos puntos), esta ley fija ahora de forma directa un determinado tipo de interés.

4. Garantía de las costas y gastos

Supone la extensión de la hipoteca a las costas y gastos que se producen cuando la hipoteca entra en fase de ejecución (ya sea judicial —procedimientos de apremio y de ejecución directa— ya extrajudicial —notarial—). En nuestro Derecho, la extensión de la hipoteca a las costas sólo tendrá lugar cuando haya sido pactada expresamente.

Dicha garantía funciona como una hipoteca de seguridad, pues se trata de garantizar una obligación futura e indeterminada. La consecuencia directa de ello es la necesidad de fijar una cantidad máxima.

A través de diversas Resoluciones se ha ido determinando el régimen jurídico de esta garantía precisando que si bien en las costas y gastos podrían incluirse no sólo los judiciales derivados de la ejecución de la hipoteca, sino también «los extrajudiciales que estén en íntima relación con la conservación y efectividad de la garantía, como las primas del seguro del bien hipotecado, los anticipos de aquellos impuestos que constituyan afecciones preferentes a la hipoteca, o por gastos de comunidad en régimen de propiedad horizontal, y otros de análoga trascendencia en relación con la hipoteca misma», pero *no* puede admitirse la fórmula de que la garantía comprenda «en general los gastos de la operación que siendo a cargo de la parte prestataria hayan sido satisfechos por el prestamista», por tratarse de obligaciones ajenas a la garantizada.

Tras la Ley 1/2001, en caso de hipoteca sobre vivienda habitual, la garantía por costas no puede exceder del 5 por 100 de la responsabilidad hipotecaria por los tres conceptos de principal, intereses ordinarios e intereses de demora, pues no se puede reclamar en la ejecución una cantidad superior (art. 575.1 bis LEC).

III. FACULTADES DEL ACREEDOR HIPOTECARIO

La facultad fundamental que corresponde al acreedor hipotecario es la de realización del valor del bien hipotecado para la satisfacción de su crédito. Ello será objeto de estudio en forma separada. Nos referimos ahora a las facultades de conservación de su garantía y de disposición de la misma.

1. Facultades conservativas

Con carácter general, el acreedor puede dar por vencido el crédito cuando por actos propios el deudor hubiere disminuido la garantía o desapareciere por caso fortuito, a menos que sea sustituida por otra igualmente segura (art. 1.129 CC).

Pero de una manera específica, la legislación hipotecaria le dota de una acción especial: la acción de devastación. Con arreglo al artículo 117 de la Ley Hipotecaria es una acción por la que se tiende a reparar el menoscabo de la garantía imputable al dueño del bien hipotecado. Dispone dicho precepto que cuando la finca disminuyere su valor (o hubiere fundado temor de que sea insuficiente) por causa imputable al deudor, el acreedor puede solicitar de la autoridad judicial que proceda a la necesario para evitar el daño o, incluso, que se ponga la finca en administración judicial. Esta norma legal se completa con la previsión específica que se hace en el Reglamento Hipotecario (art. 219.2) para los casos en los que a través del arrendamientos concertados por el deudor se produzca el efecto de disminución del valor; debe tratarse de arrendamientos que no vayan a extinguirse (purga) por efecto de la ejecución de la hipoteca.

2. Facultades de disposición del crédito hipotecario

Los créditos garantizados con hipoteca pueden transmitirse por cualquier título, *inter vivos* o *mortis causa*, oneroso o gratuito. Así lo establece el artículo 1.878 CC, según el cual el crédito hipotecario puede ser enajenado o cedido a un tercero en todo o en parte, con las formalidades exigidas por la Ley. De una manera más concreta se establece en el artículo 149 LH que «El crédito o préstamo garantizado con hipoteca podrá cederse en todo o en parte de conformidad con lo dispuesto en el artículo 1.526 CC. La cesión de la titularidad de la hipoteca que garantice un crédito o préstamo deberá hacerse en escritura pública e inscribirse en el Registro de la Propiedad.

El deudor no quedará obligado por dicho contrato a más de lo que estuviere por el suyo.

El cesionario se subrogará en todos los derechos del cedente».

En relación con los requisitos, se ha discutido especialmente si es necesario dar conocimiento de la cesión al deudor. Así se decía expresamente en el artículo 149 LH antes de su actual redacción y así resulta del artículo 1.527 CC (que permite la liberación del deudor que antes de la notificación paga al antiguo acreedor), pero el que ahora expresamente se haya omitido este requisito (por Ley 41/2007) ha suscitado dudas doctrinales, aunque la mayoría de los autores se inclina por entender que la notificación es a los efectos derivados del citado artículo 1.527 CC.

En tiempos recientes se ha existido polémica en torno a dos cuestiones:

2.1. *¿Existe un derecho de adquisición preferente de parte del deudor?*

El artículo 1.535 CC establece que «Vendiéndose un crédito litigioso, el deudor tendrá derecho a extinguirlo, reembolsando al cesionario el precio que pagó, las costas que se le hubiesen ocasionado y los intereses del precio desde el día en que éste fue satisfecho. Se tendrá por litigioso un crédito desde que se conteste a la demanda relativa al mismo».

¿Cuándo se tiene por litigioso un crédito? Ésta es la cuestión principal en esta materia y, al respecto, el Tribunal Supremo ha señalado (sentencias de 31 de octubre de 2008 y 22 de mayo de 2014) que para que un crédito sea litigioso, es necesario: *a*) la existencia de una obligación crediticia vencida y cuyo pago no se ha efectuado voluntariamente; *b*) un procedimiento judicial declarativo iniciado, pero aún no resuelto, sobre la existencia, naturaleza, extensión, cuantía, modalidades, condiciones o vicisitudes del crédito; y *c*) una oposición activa —contestación— del deudor sobre cuestiones de fondo, aunque la STS de 31 de octubre de 2008 parece admitir la oposición tácita de la rebeldía del artículo 496.2 LEC.

Es decir, no es litigioso un crédito simplemente porque el deudor esté en situación de impago del mismo y tampoco porque el acreedor esté en proceso de ejecución de la garantía[14].

2.2. *Cesión de «cartera créditos» hipotecarios a sociedades de inversión*

En estos casos se cede una cartera de créditos con descuento de su importe por el adelanto que supone el cobro en efectivo y el traslado del riesgo del cobro. Cuando se producen cesiones de una manera conjunta tampoco parece que exista un derecho de adquisición preferente por parte del deudor. Incluso en aquellos casos en los que se tratare de créditos litigiosos pues la cesión se realiza de forma globalizada sin que cada crédito pueda ser valorado individualmente, ni tan siquiera por pruebas periciales. En este sentido se manifiesta el Tribunal Supremo en su sentencia de 1 de abril de 2015 y en el auto de 1 de junio de 2016, en los que se afirma que el retracto regulado en el artículo 1.535 CC no procede cuando un crédito se cede conjuntamente con otros créditos litigiosos o no.

---

[14] No obstante, existe cierta opinión doctrinal de entender que tras la Sentencia del TJUE de 14 de marzo de 2013 de la interpretación rigurosa de la normativa de protección de los consumidores hace que estos criterios deban ser matizados en la actualidad. Así, tratándose de cesiones de préstamos hipotecarios concedidos a consumidores, la ampliación de los supuestos de oposición del artículo 695 LEC llevada a cabo por la Ley 1/2013, y la necesaria interpretación de las normas pro-consumidor, llevan a entender que para convertir en litigiosa la ejecución hipotecaria bastaría con oponerse alegando el pago de la deuda, el error en la determinación de la cantidad exigible o la abusividad de alguna de las cláusulas económicas que fundamentan la reclamación o determinan su cuantía, tales como la insuficiencia del número de cuotas impagadas, la existencia de cláusulas suelo, cuantía de intereses de demora, etc.

IV. FACULTADES DEL DEUDOR HIPOTECARIO

1. La enajenación de la finca

El propietario puede disponer del bien hipotecado y constituir sobre él derecho reales. La finca seguirá respondiendo de la obligación garantizada cualquiera que sea su poseedor y podrá ser ejecutada y vendida en pública subasta; por lo que se refiere a los derechos reales que se constituyan en nada afectarán a la hipoteca anterior (salvo que en su caso procediera la acción de devastación antes vista) y normalmente serán cancelados en los casos de ejecución forzosa.

2. La novación, modificación y subrogación en el crédito garantizado

La Ley 2/1994, de 30 de marzo (modificada varias veces, en especial por la Ley 41/2007, de 7 de diciembre, y la última vez por la Ley 5/2015 LCCI) regula la figura que denomina «subrogación y modificación de préstamos hipotecarios».

Esta Ley se caracteriza por la introducción de un supuesto legal de subrogación (cambiando al acreedor) que puede poner en juego el deudor hipotecario cuando le convenga sin necesidad de contar con el consentimiento del acreedor hipotecario, cualquiera que sea la fecha de formalización del crédito hipotecario y aunque no conste en él la posibilidad de amortización anticipada (art. 1). Todo en base del artículo 1.211 CC que permite al deudor subrogar a otro en lugar del acreedor si hubiese tomado el dinero por escritura pública. En todo caso se necesita acuerdo entre deudor y futuro acreedor en base del artículo 1.159 CC.

Para que pueda producirse este cambio de acreedor es necesario ajustarse a un estricto procedimiento:

— La entidad que esté dispuesta a subrogarse presentará al deudor que lo solicite una oferta vinculante en la que constarán las condiciones financieras del nuevo préstamo hipotecario.

— La oferta debe ser notificada por conducto notarial a la entidad acreedora, y se le requerirá para que le entregue certificación del importe del débito del deudor por el préstamo o préstamos hipotecarios en que se haya de subrogar.

— La primitiva entidad solamente puede «ofrecer al deudor una modificación de las condiciones de su préstamo, en los términos que estime convenientes» (Disp. Final 3.ª de la Ley 5/2019, de 15 de marzo, que modifica el art. 2 de la Ley 2/1994, de 30 de marzo); lo que significa que el deudor no está obligado a mantener su préstamo en dicha entidad, aunque la misma le iguale las condiciones que le ofrece otra.

— En el supuesto en el que la primitiva entidad no colabore bastará que la entidad que se subroga calcule la cantidad acreditada, bajo su responsabilidad y asumiendo las consecuencias de su error, que no serán repercutibles al deudor, y, tras manifestarlo así en la escritura, deposite la nueva acreedora dicha suma en poder del Notario autorizante a disposición de la entidad acreedora primitiva.

Los efectos que se producen son los siguientes:

1) El efecto básico es la permanencia o subsistencia del préstamo hipotecario financiero subrogado. Esta subrogación supone no una novación extintiva, sino únicamente modificativa, que presupone la subsistencia del mismo préstamo hipotecario originario o anterior, en su totalidad, a excepción del cambio o sustitución del acreedor y de la mejora de las condiciones del tipo de interés, tanto ordinario como de demora. Es, por tanto, una novación modificativa, subjetiva activa y a la vez objetiva en cuanto a los intereses, en los términos prefijados por la propia ley. Se trata de impedir, como dice la Exposición de Motivos de la ley, la duplicidad de gastos que implican la cancelación de un crédito hipotecario y la constitución de otro nuevo para lograr el cambio de una hipoteca.

Consecuencia de tal subsistencia es que la hipoteca conserva el rango hipotecario anterior que tenía el crédito hipotecario objeto de la subrogación registrada frente a terceros poseedores de la finca hipotecada que no hubiesen asumido el débito hipotecario o retenido su importe y frente a titulares de hipotecas, cargas, gravámenes y derechos anteriores a la registración de la subrogación aunque inscritos con posterioridad a dicha hipoteca. Ahora bien, para mantener el expresado rango de la hipoteca que garantiza el préstamo subrogado es indispensable que en la subrogación se hayan cumplido estrictamente las condiciones o requisitos establecidos en la ley, es decir, una sustitución del acreedor y una mejora de las condiciones del tipo de interés en los términos antes expuestos.

2) La subrogación produce el efecto de quedar pagada o amortizada la deuda que acreditaba la primitiva entidad acreedora con el dinero prestado por la nueva entidad, si aquélla admite el pago normalmente, o con posterioridad, de conformidad con lo dispuesto en el artículo 2 de la Ley.

V. LA POSPOSICIÓN, PERMUTA Y RESERVA DE RANGO

Existen dos sistemas de determinación del rango: el germánico o de puestos fijos, y el latino o de avance de puestos. En el sistema germánico cada derecho ocupa una específica parcela de valor, un «puesto fijo» (el rango tiene sustantividad e independencia propias), y su desaparición no implica que los derechos posteriores (que, en realidad, y por lo dicho, no pueden calificarse realmente de tales) puedan avanzar y mejorar su rango. En el sistema español, por contra, rige el sistema latino de avance de puestos: el orden o clasificación entre los diferentes derechos de garantía (singularmente, la hipoteca) se establece en función de su fecha de acceso al Registro. La desaparición de una hipoteca aprovecha a los acreedores posteriores, que «avanzan» automáticamente y mejoran su rango. Es decir, el rango se concibe como simple determinación ordinal, producida necesariamente por la concurrencia de varios derechos compatibles sobre una misma finca.

El rango de la hipoteca tiene especial importancia pues no tiene la misma garantía quien es titular de una primera hipoteca que de una posterior. En efecto, no concede la misma seguridad una hipoteca que sea preferente, que las hipotecas que vengan con posterioridad, ya que es posible que en el momento de la ejecución no quede valor de la finca suficiente para satisfacer a los acreedores posteriores, los cuales van a ver cancelada su hipoteca por la ejecución de la que vaya delante.

El rango registral (así configurado por el momento en que se acceda al Registro) puede sufrir «alteraciones» por voluntad de los interesados, cuando se acuerde una permuta, posposición o reserva del rango.

1. Permuta

Se da cuando dos derechos reales limitativos, plenamente constituidos e inscritos, cambian sus posiciones. Es decir, el derecho real que avanza obtiene el rango que hasta entonces tenía el que retrocede, y a la inversa, sin que las vicisitudes ulteriores de uno y otro puedan afectar a la permuta operada.

2. Posposición

Tiene lugar cuando el titular de un derecho real limitado, plenamente constituido e inscrito, conviene en ceder su preferencia a un futuro titular de otro derecho todavía no constituido, para el caso y momento en que este último derecho, en el plazo y con los requisitos previamente determinados, nazca a la vida registral.

3. Reserva de rango

La reserva de puesto se asemeja a la posposición en cuanto que el derecho que se va anteponer es futuro, pero se diferencia en que el derecho que va a ceder su preferencia no está inscrito, sino que se va a inscribir ahora, en el mismo momento en que accede al Registro el pacto de reserva. Es decir, el derecho se inscribe ya con la calidad de postergable en su rango; por tanto, la alteración afecta al origen mismo de la relación de rango.

La legislación hipotecaria se ocupa de la alteración del rango en el artículo 241 RH, conforme al cual: «Para que la posposición de una hipoteca a otra futura pueda tener efectos registrales, será preciso:

1.º Que el acreedor que haya de posponer consienta expresamente la posposición.

2.º Que se determine la responsabilidad máxima por capital, intereses, costas y otros conceptos de la hipoteca futura, así como su duración máxima.

3.º Que la hipoteca que haya de anteponerse se inscriba dentro del plazo necesariamente convenido al efecto.

La posposición se hará constar por nota al margen de la inscripción de la hipoteca pospuesta, sin necesidad de nueva escritura, cuando se inscriba la hipoteca futura.

Transcurrido el plazo señalado en el número 3.º sin que haya sido inscrita la nueva hipoteca, caducará el derecho de posposición, haciéndose constar esta circunstancia por nota marginal».

CAPÍTULO IV

LA EJECUCIÓN DE LA HIPOTECA

I. LA ACCIÓN REAL Y LA ACCIÓN PERSONAL EN LA EJECUCIÓN HIPOTECARIA

De la compleja relación a que da lugar el crédito hipotecario, tradicionalmente se ha dicho que surgen dos diversos tipos de responsabilidad: la personal y la real.

— La *personal* es la derivada del crédito, y afecta al deudor de la obligación garantizada (sea o no el sujeto pasivo de la hipoteca). Es la responsabilidad patrimonial universal a que alude el artículo 1.911 CC y que, de conformidad con el artículo 105 LH, no se altera por la circunstancia de haberse garantizado el crédito con la hipoteca.

— Y la *real* es la derivada de la hipoteca, y afecta al sujeto pasivo de la misma (sea o no deudor). A ella alude el artículo 104 LH al decir que «la hipoteca sujeta directa e inmediatamente los bienes sobre que se impone, cualquiera que sea su poseedor, al cumplimiento de la obligación para cuya seguridad fue constituida».

Pues bien, según la clásica concepción, en correlación con ambos tipos de responsabilidad, y para hacer efectiva una y otra, el acreedor hipotecario cuenta con dos acciones:

1) La acción personal, derivada del crédito, que:

— se dirige contra el deudor (sujeto pasivo de la obligación),

— para ejecutar cualesquiera bienes de su patrimonio (entre ellos los hipotecados, si no han pasado a poder de un tercero),

— y que procesalmente opera en el sentido de pedir al juez una sentencia condenatoria (al cumplimiento de una obligación), cuyo cumplimiento forzoso tendrá lugar en trámites de ejecución de sentencia.

2) La acción real, derivada de la hipoteca, que:

— se dirige contra los bienes hipotecados, cualquiera que sea su propietario (art. 129 LH, arts. 234 ss. RH, y normas de la LEC),
— para ejecutar sólo éstos,
— y que procesalmente se concreta en una resolución judicial ordenando la ejecución forzosa del bien gravado, para que con su importe se pueda satisfacer al acreedor.

Esta distinción entre los dos tipos de acciones ha sido, con diferentes matices, mayoritariamente seguida por la doctrina, si bien modernamente algunos autores se apartan de ella por considerarla superada, estimando que hoy en día discutir sobre la naturaleza personal o real de una acción carece de sentido útil, porque, a su juicio, la misma existencia de la acción como categoría conceptual está desfasada, al responder a una concepción según la cual se confundía el derecho subjetivo y la acción. Por ello se entiende que más que de «acciones», debe hablarse de «*pretensiones*», para clasificar las cuales habrá que atender al tipo de tutela judicial que se persigue, lo que le lleva a distinguir entre pretensiones declarativas y ejecutivas.

II. PROCEDIMIENTOS PARA HACER EFECTIVO EL CRÉDITO HIPOTECARIO

El acreedor hipotecario dispone en la actualidad de una pluralidad de medios para hacer efectivo su derecho sobre los bienes hipotecados.

Como se estudia más detenidamente en los temas siguientes, estos procedimientos se han visto modificados por las Leyes 1/2013, de 14 de mayo; 19/2015, de 13 de julio; y 42/2015, de 5 de octubre, cuyas finalidades fundamentales podemos sintetizar en la de protección de deudor hipotecario (en especial de su vivienda habitual) y la de tramitación electrónica. También se han visto afectados parcialmente por la Ley 5/2019 de contratos de crédito inmobiliario.

Estos procedimientos son los siguientes:

1) El juicio declarativo, regulado en los artículos 248 y siguientes de la Ley de Enjuiciamiento Civil, en el cual existe una fase contenciosa que, si acaba en sentencia de condena, lleva a una fase de ejecución (arts. 517.2.1.º y 526 ss. LEC). No es habitual en materia de hipotecas la utilización de este procedimiento, dado que la escritura pública inscrita es título hábil para despachar la ejecución (arts. 517.2.4.º y 685.2 LEC), por lo que el acreedor suele acogerse a este privilegio.

2) El juicio ejecutivo ordinario de los artículos 538 y siguientes LEC, que se caracteriza por tener una fase de contienda abreviada, con reglas especiales para el caso de que hayan pasado los bienes hipotecados al poder de un tercer poseedor.

Tampoco en materia de hipotecas es un procedimiento frecuente (pues se suele acudir al procedimiento especial de ejecución, que luego analizaremos), aunque su uso puede resultar conveniente, e incluso en ocasiones inevitable:

— conveniente, cuando se reclame una cantidad superior a la asegurada con la hipoteca o se pretenda perseguir otros bienes del deudor distintos de los hipotecados (por resultar éstos insuficientes), o, incluso, cuando se quieren eludir las reglas de competencia territorial del procedimiento especial de ejecución sobre bienes hipotecados del artículo 684 LEC.

— inevitable, cuando sea imposible utilizar el ejecutivo especial o la venta extrajudicial, por inobservancia de los requisitos necesarios que permitan dicha utilización (art. 682 LEC para el primero, y 129 LH y 234 RH para la segunda).

3) Las particularidades de la ejecución recayente sobre bienes hipotecados, reguladas en los artículos 681 y siguientes LEC, que requieren determinados presupuestos. En la actualidad se le conoce como procedimiento de ejecución directa sobre bienes hipotecados...

4) Y la hoy llamada venta extrajudicial (conocido anteriormente como «procedimiento ejecutivo extrajudicial»). Según el artículo 129 LH —reformado por las Leyes 1/2013, de 14 de mayo y Ley 19/2015, de 13 de julio—: «La venta extrajudicial se realizará ante Notario y se ajustará a los requisitos y formalidades siguientes» (v. *infra* Capítulo IV, apartado, IV).

5) Por último, hay que tener en cuenta que las hipotecas constituidas a favor de la Hacienda Pública o de la Tesorería General de la Seguridad Social pueden ser ejecutadas a través del procedimiento administrativo de apremio que regulan la Ley General Tributaria, el Reglamento General de Recaudación y el Reglamento General de Recaudación de los Recursos del Sistema de la Seguridad Social.

III. EL PROCEDIMIENTO DE EJECUCIÓN DIRECTA SOBRE BIENES HIPOTECADOS: TRAMITACIÓN Y CAUSAS DE OPOSICIÓN

1. Regulación y naturaleza jurídica

Anteriormente, conocido con el nombre de procedimiento judicial sumario, venía regulado en los artículos 129 a 135 LH, y concordantes de su Reglamento, pero esta regulación de un procedimiento judicial en una norma extraprocesal constituía una anomalía en nuestro ordenamiento legal, que no pocas veces fue puesto de relieve por la jurisprudencia y la doctrina. Por ello la LEC reconduce la situación y sustrae la regulación de esta materia a la legislación hipotecaria y la incluye dentro de la LEC.

El artículo 129 LH, en su actual redacción establece que: «La acción hipotecaria podrá ejercitarse contra los bienes hipotecados sujetando su ejercicio a lo dispuesto en el Título IV del Libro III de la Ley de Enjuiciamiento Civil, con las especialidades que se establecen en su Capítulo V».

Por su parte la LEC se manifiesta en términos similares en el (art. 681.1). El Título IV del Libro III, está dedicado a la regulación general de la ejecución dineraria, si bien con una serie de particularidades, recogidas en el Capítulo V, artículos 681 a 698, bajo la rúbrica «De las particularidades de la ejecución sobre bienes hipotecados o pignorados».

En cuanto a su naturaleza jurídica, sobre la base de la antigua regulación, destacaba la doctrina, con mayores o menores matices, el carácter sumario del procedimiento, con ausencia de contención. Apartándose de esta corriente general, MONTERO AROCA[15] sostuvo que el procedimiento de ejecución hipotecaria *es un proceso*, concretamente un proceso de ejecución especial, y que ello implica la sumisión del mismo a los principios rectores de todo proceso, como son los de dualidad de partes, contradicción e igualdad. A su juicio, esta característica básica no queda desvirtuada por lo limitado de las causas de oposición y suspensión del procedimiento (que tendremos ocasión de estudiar en el epígrafe correspondiente).

Puede decirse que después de las reformas que se han introducido en el mismo esta postura es la que ha prevalecido pues a través de mecanismos de protección del consumidor especialmente frente a cláusulas abusivas (y de la vivienda habitual) claramente se puede hablar de partes y de contradicción, aunque sea limitada.

2. REQUISITOS

Para que pueda ser utilizado los requisitos son los siguientes:

2.1. *Tasación de la finca o bien hipotecado*

La LEC exige que: en la escritura de constitución de la hipoteca se determine *el precio en que los interesados tasan la finca o bien hipotecado*, para que sirva de *tipo en la subasta*, que no podrá ser inferior, en ningún caso, al 75 por 100 del

[15] Juan MONTERO AROCA, *Ejecución de la Hipoteca Inmobiliaria*, Tirant lo Blanch, 2012, pp. 270 ss.

valor señalado en la tasación que, en su caso, se hubiere realizado en virtud de lo previsto en la Ley 2/1981, de 25 de marzo, de Regulación del Mercado Hipotecario.

Este precepto (aunque continúa vigente en tales términos) puede decirse que está modificado por la Ley 5/2019 pues se establece:

a) Que la tasación podrá realizarse no solamente por una sociedad de tasación, sino también por un servicio de tasación de una entidad de crédito regulados por la Ley 2/1981, de 25 de marzo, de regulación del mercado hipotecario, y/o profesional homologado conforme al Real Decreto 775/1997, de 30 de mayo y a la Disposición Adicional 10.ª de esta Ley, siempre que sean independientes del prestamista o del intermediario de crédito inmobiliario, y utilicen normas de tasación fiables y reconocidas internacionalmente.

b) Que el precio fijado tiene que ser el mismo para este procedimiento y para la venta extrajudicial, disponiéndose en la modificación del artículo 129 LH que establece un doble requisito más: el valor de tasación no puede ser distinto para la venta extrajudicial y para la ejecución directa y para la venta judicial se dice que el precio fijado no puede ser distinto del valor de tasación (es decir, el 100 por 100 de la tasación) con lo que indirectamente se impide que el valor fijado pueda ser el 75 por 100 del valor de tasación cuando se pacten ambos procedimientos.

2.2. *Fijación de un domicilio*

En la misma escritura, debe constar un *domicilio*, que fijará el deudor, para la práctica de los requerimientos y de las notificaciones. También podrá fijarse, además, una dirección electrónica a los efectos de recibir las correspondientes notificaciones electrónicas, en cuyo caso será de aplicación lo dispuesto en el párrafo segundo del apartado 1 del artículo 660.

En la hipoteca sobre establecimientos mercantiles se tendrá necesariamente por domicilio el local en que estuviere instalado el establecimiento que se hipoteca.

3. Tramitación

Podemos destacar los siguientes puntos:

— La demanda ejecutiva deberá dirigirse necesariamente contra el deudor, y además, en su caso, contra el hipotecante no deudor o contra el tercer poseedor (siempre que este último hubiese acreditado al acreedor la adquisición de la finca o inscrito su derecho en el Registro de la Propiedad antes de la interposición de la demanda).

A la demanda se acompañará la escritura de préstamo hipotecario, inscrita. Si no pudiese presentarse título inscrito, deberá acompañarse al que se presente certificación del Registro que acredite la inscripción y subsistencia de la hipoteca.

— En el mismo auto en que se despache ejecución se mandará que se requiera de pago al deudor y, en su caso, al hipotecante no deudor o al tercer poseedor, en el domicilio que resulte vigente en el Registro. No se ordenará la práctica de tal requerimiento (sin perjuicio de que en todo caso haya que notificar al deudor el despacho de la ejecución) si el acreedor probase haberlo efectuado mediante acta notarial, al menos con diez días de antelación.

— Se reclamará del Registrador *certificación* donde consten el dominio y las cargas de la finca, así como inserción literal de la inscripción de hipoteca que se haya de ejecutar, y en la que habrá de expresarse, asimismo, que la hipoteca se halla subsistente y sin cancelar, o, en su caso, la cancelación o modificaciones que aparecieran en el Registro. En todo caso, será de aplicación lo dispuesto en el apartado 3 del artículo 656.

El Registrador hará constar la expedición de la certificación por nota al margen de la inscripción de hipoteca, indicando su fecha y el procedimiento a que se refiere. *Esta nota cumple la función de notificar a los posteriores adquirentes de derechos sobre la finca la existencia del procedimiento* de ejecución, y, en tanto no sea cancelada por mandamiento judicial, no podrá el Registrador cancelar la hipoteca por causas distintas de la propia ejecución (según disponen el propio art. 688 LEC y el art. 131 LH).

— Distinta de la situación del tercer poseedor es la de los titulares de cargas posteriores a la hipoteca y anteriores a la expedición de la certificación. En efecto, dispone este último precepto que, de existir cargas posteriores a la hipoteca, se aplicará lo dispuesto en el artículo 659 LEC, del cual resulta que el Registrador habrá de comunicar a los titulares de aquéllas la existencia de la ejecución, para que puedan satisfacer antes del remate el crédito reclamado, subrogándose en los derechos del actor a los titulares de derechos inscritos con posterioridad a la expedición de la certificación de dominio y cargas *no se les hará comunicación* alguna (sin perjuicio de que puedan personarse en el procedimiento).

4. Formas de llevar a cabo la realización de los bienes

Puede hacerse:

a) Mediante subasta. Transcurridos veinte días desde el requerimiento de pago y las notificaciones, se procederá, a instancia del actor, del deudor o del tercer poseedor, a la subasta de la finca, que se anunciará con al menos veinte días de antelación. Con esta misma antelación se notificará al deudor el señalamiento del lugar, día y hora para el remate. También se anunciará en el portal de subastas judiciales y electrónicas existentes y dependiente del Ministerio de Justicia (art. 668).

b) Mediante otros sistemas. Como gran novedad respecto de la normativa anterior, prevé la LEC que, además de mediante la subasta judicial, pueda realizarse la hipoteca (arts. 640 y 641):

1. Mediante adjudicación directa a persona que, consignando o afianzando, se ofrezca a adquirir la finca por cantidad previsiblemente superior a la que se obtendría en una subasta. Se requiere al efecto convenio entre ejecutante y ejecutado, que, de no causar perjuicio para tercero será aprobado por el tribunal. Se requiere igualmente la conformidad de los eventuales terceros poseedores o acreedores posteriores a la hipoteca.
2. Mediante realización por persona o entidad, pública o privada, especializada; acordándolo así el tribunal a petición del ejecutante, o del ejecutado con el consentimiento de aquél, y siempre y cuando las características del bien así lo aconsejen.

En cualquiera de los dos casos, la enajenación que se produzca habrá de ser aprobada judicialmente.

5. Título de adjudicación y cancelación de cargas y asientos posteriores

Será título inscribible de la adjudicación el testimonio del auto de remate expedido por el Letrado de la Administración de Justicia, al que necesariamente habrá de acompañar el mandamiento de cancelación de cargas. En el mandamiento se ordenará la cancelación tanto de la hipoteca ejecutada como de todas las cargas, gravámenes e inscripciones de terceros poseedores que sean posteriores a ella, incluso de los verificados con posterioridad a la nota marginal de expedición de certificación de cargas (dado que la Ley alude genéricamente a esta cancelación, ha de entenderse derogado el art. 233 RH, en cuanto exige referencia individualizada a las cargas a cancelar que sean posteriores, y anteriores pospuestas, a la inscripción de la hipoteca ejecutada).

Tan sólo subsistirán las declaraciones de obra nueva y divisiones horizontales posteriores, cuando de la inscripción de la hipoteca resulte que ésta se extiende por ley o por pacto a las nuevas edificaciones (si bien la doctrina añade otros asientos que no podrán ser cancelados, como los excesos de cabida, los derechos basados en asientos anteriores y preferentes a la hipoteca, los derechos de igual rango que la hipoteca, art. 227 RH; los arrendamientos urbanos en los casos previstos en su legislación especial, art. 13 LAU; o las antiguas inscripciones de quiebra, cuando la retroacción de ésta alcance a la hipoteca).

En cuanto a las particularidades de la ejecución cuando se trata de la vivienda habitual, nos remitimos al Capítulo VII donde se estudia la protección del consumidor.

IV. VENTA EXTRAJUDICIAL DE FINCA HIPOTECADA

1. Regulación y constitucionalidad del procedimiento

El Tribunal Supremo declaró que el procedimiento de ejecución extrajudicial ante Notario regulado en el artículo 129, párrafo 2.º LH y en los artículos 234 a 236 del Reglamento que lo desarrolla habla quedado derogado por la Disposición Transitoria de la Constitución por ser contrario al artículo 117.3 de la Constitución que consagra la reserva jurisdiccional al disponer que el ejercicio de la potestad jurisdiccional en todo tipo de procesos juzgando y haciendo ejecutar lo juzgado, corresponde exclusivamente a los Jueces y Tribunales determinados en las Leyes (Sentencias de 4 de mayo de 1998 y 20 de abril de 1999).

La LEC de 7 de enero de 2000, se da rango legal a este mecanismo de venta del bien hipotecado mediante una nueva redacción del artículo 129 LH, que vino a consagrar la constitucionalidad de esta forma extrajudicial de ejercitar la hipoteca: por un lado, porque al tratarse del ejercicio del derecho de realización de valor en que la hipoteca consiste, no se substraen, en modo alguno, competencias a la jurisdicción ordinaria; por otro lado, porque la tramitación contenida en el Reglamento Hipotecario tiene el apoyo de normas de rango legal, si es que se considerara necesario: el Código civil (art. 1.858 que ahora se invoca expresamente) y la Ley Hipotecaria.

De todas formas cabe poner de relieve que el artículo 129 de la Ley Hipotecaria no habla ahora ya de procedimiento extrajudicial, sino de venta ante Notario, omitiendo deliberadamente la palabra procedimiento. Como dice la DGRN son evidentes las diferencias entre el procedimiento judicial de ejecución de hipoteca (que está bajo la tutela judicial) y el extrajudicial (que no es propiamente un proceso, sino una venta); Resolución de 18 de septiembre de 2013.

La Ley 1/2013, de 14 de mayo, ha dado mayor cobertura legal al procedimiento. Dispone el precepto que «La acción hipotecaria podrá ejercitarse: [...] *b*) mediante la venta extrajudicial del bien hipotecado, conforme al artículo 1.858 CC, siempre que se hubiera pactado en la escritura de constitución de la hipoteca, sólo para el caso de falta de pago del capital o de los intereses de la cantidad garantizada. La venta extrajudicial se realizará ante notario y se ajustará a los requisitos y formalidades siguientes».

Por último hay que señalar que tras la Ley de Jurisdicción Voluntaria se ha llevado a cabo la regulación con carácter general de los artículos 72 a 77 de la Ley del Notariado donde se regula el expediente de subasta notarial. Se aplicarán con carácter supletorio las normas que para las subastas electrónicas se establecen en la legislación procesal siempre que fueren compatibles.

2. Requisitos

Los requisitos para la utilización de este procedimiento vienen determinados en los artículos 129 LH y 234 RH, siendo imprescindible que en la escritura de constitución de la hipoteca se haya pactado expresamente en una estipulación por separado.

Igualmente es necesario que conste el valor en que los interesados tasan la finca para que sirva de tipo en la subasta (art. 234.1.1.º RH) y (como ocurre en el procedimiento de ejecución directa) que se fije un domicilio por el hipotecante para la práctica de los requerimientos y de las notificaciones.

El requisito más característico y peculiar es la determinación de la persona que en su día haya de otorgar la escritura de venta de la finca en representación del hipotecante, que podrá ser el propio acreedor. Su justificación es la no intervención de la autoridad judicial, no pudiendo obviamente el Notario ostentar la representación del propietario. La Dirección General de los Registros y del Notariado ha entendido que el nombramiento de la persona que haya de otorgar la escritura constituye un mandato irrevocable que puede dar lugar a un caso de lícita autocontratación cuando el designado es el propio acreedor y que por fallecimiento del mismo se transmite tal facultad a sus herederos.

3. Tramitación

Solamente nos referiremos a las peculiaridades más señaladas.

El procedimiento se iniciará mediante requerimiento dirigido al Notario, expresando las circunstancias determinantes de la certeza y exigibilidad del crédito y la cantidad exacta que por cada uno de los conceptos sea objeto de reclamación.

Es muy importante destacar que cuando el Notario considerase que alguna de las cláusulas del préstamo hipotecario que constituya el fundamento de la venta extrajudicial o que hubiese determinado la cantidad exigible pudiera tener *carácter abusivo*, lo pondrá en conocimiento de deudor, acreedor y en su caso, avalista e hipotecante no deudor, a los efectos oportunos. En todo caso deberá suspender la venta extrajudicial desde el momento en que cualquiera de las partes acredite que se ha planteado ante la autoridad judicial el posible carácter abusivo de alguna de las cláusulas.

El Notario examinará el requerimiento y los documentos presentados y, si estima cumplidos todos los requisitos, solicitará del Registro de la Propiedad certificación comprensiva de la última inscripción de dominio que se haya practicado y continúe vigente y relación de todos los censos, hipotecas, gravámenes y derechos reales y anotaciones a que estén afectos los bienes.

Si de la certificación registral no resultan obstáculos a la ejecución, el Notario practicará un requerimiento de pago al deudor, advirtiéndole que de no pagar en el término de diez días se procederá a la ejecución de los bienes hipotecados, siendo de su cargo los gastos de la ejecución.

Transcurridos diez días desde el requerimiento sin que éste hubiere sido atendido, el Notario notificará la iniciación de las actuaciones a la persona a cuyo favor resulte practicada la última inscripción de dominio, si fuese distinta del deudor, así como a los titulares de cargas, gravámenes y asientos posteriores a la hipoteca que se ejecuta, para que puedan, si les conviene, intervenir en la subasta o satisfacer antes del remate el importe del crédito y de los intereses y gastos en la parte asegurada por la hipoteca.

Una vez realizadas las notificaciones:

a) Si el tercer poseedor paga el importe asegurado por la hipoteca, el Notario dará por terminada su actuación y por conclusa el acta con la diligencia de haberse efectuado el pago. Dicha acta podrá servir, en su caso, para la cancelación de la hipoteca.

b) Si el pago fuese verificado por uno de los titulares de las cargas o gravámenes posteriores a la hipoteca, el Notario le requerirá para que manifieste si desea proseguir o no las actuaciones: en caso afirmativo, el pagador se subrogará en la posición del acreedor satisfecho; en otro caso, se darán por terminadas las actuaciones y por conclusa el acta con la diligencia de haberse efectuado el pago. Dicha acta será título bastante para la consignación en el Registro de la subrogación del pagador en todos los derechos del acreedor satisfecho.

La Ley 1/2013 ha establecido que la venta se realizará mediante una sola subasta, de carácter electrónico, que tendrá lugar en el portal de subastas de la Agencia Estatal Boletín Oficial del Estado. Ha de tenerse en cuenta también lo establecido en el artículo 73 y siguientes de la Ley del Notariado. Igualmente ha de tenerse en cuenta el Real Decreto 1.011/2015, de 6 de noviembre, por el que se regula el procedimiento para formalizar el sistema de consignaciones en sede electrónica de las cantidades necesarias para tomar parte en las subastas judiciales y notariales.

Concluido el procedimiento, el Notario expedirá *certificación acreditativa* del precio del remate y de la deuda pendiente por todos los conceptos, con distinción de la correspondiente a principal, a intereses remuneratorios, a intereses de demora y a costas, todo ello con aplicación de las reglas de imputación contenidas en el artículo 654.3 de la Ley de Enjuiciamiento Civil. Cualquier controversia sobre las cantidades pendientes determinadas por el Notario será dilucidada por las partes en juicio verbal.

Terminada la subasta, el precio del remate se destinará sin dilación al pago del crédito del ejecutante en la medida garantizada por la hipoteca. El sobrante, si hubiere acreedores posteriores, se consignará en el oportuno establecimiento público.

4. Otorgamiento de escritura pública

Verificado el remate o la adjudicación y consignado, en su caso, el precio, se procederá a la *protocolización del acta* y al *otorgamiento de la escritura pública* por el rematante o el adjudicatario y el dueño de la finca o el representante designado al efecto.

En la escritura y el acta se harán constar los trámites y diligencias esenciales del procedimiento y, en particular: que se practicaron las notificaciones prevenidas; que el importe de la venta o adjudicación fue igual o inferior al importe total garantizado por la hipoteca; y, en caso de haberlo superado, que se consignó el sobrante en el establecimiento público destinado al efecto. *Si el titular o su representante se negaren a otorgar escritura de venta, el acta de subasta será título suficiente para solicitar del Tribunal competente el dictado del correspondiente auto teniendo por emitida la declaración de voluntad.* La escritura será título bastante para la inscripción a favor del rematante o adjudicatario. La escritura de venta también será título bastante para cancelar la inscripción de la hipoteca ejecutada y todos los asientos de cargas, gravámenes y derechos consignados en el Registro con posterioridad a ella (exceptuándose aquellos asientos ordenados por la autoridad judicial de los que resulte que se halla en litigio la vigencia misma de la hipoteca).

CAPÍTULO V

EXTINCIÓN DE LA HIPOTECA

I. EXTINCIÓN DE LAS HIPOTECAS VOLUNTARIAS

1. Causas generales de extinción

La hipoteca, como cualquier otro derecho, se extingue cuando desaparece de la vida jurídica, perdiendo su eficacia no sólo para su titular, sino también en relación con cualquier otra persona, y produciéndose la liberación de la finca o derecho afectados.

Aunque ni la Ley Hipotecaria ni el Código civil contienen una doctrina sistemática sobre este punto, la doctrina suele señalar las siguientes causas:

1.1. *Indirectamente*

En cuanto derecho accesorio que es, la hipoteca se extingue, ante todo, por extinción de la obligación asegurada, conforme al artículo 1.156 CC. El artículo 144 LH también alude a algunas de las causas de extinción de la hipoteca en parte coincidente con el artículo 1.156 CC.

No obstante, debe tenerse en cuenta que el pago de la obligación garantizada no extinguirá la hipoteca cuando dicho pago lo haga un tercero y proceda la subrogación en tal derecho real: así, en los supuestos de venta de la finca hipotecada con retención o descuento del importe de la hipoteca por parte del comprador y posterior pago por el vendedor del importe de la obligación (art. 118.I LH).

1.2. *Directamente*

En cuanto derecho real, son aplicables a la hipoteca las causas de extinción de los derechos reales. Así, además de la prescripción y caducidad (que examinaremos más adelante):

1. La renuncia de su titular (art. 6 CC), independientemente de que se deje o no subsistente el crédito. Lo que no es posible es renunciar al crédito y pretender que subsista la hipoteca (al ser ésta accesoria de aquél, y no existir en nuestro Derecho una figura similar a la «hipoteca independiente» del Derecho alemán, según destacó la DGRN en Resolución de 1960).
2. Mutuo disenso, es decir, el acuerdo entre acreedor y deudor por el que se deje sin efecto la hipoteca constituida.
3. La consolidación o confusión de derechos, al reunirse en una misma persona la titularidad del crédito y de la cosa o derecho gravado, pues en nuestro Derecho no se admite la «hipoteca de propietario».
4. Expiración del plazo por el que se constituyó o por cumplimiento de la condición resolutoria a que esté afecta.
5. Destrucción física o jurídica de la cosa hipotecada (p. ej., cuando el inmueble desaparece o queda fuera del comercio).
6. Por la extinción del derecho hipotecado. Los artículos 107 LH y 175 RH recogen aplicaciones concretas de este último supuesto.

2. Causas especiales de extinción

Cabe señalar:

1. La consumación, que tiene lugar cuando el acreedor hipotecario ha ejercitado su derecho de realización del valor sobre la cosa gravada.
2. La liberación o purga, que tiene lugar cuando se ejecuta una carga de rango preferente y procede la extinción de la hipoteca posterior, a menos que ésta esté antepuesta a la carga que se ejecuta en virtud de un pacto inscrito, como consecuencia de la negociabilidad del rango registral (posposición o permuta del rango); si bien en este caso no cabe hablar propiamente de hipoteca posterior, pues ha pasado a ser preferente en virtud de dicho pacto.
3. El supuesto previsto en el artículo 97.2 de la Ley Concursal, que reconoce al Juez del concurso la facultad de declarar extinguidas las garantías de cualquier clase (incluidas las reales) constituidas a favor de créditos de una persona calificada como especialmente relacionada con el deudor, y ordenar, en consecuencia, la cancelación de los asientos registrales correspondientes.

3. Formalidades generales de la cancelación

Dado que la inscripción de hipoteca es un asiento que se practica a instancia de parte se exigen para la cancelación los requisitos que en general establece el artículo 82 LH, del cual resulta que las inscripciones practicadas en virtud de escritura pública no se cancelarán sino por sentencia contra la cual no se halle pendiente recurso de casación o por otra escritura o documento auténtico en el que preste su consentimiento para la cancelación la persona a cuyo favor se hubiere hecho la inscripción (titular registral) o sus causahabientes o representantes legítimos.

Esta doctrina (la de la necesidad del consentimiento del titular o mandato judicial), se mantiene aun tratándose de extinción de la hipoteca por pago del crédito garantizado, pues del artículo 179 RH resulta que la cancelación en este caso no se produce *ipso iure*, sino que es precisa escritura pública, en la que el acreedor preste su consentimiento para la cancelación, o que, en su defecto, se logre una ejecutoria judicial.

Existen, no obstante, excepciones en las cuales no es necesario el consentimiento del titular registral del derecho real de hipoteca ni la resolución judicial que ordene la cancelación (mandato judicial) y que algunos autores, gráficamente, denominan supuestos de *cancelación automática*. De los mismos, la vigente legislación hipotecaria prevé numerosos supuestos (además de los casos de caducidad de la inscripción de hipoteca o de prescripción de la acción hipotecaria, que estudiaremos después). Así:

1) Por expiración del plazo por el que se constituyó la hipoteca.

2) También cabe la cancelación por cumplimiento de la condición resolutoria a que la hipoteca estuviere afecta.

3) Tampoco será necesario consentimiento del acreedor cuando se produzca la destrucción de la finca o la extinción del derecho hipotecado, en cuyo caso deberá presentarse en el Registro para la cancelación de la hipoteca la documentación que ponga de relieve esta circunstancia, acompañando en su caso el documento que justifique haberse percibido o consignado el importe de la indemnización a que hubiere lugar, conforme al artículo 175 RH.

4) Otro supuesto de cancelación automática se produce, según vimos, en caso de extinción por confusión de derechos.

5) Por otra parte, y en los casos de ejecución, la cancelación de la hipoteca que se ejecuta y de las cargas posteriores afectadas por la purga deberá practicarse en virtud del correspondiente mandamiento del Juez o Tribunal o del órgano administrativo de recaudación competente. En cambio, en el procedimiento ejecutivo extrajudicial, servirá como título cancelatorio la escritura pública otorgada por el rematante o adjudicatario y el dueño de la finca o el representante designado al efecto, o bien acta notarial con diligencia de haberse efectuado el pago por el tercero.

4. Capacidad requerida

La regla general es que se necesita la misma capacidad que para la realización de actos de disposición de inmuebles (cfr. art. 178 RH). Pero cuando se trata de un supuesto de cancelación por pago, el legislador considera que se trata de un acto debido y tiende a facilitar su cumplimiento por ello se determina que bastará la capacidad para realizar actos de administración.

El consentimiento, por otro lado, ha de ser siempre causal, es decir, que debe expresarse en la escritura la causa de la cancelación, pues, como se ha señalado, no es admisible en nuestro sistema el consentimiento formal cancelatorio sin expresión de causa.

II. EXTINCIÓN PARCIAL

En principio está excluida, dado el principio de la indivisibilidad de la hipoteca que recoge el artículo 1.860 CC. En el mismo sentido, el artículo 122 LH establece que: «La hipoteca subsistirá íntegra, mientras no se cancele, sobre la totalidad de los bienes hipotecados, aunque se reduzca la obligación garantizada, y sobre cualquier parte de los mismos bienes que se conserve, aunque la restante haya desaparecido...». Pero el principio de indivisibilidad no es esencial en la hipoteca, sino que cabe que el acreedor renuncie a sus beneficios, admitiendo la extinción y cancelación parcial de la hipoteca.

La extinción parcial de la hipoteca puede afectar tanto al objeto hipotecado como al *quantum* de la obligación garantizada:

A) Así, en caso de hipoteca sobre *una sola finca* que en parte sea objeto de segregación, puede liberarse de la hipoteca a la parte segregada concentrando la responsabilidad hipotecaria en el resto (o viceversa), o reducirse el importe de la obligación asegurada en caso de pago parcial del crédito, siempre que el acreedor consienta la cancelación.

B) Siendo *varias las fincas hipotecadas*, cabe distinguir dos supuestos:

a) Que exista distribución de responsabilidad. Es aplicable entonces el artículo 124 LH, conforme al cual «Dividida la hipoteca [...] entre varias fincas, y pagada la parte del mismo crédito con que estuviere gravada alguna de ellas, se podrá exigir por aquel a quien interese la cancelación parcial de la hipoteca en cuanto a la misma finca».

b) Cuando siendo varias las fincas gravadas no se haya distribuido entre ellas la responsabilidad hipotecaria (porque procedan de una finca hipotecada que fue posteriormente dividida sin distribución de responsabilidad, art. 123 LH), no podrá exigirse la liberación de ninguna parte de los bienes hipotecados, cualquiera que sea la parte del crédito que el deudor haya satisfecho (art. 125 LH), a menos que medie la conformidad del acreedor. Pero este consentimiento será insuficiente si alguna o algunas de las demás fincas hipotecadas no pertenecen al deudor que pretende la cancelación, pues en este caso se precisará el consentimiento de los titulares de dichas fincas, que de otro modo podrían verse perjudicados por la cancelación parcial y la consiguiente concentración de responsabilidad hipotecaria (Resoluciones de 12 de febrero de 1988 y 27 de marzo de 1989).

C) Cuando se trate de hipotecas en garantía de títulos endosables o al portador, procederá la cancelación parcial en los términos y casos que establecen los artículos 155 y 156 LH.

III. CRÉDITO HIPOTECARIO CUYO PAGO DEBA HACERSE EN VARIOS PLAZOS

Cuando se trate de un crédito de tales características, se plantea el problema de la subsistencia o extinción de la hipoteca después del ejercicio de la acción hipotecaria para hacer efectivo alguno de los plazos vencidos y no satisfechos, quedando otros por vencer.

Hay que estar a lo dispuesto en el artículo 693 LEC. Este precepto, modificado por la Ley 1/2013, de 14 de mayo, de medidas para reforzar la protección a los deudores hipotecarios, reestructuración de la deuda y alquiler social, así como por la Ley 19/2015, de 13 de julio, y por la Ley 5/2019 LCCI, regula dos supuestos distintos, según que se hubiera pactado la ejecución parcial o la total de la hipoteca por incumplimiento de alguno de los plazos de principal o interés:

1. Ejecución parcial

Dice el párrafo primero del artículo 693 LEC: «será aplicable al caso en que deje de pagarse una parte del capital del crédito o los intereses, cuyo pago deba hacerse en plazos, si vencieren al menos tres plazos mensuales sin cumplir el deudor su obligación de pago o un número de cuotas tal que suponga que el deudor ha incumplido su obligación por un plazo al menos equivalente a tres meses. Así se hará constar por el Notario en la escritura de constitución y por el Registrador en el asiento correspondiente. Si para el pago de alguno de los plazos del capital o de los intereses fuere necesario enajenar el bien hipotecado, y aún quedaren por vencer otros plazos de la obligación, se verificará la venta y se transferirá la finca al comprador con la hipoteca correspondiente a la parte del crédito que no estuviere satisfecha» (este párrafo no ha sido modificado por la LCCI).

Esta regla, según la mejor doctrina, es imperativa también para la ejecución ordinaria.

2. Ejecución total por vencimiento anticipado

Se trata de uno de los supuestos claves en la reforma normativa del año 2019, la cual ha estado motivada tanto por la necesidad de proteger a los consumidores en caso de impagos que pueden llevar a la pérdida de la vivienda habitual, como por la jurisprudencia del Tribunal Superior de Justicia de la Unión Europea.

Según redacción dada por la Ley 5/2019 LCCI: «Podrá reclamarse la totalidad de lo adeudado por capital y por intereses en los términos en los que así se hubiese convenido en la escritura de constitución y consten en el asiento respectivo. Siempre que se trate de un préstamo o crédito concluido por una persona física y que esté garantizado mediante hipoteca sobre vivienda o cuya finalidad sea la adquisición de bienes inmuebles para uso residencial, se estará a lo que prescriben el artículo 24 de la Ley 5/2019, reguladora de los contratos de crédito inmobiliario y, en su caso, el artículo 129 bis de la Ley Hipotecaria» (art. 693.2 LEC).

Lo que estos preceptos establecen es que: «Tratándose de un préstamo o crédito concluido por una persona física y que esté garantizado mediante hipoteca sobre bienes inmuebles para uso residencial o cuya finalidad sea adquirir o conservar derechos de propiedad sobre terrenos o inmuebles construidos o por construir para uso residencial, perderá el deudor el derecho al plazo y se producirá el vencimiento anticipado del contrato, pudiendo ejercitarse la acción hipotecaria, si concurren conjuntamente los siguientes requisitos:

a) Que el prestatario se encuentre en mora en el pago de una parte del capital del préstamo o de los intereses.

b) Que la cuantía de las cuotas vencidas y no satisfechas equivalgan al menos:

i) Al 3 por 100 de la cuantía del capital concedido, si la mora se produjera dentro de la primera mitad de la duración del préstamo. Se considerará cumplido este requisito cuando las cuotas vencidas y no satisfechas equivalgan al impago de doce plazos mensuales o un número de cuotas tal que suponga que el deudor ha incumplido su obligación por un plazo al menos equivalente a doce meses.

ii) Al 7 por 100 de la cuantía del capital concedido, si la mora se produjera dentro de la segunda mitad de la duración del préstamo. Se considerará cumplido este requisito cuando las cuotas vencidas y no satisfechas equivalgan al impago de quince plazos mensuales o un número de cuotas tal que suponga que el deudor ha incumplido su obligación por un plazo al menos equivalente a quince meses.

c) Que el prestamista haya requerido el pago al prestatario concediéndole un plazo de al menos un mes para su cumplimiento y advirtiéndole de que, de no ser atendido, reclamará el reembolso total del préstamo.

Las reglas contenidas en este apartado no admitirán pacto en contrario».

IV. LA PRESCRIPCIÓN Y LA CADUCIDAD DE LAS HIPOTECAS

1. La prescripción

Establecen los artículos 128 LH y 1.964 CC que «la acción hipotecaria prescribirá a los veinte años, contados desde que pueda ser ejercitada», es decir, desde el vencimiento o exigibilidad del crédito.

Ahora bien, como la acción personal que protege al crédito prescribe a los cinco años (según el mismo art. 1.964 CC), y sin crédito no puede haber hipoteca, parece existir aquí una contradicción legal. Esta divergencia de plazos ha suscitado diferentes interpretaciones en la doctrina y la jurisprudencia, teniendo en cuenta la coexistencia de la acción real y la personal en la relación hipotecaria y la accesoriedad de la hipoteca respecto del crédito. La mayoría de los autores y alguna STS, han defendido que el legislador ha querido la subsistencia de la responsabilidad real más allá del plazo de prescripción de la acción personal. Pero el TS ha señalado que la prescripción de veinte años sólo es aplicable al capital, no a los intereses, sujetos a la prescripción de cinco años, que sirve de fundamento a la limitación de responsabilidad por este concepto establecida en el artículo 144 LH.

2. Caducidad

La caducidad se refiere no a la acción, sino al asiento directamente.

La caducidad puede ser establecida por Ley o por convenio entre las partes. Como supuestos de caducidad legal podemos citar los siguientes:

a) Hipotecas constituidas con anterioridad a 1 de enero de 1945: La *LH de 1944* previó en sus *disposiciones transitorias* unas reglas de caducidad legal para facilitar su cancelación, señalando que: *a*) las hipotecas que en dicha fecha contaban ya con más de treinta años de antigüedad a partir de la fecha del vencimiento del crédito sin haber sufrido modificación: caducan si dentro de los dos años siguientes no fueron renovadas, interrumpida su prescripción o ejercitada debidamente la acción hipotecaria; *b*) las hipotecas que en dicha fecha no contaban con treinta años de antigüedad caducaron a medida que fueron cumpliendo en lo sucesivo dicha antigüedad, con las mismas condiciones y requisitos.

b) Hipotecas posteriores a 1945: el artículo 82.5.º LH (en reforma del año 2001) establece que «A solicitud del titular registral de cualquier derecho sobre la finca afectada podrá procederse a la cancelación de [...] hipotecas en garantía de cualquier clase de obligación, para las que no se hubiera pactado un plazo concreto de duración, cuando haya transcurrido el plazo señalado en la legislación civil aplicable para la prescripción de las acciones derivadas de dicha garantía o el más breve que a estos efectos se hubiera estipulado al tiempo de su constitución, *contados desde el día en que la prestación cuyo cumplimiento se garantiza debió ser satisfecha en su totalidad según el Registro*, siempre que dentro del año siguiente no resulte del mismo que han sido renovadas, interrumpida la prescripción o ejecutada debidamente la hipoteca».

La reforma de la LH introducida por la Ley 13/2015, de 24 de junio, ha querido dar un paso más, y se ha llegado a ocupar del supuesto tan controvertido de que *no conste en el Registro la fecha en que debió satisfacerse el crédito garantizado*. De este modo, en sede de expediente de liberación de cargas y gravámenes, introduce un párrafo segundo en la regla octava para facilitar estas cancelaciones, del siguiente tenor literal:

Las inscripciones de hipotecas, condiciones resolutorias y cualesquiera otras formas de garantía con efectos reales, *cuando no conste en el Registro la fecha en que debió producirse el pago íntegro de la obligación garantizada*, podrán igualmente cancelarse a instancia de cualquier interesado cuando hayan transcurrido *veinte años desde la fecha del último asiento* en que conste la reclamación de la obligación garantizada o, en su defecto, cuarenta años desde el último asiento relativo a la titularidad de la propia garantía.

Junto a la caducidad legal, existe también la posibilidad de la caducidad convencional. Tiene lugar cuando se pacta expresamente para la propia hipoteca «un plazo concreto de duración», como indica el artículo 82.5.º LH, de modo que la acción hipotecaria sólo puede ser ejercitada dentro de dicho plazo.

En cuando a la constancia de la caducidad en el Registro de la Propiedad hay que tener el cuenta que se rige por el principio de rogación, pudiendo ser solicitada por el titular de cualquier derecho sobre la finca, y se entenderá solicitada tácitamente al pedirse certificación de cargas o practicarse cualquier asiento relativo a la finca afectada (cfr. art. 353 RH).

CAPÍTULO VI

LAS HIPOTECAS LEGALES

I. CONCEPTO Y NATURALEZA JURÍDICA

El artículo 137 LH divide las hipotecas en voluntarias y legales. Según el artículo 160 LH las personas a cuyo favor reconoce la Ley hipoteca legal no tendrán otro derecho que el de exigir la constitución de una hipoteca especial suficiente en garantía de su derecho, y podrán exigir dicha hipoteca sobre cualesquiera bienes inmuebles o derechos reales de que pueda disponer el obligado a prestarla, en cualquier tiempo, aunque hubiere cesado la causa que las motivara, siempre que esté pendiente de cumplimiento la obligación que debió ser asegurada.

La diferencia entre hipotecas voluntarias y legales radica, según lo dicho hasta ahora, en este dato de la libertad u obligatoriedad con que actúa el hipotecante, ya que, fuera de ello, pueden ambos tipos de hipoteca nacer a través de un negocio jurídico.

La Ley, en efecto, lejos de constituir directamente estas hipotecas, se limita en la mayoría de los casos a conceder a una persona la facultad de exigir de otra dicha constitución, sin que nada impida que ambas actúen a tal fin convencionalmente.

Éstas serían las llamadas *hipotecas legales expresas*, llamadas así por requerir la inscripción registral, a diferencia de las *hipotecas legales tácitas*, que se establecen por ministerio de la ley sin necesidad de acto constitutivo ni de inscripción en el Registro.

Según la opinión mayoritaria, éstas mal llamadas, hipotecas legales tácitas no son realmente hipotecas, sino más bien derechos de preferencia, sobre cualquier otro acreedor, en favor de los créditos, personas u organismos a que los preceptos legales se refieren.

Por lo demás, digamos que algunas de las hipotecas legales expresas responden al tipo de la *hipoteca de seguridad*, pues no garantizan el cumplimiento de una obligación perfectamente determinada en su existencia y cuantía, como hace la ordinaria.

El supuesto más claro lo constituye la hipoteca legal por razón de la tutela, que asegura no sólo la devolución de los bienes que entran en poder del tutor, sino las responsabilidades derivadas de la gestión de éste.

II. CASOS REGULADOS EN LA LEGISLACIÓN VIGENTE

Los casos de *hipotecas legales expresas* los recoge básicamente el artículo 168 LH, conforme al cual tendrán derecho a exigir hipoteca legal las siguientes personas:

1.° Las mujeres casadas sobre los bienes de sus maridos:

a) Por las dotes entregadas a éstos solemnemente bajo fe de Notario.

b) Por los parafernales que con la solemnidad anteriormente dicha hayan entregado a sus maridos.

c) Por las donaciones que los mismos maridos les hayan prometido dentro de los límites de la ley.

d) Por cualesquiera otros bienes que las mujeres hayan aportado al matrimonio y entregado a su marido con la misma solemnidad.

Gran parte de estos supuestos son inaplicables en este momento.

2.° Los reservatarios sobre los bienes de los reservistas en los casos señalados por los artículos 811, 968 y 980 CC y en cualesquiera otros comprendidos en leyes o fueros especiales.

3.° Los hijos sometidos a la patria potestad por los bienes de su propiedad usufructuados o administrados por el padre o madre que hubieren contraído segundo matrimonio, y sobre los bienes de los mismos padres.

4.° Los menores o incapacitados sobre los bienes de sus tutores, por los bienes que éstos administren y por la responsabilidad en que incurrieren, a no ser que presten en lugar de la fianza hipotecaria otra garantía establecida y autorizada por el Código civil.

5.° El Estado, las provincias y los pueblos, sobre los bienes de quienes contraten con ellos y administren sus intereses, por las responsabilidades que contrajeren éstos, de conformidad con lo establecido en las leyes y reglamentos.

6.° El Estado, sobre los bienes de los contribuyentes en los casos establecidos en esta Ley (además de la preferencia, hipoteca legal tácita, del art. 194.1 LH).

7.º Los aseguradores, sobre los bienes de los asegurados, también en los casos establecidos en esta Ley (además de la preferencia, asimismo hipoteca legal tácita, que a su favor reconoce el art. 196 LH).

Aunque la doctrina es escasa sobre este punto, puede entenderse que esta normativa es hoy inoperante tras la Ley del Contrato de Seguro, de 8 de octubre de 1980, cuya Disposición Final deroga las disposiciones que se opongan a sus preceptos, entre las que pueden entenderse incluidas las normas de la LH, toda vez que el artículo 15 recoge una normativa distinta a la contenida en la LH, según la cual:

— si deja de pagarse la primera o única prima, el asegurador tiene derecho a resolver el contrato o a exigir su importe en vía ejecutiva;

— y en caso de falta de pago de una de las primas sucesivas, queda en suspenso la cobertura del asegurador un mes después del día del vencimiento, que volverá a entrar en vigor a las veinticuatro horas del pago de la prima. Si el asegurador no reclama el pago dentro de los seis meses siguientes al vencimiento de la prima, se entenderá que el contrato queda extinguido. En cualquier caso, el asegurador, cuando el contrato esté en suspenso, sólo podrá exigir el pago de la prima del período en curso.

El artículo 168 LH está desarrollado en los artículos 169 y siguientes LH, y 250 y sucesivos del RH, sin que podamos hacer un estudio detenido de ellos.

Como *hipotecas legales tácitas* cabe citar:

1. Los aseguradores de inmuebles, sobre los bienes asegurados, por las primas del seguro de dos años o, si el seguro es mutuo, por los dos últimos dividendos (art. 196 LH), sin perjuicio de que, debiéndose mayor cantidad, puedan exigir una hipoteca expresa (art. 197 LH).
2. La hipoteca especial que, sin necesidad de inscripción, garantiza las cédulas hipotecarias emitidas por las entidades financieras a que se refiere la legislación del mercado hipotecario (remisión al tema anterior).
3. La afección real que, según el artículo 83.4 del Texto Refundido de la Ley de Aguas, grava la finca o industria por deudas a favor de la comunidad de usuarios.
4. La preferencia a favor de Hacienda sobre la finca transmitida en caso de fraccionamiento del pago del Impuesto de Transmisiones Patrimoniales, liquidado con motivo de la adquisición de viviendas destinadas a domicilio habitual y permanente del sujeto pasivo cuya superficie útil no exceda de 120 metros cuadrados (art. 113 RITPAJD).
5. La afección real del piso o local al pago de los gastos de comunidad del artículo 9.1.*e*) de la Ley de Propiedad Horizontal (que la RDGRN de 15 de enero de 1997 califica de auténtica afección real, más que de simple preferencia creditual).

En cambio, los *créditos salariales* y los de cuotas impagadas a la *Seguridad Social*, aunque tienen privilegio especial, únicamente atribuyen una preferencia de cobro en caso de concurrencia con otros créditos (según tiene declarado la Dirección General de los Registros en Resoluciones de 22 de noviembre de 1988 y 15 de diciembre de 1994), por lo que no pueden considerarse como hipotecas legales tácitas.

6. La afección real prevista en el artículo 19 RD 1.093/1997 para las fincas de resultado al cumplimiento de la obligación de urbanizar, y que afecta a todos los titulares de derechos sobre las mismas (salvo los créditos tributarios del art. 78 LGT, y otros de tal carácter, vencidos y no satisfechos, anotados en el RP antes de la práctica de la afección).

7. La afección real prevista en el artículo 64 del Texto Refundido de la Ley de Haciendas Locales, en cuanto al IBI.

III. HIPOTECA LEGAL A FAVOR DEL ESTADO, COMUNIDADES AUTÓNOMAS, LA PROVINCIA Y EL MUNICIPIO

El estudio de esta materia debe hacerse, sobre la base de lo que se ha expuesto a lo largo del tema, distinguiendo entre la hipoteca legal expresa y la tácita.

1. Hipoteca legal expresa

Artículo 168.5.º LH: «Tendrán derecho a exigir hipoteca legal: El Estado, las provincias y los pueblos, sobre los bienes de los que contraten con ellos y administren sus intereses, por las responsabilidades que contrajeren éstos, de conformidad con lo establecido en las leyes y reglamentos». Esta hipoteca legal es regulada asimismo por el artículo 193 y 194 LH.

Por su parte, el artículo 168.6.º LH regula otro supuesto de hipoteca legal expresa, disponiendo que también tendrá derecho a exigir hipoteca legal «El Estado, sobre los bienes de los contribuyentes, en los casos establecidos en esta Ley». Complemento de este precepto el artículo 66 del Reglamento General de Recaudación. Raramente se constituirá este tipo de hipoteca, pues la Hacienda puede suplirla, y con ventaja, por la anotación preventiva de embargo (decretada en procedimiento de apremio fiscal, art. 82 Ley General Tributaria).

2. Hipoteca legal tácita

Conforme a los dos primeros párrafos del artículo 194 LH: «1. El Estado, las provincias o los pueblos tendrán preferencia sobre cualquier otro acreedor y sobre el tercer adquirente, aunque hayan inscrito sus derechos en el Registro, para el cobro de la anualidad corriente y de la última vencida y no satisfecha de las contribuciones o impuestos que graven a los bienes inmuebles.

2. A los efectos del párrafo anterior, se entenderá por anualidad vencida la constituida por los cuatro trimestres del ejercicio económico anterior al corriente, sea cualquiera la fecha y periodicidad de la obligación fiscal de pago».

La norma fiscal correlativa a este precepto hipotecario viene recogida en los artículos 78 LGT y 65 RGR. Por su parte, el artículo 271 RH aclara que la preferencia se dará sólo cuando las contribuciones e impuestos recaigan directa e individualmente sobre el inmueble. En la actualidad esta referencia hay que entenderla hecha al Impuesto sobre Bienes Inmuebles (antigua Contribución Territorial) y a los tributos municipales y provinciales que recaigan directamente sobre los bienes con periodicidad.

En cuanto a su naturaleza, digamos que se trata de una prelación especial, reconocida en la LH, y denominada por la doctrina, por la LGT (art. 78), y por el propio RGR (art. 65), «hipoteca legal tácita» (de «crédito singularmente privilegiado» la califican otros autores). Sus efectos son los de una garantía real que opera de modo automático, *ope legis*, anteponiéndose a cualquier acreedor o adquirente, sin necesidad de acto de constitución expreso ni de inscripción.

IV. AFECCIÓN FISCAL DE LOS BIENES AL PAGO DE LOS IMPUESTOS

Distinta de las preferencias establecidas en el artículo 194 LH y normativa fiscal estudiada, es la afección real que, con carácter general, imponen los artículos 79 de la Ley General Tributaria y 67 del Reglamento General de Recaudación respecto de aquellos bienes que hayan sido objeto de alguna transmisión o adquisición, y con la que se trata de asegurar el cobro del tributo correspondiente.

A tal efecto, se impone la afección de los bienes al pago del Impuesto que grave la transmisión, con reflejo en el Registro de la Propiedad mediante *nota marginal*, y perjuicio frente a terceros desde la fecha de esta nota y durante el plazo legalmente establecido.

Así ocurre con las afecciones impuestas por:

— el Impuesto de Transmisiones Patrimoniales y Actos Jurídicos Documentados,

— por el de Sucesiones y Donaciones,

— por el Impuesto sobre la Renta de No Residentes respecto de la venta de inmuebles por no residentes, etc.

En cuanto a la naturaleza jurídica constituye un supuesto de garantía real cuya finalidad esencial es la enervación del principio de fe pública registral, al objeto de poder ejercer en su caso, contra los futuros adquirentes, la acción de responsabilidad subsidiaria para el cobro del tributo. Garantía que se desenvuelve a través de dos fases:

1) una primera, estática o de latencia, en la que la nota marginal de afección sólo avisa del eventual ejercicio de la acción de responsabilidad, pero sin que dicha nota suponga reserva alguna de rango, ni implique atribuir a la afección la consideración de carga en sentido estricto; y

2) una segunda fase, dinámica, que nace con la extensión de la correspondiente anotación de embargo (decretado en la vía de apremio iniciada contra el responsable subsidiario), anotación que producirá sus efectos propios como medida cautelar de aseguramiento.

CAPÍTULO VII

LA PROTECCIÓN DEL CONSUMIDOR EN MATERIA DE HIPOTECAS

1. EVOLUCIÓN NORMATIVA Y JURISPRUDENCIAL EN LA PROTECCIÓN DE LOS CONSUMIDORES

El contrato de préstamo (o de crédito) y la constitución de hipoteca que se establece para garantizar su cumplimiento, en tanto que se suponen negociados individualmente, en un principio parecían quedar al margen de la normativa de condiciones generales de contratación y de legislación de protección de consumidores y usuarios. Ello, en una sociedad actual es impensable que esta figura quede al margen de esta cuestión.

La publicación de la Directiva 93/13/CEE del Consejo, de 5 de abril de 1993, sobre cláusulas abusivas en los contratos celebrados con los consumidores (junto la jurisprudencia a la que aludiremos) ha motivado una gran actividad normativa en los últimos años.

1. Medidas normativas

Entre la maraña de disposiciones que se han ido dictando sobre el particular (incluso normas autonómicas desde la perspectiva de protección del consumo), podernos destacar como hitos más importantes los siguientes:

1) La Ley de 13 de abril de 1998, sobre Condiciones Generales de la Contratación, realiza la transposición de la Directiva comunitaria de 1993 a nuestro Derecho sobre cláusulas abusivas en los contratos celebrados con consumidores, modificando la Ley General para la Defensa de los Consumidores y Usuarios, donde introduce un fundamental artículo 10 bis en la misma, así como una Dis-

posición Adicional a la Ley de 19 de julio de 1984, en la que se enumeran hasta veintinueve cláusulas abusivas.

2) El Texto Refundido de la Ley General para la Defensa de los Consumidores y Usuarios, de 16 de noviembre de 2007, establece un principio general fundamental: «Los Notarios y Registradores de la Propiedad en el ejercicio profesional de sus funciones públicas no autorizarán ni inscribirán aquellos contratos o negocios jurídicos en los que se pretenda la inclusión de cláusulas declaradas nulas por abusivas en sentencia inscrita en el Registro de Condiciones Generales» (art. 84).

3) La Ley 41/2007, de 7 de diciembre, por la que se modifica la Ley 2/1981, de 25 de marzo, de Regulación del Mercado Hipotecario y otras normas del sistema hipotecario y financiero, de regulación de las hipotecas inversas y el seguro de dependencia y por la que se establece determinada norma tributaria. Esta Ley introdujo dos tipos de medidas en relación con las situaciones de insolvencia sobrevenida de los deudores hipotecarios: *a*) En primer lugar, la modificación del artículo 4 de la Ley 2/1994, de 30 de marzo, sobre Subrogación y Modificación de Préstamos Hipotecarios. Se trata de una reforma fundamental dirigida a evitar la insolvencia del deudor por medio de la reestructuración de la deuda a través de la novación de las condiciones financieras del préstamo. *b*) En segundo lugar, la modificación del artículo 693 de la Ley de Enjuiciamiento Civil para permitir la rehabilitación del préstamo hipotecario que hubiera vencido anticipadamente por el impago de alguna cuota mediante el abono de la misma cuando se trate de la vivienda habitual.

4) La Ley 2/2009, de 31 de marzo, por la que se regula la contratación con los consumidores de préstamos o créditos hipotecarios y de servicios de intermediación para la celebración de contratos de préstamo o crédito. Se trata de una Ley que tiene por objeto proteger al consumidor frente a prácticas abusivas de los intermediarios financieros en la contratación de préstamos hipotecarios con consumidores, fijando criterios de transparencia financiera, y de control de su validez (cfr. art. 18.1).

Todas estas medidas (y otras desde el punto de vista procesal adoptadas, por ejemplo, introduciendo moratorias en la ejecución) resultaron, sin embargo, insuficientes para resolver el problema que se pretendía afrontar por la persistencia y profundización de la crisis económica. En dicha situación se produce en la primavera de 2013 una decisión del Tribunal de Justicia de la Unión Europea de indudable transcendencia: *Sentencia de 14 de marzo de 2013 (caso Aziz).* La Sentencia declara que la Directiva de 1993 se opone a que a una normativa como la española que no prevé, en el marco del procedimiento de ejecución hipotecaria, la posibilidad de formular motivos de oposición basados en el carácter abusivo de una cláusula contractual.

Como consecuencia de ello se produjo una nueva ola normativa entre la que destaca la Ley 1/2013, de 14 de mayo, de medidas para reforzar la protección a los deudores hipotecarios, reestructuración de deuda y alquiler social, la cual continuó en la misma dirección. A partir de esta norma, en toda escritura de hipoteca será necesario hacer constar en los préstamos hipotecarios sobre vivienda el carácter habitual o no de ésta (lo que tiene importantes consecuencias a la hora de la ejecución). Y especialmente, se modifica la LEC (art. 695) introduciendo una nueva causa de oposición: 4.ª El carácter abusivo de una cláusula contractual que constituya el fundamento de la ejecución o que hubiese determinado la cantidad exigible.

2. Evolución jurisprudencial

El cambio normativo y la legislación de la UE sobre protección de los consumidores, ha tenido su reflejo también en la jurisprudencia.

A) Tribunal Supremo: Se ha consolidado la doctrina siguiente: *a*) una interpretación extensiva del concepto de consumidor más allá de la normativa europea; *b*) y en materia de préstamos concertados con consumidores han de considerarse abusivos los intereses moratorios superiores al 19 por 100 (STS de 23 de diciembre de 2015); así como que igualmente serán considerados abusivos los intereses moratorios que excedan en dos puntos de los intereses ordinarios (STS de 3 de junio de 2016).

B) Por lo que se refiere a la DGRN, a la vista de esta situación normativa y jurisprudencial ha modificado radicalmente su criterio, exigiendo inexcusablemente la observancia de la legislación de consumidores en la actuación del notario y la calificación del registrador. Incluso a partir de la Resolución de 28 de abril de 2015 considera que «tratándose de préstamos hipotecarios a los que les es aplicable la normativa de protección de los consumidores, se podrán rechazar la inscripción de las cláusulas cuya nulidad por abusividad:

— hubiera sido declarada mediante resolución judicial firme, *sin que sea necesario que conste inscrita en el Registro de Condiciones Generales de la Contratación*;

— y aquellas otras cuyo carácter abusivo pueda ser apreciado directamente por el registrador de forma objetiva, sin realizar ningún juicio de ponderación, porque coincidan con alguna de las tipificadas como tales en la denominada «lista negra» de los artículos 85 a 90 de la Ley General para la Defensa de los Consumidores y Usuarios;

— o por vulnerar otra norma específica sobre la materia, como el artículo 114.3.º de la Ley Hipotecaria, con base en la doctrina de la nulidad *apud acta* recogida en la Sentencia del Tribunal Supremo de 13 de septiembre de 2013».

A todo lo anterior ha de sumarse el *control de transparencia* y se deberá también rechazar la inscripción de las escrituras de hipotecas respecto de las que no se acredite el cumplimiento de los requisitos de información y transparencia. Incluso a partir de la Resolución de 7 de abril de 2016, declara la Dirección General que «la normativa sobre transparencia y abusividad no debe ser objeto de una interpretación literal, sino que debe prevalecer una interpretación extensiva pro-consumidor, en coherencia con la finalidad legal de favorecer respectivamente la información y la protección de servicios».

3. La Ley 5/2019, de 15 de marzo, de Contratos de Créditos Inmobiliarios

Es de momento el último paso dado en esta materia. La Ley se complementa por el Real Decreto 309/2019, de 26 de abril, por el que se desarrolla parcialmente la Ley 5/2019, de 15 de marzo, reguladora de los contratos de crédito inmobiliario y se adoptan otras medidas en materia financiera, de especial trascendencia en la fase previa de información y control de transparencia por parte del Notario como estudiamos en el apartado siguiente.

Esta Ley, transpone la Directiva 2014/17/UE del Parlamento y del Consejo Europeo, de 4 de febrero de 2014, en atención a la «asimétrica posición que ocupan en la relación contractual el prestamista y el prestatario, que no queda salvada por el simple hecho de proporcionar al cliente información y advertencias».

Pretende establecer un régimen específico de protección de las personas físicas, sean o no consumidores, en préstamos o créditos garantizados mediante hipoteca sobre bienes inmuebles de uso residencial, o cuya finalidad sea la adquisición de bienes inmuebles de uso residencial.

Se aplica así a los contratos de préstamos y créditos concedidos por personas físicas o jurídicas que actúen en el ámbito profesional, entendiéndose por tales, incluso, a quienes actúan ocasionalmente en el mercado de servicios financieros con una finalidad exclusivamente inversora o a quienes desempeñan funciones de intermediación.

Contenido esencial de esta ley es la proclamación de la nulidad de las cláusulas no transparentes, de tal forma que se modifica el párrafo segundo del apartado quinto del artículo 5 de la Ley 7/1998, de 13 de abril, sobre Condiciones Generales de la Contratación, estableciendo que… «Las condiciones incorporadas de modo no transparente en los contratos en perjuicio de los consumidores serán nulas de pleno derecho». En esta misma línea la Disposición Final 8.ª LCCI modifica el artículo 83 del Texto Refundido de la Ley General para la Defensa de los Consumidores y Usuarios disponiendo exactamente lo mismo. Asimismo se modifica el apartado segundo del artículo 258 de la Ley Hipotecaria, que pasa a establecer (recogiendo la doctrina del TS y de la DG) que «el Registrador de la propiedad denegará la inscripción de aquellas cláusulas de los contratos que sean contrarias a normas imperativas o prohibitivas o hubieran sido declaradas nulas por abusivas por sentencia del Tribunal Supremo con valor de jurisprudencia o por sentencia firme inscrita en el Registro de Condiciones Generales de la Contratación».

Y como otras medidas tuitivas cabe señalar:

a) Nueva regulación de las cláusulas de vencimiento anticipado. En los contratos de préstamo objeto de esta Ley, el prestatario pierde el derecho al plazo y se produce el vencimiento anticipado si se encuentra en mora el pago de una parte de capital o de los intereses, siendo la cuantía de las cuotas vencidas y no satisfechas equivalente, bien al 3 por 100 del capital concedido —entendiéndose cumplido este requisito cuando las cuotas vencidas y no satisfechas equivalgan al impago de doce plazos mensuales o un número de cuotas que suponga que el deudor ha incumplido su obligación por un plazo de doce meses— si la referida mora se produce durante la primera mitad de duración del préstamo, o bien al 7 por 100 del capital concedido —entendiéndose cumplido este requisito cuando las cuotas vencidas y no satisfechas equivalgan al impago de quince plazos mensuales, en los términos antes expuestos— si la referida mora se produce durante la segunda mitad de duración del préstamo, y que, en todo caso, el prestamista haya requerido el pago al prestatario, concediéndole un plazo de al menos un mes para su cumplimiento y advirtiéndole de que, de no ser atendido, reclamará el reembolso total adeudado del préstamo.

b) Límites introducidos en materia de intereses y costas. El TS ha establecido la doctrina consolidada de que no son admisibles intereses de demora por encima del dos puntos en los préstamos hipotecarios (STS de 3 de junio de 2016). El sistema ha quedado superado por la nueva Ley 15/2019 que regula directamente el tipo de interés de demora: establece el artículo 25 LCCI que «en el caso de préstamo o crédito concluido por una persona física que esté garantizado mediante hipoteca sobre bienes inmuebles para uso residencial, el interés de demora será el interés remuneratorio más tres puntos porcentuales a lo largo del período en el que aquél resulte exigible. El interés de demora sólo podrá devengarse sobre el principal vencido y pendiente de pago y no podrán ser capitalizados en ningún caso, salvo en el supuesto previsto en el artículo 579.2.*a*) de la Ley de Enjuiciamiento Civil. Las reglas relativas al interés de demora contenidas en este artículo no admitirán pacto en contrario».

Como consecuencia de esta nueva regulación, se modifica el *artículo 114 de la Ley Hipotecaria* por la Disposición Final 1.ª, apartado segundo, LCCI.

Respecto de las costas establece el artículo 575.1 bis LEC que: «En todo caso, en el supuesto de ejecución de vivienda habitual las costas exigibles al deudor ejecutado no podrán superar el 5 por 100 de la cantidad que se reclame en la demanda ejecutiva».

c) Incremento de la información incluso en la fase posterior al otorgamiento de la escritura o de la realización de la inscripción. En escrituras e inscripciones de préstamos hipotecarios, existe obligación del Notario de dar telemáticamente copia simple gratuita al prestatario, y del Registrador a remitir telemáticamente una nota simple gratuita y literal de la inscripción al prestatario (Disp. Adic. 8.ª LCCI).

II. ESPECIAL PROTECCIÓN DE LA VIVIENDA FAMILIAR

En el Capítulo II.3 ya se hace referencia a la vivienda familiar, desde la perspectiva de su protección a la hora de gravarla con hipoteca. Nos referimos ahora a las medidas protectoras en el momento de la ejecución.

a) Posibilidad de evitar la subasta. El deudor (en aquellos casos en los que sea posible el vencimiento anticipado por impago de un determinado número de plazos que como sabemos se han modificado en la Ley 5/2019), aún sin el consentimiento del acreedor, puede liberar el bien mediante la consignación de las cantidades reclamadas. Cabe una segunda liberación (o ulteriores) siempre que medien al menos tres años entre la primera y las ulteriores liberaciones (art. 693 LEC).

b) Posibilidad de quedar totalmente liberado de la responsabilidad personal aún en los casos en los que el valor del bien adjudicado en la subasta no haya sido suficiente para pagar la totalidad de la deuda. En efecto si el remate aprobado fuera insuficiente para lograr la completa satisfacción del derecho del ejecutante el ejecutado quedará liberado si su responsabilidad queda cubierta, en el plazo de cinco años desde la fecha del decreto de aprobación del remate o adjudicación, por el 65 por 100 de la cantidad total que entonces quedara pendiente, incrementada exclusivamente en el interés legal del dinero hasta el momento del pago. Quedará liberado en los mismos términos si no pudiendo satisfacer el 65 por 100 dentro del plazo de cinco años, satisficiera el 80 por 100 dentro de los diez años. De no concurrir las anteriores circunstancias, es entonces cuando podrá el acreedor reclamar la totalidad de lo que se le deba según las estipulaciones contractuales y normas que resulten de aplicación (art. 579 LEC).

c) Participación en plusvalías. Si la finca se adjudica al ejecutante o a su cesionario y éstos (o una sociedad del grupo) la enajenasen en diez años, si hay plusvalía, se aplicará a la deuda pendiente la mitad de dicha plusvalía, aliviando así al deudor; incluso puede haber remanente a su favor si, en esos diez años, se produce una ejecución dineraria que exceda del importe por el que el deudor podría quedar liberado según la regla anterior; el Letrado de la Administración de Justicia encargado de la ejecución hará constar estas circunstancias en el decreto de adjudicación y ordenará practicar el correspondiente asiento de inscripción en el Registro de la Propiedad en relación con lo previsto sobre plusvalías (art. 579 LEC).

d) Suspensión de lanzamientos. En cuanto a la suspensión de lanzamiento del artículo 1 de la Ley 1/2013, este artículo ordena la suspensión de los lanzamientos sobre viviendas habituales de personas que se encuentre en situación de especial vulnerabilidad, que hayan sido ordenadas en procesos judiciales o extrajudiciales de ejecución hipotecaria que hubieran finalizado con adjudicación del inmueble al acreedor, hasta transcurridos *siete* años de su entrada en vigor (plazo de siete años que fue ampliado por el Real Decreto-Ley 5/2017, de 17 de marzo).

Son supuestos de especial vulnerabilidad, entre otros, las familias numerosas, las unidades familiares de las que forme parte un menor de edad o algún discapacitado que tenga reconocido un grado de discapacidad igual o superior al 33 por 100, o exista una víctima de violencia de género, o en las que el deudor hipotecario se encuentre en situación de desempleo. Es preciso que la cuota hipotecaria sea superior al 50 por 100 de los ingresos netos del conjunto de la unidad familiar y que se trate de préstamo hipotecario sobre la única vivienda del deudor y concedido para la adquisición de la misma.

Lo cierto es que no se impide la inscripción de la adjudicación del testimonio del auto de adjudicación hipotecaria a favor del acreedor, pero en la inscripción en la que deberá hacerse constar la suspensión del lanzamiento.

BIBLIOGRAFÍA BÁSICA

Sobre el derecho real de hipoteca, desde una visión completa de la figura, sigue siendo fundamental la obra de Roca Sastre: *Derecho Hipotecario*, 6.ª ed., de Ramón María Roca Sastre y Luís Roca-Sastre Muncunill, tomo IV, vols. I y II. Igualmente han de tenerse en cuenta, en la perspectiva general a la que nos referimos, los manuales tradicionales que existen sobre el tema: es especialmente reseñable la aportación de Manuel Peña Bernaldo de Quirós: *Derecho Reales. Derecho Hipotecario*, Colegio de Registradores, 4.ª ed., 2001.

Sobre los distintos tipos de hipoteca y sobre los problemas recientes que la protección de consumidores está produciendo, existen numerosísimos artículos doctrinales, en especial pueden encontrarse en la *Revista Crítica de Derecho Inmobiliario*. Igualmente existe una amplia literatura sobre las distintas modificaciones normativas que se han ido produciendo en los últimos años, consistentes sobre todo en obras colectivas comentando las disposiciones nuevas. Así, por ejemplo: *La Reforma del Mercado Hipotecario y otras Medidas Financieras en el contexto de la crisis económica*, obra colectiva coordinada por Esther Muñiz Espada, Sergio Nasarre Aznar y Elena Sánchez Jordan. Muñiz Espada, E., *La nueva regulación de los contratos de crédito inmobiliario. Una ulterior evolución doctrinal hacia la vivienda colaborativa*, Aranzadi, Navarra, 2018.

Como textos legales comentados es destacable, por su amplia recopilación de jurisprudencia, el *Código de Legislación Inmobiliaria Hipotecaria y del Registro Mercantil*, de José Manuel García García, 8.ª ed., Civitas-Thomson-Reuters.

EJERCICIOS DE AUTOEVALUACIÓN

CAPÍTULO I:

1) ¿Qué es la hipoteca? ¿Una garantía personal o real?
2) Caracteres fundamentales de la hipoteca.
3) Diferencia entre hipoteca de seguridad y una hipoteca ordinaria o de tráfico.
4) ¿Es un tipo de garantía importante en la economía y en la sociedad española?

CAPÍTULO II:

1) ¿Qué capacidad necesita el hipotecante para constituir hipoteca?
2) ¿Quién es el tercer poseedor de bienes hipotecados?
3) ¿Qué obligaciones pueden garantizarse con hipoteca?
4) ¿Qué es la hipoteca de máximo?
5) ¿Quién puede constituir una hipoteca inversa?
6) ¿Qué caracteriza a la hipoteca flotante?
7) ¿Qué bienes no pueden hipotecarse?
8. ¿Cuándo hay que distribuir la llamada responsabilidad hipotecaria?
9) ¿Qué requisitos formales necesita la constitución de la hipoteca?
10) ¿Hay requisitos adicionales de forma cuando se hipoteca un inmueble de uso residencial?

CAPÍTULO III:

1) La hipoteca, ¿garantiza la devolución del capital prestado solamente o también los intereses?, ¿y los intereses moratorios?, ¿hay un límite para ello?
2) El acreedor, ¿puede exigir que el deudor conserve adecuadamente la finca hipotecada?
3) El acreedor, ¿puede disponer del crédito hipotecario?
4) ¿Tiene el deudor un derecho de adquisición preferente cuando el acreedor transmite su crédito?
5) El deudor, ¿es libre para transmitir la finca hipotecada?
6) ¿Puede el deudor cambiar de acreedor hipotecario?
7) ¿El cambio puede hacerse libremente o está sujeto al cumplimiento de requisitos?
8) ¿Puede solicitarse que la hipoteca se amplíe a nuevas cantidades que el acreedor entregue al deudor?

CAPÍTULO IV:

1) Vencida la obligación, ¿de qué medios dispone el acreedor para hacer efectiva la garantía?

2) ¿Hay procedimientos de ejecución que son específicos para la hipoteca?

3) ¿Cuáles son sus caracteres principales?

4) Problemática de la posible indefensión en estos procedimientos de ejecución.

5) ¿Existe posibilidad de oposición a la ejecución?

6) ¿Cómo interviene el llamado tercer poseedor en el procedimiento de ejecución?

7) ¿Es posible la ejecución por incumplimiento del pago de tan sólo algunos plazos?

8) ¿Qué es la venta extrajudicial de la hipoteca?

9) ¿Ante qué autoridad se lleva a cabo?

10) ¿Qué ocurre con los derechos y garantías que sean posteriores al derecho de hipoteca cuando ésta se ejecuta?

CAPÍTULO V:

1) La extinción de la obligación garantizada, ¿extingue la hipoteca?

2) ¿Es necesario que la hipoteca se cancele registralmente para darla por extinguida?

3) ¿Es posible el vencimiento anticipado de toda la obligación garantizada en caso de que se dejen de pagar algunos de los plazos solamente?

4) ¿Cuántos plazos impagados son necesarios para que la hipoteca pueda ejecutarse?

5) ¿Cuál es la diferencia entre prescripción y caducidad?

6) Elabora un ejemplo práctico de cada uno de los supuestos del apartado anterior.

CAPÍTULO VI:

1) ¿Qué son las hipotecas legales?

2) Las hipotecas legales tácitas, ¿son verdaderas hipotecas?

CAPÍTULO VII:

1) En la regulación del derecho de hipoteca, ¿existe normativa especial protectora del consumidor?

2) ¿Cuáles son las principales medidas preventivas?

3) ¿Y en el momento de la ejecución?

4) ¿Se protege especialmente a la vivienda familiar?

La hipoteca inmobiliaria

Capítulo I

CONCEPTO DE HIPOTECA	✓ Derecho real de realización de valor en función de garantía de una obligación pecuniaria de carácter accesorio e indivisible y de constitución registral que recae directamente sobre bienes inmuebles, ajenos y enajenables, los cuales permanecen en la posesión del propietario.
LA HIPOTECA ES UN DERECHO REAL	✓ En ella se dan las notas fundamentales que la doctrina asigna a los derechos de esta clase, es decir: la inmediatividad o poder directo e inmediato del sujeto sobre la cosa (elemento interno), y la absolutividad u oponibilidad *erga omnes* (elemento externo). Resulta, así, claramente del artículo 104 de la Ley Hipotecaria.
HIPOTECA DE MÁXIMO	✓ Aquella respecto de la cual no aparece precisado registralmente el importe de la obligación asegurada, sino solamente el máximo al que puede ascender la responsabilidad hipotecaria.
IMPORTANCIA DE LA FIGURA	✓ La figura de la hipoteca hecho posible que numerosas familias españolas puedan disfrutar de viviendas en propiedad y que lo hagan en una proporción superior a la de muchos países de nuestro entorno.

Capítulo II

DISTINCIÓN ENTRE DEUDOR HIPOTECARIO E HIPOTECARIO NO DEUDOR	✓ La persona que constituye la hipoteca ha de ser siempre el titular del bien o derecho hipotecado. Se denomina hipotecante no deudor al que ha hipotecado voluntariamente un bien propio en garantía de un débito ajeno.
TERCER POSEEDOR DE BIENES HIPOTECADOS	✓ Surge esta figura cuando el adquirente de una finca hipotecada no asume, junto a la titularidad de la finca, el crédito asegurado con la hipoteca.

HIPOTECAS DE ORDINARIAS O DE TRÁFICO E HIPOTECAS DE SEGURIDAD	✓ En la clasificación de las hipotecas se distingue en la tipología de las hipotecas entre hipotecas ordinarias y de seguridad. Hipotecas ordinarias o de tráfico son aquellas que se constituyen en garantía de créditos que aparecen desde el momento mismo de la constitución de la hipoteca plenamente determinados en su existencia y cuantía. Hipotecas de seguridad: son las que se constituyen en garantía de obligaciones de existencia incierta o de cuantía indeterminada. Por ello, será necesario probar tal existencia por medios extra registrales, lo que servirá para formar el título ejecutivo.
LA HIPOTECA DE SEGURIDAD	✓ Mediante esta figura el prestamista (entidad de crédito) realiza un desembolso de una cantidad alzada o se compromete al pago de rentas periódicas a cambio de la venta futura de un inmueble residencial que constituye la vivienda habitual del solicitante.
LA LLAMADA HIPOTECA FLOTANTE. GRADO DE DETERMINACIÓN DE LAS OBLIGACIONES GARANTIZADAS	✓ Será suficiente que se especifiquen en la escritura de constitución de la hipoteca y se hagan constar en la inscripción de la misma: su denominación y, si fuera preciso, la descripción general de los actos jurídicos básicos de los que deriven o puedan derivar en el futuro las obligaciones garantizadas; la cantidad máxima de que responde la finca; el plazo de duración de la hipoteca, y la forma de cálculo del saldo final líquido garantizado.
REQUISITOS QUE HAN DE REUNIR LOS BIENES HIPOTECABLES	✓ Los requisitos que ha de reunir el bien hipotecable son: *a*) Debe ser inmueble, en el sentido amplio del artículo 334 CC. *b*) Debe ser ajeno al acreedor. Como regla general no cabe la hipoteca sobre finca propia a favor del mismo dueño (la llamada hipoteca de propietario). *c*) Debe ser un bien inmueble enajenable. Ello es así porque como dice el artículo 1.858 CC es esencia del contrato de hipoteca que vencida la obligación principal puedan ser enajenadas las cosas en que consiste para pagar al acreedor.
REQUISITOS FORMALES DE LA CONSTITUCIÓN DE LA HIPOTECA	✓ Para que las hipotecas voluntarias queden válidamente establecidas se requiere un doble requisito: que se hayan constituido en escritura y que dicha escritura haya sido inscrita en el Registro de la Propiedad.
REQUISITO ADICIONAL FORMAL EXIGIDO POR EL PRINCIPIO DE TRANSPARENCIA EN LA LEY 5/2019	✓ La fase precontractual y la justificación del cumplimiento de los trámites establecidos, antes del otorgamiento de la escritura, deben quedar recogidos en un acta previa.

Capítulo III

EXTENSIÓN OBJETIVA DE LA HIPOTECA RESPECTO DE LOS BIENES HIPOTECADOS. SISTEMA DE LA LH	✓ Nuestra LH distingue entre aquellos elementos a los cuales se extiende naturalmente la hipoteca y aquellos otros a los que se puede extender mediante pacto. Igualmente se distingue según que el inmueble siga perteneciendo al deudor o ha pasado a un tercer poseedor.
INTERESES MORATORIOS ADMISIBLES	✓ La Ley 5/2019, de 15 de marzo, *de contratos de crédito inmobiliario* incluye una regulación civil de los intereses de demora, contenida en su artículo 25, conforme al cual «en el caso de préstamo o crédito concluido por una persona física que esté garantizado mediante hipoteca sobre bienes inmuebles para uso residencial, el interés de demora será el interés remuneratorio más tres puntos a lo largo del período en el que aquél resulte exigible».
LA ACCIÓN DE DEVASTACIÓN ¿QUÉ ES?	✓ Con arreglo al artículo 117 de la Ley Hipotecaria es una acción por la que se tiende a reparar el menoscabo de la garantía imputable al dueño del bien hipotecado. Dispone dicho precepto que cuando la finca disminuyere su valor (o hubiere fundado temor de que sea insuficiente) por causa imputable al deudor, el acreedor puede solicitar de la autoridad judicial que proceda a lo necesario para evitar el daño o, incluso, que se ponga la finca en administración judicial.
DERECHO DE ADQUISICIÓN PREFERENTE EN CASO DE VENTA O CESIÓN DEL CRÉDITO	✓ Según el Código civil solamente existe dicho derecho cuando el crédito se considera litigioso. ✓ El Tribunal Supremo ha señalado (sentencias de 31 de octubre de 2008 y 22 de mayo de 2014) que para que un crédito sea litigioso, es necesario: *a*) la existencia de una obligación crediticia vencida y cuyo pago no se ha efectuado voluntariamente; *b*) un procedimiento judicial declarativo iniciado, pero aún no resuelto, sobre la existencia, naturaleza, extensión, cuantía, modalidades, condiciones o vicisitudes del crédito; y *c*) una oposición activa —contestación— del deudor sobre cuestiones de fondo.

CAMBIO DE ACREEDOR POR INICIATIVA DEL DEUDOR	✓ Se rige por *La Ley 2/1994, de 30 de marzo* (modificada varias veces, en especial por la Ley 41/2007, de 7 de diciembre, y la última vez por la Ley 5/2015 LCCI) regula la figura que denomina «subrogación y modificación de préstamos hipotecarios». ✓ Esta Ley se caracteriza por la introducción de un supuesto legal de subrogación (cambiando al acreedor) que puede poner en juego el deudor hipotecario cuando le convenga sin necesidad de contar con el consentimiento del acreedor hipotecario, cualquiera que sea la fecha de formalización del crédito hipotecario y aunque no conste en él la posibilidad de amortización anticipad.

Capítulo IV

LA ACCIÓN PERSONAL Y LA REAL EN LA HIPOTECA	✓ La personal es la derivada del crédito, y afecta al deudor de la obligación garantizada (sea o no el sujeto pasivo de la hipoteca). Es la responsabilidad patrimonial universal a que alude el artículo 1.911 CC y que, de conformidad con el artículo 105 LH, no se altera por la circunstancia de haberse garantizado el crédito con la hipoteca. — Y la real es la derivada de la hipoteca, y afecta al sujeto pasivo de la misma (sea o no deudor). A ella alude el artículo 104 LH al decir que «la hipoteca sujeta directa e inmediatamente los bienes sobre que se impone, cualquiera que sea su poseedor, al cumplimiento de la obligación para cuya seguridad fue constituida».
POSICIÓN DEL TERCER POSEEDOR EN EL PROCEDIMIENTO DE EJECUCIÓN DIRECTA CONTRA BIENES HIPOTECADOS	✓ La demanda ejecutiva deberá dirigirse necesariamente contra el deudor, y además, en su caso, contra el hipotecante no deudor o contra el *tercer poseedor* (siempre que este último hubiese acreditado al acreedor la adquisición de la finca o inscrito su derecho en el Registro de la Propiedad antes de la interposición de la demanda).
CANCELACIÓN DE ASIENTOS Y CARGAS POSTERIORES A LA HIPOTECA	✓ El testimonio del auto de remate expedido por el Letrado de la Administración de Justicia, se acompañará con el mandamiento de cancelación de cargas. En el mandamiento se ordenará la cancelación tanto de la hipoteca ejecutada como de todas las cargas, gravámenes e inscripciones de terceros poseedores que sean posteriores a ella, incluso de los verificados con posterioridad a la nota marginal de expedición de certificación de cargas.

VENTA EXTRAJUDICIAL DEL BIEN HIPOTECADO. REQUISITOS	✓ Los requisitos para la utilización de este procedimiento vienen determinados en los artículos 129 LH y 234 RH, siendo imprescindible que en la escritura de constitución de la hipoteca se haya pactado expresamente en una estipulación por separado. Igualmente es necesario que conste el valor en que los interesados tasan la finca para que sirva de tipo en la subasta (art. 234.1.1.º RH) y (como ocurre en el procedimiento de ejecución directa) que se fije un domicilio por el hipotecante para la práctica de los requerimientos y de las notificaciones. ✓ El requisito más característico y peculiar es la *determinación de la persona que en su día haya de otorgar la escritura de venta de la finca en representación del hipotecante*, que podrá ser el propio acreedor. Su justificación es la no intervención de la autoridad judicial, no pudiendo obviamente el Notario ostentar la representación del propietario. La Dirección General de los Registros y del Notariado ha entendido que el nombramiento de la persona que haya de otorgar la escritura constituye un mandato irrevocable que puede dar lugar a un caso de lícita autocontratación cuando el designado es el propio acreedor y que por fallecimiento del mismo se transmite tal facultad a sus herederos.
POSIBLE EXISTENCIA DE CLÁUSULAS ABUSIVAS EN LA VENTA EXTRAJUDICIAL	✓ Cuando el Notario considerase que alguna de las cláusulas del préstamo hipotecario que constituya el fundamento de la venta extrajudicial o que hubiese determinado la cantidad exigible pudiera tener *carácter abusivo*, lo pondrá en conocimiento de deudor, acreedor y en su caso, avalista e hipotecante no deudor, a los efectos oportunos. En todo caso deberá suspender la venta extrajudicial desde el momento en que cualquiera de las partes acredite que se ha planteado ante la autoridad judicial el posible carácter abusivo de alguna de las cláusulas.

Capítulo V

PRESCRIPCIÓN Y CADUCIDAD	✓ La prescripción se refiere a la extinción de la acción hipotecaria por el trascurso del plazo establecido para ello (20 años). Es necesario que se haya determinado judicialmente para poder practicar la cancelación del derecho de hipoteca. ✓ La caducidad se refiere a la extinción del asiento por trascurso de los plazos de su vigencia marcados por la ley (o establecidos convencionalmente).
VENCIMIENTO ANTICIPADO POR IMPAGO DE ALGUNAS CUOTAS SOLAMENTE	✓ Tratándose de un préstamo o crédito concluido por una persona física y que esté garantizado mediante hipoteca sobre bienes inmuebles para uso residencial o cuya finalidad sea adquirir o conservar derechos de propiedad sobre terrenos o inmuebles construidos o por construir para uso residencial, se producirá el vencimiento anticipado del contrato, pudiendo ejercitarse la acción hipotecaria, si concurren conjuntamente los siguientes requisitos: *a*) Que el prestatario se encuentre en mora en el pago de una parte del capital del préstamo o de los intereses. *b*) Que la cuantía de las cuotas vencidas y no satisfechas equivalgan al menos: i) Al 3 por 100 de la cuantía del capital concedido, si la mora se produjera dentro de la primera mitad de la duración del préstamo. ii) Al 7 por 100 de la cuantía del capital concedido, si la mora se produjera dentro de la segunda mitad de la duración del préstamo.

Capítulo VI

HIPOTECAS LEGALES EXPRESAS Y TÁCITAS	✓ *Las hipotecas legales expresas*, son llamadas así por requerir la inscripción registral, a diferencia de *las hipotecas legales tácitas*, que se establecen por ministerio de la ley sin necesidad de acto constitutivo ni de inscripción en el Registro. ✓ Según la opinión mayoritaria, éstas mal llamadas, hipotecas legales tácitas no son realmente hipotecas, sino más bien derechos de preferencia, sobre cualquier otro acreedor, en favor de los créditos, personas u organismos a que los preceptos legales se refieren.
LA NOTA MARGINAL DE AFECCIÓN FISCAL DE LOS BIENES AL PAGO DE IMPUESTOS	✓ Constituye un supuesto de garantía real cuya finalidad esencial es la enervación del principio de fe pública registral, al objeto de poder ejercer en su caso, contra los futuros adquirentes, la acción de responsabilidad subsidiaria para el cobro del tributo.

Capítulo VII

CONTROL DE CLÁUSULAS NO TRANSPARENTES	✓ «Las condiciones incorporadas de modo no transparente en los contratos en perjuicio de los consumidores serán nulas de pleno derecho». Según el apartado segundo del artículo 258 de la Ley Hipotecaria «el Registrador de la propiedad denegará la inscripción de aquellas cláusulas de los contratos que sean contrarias a normas imperativas o prohibitivas o hubieran sido declaradas nulas por abusivas por sentencia del Tribunal Supremo con valor de jurisprudencia o por sentencia firme inscrita en el Registro de Condiciones Generales de la Contratación».
POSIBILIDAD DE EVITAR LA EJECUCIÓN EN CUALQUIER MOMENTO ANTES DE LA SUBASTA, CUANDO SE TRATE DE LA VIVIENDA HABITUAL	✓ El deudor (en aquellos casos en los que sea posible el vencimiento anticipado por impago de un determinado número de plazos que como sabemos se han modificado en la Ley 5/2019), aún sin el consentimiento del acreedor, puede liberar el bien mediante la consignación de las cantidades reclamadas. Cabe una segunda liberación (o ulteriores) siempre que medien al menos tres años entre la primera y las ulteriores liberaciones (art. 693 LEC).
PARTICIPACIÓN EN PLUSVALÍAS	✓ Si la finca se adjudica al ejecutante o a su cesionario y éstos (o una sociedad del grupo) la enajenasen en diez años, si hay plusvalía, se aplicará a la deuda pendiente la mitad de dicha plusvalía, aliviando así al deudor; incluso puede haber remanente a su favor si, en esos diez años, se produce una ejecución dineraria que exceda del importe por el que el deudor podría quedar liberado según la regla anterior; el Letrado de la Administración de Justicia encargado de la ejecución hará constar estas circunstancias en el decreto de adjudicación y ordenará practicar el correspondiente asiento de inscripción en el Registro de la Propiedad en relación con lo previsto sobre plusvalías (art. 579 LEC).

LECCIÓN 18

LA ANTICRESIS*

SUMARIO: I. CONCEPTO Y NATURALEZA. II. CONSTITUCIÓN. 1. *Requisitos personales, reales y formales*. 2. *El problema del desplazamiento de la posesión*. III. CONTENIDO. 1. *Derechos del acreedor anticrético*. 1.1. Derecho a percibir los frutos. 1.2. Derecho de retención. 1.3. Derecho de realización de valor. 2. *Obligaciones del acreedor anticrético*. 2.1. Conservación. 2.2. Pago de contribuciones y gastos. 3. *Derechos del deudor o dueño de la finca*. IV. EXTINCIÓN. BIBLIOGRAFÍA BÁSICA. EJERCICIOS DE AUTOEVALUACIÓN. ESQUEMA: LA ANTICRESIS.

I. CONCEPTO Y NATURALEZA

A la vista del artículo 1.881 CC podemos definirla diciendo que «es un derecho real, constituido en garantía de una obligación y que autoriza a su titular para percibir los frutos de un bien inmueble del deudor, con el fin determinado de aplicarlos al pago de los intereses, si se debieran, y después, o cuando no fueren debidos, a la satisfacción del capital de su crédito».

Aunque existen precedentes romanos, en el Código civil español se introduce a última hora (siguiendo al Código francés) pues no estaba contemplada en el proyecto de 1851 ni en el Anteproyecto de 1882-1888.

Frente a las primeras posiciones que lo conceptuaban como un simple derecho personal, en la actualidad predomina la tesis de considerarlo como un auténtico derecho real. Desde esta opinión mayoritaria se pueden señalar los siguientes caracteres:

— Es un derecho real que recae directamente sobre una cosa (art. 1.860 CC) y puede inscribirse en el Registro de la Propiedad (art. 216 RH).

— Es un derecho de garantía establecido para lograr el cumplimiento de una obligación principal (arts. 1.881 y 1.886 CC).

---

* Por Juan José PRETEL SERRANO.

— Normalmente es un derecho de realización de valor: se puede promover la venta de la finca en caso de incumplimiento de la obligación garantizada, aunque ésta pase a un tercero mientras no reúna los requisitos del artículo 34 LH (art. 1.884 CC).

— Las facultades fundamentales del acreedor anticrético son los de retener la cosa y percibir los frutos bien, para compensarlos con los intereses, bien para imputarlos en cuanto al exceso al capital.

II. CONSTITUCIÓN

1. Requisitos personales, reales y formales

Como los demás derechos reales de garantía, el Código civil lo incluye entre los contratos, pero la anticresis se puede constituir por cualquiera de los medios de constitución de los derechos reales.

Constituido por contrato o no, la anticresis es un derecho real, que puede constituir tanto el deudor de la obligación garantizada como un tercero propietario de la cosa inmueble objeto de la anticresis (último párrafo del art. 1.857, al que se remite el art. 1.886).

Sólo son objeto de este derecho real los bienes inmuebles[1].

El Código no exige forma de constitución especial, pero por tratarse de un contrato que crea un derecho real sobre bienes inmuebles, debe constar a efectos probatorios en documento público, conforme al artículo 1.280. No es necesario que se inscriba en el Registro de la Propiedad pues en ningún artículo se impone este requisito con carácter constitutivo.

2. El problema del desplazamiento de la posesión

El Código civil no impone el traslado posesorio al acreedor pero lo da por supuesto y parece deducirse que la figura implica dicho traslado (p. ej., art. 1.883[2]). La doctrina más reciente ha venido a entender que aunque este traspaso posesorio forme parte del contenido normal del derecho (lo que acerca la figura a una especie de prenda de inmuebles), nada impide que se pacte que no tenga lugar el mismo; ello es así —se dice— porque lo fundamental es que el acreedor tenga el control económico del inmueble para lograr el cobro de su crédito, pero no tiene por qué hacerse precisamente a través de la entrada en posesión del mismo, por lo

[1] Como particularidad puede decirse que en Navarra excepcionalmente se admite sobre bienes muebles (Ley 471 de su Compilación de Derecho Civil).

[2] Expresamente se dice en este precepto que el deudor no puede «readquirir» el inmueble sin haber pagado antes enteramente al acreedor. Véase también el artículo 1.886 y las remisiones que hace.

que la institución no se resiente en absoluto para el caso en el que el acreedor traslade la posesión al deudor[3].

III. CONTENIDO

1. Derechos del acreedor anticrético

1.1. *Derecho a percibir los frutos*

Por la anticresis, el acreedor adquiere el derecho de percibir los frutos de un inmueble de su deudor con la obligación de aplicarlos al pago de los intereses si se debieren, y después al del capital de su crédito (art. 1.881); aunque cabe un pacto compensatorio, sin necesidad de liquidación, entre frutos e intereses que está previsto en el artículo 1.885 al establecer que: «Los contratantes pueden estipular que se compensen los intereses de la deuda con los frutos de la finca dada en anticresis». Este precepto plantea numerosos problemas a la hora de su aplicación, ya que parece dar a entender que es posible que se pacte que los frutos se apliquen solamente al pago de los intereses (sean éstos superiores o inferiores al importe de los intereses), con lo cual se puede estar vulnerando la normativa sobre límites usurarios a los intereses o sobre la exigencia de transparencia que debe de regir siempre en todo tipo de préstamo con interés (supuesto normal de obligación a garantizar).

1.2. *Derecho de retención*

Ya hemos dicho que es natural pero no es esencial en la anticresis que la finca pase a poder del acreedor o de un tercero; pero si resulta así del contrato, el acreedor tendrá la facultad de retención hasta que se le pague enteramente lo que se le debe (art. 1.883). Incluso en el supuesto en que, mientras el acreedor está en posesión de la finca, el deudor contrajera una nueva obligación con el acreedor, podrá el acreedor prorrogar la retención (art. 1.886). La retención se rige por las mismas normas de la prenda.

1.3. *Derecho de realización de valor*

«El acreedor no adquiere la propiedad del inmueble por falta de pago de la deuda dentro del plazo convenido. Todo pacto en contrario será nulo. Pero el

[3] Alfonso Hernández Moreno, «Comentario al artículo 1.883 del Código Civil», en el libro colectivo *Comentario del Código Civil*, tomo II, Ministerio de Justicia, 1991.

acreedor en este caso podrá pedir, en la forma que previene la Ley de Enjuiciamiento Civil, el pago de la deuda o la venta del inmueble» (art. 1.884).

Este artículo, como se desprende directamente de su contenido, niega radicalmente el pacto comisorio acordado eventualmente por las partes.

Por lo que se refiere al *ius distrahendi* puede discutirse si es un derecho que va ínsito en la institución o es necesario pactarlo expresamente. Del precepto legal se desprende que no es necesario un pacto expreso en este sentido; pero sí es posible un pacto en sentido contrario: que el acreedor renuncie a esta facultad de realización de valor por conformarse únicamente con la percepción de los frutos.

Este derecho de realización del valor opera incluso aunque la finca se haya trasmitido y ya no sea propiedad del deudor, lógicamente siempre y cuando no surgiera un tercero protegido por el artículo 34 de la Ley Hipotecaria.

2. Obligaciones del acreedor anticrético

2.1. *Conservación*

Al tener, normalmente, el acreedor anticrético la posesión del inmueble, como derecho, tiene también la obligación de cuidar la cosa con diligencia; obligación que no impone expresamente el Código civil, pero que se deduce del espíritu del artículo 1.882 (que le impone el pago de los gastos de conservación), de los principios generales del Derecho derivados de los artículos 497, 1.867 y otros, y del artículo 1.094, aplicable a la anticresis, ya que el acreedor debe entregar la cosa cuando se cumple la obligación asegurada.

2.2. *Pago de contribuciones y gastos*

Dispone el artículo 1.882 que «El acreedor, salvo pacto en contrario, está obligado a pagar las contribuciones y cargas que pesen sobre la finca. Lo está, asimismo, a hacer los gastos necesarios para su conservación y reparación. Se deducirán de los frutos las cantidades que emplee en este y otro objeto». La expresión «cargas» debe entenderse respecto de aquellas que recaigan directamente sobre la finca, como, por ejemplo, los tributos, respecto de los cuales no significa que el propietario no siga siendo el sujeto pasivo de los mismos frente a la Administración.

Para comprobar el saldo de los frutos que percibe el acreedor y los gastos que ha de soportar, se debe rendir cuentas al deudor, salvo cuando se haya estipulado que los frutos se compensen con los intereses de la deuda (art. 1.885).

3. Derechos del deudor o dueño de la finca

Quedan a éste todos los derechos sobre la finca, compatibles con el del acreedor anticrético. Así podrá el dueño constituir hipotecas, siempre que guarden el rango que les corresponda con relación a la anticresis primeramente constituida, y podrá también constituir derechos de goce, como el usufructo, siempre que lo haga con la condición suspensiva que exige la efectividad del derecho otorgado al acreedor anticrético.

Por lo demás no puede el deudor readquirir el goce del inmueble sin haber pagado antes enteramente lo que debe a su acreedor (art. 1.883, párrafo 1.º).

IV. EXTINCIÓN

La extinción del derecho real de anticresis se producirá bien por la extinción de la obligación garantizada (normalmente por pago), bien por la ejecución de la garantía mediante la ejecución de la misma en los términos vistos, bien por el supuesto especial de renuncia que regula el Código, el cual autoriza expresamente la misma, diciendo que puede el acreedor, para librarse de los gastos y cargas que le imponga la finca, obligar al deudor a que entre de nuevo en el goce de la misma, salvo pacto en contrario (art. 1.883, párrafo 2.º).

CASO PRÁCTICO

Una entidad bancaria concede crédito a un particular para hacer frente a los gastos que se derivarán de su ingreso en una residencia para personas de la tercera edad. Dicho crédito (hasta un límite pactado) se abonará mediante cantidades mensuales. La duración se pacta por el plazo máximo de diez años o, por un plazo menor si antes de ello se produce el fallecimiento del acreditado. La devolución del importe del crédito y de sus intereses y comisiones, se garantiza a través de la constitución a favor del acreditante de un derecho real de anticresis, en cuya virtud: Se transmite al acreditante la posesión de una vivienda del acreditado que no constituye su vivienda familiar habitual. Y el acreditante puede reembolsarse del importe del crédito y sus intereses y costes con los rendimientos netos generados por la vivienda dada en garantía, mediante la explotación de la misma.

El contrato presenta características propias de los contratos de renta vitalicia y de la hipoteca inversa, en cuanto operaciones que tienen por objeto, ambas, la movilización de un activo inmobiliario perteneciente a una persona de avanzada edad, con la finalidad de generar a su favor ingresos hasta la fecha de su fallecimiento. Sea ello así o se trata de un verdadero supuesto de anticresis, en cuanto que se trata de una persona física que ofrece a cambio del crédito una garantía inmobiliaria, sería de aplicación el cumplimiento de los requisitos de transparencia establecidos por la Ley 5/2019, de 15 de marzo, reguladora de los Contratos de Crédito Inmobiliario (v. Lección 17).

BIBLIOGRAFÍA BÁSICA

Alfonso HERNÁNDEZ MORENO: «Comentarios a los artículos 1.881 y siguientes del Código Civil», en el libro colectivo *Comentario del Código Civil*, tomo II, Ministerio de Justicia, 1991.

EJERCICIOS DE AUTOEVALUACIÓN

1) ¿Es un derecho real o de crédito?
2) ¿Es necesario que en todo caso la posesión se trasmita al acreedor?
3) ¿Quién puede constituir esta garantía?
4) ¿Puede inscribirse en el Registro de la Propiedad?
5) ¿Cuál es el principal derecho del acreedor?
6) ¿Quién debe satisfacer los gastos de mantenimiento del bien mientras dura la garantía?

La anticresis

CONCEPTO DE ANTICRESIS	✓ Derecho real, constituido en garantía de una obligación y que autoriza a su titular para percibir los frutos de un bien inmueble del deudor, con el fin determinado de aplicarlos al pago de los intereses, si se debieran, y después, o cuando no fueren debidos, a la satisfacción del capital de su crédito.
FACULTADES FUNDAMENTALES DEL ACREEDOR	✓ Las facultades fundamentales del acreedor anticrético son los de retener la cosa y percibir los frutos bien, para compensarlos con los intereses, bien para imputarlos en cuanto al exceso al capital.
UTILIZACIÓN EN LA PRÁCTICA	✓ No es una garantía de frecuente utilización en la práctica como derecho autónomo. Su utilización se hace normalmente como pacto accesorio (pacto anticrético) a otras garantías, especialmente la hipoteca.

LECCIÓN 19

DERECHOS REALES DE ADQUISICIÓN*

I. CUESTIONES GENERALES

1. CONCEPTO

Los derechos reales de adquisición conceden a su titular el poder de adquirir un bien, pagando su precio, con exclusión de cualquier otra persona y sin que el dueño lo pueda impedir. La categoría general no se encuentra regulada como tal; pero merecen la atención del ordenamiento tres figuras que responden a ese concepto: el tanteo, el retracto y la opción.

El tanteo y el retracto legales tienen origen en la norma y atribuyen a su titular la facultad de adquirir un bien cuando su legítimo dueño pretende transmitirlo, o efectivamente ha realizado un contrato con esa finalidad. En el primer caso el derecho se llama tanteo, y el dueño celebrará el contrato con quien lo ejerce; en el segundo caso, hablamos de retracto, y el comprador originario (o, en general, el adquirente) será sustituido en su posición jurídica por el titu-

---

* Por Manuel ESPEJO LERDO DE TEJADA.

lar del derecho de adquisición (cfr. art. 1.521 CC). Ambos derechos constituyen limitaciones legales del dominio, en cuanto que el propietario, aunque conserva las facultades de disposición que le corresponden, se encuentra sometido a la decisión preferente del titular del derecho de adquisición, quien tiene el poder de exigirle la entrega de la cosa a cambio de precio, sin su mediación e incluso contra su voluntad. El tanteo se ejercita antes de que se perfeccione el negocio sobre la cosa, a partir de la notificación que el dueño hace al titular del tanteo («me propongo vender por tanto»); mientras que el retracto, opera después de esa perfección. No necesariamente el derecho de retracto viene precedido por el de tanteo en cada caso: por ejemplo, el artículo 1.522 CC regula el retracto de comunero, pero no existe un previo derecho de tanteo; en cambio, los artículos 25.2 y 3 LAU y 22.2 y 3 LAR, regulan el tanteo a favor del arrendatario, seguido del posterior retracto. Por otra parte, en estos derechos arrendaticios solamente procederá el retracto cuando no se haya notificado, o no se haya notificado regularmente, la intención de vender; es decir, si no se ejercita el derecho de tanteo, no cabe luego el retracto; pero, en otros supuestos, el no uso del tanteo no impide la existencia de un derecho de retracto posterior (cfr. arts. 1.638 CC y concordantes).

El retracto convencional, o pacto de retroventa, consiste en que el vendedor se reserva el derecho a recuperar la cosa vendida, devolviendo el precio (art. 1.507 CC); por tanto, la titularidad que adquiere el comprador con la entrega de la cosa comprada sería inestable, está sujeta a que el vendedor, por su libre voluntad, requiera la recompra de la cosa.

Según la doctrina y la jurisprudencia, cabe también establecer por pacto tanteos y retractos que funcionarían del mismo modo que los de naturaleza legal, es decir, conceden una preferencia adquisitiva que se pone en funcionamiento ante la notificación de la voluntad del dueño de enajenar en unas determinadas condiciones (tanteo) o ante el contrato ya realizado (retracto); se habla entonces de tanteos y retractos voluntarios. Así, por ejemplo, constituye un supuesto de este tipo el contemplado por la STS de 29 de abril de 2005 (RJ 2005\4548): CEPSA tenía concertado un contrato con la empresa concesionaria de una estación de servicio en el que, además de otras prestaciones, figuraba una cláusula de tanteo y retracto a su favor. Según la STS no es «un derecho de tanteo/retracto convencional, pues el pacto de retro no estaba inserto en un contrato [...] de compraventa», pero «sí se asemeja al mismo, [...] en cuanto una y otra figura tienen las características, [...] de "derecho de adquisición o de preferencia"». Con el mismo criterio las SSTS de 13 de mayo de 2009 (RJ 2009\4744) y 22 de abril de 2008 (RJ 2008\1995).

En los tanteos y retractos voluntarios, a diferencia de lo que sucede en el retracto convencional, es importante distinguir entre dos plazos temporales diversos: aquel en el cual está vigente el derecho de adquisición; y el término en que se debe ejercitar la facultad de adquirir, una vez que se ha producido el negocio dispositivo que hace nacer dicha facultad.

La opción de compra concede al titular del derecho de opción (optante), durante un determinado tiempo, la facultad de exigir al titular del bien que se lo venda en las condiciones establecidas al concederse la opción. A diferencia del pacto de retro, en este supuesto el titular de la opción no ha transmitido previamente el bien a su actual dueño; y no estamos tampoco ante un retracto voluntario, pues el derecho de adquisición no depende de que el dueño tome la iniciativa de enajenar el bien; la decisión de adquirir la toma directamente el optante. Es posible que la concesión del derecho de opción se realice a cambio de que el optante pague una prima, aunque la opción pudiera ser también gratuita [así STS de 18 de febrero de 2015 (RJ 2015\575)].

2. Naturaleza real o personal de estos derechos

2.1. *Observaciones generales*

Se puede discutir, y de hecho se ha discutido, si estas figuras son o pueden ser derechos reales, se deben calificar mejor como cargas reales o tienen, tan sólo, naturaleza personal.

A nuestro juicio la alternativa entre conceptuar como derecho o como carga real tiene un carácter preponderantemente teórico. No así, en cambio, la calificación como derecho personal o derecho real, que tendría muchas consecuencias prácticas. Si el derecho de adquisición otorga a su titular solamente la facultad de exigir al dueño del bien un determinado comportamiento: que le ofreciera la cosa o la opción de adquirirla, y si después el dueño la vendiera a un tercero, simplemente habría incumplido una obligación; pero el tercero habría adquirido, y la cosa resultaría irrecuperable. Frente a esto, si la facultad de adquisición tuviera naturaleza real y gravara la cosa, entonces al tercero se le podría reclamar su devolución.

¿Los derechos de adquisición son derechos reales, o cargas reales, o son obligaciones? Se ha dicho que el enunciado «derechos reales de adquisición» tiene algo de contradictorio a la luz del sistema transmisivo de los derechos reales: ¿puede haber verdadero derecho real —poder inmediato y directo— sobre una cosa que todavía no ha sido adquirida? ¿Puede ser de naturaleza real el derecho que faculta a su titular a colocarse, con preferencia a cualquier otro, en la posición de un eventual comprador; o simplemente, el que concede la facultad de comprar? Debe recordarse que el comprador sólo cuenta con un derecho crediticio, y no con un derecho real en la cosa, por lo que sería raro que, quien se vaya a colocar en esa posición jurídica, pueda tener sobre ella un derecho de naturaleza distinta. Estas ideas se encuentran presentes en la STS de 23 de mayo de 2007 (RJ 2007\5553) [y también STS de 18 de julio de 2006 (RJ 2006\4949) y RDGRN de 27 de octubre de 1999 (RJ 1999\7773)]: el ejercicio de una opción de compra no es título de dominio pues lo único que produce es la perfección del contrato de compraventa, pero no su consumación, para lo cual es necesaria la *traditio* de la cosa, a fin de dar cumplimiento a los artículos 609 y 1.095 CC: «se tiene título, pero no el modo». Son afirmaciones ciertas, pero engañosas a nuestros efectos. Se trataría en realidad de analizar la calificación jurídica que merece la opción en sí misma. En el caso se discutía sobre una tercería de dominio ejercitada por el optante, en cuya solución lo decisivo no debería ser su propia adquisición dominical, sino si la opción limita las facultades de disposición con eficacia real. Si decimos que sí, se abrirían dos situaciones: si la opción se hubiera ejercitado, como era el caso, naturalmente cabía levantar el embargo; y si no se hubiera ejercitado, también vincularía a los adquirentes si llegara a ejercitarse; pero si no estamos ante una opción con eficacia real, nada de esto sería posible. Pero decidir por una solución o por otra no depende del momento en que el optante adquiere la propiedad.

Todo ello quizá pone el acento en el preponderante aspecto limitativo de los derechos de adquisición, por lo que se puede entender que algunos califiquen el derecho de adquisición como carga real y no como derecho real. Veamos, por ejemplo, lo que sucede en el retracto legal: el dominio transmitido a alguien diferente al legalmente preferido es un dominio revocable, en el sentido de que el titular de ese derecho está facultado para exigir la entrega de la cosa a cambio de precio. Lo mismo cabe decir del retracto convencional: el vendedor se reserva el derecho a recuperar la cosa vendida (art. 1.507 CC); por tanto, la cosa se encontrará en situación de titularidad inestable. Se dirá que el titular del derecho de adquisición no tiene un poder inmediato en la cosa (no tiene un derecho real), pero sí que su derecho supone un gravamen o carga real, es decir, una limitación de la facultad de disposición del propietario. En realidad, nos parece que el titular del derecho de adquisición también tiene el poder positivo de activarlo y hacer perder el dominio al propietario actual de la cosa.

Más allá de estas indicaciones generales, analizaremos ahora el régimen de cada una de las figuras.

2.2. *Tanteos y retractos legales*

La STS de 14 de junio de 2004 (RJ 2004/5055) explicó con mucha claridad el efecto real del retracto legal, y lo mismo valdría para el tanteo legal: «da derecho al retrayente a adquirir la cosa retraída en el estado que tenía en el momento de darse aquella compraventa que dio lugar al retracto»; por tanto «si el adquirente —retraído— realiza actos de disposición sobre la cosa, tras haberla adquirido y antes de producirse el retracto, serán ineficaces y si han tenido acceso al Registro de la Propiedad se cancelarán las inscripciones». Naturalmente, si se quisiera hacer valer el retracto contra esos terceros es necesario demandarlos; y también tiene gran utilidad para ello anotar preventivamente la demanda de retracto, de modo que los eventuales terceros, que adquieran con posterioridad a la demanda, puedan conocer su ejercicio [vid. RDGRN de 30 de abril de 2003 (RJ 2003\4474)].

Nuestra doctrina, sobre la base del artículo 37.3 LH, entiende que los retractos legales, sin estar inscritos, pueden ser hechos valer incluso contra el titular inscrito en el Registro de la Propiedad. Cabe explicar este efecto diciendo que los retractos legales son verdaderas limitaciones legales del dominio; o que su régimen legal integra las facultades de ese derecho subjetivo. Es decir, ante una finca rústica cuya cabida no exceda de cierta medida, cualquiera puede conocer la aplicabilidad de la norma que establece el retracto de colindantes. Así sucede también con el retracto de comuneros: ante la situación de comunidad, ya consta la existencia del retracto. Ciertamente puede haber derechos de retracto no tan visibles: y entonces quizá no sea la mejor solución mantener la eficacia de esas preferencias contra el tercero inscrito.

2.3. *Retracto convencional*

El retracto convencional, según señala expresamente la Ley (art. 1.510 CC) es oponible frente a cualesquiera adquirentes del bien, es inscribible en el Registro de la Propiedad y es hipotecable (art. 107.8 LH), todo lo cual demuestra cumplidamente su naturaleza real. Naturalmente frente a los terceros protegidos por el Registro de la Propiedad no sería oponible el retracto que no hubiera sido inscrito ni fuera conocido o cognoscible para ellos.

2.4. *Tanteos y retractos voluntarios*

La jurisprudencia actual parece asentada a favor de la posibilidad de que se pueda dotar de carácter real al tanteo y al retracto voluntario. En efecto, las SSTS de 29 de abril de 2005 (RJ 2005\4548), 13 de mayo de 2009 (RJ 2009\4744) y 22 de abril de 2008 (RJ 2008\1995), admitieron su carácter real, su oponibilidad *erga omnes*, y su inscripción registral. Es verdad que a veces la eficacia contra terceros se ha derivado del conocimiento que dichos terceros tenían del pacto, lo que lleva a algunos autores a dudar de ese carácter real. Pero esta objeción no parece suficiente: es evidente que la facultad de disposición tiene carácter real, y que nuestro ordenamiento permite que la autonomía de la voluntad afecte a la misma, de modo que ninguna objeción de derecho imperativo parece oponerse a la creación voluntaria de estos derechos subjetivos.

Se debe tener presente, si se quiere dotar de carácter real a estas figuras, además de que las partes aludan de modo expreso a tal naturaleza real o que la misma se pueda deducir de los efectos pactados, que, según la RDGRN de 10 de abril de 2014 (RJ 2014\2381), es preciso «respetar las características estructurales típicas de tales derechos reales», es decir «su inmediatividad, o posibilidad de ejercicio directo sobre la cosa, y su absolutividad, que implica un deber general de abstención». También sería necesario que «se regulen todas las consecuencias que dicha figura comporta, o bien se remita a los efectos jurídicos de otra». Por ejemplo, debe preverse el término desde la enajenación al extraño en que el derecho de adquisición se puede ejercitar; si esto faltara, estaríamos ante una «convención con efectos simplemente obligacionales»: en este último sentido STS de 3 de marzo de 1995 (RJ 1995\1776) y RDGRN de 27 de marzo de 1947 (RJ 1947\440).

Para la STS de 29 de abril de 2005 (RJ 2005\4548) el tercero que inscribió su adquisición puede quedar afectado por el derecho de adquisición solamente si conoció o pudo conocer la existencia del mismo.

2.5. *Derecho de opción*

La cuestión de la naturaleza real o personal del derecho de opción se plantea con bastante confusión doctrinal y jurisprudencial, ante la ausencia de una regulación legal. En la práctica está muy difundida la constitución de lo que se denomina derecho real de opción, y parece difícil negar que los interesados puedan lograr su propósito, teniendo en cuenta la admisión por el ordenamiento de otras figuras que afectan a las facultades de disposición mediante el ejercicio de la autonomía de la voluntad. Por otra parte, el acceso al Registro de la Propiedad de la opción de compra inmobiliaria se encuentra reconocido por el artículo 14 RH, si existe convenio expreso para que tal derecho se pueda inscribir y se dan los otros requisitos previstos en esa norma. Por tanto sería seguro que, con la inscripción, «el derecho de opción se impone *erga omnes*, de suerte que su existencia afectará o perjudicará a todo adquirente posterior a la inscripción del derecho de opción de compra», como dijeron las SSTS de 9 de junio de 1990 (RJ 1990\4748) y 10 de septiembre de 1998 (RJ 1998\6609). Pero, pese a ello, un primer ejemplo de confusión, esta última STS no dio eficacia al ejercicio de la opción inscrita contra unos embargos anotados preventivamente con posterioridad. En otras ocasiones tampoco la inscripción registral de la opción ya ejercitada sirvió para levantar el embargo de fecha posterior: vid., por ejemplo, STS de 11 de abril de 2002 (RJ 2002\3289).

En cambio, este problema fue correctamente solucionado por la STS de 5 de noviembre de 2003 (RJ 2003\8257) sobre la base de que: «la opción de compra inscrita tiene eficacia real, claudicando, una vez ejercitada, los derechos posteriores no preferentes, con cancelación de las inscripciones y anotaciones registrales que los publican». Es decir, explicó la STS de 6 de julio de 2006 (RJ 2006\4619), el derecho de opción no elimina, pero sí restringe el derecho de disponer de los concedentes, por lo que el embargo posterior «estaba sometido a la contingencia de que la opción fuera efectivamente ejercitada, como así ocurrió, por lo que el embargo practicado queda vaciado de efectividad y cede ante la opción». En esta misma línea se han pronunciado también las RRDGRN de 6 de marzo de 2014 (RJ 2014\1981) y 22 de enero de 2018 (RJ 2018\489), entre otras.

Por tanto, cabe pensar que cuando se da eficacia real al derecho de opción y se inscribe en el Registro de la Propiedad efectivamente se logra este efecto real (al menos casi siempre). Pero pudieran plantearse otros problemas que están relacionados con la naturaleza real o personal del derecho de opción. Por ejemplo: si la opción constituida como derecho real pero no inscrita, sería oponible a terceros adquirentes de la cosa que no hayan inscrito su adquisición, o a los que hubieren inscrito pero conocieran la existencia del derecho de opción, o a los adquirentes a título gratuito con independencia de cualquier otro dato. Parece claro que, si el derecho tiene naturaleza real, todos estos terceros debieran quedar sujetos a las consecuencias del ejercicio de la opción; pero si la naturaleza de la opción fuera personal, solamente podría alcanzar eficacia real con la inscripción.

En la Jurisprudencia se encuentran afirmaciones contradictorias acerca de estos problemas. Una primera línea, representada por la STS de 9 de octubre de 1989 (RJ 1989\6900), dice que «la naturaleza [...] de esta figura es la de un contrato y no la de un derecho real, tratándose, [...], de un derecho personal que puede tener efectos frente a terceros mediante la inscripción, pero sin que ésta tenga la virtud de transmutar, convirtiendo a los personales en reales, la naturaleza de los derechos, ya que no se tiene un poder directo sobre la cosa, sino únicamente la facultad de exigir del sujeto pasivo el necesario comportamiento para que el contrato prefigurado sea llevado a su consumación». También así la STS de 9 de octubre de 1987 (RJ 1987\6928).

Por su parte, otra segunda línea, pese a sostener lo mismo, es decir que es un derecho personal [STS de 24 de octubre de 1990 (RJ 1990\8045)] o que la opción no inscrita en el Registro de la Propiedad es un «derecho personal y no real» [STS de 13 de febrero de 1997 (RJ 1997\944)], admite que la opción resulte oponible al tercero que conocía su existencia.

En cambio, para una tercera línea, el derecho de opción de compra, tiene «una estructura de carácter real muy superior a los *ius ad rem*», si bien la protección de este derecho, y de los terceros adquirentes «requiere el conocimiento de ese *status* [...] por su publicidad registral» [STS de 30 de noviembre de 1988 (RJ 1988\8728)]. Del mismo modo la STS de 26 de septiembre de 1991 (RJ 1991\6844) consideró que la opción es un derecho real, oponible a un adquirente a título gratuito. Por su parte, numerosas RRDGRN se refieren expresamente al derecho real de opción: así, las de 22 de enero de 2018 (RJ 2018\489) y 12 de junio de 2017 (RJ 2017\3127) entre las más recientes; y también la STS de 13 de mayo de 2005 (RJ 2005\3997).

Como orientación para resolver estas dudas, estimamos que debiera admitirse que la voluntad pueda dar eficacia real al derecho de opción, como se admite para el tanteo y el retracto voluntarios. El artículo 14 RH no podría abrir al Registro de la Propiedad, sin habilitación legal, a un derecho meramente personal, pues la inscripción de los mismos no se encuentra prevista por la Ley más que como excepción. Y, por otra parte, ningún obstáculo legal existe para que el propietario recorte, en beneficio de otra persona, su derecho a disponer: es una consecuencia más de la autonomía privada que, en materia de derechos reales, se ha concretado en la aceptación en nuestro sistema del criterio del *numerus apertus*. Sería deseable, pues, que esta tesis se asentara con claridad en la jurisprudencia y, naturalmente, también ayudaría que las normas la regularan. Pero, privados de una orientación jurisprudencial clara acerca de la naturaleza de la opción, debemos insistir en la importancia de que las partes doten de eficacia real a la opción y la inscriban en el Registro.

2.6. *Conclusión general*

En consecuencia, habrá que afirmar que las preferencias adquisitivas sobre inmuebles que hayan sido voluntariamente constituidas con alcance real podrán acceder al Registro de la Propiedad, mientras que no lo podrán hacer las que se configuren con simple alcance obligacional. A este respecto, los artículos 13 LH y 7 RH se refieren a la posibilidad de que los pactos de trascendencia real accedan al Registro; y su solución contrasta con la del artículo 9 RH que claramente preceptúa que la obligación personal de transmitir no es inscribible.

La razón de ser de la inscripción de las preferencias adquisitivas de naturaleza real es dar publicidad a la conformación concreta del dominio inscrito y evitar que esa condición que grava el dominio sorprenda a los terceros; se evita también así que la buena fe de los terceros pueda hacer ineficaz la limitación de las facultades de disposición (cfr. arts. 32 y 34 LH). Estamos ante la llamada dimensión negativa de la publicidad: lo inscribible no inscrito no sería oponible a terceros de buena fe.

II. EL DERECHO DE TANTEO

1. El tanteo voluntario

Se constituye por la voluntad del dueño de la cosa y confiere al titular del mismo la facultad de ser preferido por el mismo precio y condiciones cuando el dueño pretenda enajenarla. A diferencia del retracto, el tanteo surte sus efectos cuando el negocio con el tercero todavía no se ha producido: por eso el dueño debe comunicar al titular del derecho de tanteo su propósito de disponer.

El alcance real o personal del derecho dependerá de su configuración en el título. La RDGRN de 20 de septiembre de 1966 (RJ 1966\4020), consideró posible que este tanteo voluntario se constituyera como derecho real y, en ese caso, que pudiera tener acceso al Registro. También ha dado por supuesta esta posibilidad la RDGRN de 9 de septiembre de 2013 (RJ 2013\7983).

2. El tanteo legal

Los tanteos legales confieren la facultad de adquirir el dominio mediante una declaración de voluntad de su titular, en las mismas condiciones en las que el dueño de la cosa pretendiera enajenarla. No siempre esta facultad acompaña al retracto legal; sin embargo, siempre que hay tanteo, se reconoce también el retracto, para evitar que pueda quedar burlado el derecho del retrayente si no se le hubiera comunicado el propósito de vender. El Código civil regula esta figura de derecho real de adquisición en relación con el censo enfitéutico y otros derechos análogos (arts. 1.636, 1.655 y 1.656); y también lo hacen el artículo 22 LAR y los artículos 25 y 31 LAU. En múltiples leyes especiales estatales y autonómicas se regula, junto con el retracto legal, también un derecho de tanteo para la adquisición por las Administraciones públicas.

La preferencia adquisitiva funciona a partir de la notificación que el propietario ha de realizar al titular del tanteo acerca de las condiciones en que quiere realizar la enajenación. A este respecto, dice, por ejemplo, el artículo 1.637.1 CC «el que trate de enajenar el dominio de una finca enfitéutica deberá avisarlo al otro condueño, declarándole el precio definitivo que se le ofrezca, o en que pretenda enajenar su dominio». En términos parecidos, establecen el mismo deber de notificación, del arrendador al arrendatario, los artículos 25.2 LAU y 22.2 LAR.

Se ha dicho que la notificación es una auténtica oferta legal de venta, que no procede de la voluntad libre del propietario, porque se le impone como carga si pretende enajenar el bien, y sus términos, plazos y condiciones le vinculan y no puede desistir de ellos, sino que debe esperar a la decisión del titular del derecho [STS de 20 de mayo de 2008 (RJ 2008\3157)].

La falta de notificación impide ejercitar el tanteo, pues tampoco se puede ejercitar contra el vendedor si existiera ya el contrato, ya que entonces se ejercita un retracto y es necesario demandar al adquirente: STS de 16 de mayo de 2003 (RJ 2003\4761). Por otra parte en las ejecuciones judiciales o administrativas el precio y las condiciones de la enajenación no se determinan por el propietario, y las normas procedimentales hacen imposible la notificación al titular del tanteo; por consiguiente en ellas «no hay posibilidad de acudir al tanteo porque la celebración de la subasta impide conocer el precio y condiciones» [así STS de 16 de noviembre de 2006 (RJ 2006\8085)].

Naturalmente el titular del tanteo debe decidir en un plazo de tiempo, que varía según las clases de tanteo, pero que suele ser breve. Sobre esta cuestión dice, por ejemplo, el artículo 1.637.2 CC «Dentro de los veinte días siguientes al del aviso, podrá el condueño hacer uso del derecho de tanteo, pagando el precio indicado. Si no lo verifica, perderá este derecho y podrá llevarse a efecto la enajenación».

Para la jurisprudencia, no es necesario en general el pago o consignación del precio dentro del plazo de ejercicio del tanteo; obviamente sí lo será en el supuesto de esta norma acabada de citar, pero, en otros casos, la STS de 19 de diciembre de 1991 (RJ 1991\9408) lo considera innecesario, pues si concurren la oferta y la aceptación, y están «conformes los interesados en el objeto de la venta y en el precio correspondiente a la misma», se infiere que «las partes perfeccionaron un efectivo pacto de compraventa, conforme al artículo 1.450 del Código civil, aunque no hubiera mediado entrega del precio». Del mismo modo la STS de 27 de marzo de 2009 (RJ 2009\2804): «el derecho de tanteo fue aceptado en el tiempo, forma y circunstancias en que se hizo, y [...] una vez producida dicha aceptación se perfeccionó un acuerdo de compraventa», que resultará de obligado cumplimiento aunque por el estado de salud de la adquirente, no pudiera comparecer en el momento preciso para el otorgamiento de la escritura; en definitiva, el deber de pago del precio se regirá por las previsiones del contrato, sin que parezca ser necesaria su satisfacción para entender ejercitado el tanteo.

III. EL DERECHO DE RETRACTO

1. Retracto convencional

1.1. *Concepto*

El Código civil llama así a la facultad del vendedor, nacida del mismo contrato de compraventa, de recuperar la cosa vendida, mediante la entrega del precio, y otros gastos (cfr. arts. 1.507 y 1.518 CC). Por su vinculación con dicho contrato, su exposición corresponde a la lección relativa a la compraventa, y en este apartado sólo debemos hacer un mero recordatorio.

1.2. *Contenido*

Pueden ejercitar el derecho de retracto el vendedor, sus herederos, y los acreedores del vendedor, por vía subrogatoria. Sin embargo, en este último caso hay que tener en cuenta el artículo 1.512 CC: los acreedores sólo pueden usar este derecho después de haber hecho excusión de los bienes. También cabe transmitir el derecho de retracto por cualquier título [RDGRN de 15 de julio de 1900 (*Gaceta de Madrid* n.º 214, de 2 de agosto de 1900, pp. 463 a 464): se transmitió dicho derecho por legado y después por compraventa].

En caso de pluralidad de vendedores habrá que estar a los artículos 1.514, 1.515 y 1.516 CC. En principio, si la venta ha sido conjunta, el retracto habrá de ser conjunto, salvo que consienta otra cosa el sujeto pasivo (lo mismo se dice en el caso de que hiciera la venta sólo uno, pero le hayan sucedido varios herederos).

Se puede usar el retracto contra el comprador y sus herederos y contra los terceros adquirentes. Pero si se trata de bienes inmuebles y no se ha hecho constar en el Registro, los terceros adquirentes que inscriban su título no quedarán afectados, pues «las acciones rescisorias, revocatorias y resolutorias no se darán contra tercero que haya inscrito los títulos de sus respectivos derechos conforme a lo prevenido en esta Ley» (art. 37 LH). Si hubiera pluralidad de sujetos pasivos habrá de estarse a lo dispuesto en el artículo 1.517 CC (para el caso en que el comprador dejó varios herederos); y al artículo 1.513 CC en caso de una finca indivisible perteneciente a varias personas.

El plazo para ejercitar el retracto es de cuatro años desde la fecha del contrato; en caso de que se haya pactado otro plazo diferente, se establece un límite máximo imperativo: diez años (art. 1.508 CC). Se estima que es posible la prórroga del plazo pactado, siempre que no se supere el máximo permitido.

El vendedor que ejercita el retracto ha de abonar el precio de la venta o el mayor que hubiera sido pactado (cfr. art. 1.507 CC) y los demás gastos que supuso la venta, así como las mejoras realizadas en la cosa; el comprador que soporta el retracto está obligado a devolver la cosa con sus frutos y accesiones. Así lo disponen los artículos 1.518 y 1.519 CC. Normalmente la cosa se debe devolver libre de cargas: lo cual es lógico porque todas las establecidas con posterioridad a la venta, están sometidas a las vicisitudes de la compraventa, por lo que se resuelven con ella; sin embargo, el artículo 1.520 CC establece una excepción en beneficio de los arrendamientos.

2. Retracto legal

2.1. *Concepto, evolución y clases*

Se puede definir el retracto legal como el derecho que, por ministerio de la ley, tienen ciertas personas, para adquirir la cosa que fue objeto de un contrato de compraventa o de una dación en pago, subrogándose en el lugar del comprador mediante el pago del precio en que la compraventa se acordó: así el artículo 1.521 CC. Algunos autores hablan, más que de subrogación, de resolución de la venta pactada, siguiendo el criterio que se puede deducir de la ubicación sistemática de la figura. Las SSTS de 14 de enero de 2015 (RJ 2015/353) y 30 de marzo de 2016 (RJ 2016/1540) parecieron decantarse por la idea de la subrogación; frente a otras que afirmaron que «en realidad, no supone una subrogación en sentido propio, sino más bien una venta forzosa por parte del comprador al retrayente» [STS de 4 de febrero de 2008 (RJ 2008\1302)]; o que aunque el artículo 1.521 CC la «define como subrogación, [...] realmente es el poder para adquirir una cosa una vez transmitida a tercero, con las mismas condiciones que éste» [STS de 29 de mayo de 2009 (RJ 2009\3051); parecidamente, SSTS de 26 de febrero de 2010 (RJ 2010\1410) y 18 de noviembre de 2013 (RJ 2013\7870)]. Ahora bien, procediendo de la ley tanto la idea de la subrogación como la de la resolución, quizá no debe partirse de que sean afirmaciones contradictorias, sino que el Código civil se esté refiriendo con ellas a la doble eficacia resolutoria (respecto del comprador inicial) y subrogatoria (respecto del retrayente) del retracto. Por esa misma razón, no vemos claro que, por sí solos, estos calificativos deban determinar alguno de los efectos de la figura. Es verdad que la RDGRN de 3 de julio de 2015 (RJ 2015\3746) extrae de la doctrina de la subrogación la idea de que sería innecesario otorgar una nueva escritura de compraventa a favor del retrayente, aunque en el caso concreto el retracto se había apreciado en una sentencia, que sería título inscribible por sí; pero si el retracto se ejercitara extrajudicialmente no vemos cómo evitar el otorgamiento de la escritura pública. Por otra parte, la misma sentencia del caso condenaba a otorgar escritura pública, de la que se podría prescindir si se estimara con coherencia que la sentencia declara la existencia del retracto y que éste produce la subrogación; lo cual revela la poca seguridad que este criterio tiene en la práctica.

El Código civil regula el retracto de comuneros, cuya finalidad es acabar con una situación que se estima antieconómica y conflictiva (art. 1.522 CC), y el de colindantes, para evitar el fraccionamiento excesivo de la propiedad rústica en interés del rendimiento agrícola (art. 1.523 CC); por eso este último se aplica solamente a la venta de fincas de extensión inferior a una hectárea y se ha excluido que proceda si las fincas no se dedican a la agricultura: SSTS de 2 de febrero de 2007 (RJ 2007\924) y 26 de febrero de 2010 (RJ 2010\1410), entre otras. Una finalidad similar se ha recogido en el artículo 27 de la Ley de Modernización de Explotaciones Agrarias, para fincas que constituyan explotaciones prioritarias y cuya superficie sea «inferior al doble de la unidad mínima de cultivo». Otros retractos legales son: el enfitéutico (arts. 1.636 ss. CC) y el del censo a primeras cepas (art. 1.656.6 CC), que tienen la finalidad de acabar con los desdoblamientos del dominio; el de coherederos (art. 1.067 CC), como subespecie del de comuneros; y el de consocios (por la remisión del art. 1.708 CC a las norma sobre la partición de herencia); los arrendaticios (a favor del arrendatario), y otros que atienden a finalidades de carácter público, y cuyo titular es la Administración pública. La legislación concede estos últimos, por ejemplo, respecto a terrenos situados en el interior de espacios naturales protegidos (art. 25 Ley de Montes); para adquirir viviendas protegidas [cfr. el caso de la STC de 9 de julio de 2015 (RTC 2015\154)]; o bienes del patrimonio histórico español (art. 38 LPHE).

Sería importante tener presente, para determinar la competencia legislativa del Estado o de las Comunidades Autónomas, que la «naturaleza civil de la institución» de los retractos «no impide que puedan existir derechos de retracto establecidos por la legislación administrativa a favor de la Administración para determinados supuestos y respondiendo a una finalidad pública constitucionalmente legítima»; pero en los casos en que el derecho de adquisición se estableciera a favor de un sujeto privado la regulación sería «enteramente civil», y, por tanto, de competencia estatal exclusiva (salvo en el caso de las CCAA con Derecho civil propio o derechos forales), salvo que algún «elemento o parte en la relación jurídica [...] permitiera incardinarla en el ámbito [...] de competencia de la Comunidad Autónoma»: así STC de 1 de marzo de 2012 (RTC 2012\28).

El uso legal creciente del retracto legal pone en cuestión que se diga que sus normas reguladoras deben ser interpretadas restrictivamente por suponer una limitación a la libre disponibilidad de los bienes. No obstante, hay jurisprudencia que sigue repitiendo esa idea [SSTS de 17 de octubre de 2018 (RJ 2018\4622) y 4 de febrero de 2018 (RJ 2008\1302)]. Pero la STS de 11 de julio de 2012 (RJ 2012\9329) afirmó que «no hay base normativa y conceptual para caracterizar el ejercicio de estos derechos por su aplicación restrictiva, más allá del cumplimiento de todos sus requisitos y de su adecuación al principio de buena fe», concretando así otra línea jurisprudencial probablemente más correcta. Incluso hay SSTS que sostienen que «las normas que regulan el derecho de retracto deben interpretarse y aplicarse con un criterio extensivo»: SSTS de 15 de octubre de 2008 (RJ 2008\6915) y 25 de abril de 1994 (RJ 1994\3223). Se debe considerar, en fin, que el recorte del derecho de propiedad que supone el retracto «tiene un limitado alcance. El sometimiento al ejercicio del derecho de tanteo y retracto no afecta a la facultad en sí de trasmitir; incide sólo sobre la de elegir adquirente» [así STC de 9 de julio de 2015 (RTC 2015\154)], y, si se inserta en sectores en que se haga presente algún interés público, debe entenderse perfectamente justificado.

¿Es posible excluir anticipadamente el tanteo o retracto legal mediante un acuerdo entre el propietario y el titular del derecho de adquisición? En alguna norma existe una expresa respuesta positiva: así el artículo 25.8 LAU dice que «las partes podrán pactar la renuncia del arrendatario al derecho de adquisición preferente». En el caso del retracto de comuneros, la RDGRN de 18 de mayo de 1983 (RJ 1983\6969) también lo consideró posible. Es bastante defendible que esta posibilidad se pueda generalizar a otros supuestos.

2.2. *Negocios que permiten el ejercicio del retracto*

Para que surja el derecho de adquisición es necesario que se realice el contrato de finalidad transmisiva al que se refiera la norma. Por ejemplo, en el retracto de comuneros se requiere que se enajene «a un extraño la parte de todos los demás condueños o de alguno de ellos» (art. 1.522.1 CC: también en el de coherederos: art. 1.067 CC), por lo que no se da el retracto si todos los comuneros venden la cosa a un tercero o si la venta no se produce a un extraño sino a uno de los comuneros [así STS de 12 de febrero de 2007 (RJ 2007\4934)].

Es obvio, no obstante, que para que proceda el derecho de retracto debemos estar siempre ante un contrato válido [STS de 15 de febrero de 2013 (RJ 2013\2015)]. Se ha considerado que el contrato puede estar sometido a condición: en cuanto a la condición resolutoria, SSTS de 30 de marzo de 2016 (RJ 2016\1540), de modo implícito, y 17 de abril de 1958 (Roj: STS 1689/1958), de modo explícito. Sobre la condición suspensiva no conocemos ningún pronunciamiento judicial.

Por otra parte hay una abundante jurisprudencia en el sentido de que procede el retracto también en el caso de enajenación judicial forzosa, a pesar de que en esa hipótesis no hay propiamente una compraventa contractual [SSTS de 8 de junio de 1995 (RJ 1995\4909), 21 de enero de 2014 (RJ 2014\2498) y 21 de noviembre de 2016 (RJ 2016\5648) y otras muchas].

Existe una extendida, pero poco fundada, jurisprudencia que sostiene que el ejercicio del retracto necesita inexcusablemente que se haya producido no sólo el contrato, sino también la tradición de la cosa. Ninguna razón normativa impone este requisito adicional, que puede llevar a confusiones prácticas cuando el ejercicio del derecho de adquisición se ha anticipado a la fecha en que se entiende transmitida la propiedad: a veces se ha sostenido que se ha ejercitado de modo prematuro, así STS de 14 de noviembre de 2002 (RJ 2002\9919), lo cual parece absurdo. En sentido correcto, en cambio, STS de 21 de enero de 2014 (RJ 2014\2498).

Fuera de la compraventa y de la dación en pago, se ha negado reiteradamente la procedencia del derecho: así en las permutas, las aportaciones a sociedad [STS de 27 de mayo de 2000 (RJ 2000\3499)], las rentas vitalicias [STS de 2 de abril de 1985 (RJ 1985\1679)], el contrato de vitalicio o de alimentos [27 de noviembre de 2001 (RJ 2001\9529)], pues la Ley no prevé generalmente que esos supuestos den lugar al derecho de adquisición que, por otra parte afectaría mucho más intensamente al derecho de propiedad.

2.3. *Ejercicio extrajudicial del retracto*

Se trata de una cuestión polémica. Aunque sea una afirmación puramente incidental, la STS de 2 de marzo de 2005 (RJ 2005\4732), dijo que el retracto se ejercita «mediante la correspondiente acción»; y la STS de 9 de septiembre de 2008 (RJ 2008\4644) no concedió eficacia frente a tercero al ejercicio extrajudicial del retracto, al que había consentido el sujeto retraído. En cambio, consideraron posible el ejercicio extrajudicial, consentido por el retraído, las SSTS de

17 de junio de 1997 (RJ 1997\5413), 20 de mayo de 2004 (RJ 2004\3574) y 27 de marzo de 2009 (RJ 2009\2804); y, en consecuencia, resultaría inscribible la escritura de la adquisición realizada por el retrayente: RRDGRN de 30 de mayo de 2016 (RJ 2016\4005) y 25 de mayo de 2007 (RJ 2007\3585); con criterio similar, si bien en un procedimiento de ejecución, RDGRN de 1 de octubre de 1999 (RJ 1999\6903).

Incluso cabe pensar que nada obligaría a que existiera consentimiento del retraído en el ejercicio extrajudicial, pues si la voluntad del retrayente se ha manifestado y quedaron cumplidos por éste los requisitos necesarios, estaría bien ejercido el retracto y el sujeto retraído solamente podría discutir en sede judicial la procedencia del mismo. En este sentido, se han invocado varios argumentos: *a*) que los plazos de ejercicio del retracto no son procesales, sino sustantivos [como dijo la STC de 24 de febrero de 1994 (RTC 1994\54)]; *b*) que la sentencia estimatoria del retracto se califica como declarativa del mismo y no constitutiva [así STS de 14 de enero de 2015 (RJ 2015\353)]; *c*) que existe una corriente jurisprudencial que admite el ejercicio del retracto mediante la solicitud de conciliación, cuando se produzca además la consignación en plazo del precio [así STS de 25 de marzo de 1994 (RJ 1994\2536)], o, incluso, el simple ofrecimiento del mismo [así STS de 16 de febrero de 2004 (RJ 2004\1132)]; pero el ofrecimiento de pago no bastó en la STS de 29 de mayo de 2006 (RJ 2006\3345), y tampoco se admitió el ejercicio mediante conciliación en la STS de 14 de junio de 2004 (RJ 2004\5055); *d*) que en los retractos concedidos a la Administración pública bastaría el procedimiento administrativo en que se acuerda el retracto [STS de 20 de mayo de 2004 (RJ 2004\3574)], sin que fuera necesario el ejercicio judicial del mismo. No obstante, se han pronunciado en sentido contrario las RRDGRN de 16 de mayo de 2007 (RJ 2007\3441), 27 de marzo de 2007 (RJ 2007\1796), 9 de diciembre de 2002 (RJ 2003\1182), 10 de diciembre de 2002 (RJ 2003\1183) y 13 de diciembre de 2002 (RJ 2003\2172), que han negado la inscripción del acto administrativo firme en que se acordaba ejercitar el retracto, aunque en algunos de esos casos el acto fue extemporáneo, lo que quizá puede apreciar de oficio el Registrador. Por tanto ya se advierte que la cuestión es polémica; además, en los retractos en beneficio de los particulares, si se desea la inscripción en el Registro de la Propiedad se requerirá un título público, que tendríamos que lograr judicialmente si no contamos con la colaboración de la otra parte.

2.4. *Legitimación activa*

Pueden existir problemas de colisión entre los diferentes derechos legales de adquisición: por ejemplo, que concurra el retracto de colindantes con el de comuneros; o que existan varios sujetos legitimados y todos ellos estén interesados en ejercerlo. Normalmente estos conflictos están resueltos por las normas: por ejemplo, en el retracto de comuneros «podrán hacerlo a prorrata de la porción que tengan en la cosa común» (art. 1.522.2 CC); en el de colindantes «será preferido el que de ellos sea dueño de la tierra colindante de menor cabida; y si las dos la tuvieran igual, el que primero lo solicite» (art. 1.523.3 CC); a tenor del artículo 1.524.2 CC «el retracto de comuneros excluye el de colindantes».

En esta línea, el artículo 22.6 LAR dispone que «los derechos establecidos en este artículo serán preferentes con respecto a cualquier otro de adquisición, salvo el retracto de colindantes establecido por el artículo 1.523 CC, que prevalecerá sobre éstos cuando no excedan de una hectárea tanto la finca objeto de retracto como la colindante que lo fundamente».

El artículo 25.4 LAU, por su parte, dice que «el derecho de tanteo o retracto del arrendatario tendrá preferencia sobre cualquier otro derecho similar, excepto el retracto reconocido al condueño de la vivienda o el convencional que figurase inscrito en el Registro de la Propiedad al tiempo de celebrarse el contrato de arrendamiento».

En caso de imprevisión normativa acerca de los criterios para resolver la colisión, puede ser extremadamente difícil proponer un criterio convincente de solución de los conflictos entre los diferentes derechos de retracto.

2.5. *Legitimación pasiva*

Si el comprador enajenó el bien, el retrayente debería dirigir la acción contra el primero y los sucesivos adquirentes, pues si no lo hace así, no podrá ejecutar el retracto contra el actual titular: así STC de 22 de mayo de 2006 (RTC 2006\153) y STS de 7 de julio de 1995 (RJ 1995\5564). Se ha llegado incluso a decir que en este caso, si el retrayente conoce esas otras transmisiones, se constituye mal la relación procesal [STS de 24 de mayo de 1986 (RJ 1986\2821)], pero esto parece una solución exagerada, pues es suficiente que el retracto no sea ejecutable contra los adquirentes.

En cambio, según la jurisprudencia, no es necesario demandar al vendedor [SSTS de 27 de junio de 2001 (RJ 2000\5740) y 3 de marzo de 2004 (RJ 2004\809) entre otras muchas], lo cual es criticable porque parecería lógico que sí lo fuera. El vendedor parece que tendrá interés en intervenir; bien sea porque el retrayente asumirá las obligaciones de pago derivadas de la compraventa que resten pendientes, o bien porque pueda dudar de la validez del contrato, o sobre su calificación correcta. Así, pudiera alegar que el contrato no es una compraventa sino una donación o una permuta, en las que no proceden los derechos de adquisición preferente: por esta razón admitió la legitimación del transmitente la STS de 31 de enero de 2005 (RJ 2005\1744), pero no la STS de 3 de marzo de 2004 (RJ 2004\809), con base en argumentos muy discutibles.

2.6. *Plazo*

Los plazos de caducidad del retracto suelen ser extraordinariamente breves (nueve días en los retractos contemplados por el art. 1.524 CC), y la determinación del día inicial no resulta siempre fácil. Una cuestión clara es que los plazos son de caducidad y, por tanto, no son susceptibles de interrupción [SSTS de 28 de octubre de 1999 (RJ 1999\7404) y 2 de marzo de 2005 (RJ 2005\4732)], ni de suspensión [STS de 16 de febrero de 2010 (RJ 2010\1779)], operan *ipso iure* y son apreciables de oficio por el tribunal [STS de 9 de octubre de 2007 (RJ 2007\6810)].

Por otra parte se trata de plazos civiles y no procesales, a los que se aplican las reglas de cómputo del artículo 5 CC: se excluye el día inicial, y computan también los días inhábiles [STS de 29 de abril de 2009 (RJ 2009\2903)]. Se ha considerado, no obstante, aplicable el criterio de los artículos 133.4 y 135.5 LEC cuando el último día de plazo fuera inhábil: SSTS de 29 de abril de 2009 (RJ 2009\2903), 30 de abril de 2010 (RJ 2010\4363) y 28 de julio de 2010 (RJ 2010\6943).

Se debiera distinguir, y ni la propia norma lo hace con toda nitidez, entre el plazo de caducidad del retracto y el plazo en que se permite el ejercicio del retracto (que puede ser mayor que aquél). Cabe decir que lo que importa a efectos de iniciar el plazo de caducidad es cuál sea el momento en que el titular del derecho de adquisición conoce o puede conocer todas las condiciones en las que la enajenación se pretende realizar o se ha realizado [«conocimiento completo, con todos los detalles y circunstancias de la transmisión» dijo la STS de 1 de abril de 2009 (RJ 2009\4130); y parecidamente SSTS de 21 de enero de 2014 (RJ 2014\2498), 25 de mayo de 2007 (RJ 2007\3127) y 8 de junio de 1995 (RJ 1995\4909)]; bien sea por la notificación del sujeto que quiera poner en marcha el término de caducidad, por la inscripción en el Registro de la Propiedad o por otra razón. En cambio, según el artículo 266.2.º LEC, no es necesario para ejercitar el retracto el conocimiento del precio de la venta: así también la STS de 14 de mayo de 2004 (RJ 2004\2758), lo que demuestra que el retracto se puede ejercer antes de que comience a correr el plazo de su caducidad. Debe hacerse notar que, entre los mecanismos para determinar con claridad el comienzo del plazo, la notificación fehaciente sería el mecanismo más seguro; por eso, aunque no está contemplada expresamente en el artículo 1.524 CC, sino en otras normas que establecen retractos legales, es recomendable usarla; en su defecto tendrá que ser el demandado quien demuestre que el retrayente conoció las condiciones de la venta en una determinada fecha [así SSTS de 13 de octubre de 2008 (RJ 2008\5689) y 9 de octubre de 2007 (RJ 2007\6810), entre otras].

No tendría nada que decir, en cuanto al plazo, la existencia o no de entrega y transmisión de la propiedad. Vincular ambas cuestiones, como a veces hace la jurisprudencia [p. ej., SSTS de 18 de marzo de 2009 (RJ 2009\1653) y de 18 de noviembre de 2013 (RJ 2013\7870)], produce distorsiones poco comprensibles; así, por ejemplo, se alargaría el plazo sin razón suficiente si el ejercicio del derecho de adquisición se ha retrasado desde el momento en que el titular del derecho conoció las condiciones de la venta, como en la STS de 18 de noviembre de 2013 (RJ 2013\7870), o de las condiciones del remate con que terminó la subasta [es lo que sucedía en la STS de 7 de diciembre de 1998 (RJ 1998\9620)], aunque, efectivamente, desde la transmisión de la propiedad todavía no hubiera transcurrido el tiempo; o que se permita ejercitar el retracto fuera de plazo si se contara desde la transmisión de la propiedad, pero dentro de él si se computa, como es lo correcto, desde el instante en que el titular de la venta cuenta con la información necesaria y completa para su ejercicio [solución correcta en la STS de 28 de febrero de 1989 (RJ 1989\1411)].

El plazo también comienza a correr desde la inscripción de la venta en el Registro de la Propiedad, no desde el asiento de presentación [SSTS de 11 de mayo de 2007 (RJ 2007\3109) y 1 de marzo de 2005 (RJ 2005\4733), entre otras muchas], aunque sea un criterio legal que no garantiza la posibilidad de conocimiento por el retrayente. Por eso el TS ha descartado su aplicación a los retractos arrendaticios, ya que para ellos no está contemplado expresamente por la ley, que sí impone la notificación al retrayente [así SSTS de 21 de noviembre de 2016 (RJ 2016\5648), 8 de noviembre de 2010 (RJ 2010\8030), 14 de diciembre de 2009 (RJ 2010\284) y 13 de octubre de 2008 (RJ 2008\5689)].

2.7. *Reembolsos*

El artículo 1.525 CC remite a las normas del retracto convencional los pormenores del reembolso. Por tanto, a tenor del artículo 1.518 CC, será necesario reembolsar al comprador el precio que pagó, los gastos del contrato y los gastos necesarios y útiles que haya hecho en la cosa. Para la STS de 30 de junio de 2011 (RJ 2011\4904) entrarían en estos conceptos «el IVA, el impuesto de actos jurídicos documentados y los gastos notariales y registrales», así como «la comisión del mediador del comprador», en este último caso «siempre que se pruebe la razonable necesidad de la mediación para la compra y se hubiera comunicado el importe de la comisión al retrayente antes o al mismo tiempo que las condiciones esenciales de la compraventa»; pero no estarían incluidos «los costes financieros soportados por el mismo comprador para pagar el precio de la compraventa, costes integrados en este caso por la comisión de apertura de un crédito bancario y los intereses devengados por este mismo crédito».

Según la jurisprudencia consolidada ha de estarse al precio real, aunque sea diferente del que figura en la escritura pública por diversos motivos (habitualmente fiscales): así STS de 7 de febrero de 2012 (RJ 2012\3780), entre muchas otras.

Si el contrato prevé el pago aplazado, parece que sería suficiente para ejercitar el retracto el pago de los plazos ya satisfechos, con independencia de que el retrayente quedaría obligado a satisfacer el resto de acuerdo con el calendario previsto para ello: así se deduce de las SSTS de 20 de mayo de 1991 (RJ 1991\3773); 23 de diciembre de 2005 (RJ 2005\7861) «la cantidad consignada [...] no se correspondía con lo efectivamente entregado entonces por la compradora»; 4 de noviembre de 2008 (RJ 2008\5889): «poner a la inmediata disposición de la parte demandada el precio previamente abonado a su transmitente»; 18 de noviembre de 2013 (RJ 2013\7870): «no tiene sentido consignar (en el ejercicio del retracto) un precio que no ha sido pagado» y 30 de marzo de 2016 (RJ 2016\1540).

Por otra parte, con fundamento en el artículo 1.681 LEC 1881, ha sido una exigencia tradicional para admitir la demanda, la que la nueva LEC formula así: aportar «el documento que acredite haber consignado, si fuere conocido, el precio de la cosa objeto de retracto o haberse constituido caución que garantice la consignación en cuanto el precio se conociere». La doctrina y la jurisprudencia han seguido manteniendo este requisito tras la entrada en vigor del artículo 266.2.º LEC que dispone que ello sería exigible «cuando la consignación del precio se exija por ley o por contrato». Aunque la interpretación de este inciso es dudosa, los tribunales ordinarios han seguido exigiendo la aportación de este documento con la demanda, por entender que se encuentra implícita su exigencia en el artículo 1.518 CC; pero el TC, en cambio, ha considerado que, salvo una previsión legal expresa, la inadmisión de la demanda por no haberse acreditado la consignación es contraria a la tutela judicial efectiva [así SSTC de 8 de junio de 2015 (RTC 2015\115), 27 de octubre de 2008 (RTC 2008\127) y 13 de septiembre de 2004 (RTC 2004\144)]. Esta doctrina constitucional, sin embargo, no ha resultado admitida de buen grado por la jurisprudencia ordinaria, que, o bien la acepta por necesidad [STS de 28 de noviembre de 2006 (RJ 2006/8146)] o bien mantiene la interpretación tradicional: SSTS de 4 de noviembre de 2008 (RJ 2008\5889) y 19 de octubre de 2005 (RJ 2005\7214); aunque hoy en día en la práctica de las Audiencias Provinciales se pueda observar una mayor permeabilidad al criterio del TC. Cabe pensar que quizá la doctrina de este último invade el terreno de la jurisdicción ordinaria al tener por objeto, simplemente, interpretar la legalidad en una materia sin relevancia constitucional, como que según el propio TC resultaría legítima tanto una solución legal como la opuesta.

En cualquier caso, al margen de esta polémica, la consignación se refiere estrictamente al precio, pues los demás gastos que el retrayente tiene que abonar «no tienen la consideración de requisito para la admisión a trámite la demanda», sino que su pago sería una simple exigencia sustantiva para que el derecho de retracto quede consumado, de manera que pueden ser abonados una vez que recaiga sentencia firme sobre la procedencia del mismo: así STS de 19 de diciembre de 2007 (RJ 2007\9044).

Finalmente, la consignación no necesariamente debe hacerse en dinero, sino también puede hacerse mediante aval bancario o cheque bancario conformado: SSTC de 30 de junio de 1998 (RTC 1998\145), 10 de julio de 2000 (RTC 2000\189) y 27 de octubre de 2008 (RTC 2008\127) y STS de 14 de mayo de 2004 (RJ 2004\2758), entre otras.

2.8. *La adquisición de la propiedad*

Existe cierta controversia jurisprudencial sobre el momento en que se produce la adquisición de la propiedad por el retrayente. Para la STS de 5 de octubre de 2005 (RJ 2005\7197) se requiere la concurrencia del título y el modo; por lo que es precisa la entrega de la posesión o el otorgamiento de la escritura pública. En cambio, para la STS de 14 de enero de 2015 (RJ 2015\353) el efecto adquisitivo se produce en el momento del ejercicio del retracto, pues el retrayente se aprovecha de la tradición derivada del originario contrato de compraventa, «en cuya estructura y eficacia, también la traslativa, se subroga el arrendatario que ejercita su derecho». Esto significa que la transmisión dominical no se produce en la fecha de la sentencia que estime el retracto, ni en la fecha en que esa sentencia devenga firme, sino en el momento en que el retrayente ejercitó su derecho habiendo efectuado la consignación. Parece más convincente esta tesis, pues si el retracto es legal, su eficacia no puede quedar comprometida por la resistencia de una de las partes a verificar la entrega real o instrumental.

Quizá haya que añadir que, si se entendiera posible ejercitar el retracto respecto de un contrato, antes de que se haya producido la tradición, entonces ésta debería realizarse con posterioridad a favor del retrayente.

3. El retracto voluntario

Se ha planteado a veces si es factible la aplicación analógica de los preceptos que regulan los retractos convencionales a los voluntarios. Respecto de un tanteo voluntario, la RDGRN de 9 de septiembre de 2013 (RJ 2013\7983) consideró aplicable el artículo 1.520 CC; y, ya en relación con el retracto voluntario, la STS de 29 de abril de 2005 (RJ 2005\4548) afirmó que «debe de regirse por sus preceptos (arts. 1.507 a 1.520 CC)». En cambio, ha resuelto que no es aplicable el artículo 1.508.2 CC, que establece un límite máximo de diez años para la duración de este derecho de retracto a contar desde la celebración del contrato, la RDGRN de 10 de abril de 2014 (RJ 2014\2381). Tampoco es aplicable, a falta de pacto expreso, la duración legal de cuatro años prevista por el artículo 1.508.1 CC [RDGRN de 17 de abril de 2017 (RJ 2017\1595) y SSTS de 13 de diciembre de 1958 (Roj: STS 1734/1958) y 3 de abril de 1981 (RJ 1981\1477)], por faltar la identidad de razón.

En ninguna de estas dos SSTS acabadas de citar se puso en cuestión la vigencia indefinida del tanteo y el retracto voluntario, que de hecho se ejercitaron muchos años después de su constitución. Nos debemos plantear si es admisible o no en nuestro Derecho esa duración indefinida. Naturalmente se podrán invocar las normas específicas que sean de aplicación: por ejemplo, en el caso de las disposiciones testamentarias y las donaciones, están prohibidas las prohibiciones perpetuas de disponer. Fuera de esos casos, para la jurisprudencia no opera en el retracto voluntario una automática limitación temporal análoga a la que existe en el retracto convencional. Por otra parte, ha observado PEÑA, que pudieran distinguirse dos hipótesis diferentes: en los casos en que exista una relación jurídica duradera entre el dueño de la cosa y el titular del derecho real de adquisición, este último puede existir tanto cuanto subsista esa relación jurídica. Así en el arrendamiento, la propiedad horizontal o el derecho de superficie. En el supuesto del arrendamiento, por ejemplo, el artículo 14 RH considera posible superar el plazo de cuatro años de la opción de compra, cuando se esté ante un arrendamiento con dicha opción, pues entonces ésta puede durar tanto como subsista el arrendamiento. Igualmente, en el artículo 396 CC cabe ver reconocida la posibilidad de que ante la «enajenación de un piso o local, los dueños de los demás», tengan derecho de tanteo o de retracto, ya que lo único excluido por la norma es que por el «solo título» de la comunidad esas facultades de adquisición existan. Finalmente el artículo 54.3 LS reconoce que «en la constitución del derecho de superficie se podrán incluir cláusulas y pactos relativos a derechos de tanteo, retracto y retroventa a favor del propietario del suelo...».

En cambio, si los derechos de adquisición no dependen de una relación jurídica duradera, la RDGRN de 20 de septiembre de 1966 (RJ 1966\4020) estimó, para un caso de tanteo voluntario, que no sería factible una «vinculación o gravamen de duración perpetua o indefinida». Naturalmente quedan zonas de sombra entre ambas hipótesis. Por ejemplo en los casos de las SSTS de 13 de diciembre de 1958 (Roj: STS 1734/1958) y 3 de abril de 1981 (RJ 1981\1477) las fincas eran vecinas o provenían de la división de una comunidad, por lo que cabría entender que estas situaciones darían razón suficiente para establecer un derecho de adquisición voluntario de carácter indefinido.

Se ha planteado si es necesaria la consignación del precio para la admisión de la demanda, en aplicación del artículo 1.518 CC. Hay diversidad de pareceres en la jurisprudencia: para la STS de 15 de diciembre de 2005 (RJ 2006\159) sí resulta exigible; en cambio, para la STS de 25 de junio de 2010 (RJ 2010\5415), no, puesto que ese requisito «no había sido establecido por las partes» [parece sostener esta misma tesis la STS de 22 de marzo de 2010 (RJ 2010\3915)].

IV. EL DERECHO DE OPCIÓN

Sabemos ya que la carencia de regulación legal dificulta la práctica de esta figura, que confiere a su titular la facultad de adquirir una cosa determinada por el precio y condiciones preestablecidos en un negocio jurídico anterior (contrato, testamento), si su titular realizara una declaración en un plazo cierto. Se trata de garantizar la venta al posible adquirente que no quiere vincularse personalmente todavía pero que está sopesando las ventajas de la operación. También se reconoce en la jurisprudencia la posibilidad de una opción, que suele denominarse «opción mediatoria», en la que el comprador quede identificado alternativamente: lo será el estipulante o la persona que él designe [STS de 17 de septiembre de 2010 (RJ 2010\8865)].

El ejercicio de la opción puede establecerse de distintas formas: no desistimiento de la compra en cierto plazo [SSTS de 3 de diciembre de 1993 (RJ 1993\9494) y 4 de mayo de 1994 (RJ 1994\3565)], la declaración expresa de opción, o incluso el pago o la consignación del total o de parte del precio: «la libertad de pactos consiente que el ejercicio de la opción se supedite al simultáneo ofrecimiento del pago, o a su consignación, [...], en cuyo caso tal ofrecimiento o pago opera como requisito o condición ineludible para el ejercicio de la opción»: STS de 17 de septiembre de 2010 (RJ 2010\8865). Ahora bien, si se ha pactado el pago aplazado [STS de 12 de mayo de 2009 (RJ 2009\4741)], es obvio que no existe esa interrelación entre el ejercicio de la opción y el pago o consignación.

En cualquier caso suele insistir la jurisprudencia en que «la declaración del optante tiene carácter recepticio, y para que sea eficaz, si otra cosa no se pactó, debe ser conocida por el "concedente" dentro del plazo fijado» si bien también cabe que «habiéndose remitido al concedente dentro del expresado plazo, el destinatario no puede ignorarla sin faltar a la buena fe, por haber llegado a su círculo de interés»: así SSTS de 17 de septiembre de 2010 (RJ 2010\8865), y 21 de diciembre de 2016 (RJ 2016\6000).

En la opción inmobiliaria es necesaria la adecuada identificación de la finca sobre la que recae [RDGRN de 27 de marzo de 2003 (RJ 2003\3960) y otras].

El artículo 14 RH establece un plazo máximo de cuatro años para el ejercicio del derecho de opción, salvo que se encuentre dentro de un contrato de arrendamiento, en cuyo caso podría durar tanto como éste. Por su parte, la RDGRN de 18 de marzo de 2016 (RJ 2016\1352) ha interpretado extensivamente este límite, afirmando que es posible que la duración de la opción se encuentre ligada al derecho de superficie del que depende: «cabe entender que cuando se trata de una opción complementaria de otra figura jurídica que lo admita (como el derecho de superficie), siempre que esté suficientemente delimitada, pueda acceder a los libros registrales configurada al amparo de los principios de libertad civil y *numerus apertus* en materia de derechos reales».

Cabría plantearse la eficacia de un pacto que ampliara el tiempo de vigencia de la opción. Lo que parece imposible es que tenga carácter indefinido: la RDGRN de 4 de enero de 1927 (*Gaceta de Madrid* n.º 32, de 1 de febrero de 1927, pp. 700-701) en un derecho de preferencia a favor de determinada persona que se activaba como el tanteo, es decir, por la decisión de enajenar del propietario, pero que se concretaba en un precio fijo ya predeterminado por el testador que había atribuido los bienes al propietario (es decir en este aspecto funcionaba como una opción) afirmó: «contra la admisión de derechos reales modelados sobre el tipo de un derecho de preferencia, [...] militan gravísimas razones que imponen [...] una interpretación restrictiva, como son: [...] la duración indefinida que se le atribuye; [...] los vínculos que impondría [a] la propiedad frenando las mejoras y estimulando al abandono de las fincas, ya que el precio de venta no se fija en el mercado libre como en el tanteo, sino de una vez para siempre». Con un criterio parecido, la RDGRN de 14 de febrero de 2013 (RJ 2013\1980), ha situado la *ratio* de la previsión reglamentaria en el plazo previsto en el artículo 1.508 CC; lo cual nos podría hacer dudar si el referido plazo de cuatro años es efectivamente un «límite máximo» o si el artículo 1.508 CC daría cobertura legal a un plazo voluntario de hasta diez años.

Por su parte, el plazo suele considerarse de caducidad, por lo que no es posible su interrupción o suspensión: STS de 2 de julio de 2008 (RJ 2008\4362).

Es necesario determinar en qué momento se produce la adquisición de la propiedad por parte del optante. Para las SSTS de 18 de julio de 2006 (RJ 2006\4949) y 23 de mayo de 2007 (RJ 2007\5553) y la RDGRN de 27 de octubre de 1999 (RJ 1999\7773), el ejercicio de una opción de compra lo único que produce es la perfección del contrato de compraventa, pero no su consumación, para lo cual es necesaria la *traditio* de la cosa. Si bien, a tenor de la RDGRN de 19 de julio de 1991 (RJ 1991\5445), pudiera autorizarse que la escritura de ejercicio de opción se otorgara unilateralmente por el adquirente, y que tuviera valor traditorio; de manera que se «produce la tradición adecuada para investir de dominio al adquirente».

La existencia del derecho de opción de carácter real no impide la enajenación de la cosa a un tercero, si bien el derecho puede hacerse efectivo contra él. Según el criterio de la RDGRN de 7 de diciembre de 1978 (*BOE* n.º 17, de 19 de enero de 1979, pp. 1511-1513) el mencionado tercero tendría derecho sobre el precio abonado por el optante, tal como sucede a los adquirentes de derechos reales sobre bienes que están sujetos a una condición resolutoria (art. 175.6.ª RH); de manera que el derecho del tercero solamente podría cancelarse registralmente si se acreditara la consignación del precio de la forma requerida por esa norma. Han extendido este criterio a la cancelación de las anotaciones preventivas de embargo las RRDGRN de 28 de septiembre de 1982 (RJ 1982\5369) y 21 de febrero de 2005 (RJ 2005\1800). Resulta una excepción justificada el caso de la RDGRN de 4 de septiembre de 2009 (RJ 2009\5684) donde la prestación del optante quedaba cumplida si hacía frente al pago del préstamo hipotecario que gravaba la finca, de rango preferente al derecho de opción. La razón sería que si el comprador pagara quedaría garantizado, en virtud de subrogación, por la hipoteca que garantizaba el préstamo: «Por ello, carece de sentido que la cancelación de esta última quede subordinada en el presente caso a la previa consignación del precio de la venta retenido por el comprador. Lo contrario implicaría un evidente enriquecimiento injusto a favor del anotante —repárese en que el objeto de la anotación tenía en el momento de practicarse un valor patrimonial neto negativo, al exceder el importe de la deuda garantizada del precio pactado para la opción inscrita— en perjuicio del comprador». Parecidamente RRDGRN de 18 de mayo de 2011 (RJ 2011\3971), 6 de marzo de 2014 (RJ 2014\1981) y 22 de enero de 2018 (RJ 2018\489).

Si así se pacta, la opción puede ser transmisible a terceros: así RDGRN de 6 de marzo de 2014 (RJ 2014\1981), entre otras.

CASOS PRÁCTICOS

CASO PRÁCTICO 1: En una escritura de compraventa se introduce la siguiente cláusula: «el comprador de la presente finca está obligado a notificar fehacientemente la futura enajenación que proyecte al vendedor, con treinta días de antelación a la fecha en que se proponga otorgar la escritura, pudiendo este último durante dicho plazo ejercitar su derecho de tanteo; si la enajenación se realiza sin la notificación prevenida en la regla anterior, el tanteo se convertirá en retracto, y será ejercitable durante el plazo de tres meses contados desde que el titular del derecho de tanteo tuviese conocimiento de la misma».

A la vista de lo estudiado en la presente lección, y de lo dispuesto por la STS de 22 de abril de 2008 (RJ 2008\1995) explique qué tipo de derechos se han concedido en dicha cláusula, si considera posible la inscripción de la misma en el Registro de la Propiedad y si sería oponible a terceros adquirentes pese a que faltara la referida inscripción.

CASO PRÁCTICO 2: El arrendatario de una finca urbana ejercitó la acción de retracto contra la adjudicataria del inmueble con apoyo en el artículo 31 LAU; en el momento de hacerlo el retrayente era arrendatario del inmueble, conocía los elementos accesorios y esenciales de la venta que estaban representados por los ofrecidos en el momento de la mejora de la postura por un tercero presentado por el ejecutado (art. 670.4 LEC) y había ejercido su derecho dentro de los treinta días siguientes al conocimiento de esos datos. En el procedimiento de ejecución aún no se había dictado el decreto de adjudicación (cfr. art. 670.8 LEC); cuando se dictó dicho decreto, el retrayente ya había dejado de ser arrendatario por transcurso del plazo contractual. Se debate si se debe o no apreciar la existencia del derecho de retracto. A tenor de la jurisprudencia sobre la materia y de la STS de 21 de enero de 2014 (RJ 2014\2498) deben argumentarse dos soluciones alternativas al supuesto de acuerdo con los intereses de cada una de las partes en conflicto: el adquirente en la subasta y el retrayente.

CASO PRÁCTICO 3: A la vista de la doctrina y los supuestos de las siguientes Sentencias, debatir sobre la trascendencia actual que puede tener la determinación del mecanismo en que se transmite el dominio al retrayente. SAP Barcelona de 2 de febrero de 1999 (Roj: SAP B 844/1999) que fue casada por la STS de 5 de octubre de 2005 (RJ 2005\7197); STS de 14 de enero de 2015 (RJ 2015\353) y SAP Madrid de 20 de junio de 2005 (JUR 2005\178591).

BIBLIOGRAFÍA BÁSICA

DÍEZ SOTO: *Los tanteos y retractos legales a la luz de la reciente doctrina jurisprudencial*, Madrid, 2017; ESPEJO LERDO DE TEJADA: «Retracto legal arrendaticio, transacción y terceros: comentario a la STS de 9 de septiembre de 2008 (JUR 2008, 306994)», *Revista de derecho patrimonial*, n.º 22, 2009, pp. 451-461; GORDILLO CAÑAS: «El objeto de la publicidad en nuestro sistema inmobiliario registral: la situación jurídica de los inmuebles y las limitaciones dispositivas y de capacidad de obrar del titular», *ADC*, vol. 51, n.º 2, 1998, pp. 423-632; PEÑA BERNALDO DE QUIRÓS: *Derechos reales. Derecho Hipotecario*, II, Madrid, 2001; PÉREZ ÁLVAREZ: «Derechos reales de adquisición», *Curso de Derecho Civil (III) Derechos reales*, Madrid, 2014.

EJERCICIOS DE AUTOEVALUACIÓN

1) Defina tanteo y retracto legal, retracto convencional, tanteo y retracto voluntarios y opción de compra, así como aporte argumentos acerca de la naturaleza real o personal de cada uno de estos derechos.

2) ¿De qué depende el plazo para poder ejercitar el retracto convencional y qué límites tiene? ¿Desde cuándo se computa?

3) ¿Qué consecuencias tiene la falta de notificación del propietario de su propósito de vender al titular del derecho de tanteo?

4) ¿Puede enumerar los supuestos de retracto legal conocidos y explicar cómo funcionan?

5) A la hora de interpretar las normas que establecen los retractos legales ¿debe tenerse en cuenta algún criterio específico?

6) ¿Puede ejercitarse el retracto legal de forma extrajudicial? Argumente la respuesta.

7) ¿Puede ejercitarse el retracto antes de que comience a correr el plazo de caducidad del mismo?

8) ¿Puede describir los problemas que ocasiona el reembolso en el retracto legal?

9) ¿Cuándo adquiere la propiedad el retrayente?

10) ¿Qué problemas prácticos fundamentales plantea el retracto voluntario? ¿Cómo los solucionaría y cómo evitaría su aparición?

11) ¿Qué implica en la práctica la naturaleza real de la opción, si ella se admitiera?

Derechos reales de adquisición

CONCEPTOS	— Los derechos reales de adquisición conceden el poder de adquirir un bien, pagando su precio, con exclusión de cualquier otra persona y sin que el actual dueño lo pueda impedir. — El tanteo legal concede a su titular la facultad de adquirir un bien cuando su legítimo dueño pretende transmitirlo, de modo que el dueño celebrará el contrato con quien lo ejerce. — El retracto legal concede a su titular la facultad de adquirir un bien cuando su legítimo dueño ha realizado un contrato con esa finalidad. De modo que el adquirente originario se verá sustituido en su posición jurídica por el titular del derecho de adquisición. — El retracto convencional o pacto de retroventa, consiste en que el vendedor se reserva el derecho a recuperar la cosa vendida, devolviendo el precio y otras cantidades. — Los tanteos y retractos voluntarios son preferencias adquisitivas de origen convencional que se ponen en funcionamiento ante la notificación de la voluntad del dueño de enajenar en unas determinadas condiciones (tanteo) o ante el contrato ya realizado (retracto). — La opción de compra concede a su titular, durante un determinado tiempo, la facultad de exigir al titular del bien que se lo venda en las condiciones establecidas al concederse la opción.
NATURALEZA REAL O PERSONAL DE LOS DERECHOS DE ADQUISICIÓN	✓ Los tanteos y retractos legales así como el retracto convencional producen, según la ley, efectos reales. La jurisprudencia también reconoce esa eficacia a los tanteos y retractos voluntarios, mientras que se muestra vacilante en cuanto al derecho de opción. Es seguro, no obstante, que este último puede alcanzar eficacia real mediante su inscripción en el Registro de la Propiedad.
EL RETRACTO CONVENCIONAL	— En el caso de retracto inmobiliario para que pueda afectar a terceros adquirentes según el Registro, el retracto debe encontrarse inscrito. — El plazo máximo de duración de este derecho es de diez años desde la fecha del contrato. — A falta de pacto sobre la duración del retracto, el plazo será de cuatro años a contar desde esa misma fecha. — El ejercicio del retracto implica el abono del precio de la venta y otros conceptos.
EL TANTEO LEGAL	— Siempre que hay tanteo legal, se reconoce también el retracto: así en los retractos relativos a los censos y en los arrendaticios y en los derechos de adquisición a favor de las Administraciones públicas. — No siempre que existe retracto legal existe también tanteo. — Los tanteos legales implican un deber de notificación del propósito de vender.

EL RETRACTO LEGAL	— Los supuestos de retractos a favor de particulares son: comuneros, colindantes, enfitéutico y censos, y arrendaticios. Existen también variados retractos a favor de las Administraciones públicas. — Las normas arrendaticias prevén la posible exclusión del retracto por pacto entre las partes. — La activación del retracto procede a partir del contrato de compraventa, dación en pago, o desde la enajenación judicial. En general no procede en el caso de otros contratos diferentes. — Estrictamente hablando no parece que sea necesario ejercitar judicialmente el derecho de retracto, pero si se quiere obtener una escritura pública, o colabora el retraído o sería necesaria la actuación judicial. — La colisión de diferentes derechos de retracto puede estar resuelta por las normas; en caso de no estarlo, es complicado proponer un criterio convincente de solución. — Si hubo sucesivas enajenaciones es necesario ejercitar el retracto contra el primer y sucesivos adquirentes para poder ejecutar el retracto contra el actual titular. Según la jurisprudencia no es necesario demandar al vendedor. — Los plazos de caducidad del retracto suelen ser muy breves y la determinación del día de inicio algo confusa, de modo que el mecanismo más seguro para iniciar su cómputo es la notificación fehaciente. — Reembolso y consignación como requisito de admisibilidad de la demanda. — La subrogación producida por el ejercicio del retracto permite no reiterar la tradición ya realizada.
EL RETRACTO VOLUNTARIO	— Es discutido en la jurisprudencia si son aplicables a estos retractos las normas legales de los retractos convencionales. — Probablemente haya que entender que el retracto voluntario puede tener una duración indefinida si procede en el caso de que exista una relación jurídica duradera entre las partes; mientras que en otro caso, no.
EL DERECHO DE OPCIÓN	— Es una figura carente de regulación legal, lo que hace inseguros algunos aspectos de su régimen jurídico. — La declaración del optante tiene carácter recepticio, aunque puede revestir diversas modalidades: no desistimiento, declaración positiva, pago o consignación del precio dentro del plazo.

LECCIÓN 20

DERECHO REGISTRAL DE BIENES*

SUMARIO: I. DEL DERECHO HIPOTECARIO AL DERECHO REGISTRAL DE BIENES. II. LOS REGISTROS JURÍDICOS, INSTRUMENTO DE SEGURIDAD. 1. *Los Registros jurídicos*. 2. *Derecho registral y Derecho constitucional*. III. LOS REGISTROS DE BIENES. SU RELEVANCIA ECONÓMICA. CARACTERES. LOS DIFERENTES TIPOS DE ASIENTOS. 1. *El Registro de la Propiedad y el de Bienes Muebles*. 2. *Trascendencia económica de los Registros*. 3. *Caracteres*. 4. *Los asientos registrales*. IV. REGLAS BÁSICAS POR LAS CUALES SE RIGE: LOS PRINCIPIOS REGISTRALES. 1. *¿Qué son los principios hipotecarios?* 2. *Enumeración de los principios*. 3. *Principio de rogación*. 4. *El principio de legalidad*. 4.1. ¿Qué es calificar? 4.2. La calificación de entrada y de salida en los Registros de derechos. 4.3. El derecho subjetivo a la inscripción. 4.4. El procedimiento registral. 4.5. La titulación auténtica. 4.7. El pago de impuestos. 4.8. La calificación de entrada. 4.9. La calificación de salida. 5. *El principio de prioridad*. 5.1. Concepto. 5.2. La preferencia excluyente: el cierre registral. 5.3. La superioridad de rango. 5.4. Los negocios sobre el rango hipotecario. 5.5. La conservación del rango de los derechos modificados (en particular, el problema de la hipoteca recargable o reutilizable). 5.6. La prioridad de la hipoteca sobre otros derechos posteriores. La tutela procesal de la prioridad. 5.7. La prioridad y la publicidad noticia: el problema de las ilegalidades urbanísticas. 5.8. La prioridad en el Registro de Bienes Muebles. 6. *Principio de especialidad*. 6.1. La descripción del derecho. 6.2. El sujeto: el titular registral (especial mención a la titularidad de comunidades). 6.3. El objeto: el sistema de folio real. 6.4. Problemas que tienen que ver con las modificaciones del objeto de los derechos registrados. 6.5. El contenido: problemas que surgen de la definición del derecho. 6.6. La conexión con otros Registros para la delimitación del derecho inscrito (el inmueble con bienes muebles registrados). 6.7. La causa y la inscripción. 7. *El principio de tracto sucesivo*. 7.1. Concepto. 7.2. En actos traslativos. 7.3. La inmatriculación. 7.4. La reanudación del tracto, por medio del expediente previsto en el artículo 208 LH. 7.5. El tracto en actos de gravamen. 7.6. En particular, el tracto respecto del derecho de hipoteca. 7.7. La sucesión procesal y el tracto sucesivo. 7.8. El tracto en las modificaciones de las fincas. 7.9. El tracto en el Registro de Bienes muebles. 8. *El principio de publicidad*. 8.1. La legitimación. 8.2. Consecuencias sustantivas de la legitimación registral. 8.3. Consecuencias procesales de la legitimación registral.

---

* Por Diego VIGIL DE QUIÑONES OTERO.

8.4. La fe pública. 8.5. La publicidad formal. 8.6. La protección del tercero titular registral: las teorías monista y dualista sobre el tercero. 8.7. La adquisición del tercero subadquirente de titular registral: naturaleza y fundamento de la adquisición del tercero hipotecario. 8.8. Los requisitos del artículo 34. 8.9. Las excepciones a la fe pública. 8.10. Los requisitos en la aplicación autónoma del artículo 32 LH. 8.11. El principio de publicidad en el Registro de Bienes muebles. CASO PRÁCTICO. BIBLIOGRAFÍA BÁSICA. EJERCICIOS DE AUTOEVALUACIÓN. ESQUEMA: DERECHO REGISTRAL DE BIENES.

I. DEL DERECHO HIPOTECARIO AL DERECHO REGISTRAL DE BIENES

Tradicionalmente se ha estudiado al final del curso de Derecho civil dedicado a los Derechos reales el llamado por la mayoría de la doctrina Derecho inmobiliario registral o Hipotecario. Podríamos describirlo como la (sub) rama del Derecho (Civil) que se encarga de estudiar el contenido de la Ley Hipotecaria, sus fundamentos, los principios que la inspiran y su aplicación. Decimos rama o sub rama porque hay quien lo considera rama autónoma del Derecho y quien no.

La denominación puede resultar algo confusa, y ha dado lugar a ríos de tinta desde la promulgación de la Ley Hipotecaria 1861.

Para no complicar la exposición, podríamos decir que Derecho inmobiliario a secas sería, en definición de Bienvenido OLIVER, el «conjunto de reglas o preceptos legales acerca de los derechos constituidos sobre cosa raíz o inmuebles». Como indicara LACRUZ en sus primeras *Lecciones de Derecho inmobiliario registral* de 1955 «indiscutiblemente, cabría construir un Derecho inmobiliario total con las normas referentes a los bienes inmuebles. Nótese que en tal caso, como señala WIEACKER, se estudiarían materias externas al Derecho civil y que pertenecerían al «Derecho espacial público»: expropiación de bienes inmuebles, concentración parcelaria, colonización, construcción de viviendas protegidas, regulación de solares de diversas clases, Derecho fiscal, juntamente con la regulación de los arrendamientos rústicos y urbanos, el acceso a la propiedad de las fincas arrendadas, y otras materias pertenecientes en principio al Derecho de obligaciones».

La finalidad de esta parte final del Civil III nunca ha sido tan ambiciosa, y normalmente se ha prescindido de los aspectos administrativos y fiscales, centrándose únicamente en los aspectos civiles regulados por la Ley Hipotecaria. Ello tal vez haya generado equívocos, de los cuales se lamentó ya en 1892 Bienvenido OLIVER, pero así ha sido. A esta parte se le llamó inicialmente Derecho Hipotecario, en atención a la denominación de la Ley[1].

[1] ¿Por qué se le llamó así a la Ley? Pedro GÓMEZ DE LA SERNA, en 1861, explicó que la denominación de las Leyes ha de ser popular, pues «eligiéndose una denominación con mayores pretensiones, que pareciera la más completa, la más comprensiva, la más filosófica, probablemente habría

Pese al triunfo inicial de la denominación «Hipotecario» (frecuente en autores de la primera mitad del siglo XX como Jerónimo GONZÁLEZ o Ramón María ROCA SASTRE), posteriormente fue usual llamarlo «Derecho inmobiliario registral» (así LACRUZ y los autores más recientes). Pese a esto, la denominación hipotecario no cae en desuso, pues el gran tratado contemporáneo de GARCÍA GARCÍA se titula *Derecho inmobiliario registral o hipotecario* y los programas de las oposiciones siguen empleando la denominación hipotecario para referirse a lo mismo.

A decir de ROCA SASTRE, al relacionarse el Registro con el sistema inmobiliario se ocasionó una fusión de denominaciones en la que el Derecho Hipotecario «en su acepción amplia, no es más que el Derecho inmobiliario funcionando a través del Registro de la Propiedad Inmueble» (ROCA). Esta existencia de un sistema propio de Derecho inmobiliario referible a la dinámica de los derechos sobre inmuebles a través del Registro, ha sido la que ha determinado la existencia de una parte (rama del Derecho o sub rama del Derecho civil) a la que se ha llamado Derecho inmobiliario registral o Hipotecario.

Don Jerónimo GONZÁLEZ definió Derecho hipotecario como «conjunto de normas que regulan los derechos reales inscribibles», señalando que en nuestra patria su contenido se había fijado por la legislación especial «con independencia, en cierto modo, del Derecho civil común y foral, del procesal civil y del administrativo, pero en constante e íntima relación con ellos».

En la actualidad, sin embargo, la evolución de la vida económica ha llevado a que en el tráfico al que sirven los Registros jurídicos importen más aspectos que los estrictamente inmobiliarios. Ciertos bienes muebles tienen un valor que los hace tanto o más importantes que los inmuebles, habiéndose aplicado a ellos el mismo cauce institucional que se usaba respecto de los inmuebles: su inserción en un Registro jurídico con ciertas condiciones y efectos.

Por otra parte, se ha ido desarrollando una regulación cada vez más sólida de los Registros jurídicos de personas. Esta ampliación del ámbito de lo registrable y por tanto del objeto de la legislación registral, bien podría propiciar en el futuro una parte del Derecho que podríamos llamar Derecho registral (denominación por la que ya abogó AMORÓS GUARDIOLA en 1967 como un «atractivo paisaje en lontananza»).

Por Derecho registral habría que entender no sólo el hipotecario, sino todo lo relativo a la publicidad registral con efectos jurídicos, incluyendo Registros de Bienes (Muebles e Inmuebles) y Registros de personas físicas (Registro del Estado Civil) y jurídicas (Registro Mercantil fundamentalmente, en tanto los demás Registros de entidades jurídicas suelen ser reputados administrativos).

---

quedado escrita en la ley y desde luego otra le hubiera reemplazado y casi puede asegurarse que sería la de Ley Hipotecaria».

El tratamiento conjunto por algún autor de la publicidad registral de bienes y mercantil (así García García, en sus ediciones comentadas de legislación), es un primer paso hacia una sistematización de todo el Derecho registral. Otro paso interesante lo ha dado este año 2019 el *BOE* al publicar un «Código de legislación registral» que abarca casi toda la legislación vigente de lo que sería el Derecho registral. Una sistematización que, sin embargo, doctrinalmente no es sencilla, en tanto cada Registro tiene sus propias reglas y principios, pero sí conveniente. A día de hoy dicho Derecho registral se estudia por separado en diferentes partes del Derecho privado: el Derecho registral de personas físicas o del Registro Civil se estudia en la primera parte del Derecho civil, el Derecho registral de personas jurídicas se estudia en dicha parte para las asociaciones y fundaciones, en Derecho de obligaciones para las sociedades civiles, y en Derecho mercantil para las personas jurídicas mercantiles. El Derecho registral de bienes (muebles e inmuebles) es el que toca estudiar al final del curso dedicado a Derechos reales. Dada esta apertura de caminos hacia la construcción de un completo Derecho registral, y dado que lo que se estudia estrictamente al final del Civil III objeto del presente manual es el Derecho registral de bienes, hemos preferido llamar así a este capítulo, pues consideramos que esta denominación es más descriptiva que la de hipotecario.

II. LOS REGISTROS JURÍDICOS, INSTRUMENTO DE SEGURIDAD

1. Los Registros jurídicos

Para comprender la idea de fe pública registral, debemos partir de la existencia de un Registro al que se conceden efectos jurídicos (la Sala 3.ª del Tribunal Supremo los diferencia de los meros «sistemas de publicidad» con efectos de mera publicidad noticia, en Sentencia de 28 de marzo de 2007): la protección del titular inscrito y los demás efectos que la ley concede. O lo que es lo mismo, que se asocian una serie de efectos a la inscripción de determinados hechos y actos y a la confianza del ciudadano en la publicación de ciertos hechos en un Registro. La idea de fe pública registral requiere pues de los llamados Registros jurídicos, que son aquellos a la publicación en los cuales la Ley asocia efectos. Se diferencian los Registros jurídicos de los administrativos, que simplemente recogen ciertos datos o hechos pero que no conllevan efectos asociados a la inscripción y publicación en los mismos.

Los principales Registros jurídicos en nuestro Derecho son los del estado civil (Registro Civil) y el Registro Mercantil como Registros de personas (físicas o jurídicas); y el Registro de Bienes muebles y Registro de la Propiedad inmueble como Registros de bienes.

2. Derecho registral y Derecho constitucional

Al igual que el resto del ordenamiento, el Derecho registral viene marcado por la Constitución. Las reglas de la misma crean un marco en que el Derecho registral encaja perfectamente. Podríamos destacarlo singularmente en cuanto a tres cuestiones: la seguridad jurídica, el papel del Registro en el sistema de tutela de los derechos (especialmente de los consumidores) y el encaje competencial del Derecho registral en el Estado compuesto que establece el régimen constitucional hoy vigente.

En cuanto a lo primero, dice el Tribunal Constitucional que «el principio de seguridad jurídica es suma de certeza y legalidad, publicidad y jerarquía normativa, interdicción de arbitrariedad, irretroactividad de lo no favorable [...] es suma equilibrada de tales principios de suerte que permitan promover la justicia y la paz social» (SSTC 27/1981, de 20 de julio; 277/1988, de 29 de noviembre; 150/1990, de 4 de octubre). Referida a los derechos reales, la seguridad jurídica se alcanza en dos aspectos: por un lado (aspecto estático, que la doctrina suele llamar seguridad jurídica), la certeza del titular de un derecho subjetivo de que lo va a poder tener y defender; por otro (aspecto dinámico, que la doctrina suele llamar seguridad del tráfico), la certeza tanto del titular como de sus adquirentes de que el derecho puede ser transmitido y adquirido en ciertas condiciones de seguridad. A decir de Erhenberg, el adquirente tiene mayor interés en que la adquisición se produzca como se había previsto. De otro modo: que ante un determinado supuesto de hecho previsto por la norma se va a producir una consecuencia también pre-determinada en la misma. Por ejemplo, ¿qué pasaría si un cliente llamado Carlos nos dice que ha comprado de Teresa —titular registral— una casa y que acaban de notificarle una demanda de Daniel —demandante— reivindicando la propiedad de la misma? En un caso como éste, la seguridad demanda que se sepa qué va a pasar. En nuestro Derecho, si la compradora es la primera en inscribir o adquiere de titular registral con los requisitos del artículo 34 LH resultará protegida mediante el reconocimiento de su derecho de propiedad. En caso contrario, prosperará la demanda. Al que la ley no le conceda la propiedad, podrá reclamar la responsabilidad del causante del daño. En todo caso, como se aprecia en el ejemplo, en ocasiones la seguridad jurídica y la seguridad del tráfico vienen a ser términos contrapuestos, alcanzables uno a costa de otro (Erhenberg).

Los ciudadanos y los agentes económicos tienen que saber a que atenerse, tienen que poder confiar en que el ordenamiento dará una respuesta conocida y siempre la misma a las actuaciones que realizan en el tráfico. Los Registros jurídicos ofrecen una seguridad, pues creando unos presupuestos de hecho en la publicación de ciertos datos, permiten la seguridad de que las normas se aplicarán de determinado modo. Como expone De Pablo Contreras, a cubrir las necesidades de seguridad sirve el Registro favoreciendo la prueba a favor del titular y ofreciendo a los terceros que se pongan en relación con el derecho real de que se trate que el mismo tiene unas determinadas condiciones y que puede confiar en que, cumpliendo determinados requisitos, su adquisición será segura. A decir de este autor, la seguridad garantizada constitucionalmente comprende el aspecto de dar certeza sobre la existencia, titularidad, contenido de los derechos, y que sólo puedan ser menoscabados por las causas legales; pero también comprende el aspecto dinámico, la seguridad del tráfico: que el adquirente tenga la tranquilidad en que su adquisición se lleva cabo en ciertas condiciones de seguridad.

En cuanto al papel del Registro en la tutela de los derechos, se ha llegado a cuestionar si la intervención del Registrador como titular de una potestad pública de decisión jurídica en el momento constitutivo de los derechos reales (art. 18 LH) podría estar vulnerando el derecho a la tutela judicial efectiva (la cual se lleva a cabo por medio de un control posterior a la constitución de la relación jurídica). La cuestión tiene especial importancia respecto de la hipoteca, por cuanto su ejecución depende como se haya constituido (art. 130 LH). Fue el procedimiento de ejecución directa sobre bienes hipotecados, en el que las causas de oposición son tasadas, el que dio lugar a la disputa. El Tribunal Constitucional dejó entonces sentado que la intervención del Registrador en la constitución del derecho de hipoteca es de enorme importancia para el consumidor, pues según afirmó el Tribunal Constitucional la calificación del Registrador de la Propiedad forma parte de la protección constitucional del consumidor (art. 51 de la Constitución), una protección que actúa durante la vida de la hipoteca por el procedimiento registral [Sentencia 41/1981, de 18 de diciembre, cuyo criterio fue refrendado en el reciente auto del TC 113/2011, de 19 de julio (*BOE* de 17 de agosto de 2011)]. Es decir: el Estado actúa en la vida del derecho real tanto en su constitución como en su ejecución. Aunque se reduzca *a posteriori* la decisión judicial, se entiende que el consumidor estuvo protegido *a priori* por el Registrador, lo cual se ha expresado en la sencilla regla «menos juez por más registrador».

Por otra parte, debemos analizar la posición del Derecho registral en el reparto de competencias entre el Estado central y las Comunidades Autónomas: la competencia sobre los «Registros» es siempre del Estado central (art. 149.1.8.ª), a lo cual hay que unir que también es competencia del Estado la regulación de unas condiciones comunes al ejercicio del Derecho de propiedad (art. 149.1.1.ª). El mismo sistema rigió en la anterior Constitución que admitía Comunidades Autónomas: el artículo 15 de la Constitución de 1931 reservaba al Estado «la legislación» y a las Comunidades Autónomas «la ejecución» sobre una serie de materias entre las que estaban los «registros e hipotecas». Por entonces Roca Sastre criticó la distribución competencial, pues en su opinión constituía un peligro para la integridad del Derecho civil catalán el que la Legislación hipotecaria entera fuese de competencia central, pues contiene materias que exceden de las cuestiones estrictamente hipotecarias.

Hoy la unidad del Derecho registral no resulta discutida. Se dice que, aunque es un Derecho uniforme en todo el Estado, está preparado para dar una misma publicidad a derechos reales regidos por diferentes Derechos civiles. Ello ha llevado a que se diga que la Ley Hipotecaria es como «la autopista por la que circulan los derechos reales inmobiliarios en nuestro país, sean éstos definidos por el Código civil o por la legislación civil de aquellas Comunidades autónomas con competencia en la materia… Al igual que, cuando vamos por la autopista atravesando toda España, vemos cómo van apareciendo sucesivamente carteles que nos anuncian "Aragón", "Comunidad Foral de Navarra", "La Rioja", etc., la Ley Hipotecaria despliega su eficacia general y directa en todo el territorio» (MÉNDEZ).

III. LOS REGISTROS DE BIENES. SU RELEVANCIA ECONÓMICA. CARACTERES. LOS DIFERENTES TIPOS DE ASIENTOS

1. EL REGISTRO DE LA PROPIEDAD Y EL DE BIENES MUEBLES

De entre los Registros jurídicos, el de la Propiedad es el que tiene por objeto la inscripción de los actos y contratos relativos al dominio y demás derechos reales sobre bienes inmuebles (art. 1 LH). La regulación del Registro de la Propiedad se contiene en la Ley Hipotecaria.

El de Bienes muebles (RBM) es el Registro en que se inscriben las titularidades y gravámenes relativos a bienes muebles identificables o de especiales características, habiéndose ubicado dentro del mismo el Registro de Condiciones Generales de la contratación. La Ley de 13 de abril de 1998 reguladora de las condiciones generales de la contratación (LCGC) define al RBM como Registro de titularidades y gravámenes sobre bienes muebles, así como de condiciones generales de la contratación, habiéndose desarrollado por RD 1.828/1999, de 3 de diciembre (en adelante, RRBM). Se integra por las secciones de: 1.ª buques y aeronaves, 2.ª automóviles y otros vehículos de motor, 3.ª maquinaria industrial, establecimientos mercantiles y bienes de equipo, 4.ª garantías legales, 5.ª otros bienes muebles registrables, 6.ª Condiciones Generales, 7.ª Obras y grabaciones audiovisuales. Su régimen jurídico es disperso en varias normas[2], no habiéndose

[2] En efecto, en la Sección Primera, los buques se rigen por la Ley de Hipoteca Naval (LHN) de 21 de agosto de 1893. Las aeronaves, por la Ley de Navegación Aérea (LNA) de 21 de julio de 1960; a ello hay que añadir que el actual Reglamento del Registro Mercantil (RRM) declara transitoriamente vigentes algunos artículos del anterior de 14 de diciembre de 1956 sobre inscripción de buques y aeronaves (Disp. Trans. 13.ª).

Las Secciones Segunda, Tercera y Cuarta se rigen por la Ley de Hipoteca Mobiliaria y Prenda sin Desplazamiento (LHMy PSD) de 16 de diciembre de 1954 y su Reglamento de 17 de junio de 1955, que se remite a la Ley Hipotecaria en lo no previsto, así como por la Ordenanza de 19 de julio

logrado por el momento un régimen refundido del mismo, si bien la Diposición Adicional única del RD 1.828/1999 dispone que «en lo demás no previsto se estará, en cuanto sea aplicable, a lo dispuesto en la Ordenanza del Registro de Venta a Plazos de Bienes Muebles, el Reglamento del Registro Mercantil y el Reglamento Hipotecario» (en adelante, ORVPBM). Ello hace que, en opinión de GÓMEZ GALLIGO, se pueda afirman que «la Ordenanza, junto con la Disposición Adicional única antes citada, constituyen el Reglamento del Registro de Bienes Muebles».

A él hay que unir el registro electrónico internacional de garantías que establece el Convenio de Ciudad del Cabo de 16 de noviembre de 2001 (ratificado por España el 4 de octubre de 2013) relativo a garantías sobre bienes de equipo móvil (aeronaves, trenes…). Dicho Registro opera a nivel internacional y la garantía en él inscrita se antepone sobre las de los Registros estatales.

2. TRASCENDENCIA ECONÓMICA DE LOS REGISTROS

El Registro es una institución de enorme impacto económico. Fue dicho impacto el que pesó a la hora de establecer hace más de 150 años el Registro de la Propiedad. Vale la pena leer la exposición de motivos de 1861. Profundicemos un poco en esta relevancia económica del Registro, pues seguramente nos ayudará a comprender y valorar la importancia de la materia que vamos a estudiar.

Afirma HERNANDO DE SOTO en *El misterio del capital* que el capital reside en los inmuebles, y aquellos sistemas que han sabido garantizarlos por medio de la publicidad han podido explotarlos y crecer económicamente.

¿Cómo logra la hipoteca movilizar el crédito?, ¿por qué es importante la fe pública registral para ello?

La riqueza de la mayoría de las personas, tanto físicas como jurídicas, está constituida en un porcentaje altísimo por bienes inmuebles o bienes muebles registrables. La mayoría de dichas personas necesita obtener financiación bastante para llevar a cabo la adquisición de dichos bienes, así como actividades empresariales que requieren de dicho crédito. Dicha financiación será más fácil si pueden ofrecer garantías. A poco que conozcamos el mercado del crédito, sabremos que el interés disminuye y el plazo aumenta si las garantías son derechos reales: ello permite acceder a una cantidad mayor, que suele ser la necesaria para adquirir inmuebles o desarrollar grandes empresas. Ahora bien, esas garantías reales pueden estar sujetas a impugnaciones (así, si admitimos que alguien es propietario mien-

de 1999 (ORVPBM) reguladora del registro de venta a plazos de Bienes Muebles (a partir de las modificaciones sobre venta a plazos y crédito al consumo introducidas por las Leyes 28/1998 y 7/1995).

tras no se demuestre lo contrario[3]). Si las posibilidades de éxito de la impugnación son mayores, la garantía vale menos. Si las posibilidades de éxito de la impugnación que pueda lastrar la garantía son menores, la garantía real será mayor. A mayor garantía, más seguridad, y crédito más barato.

De este planteamiento se sigue que un Registro de derechos que asegure las titularidades mediante una regla de propiedad, ofrece más seguridad al consumidor en sus adquisiciones, permite al mismo ofrecer garantías más seguras a sus acreedores y por tanto facilita la obtención del crédito por una parte de la población más amplia. La seguridad de las titularidades generada por el Registro permite entonces a los consumidores hipotecar sus casas, obtener más fácilmente créditos y por ello permite que más gente pueda ser propietaria de la casa en la que habita.

A decir de MÉNDEZ «el Registro de la Propiedad actúa sobre uno de los elementos centrales del sistema económico, cual es el de la definición, atribución y protección de los derechos de propiedad. Y, como se ha observado, sin derechos de propiedad no hay mercado, puesto que los agentes no podrían intercambiar los bienes si no existiese una vinculación entre los propietarios y esos bienes; sin derechos de propiedad eficientes no hay mercados eficientes y sin estos últimos no hay crecimiento económico». Como señala PARDO analizando el problema de la evicción «la inscripción no sólo publica, sino que "califica" los derechos ya que únicamente los derechos inscritos pueden "tenerse por verdaderamente reales"». Al respecto, señala GUILARTE GUTÍERREZ que un derecho de propiedad inmobiliaria que tras haber «nacido» permanezca ajeno a los Libros no sólo es un derecho «inseguro», sino, sobre todo, es un derecho sin apenas valor de mercado pues ni tan siguiera está en el tráfico.

De otro modo, «si el Registro, a través del registrador, no hubiese garantizado a la entidad financiera y, por tanto, se hubiese responsabilizado frente a ella, que el ciudadano en cuestión es propietario, que la finca no tiene cargas, que el dueño tiene capacidad de disposición suficiente y que el préstamo hipotecario se ajusta a la legalidad, la operación hipotecaria —con el ahorro derivado— no hubiera sido posible» (MÉNDEZ).

3. CARACTERES

En atención a la regulación vigente en España, se considera que el Registro de la Propiedad español es un Registro jurídico de inscripción, de titularidades y gravámenes, de folio real y de derechos.

---

[3] Lo cual ocurriría en un sistema de Registro de documentos en que simplemente se garantiza que los actos llevados a cabo sobre un bien son los que constan, pero se admite prueba en contrario de la presunción que establece el Registro.

Decimos que el Registro español es de inscripción porque el Registrador no transcribe meramente un documento, sino que califica el mismo y extrae de éste los datos esenciales, los de verdadera relevancia jurídica.

Decimos que es de titularidades y gravámenes porque admite la inscripción de ambos, pero la primera inscripción siempre ha de ser la de dominio y no una inscripción de derechos limitados (art. 7 LH).

Decimos que se trata de un Registro de folio real, porque se lleva por fincas, abriendo un folio a cada una[4].

Finalmente, en tanto no se transcriben documentos, sino que se inscriben derechos, que a partir de entonces se publican con unas garantías, el Registro español es de derechos y no de documentos, pues el Estado desempeña a través del Registro «un papel decisivo en la generación y protección de los derechos reales» (GUILARTE).

El Registro de Bienes Muebles, por su parte, también es de inscripción y de derechos. Sin embargo sus diferentes secciones hacen que en algunas se lleve por folio personal (condiciones generales) y en otras por folio real (bienes). En cuanto a si inscribe titularidades y gravámenes, con carácter general se dice que es un Registro de titularidades y gravámenes. Pero, al haberse agrupado bajo un único Registro otros diferentes hasta entonces, la regla de que se debe practicar una primera inscripción de dominio y las siguientes de derechos limitados no rige totalmente, pues si bien es cierto que ésta rige para los buques (art. 70 LNM) y las aeronaves (art. 180 RRM 1956), no ocurre así con las hipotecas mobiliarias y prendas sin desplazamiento (art. 3 Ley de 16 de diciembre de 1954), en las cuales el Registro puede funcionar como mero Registro de gravámenes.

4. LOS ASIENTOS REGISTRALES

Con carácter general, dice el artículo 41 RH que «en los libros de los Registros de la Propiedad se practicarán las siguientes clases de asientos o inscripciones: asientos de presentación, inscripciones propiamente dichas, extensas o concisas, principales o de referencia; anotaciones preventivas, cancelaciones y notas marginales».

---

[4] En el Registro Mercantil, en cambio, se abre un folio a cada sociedad inscrita, de modo que es un Registro de folio personal. Un caso especial en el que el Registro de la Propiedad se comporta como Registro de folio personal, es el de las fincas divididas horizontalmente (comunidades de vecinos). En tanto en dichas fincas constan las reglas por las que se rige el edificio en régimen de propiedad horizontal, el ente sin personalidad que es la comunidad de vecinos, tendrá sus reglas inscritas en el folio abierto a la finca horizontalmente dividida, que será «su» peculiar «folio personal». Por ello señala FERNÁNDEZ DEL POZO, que «no se ha reparado suficientemente en que, abriendo el Registro de la Propiedad a los estatutos de la comunidad [...] estamos ya, parcialmente al menos, desnaturalizando la institución», pues «al menos en parte, y de una manera imperfecta, el Registro de la Propiedad funciona como un Registro de personas».

La diferenciación de cada uno de ellos es importante en la práctica, pues cada tipo de asiento tiene un ámbito determinado: hay derechos que se inscriben y extinguido el derecho se cancelan; hay circunstancias que se anotan y hay especificaciones sobre las fincas de las que simplemente se deja constancia por medio de nota marginal.

A fin de no complicar la exposición, diremos que con carácter general los asientos de inscripción son de duración indefinida y sólo pueden cancelarse con el consentimiento del titular del derecho afectado o resolución judicial (art. 79 LH).

La anotación, sin embargo, se refiere a procesos o derechos de duración limitada (cfr. las anotaciones contempladas en el art. 42 LH, que junto a otros casos a los que el mismo se remite[5] determinan un *numerus clausus* de supuestos) y por ello pueden cancelarse por caducidad (art. 86 LH).

Las notas marginales, por su parte, en extrañas ocasiones reflejan derechos, sino circunstancias relativas a las fincas que especifican aspectos relativos a los mismos. Por ello se dice que es un asiento accesorio. Suelen diferenciarse las de oficina[6] (que son las que el Registrador extiende para relacionar unos libros con otros o mediante las cuales hace constar circunstancias del procedimiento registral), de las de modificación jurídica[7]. Dentro de estas últimas, la doctrina ha llamado sucedáneas a las que son verdaderas inscripciones, anotaciones preventivas o cancelaciones que, en virtud de preceptos especiales y por razones de simplificación de las operaciones del Registro, adoptan la forma de nota marginal (como, p. ej., la mención de las legítimas conforme al art. 15 LH, o la que refleja la subrogación de préstamos hipotecarios *ex* art. 5 Ley 2/1994)[8].

---

[5] Entre otros supuestos de anotaciones preventivas distintos de los previstos en el artículo 42 cabe mencionar: 45.2, 46 de la Ley Hipotecaria; 32.3, 62, 272, 422, del Reglamento; 102, 649 y 1.436 CC; 524 LEC; 24 LC; 56 y siguientes del Real Decreto 1.093/1997, de 4 de julio y artículo 5 Ordenanza de venta a Plazos de Bienes muebles, artículo 157, 158 y 189 RRM56, artículo 35 a 39 del Reglamento de la Ley de Hipoteca Mobiliaria (RHMyPSD).

[6] Así, al margen del asiento de presentación, se indica el tomo y folio en que se ha practicado el asiento (arts. 250 LH, 434 y 435 RH); el hecho de haberse retirado el título presentado, o la práctica de la anotación por defecto subsanable (art. 106 RH); la nota de devolución del documento retirado por el presentante de acuerdo con el artículo 427 RH; la de desistimiento del asiento de presentación (art. 433 RH); la de prórroga del asiento de presentación conforme al artículo 436 RH; la nota depende del artículo 426 RH y la de acuse de recibo de documentos recibidos por fax, artículo 418 RH. Asimismo, en los casos de modificación de entidades hipotecarias, al margen de la finca matriz, mediante la que se reseña el número y folio de las nuevas fincas, conforme a los artículos 45 ss. RH. En los casos de cancelaciones, al margen de un asiento cancelado se indica el asiento cancelatorio (art. 195 RH). En los casos de rectificación, se extiende nota al margen del asiento rectificado (318 RH).

[7] Veánse los casos previstos en los artículos 23, 130, 141, 144 LH; 6, 32, 51.9, 90.2, 95.6, 259, 353 RH; 5 y 47 RD 1.093/1997; 656, 683, 688 LEC, 236 RH; 170 LGT.

[8] Vid. casos de los artículos 15.2 y 118 LH, 15, 163, 205, 240 RH; 31.1.2 de la Ley 4/2012 aprovechamiento por turno; 79 LGT (las notas de afección fiscal); 51 Ley del Suelo y 73 ss. del RD 1.083/1997, de 4 de julio; 27 Ley 10/1998 de Residuos; 18 y 20 del RD 3.178/1978.

IV. REGLAS BÁSICAS POR LAS CUALES SE RIGE: LOS PRINCIPIOS REGISTRALES

1. ¿QUÉ SON LOS PRINCIPIOS HIPOTECARIOS?

A decir de LACRUZ y SANCHO, los principios tradicionalmente llamados hipotecarios son «aquellas reglas más generales de la legislación hipotecaria española, formuladas directamente en ella u obtenidas por inducción de sus preceptos, que dan a conocer las líneas esenciales, lo que podríamos llamar las "ideas-fuerza", de nuestro ordenamiento inmobiliario registral».

El origen de los mismos se debe al Letrado de la Dirección General de los Registros don Jerónimo GONZÁLEZ. Procurando llamar la atención sobre los principales problemas que originaba el Registro de la Propiedad conectándolos con la «corriente originaria» que inspiró nuestra legislación (la publicidad registral alemana), don Jerónimo redactó una serie de trabajos que pronunció como conferencias en la Real Academia de Jurisprudencia y Legislación y en la Facultad de Derecho de la Universidad Central de Madrid, publicados después en la *Revista crítica de Derecho Inmobiliario* por él fundada. Dichos trabajos trataron una serie de principios que don Jerónimo consideraba los esenciales del sistema y que por entonces (primer cuarto del siglo XX) recibieron el nombre de principios hipotecarios (nombre que sirvió de título al libro que publicó en 1931 la Asociación de Registradores —precedente del actual Colegio— bajo el título *Principios hipotecarios* —reeditados luego en 2011—). El trabajo de don Jerónimo resultó sumamente clarificador y a día de hoy toda persona estudiosa del sistema hipotecario considera que el mismo se rige por una serie de reglas básicas que lo organizan y que reciben por ello el nombre de principios (no obstante LACRUZ decía que «entre algunos hipotecaristas se llega a exagerar el papel y función de estos principios»).

Dichos principios juegan hoy no sólo en el Registro de la Propiedad, si no también en el de Bienes Muebles. Es por ello que hemos preferido referirnos a ellos como principios registrales y no únicamente hipotecarios. Los principios nos servirán de guía para exponer de modo breve las esencias del sistema registral español y estudiar cuáles son los problemas más habituales y sus reglas de resolución, centrándonos especialmente en su regulación para el Registro de la Propiedad. Para el Registro de Bienes Muebles hemos de señalar que la Ordenanza de 19 de julio de 1999 sobre Registro de ventas a plazos, la LHN, LNA, el LNM y la LHMyPSD y su Reglamento determinan un funcionamiento del Registro de bienes muebles basado en los principios, con leves especialidades por la naturaleza del bien registrado.

Para comprender su importancia con una imagen podríamos decir que los principios registrales son como los colores de la paleta del pintor: usándolos se pueden resolver casi todos los problemas que puedan plantear los Registros.

2. Enumeración de los principios

Son diversas las clasificaciones que se pueden establecer. Pensando en la finalidad práctica que perseguimos de conocer las líneas básicas del Derecho registral de bienes, los señalaremos en el orden en que intervienen en el procedimiento registral[9]: rogación, legalidad, prioridad, especialidad, tracto sucesivo y publicidad.

3. Principio de rogación

Es aquel principio en virtud del cual el Registrador no puede actuar de oficio en la práctica de los asientos de modo que sólo cabrá llevar a cabo un asiento a solicitud del interesado o por mandamiento judicial o administrativo.

Don Jerónimo González señaló que el de rogación es «corolario» de los demás principios hipotecarios, y supone que «los procedimientos hipotecarios, de jurisdicción voluntaria, se inician a instancia de parte, y el Registrador solamente en casos excepcionales, practica de oficio los asientos reglamentarios en los libros principales».

Este principio determina que el Registrador no puede inscribir ningún negocio respecto del cual no se le haya solicitado la inscripción. La aplicación de este principio, nos plantea algunos problemas que pasamos a examinar:

Un primer problema que debemos plantearnos al aplicar este principio, es el relativo a la legitimación para incoar el procedimiento. El artículo 6 LH limita las personas que pueden pedir la inscripción a sólo los interesados, entendiéndose por interesado a quien presenta en el Registro un determinado documento cuya inscripción se pretenda, aunque no sea propio del presentante (art. 39 RH). Ello nos coloca ante el problema de la representación: se presume la misma en los Gestores y Abogados que actúan por cuenta y en nombre de otro. Ello es consecuencia de la amplitud de criterio existente en materia de representación en nuestro Derecho y que se refleja en que se admite cualquier forma de acreditación de la representación en el procedimiento administrativo (art. 32.3 LPC), sin que la

[9] Se podría establecer otro orden, pero éste es el que creo que resulta más sencillo para un usuario medio que tenga conocimientos de Derecho: considerar los principios a partir de los problemas. Por tanto, los principios serán expuestos por el orden en que van a ser necesitados por el interesado en caso de que pretenda una inscripción (la relación entre necesidad e interés, y entre interés y capacidad para estudiar una materia es clarísima, de ahí que siga este método: para más fácilmente suscitar el interés, y más fácilmente propiciar el conocimiento de los principios hipotecarios). No obstante, adviértase que en ocasiones los principios de fe pública y legitimación deberán ser tenidos en cuenta antes de los demás. En efecto, si se nos presenta un supuesto en que es preciso inscribir, lo primero es tener claro para qué queremos inscribir. Determinado ello, se procurará lograr la inscripción, lo cual dará intervención a los cinco principios que «juegan» en el procedimiento.

falta de la misma haya de determinar que no se tenga por realizado el acto sino la necesidad de la subsanación del mismo (art. 32.4 LPC). La exigencia de acreditación en forma auténtica sólo la exigirá el Registrador en los casos tasados (v. gr., arts. 325 LH o 354 RH).

Un segundo problema es el de los documentos que contienen varios conceptos inscribibles. En estos casos, el artículo 425 RH, determina que documentando un mismo instrumento varios actos o negocios inscribibles, si no se dice otra cosa, se entiende solicitada, por la presentación, la constatación registral de todos ellos. La inscripción o anotación parcial sólo será posible a solicitud expresa del interesado (art. 19 bis LH).

La inscripción parcial presenta una conexión interesante con el contenido del Registro: si éste sólo publica derechos reales (art. 2 LH), en consecuencia los derechos personales y las menciones no deben contenerse en la inscripción, salvo excepciones (como las condiciones financieras y de vencimiento anticipado en las hipotecas a las que se refiere el art. 12 LH). Para llevar a término esta regla, al extender la inscripción se excluyen las cláusulas meramente personales. Para la exclusión de las mismas no hace falta consentimiento expreso, pues no son inscripción parcial: lo inscribible, se ha inscrito totalmente. Si que es necesario el consentimiento expreso cuando estamos ante elementos delimitadores esenciales del derecho que se inscribe (art. 51.6 RH), como es el caso de, por ejemplo, los pactos de interés en las hipotecas.

Este ejemplo ha planteado problemas interesantes recientemente por los pronunciamientos jurisprudenciales sobre cláusulas abusivas (cuando es o no abusivo el interés de demora y otros casos). La exclusión de dichos pactos no es una mera exclusión de algo que no es inscribible por exceder del ámbito del Registro. Es una denegación de un dato esencial del derecho que se inscribe. Por ello, es preciso un consentimiento expreso y formal, práctica a la que han recurrido algunas entidades acreedoras. El consentimiento para la inscripción parcial puede ser genérico, y de hecho suele serlo en las instancias de presentación. No obstante, en casos como el mencionado de las cláusulas nulas por abusivas de la hipoteca, lo más seguro (y así se ha hecho en la práctica) es que el consentimiento para la inscripción parcial deje claro que se sabe qué es lo que se va a dejar sin inscribir.

Un tercer problema es el de la práctica de asientos sin consentimiento: en casos contados (las menciones y cargas caducadas) el artículo 353.3 RH determina que estamos obligados a pasar por la cancelación de todas las cargas caducadas por el solo hecho de pedir una inscripción o certificación relativa a una finca. Digo que estamos obligados a pasar por ella, pues se entiende que no cabe petición en contra en el caso de que el peticionario sea el titular de la finca (por sí o por medio de representante). Siendo un tercero, se entiende igualmente implícito el consentimiento, pero se puede negar y a tal efecto deberá ser advertido.

Una última cuestión que conviene aclarar es la relativa a si, iniciado el procedimiento registral, cabe o no el desistimiento del mismo. La privacidad de los intereses tutelados lleva a que el proceso, aunque recibe impulso oficial está sujeto a la posibilidad de que se desista del mismo por parte de los interesados: el artículo 433 RH dispone que «durante la vigencia del asiento de presentación, el presentante o los interesados podrán desistir, total o parcialmente, de su solicitud de inscripción», fijando eso sí una serie de formas y condiciones. Diferente del desistimiento es la retirada del documento prevista en el artículo 427 RH. Dicha retirada origina la suspensión del plazo para calificar, contándose los quince días desde la devolución del documento (art. 18.2 LH).

4. El principio de legalidad

El principio de legalidad es el principio en virtud del cual lo inscrito en el Registro debe ser conforme a la Ley, y toda información que se obtiene del Registro debe obtenerse dentro de ciertas condiciones legales. Es la aplicación al Registro del principio de legalidad aplicable a todo el Estado.

Consecuencia de este principio no cabe inscribir en el Registro ningún título (calificación de entrada) ni obtener información actualizada de la finca (calificación de salida), sin que previamente se produzca la calificación del mismo título o de la petición de información, y la actualización del derecho del cual se informa por el Registrador (art. 18 LH).

Registrador que está predeterminado por Ley y que será el del lugar donde radica la finca (art. 2 LH): sólo este Registrador es competente. En el caso de los bienes muebles, hay tres criterios de atribución de competencia:

1.º el lugar del bien, que rige para buques, establecimientos mercantiles —lugar del local— y maquinaria industrial a ellos afecta;

2.º el domicilio, sea del comprador o arrendatario en vehículos y ventas a plazos de los mismos, o el domicilio de la sociedad en materia mercantil y de condiciones generales (art. 17 RRM);

3.º la capital del Reino, en el caso de aeronaves y derechos sobre la propiedad intelectual e industrial, que se inscriben siempre en el Registro provincial de Madrid (Disp. Trans. y art. 9 ORVPBM).

4.1. *¿Qué es calificar?*

«Calificar, en Derecho hipotecario o registral, es determinar si el acto o contrato (título tanto en sentido formal como en sentido material), presentado al Registro de la Propiedad, reúne o no los requisitos exigidos por el ordenamiento jurídico para su validez y para su eficacia frente a terceros, con la finalidad de que sólo tengan acceso, y por tanto la protección del sistema, los títulos válidos y perfectos» (Gómez Gálligo). Sumamente clarificador respecto de la calificación es García García, quién señala que «por tanto, se trata de una calificación de un órgano que no ha sido autor del documento y que [...] mira no sólo a las relaciones inter partes, sino también a los efectos respecto de terceros». Como ya señalara Campuzano y Horma «hay que tener en cuenta que el Notario tiende, principalmente, a establecer una relación jurídica entre las partes y, en cambio, el Registrador obra en nombre del Estado, para dar determinados efectos a esa relación, y, por consiguiente, antes de tomarla a su cargo el Estado está en el deber de juzgarla para saber si debe o no protegerla».

La de calificar es una potestad pública de decisión jurídica, una potestad administrativa de resolución, que permite al Registrador decidir sobre las pretensiones de inscripción, en tanto que el Notario cumple un deber de dar fe lo cual, aunque no debe darla cuando los actos son ilegales (art. 145 RN), no lo hace en el ejercicio de una potestad pública de decisión jurídica (De Pablo Contreras).

4.2. *La calificación de entrada y de salida en los Registros de derechos*

Como señala Méndez, los Registros de documentos se caracterizan porque «no informan a quien pretende adquirir un derecho sobre quién es el dueño del mismo [...] pero sí le dan una información valiosa: que el dueño es, necesariamente, uno de los varios que el Registro publica»; por su parte, en los Registros de derechos se proporciona «de manera inmediata y autosuficiente la información deseada: titularidad, delimitación del derecho, cargas que lo gravan de origen negocial, judicial o derivadas de actos administrativos, así como las facultades dispositivas del dueño». Los Registros de derechos se caracterizan por establecer fuertes barreras de entrada (esa depuración exhaustiva de la que hemos hablado: la calificación). Una vez lograda la inscripción, es posible que otro miembro de la sociedad quiera realizar alguna operación sobre el derecho inscrito. Pero en el tiempo trascurrido es probable que la situación del titular o el contenido del derecho hayan variado. Esto hace necesaria una interpretación del contenido del Registro, que puede ser llevada a cabo por el propio interesado obteniendo una mera manifestación del contenido del Registro mediante nota simple (art. 222.2 LH) o bien requiriendo la intervención del Registrador para que lo interprete. Esta intervención sólo se consigue mediante la solicitud de certificación. Solicitada la misma la calificación «entra en una segunda fase, que podemos llamar de salida» (Méndez): sus medios serán el contenido del Registro y la solicitud del interesado; su ámbito, el que esta solicitud determine (normalmente se referirá a identidad del titular, definición o extensión del derecho, cargas y gravámenes y facultades dispositivas). La calificación de salida obligará al Registrador a interpretar el contenido del Registro y a realizar determinadas operaciones registrales de acuerdo a su interpretación y calificación. La certificación plasmará dicha calificación de salida y su finalidad será eliminar incertidumbres en quien pretende realizar la nueva operación y ahorrarle los superiores costes de información que debería acometer en otro caso.

4.3. *El derecho subjetivo a la inscripción*

Junto con este sometimiento a la legalidad que debe presidir la actuación del Registrador como «fiscal de ausentes» en el trámite de adquisición de derechos reales, hemos de valorar que, como indica el procesalista MARTÍNEZ SANTOS «en el ordenamiento jurídico español existe un derecho subjetivo a obtener la práctica de asientos en los Registros públicos [...] la atribución de la acción para que se condene al Registrador a practicar el asiento solicitado [...] así lo revela». Este derecho subjetivo permite comprender muchos matices de la protección que la ley da al interesado, y muchos detalles del Derecho hipotecario. Ahora bien, hemos de matizar que no se trata de un simple derecho jurídico-público a obtener el asiento. Aquí lo que hay es un derecho subjetivo en el que concurren aspectos privados, pues los efectos de legitimación y publicidad de la inscripción hacen que el derecho que se inscribe se pueda sobreponer a otros que se le oponen. Por ello no son aplicables, más que respecto trámites instrumentales, las normas de carácter procesal administrativo.

4.4. *El procedimiento registral*

A fin de garantizar el adecuado sometimiento a la ley de las inscripciones y el modo en que éstas se consiguen, se establece el procedimiento registral como «conjunto de actos que tienden a obtener el adecuado reflejo (asiento) en el Registro» (PEÑA). En dicho procedimiento se produce una «traducción o proyección [...] en el plano procedimental» del principio de legalidad «que viene a informar todos los trámites a través de los cuales se desarrolla el procedimiento de registración» (MARTÍNEZ SANTOS).

4.5. *La titulación auténtica*

Para que dicho procedimiento comience es preciso que el título en cuya virtud se solicite la inscripción conste en forma auténtica (art. 3 LH judicial, notarial, administrativa, o registral, salvo excepciones). Como indica DE PABLO, el juicio de contraste con el ordenamiento que realiza el Registrador (y al que llamamos calificación) es diferente según el tipo de documento: en los judiciales y administrativos no puede alcanzar a lo decidido por la autoridad administrativa ni por el juez, mientras que sí se extiende al contenido de los actos, negocios o declaraciones que hacen los particulares y el Notario documenta en un documento notarial (por más que éste sólo se otorgue si el Notario lo estima conforme a la ley) (art. 145 RN).

Si el título es de los admisibles a presentación (art. 420 RH), se extenderá asiento de presentación, que marca la posición de prioridad que respecto de la finca o bien mueble ocupa el indicado título (arts. 17, 24 y 25 LH; art. 30 ORVPBM de los que trataremos más adelante al hablar del principio de prioridad).

a) Los títulos judiciales: cuando en un documento judicial se contienen actos inscribibles, el documento judicial es título formal bastante para practicar las correspondientes inscripciones.

La resolución contenida en el documento debe ser firme, de modo que las resoluciones definitivas no pueden inscribirse ni anotarse. No obstante, si la resolución fuese a ocasionar una inscripción o cancelación, mientras no sea firme la misma, el artículo 524.4 LEC admite la anotación. Ello ha llevado a algunos a postular la anotabilidad, con carácter general, de las resoluciones definitivas. Este criterio no parece el más adecuado: el artículo 524.4 LEC admite una anotación de resoluciones definitivas inscribibles mientras no son firmes. Dicho precepto es una excepción a la regla general de la firmeza, y como tal excepción debe ser aplicada restrictivamente.

En caso de sentencia dictada en rebeldía, habrá que esperar para inscribir al transcurso de los plazos previstos en el artículo 502 LEC (cfr. RR. de 17 y 28 de mayo de 2007).

En cuanto a sus formalidades de presentación, los documentos judiciales deben presentarse por duplicado (art. 257 LH). No obstante, se ha admitido que se sustituya por una fotocopia extraída y cotejada por el propio Registrador (RDGRN de 8 de enero de 2002). Otro problema formal de los documentos judiciales es que debe tratarse de un testimonio, no bastando la mera fotocopia sellada, siendo preciso que conste el nombre y firma del Secretario Judicial que lo expide (RDGRN de 22 de marzo de 2010). Lo que no es preciso es que se expida mandamiento cuando se trate de una Sentencia directamente inscribible (RDGRN de 24 de marzo de 2004).

Junto a lo formal, hemos de plantearnos lo material, y para ello preguntarnos, ¿cuándo es directamente inscribible una resolución judicial? Podemos entender que esto ocurre cuando la Sentencia contiene un pronunciamiento que constituye un título material de dominio o derecho real. Por ejemplo, son directamente inscribibles las Sentencias declarativas (RRDGRN de 20 de abril de 2002, 17 de mayo de 2007, 28 de septiembre de 2011). Igualmente lo son las Sentencias de divorcio en cuanto al convenio aprobado. Sin embargo, si una Sentencia ha condenado a elevar a público un documento, aun con Auto que tenga por emitida la declaración de voluntad del rebelde, es preciso otorgar la Escritura en los términos recogidos en el artículo 708 LEC.

Lo dicho respecto de las Sentencias declarativas no valía para todas las inscripciones hasta 2015, sino sólo para las posteriores de las fincas ya inscritas. El proceso adecuado para las no inscritas era el expediente de dominio, como señaló la RDGRN de 30 de abril de 2005. Tras la reforma de la LH por Ley 13/2015, la sentencia declarativa es medio inmatriculador, aunque debiendo cumplir con las mismas formalidades y notificaciones del expediente de dominio (que ahora se tramita ante Notario, realizando en el mismo ciertas actuaciones el Registrador —cfr. art. 203 LH—), pues el nuevo artículo 204 LH impone como condición que «hayan sido demandados todos los que, de conformidad con lo establecido en el artículo 203, deban intervenir en el expediente, observándose las demás garantías prevenidas en dicho artículo». Por tanto, una sentencia declarativa sin las formalidades no será inscribible por falta de las mismas.

Junto a las resoluciones del Juez, hemos de considerar los decretos del Letrado de la Administración de Justicia, que son igualmente inscribibles en ocasiones (p. ej., en el caso del art. 640 LEC —al que se refiere la R. de 13 de junio de 2005—, si bien cumpliendo igualmente con las debidas formalidades en cuanto a los titulares registrales —cfr. R. de 16 de febrero de 2009—).

b) Los documentos notariales: junto a los judiciales, son inscribibles los documentos notariales. En la inmensa mayoría de los casos se tratará de escrituras, pero también son inscribibles ciertas actas (así las resultantes de los expedientes de jurisdicción voluntaria que se pueden realizar ante Notario y que documentan un hecho inscribible) y ciertas pólizas en el caso de bienes muebles (así para prendas sin desplazamiento —art. 3 LHMyPSD y art. 3 LHN—, o las hipotecas navales —art. 128 LNM—).

Respecto de la forma notarial, debemos señalar para clarificar la necesidad de la intervención del Notario, que la misma es la que permite tener una serie de elementos negociales bajo fe pública notarial, tales como el hecho del otorgamiento, la fecha, la identidad de las partes, su capacidad de obrar, la libertad del consentimiento, que lo escrito coincide con lo manifestado, etc. La seguridad en dichos datos es un elemento esencial de la agilidad del mercado. La calificación registral no tiene por finalidad dicha verificación (de elementos afectantes a las partes), sino la verificación de la concurrencia de los elementos necesarios para el nacimiento del derecho real, que es *erga omnes*.

c) Los documentos administrativos: además debemos tener presente la inscribibilidad directa de los documentos administrativos, tales como mandamientos de embargo dictados por órganos administrativos, expedientes expropiatorios, o adjudicaciones derivadas de subastas, deslindes, etc.

Se trata, eso sí, de casos concretos en los que *a priori* no se incluyen las transmisiones por título y modo, sino por otros medios de adquirir, siendo necesaria la escritura otorgada por la administración en ciertos casos (cfr. art. 113.1 LPAP). Pese a este *a priori*, debemos tener en cuenta que en el ámbito del urbanismo se admite la inscripción de todos los actos que el artículo 65 TR Ley del Suelo declara inscribibles por medio de certificación administrativa (art. 66 de la misma). Esto permitirá que las cesiones de terrenos y las transferencias y gravámenes del aprovechamiento urbanístico [art. 65.*b*) y *e*)] se inscriban en virtud de la certificación y sin necesidad de intervenir un Notario, aun cuando además de la Administración sean particulares los que adquieren o transfieren.

d) Documentos registrales: además de los tres casos indicados, existen supuestos en los que se presenta certificación de un Registro para practicar inscripciones en otro. El caso más básico era el de una finca que se extiende por varios distritos hipotecarios, la cual se inscribe en el punto de arranque y se extienden inscripciones de referencia en los distritos a los que se extienda (p. ej., una concesión administrativa de una carretera). Estas inscripciones de referencia se practican «en virtud de certificación literal de la inscripción principal» (art. 61 RH).

Siguiendo esta estela, en los últimos tiempos las reformas legislativas han tendido a crear la figura de lo que podríamos llamar el documento registral inscribible. En efecto, tras la reforma 13/2005, existen expedientes (como el de liberación de cargas del art. 209 LH, o el que se sigue para resolver una doble inmatriculación, art. 210 LH) que se puede seguir ante el Registrador de la Propiedad del distrito donde esté la finca, y que pueden terminar en un documento que se inscribe, de modo que el Registrador crea, califica e inscribe el documento.

En otros casos, lo que ocurre es que el Registrador certifica de una situación y esta certificación sirve para inscribir en otro Registro. Así ocurre cuando se inscribe el concurso de acreedores en el Registro Mercantil (art. 323 RRM) o cuando el Registrador Mercantil inicia acuerdo extrajudicial de pagos con nombramiento de mediador (art. 233 LC), en que la certificación del Registrador Mercantil es título inscribible en el Registro de la Propiedad.

Pasa esto también cuando se sigue ante el Registrador un incidente de conciliación: la certificación por el Registrador del acuerdo al que las partes hayan llegado, es título inscribible en uno o varios Registros, aunque no haya sido el Registrador titular del Registro donde radique una finca afectada quien ha intervenido la elaboración del documento (art. 103 bis LH).

e) Los documentos privados: finalmente, en ciertos supuestos tasados, se admite la inscripción de documentos privados. Los documentos privados inscritos surtirán efectos a partir de su inscripción (art. 1.227 CC). Entre estos casos podríamos mencionar los censos, foros y subforos por redención, mediante convenio de los interesados (art. 74 RH); las inscripciones de hipotecas en garantía de títulos endosables o al portador (art. 156 LH); el cumplimiento de la condición en las hipotecas en garantía de obligaciones sujetas a condición resolutoria (art. 239 RH); o las anotaciones preventivas hechas en virtud de documento privado, mediante renuncia en otro documento privado (art. 208.12 RH).También se admite mera solicitud del interesado (en documento privado) cuando éste, unilateralmente, puede solicitar la cancelación de la hipoteca o de otra garantía cuando ha expirado el plazo de prescripción de la acción para hacerla efectiva (art. 82.5 LH).

En el ámbito de los bienes muebles debemos destacar los modelos oficiales de contratos de venta a plazos a que se refiere el artículo 10 ORVPBM.

Un caso de documento privado inscribible, que ha de ir ganando importancia con el tiempo, es el laudo arbitral. A partir del artículo 11 ter de la Ley de Arbitraje se entiende que el laudo que contiene un acto o hecho inscribible es susceptible de inscripción directa. Téngase en cuenta que debe tratarse de un laudo que no requiera de una ejecución posterior, lo cual podría requerir otro documento público (así, p. ej., si el laudo condena a una elevación a público).

En otros casos, aun cuando no se admiten como documento inscribible, si que existen documentos privados en el conjunto de documentos en cuya virtud se solicita la inscripción: así ocurre en el caso de que un heredero, por ser único, no necesite llevar a cabo partición, en cuyo caso no hace falta escritura de partición y basta una solicitud privada acompañada de título sucesorio y certificados de defunción y del Registro de actos de última voluntad (arts. 76 y 79 RH). También ocurre cuando habiéndose extinguido un usufructo por circunstancias que puede acreditarse sin necesidad de otorgar escritura (como el fallecimiento del usufructuario, que se acredita por certificado de defunción expedido por el Registro Civil), el titular de la nuda propiedad solicita la consolidación de aquél con ésta en documento privado (arts. 192 RH, y 172 RH respecto de la hipoteca constituida sobre el usufructo). Ahora bien, en estos casos no se puede decir que los documentos privados sean directamente inscribibles, sino que es el documento público que los acompaña el inscribible junto con ellos. Pero evidentemente son casos de admisión de un documento privado en el procedimiento registral.

4.7. *El pago de impuestos*

Asimismo, en el caso de que el acto o contrato documentado en el título inscribible devengue impuestos, deberá acreditarse previamente el pago o liquidación de los mismos (art. 254 LH). Si no se acredita la liquidación, se produce el cierre del Registro. Ahora bien, ello no impide el inicio del procedimiento registral. Simplemente se suspenderá la calificación por el Registrador (art. 255 LH), lo cual no impide que, presentando el documento, se goce ya de la posición de prioridad.

Intentaremos comprenderlo con un ejemplo: un Abogado solicita en un juicio ejecutivo el embargo de determinadas fincas. Se decreta el mismo. Se expide mandamiento. El Procurador lo presenta en el Registro de la Propiedad el día 1. Dado que no se ha acreditado el pago del Impuesto de Actos Jurídicos Documentados que se devenga, se suspende la calificación. El Procurador, presentado el mandamiento y ganada la posición de prioridad para el mismo (que permitirá que, sobre la finca en cuestión, sea preferente el embargo sobre otros posteriores), retira el mismo para proceder al pago de los Impuestos. El asiento de presentación sigue vigente. El procedimiento registral ha comenzado y está vivo. Simplemente, en el mismo se suspende la calificación (art. 255 LH) y se prorroga el asiento de presentación [art. 432.1.º*b*) RH].

Si sólo se han liquidado algunos conceptos del documento (p. ej., si tiene un arrendamiento y una opción de compra y sólo se ha liquidado uno de los dos conceptos), la inscripción sólo procederá respecto de dichos conceptos inscribibles (véase el problema *supra*, al tratar de la inscripción parcial, en el principio de rogación).

Esta regla tiene, no obstante, alguna excepción respecto de los bienes muebles: el artículo 15.1 LVPBM admite inscripción sin acreditar la situación fiscal del documento.

4.8. *La calificación de entrada*

a) La calificación de los actos inscribibles. Dispone el artículo 18 LH que «Los Registradores calificarán, bajo su responsabilidad, la legalidad de las formas extrínsecas de los documentos de toda clase, en cuya virtud se solicite la inscripción, así como la capacidad de los otorgantes y la validez de los actos dispositivos contenidos en las escrituras públicas, por lo que resulte de ellas y de los asientos del Registro». El ámbito y los medios de la calificación se desarrollan en los artículos 98, 99 y 100 RH para los documentos notariales, administrativos y judiciales, respectivamente.

En todos estos preceptos, subyace un problema fundamental: consecuencia del principio de legitimación y tracto (que veremos), no cabe inscribir ningún acto dispositivo sin el consentimiento del titular registral o de los titulares (en el caso de que sea una finca sobre la que recaen varios derechos, y varios se puedan ver afectados por la inscripción). Por otra parte, en ocasiones la Ley exige el consentimiento de terceros o su intervención antes de producirse la inscripción. Guilarte y Raga señalan que la calificación registral procura la protección de los afectados por la inscripción, incluidos los terceros no solicitantes de la inscripción solicitada. Ello es lo que determina que se pida la intervención de la comunidad de vecinos cuando se pretende la modificación de un elemento en el régimen de propiedad horizontal (cfr. arts. 5, 10 y 17 LPH), o la intervención de la Junta General de la sociedad de capital en ciertos casos (cfr. arts. 72 y 160 Ley de Sociedades de Capital). Del mismo modo, sin llegar a exigir un consentimiento, se procura que no se inscriban ciertos actos si no consta la notificación que permita la intervención de terceros interesados, tales como el arrendatario de la finca inscrita (art. 25 Ley de Arrendamientos Urbanos, art. 22 Ley de Arrendamientos Rústicos).

Por otro lado, hay casos en los que es precisa la intervención de la Administración, en tanto nos encontremos ante actos que pueden afectar a la comunidad:

tal el caso de ciertos permisos y autorizaciones que se requieren para la modificación de las fincas mediante parcelaciones y obras nuevas (cfr. arts. 17 y 20 Ley del Suelo).

Al final la cuestión fundamental a retener es la siguiente: un principio fundamental del Derecho afirma que *quod omnes tangit ab omnibus approbetur*, lo que a todos afecta, debe ser aprobado por todos. Esos todos a veces intervienen individualmente, y en ocasiones su interés está representado por un órgano del ente colectivo en el que se integran (sea el Estado, la Junta General de la Sociedad de capital, o la comunidad de vecinos). Dicha aprobación será pedida siempre por el Registrador, que actúa en el proceso de creación del derecho real salvaguardando los intereses de los terceros, lo cual suele presentar una relación muy intensa con los requisitos de validez del acto que se inscribe.

b) El plazo para calificar y el resultado de la calificación. La calificación deberá llevarse a cabo en el plazo máximo de quince días (art. 18.2 LH). «Si la calificación es positiva, el Registrador inscribirá y expresará en la nota de despacho, al pie del título, los datos identificadores del asiento, así como las afecciones o derechos cancelados con ocasión de su práctica. Si el estado registral de titularidad o cargas fuere discordante con el reflejado en el título, librará nota simple informativa.

La calificación negativa, incluso cuando se trate de inscripción parcial en virtud de solicitud del interesado, deberá ser firmada por el Registrador, y en ella habrán de constar las causas impeditivas, suspensivas o denegatorias y la motivación jurídica de las mismas, ordenada en hechos y fundamentos de derecho, con expresa indicación de los medios de impugnación, órgano ante el que debe recurrirse y plazo para interponerlo, sin perjuicio de que el interesado ejercite, en su caso, cualquier otro que entienda procedente» (art. 19 LH).

En el Registro de Bienes Muebles, el artículo 15 ORVPBM establece un plazo de ocho días para los actos de venta a plazos de bienes muebles, rigiendo el de quince días en las demás secciones (arts. 39 y 61 RRM).

c) La impugnación de la calificación. Considerados los artículos 19 bis, 66 y 323 LH, en caso de calificación negativa, cabrá instar la calificación sustitutoria de otro Registrador que deberá ser designado por el Colegio de Registradores con arreglo al cuadro de sustituciones aprobado. Igualmente cabrá interponer recurso ante la Dirección General de los Registros (que se puede presentar en el Registro) o ante los Juzgados de Primera Instancia de la capital de la provincia (art. 324 LH).

La petición de una calificación sustitutoria no impide el recurso gubernativo. El recurso gubernativo no impide el judicial. Cabrá solicitar la calificación sustitutoria (art. 19 bis LH), recurriendo luego contra la calificación del sustituido si no se está conforme (art. 19 bis.5.º LH), y en todo caso la Resolución de la DGRN que recaiga será recurrible ante los órganos jurisdiccionales (art. 328 LH).

En el Registro de Bienes Muebles, el artículo 18 ORVPBM contempla un recurso de reposición ante el Registrador, inadmitido el cual se entiende formado el de alzada a la DGRN, y ello sin perjuicio de la acción civil ante los Tribunales.

d) Subsanación sin impugnación. Ahora bien, en caso de que el interesado opte por subsanar el defecto indicado (siendo éste subsanable), cabrá subsanar. Y dado que el asiento de presentación surte entretanto efectos, se podrá conseguir la inscripción con la misma posición de prioridad (art. 19 LH) que corresponda al asiento de presentación que se causó en un primer momento.

4.9. *La calificación de salida*

En cuanto a la calificación de salida (valorar como y cuando se informa del contenido del Registro), hay que partir de un elemento fundamental como es del interés legítimo: para poder obtener información de la finca o derecho inscrito, es un requisito esencial que se dé un interés conocido en el peticionario (art. 227 LH). Dicho interés debe ser valorado por el Registrador en la labor calificadora. Ahora bien, ¿cuándo existe? Del segundo párrafo del artículo 221 LH resulta el interés en todo funcionario que actúe por razón de su oficio. Respecto a quien no sea funcionario público, hay que distinguir la situación de los particulares de la de los profesionales. Con carácter general, cualquier persona debe justificar su interés en conocer el contenido del Registro, disponiendo el artículo 332.3 RH que «quien desee obtener información de los asientos deberá acreditar ante el Registrador que tiene interés legítimo en ello. Cuando el que solicite la información no sea directamente interesado, sino encargado para ello, deberá acreditar a satisfacción del Registrador el encargo recibido y la identificación de la persona o entidad en cuyo nombre actúa». Al respecto la DGRN ha resuelto que dicho interés: 1.º se ha de justificar ante el Registrador, 2.º ha de ser un interés conocido, en el sentido de acreditado o justificado, 3.º ha de ser directo (o acreditar debidamente el encargo, en el supuesto contemplado en el precepto reglamentario), 4.º ha de ser legítimo en el sentido de no contrario a Derecho, y 5.º ha de ser un interés patrimonial, es decir, que el que solicita la información tiene o espera tener una relación patrimonial para la cual el conocimiento que solicita resulta relevante (R. de 3 de diciembre de 2010), de modo que no cabe pedir certificación para conocer datos no patrimoniales (p. ej., la filiación a través de un asiento de inscripción de adquisición por herencia, R. de 26 de febrero de 2013).

Mención específica merecen los funcionarios y los profesionales. En cuanto a los primeros, como hemos dicho, del artículo 221 LH resulta el interés en todo funcionario que actúe por razón de su oficio. En este orden conviene recordar que existen numerosas disposiciones legales y reglamentarias en las cuales se contempla la expedición de certificaciones a instancia de funcionarios públicos[10].

Por lo que se refiere a los profesionales el segundo inciso de dicho artículo 332.3 añade que «se presumen acreditadas las personas o entidades que desempeñen una actividad profesional o empresarial relacionada con el tráfico jurídico de bienes inmuebles tales como entidades financieras, abogados, procuradores, graduados sociales, auditores de cuentas, gestores administrativos, agentes de la propiedad inmobiliaria y demás profesionales que desempeñen actividades similares, así como las Entidades y Organismos públicos y los detectives, siempre que expresen la causa de la consulta y ésta sea acorde con la finalidad del Registro». Ahora bien, estas personas deben identificar siempre a la persona para quien dicha información se expide y que es el destinatario último de la misma, pues el titular de la finca tiene derecho a saber quién pidió información sobre ella (art. 222.6 LH), y el ejercicio de ese derecho del titular de los datos exige la identificación del destinatario, aunque no pidamos al profesional que acredite el interés legítimo (R. de 20 de septiembre de 2013). ¿Puede el Registrador decidir cuánta información nos da? Al certificar, el Registrador extrae del folio los datos a que la petición se refiere (arts. 223 y 229 LH). La DGRN considera que le corresponde al mismo, además de calificar el interés legítimo, determinar qué datos y circunstancias debe incluir y excluir de la certificación que expida (R. de 26 de febrero de 2013).

Finalmente, recordar el artículo 353.3 RH (mencionado al tratar de la rogación), que permite cancelar «las menciones, derechos personales, legados, anotaciones preventivas, inscripciones de hipotecas o cualesquiera otros derechos que deban cancelarse o hayan caducado», ya que éstos «no se comprenderán en la certificación». Añadiendo que «se entenderá también solicitada la cancelación que proceda por el solo hecho de pedirse la certificación». El precepto tiene una gran trascendencia práctica por cuanto, siendo la finca registral un ente vivo, sobre el que aparecen y desaparecen con el tiempo circunstancias, la petición de certificación permite obtener información completa y actualizada sobre la finca.

La aplicación del precepto suele suscitar problemas cuando se pretende pedir certificación sin actualizar la situación de la finca: ello sólo es posible cuando la petición es de persona diferente del titular registral, pues si es del titular registral, necesariamente se entenderá solicitada la cancelación de las cargas (por eso hemos dicho que hay obligación de pasar por la cancelación al tratar del principio de rogación).

---

[10] Sin pretensión de exhaustividad, y entre las principales podemos citar: los artículos 656 y 688 LEC en materia de ejecución, 31 y 54.1 y 2 del RDL 2/2008, de 20 de junio, de la Ley del Suelo y 5 y 22 del Real Decreto 1.093/1997, de 4 de julio, en los procedimientos de ejecución urbanística expropiatorios y reparcelatorios, o el artículo 8.1 del Real Decreto 9/2005, de 14 de enero, sobre suelos contaminados.

En cuanto al Registro de Bienes Muebles, la expedición de publicidad se regula en términos parecidos por el Reglamento del Registro Mercantil y por la ORVPBM (arts. 32 a 34).

5. El principio de prioridad

5.1. *Concepto*

Concurriendo varios derechos subjetivos excluyentes entre sí sobre un mismo objeto, es preciso determinar el orden de preferencia de los mismos. Cuando el derecho es de crédito, la concurrencia de diversos derechos sobre un mismo patrimonio se resuelve por un orden de prelación (arts. 1.911 y 1.921 ss. CC). Sin embargo, cuando los derechos son reales, en tanto inmediatos, absolutos y *erga omnes*, se determina un orden de los mismos con arreglo a un sistema de prioridad: el derecho subjetivo que primero consta constituido sobre un determinado objeto (en nuestro caso, la finca), puede excluir a los demás.

Llevada esta regla al Registro podríamos decir con Roca Sastre que quien primero ingresa en el Registro se antepone con preferencia excluyente o superioridad de rango a cualquier otro acto registrable que se le oponga o sea incompatible, lo cual se expresa en latín con la fórmula *prior tempore, potior iure* (que sirve de lema al cuerpo de Registradores de acuerdo al art. 537 RH).

Dos son pues los efectos posibles: la preferencia excluyente, que se hace efectiva por medio del llamado cierre registral; y la superioridad de rango.

5.2. *La preferencia excluyente: el cierre registral*

El artículo 17 LH dispone que «inscrito o anotado preventivamente en el Registro cualquier título traslativo o declarativo del dominio de los inmuebles o de los derechos reales impuestos sobre los mismos, no podrá inscribirse o anotarse ningún otro de igual o anterior fecha que se le oponga o sea incompatible, por el cual se transmita o grave la propiedad del mismo inmueble o derecho real.

Si sólo se hubiera extendido el asiento de presentación, no podrá tampoco inscribirse o anotarse ningún otro título de la clase antes expresada durante el término de sesenta días, contados desde el siguiente al de la fecha del mismo asiento».

Intentaremos comprender el juego del precepto con un ejemplo: Dionisio y Tamara compraron a ATICA PROMOCIONES, S.L. un chalet adosado a las afueras de su ciudad por medio de escritura otorgada el 22 de febrero de 2019 ante el Notario José Javier López Jacoiste. Para el pago del precio se pidió un préstamo a la Caja de Ahorros del Mediterráneo, en garantía del cual se pactó constituir hipoteca a favor de la Caja, lo cual se hizo en escritura de la misma fecha, en número siguiente del protocolo del mismo Notario. Con fecha 28 de febrero, se presentó en el Registro mandamiento expedido por la unidad de recaudación de la Agencia Tributaria, ordenando el embargo del chalet que han comprado Dionisio y Tamara junto a otros treinta chalets pertenecientes a la promotora, por una deuda de la misma correspondiente al IVA de los últimos dos años. En tanto el embargo trabado es una carga incompatible (el art. 17 dice inscripción o anotación, de modo que el cierre opera respecto de todas las cargas) con la adquisición como libre de la finca, y en tanto la compra accedió antes al Registro, el embargo no se podrá anotar por ser incompatible, no haberlo consentido el titular afectado ni haberse dirigido contra él el procedimiento (arts. 20 y 38 LH) y haber accedido uno antes que otro al Registro.

Un problema complejo en relación con este principio es el de los títulos complementarios, ¿cómo afecta el cierre registral a los documentos complementarios presentados antes que el documento que se complementa? El caso sería éste: se presenta escritura de ratificación de otra, luego un embargo que perjudica al transmitente de la escritura ratificada, y luego la transmisión ratificada (p. ej., aportación de inmuebles a una sociedad). En estos casos, en tanto la ratificación carece de sustantividad para inscribir una transmisión, el documento complementado no tiene la prioridad del complementario: habría que denegar la inscripción de la ratificación, despachar el embargo, y luego inscribir la transmisión (cfr. R. de 7 de mayo de 2013). Pero entonces el bien que se había comprado como libre, se inscribe gravado. He ahí la gravedad de llevar a cabo correctamente la presentación.

5.3. *La superioridad de rango*

La superioridad de rango es toda situación en la cual un derecho o situación se hace constar en el Registro sin «cerrarlo» a actos posteriores que sean momentáneamente compatibles, pero reservándole una determinada posición de prioridad o rango registral (comúnmente se suele llamar rango hipotecario). Dice García García que en estos casos nos encontramos ante una incompatibilidad «relativa» por ser posible la coexistencia entre los derechos sobre un mismo bien, aunque sea por un período de tiempo. En estos casos se produce la eficacia preferente, no la excluyente. Sin embargo, si en algún momento llegasen a ser incompatibles los derechos inscritos, el derecho inscrito antes se haría efectivo con prioridad sobre el inscrito después y en su perjuicio.

Así, cuando anotamos un embargo (art. 71 LH), inscribimos una hipoteca, hacemos constar un derecho de opción (art. 14 RH), reflejamos el aplazamiento del precio por medio de condición resolutoria (art. 11 LH) o asentamos un derecho de preferente adquisición, su constancia no llega a impedir la inscripción de actos posteriores en tanto éstos no son incompatibles con el inscrito antes (p. ej., la venta de un bien hipotecado o embargado, la anotación de embargos posteriores, o la constitución de una segunda hipoteca). Sin embargo, se deja constancia de dicha reserva de prioridad para, en caso de llegar a ser incompatibles (por llegar la adjudicación del bien embargado o hipotecado, ejercitarse la opción o el retracto...), operar el llamado «trasvase de prioridad» (expresión de García García acogida por la DGRN —cfr. R. de 20 de julio de 2010—): se hará constar la situación definitiva con la cancelación de todas las cargas posteriores que sean incompatibles.

Para ello, eso sí, es imprescindible que la carga que se ejecuta esté vigente, en caso de que sea de vigencia limitada en el tiempo. Si se trata de una carga susceptible de prórroga como el embargo, será preciso que la prórroga acceda al Registro cuando todavía está vigente la carga que se prorroga[11].

En esta situación de posible concurrencia de varios derechos momentáneamente compatibles, pero ordenados por la superioridad de rango de cada uno de ellos, habría que preguntarse, ¿se pueden hacer negocios con el rango hipotecario?

5.4. *Los negocios sobre el rango hipotecario*

Para comprender esta pregunta y su respuesta, podríamos lanzar la siguiente: ¿considera usted admisible que se vendan puestos en las colas? La respuesta a si una cosa es o no vendible, dependerá de la disponibilidad del objeto, si lo consideramos o no comerciable. La posición de prioridad que un titular de un derecho tiene respecto de un objeto no parece que sea materia indisponible ni que repugne

---

[11] Practicada una anotación, la misma caduca a los cuatro años (art. 86 LH) salvo plazos especiales. Un problema que se plantea frecuentemente, y que ha dado lugar a varias resoluciones de la DGRN, es el relativo a cuándo debe llegar la prórroga al Registro. Pues bien, lo primero que hay que tener claro es que la fecha inicial del cómputo de los cuatro años es la fecha de la anotación (no rige aquí por tanto la fecha del asiento de presentación, art. 24 LH). La prórroga, en cambio, sí que se podría practicar con tal que el mandamiento ordenándola ingrese (cause asiento de presentación) en el Registro antes de haber trascurrido cuatro años. Los cuatro años, por tanto, se contarían desde la anotación hasta el asiento de presentación de la prórroga. Si ésta llega después de los cuatro años (aunque se haya solicitado en el juzgado antes), ya no cabe prórroga. La responsabilidad, en caso de que la caducidad ocasione perjuicios, será del abogado y no del procurador (STS 336/2017, de 29 de mayo, la cual señala que «se trata de una iniciativa propia del abogado en la defensa y dirección del proceso en cuanto supone una actuación de contenido jurídico-económico, y que es ajena a la capacidad de decisión del procurador»).

No es preciso, por tanto, que se extienda la anotación de prórroga dentro de los cuatro años, si no que puede ser días después. Y será su fecha la que se tome en consideración para despachar prórrogas ulteriores. Consecuencia de ello, si se presentó la prórroga con algún defecto, se suspende el despacho, y se subsana el defecto dentro del plazo de vigencia del asiento de presentación, cabría que la prórroga tuviese lugar hasta cuatro años y el plazo de vigencia del asiento de presentación después de la fecha de la anotación inicial.

a la dignidad humana convertirlo en comerciable, de modo que la respuesta debería ser: sí, se pueden hacer negocios con el rango hipotecario. El artículo 240 RH determina el cómo se deben llevar a cabo esos negocios: fundamentalmente con las exigencias del principio de especialidad (debe quedar claro qué se pospone a qué, en que plazos y cantidades) y del principio de legitimación y el de tracto (deben consentir todos los afectados).

5.5. *La conservación del rango de los derechos modificados (en particular, el problema de la hipoteca recargable o reutilizable)*

Ganada una posición por un derecho o afección, se cuestiona constantemente en qué condiciones cabe modificarlo sin que pierda su rango. Por ejemplo, Zoe y Nicóstrato hipotecaron su casa en garantía de un crédito de 50.000 euros a diez años para comenzar una empresa. Posteriormente, la volvieron a hipotecar por un préstamo de 100.000 euros a veinte años para pagar la carrera de su hijo en Santiago de Compostela. El crédito queda garantizado con primera hipoteca. El préstamo con segunda. Debido a las necesidades de la empresa, se plantean ampliar el plazo de duración del crédito (de modo que recibirán más dinero: pueden disponer más tiempo de lo que aun deben, y la diferencia entre lo que habían devuelto y la cantidad garantizada —esto es a lo que la doctrina llama en España recargar una hipoteca—): ¿conservará el crédito, pese a la ampliación del plazo, su rango?

El artículo 4.3 de la Ley 2/1994 (introducido por la Ley 41/2007), determina que pueden conservar el rango, y no necesitarán el consentimiento de los acreedores posteriores, cuando sólo se modifica el plazo sin alterar la responsabilidad logrando con ello nuevo capital. Si se modificase además la responsabilidad hipotecaria, se pierde el rango en cuanto a la ampliación, pero se conserva en cuanto a la cantidad inicial: por ejemplo, si además de ampliar de diez a veinte años, ampliamos de 50.000 a 75.000 euros la cantidad garantizada, habrá una hipoteca por 50.000 euros y otra por 25.000 euros. Se pierde el rango de la primera en cuanto a la ampliación, salvo que consientan posponer su rango los acreedores perjudicados por el exceso (cfr. art. 240 RH). Si se lleva al Registro una ampliación sin dichos consentimientos pretendiendo la preservación del rango, nos denegarán la inscripción.

La doctrina dice que el artículo 4.3 ha introducido en España la hipoteca recargable o reutilizable. Este artículo ha hecho que corriesen ríos de tinta, habiéndose escrito muchos trabajos y publicado muchas Resoluciones de la DGRN al respecto. Procurando unificar doctrina, la Resolución de 14 de mayo de 2015 hizo un tratamiento completo del problema. Diferencia la DGRN capital, plazo y cifra de responsabilidad hipotecaria, aclarando que cuando sólo se modifica el plazo sin alterar la cifra de responsabilidad garantizada por la hipoteca, aun logrando con ello nuevo capital, se conserva el rango.

5.6. *La prioridad de la hipoteca sobre otros derechos posteriores. La tutela procesal de la prioridad*

La posición de prioridad que ostenta un derecho se tutela por el ordenamiento jurídico impidiendo que el mismo pueda cancelarse, siendo preferente, en el caso de que su titular no haya intervenido en el procedimiento en el que se ordene la cancelación. Así, una serie de reglas exigen la intervención procesal en los procedimientos de terceros afectados que sean titulares de derechos preferentes. Dicha intervención se procura también respecto de derechos no preferentes, pero que vayan a ser cancelados, a fin de poder intervenir en el procedimiento.

Para ello se refleja la existencia de procedimientos ejecutivos en el Registro por nota al margen del embargo o hipoteca correspondiente, de la cual resulte que la misma ha entrado en ejecución. Expedida dicha nota, no cabe cancelar la hipoteca sin intervención del Juez (art. 131 LH).

5.7. *La prioridad y la publicidad noticia: el problema de las ilegalidades urbanísticas*

La regla de prioridad es de gran importancia a la hora de determinar la asignación de derechos. En tanto dicha asignación se lleve a cabo atendiendo a la prioridad, se está dando efecto a lo publicado, y por ello, se suele decir que la publicación de derechos subjetivos privados es objeto de publicidad efecto, y que el efecto de los derechos depende de la publicidad (de ahí la regla del art. 32 LH).

Junto a la publicidad efecto, está la llamada publicidad noticia: el Registro a veces da noticia de situaciones que afectan a la finca. Afectaciones que surten efecto con independencia de la inscripción. Por ejemplo, si la Administración considera que una edificación es ilegal, la declaración de ilegalidad surtirá todos sus efectos por ley y sin necesidad de inscripción.

Como en ocasiones la publicidad efecto puede chocar con la publicidad noticia, hay que tener claro que la prioridad sólo resuelve los conflictos entre derechos cuyo efecto depende de la publicidad, pero no de afectaciones que tienen efecto sin publicidad.

Pero como ello es peligroso para la seguridad del adquirente, se establece la obligación de la Administración de reflejar en el Registro situaciones afectantes a las fincas aunque sea mera publicidad noticia, y si no lo hace, responde de daños y perjuicios.

Ejemplo.—Denis y Margaret compran un chalet a una promotora en la Costa del Sol. Para financiar la compra, constituyen hipoteca a favor del Royal Bank of Scotland. Posteriormente, la Administración inicia la declaración de ilegalidad de la construcción, y anota preventivamente el expediente en el Registro (conforme al art. 65.2 del RDL 7/2015, de 30 de octubre, de la Ley del Suelo). Surge entonces la pregunta del matrimonio, del Banco y de sus asesores: ¿goza la hipoteca de prioridad sobre la anotación de ilegalidad urbanística? Aunque es cierto que la hipoteca accedió antes, la respuesta es no. Y es no porque una cosa es un derecho privado como la hipoteca cuyo efecto sobre un bien depende de la publicidad; y otra el sometimiento a la legalidad urbanística, que se refleja por seguridad, pero que surte efecto por ley, con independencia del Registro. La situación, con todo, ha ido cambiando: la Administración deberá indemnizar por falta de reflejo registral del artículo 65.2.2 TRLS (novedad por el DL 8/2011, a cuya exposición de motivos nos remitimos para una mejor comprensión del problema).

5.8. *La prioridad en el Registro de Bienes Muebles*

Los bienes muebles inscritos se rigen igualmente por dicha preferencia excluyente y superioridad de rango, determinándose la prioridad por la fecha del asiento de presentación (art. 30 ORPVBM).

Además, existe una regla específica sobre la prelación que la inscripción origina para los créditos reflejados en el Registro, en cuanto a las ventas a plazos de bienes muebles. El artículo 16.5 LVPBM dispone que el acreedor de créditos formalizados en modelo oficial inscrito «gozará de la preferencia y prelación establecidos en los artículos 1.922.2 y 1.926.1 del Código civil» y, en caso de que «se hubiera inscrito la reserva de dominio pactada» habrá derecho de separación (cobrar aparte sobre ese bien) en caso de concurso de acreedores. La misma preferencia rige para los arrendamientos financieros (Disp. Adic. 1.ª5 LVPBM).

En caso de ser varios los créditos sobre un mismo bien, siguiendo fielmente el principio de prioridad, el artículo 26 ORVPBM determina que ordenarán por la «preferencia que resulte de su respectiva inscripción en el Registro».

6. Principio de especialidad

6.1. *La descripción del derecho*

En virtud del principio de especialidad, el derecho que se inscriba debe estar perfectamente determinado en cuanto a «sujeto, objeto y contenido» (en expresión del art. 9 LH, modificado por la Ley 13/2015). Dicho precepto determina una serie de elementos que en todo caso debe contener la inscripción, añadiendo el artículo 51 RH más precisiones al respecto. En cuanto al título, consecuencia de este principio, el artículo 21 especifica que «Los documentos relativos a contratos o actos que deban inscribirse expresarán, por lo menos, todas las circunstancias que necesariamente debe contener la inscripción y sean relativas a las personas de los otorgantes, a las fincas y a los derechos inscritos».

Si en el título formal nos falta algún dato necesario para la inscripción, el Registrador señalará defecto. Por eso, además de preguntarse si concurren todos los requisitos de validez, de formalidad, consentimientos relevantes, etc., se puede obtener certidumbre sobre la inscribibilidad de un documento cotejando el mismo con el artículo 9 LH y el 51 RH para el Registro de la Propiedad, el artículo 69 LNM en caso de buques, 13 y 35 LHMyPSD en caso de garantías mobiliarias, 15 ORVPBM en ventas a plazos.

6.2. *El sujeto: el titular registral (especial mención a la titularidad de comunidades)*

Mención concreta y especial merece la titularidad: la atribución a una persona concreta del derecho inscrito requiere su perfecta identificación. La redacción dada al artículo 9.*e*) LH por la reforma de 2015 dice que el titular tiene que ser «La persona natural o jurídica a cuyo favor se haga la inscripción o, cuando sea el caso, el patrimonio separado a cuyo favor deba practicarse aquélla, cuando éste sea susceptible legalmente de ser titular de derechos u obligaciones». Contempla con ello el artículo el caso de las inscripciones a favor de uniones temporales de empresas (sobre las mismas, RRDGRN de 25 de marzo de 1993 y 16 de febrero de 2012), Fondos de Titulación de activos (Disp. Adic. 5.ª de la Ley 3/1994, de 14 de abril —modificada en este punto por el Decreto-ley 6/2010, de 9 de abril), o bien de comunidades de vecinos (que, aun carentes de personalidad jurídica, pueden devenir titulares provisionales cuando se adjudican un piso o local tras embargarlo por deudas de un vecino con la comunidad —cfr. RDGRN de 12 de febrero de 2016—). En estos casos cabría inscribir a nombre del ente comunitario sin personalidad prescindiendo incluso del requisito de fijar cuotas que rige en general para las comunidades (art. 54 RH).

6.3. *El objeto: el sistema de folio real*

En este punto, hemos de tener presente también que el Registro se lleva por fincas, abriendo un folio registral a cada una de ellas (arts. 8 y 243 LH). A partir de la Ley 13/2015 el folio real de cada finca incorporará un código registral único de cada finca (art. 9 LH). La primera inscripción de cada finca, será de dominio (art. 7). Las titularidades y cargas que tengan dicha finca como objeto, deben inscribirse en el folio abierto a la misma (art. 13 LH).

El concepto registral de finca no es el mismo que entendemos en la realidad física: el Registro no considera finca a cada porción de terreno cerrado por una línea poligonal (que sería la idea material de finca), sino que es finca registral cualquier ente delimitado y susceptible de aprovechamiento independiente al que se le pueda abrir folio. Finca registral no es por tanto una parcela que se registra, sino que puede ser finca un apartamento, un local, una plaza de garaje, un puesto de un mercado, un nicho de un cementerio o un derecho de aprovechamiento (aprovechamiento por turno, concesión administrativa, etc.). Por ello dice GARCÍA GARCÍA que finca registral es «un bien inmueble consistente en el espacio suficientemente delimitado y susceptible de aprovechamiento independiente, con una titularidad unitaria, y que es objeto de tráfico jurídico como una unidad, y por ello, susceptible de abrir folio registral, conforme al principio de especialidad».

Para comprender lo que decimos hay que partir de la finalidad económica del Registro que explicamos al inicio. Hoy el mercado habla de *property rights*. Dicho concepto es más amplio que derechos de propiedad: hace referencia también a derechos de aprovechamiento de los bienes, como, por ejemplo, las concesiones administrativas. Por otra parte, el objeto de dichos derechos subjetivos no siempre es una porción de terreno: puede ser una cuota de dicho terreno con asignación de uso de una parte; puede ser una fracción de tiempo en el uso de parte de dicho terreno (así el aprovechamiento por turno de bienes de uso turístico); puede ser un piso o local de un edificio en el que haya varios; un garaje o una simple plaza del mismo; o el puesto de un mercado de abastos. Las técnicas constructivas y las demandas del mercado contemporáneo, han originado que el objeto de los derechos reales sea más variado que una porción de terreno. Cada departamento o piso puede tener un propietario diferente, con su acreedor hipotecario y su inquilino detrás. Ello justifica que, si lo que pretendemos es dar publicidad a los derechos, sea preciso determinar con claridad el objeto de los mismos. Siendo dicho objeto un ente que no necesariamente es una porción de terreno, habrá que abrir folio a dicho objeto tal cual sea.

Es por ello que la legislación vigente admite en diversos supuestos que se abra folio a entes que no son porción de terreno tales como los pisos o locales en régimen de propiedad horizontal y los conjuntos inmobiliarios (art. 8 LH, que la DGRN ha estimado aplicable a realidades constructivas diferentes de las casas por pisos, como, por ejemplo, los cementerios —R. de 21 de marzo de 2001—); las agrupaciones de fincas que constituyen una unidad como explotaciones industriales o granjas (cfr. art. 44 RH); las concesiones administrativas (arts. 31, 60 y 61 RH, que no sólo se refieren a grandes concesiones tipo gasolineras, autopistas o minas, sino también las concesiones de plazas de garaje por un tiempo en aparcamientos de residentes, los amarres de los puertos deportivos o los chiringuitos); las cuotas de locales destinados a garaje (art. 68 RH); o los derechos de aprovechamiento por turno de bienes inmuebles (art. 27 Ley 4/2012).

En muchos de estos casos, una finca registral está unida a otra: se abre folio al total conjunto o edificio, a cada piso, a cada local garaje, a cada cuota, a cada apartamento y a cada porción temporal en el *time-sharing*. Ahora bien, todo empieza por una porción de terreno en la que se construye, se divide horizontalmente, etc. Por este motivo, podemos señalar que todos estos cambios posteriores son, como dice PEÑA, «hechos que, respetando la unidad registral de la finca» —pues no dividen ni segregan— «determinan la apertura de nuevos folios relativos a objetos registralmente autónomos», pero vinculados con otra finca matriz, de modo que se habla de folios en cascada, pues unos parten de otros.

Una pregunta interesante que se podría plantear sería ¿puede el titular de un derecho limitado sobre finca no inscrita inscribir su derecho? Hasta la Ley 13/2015, la única forma de lograr su inscripción que tenía el titular de un derecho limitado era lograr la presentación de un título que permitiese la inscripción del dominio y el derecho limitado (arts. 7.2 LH, 376 RH). El nuevo artículo 203.2 LH articula el expediente de dominio instado por el titular de un derecho sobre finca no inscrita.

En el Registro de bienes muebles, se abre igualmente un folio a cada bien (art. 15 ORVPBM), si bien no en todos los casos la primera inscripción debe ser de dominio (cfr. art. 3 LHMyPSD).

La aplicación del principio de especialidad, plantea una serie de problemas que podríamos ordenar (con PEÑA) en problemas que tienen que ver con las modificaciones del objeto de los derechos registrados y problemas que surgen de la definición del derecho, que pasamos a tratar:

6.4. *Problemas que tienen que ver con las modificaciones del objeto de los derechos registrados*

a) Las diferencias de cabida. En ocasiones, las fincas resultan tener en la realidad mayor o menor superficie que la reflejada en el Registro. Decía PEÑA que «con la misma facilidad con que pueden llegar al Registro las novedades que afectan a los meros datos físicos de la finca, deben poder hacerse constar las inexactitudes relativas a estos datos».

En atención a esto, el artículo 198 LH incluye entre los medios para concordar la realidad física con la registral la representación gráfica georreferenciada de la finca y su coordinación con el Catastro, y la rectificación de la descripción de una finca. La primera está prevista en el artículo 199 LH. La segunda se producirá a través del expediente de dominio previsto en el artículo 201 LH, el cual se tramita ante Notario con ciertas actuaciones por parte del Registrador (cfr. arts. 201 y 203 LH).

La Ley 13/2015, que ha modificado esta parte de la Ley Hipotecaria, ha sometido a expediente de dominio o expediente de representación gráfica todos los excesos de cabida, excepto las rectificaciones de cabida por diferencias inferiores al 10 por 100 de la superficie (que se pueden hacer por medio de certificación catastral, art. 201.3 LH) y las simples rectificaciones de superficie inferiores al 5 por 100. Ahora bien, en ambos casos se profundiza en la exigencia de que el Registrador no albergue dudas sobre la finca (art. 201, último párrafo, LH), de modo que se concede discrecionalidad al Registrador para la calificación de estas operaciones. Con el nuevo contenido del artículo 201 LH hay que entender que ya no se podrá constatar los excesos de cabida por los medios del artículo 298.3 RH.

Respecto de la menor cabida, por analogía con los medios de constatación de los excesos, se podrá hacer constar por los mismos medios. Ahora bien, en la medida en que ello supone una disminución, los titulares de cargas constituidas sobre la finca que resulten afectados, deberán prestar su consentimiento pues su derecho decrece.

b) La alteración de características: la redacción del artículo 201.2 LH tras la Ley 13/2015 dispone que «podrá, no obstante, realizarse la rectificación de la descripción de cualquier finca, sin necesidad de tramitación de expediente, cuando se trate de alteración de su calificación o clasificación, destino, características físicas distintas de la superficie o los linderos, o los datos que permitan su adecuada localización o identificación, tales como el nombre por el que fuere conocida la finca o el número o denominación de la calle, lugar o sitio en que se encuentre, siempre que, en todos los casos, la modificación se acredite de modo suficiente, en la forma que se determine reglamentariamente».

c) Las declaraciones de obra nueva, plantaciones e instalaciones. Existiendo sobre las fincas inscritas plantaciones, construcciones o instalaciones cabrá reflejar dicha circunstancia (art. 202 LH). Dicha constancia podrá conseguirse ya por un título de finalidad traslativa, ya como operación específica con posterioridad. En todo caso, en esta materia tiene una especial trascendencia la legislación sectorial, pues las obras deben cumplir las exigencias determinadas en la misma.

Dicha legislación es especialmente importante respecto de las obras nuevas. La misma señala la necesidad de acreditación de los requisitos previstos por las leyes tales como la obtención de licencia, la finalización de la obra conforme a la misma y el cumplimiento de los requisitos de la legislación de la edificación para la entrega a los usuarios (cfr. art. 28 Texto Refundido de la Ley del Suelo —TRLS—). Además, el artículo 28.4 TRLS establece la posibilidad de inscribir las obras antiguas de las que no hay licencia, respecto de las cuales ya prescribió la infracción urbanística o que estén fuera de ordenación.

d) Las modificaciones hipotecarias. Con este nombre, se conoce a las operaciones de agregación, segregación, división y agrupación de las fincas, que se regulan en los artículos 45 a 50 RH. Dichos preceptos admiten la constancia posterior de dichas alteraciones. Además de los mismos, deben tenerse presentes los requisitos de la Legislación Agraria y Urbanística y de la Ley de Propiedad Horizontal. En efecto, determinados preceptos como el artículo 10 LPH y el 26 LS exigen autorización de la comunidad de vecinos y de la Administración para llevar a cabo modificaciones, como se verá enseguida [apartado *f*)].

e) Las modificaciones de pisos y locales en propiedad horizontal: mención aparte merece la modificación de pisos y locales en régimen de propiedad horizontal. En efecto, con carácter general la modificación de las fincas requiere ante todo someterse a los requisitos de especialidad indicados (arts. 45 a 50 RH). En el caso de que lo que se modifique sea un piso o local en régimen de propiedad horizontal, hay casos en los que además se requiere el consentimiento de la comunidad de vecinos o incluso licencia administrativa. La casuística es inagotable y las Resoluciones de la DGRN en la materia abundantísimas.

Lo esencial, a los efectos del principio de especialidad, es que deben haber consentido todos los afectados (véase principio de tracto) y que el título debe contener todos los elementos descriptivos necesarios.

En ocasiones, aunque se tiene un consentimiento *ex ante* (los Estatutos de la comunidad de vecinos autorizan a dividir, segregar, agregar, agrupar o desvincular anejos), no se tienen en cambio los elementos descriptivos, lo cual impide la inscripción: por ejemplo, en casos de desvinculación de anejos en base a autorizaciones estatutarias, faltando fijar la cuota que el anejo pasa a tener como elemento privativo autónomo o las reglas para la determinación de la misma (R. de 7 de mayo de 2014), que tal vez no se fijaron al autorizar (cfr. R. de 6 de mayo de 2015).

Por lo que se refiere a los afectados que deben consentir, las últimas reformas (la Ley 8/2013, de 26 de junio, de rehabilitación, regeneración y renovación urbanas modificó la LPH en este punto) han establecido la necesidad de autorización administrativa para dividir, segregar y agregar pisos y locales [cfr. art. 10.3.*b*) LPH], y han suavizado las exigencias en cuanto a las mayorías necesarias (se admite 3/5) en la Junta de Propietarios. Este precepto ha dado lugar a problemas y ha suscitado en muchos casos la duda de cuándo es necesaria la autorización administrativa para modificar pisos a la vista de los artículos 10.3 LPH y 26.6 LS. La remisión del artículo 10.3 LPH al artículo 26.6 LS y sus condiciones, permite entender que no será necesaria autorización cuando el número de departamentos resultantes de la modificación coincida con los previstos en la licencia, o bien cuando el número de departamentos resultantes sea menor de los que había antes de la modificación.

Ejemplo.—Bosco y Domingo han heredado un piso que registralmente son dos fincas (una vivienda y un despacho). Quieren agregar el despacho a la vivienda, de modo que en el Registro conste un solo departamento conforme a la realidad. Dado que el resultado es un departamento donde había dos, hay que entender innecesaria la autorización administrativa.

6.5. *El contenido: problemas que surgen de la definición del derecho*

En cuanto a la definición del derecho, como hemos dicho, la misma tiene que ser lo más clara posible. Esto no plantea problema en derechos plenos o de definición legal como la propiedad y el usufructo. Sin embargo, sí que puede plantearlos en derechos de garantía, requiriéndose una perfecta determinación de cuál es la obligación garantizada (art. 12 LH, respecto de las hipotecas).

Precisamente la hipoteca fue la que en buena medida determinó las reglas a partir de las cuales se ha elaborado la idea de principio de especialidad. La idea inicial era que quedase perfectamente determinado todo a fin de que no hubiese hipotecas generales. Sin embargo, en la actualidad, y tras la Ley 41/2007, se está produciendo una tendencia a la admisión de nuevas figuras, rompiendo parcialmente con el principio de accesoriedad de la hipoteca respecto del crédito garantizado. Exponente de esta tendencia es el artículo 153 bis LH que admite la constitución de la hipoteca en garantía de una pluralidad de obligaciones.

Para los bienes muebles, los artículos 10, 11, 15 y 17 ORPVBM determinan una serie de exigencias de contenido para los contratos de venta a plazos, la LHMyPSD exige una serie de datos para la hipoteca mobiliaria (art. 13) y la prenda sin desplazamiento (art. 35).

6.6. *La conexión con otros Registros para la delimitación del derecho inscrito (el inmueble con bienes muebles registrados)*

Hasta aquí lo relativo a la delimitación de sujeto, objeto y contenido del derecho que se hace en el Registro de la Propiedad.

En ocasiones, un derecho inscrito recae sobre un objeto complejo en el que el bien inscrito lo está en varios Registros. Y es que no podemos olvidar que el objeto del Registro de la Propiedad son sólo los inmuebles. Hay además bienes que se inscriben en el Registro de Bienes Muebles. A veces alguno de estos bienes se asienta en un inmueble.

El caso más significativo es el de que un bien inmueble tenga asentado sobre el mismo un mueble objeto de hipoteca o prenda mobiliaria. Así, por ejemplo, si sobre un local dedicado a oficina de Farmacia hay prenda de la licencia de farmacia, o bien si sobre un monte hay aerogeneradores objeto de hipoteca mobiliaria. En estos casos, dado que la hipoteca inmobiliaria en su caso existente podría extenderse a los bienes muebles por el artículo 111 LH, se permite la conexión de los dos Registros de bienes haciendo constar por nota al margen de la inscripción del inmueble, la hipoteca del bien mueble como preferente (art. 75 LHM).

6.7. *La causa y la inscripción*

a) ¿En qué medida importa la causa para el Registro? Otro elemento importantísimo del derecho que se inscribe es la causa del negocio del que el derecho nazca. Ello nos obliga a adentrarnos en una cuestión compleja cual es el rol de la causa respecto de la inscripción. Para comprender la relación entre la causa y la inscripción hemos de partir de que el español es un sistema civil causal: los negocios jurídicos lo son con justa causa y la falta de la misma es determinante de nulidad, actuando la necesidad de causa como límite a la autonomía de la voluntad (arts. 1.274-1.277 CC). El causalismo, relacionado además con la teoría del título y el modo, implica la necesidad de justa causa, no sólo del contrato, si no del derecho que se adquiere (de modo que la explicación de VON THUR según la cual la causa es de la atribución patrimonial cobra una especial importancia en el Registro).

Ello contrasta con el origen germánico de buena parte de los preceptos de nuestra Ley Hipotecaria, ya que el sistema germánico se caracteriza por la existencia de actos reales abstractos, actos dispositivos que son lo que propiamente se inscribe, y para los cuales no hace falta causa. En España sin embargo, sí que hace falta causa, aunque como veremos se establece una protección para el tercero subadquirente del titular registral en términos parecidos a la protección del sistema germánico. Dicha limitación de efectos de la causa a solo las partes, hace que MÉNDEZ afirme que en la protección del tercero convergen el sistema español y el germánico.

Para el Registro, por tanto, la causa importa como causa de la atribución patrimonial en que consiste el derecho que se inscribe, como *causa traditionis* del mismo, como título por el cual se adquiere. Sin causa, la inscripción no protegerá al adquierente (art. 33). No importa en cambio como determinante de la pérdida del derecho cuando hay un subadquirente, respecto del cual importa únicamente la adquisición «de quien en el Registro aparece con facultades bastantes para transmitir» (art. 34) el derecho de que se trate.

b) La *causa traditionis* y la inscripción: la necesidad de causa. La importancia de la causa suscita una serie de cuestiones teóricas y prácticas de gran calado. Se ha discutido tradicionalmente si es imprescindible la expresión de la causa. En principio la doctrina clásica lo ha exigido por las propias características del sistema (arts. 609 y 1.261 CC), en tanto los Registradores deben calificar la validez del acto dispositivo que se inscribe como hemos visto al analizar el principio de legalidad (art. 18 LH). Ello es lo que permite llevar a cabo una calificación acerca de la suficiencia, adecuación y licitud de la causa.

El Registro ha sido y es una institución clave para combatir el problema de la anomalía de las causas: a lo largo del tiempo se ha denegado la inscripción de aquellas atribuciones patrimoniales en las cuales no había causa suficiente, o ésta se consideraba ilícita, tales como las ventas en función de garantía[12] o las adjudicaciones derivadas de un pacto comisorio.

Por otro lado, el Registro ha servido para controlar la inadecuación de las causas: en un contexto de progresiva tendencia a la objetivación de la causa, no se permite adquirir un derecho real, ni diseñar uno nuevo, si no por las causas y con las modalidades típicas, siendo frecuente la invocación a la estructura típica del derecho real y a la finalidad económica del mismo en la doctrina reciente de la DGRN (cfr. RR. 6 y 24 de octubre de 2014 y 24 de septiembre de 2015). Como indica DIEZ PICAZO «el negocio puede tener su causa, como causa suficiente de obligaciones (cfr. art. 1.261.3.º) y no tenerla en cambio como causa suficiente de la producción de un efecto jurídico-real [...] a esta incidencia causal, en la línea de la función económico-social, es a la que se está haciendo referencia».

Este control es especialmente acusado cuando se trata de la constitución de derechos reales atípicos, toda vez que en los típicos se entiende que la función económico-social ya fue prevista por la legislación.

En caso de falsedad, ilicitud, inadecuación de la causa, el Registrador debe denegar la inscripción, de lo cual hay abundantes ejemplos en la práctica.

c) La presunción de causa y el proceso de inscripción: la innecesariedad de expresar la causa en determinados casos. Pese a que se ha entendido necesaria la expresión de la causa, y pese a que así lo ha dicho la DGRN en diferentes ocasiones[13] [...], no podemos olvidar que, junto a la causalidad sustantiva de nuestro sistema, el mismo admite una cierta «abstracción procesal» o «abstención de la mención de la causa» (que dijera DE CASTRO). Ello llevó a LACRUZ y SANCHO en cierto momento a decir que, aunque se exija causa, no es precisa la mención específica de la misma por ser inscribibles todos los actos que implican una mutación jurídico real y por la presunción de causa (arts. 2 LH y 1.277 CC), si bien más tarde limitaron esta idea a los negocios sobre el rango hipotecario (art. 241 RH).

Junto a ello hay que tener en cuenta que la protección del tercero subadquirente se supedita a que haya adquirido a título oneroso (art. 34 LH), lo cual lleva a la DGRN a exigir que al menos el carácter de la adquisición quede claro en si es oneroso o gratuito (incluso para un expediente de reanudación del tracto: R. de 17 de enero de 2003)[14].

---

[12] Sean éstas como tales (R. de 30 de junio de 1987), con pacto de retro (18 de octubre de 1994) o bien opciones en garantía (22 de septiembre de 1992), casos en los cuales la anomalía de la causa ocasiona la denegación de la inscripción; lo cual sin embargo no sucede en negocios de estructura similar como el *leasing* (RR. de 15, 16 y 17 de junio de 1998).

[13] Exigiendo al menos una expresión de modo genérico, especificando si es oneroso o gratuito, en el caso de las adquisiciones por cónyuges, RR. de 29 y 31 de marzo de 2010.

[14] En el mismo sentido, RR. de 25 y 30 de julio de 2018. Si bien en otros casos exige la expresión de causa, no sólo expresar si es onerosa o gratuita, así en atribuciones a herederos en una partición (29 de octubre de 2012), la supresión de un comprador en una compraventa (6 de julio de 2006) y cuando ha habido representación indirecta (2 de septiembre de 2004).

Otros tres problemas debemos mencionar en este apartado:

1. En caso de que haya contradicción al expresar la causa, calificando los interesados el negocio jurídico a veces de una manera y otras de otra (p. ej., compensación unas veces y otras condonación), se suspenderá la inscripción por falta de determinación (art. 18 LH). Y no sólo por afectar a la validez (lo cual se derivaría del principio de legalidad), sino por no estar claro lo que se inscribe, lo cual se deriva de las exigencias del principio de especialidad (art. 9 LH).

2. Si la calificación del negocio es diferente del contenido del negocio, siempre que no haya duda de su verdadera naturaleza, se practicará la inscripción conforme a su contenido. Y ello porque la determinación del contenido de la inscripción no es algo que dependa de las partes, sino que depende del Registrador, quien no puede poner defecto cuando la claridad sea incuestionable ni por falta de validez, ni por falta de claridad[15].

3. Si estamos ante un caso de simulación negocial, normalmente no se podrá apreciar dicha imperfección, y se practicará la inscripción conforme a la causa expresada (sin perjuicio de su posible impugnación —arts. 40 y 82 LH—). Pensemos en una venta en función de garantía u otro negocio fiduciario en los que la fiducia no resulta de lo expresado sino de acuerdos secretos que no se pueden conocer.

d) La causa de la adquisición del titular registral y los terceros de buena fe: la abstracción de la titularidad al acceder al Registro. Aun cuando la causa es por tanto esencial para inscribir, no es relevante a la hora de disponer. Una vez ingresado un derecho en el Registro, su titular es capaz de convertir en titular a otro con independencia de los fallos de causa que existan en su adquisición (y que no se hayan detectado en el proceso de inscripción). ¿Cómo explicar esto? La doctrina habla de una abstracción, una vez se inscribe, que ocasiona que, a partir de la inscripción, la inscripción sea el derecho (y no el derecho en sí, con causa determinada y condicionante). Al igual que los efectos de reivindicabilidad ilimitada derivados del sistema de título y modo se intentan limitar de algún modo a través de reglas de seguridad del tráfico como los artículos 448 y 464 CC para la posesión, el 85 del Código de comercio para los bienes adquiridos de comerciantes, y el 20 de la Ley Cambiaria para las letras (haciendo abstracción de la relación de valuta), en el ámbito registral se produce una abstracción que supera el *trade off* entre seguridad y liquidez de los derechos (MÉNDEZ). Una abstracción que, como hemos dicho, hace converger el sistema español con el alemán en cuanto a esto: la causa de la adquisición, inscrito el derecho, no perjudica a terceros.

e) El problema del consentimiento formal. Relacionado con el problema de la causa se suele estudiar el llamado consentimiento formal o sin causa y su ope-

[15] Lo normal, con todo, será advertir de qué se va a inscribir para permitir que las partes puedan decidir si inscriben o no lo que tal vez está mal otorgado.

ratividad en los Registros. El consentimiento formal en el Registro es el consentimiento que se exige como formalidad para practicar una inscripción, sin entrar en consecuencia en la cuestión de la causa. El consentimiento formal es fruto de la influencia germánica de nuestro sistema hipotecario. En el Derecho alemán se distingue, en la constitución y transmisión por negocio jurídico *inter vivos* de los derechos reales registrables un negocio obligacional o acto causal y un negocio dispositivo, dirigido exclusivamente a la modificación jurídico real [a su vez éste se descompone en acuerdo real (*einigung*) e inscripción (*eintragung*), que es elemento integrante del negocio: ostenta un carácter constitutivo]. Cuando un sistema adopta el sistema de transmisión de la propiedad por negocio abstracto de disposición, se dice que se sigue el principio del consentimiento. Un consentimiento que se compone de consentimiento material y consentimiento formal, siendo este segundo la autorización por el titular registral de la práctica de una inscripción que pueda perjudicarle. Dicha autorización es independiente, no sólo del negocio obligacional, sino también del consentimiento material, y se suele decir que es un negocio unilateral, recepticio, dispositivo, abstracto, irrevocable y puro.

Aun cuando nuestro sistema se dice que es por regla general causalista, en el mismo existen manifestaciones que cierta doctrina considera casos de consentimiento formal, destacando los autores los casos de los artículos 82 y 141 LH, 45 y siguientes, 179 y 241 RH. Al respecto del artículo 82 LH la DGRN, en la importante Resolución de 2 de noviembre de 1992[16], rechaza que el artículo 82 LH sea una manifestación del consentimiento formal, ya que tal principio es contrario a nuestro sistema registral (según el centro directivo) y a nuestro sistema civil causalista. La expresión de la causa es un presupuesto obligado para la calificación del Registrador, pues así lo exige el principio de especialidad. Su finalidad, por tanto, no es la de introducir un disonante y excepcional consentimiento formal, sino otra mucho más modesta que resulta de su contexto: la de señalar qué título es necesario en cada caso para obtener una cancelación.

De lo dicho bien puede comprenderse que una cosa es que el consentimiento sea formal, con «abstracción procesal» de la causa, y otra cosa que dicha abstracción pueda considerarse tal desde un punto de vista sustantivo. Causa se exige para cualquier operación registral que en el orden civil requiera causa, sólo que en el ámbito registral se admite que, presumiéndose ésta, el consentimiento sea meramente formal en determinados casos. El consentimiento formal sería entonces en la práctica la consecuencia adjetiva/hipotecaria de la posibilidad de actos con causa inexpresa en el ámbito sustantivo/civil. Ahora bien, lo cierto en la práctica es que esto tiene como consecuencia la posibilidad de realizar modificaciones registrales «sin causa», pues nadie la pide ni se calificará en consecuencia la misma, de modo que el

[16] Confirmada por otras posteriores de 27 de septiembre de 1999, 12 de septiembre de 2000, 20 de diciembre de 2000, 20 de febrero de 2003.

rígido control causal del que hemos hablado decaería en determinados casos. Por ello no puede extrañar que don Jerónimo GONZÁLEZ especulase en su día con la posible existencia en España de un «principio de consentimiento».

7. EL PRINCIPIO DE TRACTO SUCESIVO

7.1. *Concepto*

Siendo la finalidad del Registro ofrecer certeza sobre la titularidad de los derechos, se requiere una regla que exija dejar constancia clara de la concatenación de titularidades que existen sobre un bien. Dicha regla es la que informa el principio de tracto sucesivo, o principio en virtud del cual cada titularidad registral debe traer causa en una titularidad anterior registrada (salvo la que causa el primer asiento o de inmatriculación cuando la finca accede al Registro por primera vez). El principio, que ha sido calificado de «formal», es consecuencia de la legitimación de que tratamos en el apartado correspondiente al principio de publicidad. Dicho principio actúa de modo diferente en actos traslativos y en actos de gravamen.

7.2. *En actos traslativos*

Dispone el artículo 20 LH que «para inscribir o anotar títulos por los que se declaren, transmitan, graven, modifiquen o extingan el dominio y demás derechos reales sobre inmuebles, deberá constar previamente inscrito o anotado el derecho de la persona que otorgue o en cuyo nombre sean otorgados los actos referidos.

En el caso de resultar inscrito aquel derecho a favor de persona distinta de la que otorgue la transmisión o gravamen, los Registradores denegarán la inscripción solicitada.

Cuando no resultare inscrito a favor de persona alguna el expresado derecho y no se acredite fuere inscribible con arreglo al artículo 205, los Registradores harán anotación preventiva a solicitud del interesado, la cual subsistirá durante el plazo que señala el artículo 96 de esta Ley.

No será necesaria la previa inscripción o anotación a favor de los mandatarios, representantes, liquidadores, albaceas y demás personas que con carácter temporal actúen como órganos de representación y dispongan de intereses ajenos en la forma permitida por las leyes».

Por tanto, cuando la finca sobre la que recae el derecho cuya inscripción se pretende no está inscrita, o bien cuando lo está pero a favor de persona distinta del otorgante del acto que se pretende inscribir, nos encontramos con una situación de discordancia entre la situación registral y la realidad extrarregistral. Los medios legalmente contemplados para solucionarla son la primera inscripción y la reanudación del tracto (art. 198 LH)[17].

7.3. *La inmatriculación*

La primera inscripción o inmatriculación puede lograrse, tras las reformas introducidas por la Ley 13/2015, de 24 de junio, por expediente de dominio (art. 203 LH), por medio de título adquisitivo, por deslinde, concentración parcelaria, equidistribución, expropiación y sentencia declarativa (art. 204 LH). Además, en el caso de las Administraciones públicas, por medio de una certificación de dominio (art. 206 LH).

De dichos medios, el que más problemas ocasiona en la práctica es el título adquisitivo. La ley exige que se trate de doble título (el que se inscribe y aquel del que traiga causa el otorgante[18]) con forma pública[19] (es decir, otorgado por quien previamente ostente la titularidad por otro título público). Entre ambos títulos debe mediar un año[20]. Además, la descripción que de la finca hagan ambos títulos debe coincidir con la de la certificación catastral de la misma finca (arts. 205 LH y 298 RH).

Estos requisitos tienen especial gravedad y responden a una evolución histórica: hasta 2015, la vaga redacción de la Ley Hipotecaria hizo que, a partir de la redacción del Reglamento, se permitiese que el primero de los dos títulos fuese privado. Ello intentó ser combatido a principios de este siglo por la DGRN exigiendo dos títulos públicos. En la práctica, a veces se otorgaban los dos títulos en el mismo acto (p. ej., compra y aportación a gananciales), dando lugar a situaciones fraudulentas y poco claras que la DGRN denominaba «títulos prefabricados *ad hoc* para las inmatriculaciones». Pretendiendo combatirlas, se añadió en la reforma de 2015 el requisito de los dos títulos la necesidad de que entre ellos mediase al menos un año.

---

[17] El artículo 198 LH contempla también como medio para devolver la coincidencia con la realidad extra-registral al Registro el expediente de liberación de cargas. Dicho procedimiento permite solucionar la discordancia de cargas, no la interrupción del tracto.

[18] Cuando decimos doble título, entendemos doble título material traslativo. No obstante, la doctrina reiterada de la DGRN considera que se deben admitir títulos especificativos, como, por ejemplo, la disolución de una comunidad (cfr. RR. de 26 de julio de 2011 y 25 de julio de 2012, que OLIVA considera válidas bajo la nueva versión del art. 205 LH).

[19] La mejor doctrina considera que la elevación a público del documento privado cuya fehaciencia sea anterior en más de un año al título que se inscribe, debe valer (OLIVA IZQUIERDO).

[20] Así, se ha considerado que en caso de documentarse en un mismo título una herencia seguida de otra transmisión, no debe haber obstáculo si ambas se documentan en el mismo momento, pues no se pide que los títulos formales estén separados por un año, sino que conste la titularidad anterior en más de un año por título público, pudiendo constar dos títulos materiales en un solo título formal, como con acierto señala OLIVA IZQUIERDO.

7.4. *La reanudación del tracto, por medio del expediente previsto en el artículo 208 LH*

Por otra parte, el principio de tracto tiene una especial relevancia en el ámbito procesal. En efecto, además de requerirse la previa inscripción de la finca a favor del transmitente en los actos voluntarios, se requiere la misma en los actos forzosos (nótese que el precepto habla de titulares «en cuyo nombre se otorguen»).

Pensemos por ejemplo que una sociedad que se escinde y parte de sus bienes pasan a ser propiedad de la sociedad formada por la escisión. La nueva titular no es ya la antigua. Ha habido cambio, y la misma será tercer poseedor respecto de los acreedores hipotecarios de la primera en el caso de que se pretenda ejecutar judicialmente una hipoteca inscrita sobre la finca en la que el deudor fuese la sociedad de la que la titular actual se escindió.

Por ello, en los procedimientos ejecutivos es especialmente importante cuidar el tracto, pues si la finca no está inscrita a nombre de la persona (física o jurídica) contra la cual se sigue el procedimiento, la adjudicación no podrá inscribirse y el Registrador deberá denegar la misma como un obstáculo que surge del Registro en aplicación de este principio (cfr. art. 100 RH; art. 132 LH respecto de los procedimientos de ejecución hipotecaria).

7.5. *El tracto en actos de gravamen*

Junto a las reglas de tracto en los actos traslativos, hemos de detener la atención en los actos de gravamen, como es el caso del embargo. Para los mismos, dice el párrafo final del artículo 20 LH que «no podrá tomarse anotación de demanda, embargo o prohibición de disponer, ni cualquier otra prevista en la ley, si el titular registral es persona distinta de aquella contra la cual se ha dirigido el procedimiento». Esta regla tiene dos excepciones: 1.º «En los procedimientos criminales podrá tomarse anotación de embargo preventivo o de prohibición de disponer de los bienes, como medida cautelar, cuando a juicio del juez o tribunal existan indicios racionales de que el verdadero titular de los mismos es el imputado, haciéndolo constar así en el mandamiento» (art. 20 LH). 2.º En los procedimientos de apremio de la Agencia Tributaria, en los cuales «La Administración tributaria podrá acordar la prohibición de disponer sobre los bienes inmuebles de una sociedad, sin necesidad de que el procedimiento recaudatorio se dirija contra ella, cuando se hubieran embargado al obligado tributario acciones o participaciones de aquélla y éste ejerza el control efectivo, total o parcial, directo o indirecto sobre la sociedad titular de los inmuebles en cuestión en los términos previstos en el artículo 42 del Código de comercio y aunque no estuviere obligado a formular cuentas consolidadas» (art. 170 LGT).

La regla tiene una especial importancia en el ámbito procesal, pues cierra el Registro a los actos judiciales o administrativos que, dictados en procedimiento en los que no ha intervenido el titular registral, ordenen anotar (de embargo, demanda, prohibición de disponer) sus bienes. Se logra con ello cerrar el Registro (en beneficio y con protección del propietario por el Registrador) frente a embargos ordenados sin su defensa, protegiendo con ello su derecho a la tutela judicial efectiva.

Ejemplo.—Pedro, Santiago y Juan son tres hermanos que han heredado un piso de sus padres que se han adjudicado por terceras e iguales partes indivisas entre ellos en escritura de partición de herencia. Dicha escritura no se ha llegado a inscribir. Debido a determinados negocios, Juan se halla inmerso en determinado juicio ejecutivo en el curso del cual se decreta el embargo de sus bienes. Se extiende mandamiento en el cual se ordena el embargo de la tercera parte correspondiente al mismo en el piso de sus padres. Presentado el mismo en el Registro, el Registrador deberá denegar la anotación por cuanto el titular registral son todavía los padres. El embargo no será anotable, a menos que del documento judicial resulte el carácter de heredero del titular registral del deudor-demandado (Juan), cumpliendo con ello los requisitos del artículo 166.1.º, párrafo 2.º, RH.

7.6. *En particular, el tracto respecto del derecho de hipoteca*

La aplicación del principio de tracto a los actos de gravamen tiene también mucha importancia práctica respecto de las hipotecas.

Desde la posición acreedora, hay que considerar que la acción para ejercitarlo corresponde sólo al titular registral del derecho (art. 130 LH). ¿Qué ocurre si el titular del derecho cambia durante la vida de la hipoteca? (lo cual ha ocurrido en miles de hipotecas constituidas a favor de entidades afectadas por la reestructuración bancaria). En estos casos, si no se inscribe el cambio de titularidad (muchas veces producido por fusiones y adquisiciones, y no tanto por cesiones puntuales de crédito), puede ocurrir que, a la hora de inscribir la adjudicación al rematante en el procedimiento de ejecución, nos encontremos con una interrupción de tracto.

Ejemplo.—La Caja de Ahorros del Eo concedió un préstamo a María y Roque. Posteriormente la Caja se transforma en Banco y además se fusiona con el Banco de los Oscos. En el Registro de la Propiedad, mientras no se inscriba la fusión, la hipoteca sigue a nombre de la Caja del Eo. Llegado el caso de que se ejecute la hipoteca, habrá una interrupción de tracto que impedirá la inscripción de la adjudicación para el rematante.

En cuanto a la posición deudora, hay que considerar que el titular de la finca hipotecada puede cambiar. En estos casos, además de demandarse al deudor debe demandarse ha llamado «tercer poseedor» de la finca hipotecada. La

STC 79/2013, de 8 de abril considera que el artículo 685 LEC debe entenderse en el sentido de que desde la inscripción del tercer poseedor, siendo ésta *erga omnes*, el acreedor puede tener por acreditado al tercero, y por ello se forma, a efectos de demanda el litisconsorcio pasivo necesario entre el deudor de la relación garantizada con la hipoteca, y el nuevo tercer poseedor de la finca hipotecada.

7.7. *La sucesión procesal y el tracto sucesivo*

Otro supuesto problemático en relación con el tracto es la sucesión procesal: un actor sucede a otro en un proceso (cfr. arts. 17 y 540 LEC). Por ejemplo, la Caja de Madrid comenzó una ejecución y, transformada la misma en Bankia, debe seguir con el procedimiento la entidad hoy operativa. En estos casos el problema es el mismo que el señalado para actos de gravamen e hipotecas: hay interrupción y no cabrá inscribir la adjudicación si no se respeta el tracto.

Lo que sí que cabrá es expedir la certificación prevista en el procedimiento por el artículo 688 LEC (RR. de 8 de julio y 10 de octubre de 2013)[21].

7.8. *El tracto en las modificaciones de las fincas*

En caso de modificación de una finca, que ni se transmite ni se grava, es necesario que consientan todos los afectados. Si de lo que se trata es simplemente de reflejar la finalización de una obra nueva que ya se había inscrito en construcción, basta que consienta un cónyuge, la mayoría de los cotitulares, quien hubiese declarado la obra nueva o el Presidente de la Junta de propietarios (art. 47 RD 1.903/1997).

El problema del consentimiento de todos los afectados es especialmente grave en el caso de las fincas en régimen de propiedad horizontal. En las mismas es necesario que obtener el consentimiento de la Junta de propietarios, salvo en determinados casos: así, el mero cambio de uso si los estatutos no lo prohíben puede hacerlo por sí mismo el titular del bien (R. de 20 de marzo de 2015).

Siendo necesario el consentimiento, obtenido el mismo cabe, eso sí, que se exprese como acto colectivo por la simple comparecencia del Presidente, lo cual se admite incluso para desafectar y vender un elemento común (la vivienda del portero, R. de 23 de marzo de 2005).

Por otra parte, cabe que se autorice previamente en cláusulas de los estatutos la realización de modificaciones. Una autorización *ex ante* que ha sido declarada

---

[21] Sin embargo, no existiendo la sucesión procesal en el procedimiento de ejecución extrajudicial, habrá de denegarse la expedición de certificación para dicho procedimiento cuando se pretenda una ejecución judicial y falte el tracto.

válida por la DGRN incluso después de la reforma de la Ley 8/2013 (cfr. R. de 7 de mayo de 2014).

7.9. *El tracto en el Registro de Bienes Muebles*

En el Registro de Bienes Muebles, *a priori*, las reglas del tracto son las mismas: no cabe inscribir acto alguno de transmisión o gravamen si no se refleja íntegra la cadena de actos relativos a un bien inscribible.

Sin embargo, hay una especialidad: respecto de determinados bienes muebles se permite inscribir o anotar únicamente el gravamen, sin una previa inscripción de dominio (cfr. LHMyPSD). Asimismo, en cuanto a las ventas a plazos, se inscribe directamente el contrato, normalmente con la reserva de dominio a favor del vendedor (cfr. ORVPBM), lo cual altera sensiblemente el esquema habitual en el Registro de la Propiedad: no se trata de actos de un titular previo de la finca, sino que se inscriben directamente las garantías a favor de un acreedor.

En estos casos, el gravamen abre folio, no siendo por tanto preciso que conste la finca previamente inscrita a nombre del demandado o titular gravado. En la práctica, algunos bienes muebles sólo están en el Registro mientras dura el gravamen: se inscribe, por ejemplo, una garantía sobre un coche a favor de acreedor, al pagarse la deuda se cancela, y el titular prescinde de la inscripción de dominio a su favor.

Fuera de esta excepción, es evidente que la inscripción de actos de disposición requiere la primera inscripción o que, si el bien está inscrito, lo esté a nombre del transmitente. Es evidente también que, practicada inscripción de dominio, no cabrá inscribir o anotar el gravamen si el titular gravado no es quien consiente o aquel contra el cual se dirija el procedimiento.

En el ámbito de los buques y aeronaves rige plenamente el principio de tracto (art. 71 LNM), habiendo incluso remisiones específicas a la LH para la reanudación del tracto (arts. 175 y 190 RRM56).

8. El principio de publicidad

A decir de Don Jerónimo González, «desde dos puntos de vista puede ser examinado el principio de publicidad, eje de nuestro sistema hipotecario: como legitimación registral y como emanación de la fides pública».

8.1. *La legitimación*

Afirmó don Jerónimo que la técnica moderna concede a la inscripción respecto de los inmuebles las mismas funciones legitimadoras que a la posesión respecto de los muebles. El principio de legitimación es aquel en virtud del cual se presume *iuris tantum* que el Registro es exacto y se corresponde con la realidad, de modo que el titular registral es el legitimado para disponer del derecho inscrito, razón por la cual se protege al tercero que con él se relaciona frente a quienes no tengan inscrito su derecho (arts. 32 y 34 LH).

El artículo 38 LH señala en su primer párrafo que «a todos los efectos legales se presumirá que los derechos reales inscritos en el Registro existen y pertenecen a su titular en la forma determinada por el asiento respectivo. De igual modo se presumirá que quien tenga inscrito el dominio de los inmuebles o derechos reales tiene la posesión de los mismos». En términos parecidos se expresa el artículo 24 ORVPM (con alguna especialidad por razón del bien inscrito).

8.2. *Consecuencias sustantivas de la legitimación registral*

Consecuencia del principio de publicidad en su vertiente de legitimación, las inscripciones están bajo la salvaguardia de los tribunales (art. 1.3 LH), se puede usucapir por quien es titular registral (art. 35 LH) y el titular registral del derecho se presume *verus dominus* del mismo, de modo que la ley tendrá por propietario a quien adquiera del mismo (art. 34 LH), de lo cual nos encargamos más adelante al hablar de la fe pública.

8.3. *Consecuencias procesales de la legitimación registral*

Como consecuencia de lo anterior, el titular registral es la persona legitimada para el ejercicio en proceso de las acciones que nacen de los derechos inscritos (contemplándose una acción específica en el art. 41 LH), relevándosele de la carga de la prueba.

Por otro lado, y según hemos visto al tratar del tracto respecto de los actos de gravamen, no cabe ejercitar acción alguna que afecte a un titular registral sin proceder a la vez contra el mismo. Los párrafos siguientes del artículo 38 dicen que «no podrá ejercitarse ninguna acción contradictoria del dominio de inmuebles o derechos reales inscritos a nombre de persona o entidad determinada, sin que, previamente o a la vez, se entable demanda de nulidad o cancelación de la inscripción correspondiente. La demanda de nulidad habrá de fundarse en las causas que taxativamente expresa esta Ley cuando haya de perjudicar a tercero» y que «En caso de embargo preventivo, juicio ejecutivo o vía de apremio contra bienes inmuebles o derechos reales determinados, se sobreseerá todo procedimiento de apremio respecto de los mismos o de sus frutos, productos o rentas en el instante en que conste en autos, por certificación del Registro de la Propiedad, que dichos bienes o derechos constan inscritos a favor de persona distinta de aquella contra la cual se decretó el embargo o se sigue el procedimiento, a no ser que se hubiere dirigido contra ella la acción en concepto de heredera del que aparece como dueño en el Registro. Al acreedor ejecutante le quedará reservada su acción para perseguir en el mismo juicio ejecutivo otros bienes del deudor y para ventilar en el juicio correspondiente el derecho que creyere asistirle en cuanto a los bienes respecto de los cuales se suspende el procedimiento. Cuando se persigan bienes hipotecados que hayan pasado a ser propiedad de un tercer poseedor, se procederá con arreglo a lo dispuesto en los artículos 134 y concordantes de esta Ley. Las mismas reglas se observarán cuando, después de efectuada en el Registro alguna anotación preventiva de las establecidas en los números segundo y tercero del artículo 42, pasasen los bienes anotados a poder de un tercer poseedor».

8.4. *La fe pública*

Indica don Jerónimo GONZÁLEZ que «la presunción legitimadora que acabamos de estudiar es insuficiente para garantizar por sí sola el comercio de inmuebles y el crédito hipotecario. Nuestro sistema da un paso trascendental en este camino. Transforma la autenticidad de los asientos en una verdad casi incontrovertible cuando se trata de asegurar a los terceros que contratan confiados en sus declaraciones. Para ello, regula escrupulosamente, de un lado, la publicidad formal, el acceso a los libros del Registro de cuantos tengan interés en conocer su contenido, y de otro, sienta la presunción *iuris et de iure* [...] de la concordancia entre la inscripción y la realidad».

Profundicemos en estos aspectos:

8.5. *La publicidad formal*

No cabría establecer la protección del que se fía de la apariencia creada por el registro si éste no pudiese ser conocido. Por ello, la Ley determina que el Registro es público para quienes tengan interés conocido en averiguar el estado de los derechos inscritos (arts. 606 CC, 221 LH, 31 ORVPBM). Los Registradores deben manifestar el contenido del Registro por medio de nota simple o de certificación (art. 222 LH). Las primeras son meras manifestaciones. Las segundas, en cambio, son documentos públicos que permiten acreditar frente a tercero la titularidad o gravamen de un determinado derecho (art. 225 LH) y se expiden previa la calificación de salida de la que hemos tratado en el principio de legalidad. Por tanto, si se pretende acreditar frente a tercero el contenido del Registro, sólo la certificación hace prueba. Los problemas prácticos a que puede dar lugar la expedición de información se tratan en los apartados dedicados a los principios de rogación y legalidad.

8.6. *La protección del tercero titular registral: las teorías monista y dualista sobre el tercero*

Consecuencia de ese principio de publicidad, se establecen dos reglas para proteger al titular que inscribe:

1.º la regla de inoponiblidad de lo no inscrito (arts. 32 LH, 77 LNM, 28 ORVPBM); y
2.º la regla de protección del tercero que adquiere de otro titular registral previo frente a la resolución hipotética del derecho de su transmitente (arts. 34 LH, 76 LNM, 29 ORVPBM).

Entre medias de esos dos preceptos, el artículo 33 (y art. 76 LNM) deja claro que la inscripción no convalida los actos nulos.

A ellos hay que unir el artículo 1.473 del Código civil, que para un supuesto de doble venta convierte en propietario al que sea el primero en inscribir su derecho.

A partir de este panorama, han surgido una serie de teorías cuyas disputas no cesan y que pretenden explicar que el tercero hipotecario como un solo tipo o dos.

La teoría monista clásica (defendida antaño por ROCA, y sostenida hoy por autores recientes como JIMÉNEZ PARIS), entiende que el Registro protege al titular registral que adquiere de otro titular registral, y ello como resultado de la aplicación conjunta de los artículos 32, 33 y 34 LH, de modo que no cabría defender que el tercero que inscribe por vez primera una finca (sin ser sub-adquierente de otro titular registral) sea un tercero al que la ley convierte en propietario por efecto de la inscripción, pues su posición no es inatacable como la del sub-adquirente del artículo 34, quien puede llegar a ser verdadero adquirente *ex lege* por serlo de titular registal, como enseguida diremos.

Frente a ella, la llamada teoría dualista entiende que hay que diferenciar el tercero que inscribe en disputa con otro tercero que no inscribió (supuesto previsto en los arts. 32 LH y 1.473 CC, que protegen a quien primero inscribe como consecuencia de la regla de inoponibilidad) y el tercero sub-adquirente del artículo 34 LH, artículo que no resuelve el conflicto entre un titular inscrito y otro no inscrito, sino que aborda el problema de que se resuelva el derecho del otorgante de un acto oneroso en beneficio de un tercero de buena fe.

Más la evolución doctrinal ha hecho que se preste más atención precisamente al titular inscrito «del 32» como el fundamental. Y ello ha llevado a que incluso se llegue a denominar «monismo inverso» la tesis dualista en la defensa que de la misma lleva a cabo José Manuel GARCÍA GARCÍA, sobre la base de que «a lo que se deduce de sus afirmaciones, tercero inscrito en sentido estricto, sería sólo el del 32 ya que el 34 únicamente establecería una excepción al 33, excepción a su vez del 32» (a decir de Celestino PARDO).

Frente a la tesis dualista, no obstante, se suelen traer argumentos (cfr. PEÑA) del propio sistema como que no es razonable exigir requisitos diferentes según que se aplique el artículo 32 o el 34; que si el artículo 32 LH protege sin los requisitos del artículo 34 LH no tendría sentido el artículo 35 LH; que el artículo 69 LH se refiere a quien adquiere de otro titular registral; o que las excepciones de las leyes especiales (cfr. arts. 14 y 29 LAU, 233 y 234 LRDA, 11.2 Ley de Montes, Disp. Trans. 1.ª Ley de Costas) son al artículo 34 LH y no al 32 LH.

La cuestión parecía zanjada por la jurisprudencia del TS en 2007. La STS de 5 de marzo de 2007 confirmó la aplicabilidad del artículo 34 LH a la doble venta sin exigir coetaneidad cronológica entre la primera y la segunda venta. Si el comprador adquirió de titular registral, puede estar protegido por el artículo 34 LH y si de titular extraregistral, por el artículo 32 LH. Con ello, se permite una interpretación del artículo 1.473 CC que, según el TS, sea coherente con los artículos 606 y 608 del propio Código y el 32, 33 y 34 LH. En Sentencia de 7 de septiembre de 2007, el Tribunal aclara que así se comprende lo que dice la Exposición de Motivos de la LH de 1861 al señalar que el comprador poseedor no inscrito lo es respecto del vendedor y no respecto de terceros que hayan inscrito. Con ello no se quiere negar la efectividad *erga omnes* del derecho de propiedad, sino garantizar la seguridad mediante la inscripción.

Pese a dichas sentencias, las posiciones monistas clásicas no han dejado de ser defendidas, procurando demostrar que incluso tras la reforma de 2015, e incluso en la Ley Hipotecaria de 1861 (que por los dualistas se considera fuertemente alterada en este punto por las reformas de 1869, 1909 y 1944-1946), la primera inscripción no daba lugar a la protección del tercero adquirente, quien si era propietario era por serlo en virtud de leyes civiles y con independencia de la inscripción, que sólo publicaba la adquisición operada extrarregistralmente (lo cual concuerda con las normas vigentes en el CC), y no era determinante de la adquisición si no en el caso de que hubiese de entrar en juego el viejo artículo 23, el cual recogía regla parecida a la que hoy se contiene en el artículo 34 (véanse trabajos de GARCÍA VILA de 2016).

8.7. *La adquisición del tercero subadquirente de titular registral: naturaleza y fundamento de la adquisición del tercero hipotecario*

Más allá de las dudas respecto del artículo 32, hay consenso en que el tercero del artículo 34 lo es, y se puede convertir en propietario en base a que adquiere finándose de la apariencia generada por el Registro. Expliquemos sucintamente en qué consiste esta adquisición:

La necesidad de ofrecer seguridad y certeza a las transmisiones, sustentado en la llamada seguridad del tráfico, llevó a determinar que quién se fía de la apariencia resulte protegido en su adquisición. Consecuencia de dicha regla son el artículo 464 CC, el artículo 85 del Código de Comercio o el artículo 20 de la Ley Cambiaria. Todos esos preceptos protegen al que recibe un derecho por recibirlo en ciertas condiciones de seguridad que se estiman imprescindibles para que el mercado funcione. Siguiendo la misma regla, el artículo 34 LH establece respecto de los bienes inmuebles inscritos en el Registro una presunción *iuris et de iure* de titularidad del tercero que adquiere con buena fe de titular registral al decir «El tercero que de buena fe adquiera a título oneroso algún derecho de persona que en el Registro aparezca con facultades para transmitirlo, será mantenido en su adquisición, una vez que haya inscrito su derecho, aunque después se anule o resuelva el del otorgante por virtud de causas que no consten en el mismo Registro. La buena fe del tercero se presume siempre mientras no se pruebe que conocía la inexactitud del Registro. Los adquirentes a título gratuito no gozarán de más protección registral que la que tuviere su causante o transferente».

Esta regla plantea una serie de problemas en los que no podemos entrar y para el estudio de los cuales remitimos a los estudios sobre la materia. Pero sin entrar, podemos señalar como idea básica, que así como la adquisición de bienes se lleva a cabo en nuestro sistema según el Código civil por medio del título y el modo (art. 609 CC), lo cual exige la entrega *ex iusta causa* por quien tiene el poder de disposición sobre la cosa (*nemo dat quod non habet*, art. 1.160 CC); en el caso de bienes inscritos, la inscripción del bien por quien adquiere de titular inscrito opera una adquisición. Como dijo don Jerónimo GONZÁLEZ «rompe así el sistema con el apotegma jurídico *nemo dat quod non habet* para preceptuar que quien haya contratado con el titular según el Registro será amparado en su derecho inscrito».

Consecuencia de ello, se llega a decir (con la exposición de motivos de la LH 1861, recordada por el TS en las sentencias citadas), que mientras no se inscriba una transmisión hay como dos propiedades: una entre partes determinada por la posesión, y otra frente a terceros (a decir del belga DE PAGE), de modo que la plena propiedad *erga omnes* sólo se adquiere con la inscripción (DE LA RICA). Ello llevó a FUNAIOLI a postular la existencia de varias propiedades relativas si se producen dobles ventas antes de la inscripción, y a MAIORCA y FERRI a decir que, en consecuencia, en tanto sólo el que adquiere de titular registral es convertido en propietario por la Ley, se puede decir que éste adquiere *a domino*[22]. Lo cual es tanto como decir, como afirma recientemente MÉNDEZ, que «el titular registral es el *verus dominus* en el Derecho de la seguridad del tráfico jurídico inmobiliario», ya que «las adquisiciones protegidas por la fe pública registral son adquisiciones *a domino*».

[22] Dicha construcción se hace afirmando la ineficacia e incluso invalidez del primer acto dispositivo dejado sin efecto por la inscripción de un segundo acto. LACRUZ, quien plantea estas doctrinas en España en 1957, dice que no cabe hablar de resolución de actos, que eran supuestos de hecho completos para inscribir antes de la segunda transmisión, si no de resolución de relaciones (cfr. LACRUZ, 1957, p. 294).

Dicha afirmación no es compartida por buena parte de la comunidad jurídica privatista, que sigue considerando que la transmisión opera extra-registralmente, y que por tanto el titular registral, sí acaba siendo propietario sólo en base a la inscripción, en tanto no adquiere de quien dejó de ser titular extrarregistral, adquiere *a non domino*. Y ello porque, a juicio de PEÑA, si el acto otorgado por quien ya no es titular extrarregistral se mantiene es por la eficacia que se da a la apariencia del Registro, más no porque éste genere poder de disposición donde no lo había.

A fin de no perecer en estas disputas doctrinales, y procurar simplemente comprender bien lo que hace respecto de la adquisición del derecho el artículo 34 LH, recurriremos a quien (según DE CASTRO) mejor explica los derechos reales en la doctrina clásica española: Luis de MOLINA. A decir de MOLINA[23], el título es «la raíz o el origen» de un derecho. Y entre los títulos, la ley los dispone expresos y también presuntos, «que se presumen tales mientras dura la buena fe». Y creo que esto, y no otra cosa, sería el título de quien adquiere de titular registral: un título presunto establecido por el legislador para facilitar la circulación de los bienes. La adquisición se podrá apellidar *a domino* o *a non domino*, pero adquisición es, y lo es por título presunto. Y así, desde una óptica más general (con referencia a los sistemas alemán y suizo que inspiran esta regla) decía VON THUR que se trataba de una adquisición derivativa «en razón de la buena fe». Hay que tener en cuenta que lo dice respecto a las adquisiciones inmobiliarias por título presunto basado en la apariencia, con independencia de que haya o no Registro. Habiendo Registro, se ha discutido cuál es el fundamento de la adquisición. VALLET la fundamentaba en la buena fe. Pero dicha doctrina es criticada por HERMIDA LINARES, GARCÍA GARCÍA y JORDANO BAREA, quienes entienden que la buena fe será *conditio iuris*, pero no causa eficiente de la adquisición, la cual se fundamenta en realidad en la inscripción.

8.8. *Los requisitos del artículo 34*

Dicho esto sobre la naturaleza de la adquisición, podemos señalar los requisitos para la adquisición del artículo 34:

1.º Debe ser un titular registral quien adquiere, y por tanto debe inscribir su derecho.

2.º Debe adquirir de otro titular registral.

3.º Debe adquirir a título oneroso, es decir, por precio o contraprestación, sin que quepan las adjudicaciones en herencia o las donaciones u otro tipo de cesión gratuita (p. ej., entre cónyuges). En título oneroso caben muchas opciones,

---

[23] MOLINA, L., *Los seis libros de la justicia y el Derecho*, Libro I, tratado II, disputación IV, Cuenca, 1593. Traducción al castellano y estudio preliminar de FRAGA IRIBARNE, Madrid, 1941, p. 226.

desde cesiones urbanísticas, permutas, compraventas, pero también negocios societarios como aportación no dineraria a cambio de suscripción de acciones, modificaciones estructurales de sociedades, etc.

4.º Debe hacerlo de buena fe.

5.º Debe inscribir su derecho.

6.º Y debe resolverse el de su causante por causas ajenas al Registro, pues de no ser así, no estamos propiamente ante un caso de adquisición por la regla de fe pública, sino que el título del causante justifica el del causahabiente.

De estos requisitos, el que tal vez ofrece mayor complejidad para determinar la fuerza de la protección que ofrece el sistema sea el de la buena fe. A este respecto el Tribunal Supremo reputa en la mencionada Sentencia de 7 de septiembre de 2007 (criterio reiterado más recientemente el 4 de octubre de 2017) de mala fe a quien desconocía la falta de titularidad del transmitente por negligencia ignorante. Dicha negligencia la asocia con tener medios racionales o motivos suficientes para conocer que la finca estaba siendo disfrutada de hecho por otra persona (con base en el art. 36 LH). No basta, por tanto, con fiarse de la apariencia creada por el Registro, sino que la buena fe decae al demostrarse el conocimiento de la discordante realidad extrarregistral. Dicho concepto de buena fe es bendecido por parte de la doctrina contemporánea como Cuena Casas y criticado por otra parte como Guilarte Gutiérrez, pues deja sin efecto el artículo 34 LH y obliga a más diligencia que simplemente comprobar el Registro, lo cual resta mucha efectividad al sistema y no permite la contratación entre ausentes que estaba en la entraña del mismo. De hecho hay que recordar que, en los sistemas de inscripción constitutiva, hay una dura exigencia para acceder al Registro. Pero una vez que se inscribe, la inscripción es el derecho y no se exige buena fe alguna al adquirente de un derecho inscrito (como no se exigía en España antes de la reforma de la Ley Hipotecaria de 1944). Si tendemos hacia la inscripción constitutiva, a decir de García García se prescindirá del requisito de la buena fe.

Junto a la buena fe, procede decir algo de la resolución del derecho del otorgante por causas que no consten en el Registro. Consecuencia de la aplicación de esa regla, no perjudican al tercero inscrito las acciones rescisorias, revocatorias ni resolutorias. Pero sí que le perjudican dichas acciones cuando la condición de una donación que se revoca o la causa de la rescisión o resolución consta en el Registro o cuando se trata del ejercicio de la acción pauliana y hay complicidad o adquisición gratuita (cfr. art. 37 LH).

8.9. *Las excepciones a la fe pública*

No obstante, existen excepciones a la fe pública registral. Así ocurre con los derechos objeto de simple mención, las adquisiciones por prescripción adquisitiva contra tabulas (art. 36 LH), las servidumbres aparentes, o los retractos legales (art. 37.3 LH). En estos casos, aun cuando el tercero haya adquirido con los requisitos del artículo 34 LH (que no son tan sencillos como hemos visto), no resultará adquirente por su inscripción.

Junto a los casos anteriores, hemos de señalar que en determinados casos la ley, por precaución, suspende durante un tiempo los efectos de la fe pública registral. Así ocurre durante los dos primeros años desde que se inmatricula una finca por medio de equidistribución, concentración parcelaria, deslinde, expropiación, inmatriculación por título público o certificación administrativa (art. 207 LH[24]); los dos primeros años cuando se adquiere por herencia y quien adquiere no es legitimario de su causante (art. 28 LH), y el plazo durante el cual se reconstruye el Registro en caso de destrucción del mismo.

Para poder hacernos a la idea de la gravedad de la suspensión de la fe pública pondremos un ejemplo. Aquila y Priscila han encontrado el piso de sus sueños en el Barrio de Chamberí. El piso pertenece a Pablo y Bernabé, quienes la heredaron de su tía Marta. En el Registro consta que Pablo y Bernabé son adquirentes del piso por herencia de su tía, que falleció hace pocos meses. Aquila y Priscila dan como arras para asegurar la compraventa el 3 por 100 del valor de la venta a la que van a proceder. Asegurado por arras que no le venderán a otro, proceden a negociar con el Banco del Mediodía el préstamo hipotecario. La asesoría jurídica del Banco indaga la situación registral de la finca. Al darse cuenta de que Pablo y Bernabé son herederos pero no legitimarios, captan que los compradores no resultarán protegidos por la fe pública por la limitación de dos años del artículo 28 LH. Por tanto, su titularidad no será incontrovertible, y, por tanto, el derecho de hipoteca tampoco lo será. En base a ello, la asesoría recomienda que no se conceda el préstamo hipotecario hasta que pasen dos años de la muerte de la tía causante de los vendedores. Aquila y Priscila no podrán obtener financiación, sin ella no podrán adquirir la casa de sus sueños, y sin dicha compra perderán las arras (art. 1.454 CC), que constituían sus ahorros de los cinco años que llevan casados. Un auténtico drama que se podría evitar consultando el Registro y percatándose de si los vendedores son o no herederos legitimarios.

8.10. *Los requisitos en la aplicación autónoma del artículo 32 LH*

En caso de que admitamos que hay un tercero registral que, aun comprando de titular no inscrito se convierte en propietario por inscribir (conforme al art. 1.473 CC), hay que ver la diferencia de requisitos respecto del tercero del artículo 34 LH.

---

[24] En caso de inmatriculación por expediente de dominio del artículo 203 LH o por sentencia declarativa del artículo 208 LH, no regirá la limitación.

A este tercero no se le pide adquirir de titular registral. Su adquisición, no es de un titular inexacto, ni existe una nulidad o resolución del derecho de su transferente. Aun cuando consideremos que la adquisición prevista en el artículo 34 LH es *a non domino*, en el caso del artículo 32 LH siempre se trata de la adquisición *a domino*, pues aquí no estamos ante un artículo que parta de la inexactitud ni de la nulidad, sino de un artículo que descansa sobre dos «ideas motrices» (como dice GARCÍA GARCÍA):

1.º la inoponibilidad de lo no inscrito;
2.º que hay que resolver un conflicto entre dos pretendidos titulares (que se resuelve a favor del titular que primero inscribe).

Se ha discutido acerca de la posible exigibilidad de la buena fe a quien adquiere al amparo del artículo 32 LH. La jurisprudencia exigiéndola es «unánime y abrumadora» (en expresión de GARCÍA GARCÍA). Pero (señala este mismo autor) para comprender bien este requisito respecto de este artículo, hay que partir de la diferencia entre buena fe-falta de fraude y buena fe-conocimiento. La única buena fe exigible al tercero del artículo 32 LH es que no cometa fraude, que no esté usando de la inscripción con intención dolosa[25]. No se le puede pedir, en cambio, que no conozca la otra adquisición, pues es probable que conozca la venta pero no la entrega, en cuyo caso aun puede adquirir si es el primero en la posesión y la inscripción. Habrá que tomar pues con cautela la jurisprudencia al respecto.

8.11. *El principio de publicidad en el Registro de Bienes Muebles*

Respecto de los bienes muebles, se entienden aplicables las mismas teorías, pues los preceptos que se encargan del problema de la publicidad (legitimación, oponibilidad, fe pública) se expresan en términos parecidos a los contenidos en la Ley Hipotecaria, claramente inspirados en la misma (cfr. arts. 15 LVPBM, 28 y 29 ORVPBM, 75 a 77 LNM), a la cual se remiten en algunos casos de forma expresa (cfr. art. 76 LNM). Y aun cuando no lo hacen, siempre hay que tener en cuenta la regla de supletoriedad de la Ley Hipotecaria de la Disposición Adicional del RRBM.

---

[25] Como indica GARCÍA GARCÍA, hay que diferenciar además la buena fe en el ejercicio de los derechos (art. 7 CC) de la buena fe en la adquisición de los derechos. Y recuerda que la primera se exige para todos los casos, pero la segunda no (así, por ejemplo, en la usucapión extraordinaria).

CASO PRÁCTICO

Isidro y María llevan años buscando un piso apropiado en el barrio de sus sueños. Han encontrado a un tal Borja que tiene el piso adecuado en un precio digno de tener en cuenta.

Borja a su vez recibió el piso de su tío César en escritura de herencia, pendiente de inscribir, de modo que el piso consta a nombre de César.

Isidro trabaja en la Caja de Ahorros del Manzanares, y ha podido saber que César debía 100.000 euros a la Caja de un préstamo no pagado. Le consta que van a embargar el piso de manera inminente, y luego lo sacarán a subasta.

Les consta por otra parte que el piso en la realidad es uno, pero en el Registro son dos: un apartamento y un estudio, cada uno con un número de finca diferente.

Isidro y María acuden a su Abogado y le preguntan:

1.º ¿Puede Borja venderles el piso sin tenerlo inscrito?

2.º ¿Se podrá inscribir en su caso la venta? ¿Con qué requisitos previos?

3.º Si el embargo a favor de la Caja de Ahorros llegase al Registro antes de que se inscriba la venta, ¿sería anotable? Y en ese caso, ¿tendría prioridad el embargo sobre la venta?

4.º Si es la venta la que llega al Registro primero, ¿se podrá anotar el embargo?

5.º ¿Qué pasaría si celebran la venta pero no la inscriben? ¿Qué pasaría si se llega a anotar el embargo, se celebra subasta, y un tercero adquiere el piso en procedimiento seguido contra César?

6.º ¿Pueden hacer algo para que el piso sea en el Registro una única finca registral? ¿Necesitan otros consentimientos o autorizaciones para conseguirlo?

BIBLIOGRAFÍA BÁSICA

Para ofrecer una indicación lo más completa posible, haremos tres bloques de indicaciones bibliográficas. Por un lado, las obras de las que proceden las citas de los autores realizadas en el texto. Por otro, otras referencias que puedan completar una bibliografía básica. Finalmente, algunas lecturas complementarias que pueden ayudar a comprender mejor en su conjunto nuestro Derecho registral.

En cuanto al primer aspecto, las referencias de autores son AMORÓS GUARDIOLA, M.: «Sobre el Derecho inmobiliario registral y su posible autonomía», en *Estudios jurídicos*, tomo I, Colegio de Registradores, Madrid, 2009, pp. 11 a 83; CAMPUZANO Y HORMA, F.: *Elementos de Derecho Hipotecario*, 2.ª ed. reformada, vol. II, Reus, Madrid, 1931; CASADO BURBANO, P.: *Principios registrales mercantiles*, Servicio de estudios del Colegio de Registradores, Madrid, 2002; CASTRO Y BRAVO, F. DE: *El negocio jurídico*, Civitas, Madrid, 1985; CUENA CASAS, M.: «Alcance del artículo 34 de la Ley Hipotecaria en relación con la venta de cosa ajena llevada a cabo por titular registral: sentencia del Tribunal Supremo de 5 de marzo de 2007», en *Comentarios a las sentencias de unificación de doctrina: civil y mercantil*, coord.

por Mariano Yzquierdo Tolsada, vol. 1, 2008 (2005-2007); De Pablo Contreras, P.: «La publicidad de los derechos reales. El Registro de la Propiedad», en *Curso de Derecho civil*, 4.ª ed., Colex, 2014, reimpresa por Edisofer en 2016; Iglesia Monje, M. I. de la: «La inmatriculación de inmuebles de la Iglesia católica (jurisprudencia acerca del art. 206 LH)», en *Patrimonio histórico-artístico de la Iglesia católica: Régimen jurídico de su gestión y tutela*, María José Roca María Olaya Godoy (coords.), Tirant lo Blanch, Valencia, 2018; Delgado Echeverría, J. y Rams Albesa, J.: *Retos de la dogmática civil española*, Fundación Coloquio Jurídico Europeo, 2011; Diez-Picazo Ponce de León, L.: «Autonomía privada y derechos reales», *Libro Homenaje a Roca Sastre*, Madrid, 1976; *Fundamentos del Derecho Civil Patrimonial*, 6.ª ed., Civitas-Cizur Menor, 2007; Ehrenberg, V.: *Seguridad jurídica y seguridad del tráfico* (trad. Antonio Pau Pedrón), Madrid, 2003; Fernández del Pozo Rey, L.: *La propiedad inmueble y el Registro de la Propiedad en el Egipto faraónico*, Colegio de Registradores, Madrid, 1994 y «La publicidad registral de las normas de régimen interior de las comunidades de propietarios (art. 6 Ley Propiedad Horizontal)», en *Revista Crítica de Derecho Inmobiliario*, n.º 656, enero-febrero, 2000; García García, J. M., 1988.—*Derecho Inmobiliario registral o Hipotecario*, tomo I, Civitas, Madrid, 1993.—*Derecho inmobiliario registral o hipotecario*, tomo II, Civitas, Madrid, 2016.—*La finca registral y el catastro. Inmatriculación, obra nueva, reanudación del tracto y restantes procedimientos de la Ley 13/2015 de 24 de junio*, Civitas-Thomson-Reuters; García Vila, J. M.ª: *Los efectos de la inmatriculación tras la Ley 13/2015* (publicado el 19 de enero de 2016 en notariosyregistradores.com) y «Comentario crítico a un reciente trabajo sobre la fuerza de la primera inscripción en la Ley Hipotecaria de 1861», *Revista crítica de Derecho Inmobilario*, n.º 757, septiembre-octubre 2016, pp. 2651 a 2705; Gómez Galligo, F. J.: «La calificación registral», en *Boletín del Colegio de Registradores de la Propiedad*, Año XLIV, n.º 159 (2.ª época); julio-agosto 2009, pp. 1577 a 1620; Gómez Galligo, F. J. y García Solé, F.: *Derecho de los bienes muebles*, Marcial Pons, Madrid, 2002; Gómez de la Serna, P.: *La ley hipotecaria, comentada y concordada con la legislación anterior española y extranjera, precedida de una introducción histórica y seguida de un diccionario y formularios para su más fácil aplicación*, Madrid, 1862, tomo I, edición facsímil, Fundación Registral, Madrid, 2009; González Martínez, J.: «Derecho Inmobiliario y Derecho Hipotecario», en *Estudios de Derecho Civil e hipotecario*, Civitas-Cizur Menor, 2009, tomo I; Guilarte Gutiérrez, V. y Raga Sastre, N.: *El procedimiento registral y su revisión judicial: fundamentos y práctica*, Lex Nova, Valladolid, 2010; Hermida Linares: *Problemas fundamentales de Derecho Inmobiliario Registral*, Colegio Nacional de Registradores, Madrid, 1973; Jiménez Paris, T.: *El tercero de los artículos 32 y 34 de la Ley Hipotecaria*, Centro de Estudios Registrales, Madrid, 2005; Jordano Barea, J. B.: «La teoría del heredero aparente y la protección de los terceros», *Anuario de derecho civil*, vol. 3, n.º 3, 1950, pp. 668-720; Lacruz Berdejo, J. L.: *Lecciones de Derecho Inmobiliario Registral*, Zaragoza, 1955 y *Lecciones de Derecho inmobiliario registral*, 2.ª ed., Zaragoza, 1957; Lacruz Berdejo, J. L. y Sancho Rebullida, F. A.: *Elementos de Derecho civil. III bis. Derecho inmobiliario registral*, Bosch, Barcelona, 1984 (reimpresión 1991); Martínez Santos, A.: *Jurisdicción y registros públicos. El proceso para la impugnación de la calificación negativa*, Marcial Pons, Madrid, 2012; Méndez González, F. P., 1999.—«El Registro, ese gran desconocido», *Expansión*, 29 de abril de 1999; 2002.—«La función económica de los sistemas registrales», en *Revista Crítica de Derecho Inmobiliario*, Año LXXVIII, n.º 671; mayo-junio 2002, pp. 875 a 900; 2007.—«La inscripción como título valor o el valor de la inscripción como título», en *Revista Crítica de Derecho Inmobiliario* (RCDI), n.º 703; 2008.—«Función calificadora: una aproximación desde el análisis económico del derecho», en *La calificación registral*, Civitas, tomo I, 2.ª ed., Madrid, 2008; 2010.—«Prólogo», en Arnaiz Eguren, R.: *Terreno, edificación, propie-*

dad horizontal y prehorizontalidad, Civitas, Registradores de España, Cizur Menor, 2010; 2011.—*Fundamentación económica del Derecho de propiedad privada e ingeniería jurídica del intercambio impersonal*, Civitas-Thomson-Reuters-Cizur Menor, 2017.—*La función de la fe pública registral en la transmisión de bienes inmuebles. Un estudio del sistema español con referencia al alemán*, Tirant lo Blanch, Valencia, 2017, pp. 53 a 58; OLIVA IZQUIERDO, A. M.: *La nueva coordinación Registro-Catastro*, Registradores de España, Madrid, 2016; OLIVER ESTELLER, B.: *Derecho Inmobiliario español*, 2.ª ed., Civitas-Cizur Menor, 2009; PARDO NÚÑEZ, C.: «La prevención del riesgo de evicción», *Cuadernos de Derecho Registral*, Madrid, 2009 y «La fuerza del asiento de inscripción en la primera Ley Hipotecaria», *Revista Crítica de Derecho Inmobilario*, n.º 750, julio-agosto 2015, pp. 1915 a 1975; PEÑA BERNALDO DE QUIRÓS, M.: *Derechos reales. Derecho hipotecario*, 3.ª ed., Centro de Estudios Registrales, Madrid, 1999; *Derechos reales. Derecho hipotecario*, 4.ª ed., Centro de Estudios Registrales, Madrid, 2001; ROCA SASTRE, R. M.ª: «El Dret hipotecari i l'Estatut de Catalunya», *Conferencia en la Academia de Legislación y jurisprudencia de Cataluña*, 21 de junio de 1932. Recogida en *Estudios varios*, Instituto de España, Madrid, 1988; *Derecho Hipotecario*, tomo I, 5.ª ed., Bosch, Barcelona, 1954; ROCA SASTRE, L., ROCA-SASTRE MUNCUNILL, L. y BERNÁ I XIRGÓ, J.: *Derecho Hipotecario*, Bosch, Barcelona, 2008; DE SOTO, H.: *El misterio del capital*, Península, 2001; SANZ FERNÁNDEZ, A.: *Instituciones de Derecho Hipotecario*, Reus, Madrid, 1947; VALLET DE GOYTISOLO, J. B.: *Estudios sobre Derecho de cosas*, Montecorvo, 1973; VON THUR, A.: *Parte general del Derecho civil* (trad. Wencesalao Roces), Comares, Granada, 2006.

Una indicación bibliográfica general haría necesario añadir a las mismas otros manuales recientes: AAVV: *Lecciones de Derecho Inmobiliario Registral*, Atelier-Registradors de Catalunya, Barcelona, 2008; GÓMEZ GALLIGO, F. J. y DEL POZO CARRASCOSA, P.: *Lecciones de Derecho hipotecario*, 2.ª ed., Marcial Pons, Madrid, 2006; SÁNCHEZ CALERO, F. J. y SÁNCHEZ-CALERO ARRIBAS, B.: *Manual de Derecho Inmobiliario registral*, 3.ª ed., Tirant lo Blanch, Valencia, 2014.

Además de esto, siguiendo la estela de manuales extranjeros que más que una bibliografía exhaustiva recomiendan lecturas complementarias para saber más, podemos recomendar como gran manual de Derecho Inmobiliario registral estudiado en las Facultades durante casi medio siglo el volumen III bis de *Elementos de Derecho civil* de LACRUZ y SANCHO. Su última gran edición fue la de 1984 (Bosch, Barcelona, reimpresión 1991). Hay ediciones posteriores recortadas.

Entre los manuales generales, es digno de estudio y mención el tratamiento que del Registro hace Luis DIEZ-PICAZO en sus *Fundamentos del Derecho civil patrimonial.*

Para una comprensión global del Derecho registral en el ordenamiento, vale la pena el trabajo de NOGUEROLES PEIRÓ, N.: «La intervención pública en la gestación y configuración de los derechos reales: el Registro de la Propiedad», en *Teoría y Derecho*, Revista semestral: junio 5/2009, Tirant lo Blanch, pp. 39-65.

Profundizando más, la lectura de los trabajos sobre los principios hipotecarios de don Jerónimo GONZÁLEZ citados proporcionará una visión muy profunda (tomo I de *Estudios de Derecho hipotecario y civil*, Civitas-Thomson-Cizur Menor, 2011).

A nivel internacional, es de interés el manual de Derechos reales que se usa en Yale y Harvard, del cual hay edición española: MERRIL, T. W. y SMITH, H. E.: *Propiedad y derechos reales*, traducción de SANTDIUMENGE, J. y GILI, M., Aranzadi, Cizur Menor, 2013.

Si el lector pensase en preparar oposiciones a Registros o Notarias, puede resultarle interesante consultar los libros de mi venerado predecesor en el Registro de Ribadeo Lino RODRÍGUEZ OTERO, que publicó en 2007 unas *Instituciones de Derecho Hipotecario* (Dijusa, Madrid) ajustadas al programa de Registros, y que ha publicado ya cinco ediciones de sus *Elementos de Derecho hipotecario ajustadas al programa de Notarías* (Bosch, Barcelona, 2016 la última). Asimismo, los temarios publicados GÓMEZ GALLIGO, F. J. y MADRIGAL GARCÍA, C.: *Derecho Hipotecario* (Carperi, Madrid, 2011) y AAVV (RODRÍGUEZ TEJADA, G. -VIGIL DE QUIÑONES OTERO, D., coords.): *Derecho Hipotecario. Contestaciones a los temas de las oposiciones de Registros*, Dykinson, Madrid, 2012.

Si se quiere consultar algún aspecto concreto de la legislación hipotecaria, es fuente habitual entre hipotecaristas el monumental *Código de Legislación Inmobiliaria, Hipotecaria y del Registro Mercantil* de GARCÍA GARCÍA, J. M. (Civitas-Cizur Menor, 2011), siendo muy valiosos los comentarios al pie que el mismo autor hace en la versión de bolsillo de dicha legislación en la misma editorial. También edición de bolsillo con notas enjundiosas es la *Ley y reglamento hipotecarios* (Colex, 2014) de mi compañero de promoción Enrique AMÉRIGO ALONSO, junto a José GONZÁLEZ OLLEROS. Asimismo, los *Comentarios a la Ley Hipotecaria* coordinados por Andrés DOMÍNGUEZ LUELMO, de los que hay ya tres ediciones.

Siguiendo la célebre tradición romana de editar libros jurídicos abordando cuestiones y dándoles respuesta (*libri quaestionum* y *libri responsorum*), debemos destacar el trabajo del Notario y Registrador Alberto BLANCO PULLEIRO: *Preguntas y respuestas* (Comares, Granada, 2014).

Además de las obras doctrinales generales, han tenido en los últimos años un papel esencial los «ficheros», que recogen por voces resúmenes de Resoluciones de la Dirección General de los Registros y el Notariado. En este punto debemos mencionar el *Diccionario de Jurisprudencia Registral* de Francisco SENA FERNÁNDEZ (Centro de Estudios, Colegio de Registradores, Madrid, 2009), así como el fichero de Juan Carlos CASAS ROJO que se publica gratis y en abierto en notariosyregistradores.com. Junto a ellos, debemos citar el fichero que en dos tomos recoge el resumen de todas las Resoluciones y Sentencias del Tribunal Supremo en materias inmobiliarias, así como referencias a todas las publicaciones de interés, por voces, desde 1975 hasta la actualidad: *Fichero Registral Inmobiliario* de Constancio VILLAPLANA GARCÍA (Tirant lo Blanch, Valencia, 2017).

EJERCICIOS DE AUTOEVALUACIÓN

1) ¿Es lo mismo Derecho Registral que Derecho Hipotecario?
2) ¿Qué materias abarca el Derecho registral?
3) ¿Qué son los Registros jurídicos?
4) ¿Qué papel cumple el Registro en la seguridad jurídica prevista en la Constitución?
5) ¿Por qué es importante el Registro para el tráfico de bienes y derechos sobre los mismos?
6) ¿Cuáles son los caracteres de los Registros de bienes en España?
7) ¿Qué diferencia una inscripción de una anotación?
8) ¿Qué son los principios hipotecarios?
9) ¿Se puede inscribir un derecho sin que lo solicite algún interesado?
10) ¿Qué procedimiento hay que seguir para lograr una inscripción?
11) ¿Qué aspectos se califican y con qué medios?
12) ¿Es recurrible la decisión del Registrador acerca de la inscribibilidad de un título?

13) ¿Puede obtener cualquier persona información registral?

14) ¿Cómo se determina la preferencia de unos derechos sobre otros, cuando éstos son incompatibles y afectan a un mismo bien inscrito?

15) ¿En qué consiste la superioridad de rango?

16) ¿Qué datos debe contener la inscripción de un derecho?

17) ¿Es necesaria la causa para la inscripción? ¿Debe expresarse en todo caso?

18) ¿En qué consiste la regla de tracto sucesivo?

19) ¿Cuándo está interrumpido el tracto y como se puede reanudar?

20) ¿Cómo se puede lograr la primera inscripción de una finca?

21) ¿Qué implica la regla de legitimación?

22) ¿Cómo afecta lo no inscrito a un titular registral?

23) ¿Qué pasa si se resuelve el derecho de quien transmitió a título oneroso a un tercero de buena fe?

Derecho registral de bienes

EL DERECHO REGISTRAL	— Derecho Hipotecario o Inmobiliario registral es el conjunto de normas que regulan los derechos reales inscribibles. — Por Derecho Registral habría que entender no sólo el hipotecario, sino todo lo relativo a la publicidad registral con efectos jurídicos, incluyendo Registros de Bienes y de personas.
LOS REGISTROS JURÍDICOS	— Son Registro jurídicos aquellos en los que se asocian una serie de efectos a la inscripción de determinados hechos y actos. — A la publicidad en Registros jurídicos se le llama publicidad-efecto. A la publicidad en Registros donde la inscripción no produce efectos, se le llama publicidad noticia. — En relación con los Registros, la seguridad jurídica prevista en la Constitución comprende dar certeza sobre la existencia, titularidad, contenido de los derechos, y que sólo puedan ser menoscabados por las causas legales; pero también comprende el aspecto dinámico, la seguridad del tráfico: que el adquirente tenga tranquilidad en que su adquisición se lleva cabo en ciertas condiciones de seguridad. — El Tribunal Constitucional considera que la calificación del Registrador de la Propiedad forma parte de la protección constitucional del consumidor prevista en el artículo 51 de la Constitución (Sentencia 41/1981, de 18 de diciembre). — La regulación de los Registros es competencia del Estado, no de las CCAA.
LOS REGISTROS DE BIENES. SU RELEVANCIA ECONÓMICA. CARACTERES. LOS DIFERENTES TIPOS DE ASIENTOS	— El Registro de la Propiedad tiene por objeto la inscripción de los actos y contratos relativos al dominio y demás derechos reales sobre bienes inmuebles (art. 1 LH). Se regula por la Ley Hipotecaria. — El Registro de Bienes Muebles (RBM) recoge las titularidades y gravámenes sobre ciertos bienes muebles identificables o de especiales características, habiéndose ubicado dentro del mismo el Registro de Condiciones Generales de la contratación. — El Registro de la Propiedad actúa sobre uno de los elementos centrales del sistema económico, cual es el de la definición, atribución y protección de los derechos de propiedad, esencial para el intercambio de bienes. — Existen cuatro tipos de asientos: inscripciones propiamente dichas, anotaciones preventivas, cancelaciones y notas marginales.

LOS PRINCIPIOS HIPOTECARIOS	— Son aquellas reglas más generales de la legislación hipotecaria española, formuladas directamente en ella u obtenidas por inducción de sus preceptos, que dan a conocer las líneas esenciales, lo que podríamos llamar las «ideas-fuerza», de nuestro ordenamiento inmobiliario registral.
EL PRINCIPIO DE ROGACIÓN	— El Registrador no puede actuar de oficio en la práctica de los asientos de modo que sólo cabrá llevar a cabo un asiento a solicitud del interesado o por mandamiento judicial o administrativo. — El artículo 6 LH limita las personas que pueden pedir la inscripción a sólo los interesados. — Documentando un mismo instrumento varios actos o negocios inscribibles, si no se dice otra cosa, se entiende solicitada por la presentación la constatación registral de todos ellos (art. 425 RH). — El proceso, aunque recibe impulso oficial está sujeto a la posibilidad de que se desista del mismo por parte de los interesados (art. 433 RH).
EL PRINCIPIO DE LEGALIDAD	— El principio de legalidad es el principio en virtud del cual lo inscrito en el Registro debe ser conforme a la Ley, y toda información que se obtiene del Registro debe obtenerse dentro de ciertas condiciones legales. — El procedimiento registral es el conjunto de actos que tienden a obtener el adecuado reflejo (asiento) en el Registro. — Para que dicho procedimiento comience es preciso que el título en cuya virtud se solicite la inscripción conste en forma auténtica (art. 3 LH judicial, notarial, administrativa, o registral, salvo excepciones). — El Registrador calificará los siguientes aspectos: 1.º la legalidad de las formas extrínsecas del documento; 2.º la capacidad de los otorgantes; 3.º la validez de los actos dispositivos contenidos en las escrituras públicas. — La calificación se lleva a cabo por estos medios: a la vista del documento presentado y de lo que resulte del Registro. — Cualquier persona puede obtener información del Registro siempre que tenga interés conocido, directo, legítimo y patrimonial, y lo acredite ante el Registrador. Dicho interés se presume en funcionarios y profesionales.
EL PRINCIPIO DE PRIORIDAD	— El derecho que primero ingresa en el Registro se antepone con preferencia excluyente o superioridad de rango a cualquier otro acto registrable que se le oponga o sea incompatible. — El artículo 240 RH permite hacer negocios con el rango hipotecario dejando claro qué se pospone a qué, en que plazos y cantidades y con el necesario consentimiento de todos los afectados.

EL PRINCIPIO DE ESPECIALIDAD	— El derecho que se inscriba debe estar perfectamente determinado en cuanto a «sujeto, objeto y contenido» (art. 9 LH). — La titularidad registral es la atribución a una persona de un derecho inscrito. El artículo 9.*e*) LH admite la titularidad en persona natural o jurídica o patrimonio separado (admitiendo con ello la titularidad de entes sin personalidad jurídica). — Se puede modificar la cabida de una finca mediante la representación gráfica georreferenciada de la misma y su coordinación con el Catastro, o bien mediante la rectificación de la descripción de una finca (arts. 198, 199, 201 LH). — Se pueden hacer constar las plantaciones, construcciones o instalaciones ya por un título de finalidad traslativa, ya como operación específica con posterioridad (art. 202 LH). — También se pueden inscribir las operaciones de agregación, segregación, división y agrupación de las fincas (arts. 45 a 50 RH). — Es finca registral todo ente objeto de derechos al que se abre folio, como pisos, locales, plazas de garaje, aprovechamientos por turno de pisos turísticos o concesiones administrativas. — Los derechos que se inscriben deben tener causa. Si bien ésta se presume existente, sobre todo en derechos reales típicos.
EL PRINCIPIO DE TRACTO SUCESIVO	— Para inscribir o anotar títulos deberá constar previamente inscrito o anotado el derecho de la persona que otorgue el acto inscribible. — Si no está inscrito, hemos de solucionar la discordancia inmatriculando (=inscribiendo por primera vez) o reanudando el tracto si se trata de una finca ya inscrita. — Se inmatricula medio de título adquisitivo, por deslinde, concentración parcelaria, equidistribución, expropiación y sentencia declarativa. — Se reanuda el tracto por medio de acta de notoriedad o expediente de dominio. — En actos de gravamen, no podrá tomarse anotación de demanda, embargo o prohibición de disponer, ni cualquier otra prevista en la ley, si el titular registral es persona distinta de aquella contra la cual se ha dirigido el procedimiento. — En las hipotecas, es imprescindible que la hipoteca que se vaya a ejecutar esté a nombre del titular actual.

EL PRINCIPIO DE PUBLICIDAD	— La técnica moderna concede a la inscripción respecto de los inmuebles las mismas funciones legitimadoras que a la posesión respecto de los muebles. El principio de legitimación es aquel en virtud del cual se presume *iuris tantum* que el Registro es exacto y se corresponde con la realidad, de modo que el titular registral es el legitimado para disponer del derecho inscrito. — Contra bienes inscritos, sólo pueden ejercitarse acciones demandando al titular registral y demandado la cancelación del asiento si se trata de una acción contradictoria (art. 38). — Lo no inscrito no perjudica a tercero (art. 32 LH). — Quien de buena fe y a título oneroso se fía de la apariencia creada por el Registro es protegido aunque después se anule el derecho de su transmitente (art. 34 LH).